ESV

Fotorecht

Recht der Aufnahme, Gestaltung und Verwertung von Bildern

Herausgegeben von

Prof. Dr. Oliver Castendyk

Rechtsanwalt

Mit Beiträgen von
Julia Bezzenberger, Elena Blobel, Wolf Buchholz,
Bettina-Axenia Bugus, Prof. Dr. Oliver Castendyk,
Dr. Jan Conrady, Dr. Anja Doepner-Thiele, Andreas Hempel,
Dr. Silke Caplan, Michael Nielen, Robert Pahlen, Anne Silies,
Ansgar Silies, Dr. Hans Peter Wiesemann

2., völlig neu bearbeitete Auflage

ERICH SCHMIDT VERLAG

Bibliografische Information der Deutschen Bibliothek

Die Deutsche Bibliothek verzeichnet diese Publikation
in der Deutschen Nationalbibliografie; detaillierte bibliografische Daten
sind im Internet über http://dnb.ddb.de abrufbar.

Weitere Informationen zu diesem Titel finden Sie im Internet unter
ESV.info/978 3 503 09353 3

ISBN: 978 3 503 09353 3

Dieses Papier erfüllt die Frankfurter Forderungen
der Deutschen Bibliothek und der Gesellschaft für das Buch
bezüglich der Alterungsbeständigkeit und entspricht sowohl den
strengen Bestimmungen der US Norm Ansi/Niso Z 39.48-1992
als auch der ISO Norm 9706.

Satz: Druckerei Gottschalk, Berlin
Druck: Hubert & Co., Göttingen

Vorwort

Die Fotografie als Beruf und als Hobby hat sich durch Digitalisierung und Internet geändert. Nicht nur die Bearbeitungs- und Verwertungsmöglichkeiten haben sich vervielfacht, sondern auch die Verfügbarkeit, weltweite Konkurrenz und die Möglichkeiten der ungenehmigten Vervielfältigung. Parallel und oft als Folge dieser Entwicklung wurde das deutsche Urheberrecht in vielen Abschnitten novelliert und haben gleichzeitig die Gerichte überkommene Interpretationen durch neue ersetzt. Die praktische Auswirkung davon ist, dass für Fotografen Rechtsfragen insbesondere aus dem Bereich des Urheberrechts und des Presserechts eine ständig wachsende Rolle spielen. Anders als vor 20 Jahren können professionelle Fotografen ohne grundlegende Kenntnisse des Rechts nicht mehr ihren Beruf praktizieren, jedenfalls nicht ohne Nachteile.

Dieses Buch versucht, die für einen Fotografen relevanten rechtlichen Grundlagen darzustellen. Soweit möglich und sinnvoll soll dabei auch der ökonomische Bezug hergestellt werden. Es geht um das Verhältnis zwischen Fotografen und Bildverwertern, rechtliche Vorgaben für ihre effektive und faire Zusammenarbeit, sowohl individuell als auch im Bereich bestehender kollektiver Strukturen durch Tarifverträge, Allgemeine Geschäftsbedingungen und Verwertungsgesellschaften.

Die Idee zur ersten Auflage des vorliegenden Werks entstand im Rahmen eines Seminars zum Thema Fotorecht am Institut für Telekommunikations- und Medienrecht (ITM) an der Universität Münster und ist das Ergebnis einer intensiven Zusammenarbeit von Studenten, Praktikern und Mitarbeitern des Instituts. Die hier nunmehr vorliegende zweite Auflage setzt diese Zusammenarbeit im Rahmen der Hamburg Media School fort.

Das Werk richtet sich an Fotografen, Bildagenturen, Vermittler sowie Verwerter von Fotografien in jeglicher Form, aber auch an Rechtsanwälte, die in diesem Bereich tätig sind.

Mein Dank gilt den Autoren und Autorinnen sowie den Mitarbeiterinnen und Mitarbeitern der Hamburg Media School für ihre Beiträge und ihre Geduld mit dem langjährigen Projekt. Besonderen Dank schulde ich meiner langjährigen Wissenschaftlichen Mitarbeiterin Elena Blobel, durch deren Arbeit und ständige Aktualisierung dieses Buch entstanden ist. Redaktionsschluss ist Mai 2011.

Berlin, im Juni 2011   Prof. Dr. Oliver Castendyk, MSc. (LSE)

Bearbeiterverzeichnis

Julia Bezzenberger, Rechtsanwältin in Berlin
Teil 3: Sonstige rechtliche Rahmenbedingungen (Rn. 413–676)

Elena Blobel, Referentin in der Staatskanzlei Brandenburg
Teil 2 B III 1:Verträge über Fotorechte, Fotoproduktionsverträge und Verträge über fotografische Kunstobjekte (Rn. 315–373)

Wolf Buchholz, Rechtsreferendar in Berlin
Teil 2 A I: Fotografie und Urheberrecht (gemeinsam mit Robert Pahlen) (Rn. 63–191)

Bettina-Axenia Bugus, Rechtsanwältin in Hamburg
Teil 4 C II: Künstlersozialversicherungsrecht (Rn. 727–736)

Prof. Dr. Oliver Castendyk, Rechtsanwalt in Berlin
Teil 2 B II 3: Allgemeine Geschäftsbedingungen (Rn. 306–314)
Teil 2 B IV: Verwertungsgesellschaften (Rn. 408–412)

Dr. Jan Conrady, Rechtsanwalt in Düsseldorf
Teil 2 B II 1, 2: Grundsätze des allgemeinen Vertragsrechts (Rn. 298–305)
Teil 2 B III 2: Honorarverträge für Fotomodelle (Rn. 374–407)

Dr. Anja Doepner-Thiele, Rechtsanwältin in Düsseldorf
Teil 4 A: Abgrenzung Kunst und Gewerbe (Rn. 677–698)
Teil 4 B: Urheberrechtliche Besonderheiten bei Fotografen in Arbeitnehmerstellung (Rn. 699–722)
Teil 4 C. 1: Steuerrecht (Rn. 723–726)

Andreas Hempel, Fotograf in Düsseldorf
Teil 1 A: Technische Grundlagen (Rn. 1–36)

Dr. Silke Caplan, Rechtsanwältin in Essen
Teil 2 B I: Grundsätze des Urhebervertragsrechts (Rn. 272–297)

Dr. Michael Nielen, Rechtsanwalt in Freiburg
Teil 2 A II: Besonderheiten der digitalen Fotografie (Rn. 192–238)

Robert Pahlen, Rechtsreferendar in Potsdam
Teil 2 A I: Fotografie und Urheberrecht (gemeinsam mit Wolf Buchholz) (Rn. 63–191)

Anne Silies, Rechtsanwältin in Lingen (Ems)
Teil 1 B: Wirtschaftliche Grundlagen und Organisation des Fotomarktes (gemeinsam mit Ansgar Silies) (Rn. 37–62)

Ansgar Silies, Diplom-Designer
Teil 1 B: Wirtschaftliche Grundlagen und Organisation des Fotomarktes (gemeinsam mit Anne Silies) (Rn. 37–62)

Dr. Hans Peter Wiesemann, Rechtsanwalt in München
Teil 2 A III: Rechtsfolgen der Urheberrechtsverletzungen (Rn. 239–271)

Inhaltsverzeichnis

Abkürzungsverzeichnis

a. A.	andere Ansicht
a. a. O.	am angegebenen Ort
Abs.	Absatz
ADC	Art Directors Club für Deutschland
ADF	Arbeitskreis Digitale Fotografie e. V.
A/D-Wandler	Analog-Digital-Wandler
AfP	Zeitschrift für Medien- und Kommunikationsrecht
AG	Aktiengesellschaft
AG	Amtsgericht
AGB	Allgemeine Geschäftsbedingungen
ÄndG	Änderungsgesetz
a. F.	alte Fassung
APPI	Arbeitskreis Portrait Photographie International e. V.
APR	Allgemeines Persönlichkeitsrecht
APS	Advanced Photo System
ARD	Arbeitsgemeinschaft der öffentlich-rechtlichen Rundfunkanstalten der Bundesrepublik Deutschland
Art.	Artikel
ASA	American Standard Association
AWI	Arbeitskreis Werbe-, Mode-, Industriefotografie
BB	Betriebsberater
Bd.	Band
BfA	Bundesanstalt für Arbeit
BFF	Bund Freischaffender Foto-Designer e. V.
BFH	Bundesfinanzhof
BGB	Bürgerliches Gesetzbuch
BGH	Bundesgerichtshof
BGHZ	Entscheidungen des Bundesgerichtshofes in Zivilsachen
BRD	Bundesrepublik Deutschland
BStBl.	Bundessteuerblatt
BT-Drucks.	Bundestagsdrucksache
BVDG	Bundesverband Deutscher Galerien e. V.
BVerfG	Bundesverfassungsgericht
BVerwG	Bundesverwaltungsgericht
BVPA	Bundesverband der Pressebildagenturen, Bilderdienste und Bildarchive e. V.
bzw.	beziehungsweise
CA	Copyright Act
ca.	circa
CD	Compact Disk
CD-Rom	Compact Disk – Read Only Memory
CCD	Charged Coupled Device
CISAC	Confédération Internationale des Sociétés d'Auteurs et Compositeurs
cm	Zentimeter
CV	Centralverband Deutscher Berufsfotografen

DB	Der Betrieb
DIN	Deutsche Industrie-Norm
DDR	Deutsche Demokratische Republik
DENA	Deutsche Nachrichtenagentur
DGPh	Deutsche Gesellschaft für Photographie e. V.
d. h.	das heißt
DM	Deutsche Mark
dpa	Deutsche Presse-Agentur GmbH
DPMA	Deutsches Patent- und Markenamt
DStZ	Deutsche Steuer-Zeitung
DVBl.	Deutsches Verwaltungsblatt
DVD	Digital Versatile Disc
EFTA	Europäische Freihandelsassoziation (European Free Trade Association)
E-Mail	Electronic Mail
FS	Festschrift
EG	Europäische Gemeinschaft
EGBGB	Einleitungsgesetz zum Bürgerlichen Gesetzbuch
EGV	Vertrag zur Gründung der Europäischen Gemeinschaft
EstG	Einkommenssteuergesetz
etc.	et cetera
EU	Europäische Union
EuGH	Europäischer Gerichtshof
e. V.	eingetragener Verein
evtl.	eventuell
EWGV	Vertrag zur Gründung der Europäischen Wirtschaftsgemeinschaft vom 25. 03. 1957
f.	folgende
FAZ	Frankfurter Allgemeine Zeitung
ff.	folgende (mehrere Seiten)
FG	Finanzgericht
Fn.	Fußnote
GebrMG	Gebrauchsmustergesetz
GEMA	Gesellschaft für musikalische Aufführungs- und mechanische Vervielfältigungsrechte
GeschmMG	Geschmacksmustergesetz
GewO	Gewerbeordnung
GewArch	Gewerbearchiv
GfF	Gesellschaft für Fotografie e. V.
GG	Grundgesetz
GmbH	Gesellschaft mit beschränkter Haftung
GRUR	Gewerblicher Rechtsschutz und Urherberrecht
GRUR Int.	Gewerblicher Rechtsschutz und Urheberrecht, Internationaler Teil
GWB	Gesetz gegen Wettbewerbsbeschränkungen
HandwO	Handwerksordnung
h. M.	herrschende Meinung
HP	Hewlett Packard Company
Hrsg.	Herausgeber
HTML	Hypertext Markup Language

HTTP	Hypertext Transport Protocol
IBM	International Business Machines Corporation
i. d. R.	in der Regel
IFRRO	International Federation of Reproduction Rights Organisation
i. H. v.	in Höhe von
inkl.	inklusive
insbes.	insbesondere
i. S. d.	im Sinne des/der
ISDN	Integrated Services Digital Network
ISO	International Standard Organisation
KG	Kammergericht
KSVG	Künstlersozialversicherungsgesetz
KUG	Gesetz, betreffend das Urheberrecht an Werken der bildenden Künste und der Photographie (Kunsturhebergesetz)
LG	Landgericht
lit.	Buchstabe
MarkenG	Markengesetz
MDR	Monatsschrift des deutschen Rechts
MDStV	Mediendienstestaatsvertrag
MFM	Mittelstandsgesellschaft Foto-Marketing
Mm	Millimeter
MMR	Multimedia und Recht
m. w. N.	mit weiteren Nachweisen
Mio.	Million
Mrd.	Milliarde
n. F.	neue Fassung
nfac	net. foto. art. club
NJW	Neue juristische Wochenschrift
Nr.	Nummer
NZZ	Neue Zürcher Zeitung und schweizerisches Handelsblatt
OLG	Oberlandesgericht
Ordnr.	Ordnungsnummer
PatentG	Patentgesetz
PC	Personal Computer
p. m. a.	post mortem auctoris (= nach dem Tode des Urhebers)
RBÜ	Revidierte Berner Übereinkunft
RFH	Reichsfinanzhof
RFHE	Sammlung der Entscheidungen des Reichsfinanzhofs
RGB	steht für die sog. Grundfarben Rot, Grün, Blau
RL	Richtlinie
Rn.	Randnummer
S.	Seite; Satz
s.	siehe
Sek.	Sekunden
SLR	Spiegelreflexsystem
s. o.	siehe oben
sog.	sogenannt
SÜDENA	Südwestdeutsche Nachrichtenagentur
s. u.	siehe unten
TDG	Teledienstegesetz

TRIPS	Agreement on Trade-Related Aspects of Intellectual Property Rights
u. a.	unter anderem; und andere
u. ä.	und ähnliches
UFITA	Archiv für Urheber-, Film-, Funk-, und Theaterrecht
UPR	Urheberpersönlichkeitsrecht
UrhG	Gesetz über Urheberrechte und verwandte Schutzrechte (Urheberrechtsgesetz)
UrhG-E	Regierungsentwurf zur Änderung des Gesetzes über Urheberrechte und verwandte Schutzrechte (Urheberrechtsgesetz)
USA	United States of America
UStG	Umsatzsteuergesetz
UWG	Gesetz gegen den unlauteren Wettbewerb
Velma	Verband lizenzierter Modellagenturen
VerlG	Gesetz über das Verlagsrecht
VG	Verwertungsgesellschaft
Vgl.	vergleiche
WahrnG	Gesetz über die Wahrnehmung von Urheberrechten und verwandten Schutzrechten (Urheberrechtswahrnehmungsgesetz)
WCT	WIPO Copyright Treaty
WiVerw	Wirtschaftsverwaltung
WIPO	World Intellectual Property Organization
WPPT	WIPO Performances and Phonographs Treaty
WRP	Wettbewerb in Recht und Praxis
WUA	Welturheberrechtsabkommen
www	world wide web
z. B.	zum Beispiel
ZDF	Zweites Deutsches Fernsehen
ZPO	Zivilprozessordnung
z. T.	zum Teil
ZUM	Zeitschrift für Urheber- und Medienrecht, früher: Film und Recht

TEIL 1:

Technische und wirtschaftliche Grundlagen

A. Technische Grundlagen der Fotografie

„Photographie" ist die Erzeugung dauerhafter Abbildungen durch Strahlungen, insbesondere durch sichtbares Licht, auf einem Material, dessen chemische oder physikalische Eigenschaften sich unter der Strahlenwirkung verändern.[1]

Wir leben in einer Zeit, in der die Fotografie wie selbstverständlich genutzt wird. Neben den vielen Berufsfotografen, wie Fotodesignern oder Fotojournalisten, die sich tagtäglich mit dem Medium Fotografie auseinandersetzen, existiert eine unglaublich hohe Anzahl von Hobbyfotografen und „Alltagsknipsern". Mit der Zeit hat sich aus der Fotografie ein wahrhaftes **Massenmedium** entwickelt.

Leider ist damit auch etwas von der anfänglichen Faszination verloren gegangen. Heutzutage fragt sich kaum ein Mensch mehr, wie dieser kleine schwarze Kasten in seiner Hand eigentlich funktioniert oder gar wie eine Fotografie technisch entsteht. Meist sind es nur professionelle Fotografen und engagierte Amateure, die wirklich über die Technik der Fotografie informiert sind.

I. Die Geschichte der Fotografie

Um die Fotografie besser verstehen zu können, ist es von großer Bedeutung, auch ihre geschichtliche Entwicklung zu kennen.

1. Physikalische Entdeckungen

Der Pionier auf dem Weg zur uns heute bekannten Kamera war wohl die sog. „Camera Obscura". Die erste veröffentlichte Darstellung der „Camera Obscura" stammt aus dem Jahr 1544. Das Prinzip war einfach. Ein einfacher geschlossener Kasten, der in einer Seite ein kleines Loch aufweist. Durch dieses Loch fiel Licht auf die gegenüberliegende Wand und projizierte ein Bild. Die „Camera Obscura" diente anfangs jedoch noch ausschließlich Künstlern, denen es dadurch vereinfacht wurde, in ihren Zeichnungen Perspektive und Proportionen unverfälscht wiederzugeben.

1568 kam der Venezianer *Daniele Barbaro* auf die Idee, das Loch der „Camera Obscura" mit einer Sammellinse zu versehen, um dadurch hellere Bilder zu erzielen. Im Jahre 1588 beschrieb der Italiener Giovanni Battista Della Porta bereits die Möglichkeit einer Spiegelreflexfunktion in der „Camera Obscura". Hierzu wurde ein Hohlspiegel in einem Winkel von 45° gegen die Linsenachse geneigt. So wurde die Projektion auf die Oberseite umgelenkt und der Zeichner konnte wie auf einem Tisch zeichnen. Das Spiegelreflexsystem ist bis heute in allen Spiegelreflexgehäusen zu finden.

2. Chemische Entdeckungen

In der Geschichte der Fotografie spielten jedoch auch die Entdeckungen im Bereich der Chemie eine nicht minder wichtige Rolle. So stellte der deutsche Arzt *Johann Heinrich Schulze* 1727 fest, dass sich Chlorsilber unter Einwirkung des Lichts schwärzte. Dies war zunächst die relevanteste Entdeckung für die weitere Entwick-

---

[1] Brockhaus Enzyklopädie, Stichwort Photographie u. Lichtbild.

lung der heute bekannten Fotografie. Die Entdeckung von Stoffen, die sich unter dem Einfluss von Licht verändern, bildete die Grundlage für die klassische Fotografie.

Fünfzig Jahre später fand der schwedische Chemiker *Carl Wilhelm Scheele* heraus, dass durch Licht geschwärztes Chlorsilber in Ammoniak nicht mehr völlig löslich ist, fein verteiltes schwarzes **Silber** hinterlässt und sich danach nicht wieder verändert. Diese beiden Entdeckungen machten es erst möglich, spätere Fotografien auf Chlorsilberpapier zu entwickeln und zu fixieren.

3. Die ersten Fotografien

4   1816 gelang es schließlich dem Franzosen *Joseph Nicéphore Nièpce* nach acht Stunden Belichtungszeit, das erste **Abbild** der Natur auf einer lichtempfindlichen Platte in der „Camera Obscura" herzustellen. Dies gelang ihm auf Chlorsilberpapier. Das Papier erwies sich jedoch nicht als lichtbeständig, so dass er Asphalt als lichtempfindliche Schicht versuchte. Der Asphalt wurde in Petroleum aufgelöst. Die daraus entstandene Lösung wurde auf einer Stein-, Glas-, Silber-, Zinn- oder Kupferplatte dünn aufgetragen. Der belichtete Asphalt wurde hart, während der unbelichtete sich mit einem Lösungsmittel entfernen ließ. So entstand ein Bild, welches jedoch lediglich als Vorlage bzw. Druckplatte genutzt wurde.

5   Eine Belichtungszeit von lediglich zwei bis drei Stunden benötigten dagegen 1835 die Aufnahmen des Engländers *William Henry Fox Talbot*. Er benutzte zudem das erste **Negativ-Positiv-Verfahren** in der Geschichte der Fotografie. Nun war es möglich, von einer Aufnahme so viele Abzüge zu machen wie man wollte. Einige Jahre später perfektionierte er sein Verfahren und es war ihm möglich, Bilder mit nur einer Minute Belichtungszeit zu machen. Obwohl Beweise existieren, dass *Talbot* das erste lichtbeständige Bild mit der „Camera Obscura" auf Chlorsilberpapier herstellte, gilt er nicht als der Erfinder der Fotografie. Die Geburtsstunde der Fotografie war offiziell erst im Jahre 1839 mit der Erfindung der **Silberplatten-Technik** durch den Franzosen *Louis-Jacques Mandé Daguerre* in Paris.

6   Im Jahre 1871 gelang schließlich dem englischen Arzt *Richard Leach Maddox* die Entwicklung einer **Trockenplatte** mit einer Bromsilber-Gelatine-Schicht. Deren Empfindlichkeit wurde 1878 von *Charles Bennet* verbessert. Der Fotograf war nun in der Lage, beliebig viele solcher Trockenplatten herzustellen und brauchte auch keine komplette Dunkelkammer mit sich zu führen. Von nun an ging die Entwicklung stetig und unaufhaltsam voran. Es entstanden Unternehmen, die fertige Trockenplatten in Massen herstellten und vertrieben. Die Empfindlichkeit der Platten wurde nicht nur konstanter, sondern auch merklich gesteigert. Es wurde damit begonnen, Belichtungsinformationen mitzuliefern. Dank der höheren Lichtempfindlichkeit wurde es den Fotografen erstmals möglich, sich schnell bewegende Objekte fotografisch festzuhalten. Zudem wurde damit begonnen, Messinstrumente zur Bestimmung von Helligkeit und Lichtverhältnissen zu entwickeln.

4. Der erste Rollfilm

7   *George Eastman*, ein amerikanischer Bankangestellter, entwickelte schließlich daraus den ersten **Rollfilm**. Dieser bestand aus einem mit einer Gelantine-Emulsion empfindlich gemachten Papier. Zusammen mit dem Kamerabauer *William H. Walker* entwickelte er einen Rollenhalter, der in jede übliche Plattenkamera passte. Später konstruierte *Eastmann* eine Kamera für seinen neuen Rollfilm mit 100 Aufnahmen

und gründete die Firma Kodak. Diese neue Kamera konnte von Jedermann bedient werden. Sie wurde aufgrund des kleinen Filmformates mit einer sehr kurzen Brennweite ausstaffiert. Dadurch wurde alles von 1 m bis unendlich scharf abgebildet und die Scharfeinstellung erledigte sich damit von selbst. Diese Kamera war jedoch noch lange nicht ausgereift. So musste der Fotograf z. B. die Kamera samt vollem 100er Film zu Kodak schicken, wo diese mit einem neuen Film geladen und die Bilder entwickelt wurden. Bis die Kamera an den Eigentümer zurückging, vergingen 10 Tage und es handelte sich bei den Fotos noch um kreisrunde Bilder mit einem Durchmesser von 64 mm.

Dies änderte sich jedoch bei der Entdeckung des **Zelluloidfilms**. Der von *East-* 8 *mann* eingestellte Chemiker *Henry M. Reichenbach* fand heraus, dass sich mit dem synthetischen Material Nitrozellulose und einigen Zusätzen ein dünner, biegsamer und transparenter Film herstellen ließ. 1889 wurde dieses Verfahren patentiert. Der Zelluloidfilm befand sich auf einem noch längeren Stück schwarzen Papier, der den Film beim Aufrollen auf die Spule vor Licht schützen sollte. Auf der Rückseite des Papiers befanden sich Zahlen, die man wiederum auf der Kamerarückwand ablesen konnte. Anfangs konnte der Film ausschließlich im Dunkeln einlegt werden, was sich aber später änderte. Zudem war dieser nur noch für 12 Aufnahmen ausgelegt. Das war der Anfang von einer immer schneller werdenden Innovation in der Fotografie. Von nun an konnte jeder Mensch einen Film in seine schon recht handliche und mobile Kamera einlegen und fotografieren.

5. Die weitere Entwicklung bis heute

Während der Jahrhundertwende und den ersten Jahrzehnten des 20. Jahrhunderts bil- 9 deten sich verschiedene Aufnahmeformate, die zudem immer kleiner und somit immer lichtempfindlicher wurden. Die erste Kleinbildkamera mit dem **Filmformat 35 mm** wurde von der deutschen Firma Leica entwickelt. Es folgten optisch und mechanisch bessere Objektive. Der Kamerakonstrukteur Carl Zeiss machte sich beispielsweise einen Namen, der noch heute für optische Qualität und Zuverlässigkeit steht. 1935 und 1936 wurden die allerersten Farbfilme von den Firmen Agfa und Kodak auf den Markt gebracht. 1947 wurde schließlich das erste schwarzweiß **Polaroid**-Verfahren entwickelt, welches 1963 durch das Farbverfahren verbessert wurde.

Im Gegensatz zu den chemischen Grundlagen hat sich die Mechanik und vor allem Elektronik in den Kameragehäusen und Objektiven immer wieder selbst übertroffen.

So wird seit ein paar Jahren die analoge- durch die digitale Aufnahmetechnik in Kameras ergänzt. Die **modernen Kameraausrüstungen** erlauben das Fotografieren unter nahezu allen Umständen. Deshalb ist die Fotografie zu einem der bedeutendsten Medien geworden. Bis zum Ende des ersten Weltkrieges waren in Deutschland schon rund 40 Fotoreporter und 24 Fotoagenturen in der Pressefotografie tätig. Ab 1919 entstanden 50 weitere Bildagenturen und es wurden 120 Pressefotografen tätig. Die Aufnahmen, die seit der Einführung der Fotografie entstanden sind, stellen einen unschätzbaren geschichtlichen Wert dar. Fotografie ist Information und Erinnerung. Auch wenn der Blickwinkel dabei immer subjektiv ist, denn objektive Fotografie ist nicht möglich.

Richard Avedon sagte einmal zur Objektivität der Fotografie: „*Sobald man die Kamera in die Hand nimmt, beginnt man zu lügen – oder die eigene Wahrheit zu sagen. Man fällt bei jedem Schritt subjektive Urteile – in der Art, wie man das Modell beleuchtet, indem man den Moment der Aufnahme bestimmt und indem man das Bild beschneidet. Es ist nur eine Frage der Entscheidung, wie weit man geht. "*

II. Der aktuelle Stand der Fototechnik

10 Heute bleibt eigentlich kein Fotografenwunsch mehr offen. Der **Markt** boomt mehr denn je. Es wird heute kaum einen Menschen geben, der keine Kamera besitzt. Kompakt-, Spiegelreflex-, Analog- oder Digitalkamera, ob Empfindlichkeiten im Iso-Bereich bis 25.600 bei Digitalkameras, Belichtungszeiten von 1/8000 Sekunde oder 3D-Color–Matrixmessung, der Fototechnik sind keine Grenzen mehr gesetzt. Der Besitzer einer vollautomatischen Kamera braucht im Grunde nur noch über Motiv und Bildkomposition zu entscheiden. Da wird die simple Frage, wie ein Bild entsteht, wichtiger denn je.

Will der Fotograf die Fotografie etwas ernsthafter und kreativer betreiben, so kommt er zunächst um das Verständnis von Aufnahmetechnik und Material nicht herum. Erst das Wissen über das Wie und Warum ermöglicht die Umsetzung seiner fotografischen Wahrnehmung und ihrer gestalterischen Umsetzungen.

1. Wie entsteht ein analoges Bild?

11 Wie entsteht ein Bild? Eigentlich ist das Prinzip sehr einfach. Licht dringt durch das Objektiv und fällt bei Druck auf den Auslöser auf ein Filmstück. Wichtig dabei ist vor allem, dass sich der Film ansonsten lichtgeschützt in der Kamera befindet. Geschützt wird er durch das Kameragehäuse und den Verschlussvorhang.

a) Der Verschlussvorhang

12 Der **Verschlussvorhang** besteht aus hauchdünnen Lamellen, die dafür Sorge tragen, dass beim Auslösen die richtige Lichtmenge auf den Filmstreifen gelangt. Der Verschluss befindet sich exakt zwischen Objektiv und Filmebene im Innern des Kameragehäuses. Er ist so lange geschlossen, wie der Auslöser nicht betätigt wird. Bei Druck auf den Auslöser öffnen sich die Lammellen vertikal oder horizontal und das Licht trifft auf die Filmebene. Die Verschlusszeit entscheidet dann, wie lange der Verschluss geöffnet bleibt und damit wie lange Licht auf den Film trifft. Heute ermöglichen sog. Schlitzverschlüsse schon Verschlusszeiten von 1/8000 Sekunde. Das heißt, es ist möglich, Bildobjekte mit unglaublich hoher Geschwindigkeit „einzufrieren".

b) Die Blende

13 Verantwortlich für die Lichtdosierung ist ferner die sog. **Blende**. Sie befindet sich nicht wie der Verschluss in der Kamera, sondern ist vielmehr Bestandteil des Objektivs und lässt sich vom Fotografen manuell einstellen. Die Öffnung der Blende bestimmt, wie viel Licht durch das Objektiv ins Kameragehäuse fällt. Die Blendenöffnung ist die Größe der Öffnung und demnach die Strahlenbegrenzung des Objektivs. Je größer die eingestellte Blendenöffnung ist, desto mehr Licht steht zur Verfügung, das innerhalb der eingestellten Belichtungszeit auf den Film fällt und ihn so belichtet. Auch in diesem Fall dienen Lamellen zur Einstellung der Öffnung. Außen am Objektiv befinden sich Blendenzahlen. Sie symbolisieren die Blendenöffnung. An ihnen kann sich der Fotograf orientieren und die gewünschte Blende wählen. Die Blendenstufen verlaufen von der größten zur kleinsten Blende. Die größte Blendenöffnung ist durch die kleinste Zahl dargestellt, die kleinste Öffnung dementsprechend durch die größte.

Hempel

Wenn der Fotograf die Blende von einer Stufe zur nächsten öffnet, z. B. von Blende 8 zu 5.6, wird die Fläche der Blendenöffnung doppelt so groß wie zuvor und lässt doppelt so viel Licht durch. Wird die Blende hingegen um eine Stufe geschlossen, z. B. von 16 auf 22, ist die Blendenöffnung nur noch halb so groß und lässt nur halb so viel Licht durch.

c) Die Blendenöffnung

Blendenöffnung und **Belichtungszeit** befinden sich in einem engen Zusammenhang. *14* Je größer die gewählte Blendenöffnung ist, desto weniger Zeit ist erforderlich, um den Film richtig zu belichten. Umgekehrt gilt, je länger der Verschluss geöffnet ist, desto kleiner ist die erforderliche Blendenöffnung. Hieraus lässt sich folgern, dass sich mit einer Vielzahl möglicher, aber gleichwertiger Blende-Zeit-Kombinationen die gleiche Belichtung erzielen lässt.

Sehr lichtstarke Objektive, z. B. mit einer Offenblende von 1:1.4, erlauben konstruktionsbedingt sehr schnelle Verschlusszeiten, sind jedoch auch dementsprechend teurer als nicht so lichtstarke Objektive.

Die meisten modernen Hightech–Kleinbildkameras bieten zudem eine vollautomatische Betriebsweise an, die gewöhnlich mit einem „P" für programmierte Belichtung oder Programmautomatik gekennzeichnet ist. Wird diese Einstellung gewählt, so legt die Kamera die richtige Blende und Verschlusszeit für eine genaue Belichtung selbst fest. Jedoch kann diese Funktion dazu führen, dass die gewählte Kombination nicht den gestalterischen Wünschen des Fotografen gerecht wird und ist daher nicht immer empfehlenswert.

d) Der Belichtungsmesser

Der Belichtungsmesser misst die Intensität des Lichtes. Er ist in den meisten mo *15* dernen Kameras im Gehäuse fest eingebaut, mit der Belichtungsregelung halb- oder vollautomatisch gekoppelt und gibt an, wie Blende und Belichtungszeit einzustellen sind. Es gibt verschiedene **Messtechniken**, die je nach Kameramodell unterschiedlich ausfallen.[2]

Die klassische Messcharakteristik ist wohl die **mittenbetonte Messung**, bei der sich 75 % der Messempfindlichkeit auf einen 12 mm großen Kreis in der Bildmitte konzentrieren, während die verbleibenden 25 % im Umfeld eine Sicherheitsfunktion übernehmen. Dies ist die herkömmlichste Messcharakteristik, z. B. für Portraits, oder ganz einfach dann, wenn man die volle persönliche Kontrolle behalten möchte. Bei zu kleinen, zu nahen oder zu entfernten Objekten kann die Größe des Mittenkreises jedoch unangemessen sein.

Hier bietet sich die sog. **Spotmessung** an. Dabei konzentriert sich die Messempfindlichkeit fast zu 100 % auf einen 3 bis 4 mm großen Kreis in der Suchermitte. Dies erlaubt das gezielte Ausmessen sehr kleiner Bilddetails und damit eine sehr selektive Belichtungssteuerung. Für eine optimale Steuerung ist das Spot-Messfeld bei hochmodernen AF-Profikameras mit dem manuell gewählten AF-Messfeld verknüpft.

Moderne elektronische Kameras verfügen noch über eine weitere Messmethode. Dabei handelt es sich um eine **Mehrfeldmessung**. Vereinfacht dargestellt werden

---

[2] Folgende Erläuterungen basieren auf dem Kamerasystem der Firma Nikon.

hierbei fünf Sektoren der Mattscheibe ausgemessen. Die analogen Messwerte werden logarithmisch komprimiert und einer extrem schnellen Analog-Digital-Wandlung unterzogen. Unter Berücksichtigung der Aufnahmebrennweite, Arbeitsblende, Verschlusszeit und anderer Belichtungsdaten vergleicht der Kameracomputer die Messergebnisse schließlich mit einer Vielzahl (ca. 30.000) vorgegebener Motivsituationen und ermittelt eine den Gegebenheiten entsprechende Belichtung.

Die Mehrfeldmessung war die Grundlage für die heutige sog. **3D-Matrixmessung**. Auch hier werden unzählige Motivsituationen in die Datenbank der Kamera programmiert. Im Gegensatz zu den älteren Systemen, wo die Daten aus simulierten Laborversuchen entstanden, wurden sie nun aus realen Fotos entwickelt. Auf der Grundlage dieser Daten wertet die Kamera in der 3D-Matrixmessung eine komplexe Vielfalt von Motivparametern aus, darunter Helligkeit, Kontrast und gewähltes AF-Messfeld. Dann analysiert der eingebaute Mikrocomputer das Motiv unter Berücksichtigung der Einstellentfernung und bildet hieraus eine erstaunlich präzise Belichtungseinstellung.

e) Der gestalterische Umgang mit Blende und Verschlusszeit

16   Möchte der Fotograf bestimmte Effekte erzielen, so wird er gezwungen sein, die **Programmautomatik** abzuschalten und die für ihn richtige Blenden-Verschlusszeit-Kombination manuell einzustellen.

Die Verschlussgeschwindigkeit entscheidet darüber, wie eine Bewegung auf dem Film dargestellt werden kann. Zum einen ist man in der Lage, sich bewegende Bildobjekte scharf „einzufrieren", zum anderen besteht die Möglichkeit, sie verwischt wiederzugeben. Durch den **Wischeffekt** wird beispielsweise dem Betrachter ein Gefühl der Bewegung vermittelt. Um diesen Effekt zu erzielen, benötigt man längere Verschlusszeiten wie 1/30 Sekunde oder länger. Um Bildobjekte „einzufrieren" dementsprechend kürzere Zeiten wie z. B. 1/500 Sekunde.

Die eingestellte Blende entscheidet schließlich über die **Schärfentiefe** des Fotos. Um den Begriff Schärfentiefe zu begreifen, ist es nötig zu erläutern, was Schärfe in der Fotografie eigentlich bedeutet. Wurde auf eine Entfernung scharfgestellt, dann müssen alle Motivpartien mit davon abweichender Distanz unscharf abgebildet werden. Folglich ist die Schärfe eine zweidimensionale Ebene, die keinerlei Tiefe aufweist. Das würde bedeuten, dass es keine sog. Schärfentiefe geben kann. Jedoch sind unsere Augen nicht in der Lage, extrem kleine Unschärfen von scharfen Punkten zu unterscheiden. Und solange die tatsächlich vorliegende Unschärfe nicht als solche erkannt wird, erhält die Schärfe eine Tiefe.

Mit der **Schärfentiefe** verändert sich der Schärfeeindruck des Bildes. Damit wird es möglich, das Bildobjekt gestochen scharf abzubilden, Hinter- und Vordergrund aber in Unschärfe verschwinden zu lassen. Umgekehrt ist es natürlich auch möglich, das gesamte Bild scharf erscheinen zu lassen. Hierzu ein Beispiel: Bei einer an der Kamera eingestellten Entfernung von 5 Metern wird die Schärfentiefe durch wechselnde Blendenöffnungen verändert. Bei Blende 2 ist nur das 5 Meter entfernte Objekt ganz scharf. Wenn jedoch auf Blende 22 abgeblendet wird, werden zudem Vorder- und Hintergrund in den Schärfenbereich gebracht.

f) Selektive Schärfentiefe

17   Die Fähigkeit, die Schärfentiefe bewusst zu bestimmen, ist eine der Qualitäten, die den fortgeschrittenen Fotografen ausmacht. Einfach ausgedrückt ist die Schärfentiefe

der Bereich noch genügend **scharfer Abbildung** auf einem Foto. Tatsächlich ist nur der Gegenstand, auf dessen Entfernung eingestellt worden ist, wirklich scharf. Und doch erscheinen auch andere Elemente auf dem Bild noch scharf.

Wie stark die Unschärfe vor und hinter dem scharf abgebildeten Bereich ist, hängt z. B. von der Brennweite des Objektivs ab. Je länger die **Brennweite**, desto stärker der Schärfe-Unschärfe-Eindruck. So weist ein 28 mm Weitwinkelobjektiv schon bei kleiner Blendenzahl eine recht hohe „Anfangsschärfe" auf, wohingegen ein 300 mm Teleobjektiv bei gleicher Blendenzahl eine sehr hohe Unschärfe außerhalb der einge-stellten Entfernung und offener Blendenöffnung aufweist.

Die **Aufnahmedistanz** und somit der **Abbildungsmaßstab** sind für die eigentliche Schärfentiefe von großer Bedeutung. Je größer der Abbildungsmaßstab, d. h., je näher an den Aufnahmegegenstand herangegangen wird, desto geringer ist die Schärfentiefe. Bei extremen Nahaufnahmen beträgt der Bereich noch genügend scharfer Abbildung bloß ein paar Millimeter.

Zudem wird die Schärfentiefe, wie oben beschrieben, von der Blendenzahl be-stimmt. Kleine Blendenzahlen führen zu geringer Schärfentiefe, während große Blen-denzahlen den Bereich genügender Schärfe erweitern. Das Abblenden um zwei Stufen erhöht die Schärfentiefe um mehr als das Doppelte.

Leider erlauben es die technischen Umstände nicht immer, **Blende-Zeit-Kom-binationen** einzustellen, die den Wünschen nach einer bestimmten Wiedergabe von Bewegung und Raumtiefe mit Schärfe in allen Bereichen gerecht werden. Wenn der Fotograf Priorität auf Schärfentiefe legt, so sollte er an der Kamera die Zeitautomatik einstellen. Wenn hingegen die Verschlusszeit wichtig ist, sollte die Blendenautoma-tik eingestellt sein. Die Kamera sucht dann zur eingestellten Zeit die zur korrekten Belichtung erforderliche Blende. Welche technischen Möglichkeiten und Raffinessen eine Kamera anbietet, ist eine Frage des Kameratyps.

2. Kameratypen

Ein Unterschied ist z. B. das Filmformat. Es wird zunächst zwischen den drei wich- *18*
tigsten Kameratypen und Kameraformaten unterschieden: Kleinbild-, Mittelformat, und Großformatkamera.

a) Großformatkameras

Großformatkameras werden auch Fachkameras genannt. Sie werden ausschließlich *19*
von professionellen Fotografen benutzt und arbeiten mit Planfilm im 9 x 12 cm/4 x 5 Inch bis 18 x 24 cm/8 x 10 Inch Format oder auch mit den Formatadaptern 6 x 7 bis 6 x 12 cm. Sie sind sehr groß, damit sehr unhandlich und sehr zeitaufwendig in Aufbau und Bedienung. Sie werden je nach Modell vollkommen manuell vom Stativ bedient und haben keinerlei Automatisierung. Das heißt, ein Belichtungsmesser ist hier nicht zu finden. Der Planfilm wird in Form einzelner Filmblätter in einer Kassette eingelegt.

Der Vorteil dieser Kamera liegt auf der Hand. Das große Format erfordert einen geringeren Vergrößerungsgrad. Das Ergebnis sind Abzüge von äußerster Schärfe und vorzüglicher Genauigkeit auch noch des kleinsten Details. Zudem wird es durch die uneingeschränkte Beweglichkeit des Rückteils und der Objektivstandarte möglich, dass perspektivische Verzerrungen korrigiert werden können und die Lage der Schär-fentiefenebene bestimmt werden.

b) Das Kleinformat

20 Das Kleinformat ist wohl das gebräuchlichste System. Beim Kleinbild handelt es sich um das **35 mm Format**. Es ist sehr handlich und das erhältliche Zubehör sehr umfangreich. Daher wird es von Amateuren und Professionellen gleichermaßen eingesetzt. Aufgrund der Tatsache, dass sich die meisten dieser Fotografen des einäugigen **Spiegelreflexsystems** (SLR) bedienen werden, wird im Bereich des Kleinbilds nicht näher auf Sucher- oder Kompaktkameras eingegangen.

Das System wird für das APS-, 35 mm Format und auch für das größere Mittelformat angeboten. Bei diesem System wird durch das Objektiv das einfallende Licht von einem Spiegel durch ein Prisma zum Sucher reflektiert. Bei der Aufnahme schwenkt der Spiegel zur Seite, damit der Film belichtet werden kann.

Das Angebot reicht von einfachen, preiswerten Modellen, die gänzlich manuell eingestellt und bedient werden, bis zu außerordentlich hoch entwickelten und hochpreisigen Kameras mit Automatikfunktionen. Aber was ist nun die bessere Wahl? Manuelle bzw. mechanische Kameras sprechen für Robustheit und Zuverlässigkeit. Meistens sind die Gehäuse noch aus Metall und vermitteln schon dadurch bessere Qualität. Die Mechanik lässt ihren Besitzer auch im arktischen oder subtropischen Klima niemals im Stich. Zudem bieten sie mehr Kontrolle als automatische Versionen und ermöglichen es Anfängern aufgrund weniger Einstellmöglichkeiten, die Kameratechnik besser zu verstehen. Automatische Kameras dagegen können praktisch im Automatik-Modus und Autofokus von jedem Anfänger bedient werden. Künstliche Intelligenz und Mikrochip-Technik ermöglichen es, dass fast alle gemachten Fotos zu richtig belichteten Ergebnissen führen.

c) Das Mittelformatsystem

21 Mittelformatsysteme arbeiten mit Rollfilmen. Die gebräuchlichsten Formate liefern Negative oder Diapositive von 5,6 x 4,3 cm (645), 6 x 6 cm, 6 x 7 cm, 6 x 9 cm oder größer.

Mittelformatkameras haben einige **Vorzüge** gegenüber dem Kleinbild. Die größeren Negative können leichter retuschiert werden; bei starken Vergrößerungen liefern sie vergleichsweise brillantere Bilder; und die Formate 645 und 6 x 7 entsprechen mehr den gebräuchlichen Papierformaten beim Zeitschriftendruck. Zudem ist es viel handlicher als das Großformat. Das Angebot an Mittelformatsystemen besteht von Entfernungsmesser-Sucherkameras bis zu Spiegelreflexmodellen. Der Grad ihrer Automatisierung variiert von minimal bis hin zu umfassend, sogar Autofokus gibt es schon für das 645 Format. Jedoch ist das System viel größer, schwerer und teurer als das Kleinformat.

3. Die Objektivpalette

22 Wer scharfe und brillante Bilder bekommen möchte, der benötigt gute Objektive. Denn sie sind es, die ausschlaggebend für technisch gute **Bildqualität** sind.

Ein Objektiv besteht aus mehreren konkaven und konvexen Linsen, optischen Glaselementen, die Lichtstrahlen jeweils auf einen gemeinsamen Punkt auf dem Film fokussieren. Damit ein Foto erzielt wird, das für den Betrachter scharf erscheint, muss ein Objektiv ein hohes **Auflösungsvermögen** und einen guten Kontrast aufweisen. Mit anderen Worten, das Objektiv muss die Fähigkeit besitzen, komplizierte Details klar gegeneinander abzugrenzen und deutlich zwischen hellen und dunklen Bereichen zu unterscheiden. Jedes Objektiv besitzt zwei weitere grundlegende Eigenschaften: Die Brennweite und die Lichtstärke.

a) Die Brennweite

Die Brennweite des Objektivs bestimmt die Größe des Bildes auf dem Film. Bei glei- 23
chem Motivabstand gibt ein Objektiv mit längerer Brennweite das Motiv in größerem Maßstab wieder als ein Objektiv mit kürzerer Brennweite. Dabei sind Brennweite und **Abbildungsgröße** direkt proportional: Ein Objektiv, dessen Brennweite doppelt so groß ist wie die eines anderen, stellt das Objekt bei gleicher Aufnahmedistanz doppelt so groß dar wie das Objektiv, dessen Brennweite halb so groß ist. Nach ihren Brennweiten werden die Objektive als Weitwinkel-, Normal-, oder Teleobjektiv bezeichnet.

Das Angebot reicht je nach Hersteller von Brennweiten um die 5 mm bis hin zu 1000 mm. Neben Festbrennweiten werden auch sog. **Zoomobjektive** angeboten. Festbrennweiten besitzen lediglich eine Brennweite, wohingegen Zoomobjektive einen Brennweitenbereich abdecken. So gibt es beispielsweise Zooms, die Brennweiten zwischen 15 bis 35 mm bis hin zu 1200 bis 1700 mm abdecken. Zooms haben den Vorteil, dass sie sehr kompakt sind, was gerade auf Reisen praktisch ist. Leider besitzen nur die wenigsten Zooms eine so gute Abbildungsqualität wie Festbrennweiten.

b) Die Lichtstärke

Die Lichtstärke gibt an, wie viel Licht ein Objektiv durchlässt. Auch hier gilt, je grö- 24
ßer die mögliche Blendenöffnung, desto mehr Licht fällt durch das Objektiv. So lässt beispielsweise ein Objektiv in Blendenstellung 1 : 1.4 doppelt so viel Licht durch, wie ein Objektiv in Blendenstellung 1 : 2.8. Ein sehr **lichtstarkes Objektiv** ist demnach besser für Aufnahmen bei schwachem Licht geeignet. Sind z. B. die Beleuchtungsumstände ungünstig oder verlangt eine schnelle Bewegung eine besonders kurze Belichtungszeit, um eine Bewegungsunschärfe zu vermeiden, so kann es von der Lichtstärke abhängen, ob die Aufnahme möglich oder unmöglich ist. Zudem sind lichtstärkere Objektive meist auch qualitativ die besseren Objektive und dementsprechend preislich sehr hoch angesiedelt, so dass sich ihre Anschaffung meist nur für den professionellen Fotografen lohnt.

4. Das Filmmaterial

Filme werden in vielen verschiedenen Sorten hergestellt, wobei jede einem bestimm- 25
ten Zweck dient. Sie können im Format, in ihrer **Empfindlichkeit und Farbsensibilisierung** unterschieden werden.[3]

a) Filmempfindlichkeit

Die Empfindlichkeit wird in DIN[4] und nach der ISO-Norm[5] angegeben. Es werden 26
Filme von 25 bis hin zu 3200 ISO angeboten. Die DIN-/ISO-Zahl ist eine charakteristische Größe der Filmemulsion. So benötigt ein Film mit ISO 50 eine doppelt so lange Belichtungszeit gegenüber einem Film mit ISO 100. Die Empfindlichkeit bestimmt

---

[3] Vgl. zu den unterschiedlichen Filmformaten Rn. 18 ff.
[4] Deutsche Industrie-Norm.
[5] International Standard Organisation.

zugleich die **Schärfeleistung** des Films. So sind niedrigempfindliche Filme feinkörniger und somit schärfer als hochempfindliche. Zur Veranschaulichung:

25 und 50 ISO:

Die superfeinkörnigen Filme. Sie sind lohnend für Großfotos und Detailgenauigkeit. Unbelichtet sind sie länger lagerfähig, haben das feinste Korn und die höchste Farbsättigung bei hervorragender Konturenschärfe. Nachteil ist jedoch, dass bei schlechteren Lichtverhältnissen oft ein Stativ benötigt wird, um ungewollte Verwacklungsunschärfe zu vermeiden.

100 und 200 ISO:

Die universellen und meistgekauften Filme, gerade in der Diafotografie. Sie sind nicht nur bei gutem Licht die perfekten Filme, da sie sehr feinkörnig und schon relativ lichtempfindlich ist. Sie bieten einen guten Kompromiss zwischen Korngröße und Lichtempfindlichkeit.

400 ISO:

Dieser Filmtyp eignet sich ideal für schlechtere Lichtverhältnisse oder die Reportagefotografie mit vorhandenem Licht. Zudem sind sie die erste Wahl, wenn mit längeren Brennweiten gearbeitet wird. Jedoch weist dieser bereits ein merkliches Korn auf.

800 bis 3200 ISO und mehr:

Diese Filme sind schon merkbar grobkörnig. Sie eignen sich eigentlich nicht zur Allroundfotografie. Sie sind sehr empfindlich gegen Überbelichtung und kontrastarm. Sie erlauben es jedoch dem Fotografen, unter schlechtesten Lichtbedingungen zu arbeiten. Zudem werden sie oft benutzt, wenn das starke Korn Stimmungen unterstützen soll. Gerade in der Schwarzweißfotografie kann das grobe Korn zu sehr interessanten Bildern führen.

b) Negativ- und Positivfilm

27 Des Weiteren ist zwischen Negativ- und Positivfilmen zu unterscheiden. Beide Filmarten sind sowohl in Schwarzweiß als auch in Farbe erhältlich.

Der Umkehrfilm, auch **Diafilm** genannt, liefert positive Dias, die in erster Linie zur Projektion im durchfallenden Licht verwendet werden. Der Diafilm stellt direkt nach seiner Entwicklung das fertige Resultat dar und es entstehen keine weiteren Zeitverluste und zusätzliche Ausgaben. Daher sind die Kosten verhältnismäßig gering. Zudem sind Dias im Vergleich zu Negativen schärfer, weisen leuchtendere Farben auf und ihr Kontrastumfang ist wesentlich größer. Die Unterschiede zwischen dem hellsten Weiß und dem dunkelsten Schwarz sind 10-mal größer als bei Aufsichtsvorlagen. Der Diafilm hat jedoch auch gewisse Nachteile. So verzeiht der Diafilm beispielsweise keine Belichtungsfehler. Fehlbelichtungen von nur einer Blende können zu einem unbrauchbaren Resultat führen.

Der **Negativfilm** ergibt hingegen Negative in den Komplementärfarben und negativen Abstufungen des Motivs. Im Vergleich zum Diafilm weist der Negativfilm folgende Vorteile auf. Negativfilme sind von Natur aus nicht so anfällig wie Diafilme. Sie verzeihen dem Fotografen Fehlbelichtungen zwischen einer und sogar zwei Blendenstufen. Da die Bildherstellung über ein Negativ als Zwischenprodukt vor sich geht, hat hier der Fotograf zudem einen großen Einfluss auf die Gestaltung des Abzuges. Er ist nicht nur in der Lage, Über- oder Unterbelichtungen zu korrigieren, ihm ist es auch möglich, einzelne Partien des Bildes kreativ zu verändern. Damit entfällt hier die Notwendigkeit, mehrere Aufnahmen mit unterschiedlichen Belichtungen oder mit unterschiedlichen Farbausgleichsfiltern zu machen, um sicher zu sein, eine einwandfreie Aufnahme „dabei zu haben". Weitere Vorteile dieses Films beruhen darauf, dass von ihm unproblematisch größere Papierabzüge hergestellt werden können und Farben und Schärfe weitestgehend erhalten bleiben. Bei Abzügen von Umkehrfilmen ist zudem die Lichter- und Schattenzeichnung nicht so gut wie bei Abzügen von Negativmaterial. Der Nachteil bei Negativfilmen ist, dass die Filme und die erforderlichen Kontakt- bzw. Indexbögen teuer und in Bezug auf Schärfe, Farbbrillanz und Kontrastumfang deutlich unterlegen sind.

c) Spezialfilme

Neben den herkömmlichen Filmen werden auch sog. Kunstlicht- und Infrarotfilme **28** angeboten. Der **Kunstlichtfilm** ist auf eine Farbtemperatur von 3200 bis 3400°K abgestimmt. Er erlaubt bei Kunstlicht zu fotografieren, ohne einen warmen gelb/orange-Farbstich zu erhalten, wie es bei herkömmlichen Tageslichtfilmen der Fall gewesen wäre.

Der **Infrarotfilm** ist in erster Linie gedacht für Luft- und Tele-Aufnahmen. Ihre Fähigkeit, den atmosphärischen Dunstschleier zu durchdringen, erhöht die Klarheit und Präzision derartiger Bilder. Zudem werden solche Filme weitgehend für wissenschaftliche, technische, experimentelle und militärische Zwecke eingesetzt.

5. Die Filter

Ein Filter lässt Licht bestimmter Wellenlängen durch und absorbiert Licht anderer **29** Wellenlängen. Was durchgelassen wird, hängt von der Farbe des Filters ab. Ein **Farbfilter** ändert die Reaktion einer fotografischen Emulsion auf Licht und Farbe. Seine Funktion ist es, die Farbübersetzung bei Schwarzweiß- und die Farbwiedergabe bei Farbfilmen zu kontrollieren.

Die Verwendung eines Filters in der Schwarzweißfotografie dient zumeist der Beeinflussung der Kontrastwiedergabe. In der Regel ergibt ein Rotfilter eine starke Kontraststeigerung und ein Gelbfilter eine geringe Kontraststeigerung, während ein Blaufilter den Kontrast gegenüber einem ungefilterten Foto herabsetzt. In der Farbfotografie addiert ein Filter seine Farbe zu der des Motivs. So kann man mittels eines Farbkonversionsfilters gezielt die Farbtemperaturen des Motivs mit dem Gewünschten angleichen. Zudem gibt es die **Polarisationsfilter**. Der Zweck dieses Filters besteht darin, Spiegelungen und Reflexe zu mildern oder auszuschalten. Außerdem ist der Polarisationsfilter in der Lage, einen blauen Himmel in der Farbfotografie dunkler und farbintensiver erscheinen zu lassen.

6. Die Digitaltechnik

Seit einigen Jahren hat sich ein Trend durchgesetzt, der das Einlegen des Films im **30** herkömmlichen Sinne überflüssig macht. Es handelt sich hierbei um die digitale Fotografie. Die Fotografie mit Digitalkameras weicht in zahlreichen Aspekten von der klassischen, chemisch basierten Aufnahme ab und eröffnet in vielerlei Hinsicht bislang ungeahnte Möglichkeiten. Im Gegensatz zur analogen Fotografie, wo das Licht auf dem Filmmaterial chemische Prozesse in Gang setzt, kommt bei der Digitalfotografie der **elektrische Sensor** ins Spiel. Aus Lichtintensitäten entstehen elektrische Impulse, die anschließend durch einen Analog-Digital-Wandler (A/D-Wandler) in einen binären Code umgewandelt werden.

Die Sensoren von Digitalkameras basieren in der Regel auf zwei verschiedenen Bildsensor-Technologien.

Es handelt sich hierbei um den sog. CCD-Sensor (Charged Coupled Devices) und um den CMOS-Sensor (Complementary Metal Oxide Semiconductor). Die Grundsteine dieser Technologien sind schon in den 60er und 70er Jahren gelegt worden. Beide Systeme basieren auf dem Lichtelektrischen Effekt, wobei Licht auf ein Material trifft und so Elektronen anregt. Mit anderen Worten konvertieren beide Technologien Licht in elektrische Ladung und erzeugen so elektronische Signale, die von Bildprozessoren weiter verarbeitet und z. B. als Bilddatei gespeichert werden. Beide stellen ganz unterschiedliche Systeme zur Aufnahme von digitalen Bildern dar.

a) CCD-Sensor

31   Die Basis der CCD-Technologie wurde 1969 von Willard Boyle und George Smith erfunden. Das CCD, ursprünglich als Datenspeicher für Computer entwickelt, besitzt die Fähigkeit, Ladungen zu transportieren und mit Licht zu interagieren. Ein CCD-Sensorchip besteht aus einer Matrix von vier- oder achteckigen Fotodioden. Diese wandeln Lichtenergie in Form von Photonen in elektrische Ladungen um.

Fällt durch das Objektiv Licht auf ein CCD-Element, setzen die Dioden durch Interaktion von Licht und Siliziumatomen Elektronen frei, die dann in einem Kondensator gesammelt und mit Hilfe von Schieberegistern über den Chip zum Ausgang und einem Verstärker transportiert werden. Je mehr Licht dabei einfällt, desto mehr Elektronen werden freigesetzt und umso höher die elektronische Ladung. Alle Elemente einer Zeile der Matrix sind miteinander verbunden, werden durch ein einziges Ausleseregister nacheinander gelesen und ausgewertet. Es wird ausschließlich die Ladung aus der ersten Zelle einer Zeile gelesen, wobei die restlichen Ladungen um eine Zelle aufrücken, so dass wieder die erste Zelle ausgelesen werden kann. Auf diese Weise entsteht ein Datenstrom, der aus einzelnen analogen Helligkeitswerten besteht, welche wieder ein Analog-Digitalwandler in digitale Daten umrechnet. Dieser Wert bestimmt dann einen Bildpunkt mit gleicher Helligkeit. Ein Bild wird dementsprechend zunächst aus hellen und dunklen Lichtwerten aufgebaut.

Jedes CCD-Element besitzt zudem Filterschichten, jeweils für eine der drei Farbkomponenten Rot, Grün und Blau, da sie ansonsten nur Grauwerte darstellen würden. Weil das menschliche Auge eine höhere Grünempfindlichkeit besitzt, werden in den meisten Digitalkameras zwei von vier Pixel mit einem Grünfilter und die anderen beiden Bildpunkte mit je einem roten und einem blauen Filter versehen.

Durch die Farbfilter wird das sichtbare Licht in seine RGB-Bestandteile aufgeteilt und getrennt ausgewertet. **Interne Software** der Kamera berechnet dann die einzelnen Farbinformationen, berücksichtigt bei jedem einzelnen Pixel die Farbinformation der jeweiligen Nachbarpixel und fügt diese schließlich zu einem kompletten farbigen Bild zusammen.

b) CMOS-Sensor

CMOS steht für Complementary Metal Oxide Semiconductor und bezeichnet ins *32* Deutsche übersetzt einen komplementären Metall-Oxid-Halbleiter.

Die CMOS-Architektur basiert größtenteils auf der sog. APS (Aktiven Pixel Sensoren) – Technologie. Hier wird das Ladungsbild pixelweise ausgelesen, wobei jedes Pixel über einen eigenen Konverter verfügt. D. h., Fotodiode und Ausleseelektronik kommen bei CMOS in jedem Pixel kombiniert vor. Zusätzlich arbeitet hier ein horizontales und vertikales Ausleseregister, wobei die CCD-Technologie lediglich über ein Register für alle Pixel verfügt. Dies erlaubt, das Ladungspaket, das auf der Fotodiode gesammelt wird, noch im Pixel auszuwerten und in eine Spannung umzuwandeln, um sie dann in den fortlaufenden Spalten und Zeilen zum Analogsignalprozessor des Chips weiterzuleiten. Der weitere Vorgang entspricht dem des CCD-Chips.

c) Vor- und Nachteile der beiden Sensor-Systeme

Ein großer Vorteil, den CMOS-Bildsensoren gegenüber CCD-Bildsensoren haben, *33* ist die Fähigkeit, eine Vielzahl von Verarbeitungsschritten und Kontrollfunktionen parallel schon auf dem Chip selbst auszuführen. Hierunter fallen meist Analog-Digital-Wandlung, Bildkontrolle, Verschlussautomatik, Taktung, Weißabgleich und erste Bildverarbeitungsschritte. Für diese Funktionen sind bei CCD-Kameras zusätzliche elektronische Bauteile erforderlich. Zwar ist das eigentliche Sensor-Bauteil größer als ein vergleichbarer CCD-Sensor, letzterer benötigt aber durch die externen Elemente mehr Platz. Dies erlaubt eine kompaktere Bauweise von CMOS-Geräten. Durch die Unterbringung der erforderlichen Kontrollelektronik direkt auf dem Sensor können CMOS-Sensoren jederzeit auf andere Funktionsarten umgeschaltet werden, beispielsweise von der Ausgabe eines Videosignals hin zum Generieren eines Fotos. Zudem wird durch die Integration eine höhere Prozess-Geschwindigkeit erreicht, was eine höhere Bildrate und somit eine schnellere Vorschau-Funktion ermöglicht.

Des Weiteren können CMOS-Sensoren mit herkömmlichen Chipproduktionsverfahren hergestellt und somit in hohen Stückzahlen kostengünstig produziert werden und kommen daher derzeit vor allem in digitalen Spiegelreflexkameras zum Einsatz.

CCD-Sensoren werden dagegen auf spezialisierten Produktionsstraßen auf der Basis besonderer Rohstoffe und unter hohen Ausschussraten produziert. Dies macht die Sensoren sehr teuer.

Aufgrund der Tatsache, das CCD-Pixel ihre Ladung nach dem Eimerkettenprinzip über die Nachbarpixel bis an die Ränder des Sensors weitergeben, können partielle Überbelichtungen zu großen, weißen Flecken führen, dem sog. Blooming. Jedoch weisen CCD-Sensoren durch die geringe Anzahl von Verstärkern, die Ladung in Spannung umwandeln, und durch die wenigen vorhandenen lichtunempfindlichen Bauteile eine sehr hohe Bildqualität und Lichtausbeute auf. Hersteller von Digitalrückteilen verwenden daher ausschließlich CCD-Sensortechnik, da es hier nicht immer auf Geschwindigkeit und Systemgröße ankommt.

d) Digitale Kameramodelle

Obwohl die **Auflösung** unterschiedlich ist, bieten die meisten neuen Modelle mindestens sechs Megapixel Auflösung. Diese könnte mit einem Fotodrucker Abzüge der Größe 20 x 25 cm von wirklicher Fotoqualität liefern und gute 12,5 x 17,5 cm Abzüge auf den meisten Tintenstrahldruckern. Die **Sechs- bis Zehn-Megapixel-Modelle** beherrschen eine angemessene Auflösung für einen ausgezeichneten DIN A4 Farbabzug. Es sind noch viel größere Abzüge möglich, wenn die Größe der Bilddatei vorher mit geeigneter Software erhöht wurde.

Die meisten gängigen Kompaktmodelle haben ein eingebautes Autofocuszoomobjektiv, einen eingebauten Blitz, LCD-Monitor und einen optischen Sucher. Neben diesen Modellen werden zudem hochauflösende **digitale Spiegelreflexmodelle** angeboten. Sie basieren auf dem bekannten 35 mm Kameragehäuse und verfügen daher über den gleichen Umfang an Objektiven und Zubehör wie ihre analogen Gegenstücke. Diese Modelle weisen eine höhere Auflösung auf als die kleineren und kompakteren Modelle. Das Angebot reicht heute vom ca. 10 bis hin zum 24,5 Mega-Pixel Modellen mit 28,1 x 18,7 mm großen Sensoren.

Zudem werden digitale Rückteile für **analoge Großformat- und Mittelformatkameras** angeboten. Die Rückteile werden anstelle der Filmkassetten mit entsprechenden Adaptern gesetzt und bieten bis zu 60 Mega-Pixel mit einer Sensorgröße von 53,9 x 40,4 mm.

e) Analog – contra Digitaltechnik

35 Die ersten **digitalen Kameras** kamen noch kaum an die Qualität eines Kleinbildfilmes heran. Heute haben **Digital-Spiegelreflexkameras** die Qualität eines 100 ASA Filmes bereits überschritten.

Durch die Digitaltechnik entfallen hohe Film- und Entwicklungskosten. Der Fotograf ist in der Lage, sich die Bilder direkt am LCD-Monitor der Kamera oder Computerbildschirm anzuschauen und deren Qualität zu überprüfen.

Bildjournalisten ist es möglich, Bilder direkt vom Computer in die Redaktionen zu schicken. Im Studio oder bei professionellen Außen-Aufnahmen brauchen nunmehr keine teuren Polaroidfotos verschossen zu werden, um Licht, Schärfe und Maske zu überprüfen. Probeaufnahmen können schon während des eigentlichen Shootings elektronisch zum Auftraggeber geschickt werden, damit dieser sein Einverständnis übermitteln kann. So kann viel Zeit und teures Material gespart werden.

Zudem bietet die Digitaltechnik die Möglichkeit, Bilder nachträglich, ohne vorab gescannt zu werden, am Computer zu bearbeiten.

Hier kann der Anwender mit Hilfe von bestimmter Software seine Bilder nach Wunsch optimieren, aber auch völlig neu gestalten. Es können störende Bildteile entfernt und neue Elemente zugefügt werden. Aus vielen unterschiedlichen Bildern kann nunmehr durch digitale Montage ein völlig neues Bild entstehen. Die Möglichkeiten der digitalen Bildbearbeitung sind nicht nur für die Werbebranche interessant. Auch Amateure können hier ihrer Bildauffassung und Komposition nachträglich freien Lauf lassen. Es wird ein zusätzlicher kreativer Spielraum geschaffen, der schon jetzt nicht mehr wegzudenken ist.

Die Digitalfotografie wird sich in den nächsten Jahren immer weiter entwickeln. Es werden qualitativ immer bessere Aufnahmen möglich werden, so dass der momentane Trend zur digitalen Fotowelt wohl kaum abschwächen wird. Nichtsdestotrotz wird es ihr nicht gelingen, die Analogfotografie ganz verschwinden zu lassen. Sie wird immer nur ein weiterer Zweig in der Kunst-Fotografie sein, ein technologischer Fortschritt, der die Möglichkeiten der Fotografie erweitert.

III. Fotografisches Sehen

Bei dieser unglaublich hohen Zahl von angebotener Fototechnik vergessen viele Fotografen, dass es nicht ausschließlich die **Technik** ist, die für gute Bilder sorgt. Gerade Anfänger suchen oft ihr Heil in der Technik. Wichtig für sie ist nicht, was ein Foto erzählt, sondern mit welchen Mitteln es entstanden ist. Die Aufnahmen werden vielleicht von Mal zu Mal schärfer, aber das ist auch schon alles. Besser im Sinne von eindrücklicher sind sie jedoch nicht geworden. Da ist die Enttäuschung oft groß und es wird die noch teurere Ausrüstung ins Auge gefasst. Natürlich führt auch dies nicht zu besseren Ergebnissen. *36*

Fotografie ist nicht Selbstzweck, der sich im Spiel mit der Technik erschöpft, wenn dieses Spiel auch seine Reize haben kann. Sie ist letztlich nichts anderes als ein **Kommunikationsmittel**, ein sichtbar gewordenes Gespräch, mit dem der Fotograf dem Bildbetrachter etwas mitteilt. Es ist nicht die Kamera, die das Bild macht, sondern der Mensch hinter der Kamera. Kamera, Objektiv und Film sind lediglich die Werkzeuge, die dem Fotografen erlauben, seine Botschaft zu formulieren und in eine verständliche Bildsprache zu übersetzen.

„Technik allein ist wertlos, solange sie nicht durch Kunst ergänzt wird."
(Andreas Feininger)

Eine vielseitige, qualitativ hochwertige Kameraausrüstung erweitert ohne Zweifel die **Ausdrucksmöglichkeiten** beträchtlich und trägt bestimmt auch mehr zur technischen Brillanz einer Aufnahme bei als eine billige, unflexible – aber auch sie kann nicht ins Bild zaubern, was der Fotograf nicht wahrgenommen hat. Sie zeichnet treu auf, was er will. Doch ist sie nicht in der Lage, so Wesentliches wie Fantasie, Empfindung, persönliche Auffassung und subjektive Deutung hinzuzufügen. Das kann nur der Fotograf. Und diesem wiederum gelingt dies nur, wenn er sich bemüht zu sehen.

Das fotografische Sehen bedeutet, entdecken, was anderen Menschen entgeht. Es besagt, dass der Fotograf das Erblickte tatsächlich in sich aufnimmt, dass er sich seiner Empfindungen und Vorstellungen bewusst wird und gefühlsmäßig darauf reagiert. Fotografie entsteht nicht allein durch den Druck auf ein Knöpfchen. Fotografieren heißt vielmehr aufspüren, beobachten, über das Gesehene reflektieren und die Wahrnehmungen kreativ und mit technischem Können in ein klares, aussagekräftiges Bild zu übertragen.

„Ein eindrucksvolles Foto ist fast immer das Ergebnis einer glücklichen Synthese von technischem Können und schöpferischem Einfühlungsvermögen."
(Andreas Feininger)

B. Wirtschaftliche Grundlagen und Organisation des Fotomarktes

I. Ursprünge

37 Begonnen hat das Fotografiezeitalter in den 20er und 30er Jahren des 19. Jahrhunderts mit der Entwicklung des sog. „**Daguerreotypie-Verfahrens**", das von den Franzosen *Joseph Nicéphore Niépce* und *Louis-Jacques Mandé Daguerre* entwickelt wurde und das erste praktikable fotografische Verfahren darstellte. Dieses Verfahren hatte jedoch zwei Nachteile: Zum einen lag es im Preis sehr hoch, so dass es nur für die gesellschaftliche Oberschicht zugänglich war, zum anderen waren die so hergestellten Fotos nicht reproduzierbar, was jedes Foto einzigartig machte.[1] Etwa zeitgleich erfand der Engländer *William Henry Fox Talbot* die sogenannte „**Talbotypie**", die um 1855 die *„Daguerreotypie"* vom Markt verdrängte, obwohl die Qualität dieser Talbot-Fotos schlechter war. Mit diesem Verfahren, das die unbegrenzte Reproduktion von seitenrichtigen Bildern möglich machte, ist Talbot zum Wegbereiter der Fotografie als Massenmedium geworden. Übrigens war er es, der die Bezeichnung „photogenic drawings" verwendete, woraus später der Begriff „photo-graphics" entstand.[2]

38 Zunächst gab es nur wenige Berufsfotografen, die die Möglichkeiten des neuen Mediums für sich nutzten, wobei als einer der berühmtesten Fotografen seiner Zeit der Franzose *Nadar* genannt sei. Er begründete mit werbewirksamen Kampagnen für seine Portraits und außergewöhnlichen Bildmotive die Verbreitung von Fotografien als Massenprodukt. Der in der Mitte des 19. Jahrhunderts tätige ehemalige Zeichner[3] realisierte als erster, dass das Kunstwerk zum Produkt und der Künstler zum Produzenten geworden ist, der die Ergebnisse seiner Arbeit auf dem „freien Markt" veräußern muss.[4] Der Erfolg der Arbeit wurde nicht mehr vom ästhetischen Wert, sondern von der Möglichkeit der massenhaften Verbreitung bestimmt; verkaufsfördernde Maßnahmen wie Werbung und Distribution waren wie bei jedem anderen Gegenstand notwendig geworden.[5] *Nadar* erkannte die Bedeutung der groß angelegten Vermarktung und entwickelte für die Etablierung und Kommerzialisierung der Fotografie ein tragfähiges Konzept.[6]

Doch erst der Franzose *Disderi* machte mit seiner Idee der „**Carte de Visite**" (Portraitfotografien im Visitenkartenformat) das Foto zum Massenprodukt, als er mit seinem 1854 patentierten Verfahren den bisherigen Preis um ein Fünftel senken konnte. 1860 wurden in England allein drei bis vier Millionen solcher „Visitenkar-

---

[1] *Faulstich*, Grundwissen Medien, 5. Aufl. 2004, S. 243; *Macias*, Die Entwicklung des Bildjournalismus, 1. Aufl. 1990, S. 2.

[2] *Macias*, Die Entwicklung des Bildjournalismus, 1. Aufl. 1990, S. 3; *Faulstich*, Grundwissen Medien, 5. Aufl. 2004, S. 244.

[3] *Scheurer*, Zur Kultur- und Mediengeschichte der Fotografie. Die Industrialisierung des Blicks, 1. Aufl. 1991, S. 83.

[4] *Scheurer*, Zur Kultur- und Mediengeschichte der Fotografie. Die Industrialisierung des Blicks, 1. Aufl. 1991, S. 87.

[5] *Scheurer*, Zur Kultur- und Mediengeschichte der Fotografie. Die Industrialisierung des Blicks, 1. Aufl. 1991, S. 88.

[6] *Faulstich*, Grundwissen Medien, 5. Aufl. 2004, S. 249; *Scheurer*, Zur Kultur- und Mediengeschichte der Fotografie. Die Industrialisierung des Blicks, 1. Aufl. 1991, S. 83, 87 ff.

ten" verkauft. Viele Nachahmer entdeckten dieses Geschäft: In den 60er Jahren des 19. Jahrhunderts waren in Paris etwa 23.000 Personen mit der „Herstellung von Fotografien" beschäftigt.[7] Zwanzig Jahre nach Erfindung der Fotografie lösten so die Berufsfotografen die Künstlerfotografen ab.[8]

Schließlich wurden auch Amateure mit der vom Amerikaner *George Eastmann* 1888 entwickelten **„Kodak-Box"** angesprochen, da nun jeder gemäß dem Motto „You press the button, we do the rest" Fotos machen konnte: Nach der Belichtung gab der Kunde die gesamte Kamera für die Entwicklung der Bilder ab und erhielt neben den Abzügen die Kamera mit einem bereits eingelegtem neuen Film zurück.[9]

Seit den Ursprüngen entwickelt sich der Fotomarkt bedingt durch den technischen Fortschritt kontinuierlich weiter. Als wichtige Impulse in der Geschichte der Fotografie sollen hier insbesondere die Entstehung der Farbfotografie und – in der jüngeren Vergangenheit – der Vormarsch der Digitalfotografie genannt werden.

II. Der Fotograf

Wer fotografiert eigentlich? Im Wesentlichen kann man zwei Arten von Fotografen unterscheiden: Die Amateurfotografen und die professionellen Fotografen. Dabei werden hier diejenigen, welche die Fotografie beruflich ausüben, unter die Gruppe der professionellen Fotografen zusammengefasst, alle anderen fallen unter die Amateurfotografen. Innerhalb dieser beiden Gruppen ist grundsätzlich eine Vielzahl weiterer Differenzierungen möglich und sinnvoll. *39*

1. Der Amateurfotograf

In der heutigen Zeit gibt es kaum jemanden, der nicht schon einmal fotografiert hat, sei es mit einer analogen Kamera, einer Digitalkamera oder mit dem Handy. Durch die veränderten technischen Möglichkeiten der letzten Jahre werden nicht mehr nur zu besonderen Anlässen – Geburtstage, Hochzeiten, Urlaub – Fotos gemacht. Auch alltäglichste Situationen werden nun ausführlich dokumentiert. *40*

Bei den Amateurfotografen kann man **„Gelegenheitsfotografen"** und **Fotografen mit künstlerischen Ambitionen** unterscheiden. Viele Amateure mit künstlerischen Ambitionen sind Mitglieder in Verbänden und Fotoclubs. Die Verbände geben die Möglichkeit, sich mit Gleichgesinnten auszutauschen, Werke zu präsentieren und technische und gestalterische Ratschläge zu erhalten. Oft werden Ausstellungen und Fotowettbewerbe organisiert oder sonstige Aktivitäten wie beispielsweise gemeinsame Fotoexkursionen angeboten.

In vielen Städten existieren **Fotoclubs.** Es gibt inzwischen aber auch viele Vereine, deren Mitglieder sich über das Internet finden und dort ihre Fotografien veröffentlichen. Darunter sind sowohl kostenlose als auch kostenpflichtige Angebote. Bei der *„fotocommunity"* oder beim *„Fotoclub-Online"* hängt die Kostenpflicht z. B. vom Umfang der Nutzung der Internet-Plattform ab.[10]

---

[7] *Faulstich*, Grundwissen Medien, 5. Aufl. 2004, S. 249; *Scheurer*, Zur Kultur- und Mediengeschichte der Fotografie. Die Industrialisierung des Blicks, 1. Aufl. 1991, S. 99.
[8] *Macias*, Die Entwicklung des Bildjournalismus, 1. Aufl. 1990, S. 4.
[9] *Faulstich*, Grundwissen Medien, 5. Aufl. 2004, S. 245.
[10] http://www.fotocommunity.de/pc/pay.php (Stand: 11/2009); http://www.fotoclub-online.com/products (Stand: 11/2009).

Für die verschiedenen **Verbände**, aber inzwischen auch für Einzelpersonen, gibt es die Möglichkeit sich dem *„Deutschen Verband für Fotografie e.V. (DVF)“* anzuschließen. Der 1908 als *„ Verband Deutscher Amateurfotografen-Vereine e.V.“* gegründete Verein sieht sich selbst als „das deutsche Forum für Fotografie, insbesondere für Fotografen-Vereinigungen, für nationale und internationale Fotoausstellungen, Fotoseminare und Wettbewerbsfotografie“.[11]

2. Der professionelle Fotograf

41 Unter denjenigen, welche die Fotografie als Beruf ausüben, kann eine weitere Unterscheidung gemacht werden zwischen den auf Einzelgebiete **spezialisierten Fotografen**, den **Fotojournalisten** und **Bildenden Künstlern**. Professionelle Fotografen sind in den meisten Fällen selbständig und/oder freischaffend tätig.

a) Ausbildungsmöglichkeiten zum Fotografen

42 Für den Beruf des Fotografen gibt es vielfältige Ausbildungsmöglichkeiten.

Beim Ausbildungsberuf des Fotografen wird in Abgrenzung zum Studium besonders viel Wert auf Praxisnähe und handwerkliche Fähigkeiten gelegt. Häufig spezialisieren sich ausgebildete Fotografen auf einen Bereich wie **Portrait-, Werbe-, Presse- oder Wissenschaftsfotografie**.[12]

Das Studium der Fotografie ist zumeist kunst-, design- oder journalistisch orientiert und kann an Fachhochschulen, Kunsthochschulen, Gesamthochschulen oder Akademien absolviert werden. Der Studiengang **Fotoingenieurwesen** bildet zudem technisch orientierte Fotografen aus.[13]

b) Fotojournalisten

43 Fotojournalisten liefern visuelle Informationen zu aktuellen Geschehnissen aus Politik und Gesellschaft oder fertigen Bildreportagen über Spezialthemen.

Sie arbeiten für Redaktionen oder Agenturen; einige sind bei einer Zeitung bzw. einer Zeitschrift fest angestellt.[14]

Ein Zusammenschluss von Fotojournalisten ist *„FreeLens“*. Der Berufsverband ist 1995 in Hamburg mit dem Ziel gegründet worden, die fortschreitende Verschlechterung der Arbeitsbedingungen im Fotojournalismus zu bekämpfen. Derzeit beläuft sich die Mitgliederzahl auf ca. 1.600 Fotografen, was *„FreeLens“* zur größten Fotojournalistenorganisation in Deutschland macht.[15] Der Verband setzt sich für die Rechte seiner Mitglieder gegenüber Verlagen und anderen Auftraggebern ein und versucht, die Marktsituation für die Fotografen transparent zu machen. Das geschieht z.B. durch die Ausarbeitung von Produktionsverträgen oder die Veröffentlichung der Honorare der meisten Redaktionen und Verlage.

---

[11] http://www.dvf-fotografie.de/images/download/satzung_2002.pdf (Stand: 11/2009).

[12] http://infobub.arbeitsagentur.de/berufe/docroot/r2/blobs/pdf/archiv/8574.pdf (Stand: 11/2009).

[13] http://www.archiv.dju-bayern.de/ber_bd01.htm (Stand: 11/2009).

[14] http://www.archiv.dju-bayern.de/ber_bd01.htm (Stand: 11/2009).

[15] www.freelens.com/freelens (Stand: 11/2009).

c) Studiofotografen

Zum Bereich der Studiofotografie zählen die **Portrait-, Werbe-, Mode-, Industrie-** **und Wissenschaftsfotografen.** Sie erstellen Auftragsarbeiten für Kunden, fertigen zudem freie Produktionen für Agenturen an. Auch in diesem Bereich der Fotografie gibt es eine Vielzahl von Verbänden. *44*

Der bereits seit 1904 bestehende *„Centralverband Deutscher Berufsphotographen (CV)"* vertritt die Interessen der im Handwerk organisierten Betriebe auf wirtschaftlicher und politischer Ebene und ist die Dachorganisation von Landesinnungsverbänden und Innungen der Bundesrepublik Deutschland.

Die Aufgaben des CV sind die Bestimmung der Ausbildungsrichtlinien und die Ausarbeitung der Gesellen- und Meister-Prüfungen in Deutschland, wodurch der CV großen Einfluss auf die Gestaltung des Berufsbildes ausübt. Des Weiteren erstellt der CV Preis-, Honorar-, Urlaubs- und Lohnempfehlungen und bietet außerdem Hilfe bei rechtlichen Fragen.[16]

Der *„Bund Freischaffender Foto-Designer e. V. (BFF)"* wurde 1969 als Berufsverband in Stuttgart gegründet. Mitglieder können ausschließlich freiberuflich tätige Fotografen und Hochschullehrer nach der positiven Bewertung einer Mappe werden.[17] Der Verein hat zurzeit 520 Mitglieder und engagiert sich schwerpunktmäßig um die Arbeits- und Wirtschaftsbedingungen seiner Mitglieder.[18]

Ein anderer spezialisierter Verein ist der **„Arbeitskreis Werbe-, Mode-, Industriefotografie (AWI)".** Besonderes Augenmerk legt der Verein darauf, Mitgliedern durch Ausstellungen, Präsentationen und eine umfangreiche Pressearbeit höhere Aufmerksamkeit bei Medien und potentiellen Auftraggebern zu verschaffen.[19]

d) Der Bildende Künstler (Kunstfotograf)

Der Bildende Künstler, in diesem Falle der **Kunstfotograf,** drückt künstlerische Ideen *45* durch Fotografien aus. Fast nie findet dabei die reine Abbildung eines realen Geschehens statt, vielmehr handelt es sich um Inszenierungen, Manipulationen oder abwegige Verwendungen.[20] Im Unterschied zu Fotojournalisten und Studiofotografen arbeitet der Kunstfotograf zumeist inhaltlich unabhängig vom Käufer oder Auftraggeber.

Bildende Künstler sind weniger über Verbände und Vereine als vielmehr durch private Netzwerke und Galerien organisiert.

Ein Beispiel für einen Verbund von Bildenden Künstlern aller Disziplinen ist jedoch der 1904 in Berlin gegründete *„Deutsche Künstlerbund e. V.",* der den gemeinnützigen Zweck hat, die Interessen der Bildenden Kunst und Ihrer Künstler zu fördern.[21] Dazu gehört es u. a., die Beziehungen unter Künstlern durch Zusammenkünfte und Symposien zu fördern oder die Mitgliederinteressen öffentlichkeitswirksam darzustellen.[22]

---

[16] www.cvfoto.de/aufgaben.html (Stand: 11/2009).
[17] http://www.bff.de/publish/df387938_20ed_76a6_2c2b9f7bcc27b7c2.cfm?m_id=42921 (Stand: 11/2009).
[18] http://www.bff.de/publish/1d8444f6_20ed_76a6_2c4bc57777ab9380.cfm?m_id=42905 (Stand: 11/2009).
[19] http://www.awi-online.de/themen/verein/verein_verein.html (Stand: 11/2009).
[20] Böhme, Theorie des Bildes, 2. Aufl. 2004, S. 108.
[21] http://www.kuenstlerbund.de/deutsch/organisation/satzung/ (Stand: 11/2009).
[22] http://www.kuenstlerbund.de/deutsch/organisation/satzung/ (Stand: 11/2009).

III. Die Fotoindustrie

46 Experten schätzen, dass 2009 ca. 130 Millionen Kameras, Camcorder und Kamera-handys in Deutschland in regelmäßigem Gebrauch waren.[23] Im Jahr 2009 wurden insgesamt 7,102 Milliarden Fotos von Privatpersonen geschossen, 85 % davon mit einer Digitalkamera.[24]

Gemäß dem „Consumer Electronics Marktindex (CEMIX)", der ein Gemeinschaftsprojekt des „Bundesverbandes Technik des Einzelhandels e.V. (BVT)", der „GfK Marketing Services GmbH & Co. KG" und der „Gesellschaft für Unterhaltungs- und Kommunikationselektronik (gfu)" ist,[25] wurden im Jahr 2008 deutschlandweit über 9,3 Millionen **Digitalkameras** an private Konsumenten verkauft;[26] von Januar 2009 bis Juni 2009 waren es über 3,9 Millionen Digitalkameras. Der Durchschnittspreis einer Kamera lag bei 203,00 €.[27]

47 Neben einer Vielzahl von Kameramodellen bietet der Fotomarkt ein großes Sortiment an Zubehörteilen. Im Jahr 2008 wurden in Deutschland 1,16 Millionen **Objektive**, 5,25 Millionen **Fototaschen**, 756.000 **Stative**, 182.000 **Blitzgeräte** und 24,7 Millionen **Speicherkarten** verkauft.[28] Ebenfalls zum Zubehör zu zählen sind **Bildbearbeitungsprogramme**, mit denen jeder am heimischen Rechner Fotografien nachbearbeiten und manipulieren kann. Im professionellen Bereich ist die bekannteste Software wohl „Adobe Photoshop", welche nach Aussage des Unternehmens von 90 % der professionellen Anwender im Kreativbereich genutzt wird.[29]

48 Der Markt wird vervollständigt durch Produkte für die Bildwiedergabe bzw. Bildpräsentation, wie z. B. die klassische Entwicklung eines analogen Fotofilms, die Belichtung digitaler Fotos, den Ausdruck am heimischen Drucker sowie die Präsentation mit **digitalen Bilderrahmen** oder **Beamern**. Die digitale Fotografie hat dazu geführt, dass ein Großteil aller Werke nur noch in gespeicherter, aber nicht mehr in gedruckter Form existiert, auch wenn der Anteil dieser Bilder kontinuierlich wächst: So wurden im Jahr 2006 von über 4,7 Mrd. gespeicherten Aufnahmen gerade einmal 30 % belichtet, während für das erste Quartal 2007 bereits ein Wert von 37 % erwartet wurde.[30] Dabei können die Fotos auf die unterschiedlichsten Medien aufgebracht werden: Man kann sie sich als Poster, auf Leinwand, auf Klebefolie, als Foto-Tapete und sogar auf PVC-Folie drucken lassen. Statt die Fotos in Handarbeit in ein Fotoalbum einzukleben gibt es die Möglichkeit, individuell gefertigte Fotobücher mit den eigenen digitalen Fotografien anfertigen zu lassen, wovon 2008 vier Millionen Stück verkauft

---

[23] http://www.photoindustrie-verband.de/presse/pdf/SPOTLIGHT-Sommerfreuden-und-Fotospass.pdf (Stand: 11/2009).
[24] http://www.gfkps.com/imperia/md/content/ps_de/chart_der_woche/2008/kw14_08_digitale_fotografie.pdf (Stand: 11/2009).
[25] http://www.bvt-ev.de/bvt_cm/der_markt/cemix.php (Stand: 11/2009).
[26] http://www.bvt-ev.de/bvt_cm/der_markt/downloads/CEMIX_Q4-2008.PDF (Stand: 11/2009).
[27] http://www.bvt-ev.de/bvt_cm/der_markt/downloads/CEMIX_Q1-Q2_2009.pdf (Stand: 11/2009).
[28] http://www.photoindustrie-verband.de/presse/pdf/SPOTLIGHT-Sommerzeit-Zubehoerzeit.pdf (Stand: 11/2009).
[29] http://www.adobe.com/de/aboutadobe/pressroom/pdfs/fastfacts.pdf (Stand: 11/2009).
[30] http://www.gfkps.com/imperia/md/content/ps_de/chart_der_woche/2007/kw21_07_digitale_fotografie.pdf (Stand: 11/2009).

wurden.[31] Digitale Fotorahmen treten in Konkurrenz zu klassischen Bilderrahmen: Im Jahr 2008 wurden deutlich über eine Million digitaler Bilderrahmen verkauft, was eine Steigerung von knapp 200 Prozent im Vergleich zum Vorjahr ausmacht.[32]

Die Interessen der Photo- und Imagingindustrie werden in Deutschland durch den *49* „Photoindustrie-Verband e.V." vertreten.[33] Der Verband sieht sich als Dienstleister im Sinne der Absatzförderung im Amateur- und Profimarkt.[34] Mitglieder sind z. B. die Adobe Systems GmbH, die Canon Deutschland GmbH, die Kodak GmbH oder die Pentax Europe GmbH.[35]

Der „Photoindustrie-Verband" ist außerdem Mitveranstalter der **„Photokina"**.[36] Im Jahr 2008 präsentierten auf dieser in Köln stattfindenden Messe der internationlen Imaging-Branche 1.523 Anbieter aus 49 Ländern Angebote rund um das Medium Bild.[37] Die Messe für Fachbesucher und Endverbraucher wurde 2008 von 169.000 Besuchern aus 161 Nationen besucht.[38]

Die Interessen des Foto-Fachhandels werden vom „Bundesverband des Deutschen Foto-Fachhandels e.V." vertreten.[39]

IV. Vermarktung und Lizenzierung

1. Bildagenturen

Fotoagenturen und Bildarchive erfüllen die Aufgabe des Großmarktes auf dem Bildermarkt. Je nach Größe und Handlungsradius sind sie an professionell hergestellten *50* oder auch an Amateuraufnahmen interessiert. Darüber hinaus kann eine Unterteilung in **Universalagenturen** und in **Fachagenturen** getroffen werden. Für den Amateurbereich sind zudem so genannte **Microstockagenturen** von großem Interesse.

Die **Arbeitsweise** der Agenturen ist prinzipiell gleich. Eine Agentur kauft und archiviert das Bildmaterial eines Fotografen zum Zwecke der weiteren Vermarktung. Unterschiede können sich im Verhältnis des Fotografen zur Agentur ergeben. Zu denken ist dabei zum einen an frei arbeitende und zum anderen an fest angestellte Fotografen, die durch Verträge gebunden und zur regelmäßigen Lieferung verpflichtet sind. In beiden Fällen wird auf der Basis eines Fotografenvertrages gearbeitet, in

---

[31] http://www.photoindustrie-verband.de/presse/pdf/Digitalkameras-Motor-Branchenentwicklung.pdf (Stand: 11/2009).

[32] http://www.photoindustrie-verband.de/presse/pdf/Digitalkameras-Motor-Branchenentwicklung.pdf (Stand: 11/2009).

[33] http://www.photoindustrie-verband.de/ (Stand: 11/2009).

[34] http://www.photoindustrie-verband.de/ (Stand: 11/2009).

[35] http://www.photoindustrie-verband.de/ (Stand: 11/2009).

[36] http://www.photoindustrie-verband.de/ (Stand: 11/2009).

[37] http://www.photokina.de/presse/presseinformationen.php?aktion=pfach&p1id=kmpresse_photokina&format=html&base=&tp=k2&search=&pmid=kmeigen.kmpresse_1222602600&start=0&anzahl=10&channel=kmeigen&language=d&archiv= (Stand: 11/2009).

[38] http://www.photokina.de/presse/presseinformationen.php?aktion=pfach&p1id=kmpresse_photokina&format=html&base=&tp=k2&search=&pmid=kmeigen.kmpresse_1222602600&start=0&anzahl=10&channel=kmeigen&language=d&archiv= (Stand: 11/2009).

[39] http://www.handelskammer-bremen.ihk24.de/servicemarken/branchen/handel/Einzelhandel/Verbaende,_Institute_und_Forschungseinrichtungen_fuer_Handelsunternehmen/Handelsverbaende_.jsp (Stand: 11/2009).

welchem unter anderem der Honoraranteil des Fotografen, die Exklusivität des gelieferten Bildmaterials, mögliche Rechte Dritter sowie Haftungsfragen für Versand und Archivierung des Materials geregelt werden.[40] Die Agentur verkauft das Material an den Verwender – wie Redaktionen, Verlage, Werbeagenturen – und ist somit für das Einkommen der Fotografen mit verantwortlich. Darüber hinaus werden Dienstleistungen, wie z. B. Beratung der Kunden bei der Auswahl der Aufnahmeorte, angeboten. Die Agentur stellt also ein Bindeglied zwischen dem Bildproduzenten und dem Bildverwender dar. Nahezu alle Bildagenturen bieten ein großes Online-Archiv an, in welchem der Kunde nach passenden Motiven suchen und das entsprechende Foto erwerben sowie in passender Qualität unmittelbar herunterladen kann.

a) Universalagenturen

51 Universalagenturen stellen den Kunden umfangreiches und fachübergreifendes Bildmaterial zur Verfügung. Neben Bildern des aktuellen Zeitgeschehens verfügen die großen Universalagenturen auch über ältere, zugekaufte Fotoarchive. Im Normalfall erwirbt der Kunde ein **lizenzpflichtiges (royalty-managed)** oder **lizenzfreies (royalty-free)** Bild. Lizenzpflichtige Bilder sind in Nutzungsumfang und -dauer eingeschränkt, lizenzfreie Bilder können uneingeschränkt verwendet werden. Die Preise liegen bei den weltweiten Marktführern „*Corbis*" und „*Getty Images*" für lizenzfreie Bilder in Druckqualität häufig bei mehreren hundert Euro pro Bild, für Fotos in Bildschirmqualität (Web-Nutzung) bei bis zu 100,00 €.[41] Bei lizenzpflichtigem Bildmaterial ist der Preis je nach Dauer und Umfang der Nutzung sehr unterschiedlich, zumeist jedoch deutlich höher als für ein lizenzfreies Bild.[42]

Das US-amerikanische Unternehmen „*Getty Images*" mit Firmensitz in Seattle wurde 1995 von *Mark Getty* und *Jonathan Klein* gegründet und betreut Kunden in mehr als 100 Ländern.[43] Jährlich lizensiert Getty Images die Bildrechte von etwa 1,6 Millionen Bildern. [44] Der Umsatz lag für das Jahr 2007 bei 858 Millionen USD.[45] „*Getty Images*" besitzt die Online-Bildergalerie „*Flickr*" (zuvor im Besitz von „*Yahoo*") und die Microstockagentur „*istockphoto.com*".

Das 1989 von *Bill Gates* gegründete Unternehmen „*Corbis*", ebenfalls mit Hauptsitz in Seattle, USA, besitzt mittlerweile eine Sammlung von mehr als 100 Millionen Bildern[46] und beinhaltet damit das Werk von etwa 30.000 Fotografen.[47] Weltweit arbeiten etwa 700 Mitarbeiter für „*Corbis*".[48] Der Jahresumsatz aller Geschäftsbereiche von „*Corbis*" lag für 2006 bei 251 Millionen USD.[49]

---

[40] *Bauernschmitt*, BVPA, Der Bildermarkt - Handbuch der Bildagenturen 2009, S. 25.

[41] http://www.gettyimages.com (13.11.2009); http://www.corbis.com (Stand: 11/2009).

[42] http://www.gettyimages.com/creative/frontdoor/webandmobileimages?isource=usa_rm_main_webAndMobileImages (Stand: 11/2009).

[43] http://www.gettyimagesjobs.com/ (Stand: 11/2009).

[44] *Bauernschmitt*, BVPA, Der Bildermarkt - Handbuch der Bildagenturen 2009, S. 46.

[45] http://company.gettyimages.com/article_display.cfm?article_id=169&isource=corporate_website_ind_press_release (Stand: 11/2009).

[46] http://www.corbis.com/corporate/pressroom/PDF/Corbis%20com%20Fact%20Sheet_FINAL_Aug.pdf (Stand: 11/2009).

[47] http://www.corbis.com/corporate/pressroom/PDF/Corbis%20Companywide%20Fact%20Sheet_FINAL_Nov.pdf (Stand: 11/2009).

[48] http://www.corbis.com/corporate/pressroom/PDF/Corbis%20Companywide%20Fact%20Sheet_FINAL_Nov.pdf (Stand: 11/2009).

[49] http://www.corbis.com/corporate/pressroom/PressReleasesDet.asp?ID=34 (Stand: 11/2009).

Silies/Silies

b) Fachagenturen

aa) Pressebildagenturen

Pressebildagenturen bieten ein auf den Pressebedarf abgestimmtes Bildmaterial des   52
aktuellen Tagesgeschehens und historisches Bildmaterial an.

Eine führende deutsche Nachrichtenagentur mit umfassenden Bilderdiensten ist die *„Deutsche Presse-Agentur GmbH (dpa)"*. Die dpa ist nicht auf den Bildsektor beschränkt, sondern liefert z. B. Texte, Grafiken, Videos und Toneinspielungen.[50] Für die dpa-Bilderdienste *(dpa-Bildfunk, dpa-Reportdienst, dpa-infografik, zb-Fotoreport* und *picture-alliance)*[51] liefern viele hundert dpa-Fotografen und Bildredakteure sowie mehrere tausend freie Mitarbeiter das Bildmaterial.[52] Täglich werden etwa 500 aktuelle internationale Farbfotos aus den Bereichen Politik, Wirtschaft, Sport u. a. über den dpa-Bildfunk angeboten.[53] Es steht den Kunden eine der größten deutschen Bilddatenbanken von ca. 9 Mio. Fotos zur Verfügung.[54] Die Dienste der dpa nutzen in erster Linie Tageszeitungen, Zeitschriften, Fernsehsender, Radiostationen und Onlineanbieter, aber auch in- und ausländische Parlamente, Regierungen, Parteien, Verbände und Unternehmen.[55]

Als wichtiger Interessenvertreter für die deutschen Pressebildagenturen ist der 1970 gegründete *„Bundesverband der Pressebild-Agenturen und Bildarchive e. V. (BVPA)"* mit derzeit etwa 100 Mitgliedsfirmen zu nennen.[56] Innerhalb des BVPA bringt der Arbeitskreis *„Mittelstandsgemeinschaft Foto-Marketing"* seit 1980 eine jährliche Preisübersicht heraus, welche aktuelle Entwicklungen der am Markt üblichen Bildhonorare beinhaltet und Preisempfehlungen ausspricht.[57] Der BVPA veranstaltet eine Reihe von Seminaren für Fotografen und Bildagenturmitarbeiter sowie seit 2003 jährlich die *„PICTA"*, eine Fachmesse der Bildagenturbranche.[58]

bb) Spezialbildagenturen

Spezialbildagenturen haben sich thematisch auf einen oder mehrere Bildbereiche spe-   53
zialisiert. So bietet die kleinere Agentur *„Kidsimages"* z. B. Kinderbilder an, *„Medicalpicture"* medizinische Fotos und Abbildungen und *„Juniors Tierbild"* eine Vielzahl an Tierfotos.[59]

cc) Microstockagenturen

Schließlich bieten Microstockagenturen im Niedrigpreissegment zumeist lizenzfreies   54
Bildmaterial von Amateurfotografen an. Man könnte von den „Discountern" unter den Bildagenturen sprechen. Mitglieder einer solchen Agentur laden ihre Bilder selbst auf die agentureigenen Server hoch, verwalten und editieren sie und werden bei er-

---

50 http://www.dpa.de/Angebote-fuer-Medien.163.0.html (Stand: 11/2009).
51 http://www.dpa.de/dpa-Bild.175.0.html (Stand: 11/2009).
52 http://www.dpa.de/FAQ.57.0.html (Stand: 11/2009).
53 http://www.dpa.de/dpa-Bild.175.0.html (Stand: 11/2009).
54 http://www.dpa.de/Zahlen-Fakten.152.0.html (Stand: 11/2009).
55 http://www.dpa.de/FAQ.57.0.html (Stand: 11/2009).
56 http://www.bvpa.org/ (Stand: 11/2009).
57 http://www.bvpa.org/MFM.php (Stand: 11/2009).
58 http://www.bvpa.org/Aktivitaeten.php (Stand: 11/2009).
59 http://www.kidsimages.com/; http://www.medicalpicture.de/; http://juniors-tierbild.de (Stand: 11/2009).

folgreichem Verkauf durch die Agentur am Gewinn beteiligt. Üblicherweise werden den Kunden Bilder zu einem sehr niedrigen Preis angeboten, was aus einem reduzierten Serviceangebot und der Amateurqualität der Fotos resultiert. Diese Form der Bezahlung bezeichnet man als Micropayment. Obwohl der Preis für das einzelne Foto sehr gering scheint, bilden Microstockagenturen mit jährlich schätzungsweise 50 Millionen verkauften Bildern und einem Marktvolumen von über 2 Mrd. USD einen sehr großen Anteil am Fotomarkt.[60]

Die erste und bekannteste Microstockagentur ist die im Jahre 2000 gegründete Internetpräsenz *„istockphoto"*, sie wurde 2006 für rund 50 Millionen USD von *Getty Images* übernommen[61] und bietet neben Fotomaterial mittlerweile auch Illustrationen, Video und Audiomaterial zu ähnlichen Konditionen an. Die Preise für Bilder liegen je nach Bildqualität derzeit zwischen 1,00 USD und 27,00 USD.[62] Nach eigenen Angaben zahlt *„istockphoto"* pro Woche durchschnittlich etwa 1,2 Millionen USD an Fotografen aus.[63]

2. „Verwertungsgesellschaft Bild-Kunst"

55 Die *„Verwertungsgesellschaft Bild-Kunst (VG Bild-Kunst)"* ist eigentlich gerade kein „Vermarkter" in dem hier verstandenen Sinn. Sie bietet ausdrücklich keine Dienstleistungen agenturähnlicher Art an.[64] Auf Grund ihrer Bedeutung ist sie trotzdem im Zusammenhang der Vermarktung und Lizenzierung zu nennen. Nähere Informationen zur VG Bild-Kunst finden sich in Teil 2 B IV Rn. 408 ff.

Die Verwertungsgesellschaft ist ein von Künstlern, Fotografen und Filmurhebern gegründeter Verein für die Wahrnehmung der Urheberrechte im visuellen Bereich, die der einzelne Urheber aus praktischen oder gesetzlichen Gründen nicht selber wahrnehmen kann.[65] Die Verwertungsgesellschaft nimmt nicht nur die Rechte deutscher Urheber, sondern bei Bestehen entsprechender Gegenseitigkeitsverträge auch die Rechte von Urhebern aus anderen Staaten wahr.[66] Dabei übernimmt die Verwertungsgesellschaft das Inkasso und die Verteilung von pauschalen Urheberrechtsabgaben (z. B. die Privatkopievergütung), die Lizenzierung und Durchsetzung von individuellen Rechten (z. B. Folgerechte) sowie die politische und rechtliche Stärkung des urheberrechtlichen Schutzes.[67]

Mit Abschluss eines Wahrnehmungsvertrages überträgt der Künstler die für seine Berufsgruppe relevanten Rechte auf die Verwertungsgesellschaft und tritt ihr dadurch bei, ein Mitgliedsbeitrag wird nicht erhoben.[68] Dabei ist die „VG Bild-Kunst" in drei Berufsgruppen untergliedert: In Berufsgruppe I sind z. B. Bildende Künstler, in Berufsgruppe II z. B. Fotografen, Bildjournalisten und Bildagenturen und in Be-

---

[60] *Plaumann*, BVPA, Der Bildermarkt - Handbuch der Bildagenturen 2009, S. 46.
[61] http://www.abouttheimage.com/2316/getty_acquires_istockphoto_for_50_million/author2 (Stand: 11/2009).
[62] http://www.istockphoto.com/index.php (Stand: 11/2009).
[63] http://www.handelsblatt.com/technologie/it-internet/istockphoto-garantiert-rechtssicherheit; 2457195 (Stand: 11/2009).
[64] http://www.bildkunst.de/index.html (Stand: 11/2009).
[65] http://www.bildkunst.de/ (Stand: 11/2009).
[66] http://www.bildkunst.de/index.html (Stand: 11/2009).
[67] http://www.bildkunst.de/ (Stand: 11/2009).
[68] http://www.bildkunst.de/ (Stand: 11/2009).

rufsgruppe III z. B. Regisseure und Kameraleute.[69] Während für die Mitglieder der Berufsgruppe I z. B. die Folgerechte eine Rolle spielen, sind für die Berufsgruppe II beispielsweise die Kopiervergütung oder die Pressespiegelvergütung wichtig.[70]

Nutzer/Verwender können durch die Zahlung bestimmter Tarife Nutzungsrechte von der Verwertungsgesellschaft erwerben. So beträgt der Grundtarif für den Abdruck von Werken der Bildenden Kunst sowie Fotografien bei Büchern mit einer Auflage bis 10.000 Stück und einer Bildgröße von einer halben Seite 69,00 €[71], bei Zeitschriften 43,00 €[72] und bei Zeitungen 54,00 €[73], jeweils zzgl. Mehrwertsteuer. Die bei der Verwertungsgesellschaft eingegangenen Vergütungen werden nach einem von der Mitgliederversammlung beschlossenen Verteilungsplan verteilt, wobei ein Anteil zur Deckung der Verwaltungskosten einbehalten wird.[74] Ein weiterer Anteil wird für soziale und kulturfördernde Zwecke verwendet.[75] Im Jahr 2008 konnte die Verwertungsgesellschaft einen Ertrag in Höhe von 56,8 Millionen   erzielen.[76]

3. Galerien

Der Galerie geht es im Gegensatz zu den Agenturen nicht um die Weitervermittlung 56
von Fotografien für andere Medien, sondern um die Förderung des Fotos als reines Kunstobjekt.

Zu den wichtigsten **Aufgaben** einer Galerie gehören Ausstellung und Handel sowie die Entdeckung, Förderung, Betreuung und Weitervermittlung von Künstlern. Die mit einer Ausstellung verfolgten Ziele sind z. B. die Bekanntmachung des Künstlers und seines Werkes und, wenn möglich, seine Durchsetzung im Kunstmarkt. Neben die wirtschaftliche Dimension tritt dann auch eine ideelle. Entschließen sich Galerist und Künstler darüber hinaus zu einer geregelten **Zusammenarbeit**, erhält der Galerist Arbeiten aus dem Besitz des Künstlers auf Kommissionsbasis, d. h. bei dem Verkauf eines Kunstwerkes erhält die Galerie eine Provision. Über die Veranstaltung von Ausstellungen hinaus betreibt der Galerist oft eine weitgehende Öffentlichkeitsarbeit, zu der u. a. die Organisation von Vorträgen und die Vermittlung von Pressekontakten zählen.

a) „Lumas"

Die reine Fotokunst-Galerie „*Lumas*" startete 2003 mit dem Ziel, Fotokunst einfach 57
zugänglich und erschwinglich zu machen.[77] Dabei wird eine Mischung aus etablierten Künstlern und Newcomern geboten; derzeit umfasst das Spektrum knapp 1500 Werke von etwa 160 Künstlern.[78] Weltweit betreibt „*Lumas*" elf Galerien, davon acht in Deutschland.[79]

---

[69] http://www.bildkunst.de/ (Stand: 11/2009).
[70] http://www.bildkunst.de/ (Stand: 11/2009).
[71] http://www.bildkunst.de/index.html (Stand: 11/2009).
[72] http://www.bildkunst.de/index.html (Stand: 11/2009).
[73] http://www.bildkunst.de/index.html (Stand: 11/2009).
[74] http://www.bildkunst.de/ (Stand: 11/2009).
[75] http://www.bildkunst.de/ (Stand: 11/2009).
[76] http://www.bildkunst.de/ (Stand: 11/2009).
[77] http://www.lumas.de/index.php?id=548 (Stand: 11/2009).
[78] http://www.lumas.de/index.php?id=554 (Stand: 11/2009).
[79] http://www.lumas.de/index.php?id=560 (Stand: 11/2009).

Während sonstige Galerien zumeist großformatige Bilder in Kleinstauflagen zu einem vergleichsweise hohen Preis anbieten, umfasst eine Lumas-Edition im Normalfall 75 bis 150 handsignierte, limitierte Abzüge.[80] Die Preise werden für jede Edition individuell ermittelt. In die Bewertung fließen Bekanntheit des Künstlers, Bedeutung des Werkes, Größe und Auflage mit ein.[81] Durch verkleinerte Formate und erhöhte Auflagen lassen sich so günstigere Kaufpreise zwischen 120,00 € und 400,00 € erzielen. Nicht limitierte Editionen (sogenannte *„Open Editions"*) können sogar unter 100,00 € angeboten werden.[82]

b) Online-Bildergalerien

58   Neben den professionellen Kunstgalerien wird seit einigen Jahren auch eine gänzlich andere Art von Galerie präsenter und zunehmend wirtschaftlich wichtig: die Online-Bildergalerie. Über Plattformen wie *„Flickr"* oder *„Picasa"* lassen sich Amateurbilder einer breiten Öffentlichkeit zugänglich machen. Den Grad der Öffentlichkeit kann der Fotograf bzw. Uploader dabei selbst bestimmen. Spätestens seitdem die Bildagentur „Getty Images" das Internetportal *„Flickr"* zu einem Preis von etwa 50 Millionen USD gekauft hat, ist man sich des wirtschaftlichen Werts solcher Portale bewusst.[83]

Die kanadische Online-Fotoplattform *„Flickr"* hat das Ziel, dem Benutzer eine Vielzahl von Nutzungswegen anzubieten, um seine Bilder anderen Menschen zugänglich zu machen.[84] Fotos und Videos können so beispielsweise über eine hohe Bandbreite an Mobiltelefonen, Bildverwaltungssoftware, über RSS-Feeds, externe Blogs oder Emails direkt hoch- und heruntergeladen werden.[85] Zudem kann der Benutzer seine Bilder online (alleine oder gemeinsam mit anderen Benutzern) organisieren, mit Kommentaren oder Suchbegriffen aufbereiten, mit anderen Benutzern teilen und die Bilder in Blogs, Emails etc. einbinden.[86] Darüber hinaus ist es möglich, direkt aus dem Onlineportal heraus kostenpflichtig Abzüge, Fotobücher, Poster etc. zu bestellen.[87]

„Flickr" wird monatlich von weltweit 73 Millionen Internetnutzern besucht, davon 1,5 Millionen aus Deutschland.[88] Minütlich werden mehrere tausend Fotos auf die Seite hochgeladen.[89] Eine im Nutzungsumfang eingeschränkte Mitgliedschaft bei *Flickr* ist kostenlos, für die volle Ausschöpfung der Nutzungsmöglichkeiten zahlt man derzeit jedoch etwa 25,00 USD pro Jahr.[90]

4. Auktionshäuser

59   Eine weitere Möglichkeit der Vermarktung von Fotografien ist die Versteigerung über Auktionshäuser. Ein bekanntes Beispiel ist das weltweit tätige Auktionshaus

---

80   http://www.lumas.de/index.php?id=554 (Stand: 11/2009).
81   http://www.lumas.de/index.php?id=554 (Stand: 11/2009).
82   http://www.lumas.de/index.php?id=554 (Stand: 11/2009).
83   http://www.abouttheimage.com/2316/getty_acquires_istockphoto_for_50_million/author2 (Stand: 11/2009).
84   http://www.flickr.com/about/ (Stand: 11/2009).
85   http://www.flickr.com/about/ (Stand: 11/2009).
86   http://www.flickr.com/about/ (Stand: 11/2009).
87   http://www.flickr.com/help/printing/#132 (Stand: 11/2009).
88   http://www.agof.de/angebotsranking.619.html (Stand: 11/2009).
89   http://www.flickr.com/ (Stand: 11/2009).
90   http://www.flickr.com/help/limits/ (Stand: 11/2009).

„Sotheby's", das seit 1971 regelmäßig Fotografieauktionen veranstaltet.[91] „Sotheby's" ist mit weltweit 90 Niederlassungen in 36 Ländern vertreten.[92] Weitere bekannte Beispiele sind *„Christie's"*,[93] das *„Dorotheum"*[94] oder das *„Kunsthaus Lempertz"*.[95]

Die **Arbeitsweise** der Auktionshäuser ist dabei immer ähnlich und wird hier kurz anhand von *„Sotheby's"* erklärt: *„Sotheby's"* selbst kauft die zu versteigernden Objekte nicht an, sondern versteigert diese im Auftrag des Kunden. Von dem höchsten gebotenen Preis, der den Zuschlag erhalten hat – dem Hammerpreis – behält *„Sotheby's"* eine Kommission und weitere vereinbarte Kostenauslagen ein.[96] Das Auktionshaus verdient jedoch nicht nur am Verkäufer, sondern auch am Käufer. Für diesen setzt sich der tatsächlich zu entrichtende Kaufpreis nämlich aus zwei Komponenten zusammen, zum einen aus der Summe, die er tatsächlich geboten hat und zum anderen aus einem Aufgeld, dem sogenannten „Buyer's Premium".[97] Die Höhe dieses Aufgeldes hängt einerseits vom Versteigerungsort und andererseits von der Höhe des gebotenen Preises ab: Bei einer Auktion in New York beträgt die „Buyer's Premium" derzeit bis zu einem Hammerpreis von 50.000,00 USD 25 %, bei einem erzielten Preis von 50.000,00 USD bis 1 Millionen USD 20 % und bei einem Hammerpreis über 1 Millionen USD 12 % des Preises.[98]

Praktisch bedeutet das bei einem Hammerpreis in Höhe von 1,5 Millionen USD ein Aufgeld in Höhe von insgesamt 262.500,00 USD,[99] das sich wie folgt zusammensetzt: Für die ersten 50.000,00 USD werden 25 % Aufgeld berechnet, für die Summe bis 1 Million USD 20 % und für die restlichen 500.000,00 ein Aufgeld in Höhe von 12 % des Preises. Der Käufer hat außerdem noch Steuern und mögliche weitere Gebühren zu zahlen, wie beispielsweise die unter Umständen an den Künstler zu zahlende Beteiligung, die „Artist's Resale Right levy",[100] die in Deutschland im UrhG als sog. „Folgerecht" geregelt ist.

Im Jahr 2006 konnte *„Sotheby's"* übrigens für die klassische Fotografie „The Pond – Moonlight" des Fotografen *Edward Steichen* einen Verkaufserlös (inklusive Aufgeld) in Höhe von 2.928.000,00 USD erzielen.[101] Bei einer Auktion am 9. Oktober 2009 in New York wurden 182 Fotografien in einem Gesamtwert (inklusive Aufgeld) von 3.751.754,00 USD versteigert.[102] Dabei reichten die für die einzelnen Werke erzielten Preise von 1.875,00 USD bis zu 98.500,00 USD,[103] was einem Durchschnittswert von 20.614,00 USD entspricht.

---

[91] http://www.sothebys.com/app/live/dept/Article.jsp?dept_id=32&article_id=0 (Stand: 11/2009).
[92] http://www.sothebys.com/help/gr/contact.html (Stand: 11/2009).
[93] http://www.christies.com/about/company/ (Stand: 11/2009).
[94] http://www.dorotheum.com/dorotheum/das-unternehmen.html (Stand: 11/2009).
[95] http://www.lempertz.com/ueberuns.html (Stand: 11/2009).
[96] http://www.sothebys.com/help/gr/selling.html (Stand: 11/2009).
[97] http://www.sothebys.com/help/gr/buying.html (Stand: 11/2009).
[98] http://www.sothebys.com/help/faq/faq_duringauction.html#a03 (Stand: 11/2009).
[99] http://www.sothebys.com/help/faq/faq_duringauction.html#a03 (Stand: 11/2009.
[100] *Sotheby's*, A Piedmontese Villa, Auktionskatalog, November 2009, S. 121.
[101] http://www.sothebys.com/app/live/dept/DepartmentGlobal.jsp?dept_id=32 (Stand: 11/2009).
[102] http://www.sothebys.com/app/live/lot/LotResultsDetailList.jsp?event_id=29379&sale_number=N08575 (Stand: 11/2009).
[103] http://www.sothebys.com/app/live/lot/LotResultsDetailList.jsp?event_id=29379&sale_number=N08575 (Stand: 11.2009).

V. Die Verwender

1. Zeitungen und Zeitschriften

60 Zeitungen und Zeitschriften sind ohne Fotos kaum vorstellbar, wobei die genaue Bedeutung von Art und Inhaltsschwerpunkt des jeweiligen Blattes abhängt. Eine Boulevardzeitschrift ist dabei stärker auf eine Vielzahl ausgefallener und neuer Fotos angewiesen als eine Tageszeitung mit politischem Schwerpunkt. Zumeist arbeitet die Zeitung oder Zeitschrift für die Beschaffung des Bildmaterials nicht nur mit einer Agentur oder nur mit einem Fotografen zusammen. Vielmehr stehen die Bildredaktionen gleichzeitig in Kontakt mit mehreren Agenturen, haben fest angestellte Fotografen und arbeiten außerdem mit freischaffenden Fotografen. Seit einigen Jahren werden aber auch gezielt Amateurfotografen angesprochen. Ein bekanntes Beispiel ist der *„Bild-Leserreporter"*. Hier werden Amateure aufgefordert, ihre Fotografien einzusenden. Für die bundesweite Veröffentlichung eines Fotos in der „Bild-Zeitung" erhält der Fotograf 500,00 €, für jedes Foto, das in einer Regionalform der *„Bild-Zeitung"* gedruckt wird, werden 100,00 € gezahlt, die Veröffentlichung auf *„Bild.de"* ist honorarfrei.[104]

2. Kunstbuchverlage

61 Weitere Verwender von Fotografien sind die Kunstbuchverlage, die sich mit der Veröffentlichung von Büchern rund um die Kunstwelt befassen. Sie veröffentlichen u. a. Bildbände, Ausstellungskataloge und Künstlermonographien, die durch einen hohen und drucktechnisch hochwertigen Bildanteil geprägt sind. Beispiele für solche Verlage sind *„Hatje Cantz"* oder *„avedition"*.

Im *„DuMont"* Buchverlag, der die Programmbereiche Literatur, Kunst- und Sachbuch verbindet, erscheinen jährlich etwa 120 Bücher, davon sind ca. 70 Kunsttitel.[105]

Als bekanntester Kunstbuchverlag gilt aber wohl der Verlag *„Taschen"*. In einem Interview mit Gründer Benedikt Taschen aus dem Jahr 2007, erschienen in *„Der Tagesspiegel"*, ist zu lesen, dass *„Taschen"* jährlich fast 20 Millionen Kunstbücher weltweit verkauft.[106]

3. Das Foto im Internet

62 Während noch vor etwa zehn Jahren Bildmaterial fast ausschließlich für Druckwerke aller Art benötigt wurde, wird nun eine Vielzahl an Bildern im Internet veröffentlicht. Fotos haben sich zu einem digitalen, serverbasierten Wirtschaftsgut entwickelt und sind dadurch nahezu allerorts zugänglich.

Früher bedeutete Aktualität, dass mehrmals täglich neue Nachrichten und Bilder im Fernsehen und in Zeitungen zu sehen waren. Heute fordert das Internet durch seine Möglichkeiten eine nahezu sekundengenaue Aktualität ein. Aufgrund der kostengünstigen und schnellen Verbreitung von Text und Bild ist der Bedarf an Fotografien gestiegen. Dementsprechend haben auch Bildagenturen ihr Angebot an Bildmaterial deutlich erhöht. Bei der „Deutschen Presseagentur (dpa)" ist die Zahl der täglich

---

[104] http://www.bild.de/community/1414/1414/firststep (Stand: 11/2009).
[105] http://www.dumont-buchverlag.de/sixcms/detail.php?template=verlag (Stand: 11/2009).
[106] http://www.tagesspiegel.de/zeitung/Sonntag;art2566,2111981 (Stand: 11/2009).

im Bilderdienst verfügbaren Fotos beispielsweise von etwa 200 Bildern im Jahr 2002[107] auf etwa 500 Fotos im Jahr 2009 gestiegen.[108]

Auch soziale Netzwerke wie „*Facebook*" und „*StudiVZ*" erhalten einen Teil ihrer Attraktivität durch Bilder. Die anfallenden Mengen an Mitgliederfotos sind erstaunlich hoch: 300 Millionen aktive Benutzer laden monatlich insgesamt 2 Mrd. Fotos auf die Seite „*facebook.com*" hoch[109] und machen sie damit einer mehr oder weniger breiten Öffentlichkeit zugänglich. 50 % der Mitglieder besuchen diese Seite täglich. [110]

Das Internet wird jedoch nicht nur zur Präsentation und zum Austausch von Fotos genutzt, auch die Fotoindustrie zieht einen großen Nutzen daraus, dass das Internet praktische und schnelle Übermittlungswege für digitale Bilder bietet. In Deutschland wurden im Jahr 2008 pro Sekunde 1000 Fotos gemacht, woraus eine erhöhte Nachfrage an Bildpräsentationsformen resultiert.[111] Um die entstehenden Fotomengen bewältigen zu können, nutzen viele (Amateur)Fotografen das Internet für den schnellen und unkomplizierten Upload Ihrer Daten zu Betrieben, welche beispielsweise Fotobücher und Poster drucken oder einfach herkömmliche Papierfotos belichten. Zudem kann eine Vielzahl von fachfremden Firmen Fotoservices anbieten. Beispielsweise nutzen Onlinehändler wie „*amazon.de*" oder „*bol.de*", aber auch Drogerien, Supermärkte wie „*Edeka*", „*Kaufland*" oder „*Rewe*" und Fachmärkte wie „*MediaMarkt*" oder „*Saturn*" das Online-Angebot des Foto-Großlabors „*CEWE*".[112] Über spezielle Software, Internetportale oder Online-Terminals in Filialen können Fotoabzüge direkt beim Großlabor bestellt werden.

Schaut man sich in seinem Umfeld um, gibt es kaum jemanden, der nicht die Möglichkeit hat, digital zu fotografieren, und sei es über die im Handy integrierte Kamera. Heutzutage ist nicht mehr die Frage, ob überhaupt Fotos von einem Ereignis existieren. Vielmehr ist die Frage, wie man die Masse an Fotos auf das Wesentliche reduzieren kann bzw. wie man überhaupt den Überblick behält. Online-Galerien wie „*Flickr*" oder „*Picasa*" nutzen den Organisations- und Präsentationsbedarf der Fotografen mit maßgeschneiderten und z. T. kostenlosen Lösungen – es bleibt die Frage, ob die Qualität der Bildinhalte angesichts der immer größer werdenden Massen an Fotos sowie der Präsentations- und Organisationsmöglichkeiten nicht häufig auf der Strecke bleibt.

---

[107] *Hoeren/Nielen,* Fotorecht, 1. Aufl. 2004, S. 52 m.w.N.
[108] http://www.dpa.de/dpa-Bild.175.0.html (Stand: 11/2009).
[109] http://www.facebook.com/press/info.php?statistics (Stand: 11/2009).
[110] http://www.facebook.com/press/info.php?statistics (Stand: 11.2009).
[111] http://www.photoindustrie-verband.de/ (Stand: 11/2009).
[112] http://www.cewe.de/download/ (Stand: 11/2009).

TEIL 2:
Die Fotografen und ihre Rechte

A. Fotografie und Urheberrecht

I. Urheberrecht der Fotografen

Das **Urheberrechtsgesetz** (UrhG) behandelt Urheberrechte und Leistungsschutz- 63
rechte. Auch bei Fotografien kommt Urheberrechts- und Leistungsschutz nach dem
UrhG in Betracht. Dabei schützt das UrhG die künstlerischen und technischen **Leistungen** des Fotografen und die damit verbundenen **Vermögenswerte**. Ein Foto ist
urheberrechtlich geschützt, wenn es ein **Lichtbildwerk** ist. Leistungsschutz besteht
bei Lichtbildern. Ein Foto ist ein Lichtbildwerk, wenn es eine persönliche Schöpfung
darstellt, die einen geistigen Gehalt aufweist und die in sinnlich wahrnehmbarer Form
konkretisiert wurde; zudem muss die geistige Leistung eine gewisse Gestaltungshöhe
erreichen.[1] Lediglich ein Lichtbild und kein Lichtbildwerk liegt dagegen vor, wenn es
der Fotografie an der erforderlichen Gestaltungshöhe mangelt.[2] Die wesentliche Folge
der Unterscheidung zwischen einem Lichtbildwerk und einem Lichtbild liegt in den
unterschiedlichen **Schutzfristen**[3], die bei Lichtbildern kürzer sind. Das Bestehen von
Schutzfristen zeigt, dass der Schutz von Fotografien nach dem UrhG nicht zeitlich
unbegrenzt gewährleistet ist. Dieser Schutz ist aber auch während der Schutzdauer
nicht schrankenlos. Genau wie bei allen anderen Urhebern und nach dem UrhG Leistungsschutzberechtigten findet der urheberrechtliche Schutz seine Grenzen in den
gesetzlichen **Schranken** des UrhG. So muss es der Fotograf z. B. in gewissem Umfang
dulden, dass seine Fotografien von Dritten genutzt werden.

1. Urheberrechtlicher Schutz von Fotos

Das UrhG schützt sowohl **analoge** als auch **digitale** Fotografien entweder als **Licht-** 64
bildwerke gemäß § 2 Abs. 1 Nr. 5 UrhG oder als einfache **Lichtbilder** gemäß § 72
UrhG.[4] Nur an Lichtbildwerken besteht ein Urheberrecht des Fotografen. Einfachen
Lichtbildern wird lediglich ein Leistungsschutzrecht zuerkannt. Dabei kann es allerdings auf Grund des grundsätzlich gleichen Schutzumfanges häufig offenbleiben, ob
es sich bei einer Fotografie um ein künstlerisches Lichtbildwerk oder ein einfaches
Lichtbild handelt. Die grundsätzliche Gleichstellung erfolgte durch den Gesetzgeber,
weil er davon ausging, dass eine Abgrenzung in der Praxis häufig zu „unüberwindli-
chen Schwierigkeiten" führen werde.[5] Relevant wird der Unterschied nur dann, wenn
es um die Berechnung der urheberrechtlichen Schutzfristen geht, sowie bei der Abgrenzung zwischen der erlaubnisabhängigen Bearbeitung i. S. d. § 23 UrhG und der

---

[1] Siehe zu diesen Voraussetzungen ausführlich unten Rn. 69 ff.
[2] Siehe dazu unten Rn. 73 f.
[3] Siehe dazu unten Rn. 81.
[4] Dabei ist allerdings umstr., ob digitale Fotografien als Lichtbildwerke bzw. Lichtbilder oder
als lediglich lichtbildwerkähnliche bzw. lichtbildähnliche Erzeugnisse einzustufen sind; für einen Schutz als Lichtbildwerk bzw. Lichtbild: *Schack*, Kunst und Recht, 2. Aufl. 2009, Rn. 860;
Loewenheim, in: Schricker/Loewenheim, Urheberrecht, 4. Aufl. 2010, § 2 Rn. 179; für einen Schutz als lichtbildwerkähnliche bzw. lichtbildähnliche Erzeugnisse: *Fleer*, in: Hoeren/
Nielen, Fotorecht, 1. Aufl. 2004, Rn. 140; *Maaßen*, in: Wandtke, Medienrecht Praxishandbuch, 1. Aufl. 2008, Teil 2, 4. Kapitel Rn. 6; *Maaßen*, ZUM 1992, 338, 339 f. Dieser Streit ist
für den urheberrechtlichen Schutz aber ohne Belang.
[5] RegE UrhG BT-Drs. IV/270, S. 89.

freien Benutzung i. S. d. § 24 UrhG.[6] Auch liegt eine Entstellung von Lichtbildern häufig nur bei ganz gravierenden Eingriffen in den tatsächlichen Aussagegehalt vor.[7]

65   **Gemeinsame Voraussetzung** für den Schutz als Lichtbildwerk/Lichtbild ist, dass eine Abbildung vorliegen muss, die eine Strahlungsquelle (Licht, Wärme, Röntgenstrahlen) durch chemische oder physikalische Veränderungen auf strahlenempfindlichen Schichten hervorruft.[8] Nach dieser Definition fallen unter den Begriff des Lichtbildwerkes bzw. des Lichtbildes zunächst nur analoge Fotografien, einzelne Film-, Fernseh- und Videobilder und sogar Röntgenbilder.[9] Außerdem ist es unerheblich, ob eine körperliche Festlegung erfolgt,[10] so dass auch einzelne Livebilder des Fernsehens erfasst sind. Da lichtbildwerkähnliche bzw. lichtbildähnliche Abbildungen den Lichtbildwerken bzw. Lichtbildern gleichgestellt sind, kommt digitalen Fotos der gleiche Schutz zu wie analogen, denn sie haben einen ähnlichen Herstellungsprozess: Auch digitale Fotos entstehen unter Verwendung einer Strahlenquelle; lediglich das Merkmal der Veränderung einer strahlenempfindlichen Schicht ist nicht erfüllt.[11]

66   Ausreichend ist für einen Schutz als Lichtbildwerk oder Lichtbild allerdings nicht, dass ein Bild ohne Kamera o. ä. nur unter Verwendung eines Computers hergestellt wird (sog. *Computer Aided Design* [CAD]).[12] Denn eine Ähnlichkeit zum Herstellungsprozess eines Lichtbild(-werk-)es ist hier in doppelter Hinsicht nicht gegeben: Einerseits wird keine strahlenempfindliche Schicht verändert, andererseits wird auch keine Strahlenquelle verwendet.[13] Das Fehlen dieser Ähnlichkeit zum „klassischen" Foto kann selbst dann nicht ausgeglichen werden, wenn das am Computer erzeugte Bild den Eindruck einer realistischen Abbildung (z. B. einer Naturaufnahme oder einer technischen Darstellung) vermittelt. Daraus folgt jedoch nicht, dass eine solche computergenerierte Abbildung nicht nach dem UrhG schutzfähig wäre. In Betracht kommt nämlich ein urheberrechtlicher Schutz des Computerbildes nach **§ 2 Abs. 1 Nr. 4 UrhG** als Werk der angewandten Kunst.[14] Voraussetzung dafür ist aber, dass das Computerbild die höheren Schutzvoraussetzungen des § 2 Abs. 1 Nr. 4, Abs. 2

---

6   Siehe dazu unten Rn. 116 ff.
7   Siehe dazu unten Rn. 97 ff.
8   *Maaßen*, in: Wandtke, Medienrecht Praxishandbuch, 1. Aufl. 2008, Teil 2, 4. Kapitel Rn. 6, 40; *Ahlberg*, in: Möhring/Nicolini, Urheberrechtsgesetz, 2. Aufl. 2000, § 2 Rn. 30; *Loewenheim*, in: Schricker/Loewenheim, Urheberrecht, 4. Aufl. 2010, § 2 Rn. 180. Dazu ausführlich *Platena*, Das Lichtbild im Urheberrecht, 1998, S. 114 ff.
9   *Schack*, Kunst und Recht, 2. Aufl. 2009, Rn. 860. Siehe zum urheberrechtlichen Schutz von Filmausschnitten Rn. 78 ff.
10   BGH v. 27.02.1962 – I ZR 118/60 – BGHZ 37, 1, 6 = NJW 1962, 1295 – AKI; *A. Nordemann*, in: Loewenheim, Handbuch des Urheberrechts, 2. Aufl. 2010, § 9 Rn. 128.
11   *Maaßen*, in: Wandtke, Medienrecht Praxishandbuch, 1. Aufl. 2008, Teil 2, 4. Kapitel Rn. 6.
12   OLG Köln v. 20.03.2009 – 6 U 183/08 – GRUR-RR 2010, 141, 142 – 3D-Messestände; *Schack*, Kunst und Recht, 2. Aufl. 2009, Rn. 860; *Maaßen*, in: Wandtke, Medienrecht Praxishandbuch, 1. Aufl. 2008, Teil 2, 4. Kapitel Rn. 8, 40.
13   OLG Hamm v. 24.08.2004 – 4 U 51/04 – GRUR-RR 2005, 73, 74 – Web-Grafiken; *Maaßen*, ZUM 1992, 338, 347; *Schack*, JZ 1998, 753, 754; a.A. *Schulze*, in: Dreier/Schulze, UrhG, 3. Aufl. 2008, § 2 Rn. 200, der einen Schutz als lichtbild(-werk-)ähnliche Abbildungen annimmt.
14   *Loewenheim*, in: Schricker/Loewenheim, Urheberrecht, 4. Aufl. 2010, § 2 Rn. 181 m. w. N. zur Gegenansicht; *Schack*, Kunst und Recht, 2. Aufl. 2009, Rn. 860; *Wanckel*, Foto- und Bildrecht, 3. Aufl. 2009, Rn. 371; in Betracht kommt darüber hinaus ein Schutz als technische Darstellung (**§ 2 Abs. 1 Nr. 7 UrhG**) oder als Computerprogramm (**§ 2 Abs. 1 Nr. 1 UrhG**), *Schack*, Urheber- und Urhebervertragsrecht, 5. Aufl. 2010, Rn. 721.

UrhG erfüllt, also insbesondere die im Bereich dieser Werkgattung erforderliche höhere Gestaltungshöhe erreicht.[15] Ein Leistungsschutzrecht, wie es für Lichtbilder in § 72 UrhG geregelt ist, besteht für am Computer erzeugte Bilder nicht. Wird ein am Computer erzeugtes Bild in der Folge aber mit einer Kamera (ab-)fotografiert, liegt mit dieser Aufnahme ein Lichtbild oder eventuell sogar ein Lichtbildwerk vor.

a) Lichtbildwerk

Gemäß § 1 UrhG genießen die Urheber von Werken der Literatur, Wissenschaft und Kunst für ihre Werke Schutz nach dem UrhG. Voraussetzung für einen solchen Schutz ist, dass der Urheber ein **Werk** i. S. d. § 2 UrhG geschaffen hat. § 2 Abs. 1 UrhG enthält dabei eine nicht abschließende Aufzählung („insbesondere") der Werkgattungen.[16] Gemäß § 2 Abs. 1 Nr. 5 UrhG zählen zu den geschützten Werken insbesondere Lichtbildwerke einschließlich der Werke, die ähnlich wie Lichtbildwerke geschaffen werden. Aus dem Wortlaut dieser Norm ergibt sich bereits, dass der Begriff des Lichtbildwerks weit auszulegen ist, so dass es nicht darauf ankommt, welche technischen Verfahren der Fotograf verwendet.[17]

    Ausreichend ist jedoch nicht, dass eine geistige Leistung bloß einer der Werkgattungen, wie z. B. der der Lichtbildwerke in § 2 Abs. 1 Nr. 5 UrhG, zugeordnet werden kann.[18] Denn die eigentliche Grundnorm stellt § 2 Abs. 2 UrhG dar. § 2 Abs. 2 UrhG beschränkt („nur") den Werkbegriff auf persönliche geistige Schöpfungen. Es müssen insgesamt vier **Voraussetzungen** (die letzten beiden werden nicht ausdrücklich vom Gesetz genannt) für die Entstehung eines Werkes und damit für dessen urheberrechtlichen Schutz kumulativ erfüllt sein:[19] Zunächst muss eine *aa)* persönliche Schöpfung vorliegen, die einen *bb)* geistigen Gehalt aufweist und die *cc)* in sinnlich wahrnehmbarer Form konkretisiert wurde. Zudem muss als zentrales Kriterium des Werkbegriffs, auf das es für die Unterscheidung zwischen Lichtbildwerk und Lichtbild ankommt, die geistige Leistung eine *dd)* gewisse Gestaltungshöhe erreichen. Zwischen diesen Tatbestandsmerkmalen besteht eine Wechselwirkung.[20]

aa) Persönliche Schöpfung

Damit eine persönliche Schöpfung vorliegt, muss das Werk auf einer **menschlich-gestalterischen Tätigkeit** beruhen.[21] Dies entspricht auch dem Zweck des UrhG, die Person des Urhebers und nicht das Werk in den Vordergrund zu rücken.[22] Es genügt daher nicht, wenn ein Foto gänzlich durch Maschinen, Apparate, Computer-

67

68

69

---

[15] Für eine nähere Betrachtung von Computerbildern siehe *Maaßen*, in: Wandtke, Medienrecht Praxishandbuch, 1. Aufl. 2008, Teil 2, 4. Kapitel Rn. 9 f.; zu den Gründen für die höheren Anforderungen an die Gestaltungshöhe bei Werken der angewandten Kunst siehe unten Rn. 73.

[16] *Schulze*, in: Dreier/Schulze, UrhG, 3. Aufl. 2008, § 2 Rn. 3; *Loewenheim*, in: Loewenheim, Handbuch des Urheberrechts, 2. Aufl. 2010, § 5 Rn. 2.

[17] *Wanckel*, Foto- und Bildrecht, 3. Aufl. 2009, Rn. 371.

[18] *Bullinger*, in: Wandtke/Bullinger, UrhR, 3. Aufl. 2009, § 2 UrhG Rn. 2.

[19] A. A. *Kummer*, Das urheberrechtlich schützbare Werk, 1968, S. 75 f. u. 103, der das Präsentieren vorgefundener Gegenstände als Kunstwerke für den urheberrechtlichen Schutz ausreichen lassen will. Kritisch dazu u. a. *Loewenheim*, in: Schricker/Loewenheim, Urheberrecht, 4. Aufl. 2010, § 2 Rn. 16 f. m.w.N., differenzierend *Schulze*, in: Dreier/Schulze, UrhG, 3. Aufl. 2008, § 2 Rn. 9.

[20] *Lettl*, Urheberrecht, 1. Aufl. 2008, § 2 Rn. 10.

[21] *Dreyer*, in: Dreyer/Kotthoff/Meckel, Urheberrecht, 2. Aufl. 2009, § 2 UrhG Rn. 17.

[22] RegE UrhG BT-Drs. IV/270, S. 37.

programme oder sogar durch Tiere hergestellt wird.[23] Urheber kann immer nur eine **natürliche Person** sein, nicht aber eine juristische Person.[24] Dies bedeutet nicht, dass sich der Urheber nicht technischer Hilfsmittel bedienen dürfte,[25] denn dies ist der Fotografie ja gerade immanent.

70 Im Falle von vollautomatisch aufgenommenen Fotografien, wie z. B. von **Satellitenfotos**, kommt es für den Schutz als persönliche Leistung darauf an, ob sich die Satellitenfotos auf eine menschlich-gestalterische Tätigkeit zurückführen lassen;[26] in der Regel werden solche Bilder aber mangels Gestaltungshöhe nur Lichtbilder, jedoch keine Lichtbildwerke sein. So sind jedenfalls „**Blitzerfotos**" aus Radarfallen der Polizei oder aus sog. Starenkästen keine persönliche Leistung,[27] da hier eine Aufnahme dann erfolgt, wenn ein Verkehrsteilnehmer die zulässige Geschwindigkeit überschreitet oder einen Rotlichtverstoß begeht. Bei Bildern aus einer Radarkamera sind zwar der Geschwindigkeitswert, ab dem eine Aufnahme erfolgt, und der Winkel der Aufnahme von einem Menschen eingestellt worden. Dennoch handelt es sich dabei um rein maschinelle Erzeugnisse, so dass ein Schutz dieser Bilder selbst als Lichtbilder ausscheidet.

bb) Geistiger Gehalt

71 Das Geschaffene muss einen vom Urheber herrührenden **Gedanken-** oder **Gefühlsinhalt** enthalten.[28] Durch dieses Merkmal erfolgt eine Abgrenzung zu rein handwerksmäßigen Erzeugnissen[29] und Zufallsprodukten (z. B. durch das unbemerkte Betätigen des Auslösers der Kamera), die den individuellen Geist des Fotografen nicht zum Ausdruck bringen.[30] Dabei hat der geistige Gehalt des Werkes, der die Sinne des Betrachters anregen und den Betrachter u. U. sogar herausfordern soll, nichts mit Ästhetik zu tun.[31] Folglich spielt es für den urheberrechtlichen Schutz einer Fotografie keine Rolle, ob sie vom Betrachter als ästhetisch oder unästhetisch angesehen wird.[32] Entscheidend ist allein, dass die Person des Fotografen hinter seiner Fotografie erkennbar wird.[33]

---

[23] *Loewenheim*, in: Schricker/Loewenheim, Urheberrecht, 4. Aufl. 2010, § 2 Rn. 12 ff., 15; *Schack*, Urheber- und Urhebervertragsrecht, 5. Aufl. 2010, Rn. 184.

[24] LG Berlin v. 30.05.1989 – 16 O 33/89 – GRUR 1990, 270 – Satellitenfoto.

[25] *Schulze*, in: Dreier/Schulze, UrhG, 3. Aufl. 2008, § 2 Rn. 8.

[26] LG Berlin v. 30.05.1989 – 16 O 33/89 – GRUR 1990, 270 – Satellitenfoto; *Loewenheim*, in: Schricker/Loewenheim, Urheberrecht, 4. Aufl. 2010, § 2 Rn. 12. Einen urheberrechtlichen Schutz automatischer Satellitenfotos ablehnend LG Hamburg v. 04.04.2003 – 308 O 515/02 – ZUM 2004, 675, 677.

[27] *Wanckel*, Foto- und Bildrecht, 3. Aufl. 2009, Rn. 372.

[28] *Schulze*, in: Dreier/Schulze, UrhG, 3. Aufl. 2008, § 2 Rn. 12.

[29] Dies bedeutet jedoch nicht, dass z. B. das Abfotografieren von Gegenständen keinen geistigen Gehalt aufweisen würde. So fehlt es solchen Fotografien meist nur an der erforderlichen Gestaltungshöhe, um als Lichtbildwerk geschützt zu sein, nicht aber an dem geistigen Gehalt, um zumindest als Lichtbild zu gelten; sogar ein Lichtbildschutz wird aber teilweise abgelehnt. Vgl. dazu *Schack*, Kunst und Recht, 2. Auflage 2009, Rn. 864 m.w.N.

[30] *Schack*, Kunst und Recht, 2. Aufl. 2009, Rn. 225.

[31] *Loewenheim*, in: Schricker/Loewenheim, Urheberrecht, 4. Aufl. 2010, § 2 Rn. 18; *Schack*, Urheber- und Urhebervertragsrecht, 5. Aufl. 2010, Rn. 186.

[32] Vgl. *Schack*, Urheber- und Urhebervertragsrecht, 5. Aufl. 2010, Rn. 186.

[33] Vgl. *Schack*, Urheber- und Urhebervertragsrecht, 5. Aufl. 2010, Rn. 185.

cc) *Konkretisierung in sinnlich wahrnehmbarer Form*

Bloße Ideen zu einem Werk ohne wahrnehmbare Formgestaltung genießen keinen urheberrechtlichen Schutz.[34] Somit erhalten **Motivideen**, die der Fotograf noch nicht umgesetzt hat, keinen urheberrechtlichen Schutz. Erforderlich ist daher, dass das Werk von anderen mit menschlichen Sinnen wahrgenommen werden kann.[35] Die Dauerhaftigkeit der Wahrnehmung ist allerdings kein Kriterium, es bedarf keiner körperlichen Fixierung des Werkes.[36] Der urheberrechtliche Schutz digitaler Fotos beginnt folglich nicht erst dann, wenn ein Ausdruck des Fotos und damit ein Pendant zum klassischen Foto vorliegt[37], sondern bereits im Moment der Aufnahme.

72

dd) *Gestaltungshöhe*

Von zentraler Bedeutung für das Vorliegen einer persönlichen geistigen Schöpfung ist das Merkmal der Gestaltungshöhe. Die für die Werkqualität einer Fotografie erforderliche Gestaltungshöhe ist dann gegeben, wenn die künstlerische Auffassung und Gestaltungskraft des Fotografen in den Bildern zum Ausdruck kommt.[38] Die Fotografien müssen Ausdruck des **kreativen Schaffens** des Fotografen sein und der dadurch entstehende **individuelle Charakter** des Fotos muss es von der Masse der Bilder abheben.[39] Dies kann z. B. durch die Wahl des Motivs, die Herausarbeitung von Licht und Schatten und durch Retuschen, aber auch durch die Wahl einer ungewohnten Perspektive, des richtigen Moments bei der Aufnahme oder eines besonderen Bildausschnittes geschehen.[40] Dabei spielt es für die Entstehung des urheberrechtlichen Schutzes keine Rolle, ob der Fotograf durch seine Fotografien Rechte Dritter verletzt oder ob seine Abbildungen gegen außerurheberrechtliche Bestimmungen (z. B. das JuSchG oder das StGB) verstoßen.[41] Allerdings kann der Urheber im Falle eines solchen Verstoßes in seinen urheberrechtlichen Befugnissen beschränkt sein.[42]

73

Insgesamt sind keine allzu strengen Anforderungen an das Maß der schöpferischen Gestaltung zu stellen,[43] weil im Bereich der Lichtbildwerke auch die sog. „**kleine Münze"** geschützt ist, d. h. geschützt sind alle Werke, die nur ein Minimum an Gestal-

---

[34] BGH v. 19.10.1994 – I ZR 156/92 – GRUR 1995, 47, 48 = NJW-RR 1995, 307, 309 – Rosaroter Elefant; KG v. 26.09. 2000 – 5 U 4831/00 – GRUR-RR 2002, 49 f. – Vaterland; *Bullinger*, in: Wandtke/Bullinger, UrhR, 3. Aufl. 2009, § 2 UrhG Rn. 19, 39.

[35] BGH v. 09.05.1985 – I ZR 52/83 – BGHZ 94, 276, 281 = GRUR 1985, 1041, 1046 – Inkasso-Programm; A. *Nordemann*, in: Fromm/Nordemann, Urheberrecht, 10. Aufl. 2008, § 2 UrhG Rn. 26; *Schack*, Urheber- und Urhebervertragsrecht, 5. Aufl. 2010, Rn. 187.

[36] *Schulze*, in: Dreier/Schulze, UrhG, 3. Aufl. 2008, § 2 Rn. 13.

[37] LG Hamburg v. 04.04.2003 – 308 O 515/02 – ZUM 2004, 675, 677.

[38] *Rehbinder*, Urheberrecht, 16. Aufl. 2010, Rn. 198.

[39] *Wanckel*, Foto- und Bildrecht, 3. Aufl. 2009, Rn. 372.

[40] BGH v. 05.06.2003 – I ZR 192/00 – GRUR 2003, 1035, 1037 = NJW 2004, 594, 595 – Hundertwasser-Haus; OLG Hamburg v. 05.11.1998 – 3 U 175/98 – GRUR 1999, 717 = NJW-RR 2000, 187, 188 – Wagner-Familienfotos; OLG Düsseldorf v. 15.04.2008 – 20 U 143/07 – GRUR-RR 2009, 45, 46 – Schaufensterdekoration.

[41] BGH v. 23.02.1995 – I ZR 68/93 – GRUR 1995, 673, 675 = NJW 1995, 1556 – Mauerbilder.

[42] *Bullinger*, in: Wandtke/Bullinger, UrhR, 3. Aufl. 2009, § 2 UrhG Rn. 31.

[43] BGH v. 03.11.1999 – I ZR 55/97 – GRUR 2000, 317, 318 = NJW-RR 2000, 343, 344 – Werbefotos, unter Berufung auf Art. 6 RL (EWG) 93/98 v. 29.10.1993, ABl. 1993 Nr. L 290 v. 24.11.1993; diese Richtlinie wurde nunmehr durch RL (EG) 116/2006 v. 12.12.2006, ABl. 2006 Nr. L 372 v. 27.12.2006 ersetzt.

tungshöhe aufweisen.[44] Auch im Hinblick auf Art. 6 der Schutzdauer-Richtlinie[45] ist es geboten, keine besonders hohen Anforderungen an die Individualität der Aufnahme zu stellen. Daher bleibt festzuhalten, dass zum einen bereits das **Durchschnittskönnen** eines Fotografen ausreichen kann,[46] zum anderen, dass es sich bei denjenigen Abbildungen, die nach § 72 UrhG als Lichtbilder geschützt sind, um solche Abbildungen handelt, die nicht einmal das erforderliche Minimum an gestalterischer Ausprägung erfüllen. Selbst „durchschnittlichen" Abbildungen bleibt ein urheberrechtlicher Schutz deshalb nicht verwehrt, weil für den Fotografen keine Möglichkeit besteht, auf andere Weise, z. B. nach dem **Geschmacksmustergesetz** (GeschmMG), immaterialgüterrechtlichen Schutz zu erlangen.

Anders liegt dies z. B. bei Werken der angewandten Kunst i. S. d. § 2 Abs. 1 Nr. 4 UrhG. Bei diesen Werken handelt es sich um Bedarfs- und Gebrauchsgegenstände mit künstlerischer Formgebung.[47] Im Vergleich zu Lichtbildwerken wird bei diesen Werken die Schutzuntergrenze höher angesetzt, weil dafür das Geschmacksmusterrecht den „Unterbau" des rechtlichen Schutzes bildet.[48] Da sich bereits die geschmacksmusterschutzfähige Gestaltung von der nicht geschützten Durchschnittsgestaltung, dem rein Handwerksmäßigen und Alltäglichen, abheben muss, ist für die Urheberrechtsschutzfähigkeit ein noch weiterer Abstand, d. h. ein deutliches Überragen der Durchschnittsgestaltung, zu fordern.[49] Für den Urheberrechtsschutz, der von dem Geschmacksmusterschutz nicht ausgeschlossen wird, sondern neben ihm bestehen kann, ist daher ein höherer schöpferischer Eigentümlichkeitsgrad als bei nur geschmacksmusterfähigen Gegenständen zu verlangen, wobei die Grenze zwischen beiden nicht zu niedrig angesetzt werden darf.[50]

Der geschmacksmusterrechtliche Schutz entsteht erst dann, wenn eine Anmeldung erfolgt und das Eintragungsverfahren (§§ 11 ff. GeschmMG) durchlaufen wurde (§ 27 Abs. 1 GeschmMG). Es bedarf also – im Gegensatz zum Schutz nach dem UrhG[51] – eines förmlichen Verfahrens, um rechtlichen Schutz zu erlangen. Für Fotografien kommt ein Schutz nach dem GeschmMG aber gerade nicht in Betracht.

ee) Beispiele

74 Die erforderliche Gestaltungshöhe erreicht nach Ansicht des *OLG Hamburg*[52] z. B. die während des U-Boot-Krieges im Atlantik aufgenommene Fotografie eines aus dem Meer auftauchenden U-Boots, da

---

[44] BGH v. 03.11.1999 – I ZR 55/97 – GRUR 2000, 317, 318 = NJW-RR 2000, 343, 344 – Werbefotos; OLG Düsseldorf v. 15.04.2008 – 20 U 143/07 – GRUR-RR 2009, 45, 46 – Schaufensterdekoration.

[45] Richtlinie 93/98/EWG des Rates von 29.10.1993 zur Harmonisierung der Schutzdauer des Urheberrechts und bestimmter verwandter Schutzrechte.

[46] LG München I v. 01.04.1999 – 7 O 18188/97 – AfP 1999, 521, 522.

[47] *Loewenheim*, in: Schricker/Loewenheim, Urheberrecht, 4. Aufl. 2010, § 2 Rn. 158.

[48] *Loewenheim*, in: Schricker/Loewenheim, Urheberrecht, 4. Aufl. 2010, § 2 Rn. 159.

[49] BGH v. 09.05.1985 – I ZR 52/83 – BGHZ 94, 276, 287 = GRUR 1985, 1041, 1047 f. – Inkasso-Programm; BGH v. 22.06.1995 – I ZR 119/93 – GRUR 1995, 581, 582 – Silberdistel.

[50] BGH v. 21.05.1969 – I ZR 42/67 – GRUR 1972, 38, 39 – Vasenleuchter; BGH v. 19.01.1979 – I ZR 166/76 – GRUR 1979, 332, 336 – Brombeerleuchte; BGH v. 27.01.1983 – I ZR 177/80 – GRUR 1983, 377, 378 – Brombeer-Muster; BGH v. 22.06.1995 – I ZR 119/93 – GRUR 1995, 581, 582 – Silberdistel.

[51] Siehe dazu auch unten Rn. 92.

[52] OLG Hamburg v. 03.03.2004 – 5 U 159/03 – ZUM-RD 2004, 303 – U-Boot-Foto.

„[...] das Foto in atmosphärischer Dichte eine bedrohliche Stimmung vermittelt und die Bildelemente gestaltet wirken. Trotz des großen Bildanteils, den die aufgepeitschte See einnimmt, wird der Blick sofort von dem aufgetauchten U-Boot im rechten oberen Bilddrittel gefangen genommen. Mit dem aufragenden Kommandoturm verschmelzen die nur schemenhaft erkennbaren menschlichen Gestalten zu einer einzigen dunklen Silhouette. Vor dem grauen Himmel vermittelt diese etwas Geisterhaft-Unwirkliches; das U-Boot erscheint dadurch auch weiter entfernt von dem Standort des Fotografen, als es tatsächlich gewesen sein kann [...]. Damit wird zugleich der Eindruck verstärkt, dass das Boot den rauen Elementen allein ausgeliefert ist. [...]"[53]

Ein Lichtbildwerk und nicht nur ein Lichtbild liegt nach Ansicht des **OLG Hamburg**[54] ebenfalls im Falle eines **CD-Covers** vor, wenn sich der Fotograf

„[...] bei Schaffung des Werks mit dem Titelthema der CD ,Streicheleinheiten' auseinander[setzt] und ein nicht naheliegendes Motiv (z. B. etwa ein Liebespaar) [w]ählt, sondern das Bildmotiv einer auf einem Bett liegenden Frau mit weißen Zwerghasen [w]ählt und mit besonderen Gestaltungsmitteln um[setzt]. Dabei bleibt für den Betrachter des Fotos durch die Darstellung -- mit der weißgekleideten Frau, den weißen Hasen, dem weißbezogenen Bett und der stilisierten Pose der liegenden Frau -- bewußt offen, ob das Bild einen Traum der Frau oder eine eher unrealistische Wirklichkeit zeigt. [...]"[55]

Auch **Portraitfotos** können Lichtbildwerke sein. Im Falle von Aufnahmen, die ein Fotograf, der vor allem für seine Portraitfotos von Bundeskanzlern der Bundesrepublik bekannt ist, vom damaligen Bundeskanzler Gerhard Schröder zur Verwendung auf Wahlplakaten, Flyern und sonstigen Wahlwerbemitteln für den Bundestagswahlkampf 2002 gemacht hat, führt das **LG Hamburg**[56] aus, dass

75

„[a]ls wesentliche Gestaltungsmittel der Fotografie [...] dabei die Auswahl eines bestimmten Ausschnitts, die Entscheidung über die Brennweite des Aufnahmeobjektivs, die Perspektive, die Entscheidung über die Schärfentiefe durch Wahl einer Blende, die Wahl des Aufnahmeformates, das die Bildauflösung bestimmt, sowie die Auswahl bestimmter Aufnahmematerialien, die den Bildeindruck maßgeblich prägen, zur Verfügung [stehen].[57] [...] Das Foto offenbart, dass sich der Fotograf mit der Wahl des Formats, dem Abstand des Abgebildeten von der Kamera und dem Zusammenspiel von Licht und Schatten auseinandergesetzt hat. Beim Format wird das Gesicht des Abgebildeten vor einem dunklen Hintergrund in den Mittelpunkt gestellt und auch der Oberkörper nur angedeutet. Farblich auffallend sind neben dem Gesicht nur das weiße Hemd und der Schlips. Im dominierenden Gesicht werden die markanten Gesichtszüge durch die Ausleuchtung und die Verteilung von Licht und Schatten hervorgehoben und besonders betont. Insgesamt wird mit den Gestaltungsmitteln der Fotografie das authentisch und natürlich wirkende Bild eines im Leben stehenden souveränen und gepflegt auftretenden tatkräftigen Mannes vermittelt."[58]

---

[53] OLG Hamburg v. 03.03.2004 – 5 U 159/03 – ZUM-RD 2004, 303 f. – U-Boot-Foto.
[54] OLG Hamburg v. 17.12.1998 – 3 U 162/97 – NJW-RR 1999, 1721.
[55] OLG Hamburg v. 17.12.1998 – 3 U 162/97 – NJW-RR 1999, 1721, 1723.
[56] LG Hamburg v. 16.05.2007 – 308 O 460/06 – ZUM-RD 2008, 30.
[57] LG Hamburg v. 16.05.2007 – 308 O 460/06 – ZUM-RD 2008, 30, 31.
[58] LG Hamburg v. 16.05.2007 – 308 O 460/06 – ZUM-RD 2008, 30, 32.

Im Falle eines **Fotobandes** bejaht das *OLG Düsseldorf*[59] die Eigenschaft der in dem Fotoband enthaltenen Fotografien als Lichtbildwerke, weil

„[s]ie [...] Aufnahmen bekannter Persönlichkeiten in Situationen und Stimmungen, wie sie Parties und ähnliche gesellschaftliche Anlässe hervorbringen, [zeigen]. Sie zielen darauf ab, die abgebildeten Personen mit ihrer Persönlichkeit, ihrer Vitalität, Fröhlichkeit, zum Teil auch mit einer gewissen Exaltiertheit hervorzuheben. Bereits die sorgfältige Auswahl der Motive, ausgerichtet an diesem Ziel, lässt die Fotos zu Lichtbildwerken werden. Hinzu kommt, dass regelmäßig die Posen der Abgebildeten in einer gewissen, immer dem Ziel, Persönlichkeiten herauszustellen, verpflichteten Weise für die Aufnahme arrangiert werden. Die Stimmung des jeweiligen gesellschaftlichen Rahmens, in dem die Aufnahmen entstanden, wird so besonders gut eingefangen. Der Senat folgt nicht der Einschätzung [...], es handele sich lediglich um gefällige Abbildungen von prominenten Partygästen auf Partyschnappschüssen üblicher Art. Davon sind die Aufnahmen durch ihre Auswahl und Arrangierung der Motive mit dem Ziel, die Persönlichkeit des Abgebildeten herauszustellen, weit entfernt. [...]"[60]

b) Lichtbild

76 Lichtbilder unterscheiden sich also von Lichtbildwerken dadurch, dass Lichtbildern die erforderliche Gestaltungshöhe fehlt. Im Gegensatz zu Lichtbildwerken, denen uneingeschränkter Urheberrechtsschutz zukommt, besteht für Lichtbilder und für lichtbildähnliche Erzeugnisse nur **Leistungsschutz** nach § 72 UrhG. Mit Ausnahme u.a. der Schutzfrist sind Lichtbilder über den Verweis in § 72 Abs. 2 UrhG allerdings den Lichtbildwerken grundsätzlich gleichgestellt. Der Fotograf wird im Falle von Lichtbildern auch nicht als Urheber, sondern als **Lichtbildner** bezeichnet (§ 72 Abs. 2 UrhG). Das von dieser Vorschrift geschützte Immaterialgut ist dabei die rein technische Leistung der Bildaufnahme.[61] Zwar bedarf es für den Lichtbildschutz wenigstens eines Mindestmaßes an persönlicher geistiger Leistung, doch wird dieses Mindestmaß in der Regel bei allen einfachen Fotografien, wie z. B. **Urlaubsfotos**, erfüllt sein;[62] das gilt auch dann, wenn ein Fotograf Gemälde abfotografiert[63] oder Fotos von Motorsägen für ein Informationsblatt macht[64]. Ausreichend ist allerdings nicht die bloße **Reproduktion** eines bereits vorhandenen Lichtbildes oder lichtbildähnlichen Erzeugnisses.[65] Denn der Lichtbildschutz erfordert trotz seiner geringen Anforderungen

---

[59] OLG Düsseldorf, v. 15.04.2008 – 20 U 143/07 – GRUR-RR 2009, 45 – Schaufensterdekoration.

[60] OLG Düsseldorf, v. 15.04.2008 – 20 U 143/07 – GRUR-RR 2009, 45, 46 – Schaufensterdekoration.

[61] *Thum*, in: Wandtke/Bullinger, UrhR, 3. Aufl. 2009, § 72 UrhG Rn. 5.

[62] BGH v. 08.11.1989 – I ZR 14/88 – GRUR 1990, 669, 673 = NJW-RR 1990, 1061, 1064 – Bibelreproduktion; BGH v. 10.10.1991 – I ZR 147/89 – GRUR 1993, 34, 37 = NJW 1992, 689, 690 – Bedienungsanweisung; *Schulze*, in: Dreier/Schulze, UrhG, 3. Aufl. 2008, § 72 Rn. 12.

[63] *Schulze*, in: Dreier/Schulze, UrhG, 3. Aufl. 2008, § 72 Rn. 12.

[64] BGH v. 10.10.1991 – I ZR 147/89 – GRUR 1993, 34, 35 = NJW 1992, 689, 690 – Bedienungsanweisung.

[65] BGH v. 08.11.1989 – I ZR 14/88 – GRUR 1990, 669, 673 = NJW-RR 1990, 1061, 1064 – Bibelreproduktion; A. *Nordemann*, in: Fromm/Nordemann, Urheberrecht, 10. Aufl. 2008, § 72 UrhG Rn. 9; *Vogel*, in: Schricker/Loewenheim, Urheberrecht, 4. Aufl. 2010, § 72 Rn. 23; *Schulze*, in: Dreier/Schulze, UrhG, 3. Aufl. 2008, § 72 Rn. 9; *Fleer*, in: Hoeren/Nielen, Fotorecht, 1. Aufl. 2004, Rn. 130; W. *Nordemann*, GRUR 1987, 15, 17.

zumindest, dass das Lichtbild als solches originär, d. h. als Urbild, geschaffen worden ist.[66] Folglich stellt eine **Lichtbildkopie** selbst kein Lichtbild dar.[67] In diesem Fall ist nicht einmal das Mindestmaß an persönlicher geistiger Leistung gegeben. Zudem bestünde die Möglichkeit, die Schutzdauer des Lichtbildes unbegrenzt zu verlängern, stellte jedes Duplikat ein neues Lichtbild dar.[68] Das Gleiche gilt dann, wenn ein analoges Foto eingescannt und als digitale Kopie abgespeichert wird[69] sowie, wenn Bilder nur durch Zufall ohne bewusste Mitwirkung eines Menschen entstehen.[70] So sind die „Landschafts-Epiphanien" von Timm Ulrich weder als Lichtbildwerke noch als Lichtbilder geschützt, da sie nur aus zufällig entstandenen Filmschnipseln bestehen.[71]

Andererseits erfüllen bereits solche **„Knipsbilder"**, die ein Amateurfotograf ohne handwerkliches Können mit einer einfachen Digitalkamera anfertigt, die Voraussetzungen für den Lichtbildschutz.[72] Auch die rein handwerkliche **Gegenstandsfotografie**, bei der die Vorlagen möglichst naturgetreu wiedergegeben werden, fällt unter den § 72 UrhG. Lichtbildschutz kommt ebenfalls Fotos zu, die von einer automatischen Kamera aufgenommen wurden, wie z. B. **Luftbilder,**[73] **Satellitenfotos**[74] oder **Passbilder** aus einem Passfotoautomaten[75], wenn die Technik von einem Menschen programmiert wurde.[76] 77

2. Urheberrechtlicher Schutz von Filmausschnitten

In Bezug auf Filmausschnitte können die Fotografie und der urheberrechtliche Schutz von Lichtbildern bzw. Lichtbildwerken in zweifacher Weise eine Rolle spielen: bei *a)* Einzelbildern aus Filmen (sog. **Screenshots**) und bei *b)* sog. **Film-Stills**, d. h. bei von einem Fotografen meist am Film-Set angefertigten Aufnahmen, die z. B. für Werbe- bzw. Pressematerialien für Medien und Schaukästen der Kinos verwendet werden. 78

---

[66] BGH v. 08.11.1989 – I ZR 14/88 – GRUR 1990, 669, 673 = NJW-RR 1990, 1061, 1064 – Bibelreproduktion.

[67] BGH v. 08.11.1989 – I ZR 14/88 – GRUR 1990, 669, 673 = NJW-RR 1990, 1061, 1064 – Bibelreproduktion; *Schulze,* in: Dreier/Schulze, UrhG, 3. Aufl. 2008, § 72 Rn. 9; *Vogel,* in: Schricker/Loewenheim, Urheberrecht, 4. Aufl. 2010, § 72 Rn. 23; *Thum,* in: Wandtke/Bullinger, UrhR, 3. Aufl. 2009, § 72 UrhG Rn. 6; *Schack,* Kunst und Recht, 2. Aufl. 2009, Rn. 861; *Fleer,* in: Hoeren/Nielen, Fotorecht, 1. Aufl. 2004, Rn. 130; *Nielen,* in: Hoeren/Nielen, Fotorecht, 1. Aufl. 2004, Rn. 227.

[68] *Schulze,* in: Dreier/Schulze, UrhG, 3. Aufl. 2008, § 72 Rn. 9.

[69] *Fleer,* in: Hoeren/Nielen, Fotorecht, 1. Aufl. 2004, Rn. 141; *Maaßen,* in: Wandtke, Medienrecht Praxishandbuch, 1. Aufl. 2008, Teil 2, 4. Kapitel Rn. 7; *Maaßen,* ZUM 1992, 338, 340.

[70] *Maaßen,* in: Wandtke, Medienrecht Praxishandbuch, 1. Aufl. 2008, Teil 2, 4. Kapitel Rn. 43; *Vogel,* in: Schricker/Loewenheim, Urheberrecht, 4. Aufl. 2010, § 72 Rn. 23.

[71] *Maaßen,* in: Wandtke, Medienrecht Praxishandbuch, 1. Aufl. 2008, Teil 2, 4. Kapitel Rn. 43.

[72] OLG Hamburg v. 05.11.1998 – 3 U 175/98 – GRUR 1999, 717 = NJW-RR 2000, 187, 188 – Wagner-Familienfotos; *Thum,* in: Wandtke/Bullinger, UrhR, 3. Aufl. 2009, § 72 UrhG Rn. 5; *Fleer,* in: Hoeren/Nielen, Fotorecht, 1. Aufl. 2004, Rn. 134.

[73] *Katzenberger,* GRUR Int. 1989, 116, 118 f.; a.A. LG Hamburg v. 04.04.2003 – 308 O 515/02 – ZUM 2004, 675, 677.

[74] *Vogel,* in: Schricker/Loewenheim, Urheberrecht, 4. Aufl. 2010, § 72 Rn. 20; a.A. LG Hamburg v. 04.04.2003 – 308 O 515/02 – ZUM 2004, 675, 677; *Kroitzsch,* in: Möhring/Nicolini, Urheberrechtsgesetz, 2. Aufl. 2000, § 72 Rn. 3.

[75] *Schulze,* in: Dreier/Schulze, UrhG, 3. Aufl. 2008, § 72 Rn. 4.

[76] Zu weiteren Beispielen s. *Thum,* in: Wandtke/Bullinger, UrhR, 3. Aufl. 2009, § 72 UrhG Rn. 14 ff.

a) Screenshots

79 Parallel zu der Unterscheidung zwischen Lichtbildwerken und Lichtbildern unterscheidet das UrhG zwischen **Filmwerken** (§ 2 Abs. 1 Nr. 6 UrhG) einerseits und **Laufbildern** (§ 95 UrhG) andererseits. Filmwerke bestehen aus einer Folge fotografischer oder fotografieähnlicher Einzelbilder, die bei dem Betrachter den Eindruck von der Wiedergabe eines bewegten Geschehensablaufs hervorruft.[77] Dabei ist es unerheblich, ob es sich um Filme oder Live-Aufnahmen des Fernsehens handelt, da es auf die Art der Herstellung nicht ankommt.[78] Laufbilder sind Bildfolgen und Bild- und Tonfolgen, die nicht die Gestaltungshöhe eines Filmwerkes erreichen (z. B. Privatvideos mit Aufnahmen von Familienfesten[79], Talkshows[80], Aufnahmen von Sport- und Naturereignissen[81], Aufnahmen von Operationen[82] oder unkünstlerische Pornofilme[83]).[84] Auch für den Schutz der Einzelbilder der Laufbilder ist die Art der Herstellung nicht relevant.

§ 2 Abs. 1 Nr. 6 UrhG schützt aber nur das Filmwerk als solches und § 95 UrhG gewährt Leistungsschutz nur für die Laufbilder; die in dem Filmwerk bzw. in den Laufbildern enthaltenen **Einzelbilder** werden von diesem Schutz jedoch nicht umfasst.[85] Die Einzelbilder können allerdings als Lichtbildwerke nach § 2 Abs. 1 Nr. 5 UrhG geschützt sein, wenn diese die erforderliche Gestaltungshöhe erreichen, oder zumindest als Lichtbilder nach § 72 UrhG.[86] Dabei werden die Einzelbilder eines Filmwerks in der Regel auch als Lichtbildwerke einzustufen sein.[87] Es handelt sich bei den Einzelbildern eines Filmwerks dennoch nicht zwangsläufig um Lichtbildwerke, sie können auch lediglich Lichtbilder sein.

Werden Screenshots von einem Film z. B. in einer **Programmzeitschrift** verwendet, um die Vorankündigung eines Films zu illustrieren, oder werden Screenshots aus einer Fernsehsendung für einen **Zeitungsbericht** über dasselbe Thema verwendet, wird damit in das Recht des Urhebers bzw. Leistungsschutzberechtigten eingegriffen.[88] Das Gleiche gilt, wenn solche Einzelbilder aus Filmen auf einem Internetportal veröffentlicht werden.[89] Nach § 89 Abs. 4 UrhG (bei Laufbildern i. V. m. § 95 UrhG)

---

[77] *Loewenheim*, in: Schricker/Loewenheim, Urheberrecht, 4. Aufl. 2010, § 2 Rn. 186.

[78] BGH v. 27.02.1962 – I ZR 118/60 – BGHZ 37, 1, 6 = NJW 1962, 1295, 1296 – AKI.

[79] *Wanckel*, Foto- und Bildrecht, 3. Aufl. 2009, Rn. 375.

[80] OLG Köln v. – 13.08.1993 – 6 U 142/92 – GRUR 1994, 47, 48 = NJW 1994, 1968, 1969 – Filmausschnitt.

[81] BGH v. 21.04.1953 – I ZR 110/52 – BGHZ 9, 262, 268 – Lied der Wildbahn I.

[82] BGH v. 24.11.1983 – I ZR 147/81 – BGHZ 90, 219, 222 f. = NJW 1984, 2582, 2583 – Filmregisseur.

[83] OLG Hamburg v. 10.05.1984 – 3 U 28/84 – GRUR 1984, 663 – Video Intim.

[84] *Rehbinder*, Urheberrecht, 16. Aufl. 2010, Rn. 204, 289.

[85] *Bullinger*, in: Wandtke/Bullinger, UrhR, 3. Aufl. 2009, § 2 UrhG Rn. 121.

[86] Vgl. BGH v. 21.04.1953 – I ZR 110/52 – BGHZ 9, 262, 264 = NJW 1953, 1258, 1259 – Lied der Wildbahn I; *Czernik*, in: Wandtke, Medienrecht Praxishandbuch, 1. Aufl. 2008, Teil 2, 2. Kapitel Rn. 20.

[87] *Schulze*, in: Dreier/Schulze, UrhG, 3. Aufl. 2008, § 2 Rn. 197.

[88] Vgl. LG Berlin v. 16.03.2000 – 16 S 12/99 – ZUM 2000, 513 f. – screenshots; *Czernik*, in: Wandtke, Medienrecht Praxishandbuch, 1. Aufl. 2008, Teil 2, 2. Kapitel Rn. 23; allerdings kann sich die Zulässigkeit solcher Handlungen aus § 50 UrhG (Berichterstattung über Tagesereignisse) bzw. § 51 UrhG (Zitate) ergeben, siehe dazu unten Rn. 144 ff. bzw. 149 ff.

[89] Problematisch ist die Frage, ob es sich bei dem Einstellen der Einzelbilder in ein Online-Archiv um eine „filmische Verwertung" (dann Verletzung des Rechts des Filmherstellers

wird dabei die Vermutungsregel des § 89 Abs. 1 UrhG auf Lichtbilder und Lichtbild-werke angewandt, so dass im Zweifel dem Filmhersteller das ausschließliche Recht eingeräumt wird, das Lichtbild oder Lichtbildwerk sowie Bearbeitungen oder Umge-staltungen daran in allen Nutzungsarten zu nutzen.[90]

b) Film-Stills

Bei Film-Stills handelt es sich um Fotoaufnahmen, die nicht aus dem Film stammen, sondern anlässlich einer Filmproduktion gefertigt werden, um sie später z. B. zu Do-kumentations- oder Werbezwecken einzusetzen.[91] Diese Aufnahmen lassen sich un-terteilen in **Stand-** bzw. **Szenenfotos**, die zwischen den Dreharbeiten oder auch beim Drehen angefertigt werden, in **Produktions-** bzw. **Werkfotos**, die der Dokumentation der Dreharbeiten dienen, und in **Portraitfotos**, die regelmäßig nicht direkt am Set, sondern im Atelier des Fotografen entstehen.[92] Für diese Aufnahmen gelten die oben[93] dargestellten allgemeinen Voraussetzungen. Die Vermutungsregel des § 89 Abs. 4 UrhG findet auf die Film-Stills keine Anwendung, da diese Aufnahmen nicht „bei" der Herstellung des Films, sondern eben nur „anlässlich" der Herstellung entstanden sind, so dass im Zweifel keine Rechteeinräumung an den Filmhersteller erfolgt.

80

3. Schutzdauer

Gemäß § 64 UrhG erlischt das Urheberrecht **siebzig Jahre** nach dem Tod des Urhe-bers. Dies gilt allerdings nur für das **Lichtbildwerk** i. S. v. § 2 Abs. 1 Nr. 5 UrhG. Für einfache **Lichtbilder** gilt gemäß § 72 Abs. 3 S. 1 UrhG etwas anderes. Das Recht an einem Lichtbild erlischt bereits **fünfzig Jahre** nach dem Erscheinen (§ 6 Abs. 2 UrhG) bzw. nach der ersten erlaubten öffentlichen Wiedergabe (§ 15 Abs. 2 UrhG). Nach-dem die Schutzdauer für ein Foto abgelaufen ist, ist es gemeinfrei, d. h., es kann von jedermann, insbesondere auch von jedem gewerblich tätigen Verwerter, frei verwertet werden, ohne dass die Rechtsnachfolger des Urhebers zustimmen müssten.[94] Für die Berechnung der Frist ist für Lichtbildwerke und Lichtbilder (über die Verweisung von § 72 Abs. 3 S. 2 UrhG) gleichermaßen auf § 69 UrhG abzustellen. Nach § 69 UrhG beginnen die Fristen mit Ablauf des Kalenderjahres, in dem der Urheber gestorben ist.[95] Dies soll anhand eines Beispiels verdeutlicht werden:

81

Der Fotograf Richard Avedon ist am 01.10.2004 gestorben. Nach deutschem Ur-heberrecht begann die Frist also am 1.1.2005 zu laufen (§ 187 Abs. 1 BGB). Das Ur-

---

aus § 89 Abs. 4 UrhG) oder um eine „außerfilmische Verwertung" (dann z. B. Verletzung des Rechts des Lichtbildners (Kameramanns) an den Lichtbildern aus § 72 UrhG i. V. m. § 2 Abs. 1 Nr. 5 UrhG); s. dazu BGH v. 19.11.2009 – I ZR 128/07 – GRUR 2010, 620, 621 Tz. 13 ff. – Film-Einzelbilder, und als Vorinstanz OLG München v. 05.07.2007 – 6 U 4794/06 – GRUR-RR 2008, 228, 229 – filmische Verwertung (nicht rechtskräftig), jeweils m.w.N.

[90] *Czernik*, in: Wandtke, Medienrecht Praxishandbuch, 1. Aufl. 2008, Teil 2, 2. Kapitel Rn. 23.

[91] *Manegold*, in: Wandtke/Bullinger, UrhR, 3. Aufl. 2009, § 91 UrhG Rn. 6; *Katzenberger*, in: Schricker/Loewenheim, Urheberrecht, 4. Aufl. 2010, § 91 Rn. 10.

[92] *Moser, Walter*, Zur Funktion von Film-Stills bei der Film-Rekonstruktion, Fn. 2, abrufbar unter: http://www.kunst-der-vermittlung.de/dossiers/filmrestaurierung/walter-moser-film-stills-bei-film-rekonstruktion/#aufgaben (letzter Abruf: 04.09.2011).

[93] Siehe oben Rn. 64 ff.

[94] *Katzenberger*, in: Schricker/Loewenheim, Urheberrecht, 4. Aufl. 2010, § 64 Rn. 5.

[95] *Katzenberger*, in: Schricker/Loewenheim, Urheberrecht, 4. Aufl. 2010, § 69 Rn. 1: Das „maß-gebende Ereignis" i.S.v. § 69 UrhG ist der Tod des Urhebers.

heberrecht an den Lichtbildwerken von Richard Avedon wird somit nach deutschem Recht mit Ablauf des 31.12.2074 erlöschen.

82   § 65 Abs. 1 UrhG regelt die Schutzdauer des Urheberrechts an einem in **Miturheberschaft** geschaffenen Werk (§ 8 UrhG).[96] Nach dieser Regelung erlischt das Urheberrecht siebzig Jahre nach dem Tode des längstlebenden Miturhebers. Auf eine **Werkverbindung** (§ 9 UrhG)[97] ist § 65 Abs. 1 UrhG jedoch nicht anzuwenden. Hier bleibt es bei der getrennten Schutzfristberechnung für jedes der verbundenen Werke.[98]

Auf den ersten Blick erscheint die Berechnung der Schutzfristen relativ simpel, allerdings liegt die Tücke wie immer im Detail. Da es im Bereich der Schutzdauer zahlreiche Gesetzesänderungen gab, kann die Berechnung der Schutzdauer im Einzelfall sehr schwierig werden. Aus den zahlreichen Gesetzesänderungen soll § 137f UrhG herausgegriffen werden. Diese Norm ist durch das 3. UrhRÄndG vom 23.06.1995 (BGBl. I, S. 842) in das UrhG eingeführt worden[99] und dient der Umsetzung von Art. 10 Schutzdauer-Richtlinie.[100] Sie ist eine Übergangsvorschrift für die Schutzfriständerungen, die im Rahmen des 3. UrhRÄndG vorgenommen wurden.

Damit der Urheber keine Verkürzung der Schutzdauer seines Werkes hinnehmen muss, bestimmt § 137f Abs. 1 S. 1 UrhG, dass die bisherigen Schutzfristen weitergelten, wenn diese länger sind als die nach dem ab 01.07.1995 geltenden Recht.[101] Einer der Anwendungsfälle ist derjenige der Schutzdauer einfacher Lichtbilder (§ 72 UrhG), die als Dokumente der Zeitgeschichte bereits auf Grund von § 72 Abs. 3 UrhG a.F. (1985) 50 Jahre nach ihrem Erscheinen bzw. bei Nichterscheinen nach ihrer Herstellung geschützt waren.[102] Die Einzelheiten hierzu sind sehr kompliziert und würden den Rahmen der Darstellung sprengen. Insofern muss auf die weiterführende Literatur verwiesen werden.[103]

83   Ein ganz besonderes Problem wirft § 137f Abs. 2 UrhG auf. Diese Norm lässt Rechte an Werken (Abs. 2 S. 1) und bestimmte Leistungsschutzrechte (Abs. 2 S. 2) wiederaufleben, wenn diese in einem Mitgliedsstaat der Europäischen Union oder einem EWR-Vertragsstaat zum 01.07.1995 noch bestanden, in Deutschland aber zu diesem Zeitpunkt schon erloschen waren. Diese Regelung soll zu einer Harmonisierung der Schutzfristen in Europa beitragen.[104]

84   Für Lichtbildwerke gilt deshalb Folgendes: In Spanien sind Fotografien bereits seit 1879 mit einer Schutzfrist von 80 Jahren ab dem Tod des Urhebers geschützt. Dabei wurden keine besonders strengen Anforderungen an den Werkcharakter gestellt, die

---

[96]   Siehe dazu unten Rn. 182 ff.
[97]   Siehe dazu unten Rn. 188 und 190.
[98]   *Lüft*, in: Wandtke/Bullinger, UrhR, 3. Aufl. 2009, § 65 UrhG Rn. 2.
[99]   *Dustmann*, in: Fromm/Nordemann, Urheberrecht, 10. Aufl. 2008, § 137 f Rn. 1.
[100] Richtlinie 93/98/EWG des Rates vom 29.10.1993 zur Harmonisierung der Schutzdauer des Urheberrechts und bestimmter verwandter Schutzrechte.
[101] *Dustmann*, in: Fromm/Nordemann, Urheberrecht, 10. Aufl. 2008, § 137f Rn. 2.
[102] *Katzenberger*, in: Schricker/Loewenheim, Urheberrecht, 4. Aufl. 2010, §137 f Rn. 2.
[103] Für ein Beispiel aus der Rechtsprechung siehe OLG Hamburg v. 05.11.1998 – 3 U 175/98 – GRUR 1999, 717 f. – Wagner-Familienfotos. In der Literatur setzt sich *Katzenberger*, in: Schricker/Loewenheim, Urheberrecht, 4. Aufl. 2010, § 137 f Rn. 2 mit diesem Problem ausführlich auseinander.
[104] S. Erwägungsgrund 2 der Schutzdauer-Richtlinie.

„kleine Münze" war ausreichend.[105] Folglich waren die Lichtbildwerke deutscher Fotografen, die nach dem Jahre 1915 gestorben waren, in Spanien noch 1995 geschützt. In Deutschland (und auch in anderen EU-Mitgliedsstaaten) ist die Schutzdauer beim Wiederaufleben des Schutzes auf 70 Jahre nach dem Tod des Urhebers begrenzt. Somit kommt ein Aufleben des Schutzes nur für Lichtbildwerke von Fotografen in Betracht, die ab dem Jahr 1925 gestorben sind. Ist ein Fotograf im Jahre 1925 gestorben, so lebt der Schutz im Jahr 1995 nur für dieses Jahr wieder auf. Bei später verstorbenen Fotografen endet der Schutz entsprechend später.[106] Diese komplizierte Materie soll mit ein paar Beispielsfällen erläutert werden:

Ist der Fotograf im Jahre 1932 gestorben, so dauerte die Schutzfrist bis zum Ende des Jahres 2002 an. Für die Zeit ab dem 01.07.1995 kann der Rechtsnachfolger des Fotografen eine angemessene Vergütung verlangen, wenn die Nutzung bereits vor dem 01.07.1995 begonnen hatte und über diesen Zeitpunkt hinaus fortgesetzt werden sollte (§ 137f Abs. 3 UrhG). Im Übrigen kann er gegen Nutzungshandlungen nach dem 01.07.1995 auch Verbotsrechte geltend machen.[107]

In dem bereits oben[108] angeführten Fall des *OLG Hamburg*[109] spielte auch die Frage der Schutzdauer des im Jahr 1941 entstandenen Fotos eines U-Boots in aufgepeitschter See eine entscheidende Rolle. Das Foto wurde im Jahr 1943 vom Fotografen in einem Buch veröffentlicht. Eine andere Person verwandte einen Ausschnitt dieses Fotos für den Umschlag eines Buches über den U-Boot-Krieg im Atlantik und behauptete im gerichtlichen Verfahren, der urheberrechtliche Schutz sei bereits abgelaufen. Das Gericht stellte hierbei fest, dass die Schutzfrist des Fotos zunächst am 31.12.1968 abgelaufen war. Sie sei allerdings durch die spätere Einfügung des § 137f UrhG zum 01.07.1995 wieder aufgelebt und bestehe bis zum Ablauf von 70 Jahren nach dem Tod des Fotografen.

Anders stellt sich allerdings die Situation für bloße Lichtbilder ohne Werkcharakter dar. Zwar ermöglicht § 137f Abs. 2 S. 2 UrhG, dass auch bestimmte verwandte Schutzrechte wiederaufleben, allerdings wird das Lichtbild hierbei nicht genannt. Aus diesem Grund kommt ein Aufleben von Schutzrechten bei Lichtbildern nicht in Betracht.[110]

4. Urheberpersönlichkeitsrechte und Verwertungsrechte

a) Allgemein

Gemäß § 11 Satz 1 UrhG schützt das Urheberrecht den Urheber in seinen **geistigen und persönlichen Beziehungen** zum Werk und in der **Nutzung** des Werkes. Danach schützt das Urheberrecht sowohl das Persönlichkeitsrecht als auch die vermögens-

---

[105] OLG Hamburg v. 03.03.2004 – 5 U 159/03 – ZUM-RD 2004, 303, 305 – U-Boot-Foto; *Schulze/Bettinger*, GRUR 2000, 12, 16 f.; *Dustmann*, in: Fromm/Nordemann, Urheberrecht, 10. Aufl. 2008, § 137f Rn. 13.

[106] *Schulze/Bettinger*, GRUR 2000, 12, 17 f.

[107] *Schulze/Bettinger*, GRUR 2000, 12, 18. Dort auch Näheres, falls Nutzungsrechte eingeräumt wurden.

[108] Siehe dazu oben Rn. 74.

[109] OLG Hamburg v. 03.03.2004 – 5 U 159/03 – ZUM-RD 2004, 303 – U-Boot-Foto.

[110] OLG Düsseldorf v. 13.02.1996 – 20 U 115/95 – GRUR 1997, 49, 50 – Beuys-Fotografien; *Braun/Jani*, in Wandtke/Bullinger, UrhR, 3. Aufl. 2009, § 137f UrhG Rn. 9; a.A. *Schulze/Bettinger*, GRUR 2000, 12, 18.

rechtlichen Befugnisse.[111] Letzteres ergibt sich ausdrücklich aus § 11 Satz 2 UrhG. Insbesondere der Grundsatz, dass der Urheber tunlichst angemessen an jeder einzelnen Nutzung seines Werkes zu beteiligen ist, hat Leitbildfunktion und ist ein wesentlicher Grundgedanke des Urheberrechts.[112] Dem Lichtbildner stehen grundsätzlich die gleichen Verwertungs- und Persönlichkeitsrechte zu wie dem Urheber eines Lichtbildwerkes; das ergibt sich aus § 72 Abs. 1 UrhG.

b) Urheberpersönlichkeitsrechte

87   Die Urheberpersönlichkeitsrechte schützen als besondere Ausprägung des **allgemeinen Persönlichkeitsrechts** aus Art. 2 Abs. 1 i. V. m. Art. 1 Abs. 1 GG die geistige und persönliche Beziehung zwischen dem Urheber und seinem Werk.[113] Aus dem grundrechtlichen Schutz dieser engen Beziehung resultiert das Recht des Urhebers, darüber zu entscheiden, ob, wann und wie er sein Werk veröffentlicht (§ 12 UrhG), das Recht auf Anerkennung (§ 13 UrhG) und das Recht, Entstellungen oder andere Beeinträchtigungen zu verbieten, die geeignet sind, seine berechtigten geistigen oder persönlichen Interessen an seinem Werk zu gefährden (§ 14 UrhG). Diese Urheberpersönlichkeitsrechte schützen vorrangig die **ideellen Interessen** des Urhebers; gerade das Recht auf Anerkennung der Urheberschaft betrifft aber auch die **materiellen Interessen**, denn zum einen möchte z. B. ein Fotograf in der Öffentlichkeit auch mit seinem Werk in Verbindung gebracht werden, zum anderen sichert der Namenshinweis die Möglichkeit, Folgeaufträge zu erhalten.[114] Der urheberpersönlichkeitsrechtliche Schutz des Urhebers wird u.a. weiter verstärkt durch die **Rückrufrechte** (§§ 41 f. UrhG). Bei den Rückrufrechten ist zwischen dem Rückrufrecht wegen Nichtausübung (§ 41 UrhG) und dem Rückrufrecht wegen gewandelter Überzeugung (§ 42 UrhG) zu unterscheiden.[115]

88   § 41 UrhG betrifft den Fall, dass ein Urheber einem Verwerter ein ausschließliches Nutzungsrecht eingeräumt hat, das der Verwerter nicht oder nur unzureichend ausübt. Im Bereich der Fotografie liegt eine solche Situation z. B. dann vor, wenn ein Fotograf einer Bildagentur das ausschließliche Nutzungsrecht an einer Aufnahme einräumt, die Agentur die Aufnahmen aber nicht verwertet. Da das eingeräumte ausschließliche Nutzungsrecht eine **Nutzungssperre** auch für den Urheber selbst bedeutet, er aber auf Grund seiner schwächeren Verhandlungsposition häufig keine andere Wahl hat als ausschließliche Nutzungsrechte einzuräumen, muss er es in einem solchen Fall der Nichtausübung auch wieder zum Erlöschen bringen können.[116] Daran zeigt sich, dass § 41 UrhG auch die vermögensrechtlichen Interessen des Urhebers im

---

[111] *Lettl*, Urheberrecht, 1. Aufl. 2008, § 4 Rn. 1.

[112] BGH v. 06.11.1953 – I ZR 97/52 – BGHZ 11, 135, 143 = NJW 1954, 305, 307; BGH v. 23.04.1954 – I ZR 139/53 – BGHZ 13, 115, 118 f. = GRUR 1954, 412, 414; BGH v. 18.05.1955 – I ZR 8/54 – BGHZ 17, 266, 282 = NJW 1955, 1276, 1279 – Grundig-Reporter.

[113] BGH v. 05.03.1971 – I ZR 94/69 – NJW 1971, 885, 886 = GRUR 1971, 525, 526 – Petite Jacqueline; BGH v. 25.05.1954 – I ZR 211/53 – BGHZ 13, 334, 339 = NJW 1954, 1404, 1405 – Dr. H. Schacht & Co.; BGH v. 02.04.1957 – VI ZR 9/56 – BGHZ 24, 72, 78 = NJW 1957, 1146, 1147 – Krankenpapiere; *Bullinger*, in: Wandtke/Bullinger, UrhR, 3. Aufl. 2009, Vor 12ff. UrhG Rn. 1; *Wanckel*, Foto- und Bildrecht, 3. Aufl. 2009, Rn. 390.

[114] Vgl. OLG München v. 03.07.1967 – 6 U 1270/66 – GRUR 1969, 146; LG Düsseldorf v. 14.07.1992 – 12 O 353/91 – GRUR 1993, 664 – Urheberbenennung bei Foto; *Bullinger*, in: Wandtke/Bullinger, UrhR, 3. Aufl. 2009, Vor §§ 12 ff. UrhG Rn. 3.

[115] *Lettl*, Urheberrecht, 1. Aufl. 2008, § 5 Rn. 94.

[116] *Wandtke*, in: Wandtke/Bullinger, UrhR, 3. Aufl. 2009, § 41 UrhG Rn. 2.

Blick hat. Voraussetzung für einen Rückruf ist, dass der Inhaber des ausschließlichen Nutzungsrechts das Recht über einen bestimmten Zeitraum (nämlich mindestens über zwei Jahre, § 41 Abs. 2 S. 1 UrhG) nicht oder nur unzureichend ausübt und dies die **berechtigten Interessen** des Urhebers erheblich verletzt (§ 41 Abs. 1 S. 1 UrhG). Den Rückruf muss der Urheber dann gegenüber dem Nutzungsrechtsinhaber erklären, wobei dies zwar formlos möglich ist, sich aber aus Beweisgründen die Schriftform empfiehlt.[117] Folge des Rückrufs ist, dass sowohl die vertragliche Vereinbarung zwischen Urheber und dem Nutzungsrechtsinhaber ein Ende findet als auch, dass das Nutzungsrecht selbst erlischt und an den Urheber zurückfällt.[118] Auf dieses Rückrufrecht kann der Urheber im Voraus nicht verzichten, lediglich eine Verlängerung der Wartefrist auf fünf Jahre ist im Voraus möglich (§ 41 Abs. 4 UrhG).

Mehr noch als § 41 UrhG schützt § 42 UrhG die persönlichkeitsrechtlichen Interessen des Urhebers. Danach kann der Urheber ein Nutzungsrecht gegenüber dem Inhaber zurückrufen, wenn das Werk seiner **Überzeugung** nicht mehr entspricht und ihm deshalb die Verwertung des Werkes nicht mehr zugemutet werden kann (§ 42 Abs. 1 S. 1 UrhG). Dies kann z. B. der Fall sein, wenn bei dem Fotografen ein Wandel seiner politischen, künstlerischen oder religiösen Überzeugung eingetreten ist.[119] Ob eine Unzumutbarkeit der Verwertung gegeben ist, ist anhand einer **Interessenabwägung** zu ermitteln. Gemein hat § 42 UrhG mit § 41 UrhG, dass ein Vorausverzicht unwirksam ist. Anders als bei § 41 UrhG muss das Nutzungsrecht aber nicht ausschließlich eingeräumt sein.[120]

aa) Veröffentlichungsrecht, § 12 UrhG

Gemäß § 12 Abs. 1 UrhG hat der Urheber bzw. Lichtbildner (i. V. m. § 72 Abs. 1 UrhG) das Recht zu bestimmen, **ob**, **wann** und **wie** sein Werk zu veröffentlichen ist.[121] Eine Legaldefinition des Begriffs des Veröffentlichens enthält § 6 Abs. 1 UrhG. Danach ist ein Werk veröffentlicht, wenn es mit Zustimmung des Berechtigten der Öffentlichkeit zugänglich gemacht worden ist. Ein **Zugänglichmachen** liegt schon dann vor, wenn die Wahrnehmung der Fotografien möglich ist.[122] Dabei kommt es nicht darauf an, in welcher Form (körperliche oder unkörperliche Verwertungshandlungen oder tatsächliche Handlungen) dies geschieht.[123] Der Begriff der **Öffentlichkeit** wiederum ist in § 15 Abs. 3 UrhG legaldefiniert.[124] Nach dieser Vorschrift, die sich eigentlich nur auf die Wiedergabe in körperlicher Form bezieht, ist die Wiedergabe eines Werkes öffentlich, wenn sie für eine Mehrzahl von Personen bestimmt ist, es sei denn, dass der Kreis dieser Personen bestimmt abgegrenzt ist und sie durch gegenseitige

89

---

[117] *Schricker/Peukert*, in: Schricker/Loewenheim, Urheberrecht, 4. Aufl. 2010, § 41 Rn. 22.

[118] *Schricker/Peukert*, in: Schricker/Loewenheim, Urheberrecht, 4. Aufl. 2010, § 41 Rn. 24.

[119] *Wandtke*, in: Wandtke/Bullinger, UrhR, 3. Aufl. 2009, § 42 UrhG Rn. 1.

[120] *Lettl*, Urheberrecht, 1. Aufl. 2008, § 5 Rn. 100.

[121] Vgl. BGH v. 26.11.1954 – I ZR 266/52 – BGHZ 15, 249, 257 – Cosima Wagner.

[122] *Wanckel*, Foto- und Bildrecht, 3. Aufl. 2009, Rn. 391.

[123] *Dreier*, in: Dreier/Schulze, UrhG, 3. Aufl. 2008, § 6 Rn. 8.

[124] BGH v. 13.12.1990 – I ZR 21/89 – BGHZ 113, 159, 160 = NJW 1991, 1234 – Einzelangebot; *Dreyer*, in: Dreyer/Kotthoff/Meckel, Urheberrecht, 2. Aufl. 2009, § 6 UrhG Rn. 6 ff., § 12, Rn. 4; *Goebel/Hackemann/Scheller*, GRUR 1986, 355, 357; a.A. *Bullinger*, in: Wandtke/ Bullinger, UrhR, 3. Aufl. 2009, § 12 UrhG Rn. 7; *Katzenberger*, in: Schricker/Loewenheim, Urheberrecht, 4. Aufl. 2010, § 6 Rn. 11; *Dustmann*, in: Fromm/Nordemann, Urheberrecht, 10. Aufl. 2008, § 16 UrhG Rn. 8, die nicht von einem einheitlichen Öffentlichkeitsbegriff im UrhG ausgehen.

Beziehungen zum Veranstalter miteinander verbunden sind.[125] Danach kann für ein Veröffentlichen auch schon eine Dia-Vorführung vor einer kleinen Gruppe von Personen ausreichen, wenn diese Gruppe nicht persönlich miteinander verbunden ist.[126] Führt ein Fotograf seine Fotografien aber z. B. einem Kreis von Fachleuten vor oder versendet er Fotografien an einen ausgewählten Kreis von Freunden oder Experten, liegt darin noch kein Veröffentlichen i. S. d. § 6 Abs. 1 UrhG.[127]

90   Bei dem Veröffentlichungsrecht gemäß § 12 Abs. 1 UrhG handelt es sich um ein sog. **„Einmalrecht"**[128], das mit der ersten Veröffentlichung verbraucht ist.[129] Zu beachten ist jedoch, dass die Ausübung des Veröffentlichungsrechts nicht deckungsgleich mit dem Verbrauch dieses Rechtes ist.[130] So kann der Fotograf sein Veröffentlichungsrecht dergestalt ausüben, dass er seine Nutzungsrechte einer Bildagentur einräumt.[131] Erst dann, wenn die nutzungsberechtigte Agentur das Bild veröffentlicht, ist das Veröffentlichungsrecht aber verbraucht. Dabei handelt es sich um einen **Realakt**, der nicht rückgängig gemacht werden kann. § 12 Abs. 1 UrhG gewährt dem Fotografen allerdings keinen Anspruch auf eine Veröffentlichung seiner Fotografien.[132] § 12 Abs. 2 UrhG enthält einen Mitteilungs- und Beschreibungsvorbehalt, nach dem es dem Urheber vorbehalten ist, vor der Veröffentlichung des Werkes, wesentlicher Teile des Werkes oder einer Beschreibung des Werkes öffentliche Mitteilungen über das Werk zu machen oder es öffentlich zu beschreiben.

91   Obwohl in der Regel eine Verletzung des § 12 UrhG auch mit der Verletzung der §§ 15 ff. UrhG einhergehen wird, besitzt § 12 UrhG neben diesen Verwertungsrechten eigene Bedeutung.[133] Dies ergibt sich daraus, dass § 12 UrhG als Urheberpersönlichkeitsrecht einen engeren Bezug zu der Person des Urhebers aufweist. Dies hat zur Folge, dass ein Fotograf, dessen Veröffentlichungsrecht verletzt wird, bei einer schwerwiegenden Verletzung dieses Rechts **Ersatz** des **immateriellen Schadens** aus § 97 Abs. 2 UrhG verlangen kann.[134]

bb) Anerkennung der Urheberschaft, § 13 UrhG

92   Die Benennung als Urheber oder Lichtbildner hat gerade für Berufsfotografen auf Grund des damit verbundenen **Werbeeffektes** einen hohen wirtschaftlichen Wert.[135] Dieses materielle, aber auch ideelle Interesse des Fotografen sichert § 13 UrhG als zentrales Urheberpersönlichkeitsrecht ab. Gemäß § 13 Satz 1 UrhG hat der Urheber

---

[125] BGH v. 13.12.1990 – I ZR 21/89 – BGHZ 113, 159, 160 = NJW 1991, 1234 – Einzelangebot; BGH v. 11.07.1996 – I ZR 22/94 – GRUR 1996, 875, 876 = NJW 1996, 3084, 3085 – Zweibettzimmer im Krankenhaus.

[126] *Wanckel*, Foto- und Bildrecht, 3. Aufl. 2009, Rn. 391.

[127] Vgl. *Katzenberger*, in: Schricker/Loewenheim, Urheberrecht, 4. Aufl. 2010, § 6 Rn. 13 f.

[128] *Bullinger*, in: Wandtke/Bullinger, UrhR, 3. Aufl. 2009, § 12 UrhG Rn. 9.

[129] OLG München v. 21.03.1996 – 29 U 5512/95 – NJW-RR 1997, 493, 494 – Ausgleich Nichtvermögensschaden; *Dreyer*, in: Dreyer/Kotthoff/Meckel, Urheberrecht, 2. Aufl. 2009, § 12 Rn. 5; *Kroitzsch*, in: Möhring/Nicolini, Urheberrechtsgesetz, 2. Aufl. 2000, § 12 Rn. 2.

[130] Vgl. *Bullinger*, in: Wandtke/Bullinger, UrhR, 3. Aufl. 2009, § 12 UrhG Rn. 13.

[131] Vgl. *Bullinger*, in: Wandtke/Bullinger, UrhR, 3. Aufl. 2009, § 12 UrhG Rn. 13.

[132] Vgl. KG v. 22.05.1981 – 5 U 2295/81 – GRUR 1981, 742, 743 – Totenmaske.

[133] *Bullinger*, in: Wandtke/Bullinger, UrhR, 3. Aufl. 2009, § 12 UrhG Rn. 17.

[134] Vgl. *Bullinger*, in: Wandtke/Bullinger, UrhR, 3. Aufl. 2009, § 12 UrhG Rn. 17. Zu den Rechtsfolgen von Urheberrechtsverletzungen siehe Rn. 239 ff.

[135] *Maaßen*, in: Wandtke, Medienrecht Praxishandbuch, 1. Aufl. 2008, Teil 2, 4. Kapitel Rn. 73; *Spieker*, GRUR 2006, 118, 120.

bzw. der Lichtbildner (i. V. m. § 72 Abs. 1 UrhG) das Recht auf Anerkennung seiner Urheberschaft bzw. seiner Stellung als Lichtbildner bezüglich des Fotos. Urheber bzw. Lichtbildner kann jeder Mensch unabhängig von seinem Alter, seiner Geschäftsfähigkeit (§§ 104 ff. BGB) oder seiner Profession sein.[136] Lichtbildwerke und Lichtbilder können daher sowohl von **professionellen Fotografen** als auch von **Amateuren** geschaffen werden.[137] Das Ergebnis der schöpferischen Tätigkeit ist ein Realakt und keine rechtsgeschäftliche Handlung; an dem Bild entsteht kraft Gesetzes urheberrechtlicher Schutz, ohne dass es irgendwelcher Formalien bedürfte.[138] Im Gegensatz zu anderen Immaterialgüterrechten muss der Fotograf seine Bilder also nicht bei einem öffentlichen Register eintragen lassen oder bei einer öffentlichen Stelle anmelden, um für seine Fotografien Schutzfähigkeit zu erlangen. Insbesondere ist nach dem UrhG auch kein **Copyright-Vermerk (©)** erforderlich. Wie sich aus § 13 Satz 2 UrhG ergibt, besteht insbesondere keine Verpflichtung für den Fotografen, seinen Namen zu nennen.[139] Folglich kann er sich auch dafür entscheiden, seine Fotos **anonym** oder unter einem Decknamen **(Pseudonym)** zu veröffentlichen.[140] Ein Copyright-Vermerk hat, wenn es unter Zusatz des Jahres der ersten Veröffentlichung[141] sowie des vollständigen Namens des Urhebers angebracht wird, allerdings Vorteile für die Rechtsverfolgung in den USA, denn aus diesem Vermerk ergibt sich eine Vermutung für die Urheberschaft des Fotografen und es kann ein höherer Schadensersatz verlangt werden.[142]

Ist ein Foto mit einer Urheberbezeichnung versehen, besteht gemäß § 10 Abs. 1 HS. 1 UrhG auch nach deutschem Urheberrecht eine gesetzliche **Vermutung** für die Urheberschaft des als Urheber Bezeichneten an dem Foto. Die Vermutung des § 10 Abs. 1 Hs. 1 UrhG kommt auch dem Lichtbildner zu Gute.[143] Um in den Genuss dieser Vermutung zu kommen, die bis zum Beweis des Gegenteils gilt, sollten Fotografen daher auf allen Abzügen, Dias und Datenträgern ihren Namen anbringen.[144] Die Angaben sollten bei allen Fotos und Abzügen so gestaltet sein, dass eine Zuordnung zu dem Fotografen immer eindeutig möglich ist. Verwendet der Fotograf ein Pseudonym, ist es für die Zuordnung ausreichend, wenn dieser Deckname bekannt ist, d. h., wenn der Fotograf überwiegend oder nur unter diesem Namen im Rechtsverkehr auftritt.[145] Dabei ist nicht erforderlich, dass die Öffentlichkeit den hinter dem Pseudonym stehenden Fotografen namentlich kennt und nicht schädlich, dass der Deckname der Öffentlichkeit weitgehend unbekannt ist.[146]

93

Werden Bilder in einem Buch veröffentlicht, erfolgt die Nennung der Urheber bzw. Lichtbildner regelmäßig auf der zweiten Titelseite oder in einer Übersicht am Schluss.[147] Im Falle von Digitalfotos sollte darauf geachtet werden, dass die automa-

94

---

[136] *Bullinger*, in: Wandtke/Bullinger, UrhR, 3. Aufl. 2009, § 2 UrhG Rn. 18.

[137] *Wanckel*, Foto- und Bildrecht, 3. Aufl. 2009, Rn. 372.

[138] *Schack*, Kunst und Recht, 2. Aufl. 2009, Rn. 229, 237; Wanckel, Foto- und Bildrecht, 3. Aufl. 2009, Rn. 369.

[139] *Wanckel*, Foto- und Bildrecht, 3. Aufl. 2009, Rn. 394.

[140] *Wanckel*, Foto- und Bildrecht, 3. Aufl. 2009, Rn. 394.

[141] Siehe dazu oben Rn. 89 ff.

[142] *Rehbinder*, Urheberrecht, 16. Aufl. 2010, Rn. 160.

[143] KG v. 26.01.2001 – 5 U 4102/99 – ZUM 2001, 592, 594 – Gruß aus Potsdam; LG Kiel v. 02.11.2004 – 16 O 112/03 – ZUM 2005, 81, 82.

[144] *Wanckel*, Foto- und Bildrecht, 3. Aufl. 2009, Rn. 370.

[145] Vgl. *Dreyer*, in: Dreyer/Kotthoff/Meckel, Urheberrecht, 2. Aufl. 2009, § 13 UrhG Rn. 13.

[146] Vgl. *Dreyer*, in: Dreyer/Kotthoff/Meckel, Urheberrecht, 2. Aufl. 2009, § 13 UrhG Rn. 13.

[147] *A. Nordemann*, in: Fromm/Nordemann, Urheberrecht, 10. Aufl. 2008, § 10 UrhG Rn. 1.

tisch generierten **Bilddaten (EXIF-Dateien)** den richtigen Urheber und den richtigen Zeitpunkt der Aufnahme ausweisen.[148] Zwar werden in der Rechtsprechung und Literatur in Bezug auf die Frage, ob ein „übliches" Anbringen einer Urheberbezeichnung i. S. d. § 10 UrhG vorliegt, keine allzu hohen Anforderungen gestellt, so dass jeder nicht ganz versteckte oder außergewöhnliche Ort, aus dem der Urheber ohne Schwierigkeiten und eindeutig erkennbar ist, ausreichend ist.[149] So ist es beispielsweise nach einer Entscheidung des *LG Kiel*[150] für eine eindeutige Zuordnung nicht ausdrücklich erforderlich, jede einzelne Datei mit einem Hinweis auf den Urheber zu versehen.[151] Denn nach Ansicht des Gerichts ist es ausreichend, wenn sich auf einer CD-ROM neben Digitalfotos ohne Hinweis auf den Fotografen zusätzlich eine Textdatei befindet, die Angaben zu dem Fotografen enthält und die CD-Box überdies ein Einlagenblatt mit Hinweisen auf das Atelier und darüber hinaus auf die Post- und die E-Mail-Adresse des Fotografen beinhaltet.[152] Da aber nicht gewährleistet ist, dass die Fotos immer nur in Verbindung mit dem Datenträger weitergegeben werden und das Einlagenblatt nicht fest mit der CD-Box verbunden ist, sollten alle Bilddateien mit einer Kennzeichnung versehen werden, um sich nicht leichtfertig der Vermutungsregelung aus § 10 Abs. 1 HS. 1 UrhG zu begeben.[153]

95   Dem Namensnennungsrecht aus § 13 UrhG wird dann nicht entsprochen, wenn z. B. das Bild eines Fotografen von einer Nachrichtenagentur wie der *Deutschen Presse Agentur* mit einer bloßen Angabe ihrer Agentur versehen wird (z. B. *„dpa"*).[154] Dass dennoch in vielen Pressemitteilungen und vor allem im Bereich der Werbefotografie nicht der Name des Fotografen, sondern der der Agentur oder kein Name enthalten ist, liegt daran, dass der Fotograf häufig auf sein Namensnennungsrecht verzichtet. Denn die gesetzliche Verpflichtung, den Namen des Urhebers bzw. Lichtbildners zu nennen, kann durch vertragliche Vereinbarungen ausgeschlossen werden.[155] Hier empfiehlt es sich, diesen Punkt ausdrücklich zu regeln. Zwar kann im Falle einer fehlenden vertraglichen Regelung von den Verwertern angeführt werden, dass das Weglassen des Namens branchenüblich sei. Dies muss jedoch als „absoluter Ausnahmefall" angesehen werden, um das Namensnennungsrecht des Fotografen nicht übermäßig einzuschränken.[156] Denn eine solche **Branchenübung** hat sich durch die „Unsitte", den Namen des Fotografen nicht zu nennen, gerade erst eingestellt, da sich die Fotografen meist in einer schwächeren Verhandlungsposition gegenüber den Verwertern befinden.[157] Eine solche Branchenpraxis ist rechtlich unbeachtlich.[158] Aber auch dann, wenn

---

[148] *Wanckel*, Foto- und Bildrecht, 3. Aufl. 2009, Rn. 370.
[149] OLG München v. 19.05.1988 – 29 U 2068/87 – GRUR 1988, 819 f. – Der Goggolore; LG Kiel v. 02.11.2004 – 16 O 112/03 – ZUM 2005, 81, 83; *Loewenheim*, in: Schricker/Loewenheim, Urheberrecht, 4. Aufl. 2010, § 10 Rn. 8; *Ahlberg*, in: Möhring/Nicolini, Urheberrechtsgesetz, 2. Aufl. 2000, § 10 Rn. 8.
[150] LG Kiel v. 02.11.2004 – 16 O 112/03 – ZUM 2005, 81.
[151] LG Kiel v. 02.11.2004 – 16 O 112/03 – ZUM 2005, 81, 83.
[152] LG Kiel v. 02.11.2004 – 16 O 112/03 – ZUM 2005, 81, 83.
[153] *Wanckel*, Foto- und Bildrecht, 3. Aufl. 2009, Rn. 393. Zu den Besonderheiten der Digitalfotografie siehe unten Rn. 192 ff.
[154] *Thum*, in: Wandtke/Bullinger, UrhR, 3. Aufl. 2009, § 72 UrhG Rn. 32.
[155] *Maaßen*, in: Wandtke, Medienrecht Praxishandbuch, 1. Aufl. 2008, Teil 2, 4. Kapitel Rn. 75.
[156] So auch *Thum*, in: Wandtke/Bullinger, UrhR, 3. Aufl. 2009, § 72 UrhG Rn. 32.
[157] *Maaßen*, in: Wandtke, Medienrecht Praxishandbuch, 1. Aufl. 2008, Teil 2, 4. Kapitel Rn. 75.
[158] LG München I v. 05.03.1993 – 21 O 7688/92 – ZUM 1995, 57, 58 – Venus der Lumpen; *Dietz/Peukert*, in: Schricker/Loewenheim, Urheberrecht, 4. Aufl. 2010, § 13 Rn. 25; *Schulze*, in: Dreier/Schulze, UrhG, 3. Aufl. 2008, § 13 Rn. 26.

man eine zu beachtende Branchenübung annimmt, setzt ein wirksamer Verzicht auf das Namensnennungsrecht voraus, dass diese Branchenübung in den Vertrag, wenn schon nicht ausdrücklich, dann zumindest **stillschweigend,** einbezogen wurde.[159] Zum Schutze des Urhebers bzw. Lichtbildners müssen an den **Nachweis** einer solchen Einbeziehung hohe Anforderungen gestellt werden.[160] Dieser Nachweis wird häufig nicht zu führen sein, so dass grundsätzlich auch im Rahmen von Werbeanzeigen der Fotograf zu nennen ist,[161] wenn es an einem ausdrücklichen vertraglichen Verzicht fehlt.[162]

Auf Grund des hohen Stellenwerts des Namensnennungsrechts als „**Kern** des Urheberpersönlichkeitsrechts"[163] muss es der Fotograf auch nicht hinnehmen, dass zwar ein Hinweis auf seine Person erfolgt, wegen der fehlenden Eindeutigkeit des Hinweises aber eine Zuordnung nicht möglich ist.[164] Zwar ist es dem Verwerter überlassen zu entscheiden, an welcher Stelle und in welchem Layout die Nennung des Fotografen erfolgt. Immer muss jedoch eine eindeutige Zuordnung des Fotografen zu seinem Foto möglich sein. Eine fehlende Benennung ist somit auch gegeben, wenn der Name des Fotografen neben weiteren Namen erscheint und die Zuordnung zu einer bestimmten Fotografie nicht möglich ist,[165] und ebenfalls dann, wenn die Fotos mit einer unverständlichen Abkürzung veröffentlicht werden.[166]   96

cc) Entstellung des Werkes, § 14 UrhG

Gemäß § 14 UrhG hat der Urheber das Recht, eine Entstellung oder eine andere Beeinträchtigung seines Werkes zu verbieten, die geeignet ist, seine berechtigten geistigen oder persönlichen Interessen am Werk zu gefährden.[167] Sinn und Zweck dieser Regelung ist, den Bestand der konkreten Form, wie der Urheber bzw. Lichtbildner sie für die Veröffentlichung (§ 12 UrhG)[168] gewählt hat, zu schützen.[169] § 14 UrhG wahrt also die **Integrität** des Lichtbildwerkes bzw. des Lichtbildes.[170] Bei der Feststellung, ob eine Verletzung des § 14 UrhG vorliegt, sind mehrere **Prüfungsschritte** zu beachten: Zunächst muss eine (I) Entstellung oder eine andere Beeinträchtigung gegeben sein, zudem muss dadurch eine (II) Eignung zur Interessengefährdung des Urhebers bzw. Lichtbildners vorliegen und es muss in einer (III) Interessenabwägung im Einzelfall festgestellt werden, dass die Interessen des Urhebers bzw. des Lichtbildners denen Dritter vorgehen.   97

---

[159] *Maaßen,* in: Wandtke, Medienrecht Praxishandbuch, 1. Aufl. 2008, Teil 2, 4. Kapitel Rn. 75.
[160] *Kroitzsch,* in: Möhring/Nicolini, Urheberrechtsgesetz, 2. Aufl. 2000, § 13 Rn. 20 f.; *Dietz/ Peukert,* in: Schricker/Loewenheim, Urheberrecht, 4. Aufl. 2010, § 13 Rn. 25.
[161] LG München I v. 26.07.1995 – 21 O 18884/93 – ZUM-RD 1997, 249, 253.
[162] Zum Urhebervertragsrecht siehe unten Rn. 272 f.
[163] *Wanckel,* Foto- und Bildrecht, 3. Aufl. 2009, Rn. 395.
[164] *Thum,* in: Wandtke/Bullinger, UrhR, 3. Aufl. 2009, § 72 UrhG Rn. 32.
[165] LG Düsseldorf v. 14.07.1992 – 12 O 353/91 – GRUR 1993, 664, 665 – Urheberbenennung bei Foto; LG München I v. 05.03.1993 – 21 O 7688/92 – ZUM 1995, 57 – Venus der Lumpen; *Thum,* in: Wandtke/Bullinger, UrhR, 3. Aufl. 2009, § 72 UrhG Rn. 32.
[166] LG Hamburg v. 04.04.2003 – 308 O 515/02 – ZUM 2004, 675, 678.
[167] Umstr. ist, ob dieses Urheberpersönlichkeitsrecht über § 72 Abs. 1 UrhG auch für Lichtbilder gilt. Siehe zum Meinungsstand die Nachweise bei *Maaßen,* in: Wandtke, Medienrecht Praxishandbuch, 1. Aufl. 2008, Teil 2, 4. Kapitel Fn. 124.
[168] Siehe dazu oben Rn. 89 ff.
[169] *Schulze,* in: Dreier/Schulze, UrhG, 3. Aufl. 2008, § 14 Rn. 1.
[170] Vgl. *Rehbinder,* Urheberrecht, 16. Aufl. 2010, Rn. 407.

98   Unter einer **Entstellung** versteht man eine Verfälschung oder Verstümmelung.[171]
       Sonstige weniger schwere **Beeinträchtigungen** stellen insbesondere Umarbeitungen
       dar.[172] Dabei ist es unerheblich, ob die Fotografie eine Verbesserung oder Verschlech-
       terung erfährt. Eine Entstellung kann zunächst dadurch erfolgen, dass das Original
       einer Fotografie oder einer Bilddatei direkt verändert wird.[173] Dabei bietet gerade die
       digitale Nachbearbeitungstechnik ein breites Spektrum an möglichen Beeinträchti-
       gungen.[174] Denkbar ist aber auch eine indirekte Entstellung oder andere Beeinträchti-
       gung dergestalt, dass die Fotografie selbst unverändert bleibt, sie aber in einen Sachzu-
       sammenhang gestellt wird, der selbst beeinträchtigend wirkt.[175] Für Lichtbilder muss
       im Vergleich zu Lichtbildwerken in Bezug auf § 14 UrhG auf Grund der geringeren
       persönlichen geistigen Leistung festgehalten werden, dass eine Entstellung oder an-
       dere Beeinträchtigung meist nur dann vorliegen wird, wenn es zu einer gravierenden
       Beeinträchtigung kommt.[176]

dd) Beispiele[177]

99   Verwendet ein Buchverlag ein Lichtbild oder Lichtbildwerk eines Fotografen für
       ein Buchcover und verändert er es dafür so, dass die Augenpartie des fotografierten
       Mädchens aus dem Foto ausgeschnitten und nur diese Augenpartie auf dem Cover
       abgebildet wird, liegt eine Entstellung vor.[178] Eine Entstellung ist auch dann denkbar,
       wenn eine Fotografie in einer **Ausstellung** herabwürdigend präsentiert wird,[179] so
       z. B., wenn eine Fotografie dicht an dicht mit hunderten weiteren Fotografien anderer
       Fotografen in einer Ausstellung vor einer gewellten Plastikfolie aufgehängt wird.[180]
       Da der urheberrechtliche Schutz des Fotografen aber nicht so weit geht, dass er einen
       Anspruch aus § 14 UrhG auf optimale Präsentation hätte, bedarf es einer Interessen-
       abwägung im Einzelfall für die Feststellung einer Entstellung. Denn die zuvor be-
       schriebene Präsentation kann zwar als „lieblos"[181] bezeichnet werden, dies reicht aber
       für eine Verletzung des § 14 UrhG nicht aus.[182] Eine Entstellung liegt nicht vor, wenn
       ein **Digitalfoto** im Internet mit einer niedrigen Auflösung wiedergegeben wird.[183]

---

[171] BGH v. 05.03.1971 – I ZR 94/69 – NJW 1971, 885, 886 = GRUR 1971, 525 – Petite Jacque-
       line; *Wanckel*, Foto- und Bildrecht, 3. Aufl. 2009, Rn. 396.
[172] *Rehbinder*, Urheberrecht, 16. Aufl. 2010, Rn. 408.
[173] *Maaßen*, in: Wandtke, Medienrecht Praxishandbuch, 1. Aufl. 2008, Teil 2, 4. Kapitel Rn. 77.
[174] *Bullinger*, in: Wandtke/Bullinger, UrhR, 3. Aufl. 2009, § 14 UrhG Rn. 60; siehe zur Zulässig-
       keit der digitalen Bildbearbeitung im Einzelnen unten Rn. 221 ff.
[175] *Dietz/Peukert*, in: Schricker/Loewenheim, Urheberrecht, 4. Aufl. 2010, § 14 Rn. 24; *Maaßen*,
       in: Wandtke, Medienrecht Praxishandbuch, 1. Aufl. 2008, Teil 2, 4. Kapitel Rn 77.
[176] *Maaßen*, in: Wandtke, Medienrecht Praxishandbuch, 1. Aufl. 2008, Teil 2, 4. Kapitel Rn. 78;
       Schack, Kunst und Recht, 2. Aufl. 2009, Rn. 860.
[177] Nach *Maaßen*, in: Wandtke, Medienrecht Praxishandbuch, 1. Aufl. 2008, Teil 2, 4. Kapitel
       Rn. 77.
[178] BGH v. 05.03.1971 – I ZR 94/69 – NJW 1971, 885 = GRUR 1971, 525 – Petite Jacqueline.
[179] *Bullinger*, in: Wandtke/Bullinger, UrhR, 3. Aufl. 2009, § 14 UrhG Rn. 49.
[180] Vgl. dazu das Beispiel bei *Bullinger*, in: Wandtke/Bullinger, UrhR, 3. Aufl. 2009, § 14 UrhG
       Rn. 49.
[181] Vgl. *Bullinger*, in: Wandtke/Bullinger, UrhR, 3. Aufl. 2009, § 14 UrhG Rn. 49.
[182] *Bullinger*, in: Wandtke/Bullinger, UrhR, 3. Aufl. 2009, § 14 UrhG Rn. 49.
[183] *Maaßen*, in: Wandtke, Medienrecht Praxishandbuch, 1. Aufl. 2008, Teil 2, 4. Kapitel Rn. 77;
       a.A. *vom Hofe*, in: Hoeren/Nielen, Fotorecht, 1. Aufl. 2004, Rn. 117.

c) Verwertungsrechte des Urhebers

Die Verwertungsrechte schützen den Urheber in der Nutzung des Werkes und **100** dienen der Sicherung einer angemessenen Vergütung für seine Leistung. Sie sind Ausschließlichkeitsrechte und haben zwei **Funktionen**: Zum einen stellen sie ein positives **Benutzungsrecht** dar, zum anderen ein negatives **Verbietungsrecht**. Das UrhG unterscheidet zwischen der Verwertung in körperlicher (§ 15 Abs. 1 UrhG) und unkörperlicher Form (§ 15 Abs. 2 UrhG). § 15 Abs. 1 und Abs. 2 UrhG enthält dabei jeweils nur einen Regelbeispielkatalog („insbesondere") der körperlichen bzw. unkörperlichen Verwertungsarten, da eine abschließende Regelung in Anbetracht der rasanten technischen Entwicklung schnell überholt wäre und dadurch eine Schutzlücke entstünde.[184] Die **Generalklausel** des § 15 UrhG begründet daher ein allgemeines Verwertungsrecht.[185] Die wichtigsten Verwertungsrechte sind sodann in den §§ 16 ff. UrhG ausgestaltet. Die Nutzung der Verwertungsrechte bedarf der Zustimmung des Urhebers bzw. Lichtbildners, anderenfalls liegt eine widerrechtliche Verletzung des Urheberrechts bzw. Leistungsschutzrechts vor, es sei denn, eine Schrankenbestimmung[186] greift ein.

aa) Vervielfältigungsrecht, § 16 UrhG

Nach §§ 15 Abs. 1 Nr. 1, 16 UrhG hat der Urheber das ausschließliche Recht, sein **101** Werk zu vervielfältigen. Unter einer Vervielfältigung versteht man jede körperliche Festlegung des Werkes, die geeignet ist, das Werk den menschlichen Sinnen auf irgendeine Art unmittelbar oder mittelbar wahrnehmbar zu machen.[187] Aus § 16 Abs. 1 UrhG ergibt sich, dass eine Vervielfältigung unabhängig davon vorliegt, ob diese vorübergehend oder dauerhaft ist und in welchem Verfahren und in welcher Zahl sie erfolgt. Im Bereich der Fotografie ist damit also eine Vervielfältigung z. B. immer dann gegeben, wenn **Abzüge** von Fotos hergestellt werden und auch dann, wenn ein Foto mit einem Drucker **ausgedruckt** oder **abfotografiert** wird.[188] Eine exakte Wiedergabe des Fotos ist dabei nicht erforderlich, es ist bereits ausreichend, wenn das Foto in seinem Kern übernommen wird,[189] denn auch die Übernahme nur von Werkteilen stellt eine Vervielfältigung dar, wenn die einzelnen Teile den Schutzvoraussetzungen der § 1 ff. UrhG genügen. Eine Vervielfältigung liegt zudem dann vor, wenn das **Motiv** eines Fotografen von einem anderen Fotografen unter Übernahme der wesentlichen schöpferischen Merkmale (z. B. Kameratyp, Film, Objektiv, Blende, Belichtungszeit; nicht jedoch bei Verwendung einer ähnlichen Perspektive oder eines ähnlichen Objekts) nachgestellt und erneut fotografiert wird.[190] Dies bedeutet aber nicht, dass das Motiv als solches geschützt wäre, denn jedermann darf ein Motiv, zu dem er Zugang

---

[184] LG München I v. 30.03.2000 – 7 O 3625/98 – ZUM 2000, 418, 422 = NJW 2000, 2214, 2215.

[185] *Rehbinder*, Urheberrecht, 16. Aufl. 2010, Rn. 295.

[186] Siehe dazu unten Rn. 122 ff.

[187] RegE UrhG BT-Drs. IV/270, S. 47; BGH v. 18.05.1955 – I ZR 8/54 – BGHZ 17, 266, 269 f. = NJW 1955, 1276 – Grundig Reporter; BGH v. 03.07.1981 – I ZR 106/79 – GRUR 1982, 102, 103 – Masterbänder; BGH v. 01.07.1982 – I ZR 119/80 – GRUR 1983, 28, 29 = NJW 1983, 1199 – Presseberichterstattung und Kunstwerkwiedergabe II; BGH v. 04.10.1990 – I ZR 139/89 – BGHZ 112, 264, 278 = NJW 1991, 1231, 1234 – Betriebssystem.

[188] Vgl. *Loewenheim*, in: Schricker/Loewenheim, Urheberrecht, 4. Aufl. 2010, § 16 Rn. 17; *Wanckel*, Foto- und Bildrecht, 3. Aufl. 2009, Rn. 378.

[189] *Wanckel*, Foto- und Bildrecht, 3. Aufl. 2009, Rn. 378.

[190] LG Mannheim v. 14.07.2006 – 7 S 2/03 – ZUM 2006, 886, 887 – Freiburger Münster; *Heerma*, in: Wandtke/Bullinger, UrhR, 3. Aufl. 2009, § 16 UrhG Rn. 11; *Schack*, Kunst und Recht, 2. Aufl. 2009, Rn. 866.

hat, ablichten.[191] Es kommt aber ein wettbewerbsrechtlicher Schutz des Fotografen gegen Mitbewerber nach dem **Gesetz gegen den unlauteren Wettbewerb** (UWG) zum Tragen, wenn der Fotograf ein Motiv unter erheblichem Aufwand zusammengestellt hat und ein anderer Fotograf dann von diesem Motiv profitiert (z. B. das Fotografieren einer Hochzeitsgesellschaft auf einem Gerüst, das ein Mitbewerber des Fotografen unter erheblichen Mühen errichtet hat).[192]

102   Nach § 16 Abs. 2 UrhG ist eine Vervielfältigung ebenfalls die Übertragung des Werkes auf Vorrichtungen zur wiederholbaren Wiedergabe von Bild- oder Tonfolgen (Bild- oder Tonträger), gleichviel, ob es sich um die Aufnahme einer Wiedergabe des Werkes auf einen Bild- oder Tonträger oder um die Übertragung des Werkes von einem Bild- oder Tonträger auf einen anderen handelt. Daraus folgt, dass es für das Vervielfältigen auch ausreicht, analoge Fotos oder schon vorhandene digitale Bilddateien **einzuscannen** und **abzuspeichern** (ganz gleich, ob auf einer Diskette, einer CD-ROM, einer Festplatte, einem USB-Stick o. ä.).[193] Eine Vervielfältigungshandlung liegt zudem schon immer dann vor, wenn digitale Bilder aus dem Internet heruntergeladen (sog. **Download**), in das Internet hochgeladen (sog. **Upload**) oder beim Durchsuchen des Internets (sog. **Browsing**) im Arbeitsspeicher oder auf der Festplatte eines Computers gespeichert werden (sog. **Client-Caching**),[194] selbst dann, wenn sie nach wenigen Sekunden wieder gelöscht werden.[195] Auch im Falle des **Filesharing**, bei dem Nutzer gegenseitig auf freigegebene Dateien (z. B. Bilddateien) zugreifen und die Dateien von fremden Festplatten auf die eigene Festplatte kopieren können, wobei die Datei auf der/den ursprünglichen Festplatte(n) erhalten bleibt (der deutsche Begriff „Tauschbörse" für das Filesharing ist insofern irreführend), ist eine Vervielfältigung gegeben.[196]

103   Keine Vervielfältigung liegt dagegen vor, wenn ein Bild auf eine **Leinwand** projiziert wird oder wenn eine Abbildung mittels **Power-Point** wahrnehmbar gemacht wird.[197] In letzterem Fall wird eine Vervielfältigungshandlung aber in der Regel immer schon darin liegen, dass ein Foto aus dem Internet auf die Festplatte oder einen USB-Stick heruntergeladen wurde, um es für die Präsentation zu verwenden.[198]

104   Als Konsequenz des absichtlich weit gefassten Vervielfältigungsbegriffs, der auch schon die vorübergehende Vervielfältigung erfasst, bedarf es eines **Korrektivs**, um nicht jede flüchtige Vervielfältigung als rechtswidrige Urheberrechtsverletzung qualifizieren zu müssen. Dieses Korrektiv stellt die **Schrankenbestimmung** des § 44a UrhG dar[199]. Denn häufig sind bei der Übertragung von Informationen in Netzwerke

---

[191] OLG Hamburg v. 29.06.1995 – 3 U 302/94 – ZUM-RD 1997, 217, 221; *Schack*, Kunst und Recht, 2. Aufl. 2009, Rn. 866.

[192] OLG München v. 17.01.1991 – NJW-RR 1992, 369, 370; *Schack*, Kunst und Recht, 2. Aufl. 2009, Rn. 866.

[193] *Heerma*, in: Wandtke/Bullinger, UrhR, 3. Aufl. 2009, § 16 UrhG Rn. 8.

[194] *Loewenheim*, in: Schricker/Loewenheim, Urheberrecht, 4. Aufl. 2010, § 16 Rn. 16 ff.; *Schulze*, in: Dreier/Schulze, UrhG, 3. Aufl. 2008, § 16 UrhG Rn. 13.

[195] OLG Hamburg v. 22.02.2001 – 3 U 247/00 – GRUR 2001, 831 = NJW-RR 2001, 1198 – Roche Lexikon Medizin; *Dreyer*, in: Dreyer/Kotthoff/Meckel, Urheberrecht, 2. Aufl. 2009, § 16 UrhG Rn. 30.

[196] *Heerma*, in: Wandtke/Bullinger, UrhR, 3. Aufl. 2009, § 16 UrhG Rn. 14.

[197] *Dreyer*, in: Dreyer/Kotthoff/Meckel, Urheberrecht, 2. Aufl. 2009, § 16 UrhG Rn. 36.

[198] Vgl. *Dreyer*, in: Dreyer/Kotthoff/Meckel, Urheberrecht, 2. Aufl. 2009, § 16 UrhG Rn. 36.

[199] Siehe dazu ausführlich unten Rn. 122 ff.

oder auch bei der Nutzung von Werken aus rein technischen Gründen (wenn auch nur vorübergehende) Festlegungen erforderlich, die bereits eine Vervielfältigung darstellen.[200] Diese Festlegungen sollen, sofern sie keine eigene wirtschaftliche Bedeutung aufweisen und sofern die Nutzung rechtmäßig erfolgt, unabhängig von der Zustimmung des Rechtsinhabers erfolgen können, gerade auch um das effiziente Funktionieren von Übertragungssystemen sicherzustellen.[201]

Problematischer als die oben genannten einfach gelagerten Fälle ist, ob im Setzen *105* eines Links auf einer Webseite im Internet bereits eine Vervielfältigungshandlung liegt. Im Bereich der Links ist zu unterscheiden zwischen sog. **Surface-Links**, die auf die Startseite einer Homepage verweisen, und sog. **Deep-Links**, die auf eine unter der Startseite liegende Ebene der Website verweisen.[202] Nach der für die Praxis maßgeblichen **Paperboy-Entscheidung** des *BGH*[203] ist

„[e]in Link [...] lediglich eine elektronische Verknüpfung der den Link enthaltenden Datei mit einer anderen in das Internet eingestellten Datei. Erst wenn der Nutzer den Link anklickt, um diese Datei abzurufen, kann es zu einer urheberrechtlich relevanten Vervielfältigung – im Bereich des Nutzers – kommen".[204]

Danach liegt also eine Vervielfältigungshandlung durch das Setzen des Links nicht vor.[205] Nach Ansicht des *BGH* gilt etwas anderes nur, wenn der Berechtigte die Inhalte im Internet öffentlich zugänglich gemacht und entsprechende Schutzvorkehrungen getroffen hat.[206] Ansonsten ersetze der Link nur das Eintippen der URL (Uniform Resource Locator), also der Internetadresse, im Eingabefeld des Internetbrowsers und das Betätigen der Eingabetaste.[207] Dabei macht der *BGH* keinen Unterschied zwischen Surface- und Deep-Links.[208]

Ein weiterer problematischer Fall liegt in der Verwendung fremder Werke in Form *106* von sog. Thumbnails. Bei **Thumbnails** handelt es sich um kleinformatige Vorschaubilder auf Servern, wie sie z. B. von Internet-Suchmaschinen verwendet werden.[209] Nach einer Entscheidung des *LG Hamburg*[210] liegt eine Vervielfältigung i. S. d. § 16 Abs. 2 UrhG in der Verwendung dieser Thumbnails selbst dann vor, wenn die auf dem Server der Suchmaschine gespeicherten Bilder im Vergleich zum Originalbild stark verkleinert und unscharf waren und unabhängig davon, ob die Originalbilder

---

[200] *Loewenheim*, in: Schricker/Loewenheim, Urheberrecht, 4. Aufl. 2010, § 44a Rn. 1.
[201] *Loewenheim*, in: Schricker/Loewenheim, Urheberrecht, 4. Aufl. 2010, § 44a Rn. 1.
[202] *v. Welser*, in: Wandtke/Bullinger, UrhR, 3. Aufl. 2009, § 44a UrhG Rn. 28.
[203] BGH v. 17.07.2003 – I ZR 259/00 – BGHZ 156, 1 = NJW 2003, 3406 – Paperboy.
[204] BGH v. 17.07.2003 – I ZR 259/00 – BGHZ 156, 1, 11 = NJW 2003, 3406, 3408 – Paperboy.
[205] Vgl. zu dieser Problematik *Wanckel*, Foto- und Bildrecht, 3. Aufl. 2009, Rn. 379 m.w.N. Für eine Beurteilung aus wettbewerbsrechtlicher Sicht siehe (allerdings noch zu § 1 UWG [1909] a.F.) BGH v. 17.07.2003 – I ZR 259/00 – BGH NJW 2003, 3406, 3410 – Paperboy.
[206] BGH v. 17.07.2003 – I ZR 259/00 – BGHZ 156, 1, 12 = NJW 2003, 3406, 3408 f. – Paperboy.
[207] BGH v. 17.07.2003 – I ZR 259/00 – BGHZ 156, 1, 12 = NJW 2003, 3406, 3409 – Paperboy.
[208] BGH v. 17.07.2003 – I ZR 259/00 – BGHZ 156, 1, 12 = NJW 2003, 3406, 3409 – Paperboy; a.A. wohl *Schulze*, in: Dreier/Schulze, UrhG, 3. Aufl. 2008, § 16 Rn. 14.
[209] *Dustmann*, in: Fromm/Nordemann, Urheberrecht, 10. Aufl. 2008, § 16 UrhG Rn. 27.
[210] LG Hamburg v. 05.09.2003 – 308 O 449/03 – GRUR-RR 2004, 313 – thumbnails.

noch auf der von der Suchmaschine gefundenen Website vorhanden waren.[211] Auch der *BGH*[212] geht davon aus, dass es sich bei „verkleinert[en], ansonsten aber ohne wesentliche Veränderungen identisch in ihren schöpferischen Zügen gut erkennbar wiedergegeben[en]" Thumbnails um Vervielfältigungen i. S. d. § 16 Abs. 2 UrhG handelt.

bb) Verbreitungsrecht, § 17 UrhG

107 Nach §§ 15 Abs. 1 Nr. 2, 17 Abs. 1 UrhG hat der Urheber das ausschließliche Recht, das Original oder Vervielfältigungsstücke des Werkes der Öffentlichkeit anzubieten oder in Verkehr zu bringen. Der Anwendungsbereich ist dabei auf **körperliche Werkstücke** beschränkt, so dass die unkörperliche Wiedergabe nur von den §§ 15 Abs. 2, 19 ff. UrhG erfasst wird.[213] Das Anbieten ist gegenüber dem Inverkehrbringen eine eigenständige Handlung, die Begriffe des Anbietens und des Inverkehrbringens stehen selbständig nebeneinander.[214]

108 Der Begriff des **Anbietens** ist wirtschaftlich zu verstehen.[215] Erforderlich ist kein Antrag i. S. d. §§ 145 ff. BGB,[216] der, würde er angenommen, zu einem bindenden Vertrag führte. Vielmehr reichen bereits Inserate, Kataloge, Prospekte oder Schaufensterauslagen für ein Anbieten i. S. d. § 17 Abs. 1 UrhG aus.[217] Unerheblich ist ebenfalls, ob das Angebot Erfolg hat und ob es zu einem Vertragsschluss kommt.[218] Ein **Inverkehrbringen** erfolgt dann, wenn das Eigentum oder der Besitz an dem Original eines Werkstücks oder an Vervielfältigungsstücken der **Öffentlichkeit** zugeführt wird,[219] also z. B. durch Verkaufen, Verschenken oder Verleihen. Eine gewerbliche Absicht muss nicht verfolgt werden.[220] Für den Begriff der Öffentlichkeit gilt in entsprechender Anwendung die **Legaldefinition** des § 15 Abs. 3 UrhG.[221] Danach gehört bei der körperlichen Verwertung durch Verbreiten i. S. d. § 17 Abs. 1 UrhG zur Öffentlichkeit jeder, der nicht mit demjenigen, der das Werk verwertet, durch persönliche Beziehungen verbunden ist.[222] Ein Inverkehrbringen ist danach bereits dann gegeben, wenn der Fotograf ein Werkexemplar einer einzelnen Person, z. B. seinem Auftraggeber,

---

[211] LG Hamburg v. 05.09.2003 – 308 O 449/03 – GRUR-RR 2004, 313, 315 – thumbnails. Umstritten ist in diesem Zusammenhang, ob eine konkludente Einwilligung des Rechteinhabers anzunehmen ist: eine solche Einwilligung annehmend BGH v. 29.04.2010 – I ZR 69/08 – GRUR 2010, 628, 631 – Vorschaubilder (zu § 19a UrhG), *Heerma*, in: Wandtke/Bullinger, UrhR, 3. Aufl. 2009, § 16 UrhG Rn. 21 und *Berberich*, MMR 2005, 145, 147; ablehnend (zu § 23 UrhG) noch OLG Jena v. 27.02.2008 – 2 U 319/07 – ZUM 2008, 522, 525 ff. (als Vorinstanz zu BGH a.a.O., Vorschaubilder), das aber die Durchsetzung des Anspruches als rechtsmissbräuchlich i.S.d. § 242 BGB ansah.

[212] BGH v. 29.04.2010 – I ZR 69/08 – GRUR 2010, 628, 629 – Vorschaubilder (in einem *obiter dictum* und zu Werken der bildenden Kunst i.S.d. § 2 Abs. 1 Nr. 4 UrhG).

[213] RegE UrhG BT-Drs. IV/270, S. 47.

[214] *Dreyer*, in: Dreyer/Kotthoff/Meckel, Urheberrecht, 2. Aufl. 2009, § 17 UrhG Rn. 4.

[215] *Heerma*, in: Wandtke/Bullinger, UrhR, 3. Aufl. 2009, § 17 UrhG Rn. 7.

[216] KG v. 01.12.1982 – (2) Ss 169/82 (30/82) – GRUR 1983, 174 – Videoraubkassetten.

[217] *Heerma*, in: Wandtke/Bullinger, UrhR, 3. Aufl. 2009, § 17 UrhG Rn. 7.

[218] *Dreyer*, in: Dreyer/Kotthoff/Meckel, Urheberrecht, 2. Aufl. 2009, § 17 UrhG Rn. 10.

[219] EuGH v. 17.04.2008 – C-456/06 – GRUR 2008, 604, 605 – Peek & Cloppenburg/Cassina SpA; BGH v. 05.10.2006 – I ZR 247/03 – GRUR Int. 2007, 74, 75 – Le Corbusier-Möbel; BGH v. 24.05.2007 – I ZR 42/04 – GRUR 2007, 691, 692 – Staatsgeschenk.

[220] RegE UrhG BT-Drs. IV/270, S. 48.

[221] *Dustmann*, in: Fromm/Nordemann, Urheberrecht, 10. Aufl. 2008, § 17 UrhG Rn. 12.

[222] *Dreyer*, in: Dreyer/Kotthoff/Meckel, Urheberrecht, 2. Aufl. 2009, § 17 UrhG Rn. 19.

überlässt.[223] Auf Grund der Parallele zum Tatbestandsmerkmal des Inverkehrbringens liegt nach der Rechtsprechung eine Verbreitung auch dann vor, wenn nur an eine einzige Person ein Angebot erfolgt, da das Angebot dem Inverkehrbringen bloß zeitlich vorgelagert ist.[224]

Das Verbreitungsrecht wird durch den **Erschöpfungsgrundsatz** des § 17 Abs. 2 *109* UrhG begrenzt. Nach diesem Grundsatz ist das Verbreitungsrecht an einem Werkstück verbraucht, sobald es mit Zustimmung des Urhebers in der EU oder einem anderen Vertragsstaat des EWR-Abkommens in den Verkehr gebracht wurde.[225] Der Urheber bzw. Lichtbildner kann dann die Weiterverbreitung der bereits in Verkehr gebrachten Werkstücke mit Ausnahme der Vermietung (§ 17 Abs. 3 UrhG) nicht mehr verhindern. Dies bedeutet, dass ein Fotograf weder dagegen vorgehen kann, dass ein von ihm herausgegebener Fotoband weiterverkauft wird, noch dass mit seinem Willen in Verkehr gebrachte Abzüge von Fotografien weitergegeben werden.[226] Der Erschöpfungsgrundsatz bezieht sich nur auf das Verbreitungsrecht gemäß § 17 UrhG, nicht jedoch auch auf andere Verwertungsrechte, wie z. B. das Vervielfältigungsrecht.[227]

Häufig kommt es aber nach der Veräußerung eines Originals zu **Wertsteigerungen** *110* des Werks, an denen nicht nur Eigentümer, Versteigerer oder Kunsthändler teilhaben sollen.[228] Deshalb begründet das **Folgerecht** (§ 26 UrhG)[229] einen unveräußerlichen und unverzichtbaren (§ 26 Abs. 3 UrhG) vermögensrechtlichen Beteiligungsanspruch für den Urheber eines Lichtbildwerkes (bzw. für den Lichtbildner), der damit einem Urheber eines Werkes der bildenden Kunst gleichgestellt wird. Nach § 26 Abs. 1 S. 1 Var. 2 UrhG hat der Veräußerer, wenn **Kunsthändler** oder **Versteigerer** als Erwerber, Veräußerer oder Vermittler an der Weiterveräußerung eines Lichtbildwerkes beteiligt sind, dem Urheber einen Anteil des Verkaufserlöses zu entrichten (die Höhe dieses Anteils ergibt sich aus § 26 Abs. 2 UrhG). Erfasst ist also nur eine nicht lediglich rein private **Weiterveräußerung**, aber nicht die erste Veräußerung durch den Urheber.[230] Voraussetzung für das Folgerecht ist immer, dass es sich um ein Original eines Lichtbildwerkes handelt. In der künstlerischen Fotografie ist für die Beurteilung der Eigenschaft als Original darauf abzustellen, ob die entsprechenden Abzüge vom Positiv, Negativ oder Datenträger auf Weisung des Künstlers hergestellt wurden und er sie autorisiert hat.[231] In der **analogen** Fotografie sind nicht nur vom Urheber selbst vorgenommene Handabzüge, sondern auch von ihm autorisierte Massenlaborabzüge Werkoriginale,[232] in der **digitalen** Fotografie sind die ersten Datenträger mangels Wahrnehmbarkeit keine Werkoriginale, sondern erst vom Urheber autorisierte und

---

[223] Vgl. BGH v. 10.05.1984 – I ZR 85/82 – NJW 1986, 1045 – Elektrodenfabrik.

[224] BGH v. 13.12.1990 – I ZR 21/89 – BGHZ 113, 159, 162 = NJW 1991, 1234, 1235 – Einzelangebot.

[225] *Wanckel*, Foto- und Bildrecht, 3. Aufl. 2009, Rn. 383.

[226] *Wanckel*, Foto- und Bildrecht, 3. Aufl. 2009, Rn. 383 mit weiteren anschaulichen Beispielen.

[227] BGH v. 04.05.2000 – I ZR 256/97 – BGHZ 144, 232, 238 = NJW 2000, 3783, 3785 – Parfumflakon.

[228] *Lettl*, Urheberrecht, 1. Aufl. 2008, § 4 Rn. 118.

[229] Das Folgerecht stellt eigentlich weder ein Urheberpersönlichkeitsrecht noch ein Verwertungsrecht dar (RegE UrhG BT-Drs. IV/270, S. 52), sondern einen urheberrechtlichen Beteiligungsanspruch eigener Art (*Schulze*, in: Dreier/Schulze, UrhG, 3. Aufl. 2008, § 26 Rn. 2), soll hier aber im Zusammenhang mit dem Verbreitungsrecht behandelt werden.

[230] *Lettl*, Urheberrecht, 1. Aufl. 2008, § 4 Rn. 121 f.

[231] *Bullinger*, in: Wandtke/Bullinger, UrhR, 3. Aufl. 2009, § 26 UrhG Rn. 10.

[232] *Bullinger*, in: Wandtke/Bullinger, UrhR, 3. Aufl. 2009, § 26 UrhG Rn. 10.

wahrnehmbar gemachte Exemplare, die nach der Vorstellung des Urhebers mit einer hervorgehobenen Stellung versehen sind.[233]

cc) Ausstellungsrecht, § 18 UrhG

111 Das Ausstellungsrecht gemäß §§ 15 Abs. 1 Nr. 3, 18 UrhG ist das Recht, das Original oder Vervielfältigungsstücke eines **unveröffentlichten** Werkes der bildenden Künste oder der Fotografie öffentlich zur Schau zu stellen. Mit dieser Vorschrift anerkennt das UrhG zwar, dass das Ausstellungsrecht ein Verwertungsrecht darstellt, dieses Recht ist aber so schwach ausgestaltet, dass ihm fast keine praktische Bedeutung zukommt.[234] Denn § 18 UrhG gilt nur für unveröffentlichte Werke u. a. der Fotografie, so dass Fotografen es nicht verhindern können, dass ihre bereits veröffentlichten Fotografien ausgestellt werden, selbst dann nicht, wenn diese Ausstellung gewerblichen Zwecken dient. Werden in der Ausstellung jedoch Vervielfältigungsstücke gezeigt, kann ein Verstoß gegen § 16 UrhG vorliegen.[235] Zu beachten ist, dass der Erwerber eines Originals eines Werkes der Fotografie auch dann berechtigt ist, es öffentlich auszustellen, wenn es noch nicht veröffentlicht ist, soweit der Urheber bzw. Lichtbildner dies bei der Veräußerung des Originals nicht ausdrücklich ausgeschlossen hat (§ 44 Abs. 2 UrhG).

dd) Vortrags-, Aufführungs- und Vorführungsrecht, § 19 UrhG

112 Nach den §§ 15 Abs. 2 Satz 2 Nr. 1, 19 Abs. 4 UrhG hat der Urheber bzw. Lichtbildner das ausschließliche Recht, sein Werk bzw. Lichtbild durch technische Einrichtungen für Auge und Ohr öffentlich wahrnehmbar zu machen (**Vorführungsrecht**). Als Beispiele für eine Vorführung sind der **Dia-Vortrag** und auch die **Power-Point-Präsentation** unter Verwendung eines Beamers oder Projektors zu nennen.[236] Voraussetzung für das Vorliegen einer Verwertungshandlung i. S. d. § 19 Abs. 4 UrhG ist aber immer, dass die Vorführung öffentlich (§ 15 Abs. 3 UrhG) erfolgt. Eine Abgrenzung zu § 19a UrhG (Recht der öffentlichen Zugänglichmachung) und § 20 UrhG (Senderecht) erfolgt dadurch, dass sich bei der Vorführung die Zuschauer an einem **gemeinsamen Ort** aufhalten und sie die Vorführung alle **zu derselben Zeit** wahrnehmen.[237] In Abgrenzung zu § 18 UrhG wird im Falle des § 19 Abs. 4 UrhG das Werk zwar auch der Öffentlichkeit präsentiert, die Vorführung geschieht aber unter Verwendung technischer Hilfsmittel.[238] Das in §§ 15 Abs. 2 Satz 2 Nr. 1, 19 Abs. 1 UrhG geregelte **Vortragsrecht** und das in §§ 15 Abs. 2 Satz 2 Nr. 1, 19 Abs. 2 UrhG geregelte **Aufführungsrecht** sind für Fotografen nicht relevant.

ee) Recht der öffentlichen Zugänglichmachung, § 19a UrhG

113 Gemäß §§ 15 Abs. 2 Satz 2 Nr. 2, 19a UrhG hat der Urheber bzw. der Lichtbildner das Recht, das Werk drahtgebunden oder drahtlos der Öffentlichkeit in einer Weise zugänglich zu machen, dass es Mitgliedern der Öffentlichkeit von Orten und zu Zeiten ihrer Wahl zugänglich ist. Erforderlich ist nicht, dass bei dem Nutzer etwas

---

[233] *Bullinger*, in: Wandtke/Bullinger, UrhR, 3. Aufl. 2009, § 26 UrhG Rn. 10; vgl. zu diesem Thema eingehend *Bullinger*, KUR 2006, 106 ff.
[234] *Heerma*, in: Wandtke/Bullinger, UrhR, 3. Aufl. 2009, § 18 UrhG Rn. 1.
[235] Siehe dazu oben Rn. 101 ff.
[236] *Dustmann*, in: Fromm/Nordemann, Urheberrecht, 10. Aufl. 2008, § 19 UrhG Rn. 27.
[237] BGH v. 08.07.1993 – I ZR 124/91 – GRUR 1994, 45, 46 = NJW 1993, 2871 – Verteileranlagen.
[238] *Wanckel*, Foto- und Bildrecht, 3. Aufl. 2009, Rn. 385.

dauerhaft verbleiben muss.[239] Von § 19a UrhG erfasst wird insbesondere das Recht des Fotografen, über die Veröffentlichung seines Werkes im **Internet** zu entscheiden.[240] Im Falle des oben[241] geschilderten Beispiels der **Thumbnails** liegt neben einer Vervielfältigung ebenfalls eine öffentliche Zugänglichmachung vor, die widerrechtlich ist, wenn sie ohne Zustimmung des Urhebers bzw. Lichtbildners erfolgt. Nach Ansicht des *BGH*[242] liegt ein rechtswidriger Eingriff in das Recht der öffentlichen Zugänglichmachung aber nicht vor, wenn eine schlichte Einwilligung des Berechtigten gegeben ist.[243] Eine solche schlichte Einwilligung kann auch schlüssig dadurch erklärt werden, dass eine Internetseite für die „Google-Suche" optimiert wird und von technischen Vorkehrungen kein Gebrauch gemacht wird, um Abbildungen der Werke von der Suche und der Anzeige durch Bildersuchmaschinen in Form von Vorschaubildern auszunehmen.[244] Denn wer Inhalte im Internet ohne Einschränkungen frei zugänglich mache, müsse mit den nach den Umständen üblichen Nutzungshandlungen rechnen.[245]

Links dagegen verletzen das Recht der öffentlichen Zugänglichmachung nicht.[246]

Nach einer aktuellen Entscheidung des *BGH*[247] liegt eine Verletzung des Rechts der öffentlichen Zugänglichmachung dann vor, wenn urheberrechtlich geschützte Fotos (im vorliegenden Falle Fotos von Lebensmitteln auf einer Website mit Rezeptideen unter www.chefkoch.de) von Nutzern zum Abruf bereitgestellt werden, selbst wenn die Fotos bereits auf einer anderen Website allgemein abrufbar sind (im vorliegenden Falle unter www.marions-kochbuch.de). In diesem Falle hafte auch der Betreiber der Website (vorliegend von www.chefkoch.de) für die Urheberrechtsverletzung, ohne dass er sich auf eine Haftungsprivilegierung nach dem **Telemediengesetz** (TMG) berufen könne, da er sich die Inhalte ihrer Nutzer zu eigen gemacht habe (der Betreiber versah die Rezepte, die von den Nutzern nur unter Alias-Namen erstellt wurden, u. a. mit seinem Emblem).[248]

ff) Senderechte, §§ 20 ff. UrhG

Das Senderecht gemäß §§ 15 Abs. 2 Satz 2 Nr. 3, 20, 20a und 20b UrhG ist das Recht, *114* das Werk durch Funk, wie Ton- und Fernsehfunk, Satellitenrundfunk, Kabelfunk oder ähnliche technische Einrichtungen der Öffentlichkeit zugänglich zu machen, wobei eine **Gleichzeitigkeit** erforderlich ist, also die Öffentlichkeit jeweils gleichzei-

---

[239] Vgl. OLG Hamburg v. 11.02.2009 – 5 U 154/07 – MMR 2009, 560 – StayTuned III.
[240] *Wanckel*, Foto- und Bildrecht, 3. Aufl. 2009, Rn. 385.
[241] Siehe oben Rn. 106.
[242] BGH v. 29.04.2010 – I ZR 69/08 – GRUR 2010, 628 – Vorschaubilder.
[243] BGH v. 29.04.2010 – I ZR 69/08 – GRUR 2010, 628, 631 – Vorschaubilder.
[244] BGH v. 29.04.2010 – I ZR 69/08 – GRUR 2010, 628, 632 – Vorschaubilder; anders noch in der Vorinstanz das OLG Jena (v. 27.02.2008 – 2 U 319/07 – ZUM 2008, 522, 526 f.).
[245] BGH v. 29.04.2010 – I ZR 69/08 – GRUR 2010, 628, 632 – Vorschaubilder; BGH v. 06.12.2007 – I ZR 94/05 – BGHZ 174, 359, 368 = NJW 2008, 751, 754 – Drucker und Plotter.
[246] BGH v. 17.07.2003 – I ZR 259/00 – BGHZ 156, 1, 12 = NJW 2003, 3406, 3409 – Paperboy. Zum Problem des **Framing** siehe *Ott*, ZUM 2004, 357, 361 ff.
[247] BGH v. 12.11.2009 – I ZR 166/07 – GRUR 2010, 616 – marions.kochbuch.de; siehe zur vorinstanzlichen Entscheidung OLG Hamburg v. 26.09.2007 – 5 U 165/06 – GRUR-RR 2008, 230 – Chefkoch.
[248] BGH v. 12.11.2009 – I ZR 166/07 – GRUR 2010, 616, 618 – marions.kochbuch.de.

tig zugreifen können muss.[249] Dadurch unterscheidet sich das Senderecht vom Recht der öffentlichen Zugänglichmachung, da in letzterem Falle der Empfänger über den Zeitpunkt, die Reihenfolge und den Umfang des Empfangs entscheidet.[250] Zum Senderecht gehören alle Formen des **Pay-TV** und des **Free-TV**.[251] Der sog. **Datenrundfunk** und **Videotextsendungen** zählen ebenfalls zum Senderecht.[252]

115 Naturgemäß schützt das Senderecht zunächst vorrangig Filmwerke.[253] Im Rahmen von Sondersendungen zu plötzlichen Ereignissen, wie z. B. Terroranschlägen, Naturkatastrophen oder Piratenangriffen vor Afrika, muss häufig auf **Archivbilder** und dabei nicht selten auf Fotografien zurückgegriffen werden, wenn eine Berichterstattung vor Ort nicht oder noch nicht möglich ist. Werden dann Fotografien z. B. in Nachrichtensendungen gezeigt, wird auch das Senderecht an Lichtbildern bzw. Lichtbildwerken relevant. Das Gleiche gilt für diejenigen Fotografien, i. d. R. Landschaftsfotografien, die z. B. im Rahmen der „Tagesschau" zur Ankündigung des Wetterberichts neben dem Nachrichtensprecher eingeblendet werden.

gg) Bearbeitungsrecht, § 23 UrhG

116 Das **Bearbeitungsrecht** gemäß § 23 UrhG ist das Recht, die Veröffentlichung oder Verwertung von **Bearbeitungen** oder **anderen Umgestaltungen** des Werkes zu erlauben oder zu verbieten. Im Gegensatz zu einer Vervielfältigung, bei der das Lichtbild (-werk) unverändert übernommen wird, liegt eine Bearbeitung oder andere Umgestaltung dann vor, wenn das ursprüngliche urheberrechtlich geschützte Werk bzw. Lichtbild einerseits verändert wird, andererseits aber in seinen wesentlichen Zügen erhalten bleibt.[254] Der Unterschied zwischen einer Bearbeitung und einer anderen Umgestaltung liegt darin, dass eine Bearbeitung eine persönliche geistige Schöpfung darstellt, während eine andere Umgestaltung nur Änderungen ohne individuelle Eigenart beinhaltet.[255] Eine andere Umgestaltung liegt z. B. dann vor, wenn von einem Foto nur ein Ausschnitt verwendet wird.[256] Das Gleiche gilt für das nachgestellte oder nachempfundene Foto(-motiv),[257] ohne dass das Urheberrecht aber einen allgemeinen Motivschutz gewährleisten würde.[258]

117 Die Bearbeitung oder andere Umgestaltung einer Fotografie selbst bedarf grundsätzlich nicht der Erlaubnis des Fotografen, wie sich aus § 23 Satz 1 UrhG ergibt. Vielmehr ist erst die Veröffentlichung oder Verwertung der Bearbeitung oder anderen Umgestaltung erlaubnispflichtig. Dies bedeutet, dass Dritte Fotografien ohne Erlaubnis des Fotografen dafür verwenden können, um z. B. neue Kunstwerke zu erschaffen.

---

[249] Vgl. *v. Ungern-Sternberg*, in: Schricker/Loewenheim, Urheberrecht, 4. Aufl. 2010, § 20 Rn. 8.

[250] *Dreier*, in: Dreier/Schulze, UrhG, 3. Aufl. 2008, § 20 Rn. 13.

[251] *Dreyer*, in: Dreyer/Kotthoff/Meckel, Urheberrecht, 2. Aufl. 2009, § 20 UrhG Rn. 11; *Schack*, GRUR 2007, 639, 642.

[252] *v. Ungern-Sternberg*, in: Schricker/Loewenheim, Urheberrecht, 4. Aufl. 2010, Vor §§ 20ff. Rn. 7; *Dreier*, in: Dreier/Schulze, UrhG, 3. Aufl. 2008, § 20 Rn. 9 a.E.

[253] Siehe zu diesem Begriff oben Rn. 79.

[254] *Maaßen*, in: Wandtke, Medienrecht Praxishandbuch, 1. Aufl. 2008, Teil 2, 4. Kapitel Rn. 81.

[255] *Bullinger*, in: Wandtke/Bullinger, UrhR, 3. Aufl. 2009, § 23 UrhG Rn. 3 f; a.A. *Schulze*, in: Dreier/Schulze, UrhG, 3. Aufl. 2008, § 23 Rn. 5; *Loewenheim*, in: Schricker/Loewenheim, Urheberrecht, 4. Aufl. 2010, § 23 Rn. 5 jeweils mit weiteren Nachweisen.

[256] LG München I v. 05.03.1993 – 21 O 7688/92 – AfP 1994, 239, 240.

[257] *Bullinger*, in: Wandtke/Bullinger, UrhR, 3. Aufl. 2009, § 23 UrhG Rn. 4.

[258] BGH v. 21.01.1977 – I ZR 68/75 – GRUR 1977, 547, 550 – Kettenkerze.

Erst für die Veröffentlichung oder Verwertung des neuen Kunstwerkes ist die Erlaubnis des Fotografen erforderlich. Eine Ausnahme von diesem Grundsatz beinhaltet § 23 Satz 2 UrhG, der für die dort im Einzelnen genannten Handlungen bereits das Herstellen der Bearbeitung oder Umgestaltung unter einen Erlaubnisvorbehalt stellt.

Abzugrenzen von der Bearbeitung ist die freie Benutzung gemäß **§ 24 UrhG**, die *118* von der Zustimmung des Fotografen unabhängig ist. Die **freie Benutzung** ist gegenüber der Bearbeitung oder anderen Umgestaltung dadurch geprägt, dass das als Vorlage dienende Werk nur als **Anregung** dient und dass gegenüber dem neuen Werk die Wesenszüge des Originals verblassen.[259] Diese Vorschrift schafft den künstlerischen Freiraum, damit sich Künstler mit anderen Werken auseinandersetzen können, ohne dass sie dabei immer von der Zustimmung der Urheber bzw. Leistungsschutzberechtigten abhängig wären oder sich auf gemeinfreie Werke beschränken müssten.[260] Je ausgeprägter die Individualität des benutzten Werkes gegenüber dem neu geschaffenen Werk ist, desto weniger werden seine Wesenszüge gegenüber dem neuen Werk verblassen, so dass im Bereich der Fotografie bei Lichtbildern häufig eher eine freie Benutzung, bei sehr individuellen Lichtbildwerken eher eine erlaubnisabhängige Bearbeitung oder andere Umgestaltung vorliegen wird.[261]

Gerade im Bereich der **Parodie** und **Satire** entstehen häufig Abgrenzungsschwierig- *119* keiten. Der Parodie ist es immanent, dass das parodierte Werk nicht nur als entfernte Vorlage und bloße Anregung dient, sondern gerade deutlich erkennbar und absichtlich in den Vordergrund gerückt und zum Gegenstand von Kritik gemacht wird.[262] Grundsätzlich schadet diese Erkennbarkeit aber nicht, wenn der erforderliche Abstand zum parodierten Werk auf eine andere Weise hergestellt werden kann.[263] Dies kann etwa dadurch geschehen, dass das neue Werk auf Grund eigenschöpferischen Schaffens zum alten Werk einen inneren Abstand hält,[264] was im Falle der Parodie durch die deutlich werdende antithematische Behandlung des älteren Werks erreicht werden kann.[265] Ob eine solche Behandlung und damit eine freie Benutzung vorliegt, ist vom Standpunkt eines Betrachters aus zu beurteilen, der die Vorlage kennt, aber auch das für das neue Werk erforderliche intellektuelle Verständnis besitzt.[266] Der erforderliche innere Abstand kann aber auch durch die Verwendung einer **Karikatur** hergestellt werden.[267]

Zur Veranschaulichung der oftmals schwierigen Abgrenzung zwischen einer ab- *120* hängigen Bearbeitung und einer freien Benutzung sollen folgende **Beispiele**[268] aus der Rechtsprechung dienen:

---

[259] BGH v. 11.03.1993 – I ZR 264/91 – GRUR 1994, 191, 193 = NJW-RR 1993, 1002, 1004 – Asterix-Persiflagen; BGH v. 29.04.1999 – I ZR 65/96 – BGHZ 141, 267, 280 = NJW 2000, 2202, 2205 – Laras Tochter; BGH v. 20.03.2003 – I ZR 117/00 – BGHZ 154, 260, 267 = GRUR 2003, 956, 958 – Gies-Adler.

[260] *Bullinger*, in: Wandtke/Bullinger, UrhR, 3. Aufl. 2009, § 24 UrhG Rn. 1.

[261] *Maaßen*, in: Wandtke, Medienrecht Praxishandbuch, 1. Aufl. 2008, Teil 2, 4. Kapitel Rn. 85.

[262] *Schack*, Kunst und Recht, 2. Aufl. 2009, Rn. 359.

[263] *Schulze*, in: Dreier/Schulze, UrhG, 3. Aufl. 2008, § 24 Rn. 25.

[264] *Schulze*, in: Dreier/Schulze, UrhG, 3. Aufl. 2008, § 24 Rn. 25.

[265] BGH v. 15.11.1957 – I ZR 83/56 – BGHZ 26, 52, 57 – Sherlock Homes; BGH v. 26.03.1971 – I ZR 77/69 – NJW 1971, 2169, 2171 – Disney-Parodie.

[266] BGH v. 11.03.1993 – I ZR 263/91 – BGHZ 122, 53, 62 = NJW 1993, 2620, 2621 – Alcolix.

[267] BGH v. 11.03.1993 – I ZR 264/91 – GRUR 1994, 191, 205 = NJW-RR 1993, 1002, 1010 – Asterix-Persiflagen.

[268] Nach *Maaßen*, in: Wandtke, Medienrecht Praxishandbuch, 1. Aufl. 2008, Teil 2, 4. Kapitel Rn. 88 ff., bei dem sich noch viele weitere interessante und anschauliche Beispiele finden.

Das Bild „**TV-Man**" zeigt einen Mann in einem abgedunkelten Raum, der vor einem Fernseher mit Stabantennen sitzt. Durch die vom Fotografen gewählte Kameraperspektive wird der Eindruck erweckt, als wüchsen dem Mann die Stabantennen aus dem Kopf, so dass eine Ähnlichkeit zu den Fühlern eines Insekts entsteht. Eine dieser Fotografie sehr ähnliche Abbildung (sie enthielt auch ein abgedunkeltes Zimmer und einen Fernseher mit Stabantennen, die auf dem Kopf des Mannes angebracht erschienen) wurde später zu Werbezwecken verwendet. Nach Ansicht des *LG Düsseldorf*[269], das das Bild „TV-Man" als Lichtbildwerk i. S. d. § 2 Abs. 1 Nr. 5 UrhG einordnete, lag darin eine unfreie Bearbeitung und keine freie Benutzung, weil das Werbefoto das Arrangement und alle prägenden Elemente des Bildes „TV-Man" übernommen habe.[270] Die geringen Abweichungen zwischen den Bildern ließen den Gesamteindruck, dass „TV-Man" als Vorlage für das Werbefoto gedient habe, unberührt.[271]

Die Zeitschrift „BUNTE" veröffentlichte während des in der Öffentlichkeit heftig diskutierten NATO-Einsatzes der Bundeswehr in Mazedonien unter der Überschrift „Total verliebt auf Mallorca" Bilder des damaligen Bundesverteidigungsministers Rudolf Scharping mit seiner neuen Lebensgefährtin, Gräfin Pilati, im Urlaub auf Mallorca. Die Bilder zeigten Rudolf Scharping zusammen mit seiner Partnerin beim Bad in einem Swimmingpool. Weniger als eine Woche später erschien auf der Titelseite des Nachrichtenmagazin „DER SPIEGEL" die Aufnahme des gemeinsamen Bades des Paares. „DER SPIEGEL" verlegte die Szenerie jedoch vom Swimmingpool in einen mit Wasser gefüllten Stahlhelm, der mit dem Aufdruck „MAKE LOVE NOT WAR" versehen war. Die Überschrift dieser satirischen Darstellung lautete: „**Rudolf der Eroberer** VERTEIDIGUNGMINISTER SCHARPING: BEDINGT ABWEHRBEREIT".

Nach Ansicht des *LG München I*[272] handelt es sich bei der in der Zeitschrift „BUNTE" erschienenen Aufnahme der Badeszene lediglich um ein Lichtbild, auf das zwar auch die Vorschrift des § 23 UrhG grundsätzlich Anwendung finde.[273] Mangels eigentümlicher Prägung des Lichtbildes sei dieser enge Schutzbereich jedoch schon bei geringfügigen Änderungen nicht mehr tangiert.[274] Für den vorliegenden Fall nahm das *LG München I* dennoch eine abhängige Bearbeitung und keine freie Benutzung i. S. d. § 24 UrhG an:

> „*Denn [‚DER SPIEGEL'] hat nicht etwa, inspiriert durch die Motivwahl der [Zeitschrift ‚BUNTE'], die auf deren Foto abgebildeten Personen nun ihrerseits in identischer Pose auf Zelluloid gebannt bzw. anderweitig verfügbare Lichtbilder der Dargestellten in einer Montage zu einem dem [...] Foto [der Zeitschrift ‚BUNTE'] ‚bis aufs Haar' gleichenden Bild arrangiert; vielmehr hat [‚DER SPIEGEL'] für [seine] Collage die auf dem BUNTE-Titel veröffentlichte Fotografie als solche benutzt.*"[275]

Das *OLG München*[276] bewertete die Abbildung auf der Titelseite des Magazins „DER SPIEGEL" ebenfalls als eine abhängige Bearbeitung.[277] Es führte dazu aus, dass

---

[269] LG Düsseldorf v. 08.03.2006 – 12 O 34/05 – TV-Man (juris).
[270] LG Düsseldorf v. 08.03.2006 – 12 O 34/05 – Tz. 20 – TV-Man (juris).
[271] LG Düsseldorf v. 08.03.2006 – 12 O 34/05 – Tz. 20 – TV-Man (juris).
[272] LG München I v. 25.04.2002 – 7 O 16110/01 – ZUM-RD 2002, 489.
[273] LG München I v. 25.04.2002 – 7 O 16110/01 – ZUM-RD 2002, 489, 492.
[274] LG München I v. 25.04.2002 – 7 O 16110/01 – ZUM-RD 2002, 489, 492.
[275] LG München I v. 25.04.2002 – 7 O 16110/01 – ZUM-RD 2002, 489, 493.
[276] OLG München v. 30.01.2003 – 29 U 3278/02 – ZUM 2003, 571.
[277] OLG München v. 30.01.2003 – 29 U 3278/02 – ZUM 2003, 571, 574.

„[d]ie minimalen Abweichungen zwischen den Badeszenen in der Vorlage einerseits und dem SPIEGEL-Titelbild andererseits (Unterschiede im Verlauf der Haarspitzen bei Gräfin Pilati; Unterschiede in der Stellung der Haare auf dem Kopf von Rudolf Scharping; Unterschiede in der Anordnung und Sichtbarkeit der Arme, vor allem [sic] unter Wasser; Unterschiede in der Anordnung von Wassertropfen auf den Gesichtern beider Personen; Unterschiede im Teint und den Falten in den Gesichtern beider Personen; Unterschiede im Verlauf und in der Farbe der Wellen) sind nur bei überdurchschnittlich sorgfältiger Betrachtung – etwa mit der Lupe – wahrnehmbar; sie sind für den charakteristischen Gesamteindruck der Badeszene nicht relevant.“[278]

Die Tatsache, dass der Aufnahme satirische Elemente (Verlegung der Szenerie in den Stahlhelm mit dem oben genannten Aufdruck, die gewählte Bildüberschrift) hinzugefügt wurden, machten die Titelseite zwar zu einem geschützten Werk i. S. d. § 2 Abs. 1 UrhG.[279] Dies

„änder[t] aber nichts daran, dass die Badeszene, bei der es sich um das zentrale Element des SPIEGEL Titelbilds handelt, aus dem Badeszene-Foto nahezu unverändert übernommen wurde“[280].

Somit macht der Werkcharakter der satirischen Abbildung die abhängige Bearbeitung nicht zu einer freien Benutzung.

Der weltweit angesehene Fotograf Helmut Newton veröffentlichte in einem Bild- *121* band ein schwarz-weißes Aktfoto, das eine nackte Frau auf einem Klappstuhl sitzend zeigt, wobei die Frau ihr linkes Bein auf eine Querstrebe des Stuhls stützt und ihren linken Arm in Verlängerung der Schulter ausstreckt und dabei ihren Unterarm und die Faust anwinkelt und anspannt. Der Maler George Pusenkoff schuf unter Verwendung dieser Aufnahme ein Bild mit dem Titel **„Power of Blue“**. Das Bild ist überwiegend in einem dunklen Blau gehalten, der abgebildete (skizzenhafte) Akt ist in schwarzer Farbe wiedergegeben. In der Bildmitte befindet sich ein gelbes Quadrat, das die Figur vom Knie bis zum Nabel überdeckt.

Nach Ansicht des *OLG Hamburg*[281] handelt es sich bei dem Bild von George Pusenkoff um eine zulässige freie Benutzung. Denn der Maler George Pusenkoff stelle – anders als der Fotograf Helmut Newton, der mit Licht und Schatten arbeite und die individuellen Züge der abgebildeten Person hervorhebe, – mit seinen künstlerischen Mitteln weder tatsächlich noch seinen erkennbaren Absichten nach ein Individuum dar.[282] Es komme ihm vielmehr auf die Farbe an, auf die Helmut Newton komplett verzichte.[283] Dagegen sei das prägende Element der Fotografie die „Nacktheit“ der abgebildeten weiblichen Person, welches im Bild Pusenkoffs gerade auf Grund des eingefügten prägend wirkenden Quadrats fehle.[284]

---

[278] OLG München v. 30.01.2003 – 29 U 3278/02 – ZUM 2003, 571, 574.
[279] OLG München v. 30.01.2003 – 29 U 3278/02 – ZUM 2003, 571, 574.
[280] OLG München v. 30.01.2003 – 29 U 3278/02 – ZUM 2003, 571, 574.
[281] OLG Hamburg v. 12.10.1995 – 3 U 140/95 – NJW 1996, 1153 – „Power of Blue“.
[282] OLG Hamburg v. 12.10.1995 – 3 U 140/95 – NJW 1996, 1153, 1154 – „Power of Blue“.
[283] OLG Hamburg v. 12.10.1995 – 3 U 140/95 – NJW 1996, 1153, 1154 – „Power of Blue“.
[284] OLG Hamburg v. 12.10.1995 – 3 U 140/95 – NJW 1996, 1153, 1154 – „Power of Blue“.

Zudem führt das Gericht aus:

> „*[George Pusenkoff] hat nicht einmal das ganze Lichtbild, sondern aus ihm nur die dargestellte Person so auf das Zeichenhafte reduziert, daß sich die Übernahme fast in der bloßen Erkennbarkeit erschöpft und von dem eigenschöpferischen Gehalt in der Arbeit [Helmut Newtons] kaum etwas übrig geblieben ist. Zudem muß man bedenken, daß vieles, worauf diese Erkennbarkeit beruht, auch gemeinfreie Elemente enthält, die den Vorwurf des Plagiats ebenfalls nicht tragen können, wie die Anordnung in der Bildmitte oder die Pose, durch Anspannung des Arms die Muskeln spielen zu lassen'. Es bleibt eigentlich kaum etwas, was [Pusenkoff] noch hätte tun können, um sich von dem Werk [Newtons] zu entfernen, ohne die Wiedererkennbarkeit zu gefährden und auf die beabsichtigte Bezugnahme ganz verzichten zu müssen.*"[285]

5. Gesetzliche Einschränkungen

122 Als absolutes Recht genießt das Urheberrecht in Deutschland in Bezug auf seine vermögenswerten Befugnisse den Schutz des Art. 14 GG (Eigentumsgarantie).[286] Dieser verfassungsrechtliche Schutz ist jedoch nicht absolut gewährleistet: Zum einen kommt dem Gesetzgeber im Rahmen der grundgesetzlichen Schrankenbestimmung des Art. 14 Abs. 1 S. 2 GG ein Spielraum zur gesetzlichen Ausgestaltung zu, zum anderen unterliegt jede Form des Eigentums einer **Sozialbindung**.[287] Letztere ergibt sich aus Art. 14 Abs. 2 GG und gilt auch für das Urheberrecht.[288] Die Urheberrechte unterliegen somit gewissen Einschränkungen, denen sich alle Urheber und damit auch alle Fotografen unterwerfen müssen. Einschränkungen werden zu Gunsten einzelner Nutzer, zu Gunsten der Kulturwirtschaft und zu Gunsten der Allgemeinheit vorgenommen.[289] Diese Einschränkungen werden als **„Schranken"** bezeichnet. Es muss aber betont werden, dass diese Regelungen eine Ausnahme von dem Grundsatz darstellen, dass dem Urheber das ausschließliche Recht an seinen Werken zukommt.[290]

123 Schrankenbestimmungen sind grundsätzlich eng auszulegen.[291] Der Grund für diese Auslegung liegt darin, dass der Urheber an der wirtschaftlichen Nutzung seiner Werke angemessen zu beteiligen ist und seine Urheberrechte deshalb nicht übermäßig beschränkt werden dürfen.[292] Sämtliche Überlegungen lassen·sich mit einem Satz des *BGH* zusammenfassen:

> „*Der Urheber ist tunlichst an der Nutzung seiner Werke zu beteiligen*".[293]

---

[285] OLG Hamburg v. 12.10.1995 – 3 U 140/95 – NJW 1996, 1153, 1155 – „Power of Blue".
[286] *Dreier*, in: Dreier/Schulze, UrhG, 3. Aufl. 2008, Einl. Rn. 39.
[287] *Dreier*, in: Dreier/Schulze, UrhG, 3. Aufl. 2008, Einl. Rn. 39.
[288] BVerfG v. 07.07.1971 – 1 BvR 276/71 – GRUR 1972, 487 – Schulfunksendungen; *Lüft*, in: Wandtke/Bullinger, UrhR, 3. Aufl. 2009, Vor §§ 44a ff. UrhG Rn. 1.
[289] *Rehbinder*, Urheberrecht, 16 Aufl. 2010, Rn. 432.
[290] *Melichar*, in: Schricker/Loewenheim, Urheberrecht, 4. Aufl. 2010, Vor §§ 44a ff. Rn. 1.
[291] BGH v. 24.01.2002 – I ZR 102/99 – ZUM 2002, 636, 637 – Verhüllter Reichstag; BGH v. 04.05.2000 – I ZR 256/97 – GRUR 2001, 51, 52 – Parfumflakon; *Lüft*, in: Wandtke/Bullinger, UrhR, 3. Aufl. 2009, Vor §§ 44a ff. UrhG Rn. 1; a.A. *Hoeren*, MMR 2000, 3, 4 f.; *Kröger*, MMR 2002, 18, 20 f.
[292] *Lüft*, in: Wandtke/Bullinger, UrhR, 3. Aufl. 2009, Vor §§ 44a ff. UrhG Rn. 1.
[293] BGH v. 18.05.1955 – I ZR 8/54 – GRUR 1955, 492, 497 – Grundig-Reporter.

Das Wort „grundsätzlich" macht allerdings deutlich, dass es im Einzelfall auch zu einer anderen Auslegung der Schrankenbestimmungen kommen kann. Unter zwei Gesichtspunkten ist im Einzelfall eine erweiternde Auslegung vorzunehmen:[294]

Zum einen lässt sich eine erweiternde Auslegung einer Schrankenbestimmung mit der immer rasanteren technischen Entwicklung begründen. Es ist durchaus möglich, dass eine neue technische Nutzungsart eine schon bekannte, von den Schrankenbestimmungen umfasste Nutzungsart ergänzt oder sie sogar ersetzt. In einem solchen Fall ist es durchaus möglich, eine Schrankenbestimmung erweiternd auszulegen. Als typisches Beispiel gilt die weite Auslegung des § 49 UrhG[295] im Hinblick auf elektronische Pressespiegel.[296]

Der zweite Aspekt betrifft die Frage, ob eine enge Auslegung einer Schrankenbestimmung die (wirtschaftlichen) Interessen des Urhebers tatsächlich schützt. Insofern *124* können für eine Schranke, die eine unentgeltliche Nutzung ermöglicht, andere Kriterien maßgeblich sein als bei entgeltlichen Einschränkungen. Es kann vorkommen, dass eine erweiternde Anwendung einer Schranke den Urheber günstiger stellt als die uneingeschränkte Geltung des Ausschließlichkeitsrechts. In einem solchen Fall ist die Schrankenbestimmung erweiternd auszulegen.[297]

Dass es für einen Urheber (wirtschaftlich) vorteilhaft sein kann, wenn sein Ausschließlichkeitsrecht von einer Schranke erfasst wird, gewinnt an Deutlichkeit, wenn man folgendes bedenkt: Häufig haben die Urheber ihre Nutzungsrechte umfassend jemand anderem eingeräumt. In einem solchen Fall nützt ihnen das Urheberrecht als Ausschließlichkeitsrecht nichts mehr. Wenn nun allerdings eine Schrankenbestimmung, die einen Anspruch auf angemessene Vergütung bietet, auch auf diesen Fall angewendet wird, so kommt den Urhebern zumindest der Vergütungsanspruch zu.[298]

Die Schranken lassen sich zunächst danach unterscheiden, ob es sich um zeitliche *125* Schranken (dies meint die Schutzdauer, welche in den §§ 64 ff. UrhG geregelt ist)[299] oder um **inhaltliche Schranken** handelt.[300] Im Folgenden soll es ausschließlich um die inhaltlichen Schranken gehen, die hauptsächlich in den §§ 44a ff. UrhG aufgezählt sind. Im folgenden Kapitel werden die inhaltlichen Schranken danach unterschieden, ob es sich um **unentgeltliche** oder um **entgeltliche** Einschränkungen handelt. Die Beweislast für das Vorliegen einer Schranke liegt hierbei bei demjenigen, der für sich eine Schrankenregelung in Anspruch nehmen möchte.[301]

Selbst wenn eine Schrankenregelung eingreifen sollte, so treffen den Nutznießer *126* gewisse Pflichten. Zum einen ist hierbei das **Änderungsverbot** gemäß § 62 UrhG zu

---

[294] Vgl. *Melichar*, in: Schricker/Loewenheim, Urheberrecht, 4. Aufl. 2010, Vor §§ 44a ff. Rn. 20.

[295] BGH v. 11.07.2002 – I ZR 255/00 – GRUR 2002, 963, 966 – Elektronischer Pressespiegel; *Melichar*, in: Schricker/Loewenheim, Urheberrecht, 4. Aufl. 2010, Vor §§ 44a ff. Rn. 20.

[296] Siehe dazu unten Rn. 173.

[297] BGH v. 11.07.2002 – I ZR 255/00 – GRUR 2002, 963, 966 – Elektronischer Pressespiegel; *Melichar*, in: Schricker/Loewenheim, Urheberrecht, 4. Aufl. 2010, Vor §§ 44a ff. Rn. 20; *Lüft*, in: Wandtke/Bullinger, UrhR, 3. Aufl. 2009, § 49 UrhG Rn. 14.

[298] BGH v. 11.07.2002 – I ZR 255/00 – GRUR 2002, 963, 966 – Elektronischer Pressespiegel; BGH v. 27.01.2005 – I ZR 119/02 – GRUR 2005, 670, 671 – WirtschaftsWoche; kritisch hierzu: *Schack*, in: Festschrift für Gerhard Schricker zum 70. Geburtstag, S. 511, 515, m.w.N.

[299] Siehe dazu oben Rn. 81 f.

[300] Vgl. *Schack*, Urheber- und Urhebervertragsrecht, 5. Aufl. 2010, Rn. 512.

[301] *Dreyer*, in: Dreyer/Kotthoff/Meckel, Urheberrecht, 2. Aufl. 2009, § 45 UrhG Rn. 14.

nennen. Gemäß § 62 Abs. 1 UrhG besteht ein grundsätzliches Änderungsverbot für alle Werke, die im Rahmen der Nutzungsfreiheiten nach §§ 44a ff. UrhG verwandt werden. § 62 Abs. 2 und Abs. 3 UrhG bestimmen als Ausnahme hiervon, welche konkreten Änderungen dennoch zulässig sind.[302] Von Bedeutung für den Fotografen ist hierbei § 62 Abs. 3 UrhG. Diese Norm bestimmt, dass bei Lichtbildwerken die Übertragung in eine andere Größe (Alt. 1) ebenso zulässig ist wie solche Änderungen, die das für die Vervielfältigung angewendete Verfahren mit sich bringt (Alt. 2). Die erste Alternative ermöglicht es beispielsweise, eine großflächige Fotografie verkleinert in einer Zeitung wiederzugeben. Die zweite Alternative ermöglicht dagegen den Abdruck einer farbigen Fotografie als Schwarz-Weiß-Reproduktion in einer Tageszeitung.[303]

127   Gemäß § 63 UrhG trifft den Nutznießer von gewissen Schranken die **Pflicht zur Quellenangabe**. Quellenangabe bedeutet hierbei mehr als die bloße Namensnennung des Fotografen. Bei der Quellenangabe müssen weitere, das Foto identifizierende Merkmale angeführt werden, die es den Betrachtern ermöglichen, das Originalwerk aufzufinden.[304] Bei welchen Schrankenregelungen eine Quellenangabe stattfinden muss, wird bei den Erläuterungen der einzelnen Normen besprochen.

a) Unentgeltliche Einschränkungen

128 Bei den unentgeltlichen Einschränkungen darf das Foto **zustimmungs-** und **vergütungsfrei** genutzt werden. Diese Einschränkungen stellen die intensivsten Schrankenbestimmungen dar. Es kommt zu einer ersatzlosen Aufhebung des Nutzungsrechts des Fotografen.[305] Hierfür ist ein gesteigertes öffentliches Interesse nötig.[306]

aa) Vorübergehende Vervielfältigung, § 44a UrhG

129 Die Anwendung des § 44a UrhG erfolgt unter **vier Voraussetzungen**, die alle kumulativ erfüllt sein müssen. Zunächst muss es sich (a) um eine flüchtige oder begleitende Vervielfältigung vorübergehender Art handeln. Ferner muss die Vervielfältigung (b) einen wesentlichen und integralen Teil eines technischen Verfahrens darstellen. Die Vervielfältigung darf (c) nur zu zwei ganz bestimmten Zwecken vorgenommen werden. Abschließend darf diese Vervielfältigung (d) keine eigenständige wirtschaftliche Bedeutung haben.

130   Diese Vorschrift ist notwendig, weil der **Vervielfältigungsbegriff**[307] so weit ist. Er umfasst auch vorübergehende Vervielfältigungen, wie z. B. die vorübergehende Speicherung von Fotos im Arbeitsspeicher beim Betrachten einer Webseite. § 44a UrhG verfolgt somit den Zweck, das effiziente Funktionieren der Übertragungssysteme (Hauptfall ist das Internet) sicherzustellen.[308] Privilegiert werden insbesondere die bei der Online-Nutzung anfallenden kurzfristigen Speicherungen. Gegenstand der Speicherungen sind typischerweise Webseiten[309] und insbesondere die Fotos, die auf diesen benutzt werden.

---

[302] *Bullinger*, in: Wandtke/Bullinger, UrhR, 3. Aufl. 2009, § 62 UrhG Rn. 6.

[303] *Bullinger*, in: Wandtke/Bullinger, UrhR, 3. Aufl. 2009, § 62 UrhG Rn. 23.

[304] Vgl. *Bullinger*, in: Wandtke/Bullinger, UrhR, 3. Aufl. 2009, § 63 UrhG Rn. 11 f. – Hier sind auch die Einzelheiten zu den erforderlichen Angaben genannt.

[305] *Melichar*, in: Schricker/Loewenheim, Urheberrecht, 4. Aufl. 2010, Vor §§ 44a ff. UrhG Rn. 6.

[306] *Melichar*, in: Schricker/Loewenheim, Urheberrecht, 4. Aufl. 2010, Vor §§ 44a ff. UrhG Rn. 11.

[307] Siehe dazu oben Rn. 101.

[308] *Loewenheim*, in: Schricker/Loewenheim, Urheberrecht, 4. Aufl. 2010, § 44a Rn. 1.

[309] *v. Welser*, in: Wandtke/Bullinger, UrhR, 3. Aufl. 2009, § 44 a UrhG Rn. 1.

Zunächst darf die Vervielfältigung des Fotos nur von **vorübergehender Natur** *131* sein. Vorübergehend ist eine Vervielfältigung, wenn sie nicht von Dauer ist.[310] Zusätzlich muss die Vervielfältigung flüchtig oder begleitend sein. **Flüchtig** ist die Vervielfältigung, wenn es sich lediglich um eine besonders kurzlebige Speicherung handelt, die automatisch nach Beendigung einer Arbeitssitzung oder nach einem bestimmten Zeitablauf gelöscht wird.[311] Auch Vervielfältigungen im Rahmen des „Browsing" sind als flüchtig anzusehen.[312]

Begleitend sind Vervielfältigungen, wenn sie lediglich beiläufig im Zuge eines technischen Verfahrens entstehen, selbst soweit sie nicht flüchtig sind.[313] Erfasst und privilegiert wird hiervon insbesondere das sogenannte „Caching". Beim „Client-Caching" speichert das Browser-Programm (z. B. Firefox oder der Internet Explorer) automatisch Daten (wie auch Fotos) und legt diese im Arbeitsspeicher oder auf der Festplatte ab. Wenn jetzt eine Webseite erneut aufgerufen wird, müssen die Daten nicht über die möglicherweise langsame Verbindung aus dem Netz geholt werden. Beim „Proxy-Caching" werden die Daten dagegen an einem bestimmten Punkt der Übertragungskette (z. B. beim Provider) gespeichert.[314]

Weiterhin muss die Vervielfältigung einen (integralen und wesentlichen) **Teil eines** *132* **technischen Verfahrens** darstellen. Hierfür ist nicht erforderlich, dass die Vervielfältigung technisch unabdingbar ist. Es reicht schon aus, dass die Vervielfältigung während des Verfahrens anfällt.[315]

§ 44a UrhG verlangt eine **strenge Zweckbindung.** Alleiniger Zweck der Vervielfäl- *133* tigung darf nach § 44a UrhG nur sein, die Übertragung zwischen Dritten durch einen Vermittler (§ 44a Nr. 1 UrhG) oder eine rechtmäßige Nutzung (§ 44a Nr. 2 UrhG) zu ermöglichen. Dabei erfasst § 44a Nr. 1 UrhG typischerweise das „Proxy-Caching", § 44a Nr. 2 UrhG das „Browsing" und „Client-Caching".[316]

Bei dem „Netz" nach § 44a Nr. 1 UrhG muss es sich um ein Netz handeln, bei dem die Übertragung zwischen Dritten (Nutzern) durch einen Vermittler erfolgt. Dies ist beim Internet der Fall, nicht hingegen bei Übertragungen in firmeninternen Netzen (Intranet – hier möglich über Nr. 2).[317] Von dieser Regelung kann nur der Vermittler profitieren. Nur seine Vervielfältigungen sind nach dieser Norm freigestellt, nicht dagegen Speicherungen im Arbeitsspeicher von Absender und Empfänger.[318] Im Gegensatz zu Nr. 2 kommt es auch nicht darauf an, ob die Nutzung, der die Übertragung dient, rechtmäßig ist.[319]

---

[310] *Loewenheim*, in: Schricker/Loewenheim, Urheberrecht, 4. Aufl. 2010, § 44a Rn. 5.
[311] KG v. 30.04.2004 – 5 U 98/02 – GRUR-RR 2004, 228, 231 – Ausschnittdienst; *v. Welser*, in: Wandtke/Bullinger, UrhR, 3. Aufl. 2009, § 44 a UrhG Rn. 2.
[312] *Loewenheim*, in: Schricker/Loewenheim, Urheberrecht, 4. Aufl. 2010, § 44a Rn. 5.
[313] *Loewenheim*, in: Schricker/Loewenheim, Urheberrecht, 4. Aufl. 2010, § 44a Rn. 5.
[314] *v. Welser*, in: Wandtke/Bullinger, UrhR, 3. Aufl. 2009, § 44 a UrhG Rn. 5 f.
[315] *v. Welser*, in: Wandtke/Bullinger, UrhR, 3. Aufl. 2009, § 44 a UrhG Rn. 7.
[316] *v. Welser*, in: Wandtke/Bullinger, UrhR, 3. Aufl. 2009, § 44 a UrhG Rn. 8.
[317] *Loewenheim*, in: Schricker/Loewenheim, Urheberrecht, 4. Aufl. 2010, § 44a Rn. 8.
[318] KG v. 30.04.2004 – 5 U 98/02 – GRUR-RR 2004, 228, 231 – Ausschnittdienst.
[319] *v. Welser*, in: Wandtke/Bullinger, UrhR, 3. Aufl. 2009, § 44 a UrhG Rn. 9. Gegen den Provider kann darüber hinaus ggf. über §§ 7-10 TMG vorgegangen werden, vgl. *v. Welser*, in: Wandtke/Bullinger, UrhR, 3. Aufl. 2009, § 44 a UrhG Rn. 14.

Nach § 44a Nr. 2 UrhG ist zulässiger Zweck der vorübergehenden Vervielfältigung auch die **rechtmäßige Nutzung** der Fotos. Nutzungen der Fotos sind dann rechtmäßig, soweit sie vom Rechtsinhaber zugelassen bzw. nicht durch Gesetze beschränkt werden.[320] Der Fotograf erteilt z. B. die Zustimmung zur Nutzung, falls er die Fotos frei zugänglich auf einer Webseite hochlädt.[321] Die Nutzung ist nicht vom Gesetz beschränkt, falls die Nutzung durch gesetzliche Bestimmungen, insbesondere durch die Schrankenregelungen, erlaubt ist.[322]

134   Als letzte Voraussetzung darf die vorübergehende Vervielfältigung **keine eigenständige wirtschaftliche Bedeutung** haben. Dies bedeutet, dass die vorübergehende Vervielfältigung keine neue, eigenständige Nutzungsmöglichkeit eröffnen darf.[323] Das Browsing und das damit einhergehende Client-Caching haben regelmäßig keine eigenständige wirtschaftliche Bedeutung, ebenso wie die mit der Anzeige von Fotos auf einem Bildschirm einhergehenden Vervielfältigungen[324].

135   Nicht von § 44a UrhG erfasst ist die Verwertung von Bildern als „Thumbnails" (dies sind Miniaturansichten von Bildern, wie z. B. bei der Bildersuche über „Google"), denn diese haben eine wirtschaftliche Bedeutung.[325] Im konkret entschiedenen Fall nahm der *BGH* jedoch an, dass die Rechteinhaberin dem Unternehmen „Google" eine schlichte Einwilligung zu einer solchen Nutzung erteilt hatte. Gefolgert wurde dies aus dem Umstand, dass die Webseite für die „Google-Suche" optimiert worden war.[326]

bb) Rechtspflege und öffentliche Sicherheit, § 45 UrhG

136   Nach **§ 45 Abs. 1 UrhG** ist es zulässig, einzelne Vervielfältigungsstücke von Fotos zur Verwendung in Verfahren vor einem Gericht, einem Schiedsgericht oder einer Behörde herzustellen oder herstellen zu lassen. § 45 Abs. 2 UrhG bestimmt, dass Gerichte und Behörden für Zwecke der Rechtspflege und der öffentlichen Sicherheit Bildnisse vervielfältigen oder vervielfältigen lassen dürfen. Gemäß § 45 Abs. 3 UrhG sind unter den gleichen Voraussetzungen auch die Verbreitung, öffentliche Ausstellung und öffentliche Wiedergabe der Fotos zulässig. Gemäß § 45 UrhG werden also alle körperlichen und unkörperlichen Verwertungsarten beschränkt. Darüber hinaus ist sogar das Urheberpersönlichkeitsrecht berührt, da das Veröffentlichungsrecht (§ 12 UrhG)[327] eingeschränkt ist.[328]

137   § 45 UrhG hat den Sinn, die Rechtspflege und, soweit die Verwaltung selbst Verfahren durchführt, auch diese von Behinderungen durch urheberrechtliche Verbotsansprüche freizuhalten.[329]

---

[320] Vgl. *v. Welser*, in: Wandtke/Bullinger, UrhR, 3. Aufl. 2009, § 44 a UrhG Rn. 16.

[321] Vgl. *v. Welser*, in: Wandtke/Bullinger, UrhR, 3. Aufl. 2009, § 44 a UrhG Rn. 17.

[322] *Loewenheim*, in: Schricker/Loewenheim, Urheberrecht, 4. Aufl. 2010, § 44a Rn. 9.

[323] *Dreier*, in: Dreier/Schulze, UrhG, 3. Aufl. 2008, § 44a Rn. 9.

[324] *v. Welser*, in: Wandtke/Bullinger, UrhR, 3. Aufl. 2009, § 44 a UrhG Rn. 21; beim Proxy-Caching ist dies allerdings strittig.

[325] BGH v. 29.04.2010 – I ZR 69/08 – GRUR 2010, 628, 630 – Vorschaubilder; *Dreyer*, in: Dreyer/Kotthoff/Meckel, Urheberrecht, 2. Aufl. 2009, § 44 a UrhG Rn. 7; auch das Zitatrecht nach § 51 UrhG kommt nicht in Betracht, siehe unten Rn. 154.

[326] BGH v. 29.04.2010 – I ZR 69/08 – GRUR 2010, 628, 632 – Vorschaubilder.

[327] Siehe dazu oben Rn. 89 ff.

[328] *Melichar*, in: Schricker/Loewenheim, Urheberrecht, 4. Aufl. 2010, § 45 Rn. 1.

[329] *W. Nordemann*, in: Fromm/Nordemann, Urheberrecht, 10. Aufl. 2008, § 45 Rn. 1.

Gerichte i. S. d. § 45 UrhG sind alle Organe der rechtsprechenden Gewalt gemäß *138* Art. 92 GG, das heißt sowohl die ordentlichen Gerichte der streitigen Gerichtsbarkeit i. S. v. § 12 GVG, die Gerichte der freiwilligen Gerichtsbarkeit, die Verwaltungs-, Arbeits-, Sozial- und Finanzgerichte sowie das Bundespatentgericht und das Schifffahrtsgericht.[330] **Schiedsgerichte** sind die auf Grund einer Vereinbarung der Parteien zur Entscheidung eines Rechtsstreits zuständigen Spruchkörper (§ 1029 ZPO) und die vom Gesetz vorgesehenen Schiedsinstitutionen (z. B. die Schiedsstelle nach § 14 UrhWahrnG und § 29 ArbNErfG).[331] **Behörden** sind alle Stellen, die Aufgaben der öffentlichen Verwaltung wahrnehmen (§ 1 Abs. 4 VwVfG), unabhängig davon, ob es sich um Bundes-, Landes- oder Kommunalbehörden handelt. Körperschaften, Stiftungen und Anstalten des öffentlichen Rechts sowie beliehene Unternehmen können Behörden sein, wenn sie öffentliche Verwaltungsaufgaben wahrnehmen.[332] **Dritte**, die mit diesen Institutionen zusammenarbeiten, profitieren regelmäßig nicht von § 45 UrhG. So kann sich ein privates Internetportal nicht auf § 45 UrhG berufen, wenn es zur Entlastung der Gerichte von Kopienversendungen an die Bieter Zwangsversteigerungsobjekte mit dem gerichtlich bestellten Wertgutachten darstellt.[333]

Gemäß § 45 Abs. 1 UrhG dürfen nur **einzelne Vervielfältigungsstücke** von Fo- *139* tos hergestellt werden. Es ist hierbei schwer, eine feste Zahl anzugeben. Festzuhalten bleibt, dass Vervielfältigungsstücke nur in der Anzahl hergestellt werden dürfen, wie sie vom Gericht, der Behörde und den beteiligten Parteien benötigt werden.[334] Bei mehreren Verfahrensbeteiligten ist es zulässig, für jeden eine Kopie zu ziehen.[335] Eine Vervielfältigung zum Zweck der Weitergabe an Dritte (z. B. an Presseberichterstatter) ist von § 45 UrhG nicht gedeckt.[336] Jedoch bedarf es keiner Anordnung durch das Gericht, damit die Vervielfältigung zulässig ist.[337] Auch erlaubt § 45 UrhG die Herstellung von Vervielfältigungsstücken von Fotos, die noch nicht veröffentlicht sind. Insoweit hat das Urheberpersönlichkeitsrecht aus § 12 UrhG gegenüber den Interessen der Rechtspflege zurückzutreten.[338]

Weiterhin muss die Vervielfältigung gemäß § 45 Abs. 1 UrhG zur **Verwendung in einem Verfahren** vor einer der genannten Institutionen vorgenommen werden. Der Begriff des Verfahrens bedeutet hierbei ein staatliches Handeln zur Regelung eines Einzelfalls mit Wirkung nach außen. Sogenannte Verwaltungsinterna sind nicht von § 45 Abs. 1 UrhG erfasst.[339] Die Vervielfältigungsstücke können auch schon vor Verfahrensbeginn (z. B. vor Antragsstellung) hergestellt werden, wenn ihre Verwendung im Verfahren bereits beabsichtigt ist.[340]

---

[330] *Lüft*, in: Wandtke/Bullinger, UrhR, 3. Aufl. 2009, § 45 UrhG Rn. 2.

[331] *Lüft*, in: Wandtke/Bullinger, UrhR, 3. Aufl. 2009, § 45 UrhG Rn. 2.

[332] *Lüft*, in: Wandtke/Bullinger, UrhR, 3. Aufl. 2009, § 45 UrhG Rn. 2.

[333] *Wanckel*, Foto- und Bildrecht, 3. Aufl. 2009, Rn. 401 mit weiteren Nachweisen.

[334] *Melichar*, in: Schricker/Loewenheim, Urheberrecht, 4. Aufl. 2010, § 45 Rn. 6.

[335] *Wanckel*, Foto- und Bildrecht, 3. Aufl. 2009, Rn. 401.

[336] *Melichar*, in: Schricker/Loewenheim, Urheberrecht, 4. Aufl. 2010, § 45 Rn. 6.

[337] *W. Nordemann*, in: Fromm/Nordemann, Urheberrecht, 10. Aufl. 2008, § 45 Rn. 4.

[338] OLG Frankfurt a.M. v. 20.04.1999 – 11 U 38/98 – NJW-RR 2000, 119, 120 – Mein täglich Brot als Kunst und Kultur schaffender Mensch; *Lüft*, in: Wandtke/Bullinger, UrhR, 3. Aufl. 2009, § 45 UrhG Rn. 4.

[339] *Lüft*, in: Wandtke/Bullinger, UrhR, 3. Aufl. 2009, § 45 UrhG Rn. 3.

[340] LG Düsseldorf v. 23.01.2007 – 4a O 521/05 – GRUR-RR 2007, 193, 194 – Walzgerüst; *Lüft*, in: Wandtke/Bullinger, UrhR, 3. Aufl. 2009, § 45 UrhG Rn. 3; a.A. *Dreier*, in: Dreier/Schulze, UrhG, 3. Aufl. 2008, § 45 Rn. 6; *Melichar*, in: Schricker/Loewenheim, Urheberrecht, 4. Aufl. 2010, § 45 Rn. 5.

140 **§ 45 Abs. 2 UrhG** regelt vor allem das Bedürfnis, Bildnisse als Fahndungsfotos und Steckbriefe veröffentlichen zu können.[341] Deshalb dürfen im Gegensatz zu Abs. 1 nicht nur einzelne, sondern eine Vielzahl von Fotos veröffentlich werden.[342] Zum Begriff des Bildnisses siehe unten Rn. 158.

141 Gemäß **§ 45 Abs. 3** UrhG dürfen unter den gleichen Voraussetzungen wie die Vervielfältigung auch die Verbreitung, öffentliche Ausstellung und öffentliche Wiedergabe von Fotos vorgenommen werden. Dies ermöglicht z. B. die Ausstrahlung von Fahndungsfotos durch Fernsehsender oder das Anbringen von Fahndungsplakaten in öffentlichen Gebäuden, wie z. B. Polizeiwachen, ohne Zustimmung und ohne Honorierung der Fotografen.[343]

142 Das Recht am eigenen Bild des Abgebildeten wird durch den neben § 45 UrhG anwendbaren **§ 24 KUG** entsprechend eingeschränkt.[344]

143 Gemäß § 63 UrhG besteht für den Anwendungsbereich von § 45 Abs. 1 UrhG (nicht dagegen im Rahmen von § 45 Abs. 2 UrhG) die Pflicht zur **Quellenangabe**.

cc) Berichterstattung über Tagesereignisse, § 50 UrhG

144 Zur Berichterstattung über Tagesereignisse durch Funk oder durch ähnliche technische Mittel, in Zeitungen, Zeitschriften und in anderen Druckschriften oder sonstigen Datenträgern, die im wesentlichen Tagesinteressen Rechnung tragen, sowie im Film ist die Vervielfältigung, Verbreitung und öffentliche Wiedergabe von Werken, die im Verlauf dieser Ereignisse wahrnehmbar werden, in einem durch den Zweck gebotenen Umfang zulässig (§ 50 UrhG).

Die durch ihre Länge schwer verständliche Norm schränkt im Interesse der Informationsfreiheit die Verwertungsrechte der Urheber ein.[345]

145 Zunächst muss eine Berichterstattung über ein Tagesereignis vorliegen. **Berichterstattung** ist die wirklichkeitsgetreue, sachliche Schilderung einer tatsächlichen Begebenheit. Auch eine Reportage, die die Hintergründe einbezieht, wertet und kommentiert, kann als Berichterstattung anzusehen sein, wenn die Information über die tatsächlichen Vorgänge im Vordergrund steht.[346] Unter einem **Tagesereignis** ist eine tatsächliche aktuelle Begebenheit zu verstehen, die für die Allgemeinheit von Interesse ist.[347] Die Aktualität ist so lange gegeben, wie der Verkehr die Berichterstattung als „Gegenwartsberichterstattung" versteht. Bei dieser Beurteilung ist jedoch auch die Erscheinungsweise des Mediums relevant.[348] Berichtet eine monatlich erscheinende Zeitschrift erst im nächsten Monat über eine Theaterpremiere, ist dies noch aktuell. Der gleiche Bericht im Radio wäre jedoch nur wenige Tage nach der Premiere ak-

---

[341] *Dreier*, in: Dreier/Schulze, UrhG, 3. Aufl. 2008, § 45 Rn. 10.

[342] *Melichar*, in: Schricker/Loewenheim, Urheberrecht, 4. Aufl. 2010, § 45 Rn. 7.

[343] *Wanckel*, Foto- und Bildrecht, 3. Aufl. 2009, Rn. 401.

[344] Vgl. OLG Frankfurt v. 24.09.1970 – 6 U 41/70 – NJW 1971, 47, 49; *W. Nordemann*, in: Fromm/Nordemann, Urheberrecht, 10. Aufl. 2008, § 45 Rn. 8.

[345] Vgl. *Schmid/Wirth*, in: Schmid/Wirth/Seifert, Urheberrechtsgesetz, 2. Aufl. 2009, § 50 Rn. 1.

[346] BGH v. 11.07.2002 – I ZR 285/99 – GRUR 2002, 1050, 1051 – Zeitungsbericht als Tagesereignis.

[347] BGH v. 11.07.2002 – I ZR 285/99 – GRUR 2002, 1050, 1051 – Zeitungsbericht als Tagesereignis.

[348] *Lüft*, in: Wandtke/Bullinger, UrhR, 3. Aufl. 2009, § 50 UrhG Rn. 4.

tuell.[349] Da das Gesetz keine Wertung vornimmt, können Tagesereignisse nicht nur Vorgänge aus Politik und Wirtschaft sein, sondern auch Ereignisse, die den Bereichen des Alltäglichen, des Sports, der Kunst und der Kultur zuzuordnen sind, wie z. B. Staatsakte, Einweihungsfeiern, Ausstellungseröffnungen, Klatsch und Tratsch.[350]

Das *OLG Köln* hat dementsprechend entschieden, dass das aktuelle Fernsehprogramm der großen TV-Sender ein Tagesereignis i. S. v. § 50 UrhG darstelle.[351] Deshalb dürfte eine elektronische Programmzeitschrift das Fernsehprogramm unter Verwendung von Bildern aus der Fernsehsendung ankündigen.

Ebenfalls als Tagesereignis wurden die in der BILD-Zeitung ausgetragenen Beziehungsstreitigkeiten zwischen Verona Pooth (vormals Feldbusch) und Dieter Bohlen angesehen.[352] Ausgangspunkt war der Abdruck eines Fotos in der BILD-Zeitung, welches Verona Pooth mit einem blauen Auge, Pflaster und Verband zeigte. Dieses Foto druckte das Magazin „Focus" kurze Zeit später zur Illustration eines Artikels über den Konflikt im Hause Bohlen/Pooth ebenfalls ab. Dagegen wehrte sich die BILD-Zeitung letztlich erfolglos.

Ähnliche technische Mittel wie Funk sind insbesondere die digitalen Online- *146* Medien.[353]

Die Werke müssen im Verlaufe des Tagesereignisses **wahrnehmbar** geworden sein. *147* Allerdings muss Gegenstand der Berichterstattung das aktuelle Ereignis sein, nicht das Werk selbst.[354] Das Werk selbst darf somit nicht ausschließlicher Gegenstand des Tagesereignisses sein, sondern lediglich anlässlich eines anderen Ereignisses unmittelbar in Erscheinung treten, ohne dabei jedoch bloßer Hintergrund sein zu müssen.[355] Handelt beispielsweise ein Bericht von der Schenkung einer Kunstsammlung, ohne dass eine Veranstaltung stattgefunden hat, bei der die Kunstwerke gezeigt worden sind, ist die Abbildung einzelner Werke aus der Sammlung im Rahmen des Berichts über die Schenkung nicht durch § 50 UrhG gedeckt. Die Werke waren nicht „wahrnehmbar".[356]

Die Verwertungshandlungen dürfen nur in einem durch den Zweck der Bericht- *148* erstattung **gebotenen Umfang** erfolgen. Dies ist einmal mehr eine Bewertungs- und Einzelfallfrage. Hinsichtlich Art und Umfang hat der *BGH* beispielsweise entschieden, dass bei der Berichterstattung über die Neuerscheinung einer Kunstband-Reihe der Abdruck von zwei in dem Werk abgedruckten Werken als im Rahmen des Berichterstattungszwecks geboten anzusehen ist.[357] Auch die Wiedergabe von vier Schwarz-

---

[349] *Lüft*, in: Wandtke/Bullinger, UrhR, 3. Aufl. 2009, § 50 UrhG Rn. 4.

[350] *Vogel*, in: Schricker/Loewenheim, Urheberrecht, 4. Aufl. 2010, § 50 Rn. 12.

[351] OLG Köln v. 17.09.2004 – 6 U 115/04 – GRUR-RR 2005, 105 – Elektronischer Fernsehprogrammführer.

[352] BGH v. 11.07.2002 – I ZR 285/99 – GRUR 2002, 1050, 1051 – Zeitungsbericht als Tagesereignis.

[353] *Lüft*, in: Wandtke/Bullinger, UrhR, 3. Aufl. 2009, § 50 UrhG Rn. 3.

[354] BGH v. 01.07.1982 – I ZR 119/80 – GRUR 1983, 28, 30 – Presseberichterstattung und Kunstwerkwiedergabe II.

[355] BGH v. 11.07.2002 – I ZR 285/99 – GRUR 2002, 1050, 1051 – Zeitungsbericht als Tagesereignis; BGH v. 01.07.1982 – I ZR 119/80 – GRUR 1983, 28, 30 – Presseberichterstattung und Kunstwerkwiedergabe II.

[356] Vgl. BGH v. 01.07.1982 – I ZR 118/80 – GRUR 1983, 25, 28 – Presseberichterstattung und Kunstwerkwiedergabe I.

[357] BGH v. 01.07.1982 – I ZR 119/80 – GRUR 1983, 28, 30 – Presseberichterstattung und Kunstwerkwiedergabe II.

Weiß-Bildern im Zusammenhang mit einem Bericht über eine Ausstellungseröffnung hat der *BGH* als zulässig erachtet.[358]

Zur Wiedergabe des Werkes in der Berichterstattung darf auch eine Archivaufnahme verwendet werden.[359] Gemäß § 63 UrhG besteht eine Pflicht zur Quellenangabe.

dd) Zitatrecht, § 51 UrhG

149 Gemäß § 51 Satz 1 UrhG ist die Vervielfältigung, Verbreitung und öffentliche Wiedergabe eines veröffentlichen Werkes zum Zweck des Zitats zulässig, sofern die Nutzung in ihrem Umfang durch den besonderen Zweck gerechtfertigt ist. Diese Generalklausel wird durch die Regelbeispiele des § 51 Satz 2 Nrn. 1 bis 3 UrhG ergänzt.

150 § 51 UrhG wurde zum 01.01.2008 geändert. Allerdings sollten durch die Neufassung lediglich einzelne, aus der unflexiblen Grenzziehung des geltenden Rechts folgende, Lücken geschlossen werden. Das Zitatrecht sollte jedoch nicht grundlegend erweitert werden.[360]

151 Nach § 51 Satz 2 Nr. 1 UrhG ist es insbesondere zulässig, wenn einzelne Werke nach der Veröffentlichung in ein selbstständiges wissenschaftliches Werk zur Erläuterung des Inhalts aufgenommen werden (sog. **Wissenschaftliches Großzitat**).[361] Gemäß § 51 Satz 2 Nr. 2 UrhG dürfen Stellen eines Werkes nach der Veröffentlichung in einem selbstständigen Sprachwerk angeführt werden (**Kleinzitat**). Trotz des gegenteiligen Wortlauts können ganze Fotos nach § 51 Satz 2 Nr. 2 UrhG abgebildet werden und nicht nur Ausschnitte von diesen (sog. **Großes Kleinzitat**).[362]

152 § 51 UrhG schränkt sämtliche Verwertungsrechte des Urhebers/Fotografen nach §§ 15 ff. UrhG mit Ausnahme des Ausstellungsrechts (§ 18 UrhG)[363] ein. Das Ausstellungsrecht ist ausgenommen, da es nur an unveröffentlichten Werken besteht.[364]

153 Voraussetzung für die Anwendung des § 51 UrhG ist zunächst, dass das Foto **veröffentlicht** ist (siehe hierzu oben Rn. 89).

154 Entscheidende Voraussetzung für die Begrenzung der Rechte des Fotografen durch § 51 UrhG ist, dass die Vervielfältigung, Verbreitung oder öffentliche Wiedergabe des Fotos zum **Zwecke des Zitats** erfolgt. Dieser Zitatzweck ist gleichzeitig entscheidend für den zulässigen Umfang des Zitats.[365] Der Gesetzestext legt dabei den Zitatzweck nur für das Wissenschaftliche Großzitat gemäß § 51 Satz 2 Nr. 1 UrhG fest. Die Auf-

---

[358] BGH v. 01.07.1982 – I ZR 118/80 – GRUR 1983, 25 – Presseberichterstattung und Kunstwerkwiedergabe I.

[359] BGH v. 01.07.1982 – I ZR 118/80 – GRUR 1983, 25, 27 – Presseberichterstattung und Kunstwerkwiedergabe I; BGH v. 01.07.1982 – I ZR 119/80 – GRUR 1983, 28, 30 – Presseberichterstattung und Kunstwerkwiedergabe II; a.A.: *Vogel*, in: Schricker/Loewenheim, Urheberrecht, 4. Aufl. 2010, § 50 Rn. 19.

[360] *Lüft*, in: Wandtke/Bullinger, UrhR, 3. Aufl. 2009, § 51 UrhG Rn. 8.

[361] *Lüft*, in: Wandtke/Bullinger, UrhR, 3. Aufl. 2009, § 51 UrhG Rn. 3.

[362] LG Berlin v. 16.03.2000 – 16 S 12/99 – GRUR 2000, 797 – Screenshots; OLG Hamburg v. 25.02.1993 – 3 U 183/92 – GRUR 1993, 666 – Altersfoto.

[363] Siehe dazu oben Rn. 111.

[364] *Schricker/Spindler*, in: Schricker/Loewenheim, Urheberrecht, 4. Aufl. 2010, § 51 Rn. 25.

[365] Vgl. *Lüft*, in: Wandtke/Bullinger, UrhR, 3. Aufl. 2009, § 51 UrhG Rn.3; *Dreier*, in: Dreier/Schulze, UrhG, 3. Aufl. 2008, § 51 Rn. 5.

nahme des einzelnen Werkes in ein anderes Werk ist insoweit nur zur Erläuterung des Inhalts des zitierenden Werkes zulässig. In den restlichen Fällen (§ 51 Satz 2 Nrn. 2, 3 und § 51 Satz 1 UrhG) kommen auch weitere Zitatzwecke in Betracht.[366]

Damit ein Bild einen Zitatzweck haben kann, muss es zwingend als Belegstelle oder Erörterungsgrundlage für selbstständige Ausführungen dienen und eine innere Verbindung zu den eigenen Gedanken herstellen.[367] Es muss also zwischen dem Foto und dem Werk, für das es verwendet wird, ein innerer Zusammenhang hergestellt werden.[368] Das Bild darf somit nur eine beispielhafte, hilfsweise Anführung zur Unterstützung oder Fortentwicklung des eigenen Gedankenganges sein.[369]

Zulässig wäre es beispielsweise, in einem Buch über die Geschichte der Aktfotografie einzelne Fotos (zum Umfang siehe unten Rn. 156) des Fotografen Helmut Newton als Beispiele für einen vorher im Text beschriebenen, ganz bestimmten Fotostil abzudrucken.

Unzulässig ist es dagegen, ein Werk oder Werkteile nur zur Ausschmückung aufzunehmen.[370] Dies wäre beispielsweise der Fall, wenn in einem Buch der Kunstgeschichte Fotos abgedruckt würden, die nicht den Text erläutern, sondern überwiegend der Illustration des Buches selbst dienen. In einem solchen Fall würden die Fotos in unzulässiger Art und Weise „für sich sprechen".[371]

Nach einer neueren Entscheidung des *OLG Hamburg* darf ein Bild auch nicht nur *155* als Blickfang ohne Belegfunktion verwendet werden, um das Interesse des Lesers für den nachfolgenden Artikel zu wecken.[372] Gegenstand dieser Entscheidung war die Abbildung des „Maschinenmenschen" aus dem Film „Metropolis" im Magazin „DER SPIEGEL". Diese Abbildung war einem Artikel vorangestellt, der jedoch weder den Maschinenmenschen noch den Film Metropolis überhaupt erwähnt. Zwar muss die Wiedergabe des Fotos nicht ausschließlich im Rahmen des Zitatzwecks erfolgen, dieser muss jedoch gegenüber sonstigen Zwecken (z. B. dem Schmuckzweck) überwiegen.[373] Ein rein assoziativer Zusammenhang zwischen Text und Bild ist hierbei nicht ausreichend.[374]

In ähnlicher Weise hatte das *OLG Hamburg* schon zuvor entschieden. In dieser Entscheidung ging es um ein Bild, das angeblich Marlene Dietrich im Rollstuhl zeigte.

---

[366] *Lüft*, in: Wandtke/Bullinger, UrhR, 3. Aufl. 2009, § 51 UrhG Rn. 3.

[367] *Lüft*, in: Wandtke/Bullinger, UrhR, 3. Aufl. 2009, § 51 UrhG Rn. 3; vgl. BGH v. 07.03.1985 – I ZR 70/82 – GRUR 1987, 34, 35 – Liedtextwiedergabe I; BGH v. 20.12.2007 – I ZR 42/05 – GRUR 2008, 693, 696 – TV-Total.

[368] BGH v. 23.05.1985 – I ZR 28/83 – GRUR 1986, 59, 60 – Geistchristentum; OLG Hamburg v. 25.02.1993 – 3 U 183/92 – GRUR 1993, 666, 667 – Altersfoto; OLG Köln v. 13.08.1993 – 6 U 142/92 – GRUR 1994, 47, 48 – Filmausschnitt; *Maaßen*, in: Wandtke, Medienrecht Praxishandbuch, 1. Aufl. 2008, Teil 2, 4. Kapitel Rn. 135.

[369] Vgl. *Dreier*, in: Dreier/Schulze, UrhG, 3. Aufl. 2008, § 51 Rn. 4.

[370] *Lüft*, in: Wandtke/Bullinger, UrhR, 3. Aufl. 2009, § 51 UrhG Rn. 3; BGH v. 03.04.1968 – I ZR 83/66 – GRUR 1968, 607, 608 – Kandinsky I.

[371] Vgl. BGH v. 03.04.1968 – I ZR 83/66 – GRUR 1968, 607, 609 f. – Kandinsky I. In dieser Entscheidung werden nähere Ausführungen zu Kunstwerken der Malerei gemacht. Diese Ausführungen dürften aber auf die Werke der Fotografie übertragbar sein.

[372] OLG Hamburg v. 10.07.2002 – 5 U 41/01 – GRUR-RR 2003, 33, 37 – Maschinenmensch.

[373] *Lüft*, in: Wandtke/Bullinger, UrhR, 3. Aufl. 2009, § 51 UrhG Rn. 5.

[374] OLG Hamburg v. 10.07.2002 – 5 U 41/01 – GRUR-RR 2003, 33, 37 – Maschinenmensch.

Dieses Bild wurde von verschiedenen Zeitschriften (mit Einwilligung des Fotografen) abgedruckt und sodann ohne Einwilligung des Fotografen in der „Freizeitrevue" im Rahmen des Artikels „Weltsensation oder Schwindel? Das Rätselraten um Marlene Dietrich im Rollstuhl" erneut publiziert. Das *OLG Hamburg* stellte fest, dass das Foto den Artikel in vorteilhafter Weise abrunde und vervollständige und der „Freizeitrevue" eigene Ausführungen erspart habe. Dieser Zweck reiche aber nicht zur Rechtfertigung eines Zitats aus.[375]

156   Nicht zulässig ist ferner die Übernahme einzelner Bilder aus einem Fernsehbericht („**Screenshots**") in einem Zeitungsartikel, wenn sie nur deshalb erfolgt, weil sich der Autor damit eigene Ausführungen ersparen will.[376]

Nicht vom Zitatzweck gedeckt wäre das unbeschränkte Zugänglichmachen von Fotos im Internet durch einen Kunstprofessor, auch wenn er dies nur machte, um seinen Studenten eine Nachbereitung seiner Vorlesung zu ermöglichen. Eine solche Nutzung ist nicht erforderlich, da der gleiche Zweck auch dann erreicht werden kann, wenn er das Foto mit einem Passwort versieht, so dass nicht eine unbegrenzte Öffentlichkeit auf das Foto zugreifen kann.[377]

Bildzitate sind nur in dem durch den jeweiligen Zitatzweck **gebotenen Umfang** zulässig. Es stellt sich somit die Frage, wie viele Bilder jeweils im Rahmen eines Zitats verwendet werden können. Auch hier kann eine absolute Zahl nicht genannt werden. Es hat eine **Abwägung im Einzelfall** stattzufinden. Hierbei sind der Zitatzweck, Inhalt und Umfang des entlehnten Werks sowie Inhalt und Umfang des zitierenden Werks zu beurteilen.[378] Entscheidend ist, dass die Zitate nicht ein derartiges Ausmaß erreichen, dass sie nicht mehr lediglich eine in dem zitierenden Werk vertretene Ansicht stützen, sondern dieses Werk über weite Strecken selbstständig tragen.[379] Um diesen doch sehr abstrakten Kriterien ein wenig Farbe zu verleihen, sollen die Anforderungen anhand von zwei in der Rechtsprechung entschiedenen Fällen illustriert werden:

Zum einen ist hierbei eine Entscheidung des *OLG Hamburg*[380] zu nennen. Inhaltlich ging es um die Veröffentlichung von sieben Fotos anlässlich einer Rezension in der Zeitschrift „NEW YORK". Das Gericht stellte hierbei fest, dass es ausreichend gewesen wäre, ein oder zwei repräsentative Fotos wiederzugeben.

In die gleiche Richtung geht auch die Entscheidung des *LG München I*[381]. Hier hatte das Gericht darüber zu entscheiden, ob die Abbildung von 19 Fotos des Fotografen Helmut Newton in der Zeitschrift „EMMA" zur Illustration des Artikels „NEWTON: Kunst oder faschistische Propaganda?" noch einen zulässigen Umfang darstellt. Das Gericht verneinte dies. Zum einen würden die Fotos teilweise nur sehr kurz angesprochen und seien deshalb eigentlich austauschbar, zum anderen spreche für diese Beurteilung auch die Tatsache, dass der Textteil des Artikels einen geringeren

---

[375] OLG Hamburg v. 25.02.1993 – 3 U 183/92 – GRUR 1993, 666, 667 – Altersfoto.
[376] LG Berlin v. 16.03.2000 – 16 S 12/99 – GRUR 2000, 797 – Screenshots.
[377] Vgl. LG München v. 19.01.2005 – 21 O 312/05 – ZUM 2005, 407, 409. In dieser Entscheidung ging es um das Hochladen von Texten des Komikers Karl Valentin.
[378] BGH v. 23.05.1985 – I ZR 28/83 – GRUR 1986, 59, 60 – Geistchristentum.
[379] BGH v. 12.06.1981 – I ZR 95/79 – GRUR 1982, 37, 40 – WK-Dokumentation.
[380] OLG Hamburg v. 27.07.1989 – 3 U 29/89 – GRUR 1990, 36 – Foto-Entnahme.
[381] LG München I v. 27.07.1994 – 21 O 22343/93 – AfP 1994, 326.

Umfang habe als die Abbildungen. Dementsprechend hätte auch ein Teil der abgebildeten Fotos ausgereicht.[382]

Ungeschriebene Voraussetzung für die Anwendung von § 51 UrhG ist, dass es sich bei dem zitierenden Werk um ein **urheberrechtlich schutzfähiges Werk** handeln muss.[383] Denkt man sich die Zitate weg, muss ein schutzfähiges Werk verbleiben.[384] *157*

Diese Voraussetzungen sah das *OLG München* in einem von ihm zu entscheidenden Fall (siehe dazu bereits oben Rn. 120) als nicht erfüllt an. „DER SPIEGEL" hatte als Titelbild eine Illustration eines Fotos vom damaligen Verteidigungsminister Rudolf Scharping gewählt, das diesen beim Baden mit seiner Freundin im Pool zeigte. Die Zeichnung ersetzte dabei den Pool durch einen umgedrehten Stahlhelm. Als Begründung für die fehlende Schutzwürdigkeit führte das Gericht an, dass das „SPIEGEL"-Titelbild unabhängig vom übernommenen Foto keinen Sinn ergebe.[385]

Zudem gilt selbst bei zulässigen Zitaten das Gebot der Quellenangabe nach § 63 UrhG.

ee) Bildnisse, § 60 UrhG

Gemäß § 60 Abs. 1 Satz 1 UrhG ist die Vervielfältigung sowie die unentgeltliche und nicht zu gewerblichen Zwecken vorgenommene Verbreitung eines Bildnisses durch den Besteller des Bildnisses oder durch seinen Rechtsnachfolger zulässig. Die gleichen Rechte stehen auch dem Abgebildeten (oder nach dessen Tod seinen Angehörigen) bei einem auf Bestellung geschaffenen Bildnis zu. Diese Handlungen dürfen auch von einem Dritten vorgenommen werden, sofern dieser im Auftrag einer der oben genannten Personen handelt. Abs. 2 definiert, wer Angehöriger i. S. v. Abs. 1 ist und somit anstelle des verstorbenen Abgebildeten die Rechte aus Abs. 1 ausüben kann. *158*

Sinn der Vorschrift ist es, den Bestellern oder Abgebildeten zu ermöglichen, Erinnerungsstücke von Bildnissen herzustellen.[386] Bei § 60 UrhG handelt es sich streng genommen nicht um eine echte Schrankenregelung, sondern um eine abdingbare urhebervertragliche Auslegungsregel im Verhältnis zwischen Fotograf und Besteller/Abgebildetem.[387] Falls jedoch der Abgebildete nicht zugleich Besteller ist, kann diese Vorschrift nicht abbedungen werden, weil zu ihm kein vertragliches Verhältnis besteht.[388] Es reicht für eine (stillschweigende) Abbedingung noch nicht aus, wenn der Fotograf das Negativ eines Fotos einbehält.[389] *159*

---

[382] LG München I v. 27.07.1994 – 21 O 22343/93 – AfP 1994, 326, 329. Ergänzend sei darauf hingewiesen, dass der zu zahlende Schadensersatz nicht nur für den überschießenden Teil der Fotos bezahlt werden muss, sondern für alle veröffentlichten Fotos; vgl. LG München I v. 27.07.1994 – 21 O 22343/93 – AfP 1994, 326, 330.
[383] *Lüft*, in: Wandtke/Bullinger, UrhR, 3. Aufl. 2009, § 51 UrhG Rn. 8; *Schricker/Spindler*, in: Schricker/Loewenheim, Urheberrecht, 4. Aufl. 2010, § 51 Rn. 20.
[384] BGH v. 30.06.1994 – I ZR 32/92 – GRUR 1994, 800, 802 – Museumskatalog.
[385] OLG München v. 30.01.2003 – 29 U 3278/02 – AfP 2003, 553, 555.
[386] *Lüft*, in: Wandtke/Bullinger, UrhR, 3. Aufl. 2009, § 60 UrhG Rn. 1.
[387] Vgl. *Dreier*, in: Dreier/Schulze, UrhG, 3. Aufl. 2008, § 60 Rn. 2.
[388] *A. Nordemann*, in: Fromm/Nordemann, Urheberrecht, 10. Aufl. 2008, § 60 UrhG Rn. 2.
[389] *Dreier*, in: Dreier/Schulze, UrhG, 3. Aufl. 2008, § 60 Rn. 2.

160   **Bildnisse** i. S. d. § 60 UrhG sind Personendarstellungen, die eine oder mehrere Personen wiedergeben.[390] Die abgebildete Person muss hierbei anhand von persönlichen individuellen Merkmalen (regelmäßig Gesichtszüge, aber auch Statur und Körperhaltung) wiederzuerkennen sein.[391] Weitere Voraussetzung für ein Bildnis ist, dass die wiedergegebene(n) Person/Personen Hauptgegenstand der Darstellung ist/sind.[392] Da die Art der Abbildung unerheblich ist, umfasst § 60 UrhG nicht nur die Fotografie, sondern auch das Gemälde, die Zeichnung, die Skulptur, das Relief und selbst die Totenmaske.[393]

161   Berechtigter gemäß § 60 UrhG ist zunächst der Besteller des Bildnisses. **Besteller** ist derjenige, in dessen Namen und für dessen Rechnung der Vertrag, der die Rechtsgrundlage für die Schaffung des Bildnisses bildet, mit dem Urheber abgeschlossen wurde.[394] Bildet der Urheber Personen ohne Vorliegen eines Auftrages, sondern aus eigenem Antrieb ab, greift § 60 UrhG nicht, sondern ggf. § 53 UrhG (bzw. §§ 22, 23 KUG).[395] Für die Bestimmung des Rechtsnachfolgers des Bestellers sind die allgemeinen Regeln des BGB maßgeblich.[396]

Weiterhin ist der Abgebildete Berechtigter nach § 60 UrhG. **Abgebildete** sind die erkennbar im Bildnis wiedergegebenen (natürlichen) Personen.[397] Eine GmbH (als juristische Person) ist nicht „Abgebildete", wenn das Lichtbild ihren Geschäftsführer darstellt.[398]

162   § 60 UrhG erlaubt zunächst die Vervielfältigung (§ 16 UrhG).[399] Grundsätzlich ist der weite Vervielfältigungsbegriff aus § 16 UrhG zugrunde zu legen, so dass nicht nur das Abfotografieren, sondern auch das Abmalen erfasst ist. Eine Einschränkung macht dabei § 60 Abs. 1 Satz 2 UrhG. Danach dürfen Bildnisse, die Werke der bildenden Kunst (§ 2 Abs. 1 Nr. 4 UrhG) sind, nur durch Lichtbild vervielfältigt werden.

163   Außerdem erlaubt § 60 UrhG auch die Verbreitung (§ 17 UrhG),[400] soweit die Verbreitung unentgeltlich und nicht zu gewerblichen Zwecken erfolgt. **Unentgeltlich** bedeutet, dass der Berechtigte weder unmittelbar noch mittelbar Zahlungen oder sonstige Gegenleistungen erhält.[401] Schon bei der bloßen Erstattung von Unkosten für die Herstellung eines Bildnisses ist die Verbreitung nicht mehr unentgeltlich.[402] Nicht

---

[390] OLG Karlsruhe v. 13.04.1994 – 6 U 244/93 – ZUM 1994, 737 – Musikgruppe; OLG Köln v. 19.12.2003 – 6 U 91/03 – GRUR 2004, 499 – Portraitfoto im Internet; *Lüft*, in: Wandtke/Bullinger, UrhR, 3. Aufl. 2009, § 60 Rn. 3.

[391] *Vogel*, in: Schricker/Loewenheim, Urheberrecht, 4. Aufl. 2010, § 60 Rn. 17.

[392] *Lüft*, in: Wandtke/Bullinger, UrhR, 3. Aufl. 2009, § 60 UrhG Rn. 3.

[393] *Dreier*, in: Dreier/Schulze, UrhG, 3. Aufl. 2008, § 60 Rn.4.

[394] OLG Köln v. 19.12.2003 – 6 U 91/03 – GRUR 2004, 499, 500 – Portraitfoto im Internet; *Dreyer*, in: Dreyer/Kotthoff/Meckel, Urheberrecht, 2. Aufl. 2009, § 60 UrhG Rn. 16.

[395] *Lüft*, in: Wandtke/Bullinger, UrhR, 3. Aufl. 2009, § 60 UrhG Rn. 4.

[396] *Lüft*, in: Wandtke/Bullinger, UrhR, 3. Aufl. 2009, § 60 UrhG Rn. 5.

[397] *Lüft*, in: Wandtke/Bullinger, UrhR, 3. Aufl. 2009, § 60 UrhG Rn. 5.

[398] OLG Köln v. 19.12.2003 – 6 U 91/03 – GRUR 2004, 499, 500 – Portraitfoto im Internet.

[399] Siehe dazu oben Rn. 101 ff.

[400] Siehe dazu oben Rn. 107 f.

[401] OLG Karlsruhe v. 13.04.1994 – 6 U 244/93 – ZUM 1994, 737 – Musikgruppe.

[402] *Vogel*, in: Schricker/Loewenheim, Urheberrecht, 4. Aufl. 2010, § 60 Rn. 28; *Lüft*, in: Wandtke/Bullinger, UrhR, 3. Aufl. 2009, § 60 UrhG Rn. 7.

erfasst von § 60 UrhG ist deshalb beispielsweise der Abdruck des eingesandten Portraitfotos eines Jubilars in der Tagespresse.[403]

Gewerblich ist die Verbreitung, wenn der nach § 60 UrhG Privilegierte mit ihr *164* mittelbar oder unmittelbar einen Vorteil für seine auf Dauer angelegte Erwerbsquelle zu erzielen bezweckt.[404] Dies ist nicht der Fall, wenn sich die Verbreitung auf private Zwecke beschränkt.[405] Deshalb ist das unentgeltliche Verteilen von Handzetteln mit dem Bildnis des Werbenden (z. B. eines Abgeordneten) nicht zulässig.[406]

Zu betonen ist, dass § 60 UrhG nur die Vervielfältigung und Verbreitung, nicht aber die Verwertung in unkörperlicher Form, deckt.[407] Deshalb dürfen auch Passfotos ohne eine (konkludent erteilte) Erlaubnis des Fotografen nicht ins Internet gestellt werden.[408] Dies soll auch dann gelten, wenn das Portrait zur beruflichen Nutzung hergestellt wurde und das Foto dann auf der beruflichen Internetseite veröffentlicht wird.[409]

Ein Anspruch des Bestellers oder des Abgebildeten gegen den Fotografen auf Herausgabe der Negative lässt sich aus § 60 UrhG dagegen nicht ableiten.[410]

b) Entgeltliche Einschränkung

Die entgeltlichen Einschränkungen werden vielfach auch **gesetzliche Lizenz** genannt, *165* da das Werk zwar ohne Einwilligung des Urhebers genutzt werden darf, ihm dafür aber kraft Gesetzes eine Vergütung zu bezahlen ist. Dabei ist es unerheblich, dass der Nutzer diese Vergütungspflicht ggf. nicht auslösen will.[411]

aa) Sammlungen für Kirchen-, Schul- oder Unterrichtsgebrauch, § 46 UrhG

§ 46 Abs. 1 UrhG erlaubt die Vervielfältigung (§ 16 UrhG),[412] Verbreitung (§ 17 *166* UrhG)[413] und öffentliche Zugänglichmachung (§ 19a UrhG)[414] einzelner Fotos nach deren Veröffentlichung (§ 6 Abs. 1 UrhG)[415] als Element einer Sammlung für den Kirchen-, Schul- oder Unterrichtsgebrauch. Diese Sammlung muss allerdings Werke einer größeren Anzahl von Urhebern vereinigen.

Bei einer Sammlung muss es sich nicht notwendigerweise um (Schul-)Bücher han- *167* deln. Auch Bildträger, Diaserien und elektronische Publikationen können darunterfallen.[416] Die Frage, ab wann in einer Sammlung Werke **einer größeren Anzahl** von

---

[403] *Dreier*, in: Dreier/Schulze, UrhG, 3. Aufl. 2008, § 60 Rn. 8.
[404] *Dreyer*, in: Dreyer/Kotthoff/Meckel, Urheberrecht, 2. Aufl. 2009, § 60 UrhG Rn. 12.
[405] *Lüft*, in: Wandtke/Bullinger, UrhR, 3. Aufl. 2009, § 60 UrhG Rn. 4.
[406] *Lüft*, in: Wandtke/Bullinger, UrhR, 3. Aufl. 2009, § 60 UrhG Rn. 29.
[407] *A. Nordemann*, in: Fromm/Nordemann, Urheberrecht, 10. Aufl. 2008, § 60 UrhG Rn. 14.
[408] OLG Köln v. 19.12.2003 – 6 U 91/03 – GRUR 2004, 499, 500 – Portraitfoto im Internet.
[409] LG Köln v. 20.12.2006 – 28 O 468/06 – ZUM 2008, 76, 77; *Wanckel*, Foto- und Bildrecht, 3. Aufl. 2009, Rn. 422.
[410] LG Wuppertal v. 05.10.1988 – 8 S 116/88 – GRUR 1989, 54, 55 – Lichtbild-Negativ.
[411] *Melichar*, in: Schricker/Loewenheim, Urheberrecht, 4. Aufl. 2010, Vor §§ 44a ff. Rn. 23.
[412] Siehe dazu oben Rn. 101 ff.
[413] Siehe dazu oben Rn. 107 f.
[414] Siehe dazu oben Rn. 113.
[415] Siehe dazu oben Rn. 89.
[416] Vgl. *Dreier*, in: Dreier/Schulze, UrhG, 3. Aufl. 2008, § 46 Rn. 8; *Melichar*, in: Schricker/ Loewenheim, Urheberrecht, 4. Aufl. 2010, § 46 Rn. 7 f.

Urhebern (also z. B. Fotos von mehreren Fotografen) vereinigt sind, ist nicht immer leicht zu beantworten. Ob dies der Fall ist, ergibt sich aus dem Gebrauchszweck der Sammlung und ihrem Umfang im Verhältnis zur Anzahl der in Frage kommenden Urheber.[417] Verbreitet ist die Ansicht, dass in der Sammlung mindestens Werke von sieben verschiedenen Urhebern enthalten sein müssen.[418] Diese Zahl mag zumindest als Anhaltspunkt dienen, wenngleich im Einzelfall durchaus eine höhere Anzahl verlangt werden kann.

Dadurch, dass die Fotos nur als Element einer Sammlung verwertet werden dürfen, soll deutlich werden, dass das Foto nur im Zusammenhang mit der Verwertung der Sammlung insgesamt erlaubnisfrei verwendet werden darf.[419]

168   Die Sammlung darf nur für den Kirchen-, Schul- oder Unterrichtsgebrauch bestimmt sein. Dieses **subjektive Element** muss objektiv der Beschaffenheit der Sammlung nach Aufmachung und Inhalt zu entnehmen sein.[420] Diese Voraussetzungen werden durch § 46 Abs. 1 Satz 3 UrhG unterstützt, der bestimmt, dass die Zweckbestimmung deutlich in der Sammlung anzugeben ist. Die Sammlung muss immer für den Gebrauch in der Schule bzw. im Unterricht oder in der Kirche bestimmt sein. Deshalb fallen Hilfsmittel für Lehrer oder Unterlagen zum Selbststudium nicht unter § 46 UrhG.[421]

169   Die Beschränkung, dass nur **einzelne Fotos** eines Fotografen erlaubnisfrei verwendet werden dürfen, bedeutet, dass in einer Sammlung weder das Gesamtwerk noch wesentliche Teile des Gesamtwerkes eines Fotografen verwendet werden dürfen.[422] Ferner darf das Foto nicht nur Gestaltungszwecken dienen, sondern es muss einen inhaltlichen Bezug zu der Sammlung haben.[423]

170   Nach § 46 Abs. 3 UrhG darf mit der Vervielfältigung oder öffentlichen Zugänglichmachung erst begonnen werden, wenn dem Urheber oder dem Inhaber des ausschließlichen Nutzungsrechts die Verwendungsabsicht durch eingeschriebenen Brief mitgeteilt wurde und eine Zwei-Wochen-Frist verstrichen ist.[424] § 46 Abs. 4 UrhG bestimmt, dass für die Verwertung der Fotos dem Fotografen eine angemessene Vergütung zu zahlen ist. Diese Vergütungsansprüche müssen nicht durch Verwertungsgesellschaften geltend gemacht werden.[425]

bb) Vervielfältigung, Verbreitung und öffentliche Wiedergabe von Abbildungen, die in Zusammenhang mit Zeitungsartikeln stehen, § 49 UrhG

171 Nach § 49 Abs. 1 UrhG dürfen einzelne Abbildungen/Fotos, die im Zusammenhang mit Artikeln aus Zeitungen und anderen, lediglich Tagesinteressen dienenden Informationsblättern veröffentlicht wurden, vervielfältigt, verbreitet und öffentlich wiederge-

---

[417] *Lüft*, in: Wandtke/Bullinger, UrhR, 3. Aufl. 2009, § 46 UrhG Rn. 4.

[418] *Melichar*, in: Schricker/Loewenheim, Urheberrecht, 4. Aufl. 2010, § 46 Rn. 9; W. *Nordemann*, in: Fromm/Nordemann, Urheberrecht, 10. Aufl. 2008, § 46 UrhG Rn. 5.

[419] Vgl. *Dreier*, in: Dreier/Schulze, UrhG, 3. Aufl. 2008, § 46 Rn. 5.

[420] BGH v. 14.01.1972 – I ZR 91/70 – GRUR 1972, 432, 433 – Schulbuch; *Lüft*, in: Wandtke/Bullinger, UrhR, 3. Aufl. 2009, § 46 UrhG Rn. 5.

[421] Vgl. *Dreier*, in: Dreier/Schulze, UrhG, 3. Aufl. 2008, § 46 Rn. 10 f.

[422] Vgl. *Melichar*, in: Schricker/Loewenheim, Urheberrecht, 4. Aufl. 2010, § 46 Rn. 18, 21.

[423] *Wanckel*, Foto- und Bildrecht, 3. Aufl. 2009, Rn. 402.

[424] Vgl. *Lüft*, in: Wandtke/Bullinger, UrhR, 3. Aufl. 2009, § 46 UrhG Rn. 14.

[425] *Melichar*, in: Schricker/Loewenheim, Urheberrecht, 4. Aufl. 2010, § 46 Rn. 31.

geben werden. Die Vervielfältigung und Verbreitung darf allerdings nur in Zeitungen und den oben genannten Informationsblättern erfolgen. Die übernommenen Artikel und die mit ihnen in Zusammenhang stehenden Abbildungen müssen jedoch politische, wirtschaftliche oder religiöse Tagesfragen betreffen. Nicht übernommen werden dürfen solche Abbildungen, die mit einem Vorbehalt der Rechte versehen sind.

Für die Begriffe der Vervielfältigung, Verbreitung und öffentlichen Wiedergabe siehe oben Rn. 101 ff., 107 f. bzw. 89.

Zeitungen sind die der Übermittlung von Tagesneuigkeiten dienenden, regelmäßig *172* täglich oder mehrfach wöchentlich erscheinenden Zeitungen, die ohne Beschränkung auf ein bestimmtes sachliches Gebiet informieren.[426] Allerdings fallen unter den Begriff der Zeitungen auch nur wöchentlich oder gar monatlich erscheinende Zeitschriften, sofern diese nach ihrem Gesamtcharakter im Wesentlichen lediglich der aktuellen Information dienen. Deshalb sind auch Magazine wie „DER SPIEGEL" oder „Focus" Zeitungen im Sinne dieser Vorschrift.[427] Nicht erfasst sind dagegen beispielsweise wissenschaftliche Fachzeitschriften.[428]

Andere lediglich Tagesinteressen dienende **Informationsblätter** sind beispielsweise Nachrichtendienste und Mitteilungsblätter von Verbänden, solange sie i. S. d. § 6 Abs. 2 UrhG erschienen sind.[429] Auch fotokopierte Pressespiegel sind von diesem Begriff erfasst.[430]

Da nur solche Abbildungen übernommen werden dürfen, die im **Zusammenhang mit politischen, wirtschaftlichen oder religiösen Tagesfragen** stehen, reicht dementsprechend ein Zusammenhang mit kulturellem, wissenschaftlichem oder nur unterhaltendem Inhalt nicht aus.[431]

Zulässig ist trotz des entgegenstehenden Wortlautes („Informationsblätter") nicht *173* nur die Vervielfältigung und Verbreitung der Fotos in traditionellen Pressespiegeln, sondern auch in **elektronischen Pressespiegeln.** Der *BGH* stellt jedoch insoweit **zwei einschränkende Voraussetzungen** auf:

Zum einen erstreckt sich die Privilegierung bei elektronischen Pressespiegeln nur auf die betriebs- oder behördeninterne Verbreitung, zum anderen dürfen die fremden Presseartikel mit den Fotos lediglich grafisch dargestellt werden, so dass keine Volltextsuche stattfinden kann.[432]

Falls der Fotograf mit einer solchen Verwendung seiner Fotos nicht einverstanden *174* ist, so muss ein **Vorbehalt seiner Rechte** erklärt werden. Dabei muss der Vorbehalt

---

[426] *Lüft*, in: Wandtke/Bullinger, UrhR, 3. Aufl. 2009, § 49 UrhG Rn. 6.
[427] *Lüft*, in: Wandtke/Bullinger, UrhR, 3. Aufl. 2009, § 49 UrhG Rn. 6.; *Dreier*, in: Dreier/ Schulze, UrhG, 3. Aufl. 2008, § 49 Rn. 7.
[428] BGH v. 27.01.2005 – I ZR 119/02 – GRUR 2005, 670, 672 – WirtschaftsWoche.
[429] *Lüft*, in: Wandtke/Bullinger, UrhR, 3. Aufl. 2009, § 49 UrhG Rn. 7.
[430] *Melichar*, in: Schricker/Loewenheim, Urheberrecht, 4. Aufl. 2010, § 49 Rn. 16.
[431] *Dreyer*, in: Dreyer/Kotthoff/Meckel, Urheberrecht, 2. Aufl. 2009, § 49 UrhG Rn. 15.
[432] BGH v. 11.07.2002 – I ZR 255/00 – GRUR 2002, 963, 966, 967 – Elektronischer Pressespiegel; *Dreier*, in: Dreier/Schulze, UrhG, 3. Aufl. 2008, § 49 Rn. 20; *Lüft*, in: Wandtke/Bullinger, UrhR, 3. Aufl. 2009, § 49 UrhG Rn. 15; a.A. *Dreyer*, in: Dreyer/Kotthoff/Meckel, Urheberrecht, 2. Aufl. 2009, § 49 UrhG Rn. 19.

bei jedem mit dem Foto im Zusammenhang stehenden Artikel einzeln erklärt werden. Ein Vorbehalt im Impressum ist nicht ausreichend.[433]

175 Gemäß § 49 Abs. 1 Satz 1 UrhG steht dem Fotograf bei einer nach § 49 UrhG zulässigen Benutzung seiner Fotos eine angemessene Vergütung zu. Dieser Anspruch kann gemäß § 49 Abs. 1 Satz 3 UrhG allerdings nur durch eine Verwertungsgesellschaft geltend gemacht werden.

Gemäß § 63 UrhG trifft den Verwender aber die Pflicht zur Quellenangabe.

cc) Öffentliche Zugänglichmachung und Vervielfältigung für Unterricht und Forschung, § 52a UrhG

176 § 52a UrhG lässt die öffentliche Zugänglichmachung (§ 19a UrhG)[434] von veröffentlichten Fotos für den Unterricht und die Forschung zu, soweit dies zu diesem Zweck geboten und zur Verfolgung nicht kommerzieller Zwecke gerechtfertigt ist. Diese Vorschrift ist wie jede Schrankenbestimmung grundsätzlich eng auszulegen, so dass beispielsweise die Zugänglichmachung der Fotos im Unterricht ausschließlich für den abgegrenzten Kreis von Unterrichtsteilnehmern erfolgen darf.[435] **Geboten** ist dementsprechend das Verfügbarmachen von Werken zur eigenen wissenschaftlichen Forschung dann nicht mehr, wenn das betreffende Werk ohne erheblichen Aufwand, sei es in digitalisierter Form offline, sei es in analoger Form, beschafft werden kann.[436]

Gemäß § 52a Abs. 3 UrhG sind die zu diesem Zweck **erforderlichen Vervielfältigungen** (§ 16 UrhG)[437] auch zulässig. Ausdrucke von Fotos sind dagegen nicht erforderlich für die öffentliche Zugänglichmachung und dementsprechend nicht von § 52a UrhG erfasst.[438]

Aus § 52a Abs. 4 UrhG ergibt sich ein Vergütungsanspruch des Fotografen, der allerdings nur durch eine Verwertungsgesellschaft geltend gemacht werden kann.

Die Vorschrift des § 52a UrhG ist gemäß § 137k UrhG ab dem 01.01.2013 nicht mehr anzuwenden.

dd) Wiedergabe an elektronischen Leseplätzen, § 52b UrhG

177 Diese Vorschrift privilegiert öffentlich zugängliche Bibliotheken, Museen und Archive, die keinen unmittelbaren oder mittelbaren wirtschaftlichen Zweck oder Erwerbszweck verfolgen. Gemäß § 52b UrhG ist es zulässig, dass veröffentlichte Werke (§ 6 Abs. 1 UrhG)[439] aus ihrem Bestand an eigens dafür eingerichteten elektronischen Leseplätzen zugänglich gemacht werden. Diese Vorschrift erfasst auch Fotos, die in Büchern etc. enthalten sind.[440] Allerdings ist die Zugänglichmachung ausschließlich in den Räumlichkeiten dieser Einrichtungen zulässig. Nicht erfasst ist die Nutzung über

---

[433] *Lüft*, in: Wandtke/Bullinger, UrhR, 3. Aufl. 2009, § 49 UrhG Rn. 11; *Dreier*, in: Dreier/Schulze, UrhG, 3. Aufl. 2008, § 49 Rn. 10.
[434] Siehe dazu oben Rn. 113.
[435] Vgl. *Lüft*, in: Wandtke/Bullinger, UrhR, 3. Aufl. 2009, § 52a UrhG Rn. 9.
[436] *Lüft*, in: Wandtke/Bullinger, UrhR, 3. Aufl. 2009, § 52a UrhG Rn. 14.
[437] Siehe dazu oben Rn. 101 ff.
[438] Vgl. *Dreier*, in: Dreier/Schulze, UrhG, 3. Aufl. 2008, § 52a Rn. 17.
[439] Siehe dazu oben Rn. 89.
[440] *Wanckel*, Foto- und Bildrecht, 3. Aufl. 2009, Rn. 402.

das Internet oder das Intranet von außen.[441] Nach § 52b Satz 2 UrhG dürfen jedoch grundsätzlich nicht mehr Exemplare eines Werkes zugänglich gemacht werden, als der Bestand der Einrichtung umfasst. Der Fotograf hat einen Anspruch auf eine angemessene Vergütung, der nur durch eine Verwertungsgesellschaft geltend gemacht werden kann.

ee) Privatkopie, §§ 53, 54 UrhG

Der **§ 53 Abs. 1 UrhG** erlaubt einzelne Vervielfältigungen von Fotos zum privaten 178 Gebrauch. Die Vervielfältigung darf analog und digital erfolgen.[442] Diese Vervielfältigungen dürfen jedoch weder mittelbar noch unmittelbar Erwerbszwecken dienen. § 53 Abs. 1 UrhG setzt nicht voraus, dass das vervielfältigte Foto im Eigentum des Begünstigten steht,[443] jedoch darf zur Vervielfältigung keine offensichtlich rechtswidrig hergestellte oder öffentlich zugänglich gemachte Vorlage verwendet werden. Gerade im Online-Bereich ist es auf Grund dieser subjektiven Einfärbung schwer, eine verlässliche Aussage zu treffen.[444] Die Vervielfältigung kann auch von einem Dritten vorgenommen werden, sofern er unentgeltlich handelt oder die Vervielfältigung nur auf analoge Art und Weise vornimmt.

Trotz allem ist § 53 Abs. 1 UrhG für Fotos **ohne große praktische Relevanz**, da nach § 53 Abs. 6 UrhG keine Verbreitung einer Privatkopie zulässig ist und nur einige wenige Vervielfältigungsstücke ausschließlich für den privaten Gebrauch hergestellt werden dürfen.[445] Jeglicher kommerzielle Zweck der Vervielfältigung ist somit verboten.[446]

Dies zeigt schon eine Entscheidung des *BGH*, wonach bereits dann kein ausschließlicher Privatgebrauch mehr vorliegt, wenn nicht ausgeschlossen werden kann, dass die Vervielfältigung zumindest auch beruflichen Zwecken dient.[447] In diesem Fall hatte sich ein Theaterregisseur 18 Fotos von einer durch ihn inszenierten Theateraufführung heimlich kopiert.

Wann von **einzelnen Vervielfältigungen** gesprochen werden kann, ist nicht einfach zu beantworten. Zwar ist der *BGH* vor einiger Zeit von höchstens sieben Vervielfältigungsstücken ausgegangen.[448] Diese Zahl kann als Anhaltspunkt dienen, sollte jedoch keinesfalls ein Dogma sein, so dass im Einzelfall auch weniger oder aber mehr Vervielfältigungsstücke zulässig sein können.[449] 179

§ 53 Abs. 2 UrhG erlaubt beispielsweise die Vervielfältigung von Fotos zum eigenen wissenschaftlichen Gebrauch, zur Aufnahme in ein eigenes Archiv und zur eigenen Unterrichtung über Tagesfragen. Das Wort **„eigen"** macht deutlich, dass die 180

---

[441] *Schmid/Wirth*, in: Schmid/Wirth/Seifert, Urheberrechtsgesetz, 2. Aufl. 2009, § 53 Rn. 4.
[442] *Loewenheim*, in: Schricker/Loewenheim, Urheberrecht, 4. Aufl. 2010, § 53 Rn. 18.
[443] *Lüft*, in: Wandtke/Bullinger, UrhR, 3. Aufl. 2009, § 53 UrhG Rn. 15.
[444] Vgl. *Dreier*, in: Dreier/Schulze, UrhG, 3. Aufl. 2008, § 53 Rn. 12.
[445] *Wanckel*, Foto- und Bildrecht, 3. Aufl. 2009, Rn. 419.
[446] *Lüft*, in: Wandtke/Bullinger, UrhR, 3. Aufl. 2009, § 53 UrhG Rn. 22.
[447] BGH v. 24.06.1993 – I ZR 148/91 – GRUR 1993, 899, 890 – Dia-Duplikate.
[448] BGH v. 14.04.1978 – I ZR 111/76 – GRUR 1978, 474, 476 – Vervielfältigungsstücke.
[449] *Loewenheim*, in: Schricker/Loewenheim, Urheberrecht, 4. Aufl. 2010, § 53 Rn. 17; *Lüft*, in: Wandtke/Bullinger, UrhR, 3. Aufl. 2009, § 53 UrhG Rn. 13; a.A.: *W. Nordemann*, in: Fromm/Nordemann, Urheberrecht, 10. Aufl. 2008, § 53 UrhG Rn. 13, der von höchstens drei Kopien ausgeht.

Vervielfältigungsstücke nicht zur Weitergabe an Dritte hergestellt werden dürfen.[450] Dementsprechend ist auch die Bedeutung dieses Absatzes für Fotografen gering. Dies gilt auch für die restlichen Absätze, da diese überwiegend Text- und Musikwerke betreffen.[451]

181 Zwar hat der Urheber oder sonstige Berechtigte unter den Voraussetzungen von § 53 Abs. 1 bis 3 UrhG Vervielfältigungshandlungen hinzunehmen. Dies bedeutet aber nicht, dass er diese ohne angemessene Vergütung hinzunehmen hätte.[452] Aus diesem Grund gewährt der § 54 UrhG dem Urheber einen Vergütungsanspruch gegen die Hersteller von Geräten und Speichermedien, die erwartungsgemäß dafür benutzt werden, solche Vervielfältigungen herzustellen. Die §§ 54 ff. UrhG regeln insoweit die Einzelheiten. Jedoch ist zu beachten, dass nach § 54h UrhG diese Ansprüche nur durch Verwertungsgesellschaften geltend gemacht werden können.

6. Beteiligung mehrerer (§§ 8, 9 UrhG)

182 Gemäß § 8 Abs. 1 UrhG entsteht eine Miturheberschaft, wenn mehrere ein Werk gemeinsam schaffen, ohne dass sich ihre Anteile gesondert verwerten lassen. Das Recht zur Veröffentlichung, zur Verwertung und zur Änderung des Werkes steht den Miturhebern gemäß § 8 Abs. 2 Satz 1 UrhG nur gemeinsam zu. Allerdings darf ein Miturheber seine Einwilligung zur Veröffentlichung, Verwertung oder Änderung gemäß § 8 Abs. 2 Satz 2 UrhG nicht wider Treu und Glauben verweigern. Nach § 8 Abs. 2 Satz 3 UrhG ist jeder Miturheber einzeln berechtigt, Ansprüche aus dem gemeinsamen Urheberrecht geltend zu machen. Jedoch kann er beispielsweise die Zahlung von Schadensersatz nur an alle Miturheber zusammen verlangen. Solange und soweit nicht anderes vereinbart ist, stehen gemäß § 8 Abs. 3 UrhG jedem Miturheber die Erträge aus dem gemeinsamen Urheberrecht in dem Umfang zu, die seinem Anteil an dem gemeinsamen Werk entsprechen.

183 Das Entstehen einer Miturheberschaft setzt (a) eine persönliche geistige Leistung mehrerer voraus, die in (b) gewolltem Zusammenwirken bei der Werkschöpfung zur Schaffung eines (c) einheitlichen Werkes geführt hat.[453] Ob jede dieser **drei Voraussetzungen** erfüllt ist, muss einzeln geprüft werden. Entsprechende Anwendung findet diese Vorschrift auf die einfachen Lichtbilder.[454] Die folgenden Ausführungen gelten deshalb sowohl für Lichtbildwerke als auch für einfache Lichtbilder.

184 Miturheber kann nur derjenige sein, dessen Beitrag zu dem gemeinschaftlichen Werk eine **persönliche geistige Schöpfung** i. S. d. § 2 Abs. 2 UrhG darstellt[455] und sich nicht nur in bloßer Anregung oder Gehilfenschaft erschöpft.[456] Auf Grund dieser Kriterien steht das Urheber- oder Leistungsschutzrecht an einem Foto meistens nur

---

[450] *Lüft*, in: Wandtke/Bullinger, UrhR, 3. Aufl. 2009, § 53 UrhG Rn. 24.

[451] *Wanckel*, Foto- und Bildrecht, 3. Aufl. 2009, Rn. 419.

[452] BVerfG v. 07.07.1971 – 1 BvR 765/66 – GRUR 1972, 481, 484 – Kirchen- und Schulgebrauch.

[453] *Thum*, in: Wandtke/Bullinger, UrhR, 3. Aufl. 2009, § 8 UrhG Rn. 2.

[454] *Vogel*, in: Schricker/Loewenheim, Urheberrecht, 4. Aufl. 2010, § 72 Rn. 35.

[455] BGH v. 14.11.2002 – I ZR 199/00 – GRUR 2003, 231, 233 – Staatsbibliothek; BGH v. 14.07.1993 – I ZR 47/91 – GRUR 1994, 39, 40 – Buchhaltungsprogramm; *Thum*, in: Wandtke/Bullinger, UrhR, 3. Aufl. 2009, § 8 UrhG Rn. 3; *Loewenheim*, in: Schricker/Loewenheim, Urheberrecht, 4. Aufl. 2010, § 8 Rn. 4.; a.A. *Ahlberg*, in: Möhring/Nicolini, Urheberrechtsgesetz, 2. Aufl. 2000, § 8 Rn. 8 f.

[456] *Loewenheim*, in: Schricker/Loewenheim, Urheberrecht, 4. Aufl. 2010, § 8 Rn. 4.

dem Fotografen zu, der die Aufnahme anfertigt, indem er die Kamera einstellt und den Auslöser betätigt.[457]

Keinen schöpferischen Beitrag leistet normalerweise der Auftraggeber des Fotografen, der lediglich die Fotoaufnahmen veranlasst und finanziert, selbst wenn er dem Fotografen das Thema und den Charakter des Fotos vorgibt oder auch bereits einzelne Datailvorgaben macht.[458] Auch reicht das Liefern der für die Aufnahme maßgeblichen Ideen oder **Anregungen** für die Aufnahmen für sich alleine nicht aus, um eine Miturheberschaft begründen zu können.[459] Ferner reichen auch genaue Anweisungen und Ratschläge für die Anordnung und Darstellung von Bildern nicht aus, solange es sich nicht um Skizzen handelt, aus denen Gestalt und Eigenart des geplanten Fotos bereits ersichtlich sind.[460] Die allgemeine Material- oder Motivwahl, wie sie Fotoredakteure oder Fotoassistenten häufig vornehmen, führt ebenfalls nicht zur Miturheberschaft.[461]

Der schöpferische Charakter unterscheidet die Beiträge eines Miturhebers schließ- *185* lich auch von denen eines **Gehilfen** (z. B. eines Fotoassistenten). Ein Gehilfe leistet zur Entstehung des Werkes zwar regelmäßig Beiträge von beträchtlichem Umfang. Er ist jedoch dem Gestaltungswillen eines anderen (meist des Fotografen) so untergeordnet, dass er dessen Willen lediglich auszuführen hat, ohne eigene schöpferische Ideen verwirklichen zu können.[462] Im Regelfall unterstützt ein Gehilfe somit lediglich eine fremde Individualität.[463] Es ist zwar grundsätzlich möglich, dass auch ein „Gehilfenbeitrag" schöpferische Qualität hat. Wann dies der Fall ist, ist eine schwierige, nach objektiven Kriterien zu beurteilende Tatfrage.[464] Ausschlaggebend ist hierbei, ob es sich bei der Tätigkeit des Gehilfen lediglich um eine mechanische Durchführung und Ausgestaltung nach vom Urheber erteilten genauen Weisungen handelt, oder ob Freiraum für individuelle schöpferische Tätigkeit bleibt.[465] Die folgenden Beispiele sollen diesen allgemeinen Ausführungen etwas Farbe verleihen:

Der **Fotoassistent**, den der Fotograf zur Unterstützung heranzieht, ist regelmäßig *186* kein Miturheber. Sofern in einem solchen Fall alle wesentlichen Einstellungen durch den Fotografen selbst oder nach seinen Anweisungen von dem Assistenten vorgenommen werden, erwirbt der Fotoassistent als weisungsabhängige und damit untergeordnete Person keinerlei Urheberrechte oder Leistungsschutzrechte an dem Foto,

---

[457] Vgl. *Maaßen*, in: Wandtke, Medienrecht Praxishandbuch, 1. Aufl. 2008, Teil 2, 4. Kapitel Rn. 60.

[458] Vgl. *Thum*, in: Wandtke/Bullinger, UrhR, 3. Aufl. 2009, § 8 UrhG Rn. 5; *Maaßen*, in: Wandtke, Medienrecht Praxishandbuch, 1. Aufl. 2008, Teil 2, 4. Kapitel Rn. 60.

[459] BGH v. 19.10.1994 – I ZR 156/92 – GRUR 1995, 47, 48 – Rosaroter Elefant; *Thum*, in: Wandtke/Bullinger, UrhR, 3. Aufl. 2009, § 8 UrhG Rn. 5.

[460] Vgl. OLG Hamburg v. 10.07.2002 – 5 U 41/01 – GRUR-RR 2003, 33, 34 – Maschinenmensch.

[461] *Loewenheim*, in: Schricker/Loewenheim, Urheberrecht, 4. Aufl. 2010, § 8 Rn. 4; *Wanckel*, Foto- und Bildrecht, 3. Aufl. 2009, Rn. 426.

[462] LG München I v. 22.12.1998 – 7 O 6654/95 – ZUM 1999, 332, 338 – Miturheberschaft des Kameramanns; *Thum*, in: Wandtke/Bullinger, UrhR, 3. Aufl. 2009, § 8 UrhG Rn. 6, m.w.N.

[463] KG v. 18. 11. 2003 – 5 U 350/02 – GRUR-RR 2004, 129, 130 – Modernisierung einer Liedaufnahme; *Thum*, in: Wandtke/Bullinger, UrhR, 3. Aufl. 2009, § 7 UrhG Rn. 14; *Loewenheim*, in: Schricker/Loewenheim, Urheberrecht, 4. Aufl. 2010, § 7 Rn.8.

[464] *Thum*, in: Wandtke/Bullinger, UrhR, 3. Aufl. 2009, § 8 UrhG Rn. 6.

[465] *Thum*, in: Wandtke/Bullinger, UrhR, 3. Aufl. 2009, § 7 UrhG Rn. 15, mit Beispielen außerhalb des Bereichs der Fotografie; *Loewenheim*, in: Schricker/Loewenheim, Urheberrecht, 4. Aufl. 2010, § 7 Rn. 8.

selbst wenn er nach Abschluss der Vorbereitungen den Auslöser betätigt.[466] Falls es sich bei dem aufzunehmenden Motiv um ein künstlerisches Arrangement handelt, das als persönliche geistige Schöpfung urheberrechtlich geschützt ist, ist nicht geklärt, ob auch dem Stylisten, der mit dem Fotografen das Motiv zusammen arrangiert hat, an den Aufnahmen ein Miturheberrecht zukommt.[467] Das Fotomodell, das die für das Shooting gewünschten Posen einnimmt, wird hierdurch allerdings nicht zum Miturheber dieser Fotos.[468] Anders soll dies allerdings dann zu beurteilen sein, wenn die fotografierten Personen selbst den Auslöser betätigen und somit selbst entscheiden, mit welcher Mimik und Pose sie auf dem Bild erscheinen wollen.[469] Sie erwerben ein Miturheberrecht an den entstehenden Fotos. Als Beispiel wird die Bildserie „Spiegelbilder" des Fotografen Stefan Moses genannt. Eine Miturheberschaft ist auch dann anzunehmen, wenn neben dem Fotografen eine weitere Person (z. B. ein Fotoredakteur des Auftraggebers) „hinter der Kamera" so intensiv an der Auswahl und der konkreten Ausgestaltung der Fotos mitwirkt, dass es nahezu gleichgültig oder zufällig erscheint, wer zum Schluss den Auslöser betätigt.[470]

187   Ein **Bildbearbeiter** erbringt auf Grund der Bindung an die Gestaltungsangaben und -vorgaben des Fotografen in der Regel keine eigene schöpferische Leistung. Dementsprechend ist er meistens auch kein Miturheber des fertigen Bildes.[471] Soweit jedoch ein schöpferischer Beitrag vorliegt, ist der Umfang des Beitrags unerheblich. Grundsätzlich reicht auch ein geringfügiger Beitrag zur Begründung einer Miturheberschaft aus, sofern er die Voraussetzungen einer persönlichen geistigen Schöpfung erfüllt.[472]

188   Weiterhin ist Voraussetzung für das Bestehen der Miturheberschaft, dass ein einheitliches Werk geschaffen wird, ohne dass sich seine Anteile gesondert verwerten lassen. Verwertbarkeit bedeutet, dass eine theoretische Möglichkeit der Verwertung besteht. Abzustellen ist darauf, ob den Werkbeiträgen eine selbstständige Verkehrsfähigkeit zukommt.[473] Dieses Tatbestandsmerkmal grenzt die Miturheberschaft zur bloßen Werkverbindung gemäß § 9 UrhG[474] ab.[475] Da bei einer Kombination von Werken verschiedener Werkarten eine gesonderte tatsächliche Verwertung immer möglich ist, können grundsätzlich nur Beiträge, die derselben Werkart angehören, zu einer einheitlichen Werkschöpfung führen und ein Miturheberrecht entstehen lassen.[476] Eine

---

[466] ÖOGH v. 01.02.2000 – 4 Ob 15/00 – GRUR Int. 2001, 351, 353 – Vorarlberg Online; *Maaßen*, in: Wandtke, Medienrecht Praxishandbuch, 1. Aufl. 2008, Teil 2, 4. Kapitel Rn. 62.

[467] Dafür: Hoge Raad v. 01.06.1990 – GRUR Int. 1991, 649, 650 – Fotostylist; dagegen: *Maaßen*, in: Wandtke, Medienrecht Praxishandbuch, 1. Aufl. 2008, Teil 2, 4. Kapitel Rn. 64 m.w.N.

[468] *Maaßen*, in: Wandtke, Medienrecht Praxishandbuch, 1. Aufl. 2008, Teil 2, 4. Kapitel Rn. 64 m.w.N.

[469] *Maaßen*, in: Wandtke, Medienrecht Praxishandbuch, 1. Aufl. 2008, Teil 2, 4. Kapitel Rn. 65.

[470] *Wanckel*, Foto- und Bildrecht, 3. Aufl. 2009, Rn. 426.

[471] *Maaßen*, in: Wandtke, Medienrecht Praxishandbuch, 1. Aufl. 2008, Teil 2, 4. Kapitel Rn. 63.

[472] *Loewenheim*, in: Schricker/Loewenheim, Urheberrecht, 4. Aufl. 2010, § 8 Rn. 4; *Thum*, in: Wandtke/Bullinger, UrhR, 3. Aufl. 2009, § 8 UrhG Rn. 3, m.w.N.; a.A. LG München I v. 22.12.1998 – 7 O 6654/95 – ZUM 1999, 332, 338 – Miturheberschaft des Kameramanns: Das Gericht betont, dass bei einem Film der schöpferische Beitrag auch einen bestimmten Umfang erreichen müsse.

[473] *Loewenheim*, in: Schricker/Loewenheim, Urheberrecht, 4. Aufl. 2010, § 8 Rn. 5.

[474] Siehe dazu unten Rn. 190.

[475] *Thum*, in: Wandtke/Bullinger, UrhR, 3. Aufl. 2009, § 8 UrhG Rn. 13.

[476] Vgl. BGH v. 10.10.1991 – I ZR 147/89 – GRUR 1993, 34, 35 – Bedienungsanweisung; BGH v. 09.06.1982 – I ZR 5/80 – GRUR 1982, 743, 744 – Verbundene Werke; *Loewenheim*, in:

Verbindung von Sprachwerken und Lichtbildern, wie sie beispielsweise bei Kunstbüchern und Bildbänden vorkommen, sind somit lediglich eine Werkverbindung i. S. v.
§ 9 UrhG.

Als letzte Voraussetzung muss es zu einer **gewollten schöpferischen Zusammen-** *189*
arbeit kommen. Dies setzt eine Verständigung über die gemeinsame Aufgabe und
eine wechselseitige Unterordnung unter die Gesamtidee des Werkes voraus.[477] Dadurch unterscheidet sich die Miturheberschaft von der Bearbeitung.[478] Ausreichend
ist hierbei ein natürlicher Handlungswille zur schöpferischen Zusammenarbeit, eine
bindende rechtsgeschäftliche Vereinbarung ist nicht erforderlich. Auch ein subjektiver
Vorbehalt eines einzelnen Miturhebers, die Entstehung der Miturheberschaft nicht zu
wollen, ist unerheblich.[479] Für das oben genannte Beispiel der „Spiegelbilder"-Bildse-
rie bedeutet dies, dass sowohl Stefan Moses als auch die sich selbst fotografierenden
Personen ein Miturheberrecht an den entstehenden Fotos erlangen. Unerheblich ist,
ob sie dies wollen oder nicht.

Im Einzelfall ist auch eine Miturheberschaft an Standbildern (**„Screenshots"**) aus
Filmwerken möglich. An Filmwerken ist eine Miturheberschaft möglich.[480] Da das
einzelne Standbild entweder als Lichtbildwerk oder als Lichtbild geschützt ist,[481] besteht dann auch insofern eine Miturheberschaft an diesem Standbild.

Von der Miturheberschaft unterscheidet sich die Werkverbindung (§ 9 UrhG) da- *190*
durch, dass die Urheber bei der Werkverbindung nicht in gewollter schöpferischer
Zusammenarbeit ein gemeinsames Werk schaffen, sondern dass sie in selbstständiger
schöpferischer Tätigkeit jeweils Einzelwerke schaffen, die für sich gesondert verwertbar sind. Bei der Werkverbindung entsteht kein gemeinsames, einheitliches Urheberrecht, sondern jeder Werkschöpfer erwirbt ein gesondertes Urheberrecht bezüglich
des von ihm geschaffenen Werkes.[482] Die verbundenen Einzelwerke können sowohl
derselben als auch unterschiedlichen Werkgattungen angehören.[483] Wenn Werke verschiedener Werkarten miteinander verbunden werden, so liegt – wegen der Möglichkeit gesonderter Verwertung – [484] immer eine Werkverbindung und nie eine Miturheberschaft vor.[485] In der Fotografie kann eine Werkverbindung beispielsweise bei einer
Verbindung von Sprachwerken und Lichtbildwerken im Rahmen von Kunstbüchern
oder Buchillustrationen auftauchen.[486] Auch wenn Fotos von verschiedenen Fotografen in einem Buch ohne Text verbunden werden, ist eine Werkverbindung möglich.

Schricker/Loewenheim, Urheberrecht, 4. Aufl. 2010, § 9 Rn. 5; a.A. *Ahlberg*, in: Möhring/
Nicolini, Urheberrechtsgesetz, 2. Aufl. 2000, § 8 Rn. 15 f.

[477] BGH v. 03.03.2005 – I ZR 111/02 – GRUR 2005, 860, 862, 863 – Flash 2000; BGH
v. 14.07.1993 – I ZR 47/91 – GRUR 1994, 39, 40 – Buchhaltungsprogramm.

[478] OLG Düsseldorf v. 21.10.2003 – 20 U 170/02 – GRUR-RR 2005, 1, 2 – Beuys-Kopf; *Loewenheim*, in: Schricker/Loewenheim, Urheberrecht, 4. Aufl. 2010, § 8 Rn. 8.

[479] OLG Hamburg v. 05.07.2006 – 5 U 105/04 – NJOZ 2007, 2071, 2079 – Kranhäuser; *Thum*,
in: Wandtke/Bullinger, UrhR, 3. Aufl. 2009, § 8 UrhG Rn. 16.

[480] Z. B. von Regisseur, Kameramann und Cutter, vgl. *Schack*, Urheber- und Urhebervertragsrecht, 5. Aufl. 2010, Rn. 336.

[481] Siehe oben Rn. 78 f.

[482] *Thum*, in: Wandtke/Bullinger, UrhR, 3. Aufl. 2009, § 9 UrhG Rn. 8.

[483] *W. Nordemann* in: Fromm/Nordemann, Urheberrecht, 10. Aufl. 2008, § 9 UrhG Rn. 8.

[484] Siehe oben Rn. 188.

[485] *Thum*, in: Wandtke/Bullinger, UrhR, 3. Aufl. 2009, § 9 UrhG Rn. 9.

[486] *Thum*, in: Wandtke/Bullinger, UrhR, 3. Aufl. 2009, § 9 UrhG Rn. 9; *W. Nordemann*, in:
Fromm/Nordemann, Urheberrecht, 10. Aufl. 2008, § 9 UrhG Rn. 10.

191   Als **Verbindung** ist die vertragliche Vereinbarung (mit rechtsgeschäftlichem Bindungswillen) zu verstehen, in der die beteiligten Urheber die gemeinsame Verwertung verabreden.[487] Die bloße tatsächliche Verbindung zweier Werke reicht nicht aus.[488] Somit wäre es für eine Werkverbindung beispielsweise nicht ausreichend, wenn bei einem Kunstbuch der Verfasser der Texte sich lediglich die Nutzungsrechte an den Fotos des Fotografen einräumen lässt.[489] Nach Rechtsprechung und herrschender Meinung wird durch die Werkverbindung zwischen den beteiligten Urhebern eine Verwertungsgesellschaft in Form einer „**Gesellschaft bürgerlichen Rechts**" begründet.[490]

Die so verbundenen Werke können außerhalb der Verbindung vom jeweiligen Urheber nach wie vor gesondert genutzt werden, solange hierdurch die gemeinschaftliche Verwertung der verbundenen Werke nicht beeinträchtigt wird.[491]

---

[487] *Loewenheim*, in: Schricker/Loewenheim, Urheberrecht, 4. Aufl. 2010, § 9 Rn. 7.

[488] *Thum*, in: Wandtke/Bullinger, UrhR, 3. Aufl. 2009, § 9 UrhG Rn. 4.

[489] Vgl. *Loewenheim*, in: Schricker/Loewenheim, Urheberrecht, 4. Aufl. 2010, § 9 Rn. 8.

[490] BGH v. 02.10.1981 – I ZR 81/79 – GRUR 1982, 41, 42 – Musikverleger III; BGH v. 09.06.1982 – I ZR 5/80 – GRUR 1982, 743, 744 – Verbundene Werke; *Loewenheim*, in: Schricker/Loewenheim, Urheberrecht, 4. Aufl. 2010, § 9 Rn. 9; *Schulze*, in: Dreier/Schulze, UrhG, 3. Aufl. 2008, § 9 Rn. 17; a.A. *Thum*, in: Wandtke/Bullinger, UrhR, 3. Aufl. 2009, § 8 UrhG Rn. 7.

[491] *W. Nordemann*, in: Fromm/Nordemann, Urheberrecht, 10. Aufl. 2008, § 9 UrhG Rn. 19; *Schulze*, in: Dreier/Schulze, UrhG, 3. Aufl. 2008, § 9 Rn. 25.

II. Besonderheiten der digitalen Fotografie

1. Nutzungsmöglichkeiten digitaler Fotografien und der elektronischen Bildverarbeitung

Die digitale Verarbeitung von Fotografien und Bildern hat in den letzten Jahren die *192* Bereiche der Bilderfassung, -manipulation und -verwertung geprägt und neue Möglichkeiten im Fotografiebereich geschaffen.

Die Anlegung von **digitalen Foto- bzw. Bildarchiven** durch Presse und Bildagenturen oder auf Fotoplattformen im Internet (wie z. B. unter „www.flickr.com") erlaubt eine Sortierung der Bilder nach unterschiedlichsten Kriterien. Jeder Nutzer kann sekundenschnell durch Eingabe einer Spezifikation die gewünschten Bildmotive erhalten. Gleichzeitig benötigt die digitale Archivierung gegenüber der herkömmlichen nur einen Bruchteil des Platzes.[492]

Eine wesentliche Veränderung in der Verwertung ergibt sich insbesondere aus der *193* schnellen **Übermittlung von Foto- und Bilddateien.** Es entfällt der Transport der Originale oder Duplikate, der gegenüber der elektronischen Übermittlung als langwierig und unsicher bezeichnet werden muss.[493] Zudem können Zwischenschritte eingespart werden. Der Empfänger einer Bilddatei kann die Auswahl über eine Ansicht der Bilder am eigenen Bildschirm treffen und sodann eine Kopie der gewünschten Datei vornehmen. Durch die schnelle elektronische und insbesondere drahtlose Übermittlung entstehen neue Verwertungsbereiche für Fotografen. Digitale Fotografien können mittlerweile von jedermann für eine Berichterstattung an Online-Zeitungen übermittelt oder direkt hochgeladen werden.[494]

Im Bereich der digitalen Bildverarbeitung sind die Vorteile im **Desktop-Publishing** *194* und der **Bildmanipulation** hervorzuheben. Digitale Bilder sind sehr viel schneller als früher in den Satz- und Seitenspiegel einer Zeitung einzuarbeiten.[495] Zugleich lassen sich Fotografien leicht manipulieren. Es gibt kaum ein Titelbild einer Illustrierten, das vorher nicht den Bedürfnissen der Leserschaft „angepasst" worden ist. Die Einzelerfassung jedes Bildpunktes (Pixels) erlaubt den punktgenauen Eingriff und dessen spurlose Veränderung.[496] Dies betrifft die Welt der Werbung ebenso wie die Übermittlung politischer Aussagen und Inhalte. Mit Bildbearbeitungsprogrammen kann auch jeder am heimischen Computer Bilder beschneiden, gerade rücken, Unschärfen korrigieren, schlechte Lichtverhältnisse ausgleichen oder Kratzer entfernen. Alte Fotos können eingescannt und restauriert werden. Fotografien können mit unterschiedlichen **Spezial-Effekten** derart verfremdet werden, dass das alte Bild kaum wiederzuerkennen ist. Dabei muss sich die Manipulation nicht nur auf ein Originalbild beschränken, sondern es können verschiedene Bilder miteinander kombiniert werden (sog. **Composing**).[497] In derartigen Fällen fehlt teilweise jeglicher Bezug zum

---

[492] Dies ist bereits seit längerer Zeit der Fall, siehe *Maaßen*, ZUM 1992, 338, 338.

[493] *Maaßen*, ZUM 1992, 338, 339.

[494] Beispiele hierfür sind sowohl sog. „Leserreporter", die als „Zufalls-Fotograf" zu ihren Geschichten das entsprechende Foto online mit senden, als auch professionelle Fotografen, die zum Beispiel aus dem Fußballstadion via Satellit aktuelle Bilder eines Fußballspiels an die Nachrichtenagenturen übermitteln, die diese wiederum auf ihrer Homepage zu der entsprechenden Online-Berichterstattung hinzufügt.

[495] *Maaßen*, ZUM 1992, 338, 338.

[496] *Pfennig*, in: Becker/Dreier, S. 95.

[497] Beispiele bei *Pfennig*, in: Becker/Dreier, S. 103.

ursprünglichen Inhalt der Originalbilder und es wird für eine vollständig andere Wahrnehmung gesorgt.[498] Zur Frage, ob ein Bildbearbeiter ein Urheberrecht an dem von ihm bearbeiteten Bild erhält, siehe Rn. 186.

Die neuen elektronischen Möglichkeiten für die Bildverarbeitung führen zum Teil zu einer gesonderten rechtlichen Betrachtung gegenüber der Verarbeitung analoger Fotografien.

2. Rechtlicher Schutz der elektronischen Bildaufzeichnung und -verarbeitung

195 Im Bereich der Bilderfassung muss aus rechtlicher Sicht zwischen der unmittelbaren elektronischen Bildaufzeichnung (z. B. mittels Digitalkamera) und der Digitalisierung herkömmlich hergestellter Fotografien unterschieden werden.

a) Urheberrechtlicher Schutz elektronischer Bildaufzeichnungen

196 Die unmittelbare elektronische Bildaufzeichnung genießt wie die herkömmliche analoge Fotografie in der Regel urheberrechtlichen Schutz über § 2 Abs. 1 Nr. 5 UrhG oder Leistungsschutz über § 72 UrhG.[499]

aa) Einordnung elektronischer Bildaufzeichnungen als Lichtbild(-werk)

197 Eine für die Praxis weitgehend irrelevante Problematik[500] ist hierbei, ob die elektronisch aufgezeichneten Bilder den entsprechenden Schutz als Lichtbildwerk bzw. Lichtbild[501] oder nur als Erzeugnis, das ähnlich wie ein Lichtbildwerk bzw. Lichtbild hergestellt wird,[502] erhalten. Richtigerweise vermag der Begriff des Lichtbilds auch die digitale bzw. filmlose Fotografie zu erfassen.[503]

bb) Schutzdauer

198 Der urheberrechtliche Schutz beginnt bereits mit der Speicherung der Daten bzw. mit einer Erscheinungsform des Bildes, die dessen körperliche oder unkörperliche Wiederholbarkeit durch Dritte ermöglicht.[504] Ein Ausdruck oder eine elektronische Wiedergabe des Bildes ist für den Schutzbeginn nicht erforderlich.[505] Dies gilt unabhängig

---

[498] Im Rahmen der HDR-Fotografie (High-Dynamic-Range) werden zum Beispiel mehrere Aufnahmen desselben Motivs mit unterschiedlichen Belichtungszeiten mittels einer Software zum einem Bild zusammengesetzt, wodurch eine unwirkliche Lichtstimmung und zum Teil die Bildwirkung eines Gemäldes entsteht.

[499] *Wanckel*, Rn. 371 f.

[500] Soweit man mit der h.M. die Schrankenregelungen der §§ 59 und 60 UrhG für Erzeugnisse, die ähnlich wie Lichtbilder hergestellt werden, für entsprechend anwendbar hält.

[501] Vgl. zur allgemeinen Unterscheidung Lichtbildwerk/ Lichtbild Rn. 67 ff. und Rn. 76 f.

[502] Dieser Auffassung: *Maaßen*, ZUM 1992, 338, 339; *Maaßen*, BVPA 1998, 43, 46 f.; *Pfennig*, in: Becker/Dreier, S. 99; *Schulze*, in: Dreier/Schulze, § 2, Rn. 199; siehe aber auch *Vogel*, in: Loewenheim, § 37, Rn. 9.

[503] Vgl. *Platena*, S. 144. Die Abbildung wird bei der digitalen Fotografie bzw. Bildaufzeichnung zwar anders als bei der analogen Fotografie nicht durch chemische Veränderungen erzeugt, sondern die Lichtstrahlung wird in Daten umgewandelt, anschließend in ein EDV-verarbeitungsfähiges Format transferiert und als Computerdatei gespeichert. Dies stellt aber lediglich eine Weiterentwicklung der Technik in Bezug auf das Speichermedium dar, vergleichbar mit dem Weg von der papiernen zur elektronischen Textverarbeitung.

[504] Vgl. *Vogel*, in: Loewenheim, § 37, Rn. 8.

[505] *Maaßen*, ZUM 1992, 338, 340.

davon, ob man bereits die Computerdatei als das eigentliche Lichtbild(-werk) oder in dem „digitalen Foto" nur ein lichtbild(-werk)ähnliches Erzeugnis sieht.[506]

Gem. § 64 UrhG erlischt das Urheberrecht für Lichtbildwerke 70 Jahre nach dem *199* Tode des Urhebers. Insofern ergeben sich für digitale Bilder keine Besonderheiten. Für den Leistungsschutz von Lichtbildern gilt gem. § 72 Abs. 3 UrhG die verkürzte Schutzfrist von 50 Jahren. Maßgeblicher Zeitpunkt für den Fristbeginn ist das Erscheinen des Lichtbildes (§ 6 Abs. 2 UrhG) oder seine erste erlaubte öffentliche Wiedergabe, wenn diese früher erfolgt ist. Soweit das Lichtbild innerhalb der Frist weder erschienen noch öffentlich wiedergegeben worden ist, ist der Zeitpunkt der Herstellung maßgeblich für die Berechnung der Frist. Für alle Fristen gilt gem. § 69 UrhG, dass sie mit Ablauf des Kalenderjahres beginnen, in dem das für den Beginn der Frist maßgebliche Ereignis eingetreten ist. Näher zur Schutzdauer siehe Rn. 81.

b) Schutz bei der Digitalisierung bestehender Fotografien

Von der digitalen Fotografie ist in rechtlicher Hinsicht die Digitalisierung von Foto- *200* grafien beispielsweise mit Hilfe eines Scanners zu unterscheiden. Hier ist ein Schutz über § 2 Abs. 1 Nr. 5 oder § 72 UrhG zu verneinen. Der Lichtbildschutz setzt ein **Mindestmaß an persönlich geistiger Leistung** voraus,[507] der bei einer einfachen elektronischen Reproduktion einer fotografischen Vorlage mangels Gestaltungsspielraum fehlt.[508] Es handelt es sich nur um die Vervielfältigung eines bereits vorhandenen Lichtbildes oder Lichtbildwerkes[509] bei gleichzeitigem Wechsel des Mediums. Geschützt ist ausschließlich die fotografische Vorlage. Ein eigenes Leistungsschutzrecht für den Akt der Digitalisierung ist nicht notwendig.

c) Schutz der elektronischen Bildherstellung und -bearbeitung mittels Computer

Nach überwiegender Auffassung[510] wird ein urheberrechtlicher Schutz gemäß § 2 *201* Abs. 1 Nr. 5 UrhG bzw. gemäß § 72 UrhG als lichtbildähnliche Werke oder Erzeugnisse auch für die am Bildschirm mit Hilfe des Computers und der entsprechenden Software neu geschaffenen oder veränderten Bilder (zum Beispiel unter Benutzung einer digitalen Fotografie als Vorlage oder beim sog. Foto-Composing) verneint.[511]

---

[506] Vgl. *Loewenheim,* in: Schricker, § 2, Rn. 176.

[507] Vgl. dazu Rn. 73 f.

[508] *Maaßen,* ZUM 1992, 338, 340.

[509] *Maaßen,* ZUM 1992, 338, 340.

[510] Vgl. OLG Hamm GRUR-RR 2005, 73, 74; *Platena,* S. 146 f.; *Maaßen,* ZUM 1992, 338, 340 f., 347; *Reuter,* GRUR 1997, 23, 27; *Loewenheim,* in: Schricker, § 2, Rn. 176; *A. Nordemann,* in: Fromm/Nordemann, § 2, Rn. 193; *Wanckel,* Rn. 371. Als Begründung wird hierzu angeführt, dass in diesen Fällen die elektrische Strahlung anders als beim Lichtbild nicht als Bild schaffende Energie (vgl. hierzu BGHZ 37, 1, 6 – AKI; *Maaßen,* ZUM 1992, 338, 341). Die Herstellung oder Veränderung der Daten erfolgt ausschließlich über die Bedienung der Programme mittels Eingabe, nicht aber durch eine Beeinflussung oder Steuerung der elektrischen Strahlung. Des Weiteren setzt der Lichtbildschutz voraus, dass das Lichtbild als solches originär (in Form eines Abbildes) geschaffen worden ist. Dies wird zumindest bei einer veränderten Bilddatei, für die eine fotografische Vorlage benutzt wurde, ebenfalls nicht erfüllt.

[511] Die andere Auffassung (vgl. *Schulze,* CR 1988, 181, 190 ff.; *Schulze,* in: Dreier/Schulze, § 2, Rn. 200 m.w.N.; *Wiebe,* GRUR Int. 1990, 21, 32) bejaht den Schutz als lichtbildähnliches Erzeugnis über einen Vergleich zum urheberrechtlichen Schutz von Videospielen, die ebenfalls mittels Computer am Bildschirm geschaffen werden und als filmähnliche Werke gemäß § 2 Abs. 1 Nr. 6 UrhG Schutz genießen (hierzu BayObLG GRUR 1992, 508, 508 f.; OLG Ham-

202   Damit ist ein urheberrechtlicher Schutz für am Bildschirm mit Hilfe des Computers neu geschaffene oder veränderte Bilder aber nicht ausgeschlossen. Soweit es sich um eine (neue) **persönlich geistige Schöpfung** im Sinne von § 2 Abs. 2 UrhG handelt, genießen sie uneingeschränkt urheberrechtlichen Schutz.[512] In Betracht kommt eine Einordnung als Werk der bildenden Kunst gem. § 2 Abs. 1 Nr. 4 UrhG,[513] in Ausnahmefällen als Darstellung wissenschaftlicher oder technischer Art gem. § 2 Abs. 1 Nr. 7 UrhG[514] oder als Werk eigener Art.[515] Die Zuordnungsprobleme stehen hierbei nicht im Vordergrund, da der Werkekatalog des § 2 Abs. 1 UrhG nur beispielhaft und nicht abschließend ist.[516] Dies gilt auch für Bilder, die aufgrund einer fotografischen Vorlage mittels entsprechender Software am Computer verändert worden sind.[517] Das folgt aus der Regelung des § 3 UrhG, wonach Bearbeitungen eines Werkes, die persönlich geistige Schöpfungen des Bearbeiters sind, unbeschadet des Urheberrechts am bearbeiteten Werk wie selbständige Werke geschützt werden. Voraussetzung hierfür ist, dass es sich bei dem Ergebnis der Bearbeitung um eine **neue persönlich geistige Schöpfung** im Sinne von § 2 Abs. 2 UrhG handelt. Die hierfür erforderliche Schöpfungshöhe hat das OLG Hamm allerdings im Fall von Web-Grafiken abgelehnt, bei denen Fotografien als Vorlage dienten und am Computer lediglich verfremdet worden sind, um gewisse hell-dunkel-Effekte zu erzielen.[518] Ein subsidiärer urheberrechtlicher Leistungsschutz wie bei Lichtbildern ist in diesem Fall ausgeschlossen.

203   Sofern es um die Nutzung einer veränderten Bilddatei durch einen Wettbewerber geht, kann zudem das Gesetz gegen den unlauteren Wettbewerb (UWG) insbesondere unter dem Gesichtspunkt der **Ausnutzung bzw. Übernahme fremder Leistungen** gemäß § 4 Nr. 9 UWG ergänzenden Schutz bieten. Soweit keine Sonderschutzrechte wie das Urheberrecht eingreifen, gilt in diesen Fäll aber der Grundsatz der Nachahmungsfreiheit. Die Nachahmung oder Übernahme ist daher nur dann unlauter, wenn zusätzliche Umstände vorliegen, die zur Unlauterkeit führen.[519]

204   Die **Rechte am Ausgangsbild**, der Vorlage für die veränderte Bilddatei, bleiben in all diesen Fällen unberührt. Kommt ein eigener urheberrechtlicher Schutz für das veränderte Bild nicht in Betracht, kann eine weitere Verwertung oder Bearbeitung der veränderten Bilddatei durch einen Dritten daher gegebenenfalls unter Verweis auf die Rechte am Ausgangsbild untersagt werden. Hierfür ist entscheidend, ob die nachfolgende Bearbeitung durch einen Dritten noch als (abhängige) Bearbeitung gemäß

---

burg GRUR 1983, 436, 437 – Puckman. Weitere Nachweise bei *Schulze*, in: Dreier/Schulze, § 2, Rn. 200 und Rn. 207).

[512] *Platena*, S. 147; *Reuter*, GRUR 1997, 23, 27.

[513] OLG Hamm v. 24. 8. 2004 – 4 U 51/04 – GRUR-RR 2005, 73, 74; OLG Koblenz v. 18.12.1986 – 6 U 1334/85 – GRUR 1987, 435 f., für den vergleichbaren Fall verfremdeter Darstellungen von Fotografien, deren Motiv öffentliche Bauwerke waren, durch eine Art Collage; *Platena*, S. 147; *Reuter*, GRUR 1997, 23, 27.

[514] *Platena*, S. 147.

[515] *Maaßen*, ZUM 1992, 338, 341.

[516] Allerdings ist darauf hinzuweisen, dass das Folgerecht des § 26 UrhG bislang nur für Werke der bildenden Künste gilt. Wird ein elektronisch geschaffenes Werk durch oder über einen Kunsthändler oder Versteigerer weiterveräußert, ist ausnahmsweise für den Anspruch des Urhebers auf 5 % des Veräußerungserlöses die Abgrenzung entscheidend. Vgl. auch *A. Nordemann*, in: Loewenheim, § 9, Rn. 151 f.

[517] Zum Beispiel im Fall der sog. HDR-Fotografie.

[518] OLG Hamm v. 24. 8. 2004 – 4 U 51/04 – GRUR-RR 2005, 73, 74.

[519] OLG Hamm v. 24. 8. 2004 – 4 U 51/04 – GRUR-RR 2005, 73, 74.

§ 23 UrhG oder bereits als freie Benutzung gemäß § 24 UrhG des urheberrechtlich geschützten Originalbildes zu bewerten ist. Nur im Fall des § 23 UrhG bedarf eine Veröffentlichung oder Verwertung der umgestalteten Bilddatei der Einwilligung des Urhebers, und nur dann steht dem Rechteinhaber die Geltendmachung urheberrechtlicher Schutzansprüche (Unterlassung und/oder Schadensersatz) gegen den Dritten zu.

3. Persönlichkeitsrechtliche Besonderheiten im Rahmen der elektronischen Bildverwertung und -verarbeitung

a) Die Veröffentlichung digitaler Bilder

Das Recht zu bestimmen, ob und wie ein Lichtbild oder Lichtbildwerk zu veröf- *205* fentlichen ist (§ 12 Abs. 1 UrhG), gilt nur für die **Erstveröffentlichung**. Jede weitere Verbreitung kann durch die Verwertungsrechte gemäß §§ 15 ff. UrhG verhindert werden.[520] Das Veröffentlichungsrecht ist gemäß § 6 Abs. 1 UrhG erschöpft, sobald das Bild mit Zustimmung des Fotografen der Öffentlichkeit zugänglich gemacht worden ist.[521] Entscheidend für das Vorliegen einer Öffentlichkeit ist, dass es sich nicht um einen von vornherein bestimmt abgrenzbaren Personenkreis handelt.[522] Hierfür reicht bereits die Zugänglichmachung einer Fotografie innerhalb eines **digitalen Bildarchivs** einer Bildagentur, sofern externe Nutzer auf diese Bilddatenbank zugreifen können und es sich nicht um eine rein intern genutzte Datenbank der Bildagentur (zum Beispiel bei rein internen Netzwerken) handelt.[523] Ob der Zugang den Nutzern nur bei entsprechender Registrierung und Passworteingabe gewährt wird, ist hierfür nicht maßgeblich.

Zu einer anderen rechtlichen Beurteilung kommt man in der Regel bei den Angebo- *206* ten von **Online-Fotodienstleistern**, die neben dem Ausdruck der digitalen Fotos den Kunden auch virtuelle Fotoalben anbieten. Über persönliche, elektronisch versandte Einladungen können die Kunden dann beispielsweise ihrer Familie oder Freunden Zugang zu den privaten Bildern gewähren. In diesen Fällen wird zumeist nur Personen, die mit dem privaten Lichtbildner in persönlicher Beziehung verbunden sind, der Zugang zur Fotografie ermöglicht. Die Abgrenzung muss aber für den jeweiligen Einzelfall getroffen werden, insbesondere wenn die Bilder nicht nur im virtuellen Fotoalbum bleiben, sondern auch noch als Teil einer Einladung oder Grußkarte per Email unmittelbar versendet werden.

In der Praxis wird das Veröffentlichungsrecht eher selten durch eine ausdrückliche *207* **Freigabeerklärung** ausgeübt, sondern ergibt sich aus den Umständen, zum Beispiel aus der Einräumung von Nutzungsrechten an die Bildagenturen.[524]

b) Die Urheberbezeichnung bei digitalen Bildern und Fotomontagen

Das Recht auf Anerkennung der Urheberschaft gem. § 13 UrhG und dessen Beach- *208* tung durch die Bildverwerter ist für sich genommen kein spezifisches Problem der elektronischen Bildverarbeitung, sondern findet auch seit geraumer Zeit im Bereich

---

[520] *Wanckel*, Rn. 391.
[521] Vgl. zu den einzelnen Voraussetzungen Rn. 89 f.
[522] *Dreier,* in: Dreier/Schulze, § 6, Rn. 7.
[523] Vgl. *Maaßen*, ZUM 1992, 338, 342 f.; *Maaßen*, in: Wandtke, Kapitel 4, Rn. 71.
[524] *Dustmann*, in: Fromm/Nordemann, § 12, Rn. 2.

der herkömmlichen Publikationsmedien von Fotografien nicht die Beachtung, wie sie das Urheberrechtsgesetz dem Grunde nach vorsieht.[525] Besondere Schwierigkeiten können sich bei der elektronischen Bildverwertung aber hinsichtlich des Nachweises der Urheberschaft ergeben.

209   Für erschienene Vervielfältigungsstücke eines Werkes greift die gesetzliche Vermutung des § 10 Abs. 1 UrhG, wonach derjenige, der auf diesen in der üblichen Weise als Urheber bezeichnet ist, bis zum Beweis des Gegenteils auch als Urheber des Werkes angesehen wird.[526] Die Regelung ist nach herrschender Auffassung nur auf körperliche Werkexemplare anwendbar.[527] Ist eine Fotografie nur über das Internet abrufbar, muss die Urheberbezeichnung dementsprechend bei einem Ausdruck zusammen mit der Fotografie angegeben sein, um sich insoweit auf die Vermutungsregelung des § 10 Abs. 1 UrhG stützen zu können. Informationen zur Urheberschaft, die innerhalb eines mit dem elektronischen Bild verknüpften digitalen Wasserzeichens nur mit entsprechenden Programmen ausgelesen werden können, reichen nicht aus, um sich auf die Vermutungsregelung des § 10 Abs. 1 UrhG berufen zu können. Allerdings kann die Rechtsprechung aufgrund der Nennung des Urhebers eine Beweiserleichterung vorsehen.[528]

Bei elektronischen Fotomontagen bzw. Bildmanipulationen wird die gesetzliche Vermutung des § 10 Abs. 1 UrhG im Regelfall keine Anwendung finden.[529]

c) Veränderung der fotografischen Vorlage

210   Gem. § 39 Abs. 2 UrhG sind Änderungen des Werkes, zu denen der Urheber seine **Einwilligung** nach Treu und Glauben nicht versagen kann, zulässig.[530] Eine unzulässige Änderung des Bildes ist daher nicht bereits in der Digitalisierung eines herkömmlichen Bildes zum Zweck der besseren Archivierung oder Vermarktung zu sehen. Auch Verkleinerungen und Vergrößerungen eines Bildes, die unter Umständen für eine bestimmte digitale Verwertung erforderlich sind, stellen regelmäßig zulässige Änderungen dar.[531] Grenze einer zulässigen Änderung ohne entsprechende, ausdrück-

---

[525] Zur Problematik des Namennennungsrechts gem. § 13 UrhG vgl. Rn. 92 ff. Allgemein zur Bedeutung der Anerkennung der Urheberschaft *Maaßen,* in: Wandtke, Kapitel 4, Rn. 72 ff.

[526] Vgl. auch OLG Koblenz v. 18.12.1986 – 6 U 1334/85 – GRUR 1987, 435, 436. Die Regelung gilt gemäß § 72 Abs. 1 UrhG auch entsprechend bei Lichtbildern. Auch der Inhaber eines Nutzungsrechts darf die Urheberbezeichnung eines Bildes gem. § 39 UrhG nicht ändern, soweit nichts anderes vereinbart ist.

[527] Vgl. hierzu *Schulze,* in: Dreier/ Schulze, § 10, Rn. 6, 6 a; *Thum,* in: Wandtke/Bullinger, UrhR, 3. Aufl. 2009, § 10 Rn. 19.

[528] Vgl. zur Ermittlung der Urheberschaft bei Nichtanwendung des § 10 UrhG OLG Hamburg AfP 1987, 691, 692.

[529] Voraussetzung hierfür wäre zumindest, dass das Ergebnis der elektronischen Bildbearbeitung selbst als ein Werk, unter Umständen als ein Werk der bildenden Kunst gem. § 2 Abs. 1 Nr. 4 UrhG, einzuordnen ist. In den meisten Fällen fehlt es hierzu an der erforderlichen schöpferischen Gestaltungshöhe.

[530] Die Vorschrift gilt auch entsprechend innerhalb der Schrankenbestimmungen gem. §§ 44 a ff. UrhG, vgl. § 62 Abs. 1 UrhG.

[531] Zum Beispiel eine Größenänderung zum Zweck der Einbindung eines Bildes in eine Webseite, vgl. *Wandtke/Grunert,* in: Wandtke/Bullinger, UrhR, 3. Aufl. 2009, § 39 Rn. 34. Die Zulässigkeit dieser Änderung lässt sich auch aus § 63 Abs. 3 UrhG erschließen, der Übertragungen eines Lichtbildwerks bzw. Lichtbilds in eine andere Größe und solche Veränderun-

liche Zustimmung des Fotografen ist das Entstellungsverbot des § 14 UrhG.[532] Im Internet präsentierte Vervielfältigungen einer Fotografie mit einer zu geringen Auflösung sind allerdings nur im Ausnahmefall als Entstellung zu bewerten.[533]

d) Beschränkungen der Bildmanipulation durch das Recht am eigenen Bild oder das allgemeine Persönlichkeitsrecht

Neben den Urheberpersönlichkeitsrechten des Fotografen sind bei einer digitalen *211* Manipulation bzw. Bearbeitung von Fotografien, auf denen Personen mit abgebildet sind, deren Recht am eigenen Bild bzw. deren allgemeines Persönlichkeitsrecht zu beachten. Negative oder obszöne Bildmanipulationen, insbesondere sog. „Star-Fakes", bei denen ein Portrait einer bekannten Person in eine Erotik- oder Pornoaufnahme hineinmontiert wird,[534] verstoßen ohne entsprechende Einwilligung der abgebildeten Person regelmäßig gegen das allgemeine Persönlichkeitsrecht gem. Art. 2 Abs. 1, Art. 1 Abs. 1 Satz 1 GG.[535] Wird eine entsprechende Bildmanipulation anonym in Internetforen zugänglich gemacht, kann der jeweilige Anbieter der Website ab Kenntnis des rechtswidrigen Bildinhalts auf Unterlassung, d. h. Löschung oder Sperrung des Zugangs in Anspruch genommen werden.[536] Wenn die Fotomontage in satirischer Weise erfolgt oder in den Schutzbereich der Kunst- oder Pressefreiheit fällt,[537] gestaltet sich die Abgrenzung zwischen erlaubter und unzulässiger Bildmanipulation mitunter schwieriger.

Aber auch „positive" Bildmanipulationen, bei denen die Gestalt der Prominenten *212* dem gängigen Schönheitsideal angepasst wird und **„Schönheitsfehler"** retuschiert werden, sind nicht ohne weiteres zulässig.[538]

---

gen, die das für die Vervielfältigung angewendete Verfahren mit sich bringt, innerhalb einer Schrankennutzung ausdrücklich gestattet.

[532] Hierzu ausführlich unter Rn. 97 ff.

[533] Vgl. *Dustmann*, in: Fromm/Nordemann, § 14, Rn. 58.

[534] Vgl. zu den Rechten der Fotografen in diesen Fällen *Seiler*, Star-Fakes und die Rechte der Fotografen, unter http://www.fotorecht.de (Stand: Dezember 2009).

[535] OLG Köln v. 28. 5. 2002 – 15 U 221/01 – NJW-RR 2002, 1700; zur Vorinstanz LG Köln v. 5.10.2001 – 28 O 346/01 – MMR 2002, 254; LG Berlin v. 28.08.2001 – 27 O 375/01 – AfP 2002, 249, 250.

[536] Diensteanbieter haften im Falle der Durchleitung und Speicherung fremder Informationen für Rechtsverletzungen nur eingeschränkt gemäß §§ 8–10 TMG. Eine uneingeschränkte Haftung besteht allerdings, wenn sich der Diensteanbieter fremde Informationen bzw. Bilddateien zu eigen macht, vgl. BGH v. 12. 11. 2009 – I ZR 166/07; OLG Köln v. 28. 5. 2002 – 15 U 221/01 – NJW-RR 2002, 1700, 1701.

[537] Vgl. BGH v. 30.09.2003 – VI ZR 89/02, wo im Rahmen einer kritischen Auseinandersetzung der Presse mit der Deutschen Telekom AG im Jahr 2000 bei der dazugehörigen Fotomontage der Kopf des damaligen Vorstandsvorsitzenden, Dr. Ron Sommer, auf einen fremden Körper gesetzt und so bearbeitet wurde, dass dessen Gesicht insgesamt unvorteilhafter aussah. Siehe auch LG Berlin v. 28.08.2001 – 27 O 375/01 – AfP 2002, 249, 250, zu einer „Nacktkörper"-Fotomontage von Shawne Fielding, der Ehefrau des damaligen Schweizer Botschafters Thomas Borer.

[538] Vgl. dazu *Seiler*, Digitale Schlankheitskur und Persönlichkeitsrecht, unter http://www.fotorecht.de (Stand: 12/2009), der auf eine „digitale Schlankheitskur" von Hollywoodstar Kate Winslet für das Titelbild der Zeitschrift GQ hinweist, die der Schauspielerin nicht gefallen hat.

4. Betroffene Verwertungsrechte im Rahmen der elektronischen Bildverarbeitung

a) Automatische Speichervorgänge im Rahmen der Bildnutzung

213   Die Speicherung digitaler Bilder im Arbeitsspeicher eines Computers als auch die Digitalisierung einer herkömmlichen Fotografie berühren das Vervielfältigungsrecht des Fotografen gemäß § 16 UrhG. Unerheblich ist dabei, ob das digitale Bild in einem anderen **Format** abgespeichert wird oder **Qualitätsverluste** gegenüber dem Originalbild aufweist. Eine Ausnahme vom Vervielfältigungsrecht gilt gemäß § 44a UrhG nur für **vorübergehende Vervielfältigungshandlungen**, „die flüchtig oder begleitend sind und einen integralen und wesentlichen Teil eines technischen Verfahrens darstellen und deren alleiniger Zweck es ist, a) eine Übertragung in einem Netz zwischen Dritten durch einen Vermittler oder b) eine rechtmäßige Nutzung eines Werkes oder sonstigen Schutzgegenstandes zu ermöglichen, und die keine eigenständige wirtschaftliche Bedeutung haben". Damit ist klargestellt, dass die Vervielfältigungshandlung des „caching", die nicht rein technisch bedingt ist, aber für eine effiziente Übertragung bisher unerlässlich ist,[539] und die Zwischenspeicherung beim „browsing" zulässig sind, ohne dass es auf die Zustimmung des Berechtigten ankommt. Näher zum gesamten Komplex Rn. 129 f.

214   Nach Auffassung des BGH stellen zudem Hyperlinks keinen Eingriff in das Vervielfältigungsrecht dar, auch wenn die Datei, zu der eine Verknüpfung hergestellt wird, ein urheberrechtlich geschütztes Werk enthält.[540] Auch den Verweis mittels sog. **Deep-Links**, d. h. ein Direktverweis unter Ausschaltung der Eingangsseite des jeweiligen Internetanbieters, hat der BGH als Fundstelleninformation und lediglich technische Erleichterung für einen Abruf der Webseite im Ergebnis als zulässig erachtet.[541] Das Setzen eines Hyperlinks auf eine Textdatei im Internet, die eine Fotografie enthält, oder auch nur auf eine Fotografie ist daher keine Vervielfältigung im Sinne des § 16 UrhG und kann auch unter anderen Gesichtspunkten in der Regel nicht untersagt werden. Dies gilt zumindest, solange nicht technische Schutzmaßnahmen den Abruf der Datei verhindern sollen und diese hierbei umgangen werden. Auch für Hyperlinks auf Fotografien mit der sog. **Frame-Technik**[542] ist eine urheberrechtlich relevante Vervielfältigungshandlung des Link Setzenden verneint worden.[543]

215   Zu einer anderen Beurteilung kommt die Rechtsprechung bei der Speicherung von Bildern durch Internetsuchmaschinen zwecks Darstellung als sog. „Thumbnail"[544]

---

[539] *Reinbothe*, GRUR Int. 2001, 733, 738. Vgl. dazu auch Erwägungsgrund 33, Richtlinie 2001/29/EG, ABl. EG Nr. L 167/12 f. Siehe dazu auch die Kritik von *Spindler*, GRUR 2002, 105, 111 f.

[540] BGH v. 17.06.2003 – I ZR 259/00 – ZUM 2003, 855, 858 – Paperboy.

[541] BGH v. 17.06.2003 – I ZR 259/00 – ZUM 2003, 855, 858 – Paperboy.

[542] Hierbei belegt die aufgerufene Webseite nicht das gesamte Browser-Fenster, sondern es verbleibt ein sog. „Frame" (Rahmen) der auftretenden Seite, typischerweise in Form eines Balkens am linken und eines Balkens am oberen Bildrand, zurück.

[543] LG München v. 14.11.2002 – 7 O 4002/02 – I MMR 2003, 197, 198, mit Anmerkung *Maslaton*; vgl. dazu auch die kritische Betrachtung von *Seiler*, Fotos und Frame-Technik, http://www.fotorecht.de (Stand: 12/2009).

[544] Bei der textgesteuerten Bildsuchfunktion von Google, um die es in den nachfolgend genannten Entscheidungen ging, werden im Internet gefundene Bilder in verkleinerter und komprimierter Form als Miniaturansichten (sog. Thumbnails) in der Trefferliste gezeigt. Thumbnails werden nach der Umwandlung zum Zwecke der Beschleunigung der Suche auf den Servern

im Rahmen einer textgesteuerten Bildsuchfunktion.[545] Trotzdem diese „thumbnails" nicht dem ursprünglichen Bildgenuss dienen, sondern vielmehr wie der Link nur die Funktion haben, für den Nutzer den Zugang zum Bild und der dazu gehörigen Webseite zu verbessern, sind sie dennoch als Vervielfältigung des Original-Bildes anzusehen.[546] Die niedrige Auflösung und der mangelnde Bildgenuss, also der eigentliche mit der Fotografie verbundene Zweck, sind insoweit nicht maßgeblich. Anders als bei reinen Text-Hyperlinks wird hierbei ein urheberrechtlich geschützter Werkteil genutzt.[547] Diese Vervielfältigungen sind auch nicht mehr von der Vorschrift des § 44a UrhG gedeckt, da sie nicht technisch bedingt oder für eine effiziente Übertragung erforderlich sind.[548] Nach der Rechtsprechung des BGH ist in diesen Fällen jedoch von einer die Rechtswidrigkeit ausschließenden (schlichten) Einwilligung in die Nutzungshandlungen des Suchmaschinenbetreibers auszugehen, wenn die Bilder vom Urheber oder mit seiner Zustimmung im Internet eingestellt worden sind.[549] Hiervon kann insbesondere ausgegangen werden, wenn bei den Original-Bildern zuvor eine Suchmaschinenoptimierung vorgenommen wurde, die den Zugriff auf die Bilder erleichtern soll.[550] Aber selbst in den Fällen, in denen die Bilder nicht vom Urheber oder mit seiner Zustimmung eingestellt wurden und dessen (schlichte) Einwilligung daher nicht angenommen werden kann, ist die Haftung des Betreibers der Suchmaschine auf solche Verstöße beschränkt, die begangen werden, nachdem er auf eine klare Rechtsverletzung hingewiesen worden ist.[551] Mit dieser Rechtsprechung hat der BGH dem allgemeinen Interesse an der Tätigkeit von Bildsuchmaschinen in einem angemessenen Maße Rechnung getragen.

---

der Suchmaschine gespeichert und bei einer Nutzeranfrage jeweils in der Trefferliste angezeigt. Größere Bilddarstellungen erscheinen hingegen nur als Deep-Link oder Frame. Vgl. zur Darstellung der Technik auch LG Hamburg v. 26.09.2008 – 308 O 248/07.

[545] Vgl. BGH v. 29.04.2010 – I ZR 69/08 – GRUR 2010, 628, 629; LG Hamburg v. 05.09.2003 – 308 O 449/03 – GRUR-RR 2004, 314 f. Betroffen ist daneben auch das Recht der öffentlichen Zugänglichmachung, § 19 a UrhG, vgl. BGH v. 29.04.2010 – I ZR 69/08 – GRUR 2010, 628, 629; LG Hamburg v. 05.09.2003 – 308 O 449/03 – GRUR-RR 2004, 314 f.; LG Hamburg v. 26.09.2008 – 308 O 248/07. Ein Eingriff in das Bearbeitungsrecht, wie es das OLG Jena v. 27.02.2008 – 2 U 319/07 – MMR 2008, 408, 409, angenommen hat, ist hingegen abwegig; vgl. hierzu auch BGH v. 29.04.2010 – I ZR 69/08 – GRUR 2010, 628, 630.

[546] Siehe hierzu die Entscheidungen des U.S. Court of Appeals for the 9th Circuit v. 07.06.2003 CRi 2003, 179, 180 – Leslie A. Kelly v. Arriba Soft Corporation und des BGH v. 29.04.2010 – I ZR 69/08 – GRUR 2010, 628, 629.

[547] Vgl. zur fehlenden Nutzung selbständig urheberrechtlich schutzfähiger Werkteile bei reinen Text-Hyperlinks BGH v. 17.06.2003 – I ZR 259/00 – ZUM 2003, 855, 857 f.

[548] BGH v. 29.04.2010 – I ZR 69/08 – GRUR 2010, 628, 630; LG Hamburg v. 26.09.2008 – 308 O 248/07. Der U.S. Court of Appeals for the 9th Circuit hat diese Werknutzung durch Arriba Soft von der Regelung des „fair use" innerhalb des Copyright Acts hingegen als gedeckt angesehen (17 U. S. C. §§ 106, 107), CRi 2003, 179, 182. Das deutsche Schrankensystem weist für diesen Fall nicht dieselbe Flexibilität in der rechtlichen Bewertung auf, vgl. auch OLG Jena v. 27.02.2008 – 2 U 319/07 – MMR 2008, 408, 409 ff. Soweit die Speicherung der Thumbnails ausschließlich auf Servern in den USA erfolgt, richtet sich die Zulässigkeit der Vervielfältigung nach US-amerikanischen Urheberrecht.

[549] BGH v. 29.04.2010 – I ZR 69/08 – GRUR 2010, 628, 631 f.

[550] BGH v. 29.04.2010 – I ZR 69/08 – GRUR 2010, 628, 631 f.; siehe auch OLG Jena v. 27.02.2008 – 2 U 319/07 – MMR 2008, 408, 413. Das LG Bielefeld v. 08.11.2005– 20 S 49/05 – ZUM 2006, 652, 653, sah in einem anderen Fall hingegen keinen Schaden des Fotografen durch die Zugänglichmachung seiner Fotografien als Thumbnail in einer Suchmaschine.

[551] BGH v. 29.04.2010 – I ZR 69/08 – GRUR 2010, 628, 633; EuGH, GRUR 2010, 445, Rn. 109 – Google und Google France.

b) Öffentliche Zugänglichmachung von Bildern

216 Über das Recht der **öffentlichen Zugänglichmachung** gem. § 19a UrhG wird insbesondere die Verwertung von Fotografien im Internet geschützt. Bereits die **Bereithaltung** eines urheberrechtlich geschützten Bildes **zum Abruf** untersteht dem ausschließlichen Recht des Berechtigten.[552] Auf einen tatsächlichen Abruf eines zur Öffentlichkeit[553] zählenden Nutzers selbst kommt es nicht an. Unter einem Angebot zum Abruf ist nicht zwingend auch die Möglichkeit einer Anfertigung eines dauerhaften Vervielfältigungsstücks beim Nutzer zu verstehen. Auch die Anzeige von Thumbnails im Rahmen der Bildersuche von Internetsuchmaschinen stellt daher einen Eingriff in das Recht der öffentlichen Zugänglichmachung dar, der aber in der Regel gerechtfertigt ist.[554] Die Zugänglichkeit ist selbst dann erreicht, wenn der Nutzer ein Bild nur online betrachten kann, ein Download aber durch technische Schutzmaßnahmen verhindert wird.

217 Eine öffentliche Zugänglichmachung von Fotografien im Internet erfolgt insbesondere im Bereich von Online-Zeitungen im Zusammenhang mit Texten.[555] Wer einen Hyperlink auf eine vom Berechtigten öffentlich zugänglich gemachte Webseite mit einem urheberrechtlich geschützten Werk setzt, verletzt nach Auffassung des BGH hingegen nicht das Recht der öffentlichen Zugänglichmachung, sondern verweist lediglich auf das Werk in einer Weise, die Nutzern den bereits eröffneten Zugang und die Auffindbarkeit erleichtert.[556]

218 Anbieter sog. Internetplattformen wie eBay oder Flickr können sich bei einer Verletzung des § 19a UrhG, die aus der Einstellung fremder Bilder durch ihre Nutzer resultiert, in der Regel auf die Haftungsprivilegierung der §§ 8 bis 10 TMG berufen, sofern sie nach Kenntnis hiervon die Bilder unverzüglich entfernen. Der Anbieter selbst verletzt allerdings das Recht der öffentlichen Zugänglichmachung, wenn er nach außen sichtbar die inhaltliche Verantwortung für die auf seiner Internetseite veröffentlichten Abbildungen übernommen hat. Dies hat der BGH beispielsweise bei der Wiedergabe von Bildern für Kochrezepte, die von Nutzern hochgeladen wurden, innerhalb einer Rezeptsammlung im Internet bejaht.[557]

c) Keine Erschöpfung bei der Online-Übermittlung von Bildern

219 Der Urheber hat die ausschließliche Befugnis, das Original oder Vervielfältigungsstücke des Werkes der Öffentlichkeit anzubieten oder in den Verkehr zu bringen, §§ 17 Abs. 1, 15 Abs. 1 Nr. 2 UrhG. Nach § 17 Abs. 2 UrhG erschöpft sich das Verbreitungsrecht des Urhebers bzw. des zur Verbreitung Berechtigten, wenn das Original oder Vervielfältigungsstücke des Werkes mit der Zustimmung des Berechtigten im Gebiet der Europäischen Union oder eines anderen Vertragsstaates des Abkommens

---

[552] *Hoeren*, in: Loewenheim, § 21, Rn. 51.

[553] Vgl. zur Problematik des „Öffentlichkeitsbegriffs" siehe Rn. 89.

[554] BGH v. 29.04.2010 – I ZR 69/08 – GRUR 2010, 628, 631 ff.

[555] Vgl. auch LG Berlin v. 14.10.1999– 16 O 26/99 – ZUM 2000, 73, 75, das vor der Urheberrechtsreform einen Eingriff in das Recht der öffentlichen Wiedergabe angenommen hat, sobald das Bild mit einem Artikel zusammen aufgerufen und sichtbar gemacht wird. Das Recht der öffentlichen Zugänglichmachung setzt zeitlich früher an und bedarf gerade nicht eines tatsächlichen Abrufs zur Feststellung einer Verletzungshandlung.

[556] BGH v. 17.06.2003 – I ZR 259/00 – ZUM 2003, 855, 859 – Paperboy.

[557] BGH v. 12. 11. 2009 – I ZR 166/07 – GRUR 2010, 616 – Verwendung fremder Fotos für Rezeptsammlung im Internet.

über den Europäischen Wirtschaftsraum im Wege der Veräußerung in Verkehr gebracht worden. Die **Erschöpfungsregel** bewirkt folglich, dass der Urheber bzw. Berechtigte das ausschließliche Recht verliert, das konkrete veräußerte Werkstück der Öffentlichkeit anzubieten oder in Verkehr zu bringen.[558]

Nach der in der Urheberrechtsrichtlinie statuierten Auffassung stellt sich die Frage *220* der Erschöpfung weder bei Dienstleistungen noch bei **Online-Diensten** im Besonderen.[559] Dies gilt auch für materielle Vervielfältigungsstücke eines Werks oder eines sonstigen Schutzgegenstands, die durch den Nutzer eines solchen Dienstes mit Zustimmung des Rechtsinhabers und Zahlung eines Entgelts hergestellt worden sind.[560] Die Online-Nutzung wird in ihrer Gesamtheit als Dienstleistung verstanden, bei der für eine Erschöpfung des Verbreitungsrechts kein Raum besteht.[561] Das Internet wird damit nicht als Ort von Verbreitungshandlungen im Sinne des § 17 Abs. 2 UrhG zugelassen.[562] Über das Internet bereitgestellte oder per Email übermittelte Bilder sind daher urheberrechtlich zu unterscheiden von Bildern, die beispielsweise auf einer CD-ROM verbreitet werden. Online übermittelte Bilder dürfen daher nicht an Dritte weiter übermittelt oder übergeben werden, soweit nicht der Berechtigte dazu seine Zustimmung bzw. sein Einverständnis erteilt bzw. ein entsprechendes Nutzungsrecht eingeräumt hat.

5. Zulässigkeit und Grenzen der digitalen Bildbearbeitung und -manipulation

Aufgrund der Möglichkeiten der digitalen Bildbearbeitung in bestimmten Arbeits- *221* bereichen dienen Fotografien nur noch als „**Zwischenprodukt**" auf dem Weg zum „endgültigen" Bild.[563] Die Zulässigkeit der elektronischen Bildbearbeitung und ihre Grenzen stellen daher Kernprobleme aus Sicht der Fotografen dar.[564]

a) Die Einordnung einer digitalen Bildbearbeitung in die urheberrechtlichen Tatbestände

Ob digitale Bildbearbeitungen von fotografischen Vorlagen ohne Zustimmung des *222* Urhebers verwendet werden dürfen, hängt davon ab, ob es sich um Bearbeitungen oder andere Umgestaltungen der Fotografie im Sinne des § 23 UrhG oder um eine freie Benutzung im Sinne des § 24 UrhG handelt.[565] Nur im Fall des § 24 UrhG bedarf es weder eines Nutzungsrechts noch einer Zustimmung zur Verwertung der Bearbeitung durch den Fotografen.

Die abhängige Bearbeitung oder Änderung sind dadurch gekennzeichnet, dass *223* das Originalbild als Unterlage übernommen und verändert wird, während es bei der freien Benutzung nur als Anregung für das **eigene selbständige Werkschaffen** dient.[566] Vor diesem Hintergrund dürfte es sich bei der digitalen Bildbearbeitung bzw. -manipulation in den meisten Fällen nicht um eine freie Benutzung im Sinne des § 24 UrhG

---

[558] *Koehler*, S. 45 f.
[559] Erwägungsgrund 29, Richtlinie 2001/29/EG, ABl. EG Nr. L 167/12.
[560] Erwägungsgrund 29, Richtlinie 2001/29/EG, ABl. EG Nr. L 167/12.
[561] *Berger*, GRUR 2002, 198, 202.
[562] *Hoeren*, MMR 2000, 515, 517.
[563] *Maaßen*, BVPA 1998, 42, 51.
[564] Vgl. *Maaßen*, ZUM 1992, 338, 345.
[565] Siehe hierzu allgemein unter Rn. 116 ff.
[566] Vgl. zu den strengen Voraussetzung an eine freie Benutzung auch OLG Köln GRUR 2000, 43, 44.

handeln, insbesondere in den Fällen einer gewöhnlichen elektronischen Retusche. In Einzelfällen kann eine freie Benutzung aber durchaus angenommen werden.[567] Entscheidend kann insbesondere sein, was mit der digitalen Bearbeitung der Vorlage zum Ausdruck gebracht werden soll. Beispielsweise hat der BGH bei einer weitgehenden Übernahme des **Bundesadler-Kunstwerks** von Ludwig Gies in der Zeitschrift „Focus" hervorgehoben, dass im Rahmen einer antithematischen Auseinandersetzung mit einem bestehenden Werk auch Übereinstimmungen hinzunehmen sind.[568] Für eine weitergehende Auslegung der Vorschrift der freien Benutzung gem. § 24 UrhG lassen sich insbesondere auch verfassungsrechtliche Rechte der Nutzer heranziehen. Gerade Ausdrucksmittel der politischen Auseinandersetzung werden durch die Meinungsfreiheit und die Pressefreiheit nach Art. 5 Abs. 1 Satz 1 und 2 GG umfassend gestützt.[569] Allerdings hat die Entscheidung „Gies-Bundesadler" für die Zulässigkeit der elektronischen Bildmanipulation im Rahmen des § 24 UrhG nur einen bedingten Vergleichswert, da die **Übernahme der fremden Werkelemente** nicht wie bei der hier besprochenen Bildmanipulation von einer exakten Vorlage des Originalwerks erfolgte. Dennoch lässt sich daraus ableiten, dass eine starre technische Betrachtung, die nur an der Übernahme von Bildpunkten ausgerichtet ist, bei der Abgrenzung für digitale Bildbearbeitungen auf verfassungsrechtliche Bedenken stößt. Insbesondere wenn ein nur geringfügiger Eingriff in die Urheberrechte ohne die Gefahr merklicher wirtschaftlicher Nachteile der künstlerischen Entfaltungsfreiheit gegenüber steht, so haben die Verwertungsinteressen der Urheberrechtsinhaber im Vergleich zu den Nutzungsinteressen auch für eine **künstlerische Auseinandersetzung** im Sinne des Art. 5 Abs. 3 GG zurückzutreten.[570]

224   Sofern nur Lichtbilder und nicht Lichtbildwerke als Vorlage dienen, wird man zudem noch eher eine freie Benutzung gem. § 24 UrhG annehmen dürfen. Denn die **fehlende Individualität der Bearbeitungsvorlage** beschränkt auch das dem Lichtbildner grundsätzlich zustehende Bearbeitungsrecht nach § 23 UrhG. Daher wird für Lichtbilder bereits teilweise angenommen, dass geringfügige Abweichungen von der Vorlage zu einer freien Benutzung nach § 24 UrhG führen.[571] Ähnlich verhält es sich bei dem Schutz von Bildteilen, z. B. im Rahmen eines sog. „Composing" aus verschiedenen Bildern. Dem Urheber eines Lichtbildwerkes wird ein Teileschutz zugesprochen, sofern der Bildausschnitt selbst schöpferischen Charakter aufweist.[572] Bei Lichtbildern kann dieser Grundsatz mangels schöpferischen Gehalts des Bildes nur schwer angewandt werden.

---

[567] Daher zu eng *Maaßen*, BVPA 1998, 42, 51.

[568] BGH v. 20.03.2003 – I ZR 117/00 – ZUM 2003, 777, 779.

[569] Vgl. BGH v. 20.03.2003 – I ZR 117/00 – ZUM 2003, 777, 780.

[570] BVerfG v. 29.06.2000 – 1 BvR 825/98 – GRUR 2001, 149, 151 – Germania 3, zur Auslegung des Zitatrechts gem. § 51 Nr. 2 UrhG, was aber auf die freie Benutzung des § 24 UrhG ohne weiteres übertragbar ist. Vgl. auch schon KG UFITA 54 (1969), 296, 300.

[571] BGH v. 04.11.1966 – Ib ZR 77/65 – GRUR 1967, 315 – skai-cubana; RGZ 169, 109, 114 – Adolf-Hitler-Bild; zur beschränkten Geltung eines Bearbeitungsrechts des Lichtbildners *Vogel*, in: Loewenheim, § 37, Rn. 11; a.A. *Maaßen*, ZUM 1992, 338, 346, der jede digitale Bildmanipulation als unmittelbare Leistungsübernahme einordnet und damit nur § 23 UrhG für einschlägig hält.

[572] Vgl. dazu auch *Maaßen*, ZUM 1992, 338, 346, der auch für Ausschnitte jeglicher Art das Zustimmungserfordernis des § 23 UrhG aufgrund der Verweisung des § 72 UrhG durchgehend annimmt.

b) Die Herstellung einer Bearbeitung ohne Zustimmung des Berechtigten

Eine digitale Bearbeitung seiner Bilder hat der Bildautor im Regelfall zu dulden.[573] 225 Das folgt aus § 23 UrhG, insbesondere aus Satz 2, der nur in bestimmten Fällen (z. B. bei der Verfilmung eines Werkes) bereits für das Herstellen der Bearbeitung oder Umgestaltung eines Werkes die Einwilligung des Urhebers voraussetzt. Die Herstellung eines elektronisch manipulierten Bildes von seiner Bildvorlage kann der Bildautor daher nur im engen Rahmen des § 14 UrhG verhindern.[574] Eine **Verbotsmöglichkeit** bezüglich des Herstellens einer bearbeiteten Bilddatei folgt mithin nur aus seinem Urheberpersönlichkeitsrecht, nicht aber aus seinem Verwertungsrecht im Hinblick auf Bearbeitungen.[575]

c) Veröffentlichung oder Verwertung einer elektronisch bearbeiteten Bilddatei

Soweit ein digital bearbeitetes oder manipuliertes Bild hingegen veröffentlicht oder 226 verwertet werden soll, bedarf es im Fall einer abhängigen Bearbeitung oder anderen Umgestaltung des Originalwerkes nach § 23 UrhG der Einwilligung des Bildautors, der die Vorlage geschaffen hat, bzw. des Rechteinhabers, der ein **Bearbeitungs- und Verwertungsrecht** vom Bildautor erworben hat. Die Einwilligung zur Verwertung bzw. Veröffentlichung einer Werkbearbeitung wird hierbei wie die Einräumung eines gegenständlichen Nutzungsrechts behandelt.[576] Entsprechend sind auf das sog. Bearbeitungsrecht auch die §§ 31 ff. UrhG anzuwenden, um den Umfang einer Einwilligung zu bestimmen.[577]

Das **Zustimmungserfordernis** des § 23 UrhG gilt gemäß § 37 Abs. 1 UrhG im 227 Zweifel auch, soweit der Bearbeiter ein einfaches Nutzungsrecht im Sinne der §§ 15 ff. UrhG vom Bildautor erworben hat. Innerhalb eines Vertragsverhältnisses über die Werknutzung ist § 39 UrhG zu beachten. Ohne eine abweichende Vereinbarung des Nutzungsrechtsinhabers mit dem Urheber sind Änderungen des Werkes gemäß § 39 Abs. 2 UrhG nur zulässig, zu denen der Urheber seine Einwilligung nach Treu und Glauben nicht versagen kann. Insoweit sind insbesondere der Vertragszweck, aber auch unter Umständen Branchenübungen z. B. im Bereich der Werbefotografie von Bedeutung.

d) Rechte an der digital bearbeiteten bzw. manipulierten Bilddatei

Dem Bilddesigner bzw. Bildbearbeiter kann ein eigenes Urheberrecht an den elekt- 228 ronisch bearbeiteten bzw. manipulierten Bildern zustehen.[578] Wie bereits ausgeführt, setzt dies aber voraus, dass es sich bei dem veränderten Erzeugnis selbst um eine neue persönlich geistige Schöpfung im Sinne von § 2 Abs. 2 UrhG handelt. Die hierfür erforderliche Schöpfungshöhe hat das OLG Hamm allerdings im Fall von Web-Grafiken abgelehnt, bei denen Fotografien als Vorlage dienten und am Computer lediglich verfremdet worden sind, um gewisse Hell-Dunkel-Effekte zu erzielen.[579] In anderen Fällen kann dies aber durchaus angenommen werden. Ein subsidiärer urheberrechtli-

---

[573] Vgl. *A. Nordemann*, in: Fromm/Nordemann, § 23, Rn. 3; *Maaßen*, ZUM 1992, 338, 345.

[574] Vgl. oben Rn. 124 ff. Für Lichtbilder ist § 14 UrhG noch eingeschränkter anzuwenden.

[575] Vgl. aber auch die Entwicklung zum Herstellungsverbot, soweit mit dem Bild Informationen zur Rechtewahrnehmung verknüpft sind, Rn. 523.

[576] Vgl. *Loewenheim*, in: Schricker, § 23, Rn. 19.

[577] Siehe dazu unten Rn 386 ff..

[578] Vgl. dazu bereits unter Rn. 186.

[579] OLG Hamm v. 24.08.2004 – 4 U 51/04 – GRUR-RR 2005, 73, 74.

cher Leistungsschutz wie bei Lichtbildern ist bei elektronisch bearbeiteten bzw. manipulierten Bildern ausgeschlossen.

e) Schutz des Betrachters und der abgebildeten Personen

229 Die Zielrichtung des Urheberrechtsgesetzes ist es nicht, dem Betrachter einer Fotografie einen Schutz in Bezug auf deren **„Wahrheitsgehalt"** zu vermitteln und den Bearbeiter deshalb zur Kennzeichnung seiner Manipulation zu verpflichten.[580] Eine rechtliche Pflicht, den Betrachter über eine Manipulation einer Fotografie zu informieren, ergibt sich aus dem Urheberrechtsgesetz daher nicht.

230 Allerdings ist von verschiedenen Verbänden aus den Bereichen Fotografie und Journalismus ein **Memorandum zur Kennzeichnungspflicht** manipulierter Fotos verabschiedet worden. Danach ist jedes dokumentarisch–publizistische Foto, das nach der Belichtung verändert wird, mit dem Zeichen [M] kenntlich zu machen. Keine Rolle spielt dabei, ob die Manipulation durch den Fotografen oder durch einen späteren Nutzer des Fotos erfolgt. Eine Kennzeichnung muss nach dem Memorandum stets erfolgen, wenn Personen und/oder Gegenstände hinzugefügt und/oder entfernt werden, verschiedene Bildelemente oder Bilder zu einem neuen Bild zusammengefügt werden oder maßstäbliche und farbliche, inhaltsbezogene Veränderungen durchgeführt werden. Mit rechtlichen Folgen ist ein Verstoß gegen dieses Memorandum jedoch nicht verbunden.

231 Allerdings können Fotomontagen einen **presserechtlichen Gegendarstellungsanspruch** zu Gunsten einer auf dem Bild abgebildeten Person auslösen.[581] Voraussetzung dafür ist lediglich, dass in der Bildgestaltung die konkludente Behauptung der Tatsache liegt, das wiedergegebene Bild stelle ein tatsächliches Geschehen dar. Eine offensichtliche Kennzeichnung eines Bildes als Fotomontage spricht selbstverständlich gegen die Wiedergabe eines tatsächlichen Geschehens und kann daher einen Gegendarstellungsanspruch der betroffenen Person ausschließen. Offensichtlich ist die Kennzeichnung im Regelfall aber nur dann, wenn der Betrachter sie unmittelbar zusammen mit dem Bild wahrnimmt. Nicht ausreichend ist unter Umständen die Kennzeichnung eines Titelbildes als Fotomontage im Inhaltsverzeichnis einer Zeitschrift.[582] Das Vorliegen einer Fotomontage kann sich auch aus den Umständen, z. B. der dem Bild zugrunde liegenden **Berichterstattung**, ergeben. Insoweit sind aber hohe Anforderungen zu beachten.[583] Interessant ist im Zusammenhang mit dem Aussageinhalt von Bildern das Verständnis des LG München zur Bedeutung der Fotografie gewesen, die es unter Beachtung des subjektiven Einschlags jeder Fotografie in der realitäts-

---

[580] Die Kennzeichnungspflicht für den Einsatz technischer Schutzmaßnahmen bei urheberrechtlich geschützten Inhalten ist daher im Urheberrechtsgesetz systematisch deplatziert.

[581] LG München I v. 07.05.2003 – 9 O 5693/03 – AfP 2003, 373. In der Entscheidung ging es um eine Titelfotomontage einer „Society-Zeitschrift", auf der die Freundin bzw. Liebhaberin von Nationaltorhüter Oliver Kahn, Verena K., mit ihm in der Mitte und seiner Frau Simone zusammen „montiert" waren. Dagegen begehrte Verena K. eine presserechtliche Gegendarstellung, in der festgestellt werden sollte, dass das Foto eine ohne ihr Einverständnis hergestellte Montage sei.

[582] LG München I v. 07.05.2003 – 9 O 5693/03 – AfP 2003, 373, 374.

[583] Nach Auffassung des LG München I v. 07.05.2003 – 9 O 5693/03 – AfP 2003, 373, 374 sollten selbst die äußeren Umstände, die für eine geringe Wahrscheinlichkeit sprachen, dass die drei Personen sich gemeinsam haben ablichten lassen, nicht genügen, da immer noch die Möglichkeit der Entstehung der Fotografie vor Bekanntwerden der Affäre nicht auszuschließen sei.

getreuen Abbildung der Wirklichkeit sah.[584] Allein die Möglichkeit zur Herstellung täuschend echt aussehender Fotomontagen durch die Computer-Digitaltechnik führe nach Auffassung des Gerichts nicht dazu, dass der Betrachter von vornherein damit rechnen müsse.[585]

6. Vertragliche Vereinbarungen im Rahmen der digitalen Bildnutzung und -verarbeitung

Die Auslegung von Vereinbarungen zwischen Bildverwertern und Fotografen bereitet *232* insbesondere im digitalen Bereich immer wieder Schwierigkeiten, ob die jeweils konkret beabsichtigte Nutzung eines Bildes davon noch umfasst ist. Insoweit gilt es von Gesetzes wegen zwischen Verträgen zur Bildverwertung vor und nach dem 1.1.2008 zu unterscheiden.

a) Zur Möglichkeit der Rechtseinräumung für unbekannte Nutzungsarten

Die alte Regelung des § 31 Abs. 4 UrhG sah zum Schutz der Urheber vor, dass die *233* Rechte für unbekannte Nutzungsarten den Verwertern nicht vorab wirksam vertraglich eingeräumt werden konnten. Diese Regelung ist zum 01.01.2008 durch das Zweite Gesetz zur Regelung des Urheberrechts in der Informationsgesellschaft aufgehoben worden (sog. „Zweiter Korb").

Nach der Neuregelung des § 31a UrhG sind Verträge über unbekannte Nutzungs- *234* arten nunmehr zulässig. Sie bedürfen allerdings der Schriftform, sofern nicht der Urheber unentgeltlich ein einfaches Nutzungsrecht für jedermann einräumt. Der Bildverwerter muss dem Fotografen die beabsichtigte neue Nutzung an die ihm zuletzt bekannte Anschrift schriftlich mitteilen. Dem Fotografen steht im Anschluss an die Mitteilung ein dreimonatiges, vertraglich nicht abdingbares Widerrufsrecht zu. Allerdings erlischt das Widerrufsrecht, sobald nach Bekanntwerden der neuen Nutzungsart eine angemessene Vergütung hierzu vereinbart wird (vgl. § 31a Abs. 2, § 32c UrhG).

Für Altverträge, die in der Zeit vom 01.01.1966 bis 31.12.2007 geschlossen wurden, *235* gilt die Übergangsregelung des § 137l UrhG. Hat ein Urheber einem Verwerter alle wesentlichen Nutzungsrechte ausschließlich sowie räumlich und zeitlich unbegrenzt eingeräumt (sog. „Buy-out-Verträge"), gelten die zum Zeitpunkt des Vertragsschlusses unbekannten Nutzungsarten ebenfalls als eingeräumt, sofern der Urheber nicht bis zum 31.12.2008 widersprochen hat. Dies betrifft allerdings nur Nutzungsarten, die zum 01.01.2008 bekannt waren. Für neue, zum 01.01.2008 unbekannte Nutzungsarten gilt wie bei den Neuverträgen ein dreimonatiges Widerspruchsrecht.

---

[584] LG München I v. 07.05.2003 – 9 O 5693/03 – AfP 2003, 373 f.: „Was auf einem Foto dargestellt ist, gibt einen Ausschnitt der Realität wieder, so das Verständnis, von dem nicht nur im Privatleben, sondern etwa auch im forensischen Bereich grundsätzlich ausgegangen wird."; vgl. auch die Besprechung von *Seiler*, Fotomontagen: Neue Gerichtsurteile, unter www.fotorecht.de, (Stand: 12/2009).

[585] LG München I v. 07.05.2003 – 9 O 5693/03 – AfP 2003, 373: „Dies würde unerträgliche Folgen für die Glaubhaftigkeit (und auch den Beweiswert) veröffentlichter Fotografien mit sich bringen, da sich niemand mehr darauf verlassen könnte, dass ein in einem Druckerzeugnis abgebildetes Foto – oftmals als Beleg für eine Sachaussage dienend – die Wirklichkeit wiedergibt. "

236   Wichtig ist insoweit auch zu wissen, ob eine Nutzungsmöglichkeit zum Vertrags-
zeitpunkt unter den Beteiligten bekannt und zum Teil sogar üblich war.[586] Soweit Verträge im Hinblick auf eine Nutzung im Internet auszulegen sind, wird das Internet in
den Jahren 1995 und früher noch als unbekannte Nutzungsart beurteilt.[587] Die Nutzung von Fotos auf CD-ROM wird seit 1994/1995 als bekannt angesehen.[588]

b)   Die Bedeutung ausdrücklicher Vereinbarungen

237   Bereits aufgrund des Schriftformerfordernisses für die Rechtseinräumung unbekannter Nutzungsarten sollten Vereinbarungen zwischen Bildverwertern und Fotografen
im Bereich der digitalen Bildnutzung und -verarbeitung nicht pauschal und mündlich,
sondern auf die konkrete Nutzungsvorstellung der beteiligten Parteien ausdrücklich
und schriftlich geschlossen werden. **Ausdrückliche Vereinbarungen**[589] sollten insbesondere die Möglichkeit einer Digitalisierung und Speicherung ohne Zustimmung
des Bildautors von herkömmlich erstelltem Bildmaterial enthalten. Weiterhin ist zu
bedenken, dass das digitalisierte oder auch originär digitale Bildmaterial auf digitalen
und analogen Speichermedien (Festplatten, Speicherkarten, CD-ROM, DVD oder
Fotopapier) vervielfältigt werden muss. Es erfolgt im Regelfall eine elektronische Archivierung oder Einstellung der Bilder in Online-Datenbanken, die auch für andere
Personen zugänglich sind, so dass das Recht der öffentlichen Zugänglichmachung
gem. § 19a UrhG betroffen ist.

238   Fehlt es an einer ausdrücklichen Vereinbarung zu einer konkreten Nutzung, findet
weiterhin die Auslegungsregel des § 31 Abs. 5 UrhG Anwendung. Nach dem hierin
enthaltenen Zweckübertragungsgedanken räumt der Urheber in Verträgen über sein
Urheberrecht im Zweifel Nutzungsrechte nur in dem Umfang ein, den der Vertragszweck unbedingt erfordert.[590] Bei der Auslegung des gemeinsam verfolgten Vertragszwecks ist sowohl die **Branchenübung** heranzuziehen als auch darauf abzustellen,
was der Nutzungsberechtigte nach Treu und Glauben und unter Berücksichtigung
der Verkehrssitte erwarten darf.[591] Der BGH hat in seiner Entscheidung „Spiegel-CD-
ROM" unter Verweis auf § 31 Abs. 5 UrhG die Nutzung von Fotos aus den Jahren
1989 bis 1993 für digitalisierte Spiegel-Jahrgangsausgaben auf einer CD-ROM nicht
von den stillschweigend eingeräumten Printrechten abgedeckt gesehen.[592] Ebenso kann
nicht davon ausgegangen werden, dass ein Fotostudio, das im Auftrag eines Kunden
Portraitfotos anfertigt und dem Kunden diese Fotos sowie gegen zusätzliches Entgelt
eine CD mit den Bilddateien übergibt, hiermit dem Kunden das Recht zur Veröffentlichung der Fotos zwecks Bewerbung auf dessen eigener Webseite einräumt.[593]

---

[586] Beispiele bei *Wanckel*, Rn. 338 ff.
[587] KG v. 24.07.2001 – 5 U 9427/99 – AfP 2001, 406, 409; OLG Hamburg v. 11.05.2000 – 3 U
269/98 – NJW-RR 2001, 123, 124.
[588] OLG Hamburg v. 5.11.1998 – 3 U 212/97 – MMR 1999, 225, 228.
[589] Vgl. dazu auch die Übersicht bei *Maaßen*, BVPA 1998, 42, 52 f.
[590] BGH v. 27.09.1995 – I ZR 215/93 – BGHZ 131, 8, 12 – Pauschale Rechtseinräumung; BGH
v. 22.01.1998 – I ZR 189–95 – BGHZ 137, 387 – Comic-Übersetzungen I.
[591] BGH v. 20.03.1986 – I ZR 179/83 – GRUR 1986, 885, 886.
[592] Vgl. BGH v. 5. Juli 2001– I ZR 311/98 – ZUM 2002, 214, 217.
[593] LG Köln v. 20.12.2006 – 28 O 468/06 – MMR 2007, 465, 466.

III. Urheberrechtliche Ansprüche bei unberechtigter Nutzung

Urheberrechte sind als solche nur von dauerhaftem praktischem Nutzen, wenn diese *239* auch gegen Störer verteidigt werden können. Hierfür bedarf es zunächst einer gesetzlichen Regelung, die vom Berechtigten gegenüber dem Verletzer beim unberechtigten Verwenden der geschützten Fotos, z. B. auf fremden Internetseiten, geltend gemacht werden kann. Die einschlägigen Regelungen, die Fotografen zur Seite stehen, finden sich vor allem im Urheberrechtsgesetz. Daneben anwendbar bleiben die Regeln des allgemeinen Zivilrechts, die ebenfalls z. B. bei Eingriffen in das körperliche Eigentum an der Kamera gelten.

Schließlich muss der sich aus der gesetzlichen Regelung ergebende Anspruch auch in der Praxis durchsetzbar sein.

1. Ansprüche aus dem Urheberrecht

Um die richtige Anspruchsgrundlage in den §§ 97 ff. des UrhG zu finden, muss sich *240* der Urheber zunächst darüber klar werden, welches Ziel er tatsächlich verfolgt. Das Urheberrechtsgesetz sieht Regelungen für die folgenden Ziele vor:

– Schadensersatz für die Rechtsverletzung;
– Unterlassung zukünftiger Rechtsverletzungen;
– Beseitigung der bereits bestehenden Rechtsverletzung;
– Vernichtung und/oder Überlassung der rechtswidrig hergestellten Vervielfältigungsstücke und der Vorrichtungen, die vorwiegend zur Herstellung solcher rechtswidriger Vervielfältigungsstücke dienen;
– Auskunft, z. B. über die Herkunft von rechtsverletzenden Vervielfältigungsstücken und deren Vertriebsweg;
– Vorlage von Urkunden bzw. Besichtigung von Sachen, die sich in der Verfügungsgewalt des möglichen Verletzers befinden und die erforderlich sind, um einen Anspruch zu begründen.

Um die Geltendmachung dieser Ansprüche zu illustrieren, soll im Folgenden das Beispiel verwendet werden, dass ein urheberrechtlich geschütztes Foto unberechtigterweise auf einer fremden Internetseite verwendet wurde.

a) Schadensersatzansprüche

Der urheberrechtliche Schadensersatzanspruch ergibt sich aus § 97 Abs. 2 Satz 1 *241* UrhG. Er stellt eine der zentralen Normen des Urheberrechtsgesetzes dar.

Um aus **§ 97 Abs. 2 Satz 1 UrhG** Schadensersatz verlangen zu können, ist es zunächst erforderlich, dass überhaupt ein durch das Urheberrechtsgesetz **geschütztes Werk** vorliegt, in dem genannten Beispielsfall also das geschützte Foto.[594] Darüber hinaus muss ein Recht an diesem **Werk verletzt** worden sein, und zwar in **widerrechtlicher Weise**. Abschließend ist es für den Schadensersatzanspruch erforderlich, dass ein **Verschulden** des Verletzers sowie ein **kausaler Schaden** vorliegen, d. h. also ein Schaden entstanden ist, der durch die Verletzung verursacht wurde.

---

[594] Vgl. dazu Rn. 96 ff.

aa) Verletzung

242 Voraussetzung für einen Schadensersatzanspruch nach § 97 Abs. 2 Satz 1 UrhG ist zunächst, dass ein Urheberrecht oder ein verwandtes Schutzrecht **verletzt** wird. Eine solche Verletzung ist dann gegeben, wenn eine Handlung vorgenommen wird, deren Vornahme vom Gesetz dem Rechteinhaber vorbehalten ist und dem Handelnden weder vom Rechteinhaber selber oder vom Gesetz erlaubt wurde.

Als **verletzte Rechte** kommen im Rahmen des § 97 Abs. 2 Satz 1 UrhG vor allem die sich aus den Urheberrechten ergebenden Verwertungsrechte gem. §§ 15 ff. UrhG und die aus §§ 31 ff. UrhG folgenden Nutzungsrechte in Betracht. Im Bereich der Fotografie kann an dieser Stelle beispielhaft das Recht, Fotos auszustellen (§ 18 UrhG) sowie das Vervielfältigungsrecht aus § 16 UrhG oder das Verbreitungsrecht aus § 17 UrhG genannt werden. Für den Fall, dass Fotos in das Internet gestellt werden, ist regelmäßig das Recht der öffentlichen Zugänglichmachung aus § 19a UrhG betroffen. Zu berücksichtigen ist bei Fotografien aber insbesondere auch das sich aus dem Urheberpersönlichkeitsrecht der §§ 12-14 UrhG ergebende Recht auf Quellenangabe nach § 63 UrhG.[595] Gerade an diesem Beispiel zeigt sich, dass eine Verletzung nicht nur in einem **Handeln** liegen kann. Sie kann auch in einem **Unterlassen** bestehen, wenn eine Pflicht zum Handeln gegeben ist, wie hier die Pflicht, die Quelle zu nennen, aus der das Werk stammt. Sollte sich (auch im Nachhinein) herausstellen, dass ein Zustand rechtswidrig war (z. B. rechtswidrige Veröffentlichung eines Fotos im Internet), kann eine Rechtsverletzung somit darin liegen, dass dieser Zustand nur aufrecht erhalten wird.[596]

Eine Verletzungshandlung liegt dann nicht vor, wenn die Handlung vom Rechteinhaber oder vom Gesetz erlaubt wurde.[597] Die Erlaubnis durch den Rechteinhaber kann durch einen Lizenzvertrag erfolgen, der die fragliche Handlung (z. B. die Verwendung eines Fotos auf einer Internetseite) erlaubt.[598] Ebenso ist eine Verletzung dann nicht gegeben, wenn die Handlung durch eine Schranke des Urheberrechts gedeckt ist, §§ 45 ff. UrhG, weil für diesen Bereich kein Urheberrechtsschutz besteht.[599] [600]

Insgesamt ist zu berücksichtigen, dass durch ein und dieselbe Handlung auch mehrere Rechte gleichzeitig verletzt werden können,[601] (z. B. beim Hochladen ins Internet das Vervielfältigungsrecht und das Recht zur öffentlichen Zugänglichmachung).

---

[595] *Wild*, in: Schricker/Loewenheim, Urheberrecht, 4. Aufl. 2010, § 97 Rn. 5.

[596] BGH v. 12.01.1960 – I ZR 30/58 – GRUR 1960, 500, 502 – Plagiatsvorwurf; *Lütje*, in: Möhring/Nicolini, Urheberrechtsgesetz, 2. Aufl. 2000, § 97 Rn. 3.

[597] *Lütje*, in: Möhring/Nicolini, Urheberrechtsgesetz, 2. Aufl. 2000, § 97 Rn. 68; *Wild*, in: Schricker/Loewenheim, Urheberrecht, 4. Aufl. 2010, § 97 Rn. 28.

[598] Weiterführend zu den Voraussetzungen einer solchen Einwilligung vgl. den nächsten Absatz.

[599] Vgl. zu den Schranken des Urheberrechts Rn. 122 ff. sowie 423 ff.

[600] Ob dies ebenso dann der Fall ist, wenn das Urheberrecht gem. § 17 Abs. 2 UrhG erschöpft ist, wird in Bezug auf den Umfang der Erschöpfung in der Literatur und der Rechtsprechung unterschiedlich beurteilt. Die Literatur bezieht die Erschöpfung nur auf die Verbreitungsrechte (vgl. weiterführend: *Lütje*, in: Möhring/Nicolini, Urheberrechtsgesetz, 2. Aufl. 2000, § 97 Rn. 66; *Wild*, in: Schricker/Loewenheim, Urheberrecht, 4. Aufl. 2010, § 97, Rn. 27) wohingegen die Rechtsprechung in Sonderfällen darüber hinaus eine „allgemeine Erschöpfungslehre" vertritt, die die Erschöpfung über die Verbreitung hinaus auch auf die Befugnisse der öffentlichen Wiedergabe (Senderechte) bezieht (vgl. weiterführend: BGH v. 07.11.1980 – I ZR 24/79 – BGHZ 79, 350, 359 = NJW 1981, 1042, 1044 – Kabelfernsehen in Abschattungsgebieten; BGH v. 04.06.1987 – I ZR 117/85 – GRUR 1988, 206, 210 – Kabelfernsehen).

[601] *Lütje*, in: Möhring/Nicolini, Urheberrechtsgesetz, 2. Aufl. 2000, § 97 Rn. 43; *Wild*, in: Schricker/Loewenheim, Urheberrecht, 4. Aufl. 2010, § 97 Rn. 8.

Wiesemann

bb) Widerrechtlichkeit

Um nach § 97 Abs. 2 Satz 1 UrhG Schadensersatz verlangen zu können, muss die 243 Rechtsverletzung widerrechtlich sein, d. h. mit dem geltenden Recht nicht in Einklang stehen.

Dies kann zunächst dadurch ausgeschlossen werden, dass entweder eine Einwilligung oder eine Genehmigung des Rechteinhabers erklärt oder **vertraglich** vereinbart wird, wobei hierdurch bereits der Tatbestand der Verletzung ausgeschlossen wird.[602]

An eine **Einwilligung** (vorab) gem. § 183 Abs. 1 BGB **oder Genehmigung** (nachträglich) gem. § 184 Abs. 1 BGB sind im Urheberrecht strenge Anforderungen zu stellen.[603] Sie sind grundsätzlich nur ausdrücklich zulässig. Nur in Ausnahmefällen ist es möglich, sie stillschweigend zu erklären. Aber auch in diesen Fällen muss sich der Urheber der Fotografie eindeutig mit der fraglichen Nutzungsform einverstanden erklären. Andernfalls würde das Zustimmungsrecht des Urhebers gefährdet werden.[604] Räumt der Urheber das Nutzungsrecht für das Foto z. B. nur für eine einzelne, genau bestimmte Veröffentlichung im Rahmen einer Fernsehwerbekampagne ein, so umfasst dies keinesfalls die Einwilligung zur Veröffentlichung auf einem Buchcover. Besteht das Recht zur Verwertung des Fotos nur für eine bestimmte Plakatwerbung, umfasst dies nicht die Internetveröffentlichung.

Schließlich muss beachtet werden, dass die Einwilligung/Genehmigung jederzeit frei widerrufbar ist, soweit sie nicht Bestandteil einer vertraglichen Duldungspflicht ist.[605] Soweit ein Widerruf einer einmal erteilten Einwilligung in die Verbreitung und Veröffentlichung eines Bildnisses wegen gewandelter Überzeugung möglich ist, darf das Selbstbestimmungsrecht nicht durch die Zahlung einer Entschädigung über Gebühr eingeschränkt werden.[606] Aber auch wenn sie wirksam erteilt wurde, so ist der durch sie Begünstigte an deren Umfang gebunden.

Als weitere Möglichkeit, die Widerrechtlichkeit entfallen zu lassen, kommt ein 244 **gesetzlicher Erlaubnissatz** in Frage. In Betracht kommen dabei die Rechtfertigungsgründe des BGB: das Schikaneverbot (§ 226 BGB); Notwehr (§ 227 BGB); Notstand (§ 228 BGB) und erlaubte Selbsthilfe (§§ 229 ff. BGB). Diesen kommt aber nur eher theoretische Bedeutung zu, da die Durchsetzung von Rechten mit Zwangsmitteln grundsätzlich in das Gewaltmonopol des Staates fällt. Die Erforderlichkeit, sofort – d. h. ohne obrigkeitliche Hilfe abzuwarten – zu handeln, ist bei Urheberrechtsverletzungen gerade auch wegen der Möglichkeit des einstweiligen Rechtsschutzes gering.[607]

Spannungsverhältnisse zwischen den Kommunikationsgrundrechten aus Art. 5 GG (wie z. B. der Pressefreiheit) auf der einen Seite und dem Urheberrecht bzw. den Grundrechten auf Eigentum aus Art. 14 Abs. 1 GG sowie dem allgemeinen Per-

---

[602] *Lütje*, in: Möhring/Nicolini, Urheberrechtsgesetz, 2. Aufl. 2000, § 97 Rn. 68.

[603] *Lütje*, in: Möhring/Nicolini, Urheberrechtsgesetz, 2. Aufl. 2000, § 97 Rn. 68; v. *Wolff*, in: Wandtke/Bullinger, UrhR, 3. Aufl. 2009, § 97 Rn. 32.

[604] BGH v. 26.09.1958 – I ZR 81/57 – GRUR 1959, 147, 149 f. – Bad auf der Tenne; *Lütje*, in: Möhring/Nicolini, Urheberrechtsgesetz, 2. Aufl. 2000, § 97 Rn. 68; v. *Wolff*, in: Wandtke/Bullinger, UrhR, 3. Aufl. 2009, § 97 Rn. 30.

[605] KG v. 21.04.1995 – 5 U 1007/95 – NJW 1995, 3392, 3394 – Botho Strauß.

[606] AG Berlin-Charlottenburg v. 21.02.2002 – 204 C 574/01 – GRUR-RR 2002, 187, 188 – Entschädigung wegen Widerrufs.

[607] v. *Wolff*, in: Wandtke/Bullinger, UrhR, 3. Aufl. 2009, § 97 Rn. 33.

sönlichkeitsrecht aus Art. 1 i. V. m. Art. 2 GG auf der anderen Seite wurden in der Vergangenheit über die Hilfskonstruktion des übergesetzlichen Notstandes gelöst.[608] Heute wird der Konflikt direkt über eine grundrechtsadäquate Güter- und Interessenabwägung im Einzelfall gelöst.[609]

Sowohl bei vertraglichen als auch bei gesetzlichen Ansprüchen trifft denjenigen die Beweislast, der sich auf den Erlaubnissatz beruft.[610] Dies wäre in dem Beispiel des widerrechtlichen Hochladens ins Internet der Hochladende.

cc) Verschulden

245 Ein Schadensersatzanspruch besteht nur, wenn der Verletzer die Rechtsverletzung verschuldet hat. Im Rahmen des Schadensersatzanspruches nach § 97 Abs. 2 Satz 1 UrhG gilt derselbe Verschuldensmaßstab wie im allgemeinen Zivilrecht (vgl. § 276 BGB). Danach haftet der Verletzer für **Vorsatz und Fahrlässigkeit**, d. h. wenn er wusste und wollte, was er tat/unterließ bzw. wenn er die im Verkehr erforderliche Sorgfalt außer Acht gelassen hat. Zwar wird sich der Verletzer häufig darauf berufen, dass eine Doppelschöpfung vorliegt, d. h., dass es sich um die voneinander völlig unabhängige Schöpfung zweier identischer oder wesentlich gleicher Werke handelt[611] und er keine Kenntnis von dem anderen Bild bzw. – bei der unberechtigten Nutzung – keine Kenntnis der tatsächlichen Urheberrechtslage hatte. Diese Verteidigung entbindet den Verletzer aber nicht von dem Vorwurf der (zumindest leichten) Fahrlässigkeit. Fehlendes Unrechtsbewusstsein entlastet den Verletzer also noch nicht.[612] Er ist weiterhin verpflichtet, alle ihm zur Verfügung stehenden Möglichkeiten zur Prüfung seiner rechtlichen Position auszuschöpfen.[613] Darunter kann z. B. die Pflicht fallen, sich von demjenigen, von dem er das Recht erwirbt, dessen Legitimation vorweisen zu lassen.[614] Insbesondere bei gewerblich Handelnden umfasst es auch die Pflicht, Rechtsrat einzuholen.[615] Ist dieser aber falsch, so wird dem Verletzer trotzdem gem. § 278 BGB das Verschulden seines Rechtsbeistandes zugerechnet.[616] Bewegt sich der Verletzer für ihn erkennbar im Grenzbereich des rechtlich Zulässigen, dann trägt er auch das Risiko für die von ihm vertretene Ansicht, selbst wenn sie in der Literatur oder teilweise in der instanzgerichtlichen Rechtsprechung vertreten wird.[617] Ausnahme ist, wenn hierzu

---

[608] *v. Wolf*, in: Wandtke/Bullinger, UrhR, 3. Aufl. 2009, § 97 Rn. 34; *Wild*, in: Schricker/Loewenheim, Urheberrecht, 4. Aufl. 2010, § 97 Rn. 35; ablehnend BGH v. 30.03.2003 – I ZR 117/00 – ZUM 2003, 777, 779 – Gies-Adler.

[609] *Wild*, in: Schricker/Loewenheim, Urheberrecht, 4. Aufl. 2010, § 97 Rn. 35.

[610] *Lütje*, in: Möhring/Nicolini, Urheberrechtsgesetz, 2. Aufl. 2000, § 97 Rn. 67; zu Ausnahmefällen vgl. Schack, Urheber- und Urhebervertragsrecht, 5. Aufl. 2010, Rn. 810.

[611] Vgl. Hierzu OLG Köln v. 05.03.1999 – 6 U 189/97 – GRUR 2000, 43 – Klammerpose.

[612] *Schack*, Urheber- und Urhebervertragsrecht, 5. Aufl. 2010, Rn. 765.

[613] *Nordemann*, in: Fromm/Nordemann, Urheberrecht, 10. Aufl. 2008, § 97 Rn. 63-65.

[614] OLG München v. 15.10.1953 – 6 U 923/53 – GRUR 1953, 302, 305 – Dreigroschenroman I; BGH v. 19.12.1958 – I ZR 153/57 – GRUR 1959, 331, 334 – Dreigroschenroman II; *Lütje*, in: Möhring/Nicolini, Urheberrechtsgesetz, 2. Aufl. 2000, § 97 Rn. 140.

[615] OLG Köln v. 24.06.1983 – 6 U 11/83 – GRUR 1983, 568, 570 – Video-Kopieranstalt; *Lütje*, in: Möhring/Nicolini, Urheberrechtsgesetz, 2. Aufl. 2000, § 97 Rn. 140.

[616] *Schack*, Urheber- und Urhebervertragsrecht, 5. Aufl. 2010, Rn. 765.

[617] BGH v. 18.12.1997 – I ZR 79/95 – GRUR 1998, 568, 569 – Beatles-Doppel-CD; *v. Wolff*, in: Wandtke/Bullinger, UrhR, 3. Aufl. 2009, § 97 Rn. 52; *Schack*, Urheber-und Urhebervertragsrecht, 5. Aufl. 2010, Rn. 765.

eine gefestigte höchstrichterliche Rechtsprechung besteht.[618] Allerdings lässt der BGH in den Fällen eine Haftung für fahrlässiges Verhalten entfallen, in denen besonders schwierige neuartige Rechtsfragen von großer wirtschaftlicher Tragweite aufgeworfen werden und es unzumutbar erscheint, die unternehmerische Tätigkeit auf bloßen Verdacht einzustellen.[619]

dd) Kausaler Schaden

Abschließend ist für einen Schadensersatzanspruch nach § 97 Abs. 2 Satz 1 UrhG er- **246** forderlich, dass ein Schaden eintritt, der kausal auf der Verletzungshandlung beruht. Eine solche Verursachung ist grundsätzlich dann gegeben, wenn die fragliche Handlung nicht hinweggedacht werden kann, ohne dass der jeweilige Schaden entfiele: So würde z. B. der Schaden durch die konkrete unberechtigte Nutzung im Internet entfallen, wenn man das bewusste Hochladen eines Fotos in das Internet zur freien Verwendung hinwegdenken würde. Eine Ausnahme von diesem Grundsatz kann aber z. B. geben sein, wenn ein gänzlich unwahrscheinlicher Kausalverlauf vorliegt.

Um den genauen **Vermögensschaden** zu bestimmen, ist zu berücksichtigen, dass gerade bei der Verletzung von Schutzrechten der Verletzte den Umfang seiner Vermögensminderung nur schwer feststellen kann (Wie hoch ist z. B. der Schaden, wenn das Foto unberechtigterweise für eine nicht genau bestimmbare Zeit ausgestellt wurde oder im Internet verfügbar war?). Oft fehlt es sogar an einer solchen Minderung des Vermögens. Dennoch möchte man dem Verletzer den Vorteil aus seiner Rechtsverletzung nicht zubilligen. Dieser soll unabhängig von einer direkten Minderung des Vermögens des Verletzten verpflichtet sein, die nachteiligen Folgen seines Verhaltens auszugleichen. Aus diesem Grund werden auch die anderen nachteiligen Folgen, die z. B. darin liegen, dass dem Berechtigten der mit seinem Bild erlangte Gewinn nicht zugeflossen ist oder er für diesen Bereich nicht mehr gewinnbringend eine Lizenz vergeben kann, als Schaden angesehen.

ee) Rechtsfolge

Wenn der Schaden ersetzt werden muss, dann kann die **Berechnung der Schadens-** **247** **höhe** auf dreifache Weise erfolgen: zum einen als Ersatz des tatsächlichen Schadens, zum anderen als Herausgabe des erlangten Verletzergewinns oder abschließend als Zahlung einer angemessenen Lizenzgebühr.[620] Zwischen diesen Berechnungsmethoden kann der Verletzte wählen. Er hat die Möglichkeit, dieses **Wahlrecht** selbst noch während des laufenden Prozesses auszuüben.[621] Es steht ihm sogar zu, die verschiedenen Berechnungsmethoden im Eventualitätsverhältnis geltend zu machen. Die einzige Einschränkung ist, dass er sie nicht derart vermengen darf, dass er zweimal für

---

[618] BGH v. 05.07.2001 – I ZR 311/98 – GRUR 2002, 248, 252 – SPIEGEL-CD-ROM; *Nordemann*, in: Fromm/Nordemann, Urheberrecht, 10. Aufl. 2008, § 97 Rn. 65; *v. Wolff*, in: Wandtke/Bullinger, UrhR, 3. Aufl. 2009, § 97 Rn. 56.
[619] BGH v. 18.05.1955 – I ZR 8/54 – BGHZ 17, 266, 295 f. – Grundig-Reporter, Magnettonband; Schack, Urheber- und Urhebervertragsrecht, 5. Aufl. 2010, Rn. 765.
[620] BGH v. 22.04.1993 – I ZR 52/91 – BGHZ 122, 262, 266 – Kollektion Holiday; BGH v. 22.09.1999 – I ZR 48/97 – ZUM 2000, 238, 239 – Planungsmappe; OLG Hamburg v. 16.11.2000 – 3 U 281/98 – GRUR-RR 2001, 260, 262 – Loriot-Motive; *Schack*, Urheber- und Urhebervertragsrecht, 5. Aufl. 2010, Rn. 779.
[621] BGH v. 22.09.1999 – I ZR 48/97 – ZUM 2000, 238, 239 – Planungsmappe; BGH v. 17.06.1992 – I ZR 107/90 – BGHZ 119, 20, 23 = NJW 1992, 2753, 2755 – Tchibo/Rolex II; Fn. 58; *Kraßer*, GRURInt 1980, 259, 264.

denselben Schaden entschädigt wird.[622] Das Wahlrecht **erlischt** erst dann, wenn der nach einer bestimmten Berechnungsweise geltend gemachte Anspruch entweder erfüllt oder rechtskräftig zuerkannt worden ist.[623]

(1) Tatsächlicher Schaden

248 Bei der Berechnung des Schadens gelten die allgemeinen Grundsätze des Bürgerlichen Rechts (§§ **249 ff. BGB**). Hiernach ist der Verletzte so zu stellen wie er stünde, wenn die Rechtsverletzung nicht geschehen wäre[624] („Was-wäre-wenn-Gedanke"). Umfasst hiervon ist auch der entgangene Gewinn (§ 252 Satz 1 BGB). Ersatzfähig sein kann auch der Ausgleich nachteiliger Folgen für Anschlussaufträge, falls z. B. die Namensnennung unterlassen wurde.[625]

Darüber hinaus besteht bei Fotografien bei schwerwiegenden Verletzungen des Persönlichkeitsrechts auch die Möglichkeit, dass immaterielle Schäden ersetzt werden, §§ 97 Abs. 2 Satz 4; 72 UrhG i. V. m. § 253 Abs. 1 BGB („Schmerzensgeld").[626] Dieser wurde beispielsweise in einem Fall zuerkannt, in dem nur kleine Teilausschnitte eines Gesamtwerkes verwendet wurden, die einer „Verstümmelung" des Gesamtwerkes gleichkamen.[627]

249 Bei der Berechnung des tatsächlichen Schadens wird in der Rechtsprechung zum **Fotorecht grundsätzlich kein zusätzlicher sog. Verletzerzuschlag** gewährt.[628] Dies ist ein pauschalierter Schadensersatz, der für die Kosten der Ermittlung und Verfolgung von Rechtsverletzungen zuerkannt wird.

Für **Verwertungsgesellschaften im Bereich der Musiknutzung** hat die Rechtsprechung einen pauschalierten Verletzerzuschlag i. H. v. 100 % entwickelt.[629] Dies wird zum einen mit der lenkenden Wirkung dieser erhöhten Abgabe begründet.[630] Zum anderen wird auf den in diesen Fällen erheblichen Verwaltungsaufwand zur Überwachung von lizenztreuer und zur Feststellung rechtsverletzender Nutzung

---

[622] *v. Wolff*, in: Wandtke/Bullinger, UrhR, 3. Aufl. 2009, § 97 Rn. 59; *Nordemann*, in: Fromm/Nordemann, Urheberrecht, 10. Aufl. 2008, § 97 Rn. 69.

[623] BGH v. 22.09.1999 – I ZR 48/97 – ZUM 2000, 238, 239 – Planungsmappe; BGH v. 17.06.1992 – I ZR 107/90 – BGHZ 119, 20, 23 f. = NJW 1992, 2753, 2755 f. – Tchibo/Rolex II.

[624] *v. Wolff*, in: Wandtke/Bullinger, UrhR, 3. Aufl. 2009, § 97 Rn. 58.

[625] OLG Düsseldorf v. 09.05.2006 – 20 U 138/05 – GRUR-RR 2006, 393 – Informationsbroschüre; LG München I v. 18.09.2008 – 7 O 8506/07 – MMR 2009, 137, die die Lizenzgebühr verdoppelten bzw. einem Fotografen einen 100% Zuschlag zu dem Tarifbetrag wegen unterlassener Namensnennung zuerkannten; *v. Wolff*, in: Wandtke/Bullinger, UrhR, 3. Aufl. 2009, § 97 Rn. 64.

[626] Auf andere Anspruchsgrundlagen gestützt wird der Anspruch auf Schmerzensgeld (allerdings zu Lasten des Fotografen) relevant, wenn die Persönlichkeitsrechte des Abgelichteten verletzt werden.

[627] BGH v. 05.03.1971 – I ZR 94/69 – GRUR 1971, 525 – Petite Jacqueline.

[628] Allerdings verdoppelte das OLG Düsseldorf v. 09.05.2006 – 20 U 138/05 – GRUR-RR 2006, 393 – Informationsbroschüre die Lizenzgebühr wegen unterlassener Namensnennung. Ebenso erkannte das LG München I v. 18.09.2008 – 7 O 8506/07 – MMR 2009, 137 einem Fotografen wegen unterlassener Namensnennung einen 100% Zuschlag zu dem Tarifbetrag zu.

[629] BGH v. 24.06.1955 – I ZR 178/53 – BGHZ 17, 376, 383 = NJW 1955, 1356, 1357 – Betriebsfeiern; BGH v. 10.03.1972 – I ZR 160/70 – BGHZ 59, 286, 293 = NJW 1973, 96, 97 – Doppelte Tarifgebühr.

[630] BGH v. 10.03.1972 – I ZR 160/70 – BGHZ 59, 286, 291 = NJW 1973, 96, 97 – Doppelte Tarifgebühr; kritisch *Schack*, Urheber- und Urhebervertragsrecht, 5. Aufl. 2010, Rn. 782.

urheberrechtlich geschützter Werke abgestellt.[631] Fehlt es an einem dafür erforderlichen kostspieligen Überwachungsapparat, dann wird ein Verletzerzuschlag nicht gewährt.[632] Ferner wird in der Rechtsprechung betont, dass diese Verletzungsgebühr einen Ausnahmecharakter hat und nur bei der Verletzung von unkörperlichen Wiedergaberechten (§ 15 Abs. 2 UrhG) gilt.[633] In Anbetracht dieser Tatsachen wurde diese Pauschalisierung von **der Rechtsprechung bisher nur der Verwertungsgesellschaft zur Kontrolle der Musikwiedergabe (GEMA) zugestanden.**[634] Dies wird in der Literatur zwar kritisiert[635], ist aber in Hinblick auf die Natur des deutschen Schadensersatzrechtes, das – anders als das US-amerikanische Recht – grundsätzlich nur eine Ausgleichs- und keine Sanktionsfunktion hat, zumindest vertretbar.

Um diesen Missstand im Fotorecht zu umgehen kann versucht werden, in Li- *250* zenzverträgen eine entsprechende Regelung für den Fall der Rechtsverletzung durch den Vertragspartner vertraglich zu vereinbaren. Hierbei ist zu beachten, dass – sollte es sich bei dem Vertrag um Allgemeine Geschäftsbedingungen handeln – zur Wirksamkeit einer solchen Regelung dem Vertragspartner die Möglichkeit offen gehalten werden muss, den Nachweis zu erbringen, dass gar kein bzw. ein wesentlich niedrigerer als der pauschalierte Schaden entstanden ist. Darüber hinaus darf die Pauschale den in den geregelten Fällen nach dem gewöhnlichen Lauf der Dinge zu erwartenden Schaden oder die gewöhnlich eintretende Wertminderung nicht übersteigen. Auf diese Weise kann zumindest die Rechtsverletzung durch Vertragspartner sanktioniert werden. Dritte, mit denen kein Vertrag besteht, bleiben hiervon allerdings unberührt.

(2) Verletzergewinn

Anstelle des tatsächlich entstandenen Schadens kann der Rechteinhaber auch die He- *251* rausgabe des **tatsächlich erlangten Verletzergewinns** verlangen. Dies ist z. B. der Teil des Honorars, den der Verletzer für den unberechtigten Verkauf fremder Fotos erlangt hat. Resultiert der Verletzergewinn nur aus der Verletzung bestimmter Teilrechte, erhält der Rechteinhaber auch nur einen Bruchteil des Schadensersatzes. Darüber hinaus beschränkt sich der Anspruch auf den Reinerlös des Verletzers, so dass dieser seine Ausgaben (z. B. Miete für Geschäftsräume, IT-Kosten) abziehen kann. Dabei tendieren aber die Rechtsprechung und Teile der Literatur dazu, die Fixkosten des Verletzers als nicht abzugsfähig zu erklären.[636] Die Beweislast, welche Kosten zu

---

[631] BGH v. 24.06.1955 – I ZR 178/53 – BGHZ 17, 376, 383 = NJW 1955, 1356, 1357 – Betriebsfeiern; LG Berlin v. 07.09.1995 – 16 S 9/95 – ZUM 1998, 673, 674.

[632] BGH v. 22.01.1986 – I ZR 194/83 – BGHZ 97, 37, 49 = NJW 1987, 1405, 1408 – Filmmusik; BGH v. 15.10.1987 – I ZR 96/85 – GRUR 1988, 296, 297 – GEMA-Vermutung IV.

[633] BGH v. 22.01.1986 – I ZR 194/83 – BGHZ 97, 37, 50 = NJW 1987, 1405, 1408 – Filmmusik; BGH v. 15.10.1987 – I ZR 96/85 – GRUR 1988, 296, 299 – GEMA-Vermutung IV.

[634] BGH v. 22.01.1986 – I ZR 194/83 – BGHZ 97, 37, 50 = NJW 1987, 1405, 1408 – Filmmusik; BGH v. 15.10.1987 – I ZR 96/85 – GRUR 1988, 296, 299 – GEMA-Vermutung IV.

[635] *v. Wolff*, in: Wandtke/Bullinger, UrhR, 3. Aufl. 2009, § 97 Rn. 79; *Nordemann*, in: Fromm/Nordemann, Urheberrecht, 10. Aufl. 2008, § 97 Rn. 99; *Wandtke*, GRUR 2000, 942, 948.

[636] BGH v. 02.11.2000 – I ZR 246/98 – NJW 2001, 2173, 2174; *v. Wolff*, in: Wandtke/Bullinger, UrhR, 3. Aufl. 2009, § 97 Rn. 68; anders LG München v. 25.04.2002 – 7 O 16110/01 – ZUM-RD 2002, 489, das dem Rechteinhaber nur den durch die Rechtsverletzung erlangten Mehrerlös zugesteht.

diesen sog. Gemeinkosten zählen und welche speziell für die jeweilige Rechteverwertung aufgewandt wurden, trägt der Verletzer.[637]

(3) Angemessene Lizenzgebühr

252 Als letzte – seit langem gewohnheitsrechtlich anerkannte[638] und in § 97 Abs. 2 Satz 3 UrhG normierte – Berechnungsmöglichkeit der Schadenshöhe bleibt noch die Lizenzanalogie, d. h. den Betrag zu verlangen, der vernünftigerweise als Lizenz gezahlt worden wäre. Dahinter steht der Gedanke, dass derjenige, der unberechtigt eine Fotografie nutzt, nicht besser stehen soll als derjenige, der dies berechtigt macht. Damit wird ein Lizenzvertrag quasi fingiert.[639] Aus diesem Grunde ist die Berechnung der Schadenshöhe im Wege der Lizenzanalogie überall dort zulässig, wo Lizenzverträge geschlossen werden können und auch üblich sind.[640] Es kommt dabei nicht darauf an, ob der Verletzte eine solche Lizenz an den Verletzer hätte erteilen wollen. Ebenso ist es unerheblich, ob er dieses hätte können (z. B. weil die Lizenz noch nicht an einen Dritten vergeben wurde). Schließlich wendet die neuere Rechtsprechung die Lizenzanalogie nunmehr auch in Bereichen an, in denen eine Nutzungsüberlassung auf dem Lizenzwege überhaupt nicht möglich wäre, wie z. B. bei einer schwerwiegenden Beeinträchtigung des Persönlichkeitsrechtes.[641] Zu beachten ist aber, dass ein Lizenzvertrag nur „quasi fingiert" wird. Er entsteht nicht tatsächlich, denn bei der Lizenzanalogie handelt es sich nur um eine Methode zur Berechnung der Schadenshöhe. Aus diesem Grund bleibt es dem Verletzten vorbehalten, noch weitere Unterlassungs- oder Schadensersatzansprüche geltend zu machen.[642]

253 Bei der **Berechnung der konkreten Höhe** der zu zahlenden fiktiven Lizenz ist darauf abzustellen, was „bei einer vertraglichen Einräumung ein vernünftiger Lizenzgeber gefordert und ein vernünftiger Lizenznehmer gewährt hätte, wenn beide die im Zeitpunkt der Entscheidung gegebene Sachlage gekannt hätten"[643]. Zur Bestimmung dieser Summe kann zum einen die Bedeutung des Bildes und der Umfang der wirtschaftlichen Nutzungsmöglichkeiten herangezogen werden. Zum anderen sind bereits existierende Tarifvergütungen im Fotobereich als Richtwert zu berücksichtigen. Hierbei ist insbesondere die jährliche Zusammenstellung der Honorar- und Konditionsstrukturen der Mittelstandsgemeinschaft Foto-Marketing (MFM) mit dem Titel „Bildhonorare" zu nennen. Diese ist in der Rechtsprechung bereits als verlässliche Marktübersicht aner-

---

[637] BGH v. 02.11.2000 – I ZR 246/98 – NJW 2001, 2173, 2175, *v. Wolff*, in: Wandtke/Bullinger, UrhR, 3. Aufl. 2009, § 97 Rn. 68; *Lütje*, in: Möhring/Nicolini, Urheberrechtsgesetz, 2. Aufl. 2000, § 97 Rn. 171.

[638] RG GRUR 1934, 627; v. Wolff, in: Wandtke/Bullinger, UrhR, 3. Aufl. 2009, § 97 Rn. 69; *Nordemann*, in: Fromm/Nordemann, Urheberrecht, 10. Aufl. 2008, § 97 Rn. 86.

[639] LG Leipzig v. 23.10.2001 – 5 O 5288/01 – GRUR 2002, 424, 425 – Hirschgewand; BGH v. 24.01.1975 – I ZR 106/73 – GRUR 1975, 323, 324 – Geflügelte Melodie; BGH v. 22.03.1990 – I ZR 59/88 – GRUR 1990, 1008, 1009 – Lizenzanalogie.

[640] BGH v. 12.01.1966 – Ib ZR 5/64 – BGHZ 44, 372, 374 = NJW 1966, 823, 823 – Meßmer-Tee II; BGH v. 22.03.1990 – I ZR 59/88 – GRUR 1990, 1008, 1009 – Lizenzanalogie.

[641] Unter ausdrücklicher Aufgabe der bis dahin geltenden Rechtsprechung: BGH v. 26.10.2006 – I ZR 182/04 – GRUR 2007, 139, 141 – Rücktritt des Finanzministers.

[642] BGH v. 05.07.2001 – I ZR 311/98 – GRUR 2002, 248, 252 – SPIEGEL-CD-ROM; *v. Wolff* in: Wandtke/Bullinger, UrhR, 3. Aufl. 2009, § 97 Rn. 72.

[643] BGH v. 12.01.1966 – Ib ZR 5/64 – BGHZ 44, 372, 380 f. = NJW 1966, 823, 823 ff. – Meßmer Tee II; BGH v. 22.03.1990 – I ZR 59/88 – GRUR 1990, 1008, 1009 f. – Lizenzanalogie; *v. Wolff*, in: Wandtke/Bullinger, UrhR, 3. Aufl. 2009, § 97 Rn. 74.

kannt worden.[644] Im Printbereich sollten die „Tariflichen Honorarsätze für arbeitnehmerähnliche Freie an Tageszeitungen" beachtet werden. Letztendlich liegt es aber an dem Gericht, die genaue Höhe im Rahmen einer freien Beweiswürdigung nach § 287 ZPO zu schätzen. Je mehr konkrete Anhaltspunkte dem Gericht dabei geliefert werden, umso genauer kann die richterliche Schätzung ausfallen.

b) Unterlassungsansprüche

Auch der urheberrechtliche **Unterlassungsanspruch** ergibt sich aus § 97 Abs. 1 *254* Satz 1 UrhG.[645] Die Voraussetzungen für den Unterlassungsanspruch aus § 97 Abs. 1 Satz 1 UrhG entsprechen weitestgehend denen für den Schadensersatz nach § 97 Abs. 2 Satz 1 UrhG. Für einen Anspruch auf Unterlassung einer Urheberrechtsbeeinträchtigung, wie z. B. der unberechtigten Ausstellung einer Fotografie oder das unberechtigte Hochladen ins Internet, ist es indes nicht erforderlich, dass die Rechtsverletzung verschuldet wurde. Dies ist damit zu begründen, dass von einem Verletzer die Aufgabe seines Verhaltens auch dann verlangt werden können muss, wenn er die Urheberrechtsverletzung gar nicht wollte oder von ihr nicht wusste. Zum einen wäre ansonsten dem Missbrauch Tür und Tor geöffnet. Zum anderen würde sonst der Schutz des Urhebers systematisch ausgehöhlt. Fehlt ein Verschulden, dann besteht unter den weiteren Voraussetzungen des § 100 UrhG die Möglichkeit des Verletzers, eine Geldentschädigung zu zahlen und so den Unterlassungsanspruch zu umgehen. Mit der Zahlung der Geldentschädigung gilt die Einwilligung des Verletzten zur Verwertung im üblichen Umfang als erteilt.

Als zusätzliche Voraussetzung gegenüber einem Schadensersatzanspruch muss für einen Unterlassungsanspruch eine Wiederholungsgefahr bzw. – bei noch bevorstehender Rechtsbeeinträchtigung – eine Erstbegehungsgefahr vorliegen. Das Erfordernis der Wiederholungs- bzw. Erstbegehungsgefahr ergibt sich aus dem Gedanken, dass sonst ein Anspruch auf Unterlassen überflüssig wäre.

aa) Wiederholungsgefahr

Eine **Wiederholungsgefahr** besteht bereits dann, wenn nur eine einzige Rechtsverlet *255* zung vorgenommen wurde, wenn z. B. ein Foto nur einmal in das Internet hochgeladen wurde. Bereits eine Handlung erlaubt den Verdacht, dass eine weitere Rechtsverletzung bevorsteht. Ein solcher Verdacht wird dadurch noch untermauert, dass der Verletzer seine Handlung vor Gericht verteidigt. Er entfällt von alleine nur unter ganz besonderen Umständen dann, wenn eine weitere Verletzung nur noch theoretisch möglich erscheint.[646]

---

[644] BGH v. 06.10.2005 – I ZR 266/02 – GRUR 2006, 136 – Pressefotos; OLG Brandenburg v. 15.05.2009 – 6 U 37/08 – GRUR-RR 2009, 413 – MFM-Bildhonorartabellen; OLG Düsseldorf v. 11.11.1997 – 20 U 31/97 – ZUM 1998, 668, 672 f.; LG Berlin v. 07.09.1995 – 16 S 9/95 – ZUM 1998, 673, 674; OLG Hamburg v. 13.06.2002 – 3 U 168/00 – MMR 2002, 677, 679.

[645] Der Vollständigkeit halber sei an dieser Stelle kurz auf § 14 UrhG verwiesen, der den Urheber vor verfälschenden und entstellenden Eingriffen in sein Werk schützt und z. B. bei digitaler Bearbeitung fremder Bilder in Betracht kommen kann, ansonsten im Foto-Bereich aber eine eher geringe Rolle spielt. Vgl. dazu Rn. 97 ff.

[646] BGH v. 04.12.1956 – I ZR 106/55 – GRUR 1957, 348, 349 f. – Klasen-Möbel; *Lütje*, in: Möhring/Nicolini, Urheberrechtsgesetz, 2. Aufl. 2000, § 97 Rn. 121; *v. Wolff*, in: Wandtke/ Bullinger, UrhR, 3. Aufl. 2009, § 97 Rn. 36.

Ansonsten kann dieser Verdacht aber von dem Verletzer selbst durch die Abgabe einer **strafbewehrten Unterlassungserklärung** abgewendet werden. Eine einfache Absichtserklärung, in der keine oder nur eine unzureichende Sanktion für eine Zuwiderhandlung in Aussicht gestellt wird, reicht nicht aus, denn sie legt nur einen Anspruch des Rechteinhabers vertraglich fest, der ihm vom Gesetz sowieso zugestanden wird.

Die strafbewehrte Unterlassungserklärung stellt eine vertragliche Vereinbarung dar, in der sich der Verletzer verpflichtet, weitere Verletzungshandlungen zu unterlassen und für den Fall einer Zuwiderhandlung eine festgelegte Vertragsstrafe zu zahlen. Die alleinige Abgabe einer mit einer ausreichenden Sanktion belegten Unterlassungserklärung reicht aus, um die gerichtliche Durchsetzbarkeit eines Unterlassungsanspruches scheitern zu lassen. Dies gilt natürlich nur, soweit keine weitere Verletzungshandlung vorliegt. Dieses Resultat wird entweder prozessual mit einem fehlenden Rechtsschutzbedürfnis[647] oder materiell mit einer fehlenden Wiederholungsgefahr begründet.[648] Will der Verletzte aus der Unterlassungserklärung aber die versprochene Summe fordern, ist es erforderlich, dass diese Erklärung von ihm angenommen wird. Ist dies geschehen, dann kann der Verletzte gegen den Verletzer im Fall einer Rechtsverletzung neben den üblichen Unterlassungs- und Schadensersatzansprüchen noch einen Zahlungsanspruch aus der strafbewehrten Unterlassungserklärung geltend machen. Folgt eine weitere Verletzungshandlung, dann reicht es zur Abwehr einer weiteren Unterlassungsklage nicht aus, dieselbe strafbewehrte Unterlassungserklärung nochmals abzugeben. Die Verletzungshandlung hat gezeigt, dass die Höhe der Strafe nicht abschreckend genug war. Aus diesem Grund muss bei einer folgenden Unterlassungserklärung die Höhe der Vertragsstrafe deutlich angehoben werden.[649]

bb) Erstbegehungsgefahr

256 Eine **Erstbegehungsgefahr** besteht, wenn die Gefährdung eines Rechts oder ein erheblicher Anlass zur Besorgnis einer solchen Gefährdung vorliegt. Eine solche Gefahr wird durch Vorbereitungshandlungen indiziert.[650] Sie ist z. B. dann gegeben, wenn die das Recht gefährdende oder verbleibende Handlung beworben wird;[651] sich der Verletzer berühmt, zu der beanstandeten Handlung berechtigt zu sein und sich auch in Zukunft dementsprechend zu verhalten[652] oder eine betriebsinterne Anweisung zur Vornahme verletzender Handlungen vorliegt.[653] Um eine Erstbegehungsgefahr auszuräumen, ist es – anders als bei der Wiederholungsgefahr – nicht notwendig, eine strafbewehrte Unterlassungserklärung abzugeben. Vielmehr bedarf es nur eines über das Einstellen der Vorbereitungshandlungen hinausgehenden Verhaltens, wie z. B. des Widerrufes oder des Fallenlassens einer gewissen Behauptung oder des Rückgängigmachens der Vorbereitungshandlungen.[654]

---

[647] BGH v. 09.11.1979 – I ZR 24/78 – GRUR 1980, 241, 242 – Rechtsschutzbedürfnis; OLG Frankfurt v. 05.07.1984 – 6 U 100/83 – GRUR 1985, 82 m.w.N.

[648] *Teplitzky*, GRUR 1983, 609, 610.

[649] *v. Wolff*, in: Wandtke/Bullinger, UrhR, 3. Aufl. 2009, § 97 Rn. 38.

[650] BGH v. 26.06.1963 – Ib ZR 127/63 – GRUR 1964, 94, 95 f. – Tonbandgeräte-Händler; *Lütje*, in: Möhring/Nicolini, Urheberrechtsgesetz, 2. Aufl. 2000, § 97 Rn. 128.

[651] BGH v. 22.01.1960 – I ZR 41/58 – GRUR 1960, 340, 343 – Werbung für Tonbandgeräte.

[652] BGH v. 26.10.1951 – I ZR 8/51 – BGHZ 3, 270, 276 f. = NJW 1952, 660; BGH v. 09.10.1986 – I ZR 158/84 – GRUR 1987, 125, 126 – Berühmung.

[653] BGH v. 25.09.1970 – I ZR 47/69 – GRUR 1971, 119, 120 – Branchenverzeichnis.

[654] BGH v. 09.10.1986 – I ZR 158/84 – GRUR 1987, 125, 126 – Berühmung; BGH v. 31.05.2001 – I ZR 106/99 – BB 2001, 1546 – Berühmungsaufgabe; *Lütje*, in: Möhring/Nicolini, Urheberrechtsgesetz, 2. Aufl. 2000, § 97 Rn. 133.

c) Beseitigungsansprüche

Der **Beseitigungsanspruch** ergibt sich ebenfalls aus § 97 Abs. 1 Satz 1 UrhG. Sach- 257
lich stellt er eine Fortführung und Ergänzung des Unterlassungsanspruches dar. Daher erfordert er auch kein Verschulden. Aus seiner Natur ergibt sich, dass es darüber hinaus auch keiner Wiederholungsgefahr bedarf. Gerade im Fotobereich kann dem Beseitigungsanspruch eine Bedeutung zukommen, die über die der Unterlassungsansprüche weit hinausgeht. Es kann für einen Fotografen, dessen Werke regelmäßig in einer Zeitschrift oder im Internet ohne den Vermerk seiner Urheberschaft dargestellt werden (Verstoß gegen § 13 UrhG), häufig (wirtschaftlich) wichtiger sein als Urheber des Werkes weithin bekannt zu werden, als nur das Unterlassen der Weiterverbreitung zu verlangen.[655]

Der Beseitigungsanspruch unterscheidet sich von der **Rechtsfolge** von dem gem. §§ 249 ff. BGB auf Wiederherstellung des ursprünglichen Zustandes gerichteten Schadensersatzanspruch: er ist nicht auf den Ausgleich eingetretener, sondern auf die Vermeidung künftiger Schäden gerichtet. Bei dem Beseitigungsverlangen ist der Verhältnismäßigkeitsmaßstab zu berücksichtigen.[656]

Die Kosten für eine Beseitigung hat der Verletzer zu tragen. Nimmt der Verletzte die Beseitigungshandlung selber vor, kann er die Kosten im Rahmen des Schadensersatzanspruches geltend machen.[657]

d) Vernichtungs-, Rückruf- und Überlassungsansprüche

Neben den Schadensersatz- und Unterlassungsansprüchen stehen dem Urheber einer 258
Fotografie auch **Vernichtungs-, Rückruf- und Überlassungsansprüche** zu. Dabei stellt der Vernichtungsanspruch eine Konkretisierung des Beseitigungsanspruches nach § 97 Abs. 1 Satz 1 UrhG dar und hat dieselben Voraussetzungen. Alle drei verschuldensunabhängigen Ansprüche ergeben sich aus § 98 Abs. 1 bis Abs. 3 UrhG. Die Vernichtungs- und Überlassungsansprüche beziehen sich nur auf die Bilder, die sich noch im Besitz oder Eigentum des Verletzers befinden. Darüber hinaus kann der Verletzer verpflichtet werden, rechtswidrig hergestellte, verbreitete oder zur Verbreitung bestimmte Vervielfältigungsstücke zurückzurufen.

Dabei dienen § 98 Abs. 4 UrhG und § 100 UrhG dazu, den Verhältnismäßigkeitsmaßstab zu wahren: nach § 98 Abs. 4 UrhG sind Vernichtungs-, Rückruf- und Überlassungsansprüche ausgeschlossen, wenn die jeweilige Maßnahme unverhältnismäßig ist. Nach § 100 UrhG besteht wie bei den Unterlassungs- und Beseitigungsansprüchen die Möglichkeit, unter gewissen Umständen eine Geldentschädigung zu zahlen und so den Vernichtungs-, Rückruf- oder Überlassungsanspruch zu umgehen.

---

[655] OLG Düsseldorf v. 09.05.2006 – 20 U 138/05 – GRUR-RR 2006, 393 – Informationsbroschüre; LG München I v. 18.09.2008 – 7 O 8506/07 – MMR 2009, 137.

[656] BGH v. 08.06.1989 – I ZR 135/87 – GRUR 1995, 668, 669 f. – Emil Nolde; *Lütje*, in: Möhring/Nicolini, Urheberrechtsgesetz, 2. Aufl. 2000, § 97 Rn. 112; *Schack*, Urheber- und Urhebervertragsrecht, 5. Aufl. 2010, Rn. 795.

[657] BGH v. 24.12.1961 – VII ZR 153/60 – GRUR 1962, 261 f. – Öl regiert die Welt; *Lütje*, in: Möhring/Nicolini, Urheberrechtsgesetz, 2. Aufl. 2000, § 97 Rn. 114; *v. Wolff*, in: Wandtke/Bullinger, UrhR, 3. Aufl. 2009, § 97 Rn. 44.

Neben den Vernichtungs- und Überlassungsansprüchen können die Schadensersatzansprüche geltend gemacht werden, ohne dass dies einen Einfluss auf die Berechnung der Schadenshöhe hat.[658]

§ 98 Abs. 1 Satz 2 UrhG **dehnt** die Vernichtungsansprüche auf solche im Eigentum des Verletzers stehenden Vorrichtungen aus, die vorwiegend zur rechtswidrigen Herstellung von Vervielfältigungsstücken gedient haben.

e) Auskunftsansprüche

Dem Verletzten stehen unterschiedliche Arten von Auskunftsansprüchen zur Seite:

259   Zunächst steht ihm im Rahmen der Schadensersatzansprüche ein Anspruch auf **Auskunft und Rechnungslegung** zu. Dieser ist nicht ausdrücklich normiert. Er ist aber von der Rechtsprechung gewohnheitsrechtlich anerkannt. Als gesetzlicher Anknüpfungspunkt hierfür werden die §§ 259 i. V. m. 242 BGB herangezogen. Der Gedanke, der hinter diesem Auskunftsanspruch bzw. hinter dieser Auskunftspflicht steht, ist, dass es für den Verletzer deutlich einfacher ist, Auskunft über das Bestehen und den Umfang der Schadensersatzpflicht zu erteilen als für den Verletzten, diese Informationen zu ermitteln.[659] So kann z. B. der verletzte Urheber im Gegensatz zum Verletzer nur schwer feststellen, wie viele gewerbliche Handzettel, auf denen unberechtigterweise eines seiner Fotos dargestellt ist, tatsächlich hergestellt und verbreitet wurden oder in welchem Umfang die Internet-Seite des Verletzers besucht wurde. Der Auskunftsanspruch erfordert im Weiteren eine besondere rechtliche Beziehung zwischen den Parteien, die vertraglicher oder gesetzlicher Natur (so z. B. ein Anspruch aus unerlaubter Handlung) sein kann.[660] Der Anspruch ist nicht zeitlich durch die vom Verletzer nachgewiesene erste Verletzungshandlung begrenzt.[661] Er richtet sich auf alle Tatsachen, die zur Berechnung des Schadens nach jeder einzelnen der genannten Berechnungsarten (tatsächlicher Schaden, Verletzergewinn oder angemessene Lizenzgebühr) erforderlich sind und umfasst damit z. B. Verkaufszahlen und tatsächlich erzielte Gewinne. Zu beachten ist bei dem Auskunfts- und Rechnungslegungsanspruch, dass dieser nur zur Bezifferung des Schadensersatzanspruches dient, nicht aber dafür ausgenutzt werden darf, den potentiellen Mitbewerber auszuforschen. Wenn die Gefahr einer Ausforschung nicht besteht, kann sich der Auskunftsanspruch auch auf andere Schutzgegenstände, z. B. auf andere Fotos beziehen.[662] Um eine Ausforschung zu vermeiden besteht unter strengen Voraussetzungen die Möglichkeit, dass die Auskunft nur unter einem **Wirtschaftsprüfervorbehalt** eingeräumt wird.[663] Dies bedeutet, dass die Auskünfte nicht direkt an den Verletzten, sondern nur über

---

658 BGH v. 24.06.1993 – I ZR 148/91 – GRUR 1993, 899, 900 – Dia-Duplikate; *Lütje*, in: Möhring/Nicolini, Urheberrechtsgesetz, 2. Aufl. 2000, § 98 Rn. 6.

659 BGH v. 07.12.1979 – I ZR 157/77 – GRUR 1980, 227, 232 – Monumenta Germaniae Historica; BGH v. 13.07.1973 – I ZR 101/72 – GRUR, 1974, 53, 54 f. – Nebelscheinwerfer; LG Berlin v. 14.10.1999 – 16 O 16/99 – ZUM 2000, 73, 77; *v. Wolff*, in: Wandtke/Bullinger, UrhR, 3. Aufl. 2009, § 98 Rn. 45.

660 BGH v. 05.06.1985 – I ZR 53/83 – BGHZ 95, 274, 279 = NJW 1986, 1244, 1245 – GEMA-Vermutung I; BGH v. 13.06.1985 – I ZR 35/83 – BGHZ 95, 285, 288 = NJW 1986, 1247, 1248 – GEMA-Vermutung II; *Schack*, Urheber- und Urhebervertragsrecht, 45. Aufl. 2010, Rn. 788.

661 BGH 19.07.2007 – I ZR 93/04 – GRUR 2007, 877, 879 – Windsor Estate.

662 BGH v. 29.04.2010 – I ZR 68/08 – NJW 2010, 2354, 2357 – Restwertbörse.

663 BGH v. 07.12.1979 – I ZR 157/77 – GRUR 1980, 227, 233 – Monumenta Germaniae Historica; BGH v. 22.11.1957 – I ZR 144/56 – GRUR 1958, 346, 348 – Spitzenmuster.

einen dazwischen geschalteten Wirtschaftsprüfer herausgegeben werden, der über die Weitergabe und die Erforderlichkeit der Daten für die Berechnung der Schadenersatzhöhe wacht.

Darüber hinaus gibt § 101 Abs. 1 UrhG dem Verletzten einen weitgehenden, ver- *260* schuldensunabhängigen Anspruch auf Auskunftserteilung gegenüber einem Verletzer, der in gewerblichem Ausmaß tätig ist. Von diesem kann der Verletzte die unverzügliche **Auskunftserteilung über die Herkunft und die Vertriebswege** dieser Vervielfältigungsstücke verlangen. Der genaue Umfang der Auskunftspflicht ergibt sich aus § 101 Abs. 3 UrhG und umfasst u. a. den Namen und die Anschrift des Lieferanten und anderer Vorbesitzer der Vervielfältigungsstücke sowie Angaben über die Menge und die Preise der hergestellten Vervielfältigungsstücke. Der Auskunftsanspruch ist dabei aber nicht allumfassend, sondern dem Umfang nach auf den Nachweis der konkreten Rechtsverletzung beschränkt.[664]

Das gewerbliche Ausmaß bestimmt sich über die Anzahl und die Schwere der Rechtsverstöße. Im Einzelnen ist derzeit noch nicht höchstrichterlich entschieden, ab wann ein **gewerbliches Ausmaß** im Fotobereich vorliegt. Bei anderen Werkarten wurde ein gewerbliches Ausmaß regelmäßig angenommen, wenn besonders umfangreiche Dateien, etwa ein vollständiger Kinofilm, ein Musikalbum oder ein Hörbuch, vor oder unmittelbar nach ihrer Veröffentlichung in Deutschland widerrechtlich im Internet einer unbestimmten Vielzahl von Dritten zugänglich gemacht wurden.[665] Dabei kann dies auch bei rein privatem Handeln zu bejahen sein. Entscheidend ist, dass dieses Handeln ein Ausmaß aufweist, wie dies üblicherweise mit einer auf einem gewerblichen Handeln beruhenden Rechtsverletzung verbunden ist.[666] In der obergerichtlichen Rechtsprechung ist noch nicht abschließend geklärt, inwieweit das einmalige Herunter- und/oder Heraufladen in eine Internet-Tauschbörse ein gewerbliches Ausmaß begründen kann.[667]

Die Bedeutung dieses Auskunftsanspruches folgt insbesondere daraus, dass er in Fällen der offensichtlichen Rechtsverletzung auch gegenüber **Internet-Providern**, geltend gemacht werden kann (§ 101 Abs. 2 Satz 1 Nr. 3 UrhG) und dies sogar im Wege des einstweiligen Rechtsschutzes (§ 101 Abs. 7 UrhG). Bei der Auskunftserteilung ist allgemein zu beachten, dass eine richterliche Anordnung des Landgerichtes, in dessen Bezirk der Auskunftsverpflichtete seinen (Wohn-)Sitz oder eine Niederlassung hat, erforderlich ist, wenn die Auskunft nur unter der Verwendung von Daten, die bei der Erbringung eines Telekommunikationsdienstes erhoben, verarbeitet oder genutzt werden (sog. Verkehrsdaten, z. B. Anschlussnummer, Uhrzeit und Dauer der Verbindung), erteilt werden kann.

Einen weitgehenden Anspruch auf **Vorlage und Besichtigung** zur Erlangung *261* von Beweismitteln regelt § 101a Abs. 1 Satz 1 UrhG. Auch dieser Anspruch kann im

---

[664] OLG Hamburg v. 03.12.2008 – 5 U 143/03 – ZUM 2009, 482 – Bauhaus aus Italien II.
[665] OLG Karlsruhe v. 01.09.2009 – 6 W 47/09 – GRUR-RR 2009, 379. Ablehnend bei einem Computerspiel, das sich bereits drei Monate auf dem Markt befand: OLG Zweibrücken v. 27.10.2008 – 3 W 184/08 – GRUR 2009, 12.
[666] OLG Köln v. 09.02.2009, – 6 W 182/08 – GRUR-RR 2009, 299.
[667] Ablehnend: OLG Zweibrücken v. 27.10.2008 – 3 W 184/08 – GRUR 2009, 12; OLG Oldenburg v. 01.12.2008, – 1 W 76/08 – GRUR-RR 2009, 299, Bejahend: OLG Schleswig, v. 05.02.2010, – 6 W 26/09 – GRUR-RR 2010, 239; OLG Köln v. 27.12.2010 – 6 W 155/10 – GRUR-RR 2011, 85.

Wege des einstweiligen Rechtsschutzes durchgesetzt werden und kann so ein wirksames Mittel sein, um schnell erforderliche Beweismittel zu erhalten. Die hinreichende Wahrscheinlichkeit einer Urheberrechtsverletzung vorausgesetzt, kann vom potentiellen Verletzer die Vorlage von Urkunden (z. B. Rechnungen oder Lizenzverträge) oder die Besichtigung von Sachen (z. B. Ausstellungsstücken) verlangt werden, die sich in seiner Verfügungsgewalt befinden, wenn dies zur Begründung des Anspruchs erforderlich ist. Besteht eine hinreichende Wahrscheinlichkeit für ein gewerbliches Ausmaß der Rechtsverletzung, umfasst dieser Anspruch sogar die Vorlage von Bank-, Finanz- oder Handelsunterlagen (§ 101a Abs. 1 Satz 2 UrhG) wie z. B. Kontoauszüge oder Steuerbescheide. Sofern der Verletzer geltend macht, dass es sich bei den fraglichen Informationen um vertrauliche Informationen handelt, hat das Gericht Maßnahmen zu ergreifen, um diese Vertraulichkeit zu wahren. Dies kann z. B. ein Wirtschaftsprüfervorbehalt sein.

262 Schließlich steht dem Rechteinhaber gem. § 101b Abs. 1 Satz 1 UrhG zur **Sicherung von Schadensersatzansprüchen** im Falle der Rechtsverletzung im gewerblichen Ausmaß ein auch im einstweiligen Rechtsschutz durchsetzbarer Anspruch auf Vorlage von Bank-, Finanz- oder Handelsunterlagen oder auf den geeigneten Zugang zu den entsprechenden Unterlagen zu, wenn diese sich in der Verfügungsgewalt des Verletzers befinden, sie für die Durchsetzung des Schadensersatzanspruches erforderlich sind und wenn ohne die Vorlage die Erfüllung des Schadensersatzanspruches fraglich ist. Dies ist z. B. dann der Fall, wenn der Verletzer seiner Schadensersatzverpflichtung nicht nachkommt und der Verletzte nicht genügend Informationen über das Vermögen des Verletzers hat, um seinen Anspruch wirksam durchsetzen zu können.

2. Ansprüche aus dem allgemeinen Zivilrecht

263 Neben den speziell urheberrechtlichen Anspruchsgrundlagen kommen bei unberechtigter Nutzung auch noch die des allgemeinen Zivilrechts in Frage, die auch dann greifen, wenn z. B. das Eigentumsrecht an einer Kamera beeinträchtigt wird.

Falls zwischen verletztem Urheber und Verletzer eine vertragliche Vereinbarung über eine begrenzte Nutzung des Werkes vorlag, diese Grenze aber überschritten wurde, kommen **sekundärvertragliche** Ansprüche in Betracht, wie z. B. ein Anspruch auf Schadensersatz oder Rücktritt vom Vertrag.

Im Weiteren ermöglichen allgemeine zivilrechtliche Ansprüche dem Rechteinhaber die Herausgabe des Verletzergewinns[668] oder die Rückabwicklung eines unwirksamen Lizenzvertrages.[669] Im Rahmen der **deliktischen Ansprüche** ist § 823 Abs. 1 BGB zwar subsidiär zu § 97 Abs. 1 Satz 1 UrhG. Anwendbar bleibt aber § 823 Abs. 2 BGB i. V. m. §§ 106-108 UrhG (urheberrechtliche Straftatbestände) für den Fall, dass die Urheberrechtsverletzung bereits die Grenze zur Strafbarkeit überschreitet.

264 Die Anwendbarkeit der allgemeinen Ansprüche war vor dem Schuldrechtsmodernisierungsgesetz vom 26.11.2001 vor allem wegen der unterschiedlichen Verjährungsfristen interessant. Durch die Änderung der regelmäßigen Verjährung auf 3 Jahre (§ 195 BGB) sowie die Änderung des § 102 UrhG, der nunmehr auf die allgemeinen

---

[668] So z. B. der Anspruch aus einer **Geschäftsführung ohne Auftrag** gem. §§ 687 Abs. 2, 681 Satz 2, 667 BGB.

[669] Hier kommt z. B. ein Anspruch aus **ungerechtfertigter Bereicherung** gem. § 812 Abs. 1 Satz 1 Var. 1 BGB (Leistungskondiktion) in Betracht.

Verjährungsvorschriften des BGB verweist, ist dieser Grund weitestgehend weggefallen. So besteht heute nicht mehr die Diskrepanz zwischen einer 30jährigen Verjährung des Bereicherungsrechtes und einer 3jährigen Verjährung des Urheberrechtes. Dennoch bestehen weiterhin Fälle, in denen über das allgemeine Zivilrecht ein Anspruch konstruiert werden kann, der einem verschuldensunabhängigen Schadensersatzanspruch ähnelt, bei dem die Schadenshöhe im Wege der Lizenzanalogie festgestellt wird.[670]

3. Durchsetzung urheberrechtlicher Ansprüche

Es reicht nicht aus, einen Anspruch zu haben. Man muss ihn auch durchsetzen kön- **265** nen, denn ansonsten ist er wertlos. Deswegen soll zum Abschluss dieses Teils darauf eingegangen werden, welche Möglichkeiten dem verletzten Rechteinhaber hierfür zur Verfügung stehen. Dabei kann zwischen den außergerichtlichen und den gerichtlichen Möglichkeiten unterschieden werden.

a) Außergerichtliche Durchsetzungsmöglichkeiten

Vor der gerichtlichen Geltendmachung der Ansprüche bei unberechtigter Nutzung **266** empfiehlt es sich für den Verletzten, dem Verletzer eine **Abmahnung** zukommen zu lassen. Dies ist zwar keine Voraussetzung dafür, den Prozess führen zu können. Allerdings soll nach dem Gesetz vor der Einleitung von gerichtlichen Schritten auf Unterlassung eine solche Abmahnung (ggf. verbunden mit der Aufforderung zur Abgabe einer strafbewehrten Unterlassungserklärung) erfolgen. Unterbleibt diese, wird eine spätere Klage aber nicht unzulässig.

Dabei schützt eine Abmahnung den Verletzten vor dem Risiko, dass der Verletzer sofort zu Beginn des Prozesses den Anspruch anerkennt und der klagende Rechteinhaber nach § 93 ZPO die Kosten des Verfahrens tragen muss, obwohl er den Prozess eigentlich gewonnen hat. Des Weiteren verliert ein schuldlos handelnder Verletzer mit der ersten Abmahnung den guten Glauben an die Rechtmäßigkeit seines Verhaltens. Setzt er trotzdem sein rechtswidriges Verhalten fort, macht er sich schadensersatzpflichtig.[671]

---

[670] So begründen bereicherungsrechtliche Ansprüche einen verschuldensunabhängigen Herausgabeanspruch. Dieser soll zwar keinen Schaden ersetzen, sondern nur die Bereicherung des Verletzers abschöpfen, zwingt den Verletzer aber dennoch zur Herausgabe des erlangten Etwas. Da der Verletzer in die ausschließlich dem Rechteinhaber zustehenden Benutzungsrechte eingegriffen hat, ist der Gebrauch des immateriellen Schutzgegenstandes dieses erlangte Etwas (vgl. BGH v. 24.11.1981 – X ZR 7/80 – BGHZ 82, 299, 305 ff. = NJW 1982, 1154, 1155 f. – Kunststoffhohlprofil II; BGH v. 29.04.2010 – I ZR 68/08 – NJW 2010, 2354, 2357 – Restwertbörse). Weil die Herausgabe eines solchen Vorteiles nicht möglich ist, muss der Verletzer gemäß § 818 Abs. 2 BGB dessen Wert ersetzen. Dieser Wert bestimmt sich im Wege der Lizenzanalogie durch die Höhe einer angemessenen Lizenz (vgl. BGH v. 02.07.1971 – I ZR 58/70 – BGHZ 56, 317, 322 = NJW 1971, 2023, 2024 – Gasparone I; BGH v. 29.04.2010 – I ZR 68/08 – NJW 2010, 2354, 2357 – Restwertbörse). Eine Entreicherung gem. § 818 Abs. 3 BGB kommt dabei praktisch nicht in Betracht, da es sich um einen rein rechnerischen Vermögenszuwachs handelt. Außerdem bleibt der Nutzungswert in Höhe der Lizenzgebühr weiterhin im Vermögen des Verletzers. Dies ist selbst dann der Fall, wenn er ihn nicht gewinnbringend einsetzt.

[671] *Nordemann*, in: Fromm/Nordemann, Urheberrecht, 10. Aufl. 2008, § 97 Rn. 38.

Die Abmahnung kann **formfrei** erfolgen und bedarf **keines gesetzlich vorgeschriebenen Inhaltes.**[672] Sie sollte aber zumindest die Aufforderung enthalten, zur Abwendung eines gerichtlichen Verfahrens in einer angemessenen Frist eine strafbewehrte Unterlassungserklärung[673] abzugeben und die genauen Umstände angeben, aus denen sich der Anspruch ergibt. Ebenfalls ist es ratsam, das erwartete zukünftige Verhalten eindeutig zu formulieren. Darüber hinaus sollte zur **Erleichterung des Beweises** die Abmahnung **schriftlich** abgefasst sein und in einer Form zugestellt werden, mit der auch der Zugang von dem Verletzten nachgewiesen werden kann, denn dieser Beweis wurde teilweise dem Rechteinhaber auferlegt.[674] Um von vornherein das Risiko von Streitigkeiten über die Vertretungsmacht auszuschließen, sollte der Abmahnung schließlich eine im Original unterzeichnete Vollmacht des Rechteinhabers beigelegt werden, wenn der Verletzer durch einen anderen als den Rechteinhaber (z. B. einen Rechtsanwalt) abgemahnt wird. Andernfalls besteht zumindest die Gefahr, dass der Verletzer die Abmahnung gem. § 174 Satz 1 BGB zurückweist.[675]

267   Ausnahmsweise kann auf eine Abmahnung dann **verzichtet werden**, wenn konkrete Anhaltspunkte vorliegen, die den Verdacht rechtfertigen, dass der Verletzer weder eine strafbewehrte Unterlassungserklärung abgeben noch sein Verhalten einstellen werde bzw. dies erst dann geschehen werde, wenn ein effektiver Rechtsschutz gar nicht mehr oder nur noch eingeschränkt möglich ist.[676]

Herauszustellen ist, dass der Abmahnende im Falle einer **unberechtigten Abmahnung** die dem Abgemahnten entstandenen Kosten (z. B. Rechtsanwaltskosten, Verdienstausfall) zu tragen hat.[677] Aus diesem Grund ist es empfehlenswert, insbesondere bei komplizierten Sachverhalten rechtlichen Rat einzuholen.

Diese Kosten für anwaltliche Dienstleistungen können im Falle einer berechtigten Abmahnung von dem Abgemahnten nach § 97a Abs. 1 Satz 2 UrhG herausverlangt werden. Bei erstmaligen Abmahnungen in einfach gelagerten Fällen mit einer nur unerheblichen Rechtsverletzung außerhalb des geschäftlichen Verkehres ist die **Pflicht zum Ersatz von Rechtsanwaltskosten** auf 100,00 € begrenzt (§ 97a Abs. 2 UrhG). Derzeit ist noch nicht höchstrichterlich entschieden, ab wann ein „einfach gelagerter Fall" und eine nicht „nur unerhebliche Rechtsverletzung" gegeben ist. So wurde beispielsweise die Nutzung eines urheberrechtlich geschützten Produktfotos für ein privates Verkaufsangebot bei eBay als einfach gelagerter Fall und nur unerhebliche Rechtsverletzung bezeichnet,[678] bei dem Hochladen von 964 Audio-Dateien in eine

---

[672] *Kefferpütz*, in: Wandtke/Bullinger, UrhR, 3. Aufl. 2009, § 97a Rn. 7.

[673] Vgl. oben Rn. 255.

[674] KG v. 21.10.1993 – 25 W 5805/93 – WRP 1994, 39, 40; OLG Dresden v. 10.09.1997 – 14 W 0854/97 – WRP 1997, 1201, 1203; *Kefferpütz*, in: Wandtke/Bullinger, UrhR, 3. Aufl. 2009, § 97a Rn. 7.

[675] Vgl. zur Rechtsprechung, nach der eine solche Vorlage erforderlich ist: OLG Düsseldorf v. 13.07.2000 – 20 W 37/00 – GRUR–RR 2001, 286 – T-Company L. P.; OLG Dresden v. 26.08.1998 – 14 W 1697/97 – NJWE-WettbR 1999, 140, 141; OLG Nürnberg v. 04.01.1991 – 3 W 3523/90 – WRP 1991, 522, 523.

[676] LG Hamburg v. 08.02.2000 – 312 O 668/99 – NJWE-WettbR 2000, 223.

[677] Vgl. zur unberechtigten Schutzrechtsverwarnung im Kennzeichenrecht den Beschluss des Großen Senates für Zivilsachen BGH v. 15.07.2005 – GSZ 1/04 – NJW 2005, 3141.

[678] OLG Brandenburg v. 03.02.2009 – 6 U 58/08 – MMR 2009, 258; AG Köln v. 31.03.2010 – 125 C 417/09 – K&R 2010, 526.

Internet-Tauschbörse die „nur unerhebliche Rechtsverletzung" hingegen verneint.[679] Kommt es zu einem späteren Prozess, so gehören die Kosten eines Abmahnschreibens zu den späteren Verfahrenskosten.[680]

b) Gerichtliche Durchsetzungsmöglichkeiten

Bei den gerichtlichen Durchsetzungsmöglichkeiten kann neben der **Klage** noch ein *268* Antrag auf **einstweiligen Rechtsschutz** gestellt werden. Welche Klageart erhoben wird und ob hierbei ein Antrag auf einstweiligen Rechtsschutz möglich ist, hängt von dem geltend gemachten Anspruch ab. So werden Unterlassungsansprüche typischerweise zunächst im Wege der einstweiligen Regelungsverfügung gem. §§ 935, 940 ZPO durchgesetzt. Anders hingegen mögliche Vernichtungsansprüche: diese können nicht im Wege einer einstweiligen Verfügung geltend gemacht werden, weil ansonsten unwiderrufbare Tatsachen geschaffen würden.[681]

Bei allen Klagearten sowie bei einem Antrag auf einstweiligen Rechtsschutz ist jeweils besonders zu beachten, welches Gericht zuständig ist und welche Personen bzw. gegenüber welchen Personen diese geltend gemacht werden können.

aa) Zuständigkeit

Bei der Frage des zuständigen Gerichtes muss zwischen drei Arten der Zuständigkeit *269* unterschieden werden, nämlich der sachlichen, der funktionalen und der örtlichen Zuständigkeit.

Bzgl. der **sachlichen Zuständigkeit** ergeben sich keine Besonderheiten zu anderen zivilrechtlichen Ansprüchen. Sie bestimmt sich auch hier gem. §§ 23, 71 GVG nach dem Streitwert, der sich nach §§ 3 ff. ZPO richtet. So sind die Amtsgerichte in der Regel für Streitigkeiten mit einem Streitwert von bis zu 5.000,00 €, bei höheren Streitwerten die Landgerichte sachlich erstinstanzlich zuständig.

Bzgl. der **funktionalen Zuständigkeit** haben die Landesregierungen die Möglichkeit, die Zuständigkeiten bei bestimmten Gerichten zu konzentrieren. Hierbei ist auf § 105 UrhG in Verbindung mit den jeweiligen landesrechtlichen Vorschriften zu verweisen. Der hinter dieser Norm stehende Gedanke ist, dass durch eine Bündelung der Urheberrechtsstreitigkeiten bei jeweils einem Land- bzw. Amtsgericht sichergestellt werden soll, dass die für diese Streitigkeiten erforderliche Erfahrung bei den zuständigen Richtern durch ständige Übung vorhanden ist. Eine aktuelle Übersicht, welche Gerichte für Urheberrechtsstreitigkeiten zuständig sind, wird in unregelmäßigen Abständen in der Zeitschrift ‚Gewerblicher Rechtsschutz und Urheberrecht' (GRUR) veröffentlicht.[682]

Bzgl. der **örtlichen Zuständigkeit** gilt grundsätzlich der allgemeine Gerichtsstand, der sich nach den §§ 12 ff. ZPO bestimmt. Besonders bedeutsam ist aber auch der besondere Gerichtsstand der unerlaubten Handlung nach § 32 ZPO, der eine Verfolgung der unerlaubten Handlung bei dem Gericht zulässt, in dessen Bezirk sie begangen wurde (Begehungsort). Darunter fällt neben dem Handlungsort, d. h. dem Ort,

---

[679] LG Köln v. 13.05.2009 – 28 O 889/08.
[680] *Kefferpütz*, in: Wandtke/Bullinger, UrhR, 3. Aufl. 2009, § 97a Rn. 29.
[681] *v. Wolff*, in: Wandtke/Bullinger, UrhR, 3. Aufl. 2009, § 98 Rn. 8.
[682] So zum Beispiel in GRUR 2000, 36 f.; vgl. auch die Übersicht auf der Internetseite http://www.grur.de/de/links/landgerichte/ (Stand: 09/2011).

an dem die unerlaubte Handlung vorgenommen wurde, auch der Erfolgsort, d. h. der Ort, an dem die Rechtsverletzung eintritt.[683] Werden z. B. Druckschriften mit darin unberechtigt benutzten Fotos abgedruckt, kommt nicht nur der Ort der Absendung, sondern auch der bestimmungsgemäße Empfangsort als Begehungsort in Frage. Wird ein Foto unberechtigterweise im Internet auf einer Seite mit „.de"-Endung veröffentlicht oder auf einer Seite, die sich erkennbar an Kunden in Deutschland richtet, ist grundsätzlich die örtliche Zuständigkeit aller deutschen Gerichte begründet (sog. fliegender Gerichtsstand).[684] In solchen Fällen besteht ein Wahlrecht des Rechteinhabers.

bb) Prozessführungsbefugnis

270 Die **Prozessführungsbefugnis** beschreibt die Fähigkeit, den Anspruch im eigenen Namen gerichtlich geltend machen zu können.[685] Diese steht dem Rechteinhaber, also grundsätzlich dem Fotografen bzw. den gesetzlich oder von ihm vertraglich Berechtigten zu. Macht ein Dritter ein fremdes Recht in eigenem Namen geltend, spricht man von einer **Prozessstandschaft**.[686] Formen der **gesetzlichen Prozessstandschaft** sind neben dem Insolvenzverwalter (§§ 22, 80 InsO) und dem Testamentsvollstrecker (§ 2212 BGB) auch unter den Voraussetzungen des § 8 Abs. 2 UrhG der Miturheber und schließlich der Herausgeber oder Verleger eines anonymen Werkes (§ 10 Abs. 2 UrhG).

Daneben besteht die Möglichkeit der **gewillkürten Prozessstandschaft**, mit deren Hilfe der Urheber Dritte ermächtigen kann, fremde Rechte in eigenem Namen geltend zu machen. So hat zum Beispiel der Fotograf die Möglichkeit, seine Bildagentur zur gerichtlichen Geltendmachung seiner Ansprüche zu ermächtigen, falls diese nicht selbst in eigenen Rechten verletzt ist. Dabei ist es aber erforderlich, dass die Voraussetzungen der gewillkürten Prozessstandschaft gegeben sind: Dies sind die Zustimmung des Rechteinhabers, eine Übertragbarkeit des Rechtes sowie ein eigenes schutzwürdiges Interesse des Prozessstandschaftlers.[687] Letzteres kann sowohl ein rechtliches als auch ein wirtschaftliches Interesse sein.[688]

---

[683] BGH v. 02.03.2010 – VI ZR 23/09 – GRUR 2010, 461 – The New York Times; OLG Köln v. 30.10.2007 – 6 W 161/07 – GRUR – RR 2008, 71 – Internet-Fotos; *Kefferpütz*, in: Wandtke/Bullinger, UrhR, 3. Aufl. 2009, § 105 Rn. 13.

[684] OLG München v. 27.06.1984 – 6 W 1686/84; OLG München – 6 W 1959/84 – GRUR 1984, 830 – fliegender Gerichtsstand; *Kefferpütz*, in: Wandtke/Bullinger, UrhR, 3. Aufl. 2009, § 105 Rn. 16; vgl. zur Abgrenzung die Rechtsprechung des BGH, welche bei Persönlichkeitsrechtsverletzungen darüber hinaus fordert, dass die als rechtsverletzend beanstandeten Inhalte im Einzelfall objektiv einen deutlichen Bezug zum Inland in dem Sinne aufweisen, so dass eine Kollision der widerstreitenden Interessen (Interesse an der Achtung des Persönlichkeitsrechts vs. Interesse an der Gestaltung eines Internetauftritts und an einer Berichterstattung) tatsächlich eingetreten sein kann oder eintreten kann, BGH v. 02.03.2010 – VI ZR 23/09 – GRUR 2010, 461 – The New York Times.

[685] *Vollkommer*, in: Zöller, ZPO, 28. Aufl. 2010, Vor § 50 Rn. 18; *Hüßtege*, in: Thomas/Putzo, ZPO, 30. Aufl. 2009, § 51 Rn. 20.

[686] *Vollkommer*, in: Zöller, ZPO, 28. Aufl. 2010, Vor § 50 Rn. 19.

[687] *Vollkommer*, in: Zöller, ZPO, 28. Aufl. 2010, Vor § 50 Rn. 44 ff.; *Hüßtege*, in: Thomas/Putzo, ZPO, 30. Aufl. 2009, § 51 Rn. 33 ff.

[688] BGH v. 23.09.1992 – I ZR 251/90 – BGHZ 119, 237, 242 = NJW 1993, 918, 919 – Universitätsemblem; OLG Köln v. 14.01.2000 – 6 U 73/99 – WRP 2000, 549, 552.

cc) Klagegegner

Die Klage muss sich gegen den richtigen **Klagegegner** richten. Dies ist erst einmal *271* der **Verletzer**, bei unberechtigter Ausstellung von Fotos also der Aussteller oder beim unberechtigten Upload der Hochladende. Unabhängig davon kann aber auch derjenige als **Störer** auf Unterlassung in Anspruch genommen werden, der in irgendeiner Weise – sei es auch ohne Verschulden – willentlich und adäquat kausal zu einer Urheberrechtsverletzung beigetragen hat.[689] So kann es bei Presseveröffentlichungen zu einer Haftung des Autors, des Verlegers, der Bildagentur, der Werbeagentur und unter Umständen auch des Herausgebers und des Chefredakteurs kommen.[690] Die Haftung des Betreibers eines Bildarchives für ggf. persönlichkeitsrechtsverletzende Inhalte wurde von der höchstrichterlichen Rechtsprechung abgelehnt, da diesem nicht zugemutet werden könne, ausnahmslos und regelmäßig vor Herausgabe von angefordertem Bildmaterial zu prüfen, ob dieses ggf. rechtsverletzend ist.[691]

Es kann aber auch schon zur Haftung auf Unterlassung (und ggf. auf Ersatz der entstandenen Rechtsverfolgungskosten) kommen, wenn es der Inhaber eines WLAN-Anschlusses unterlässt, die im Kaufzeitpunkt des WLAN-Routers marktüblichen Sicherungen ihrem Zweck entsprechend anzuwenden und Dritte diesen WLAN-Anschluss ohne das Wissen des WLAN-Anschluss-Inhabers missbräuchlich nutzen, um z. B. urheberrechtlich geschützte Werke in Internettauschbörsen einzustellen.[692]

Auch die **Betreiber von Internet-Portalen** können mögliche Klagegegner sein.[693] In diesem Zusammenhang ist zu beachten, dass im Bereich des Internets besondere Haftungsprivilegierungen gelten. So ist die Haftung von **Access-Providern**, d. h. von Diensteanbietern, die fremde Informationen nur durchleiten, sowie die Haftung von **Host-Providern**, d. h. von Diensteanbietern, die fremde Informationen lediglich zwischenspeichern, nach den Maßgaben der §§ 8–10 TMG eingeschränkt. Die Haftungsprivilegierung findet jedoch keine Anwendung, wenn sich der Betreiber eines Internet-Portals die jeweiligen Inhalte zu eigen macht oder der Diensteanbieter absichtlich mit einem Nutzer seines Dienstes zusammenarbeitet, um rechtswidrige Handlungen zu begehen.

Klagen gegen die Personen, die lediglich Hilfsdienste leisten, versprechen (wirtschaftlich) regelmäßig keinen Erfolg (so z. B. Klagen gegen die Zeitungsverkäufer, die Setzer in der Druckerei, unter Umständen auch die Entwickler in den Fotolabors

---

[689] BGH v. 15.10.1998 – I ZR 120/96 – GRUR 1999, 418, 419 – Möbelklassiker; *v. Wolff* in: Wandtke/Bullinger, UrhR, 3. Aufl. 2009, § 97 Rn. 15; Zum bisher noch nicht höchstrichterlich entschiedenen Haftungsumfang von sog. File- oder Sharehostern, d. h. von Diensteanbietern, die Dritten Speicherplatz zur Hinterlegung von Dateien zur Verfügung stellen, vgl. OLG Köln v. 21.09.2007 – 6 U 86/07 – MMR 2007, 786; OLG Hamburg v. 30.09.2009 – 5 U 111/08 – ZUM 2010, 440; OLG Düsseldorf v. 21.12.2010 – I-20 U 59/10 – MMR 2011, 250 – Rapidshare III m.w.N.

[690] OLG Frankfurt a.M. v. 23.12.2008 – 11 U 21/08 – ZUM-RD 2009, 314; OLG Köln v. 20.10.2000 – 6 U 186/99 – ZUM-RD 2001, 76; *Wild*, in: Schricker/Loewenheim, Urheberrecht, 4. Aufl. 2010, § 97 Rn. 64.

[691] BGH v. 07.12.2010 – VI ZR 30/09 – GRUR 2011, 266 – Jahrhundertmörder.

[692] BGH v. 12.05.2010 – I ZR 121/08 – GRUR 2010, 633 – Sommer unseres Lebens.

[693] BGH v. 12.11.2009 – I ZR 166/07 – ZUM-RD 2010 456 – marions-kochbuch.de. Ausführlich hierzu bereits Rn. 113 ff.

etc.).[694] § 99 UrhG erweitert daher die Gruppe der Personen, für deren Verhalten gehaftet wird, auf Arbeitnehmer oder sonstige Beauftragte. Verletzt ein Arbeitnehmer oder sonstiger Beauftragter bei seiner Tätigkeit für den Arbeitgeber widerrechtlich Urheberrechte, so können die Ansprüche gegen den Handelnden auch gegen den Arbeitgeber geltend gemacht werden. Anspruchs- und Klagegegner ist dann auch der Arbeitgeber. Damit soll verhindert werden, dass dieser seine Haftung umgeht, indem er sie auf seine Arbeitnehmer abwälzt.

---

[694] *v. Wolff*, in: Wandtke/Bullinger, UrhR, 3. Aufl. 2009, § 97 Rn. 15.

B. Urhebervertragsrecht und allgemeines Vertragsrecht

I. Grundsätze des Urhebervertragsrechts

Wie bereits im Kapitel „Fotografie und Urheberrecht" dargestellt wurde, ist bei *272* Fotografien zwischen Lichtbildwerken und Lichtbildern zu unterscheiden. Gem. § 72 Abs. 1 UrhG werden jedoch Lichtbilder und Erzeugnisse, die ähnlich wie Lichtbilder hergestellt werden, in entsprechender Anwendung der für Lichtbildwerke geltenden Vorschriften der §§ 1–69g UrhG geschützt. Für die **Einräumung von Nutzungsrechten** nach den §§ 31 ff. UrhG ergibt sich daher kein Unterschied in der Bewertung, ob eine Fotografie ein Lichtbild oder ein Lichtbildwerk darstellt. Alle Vorschriften des ersten Teils des UrhG sind auf das Leistungsschutzrecht des Lichtbildners entsprechend anzuwenden. Im Folgenden kann dementsprechend für die weitere Betrachtung der Einräumung von Nutzungsrechten auf eine solche Differenzierung verzichtet werden.

1. Keine Übertragung des Urheberrechts in toto

In welchem Umfang der Fotograf seinem Vertragspartner Rechte an von ihm er- *273* stellten Fotografien einräumt, ist grundsätzlich eine Frage der **Vertragsautonomie**. Wie auch im allgemeinen Zivilrecht entscheiden die Parteien, welche Rechte zu welchen konkreten Bedingungen übergehen sollen.

Nach § 29 Abs. 1 UrhG ist eine Übertragung des Urheberrechts im Ganzen jedoch nicht zulässig. Es müssen vielmehr durch Rechtsgeschäft Nutzungsrechte an der Fotografie als urheberrechtlichem Werk eingeräumt werden. Dabei wird nicht das Recht als Ganzes übertragen – das Urheberrecht verbleibt beim Urheber –, sondern das Nutzungsrecht entsteht als eigenes Recht in der Person des Nutzungsberechtigten.

Soweit der Nutzungsberechtigte auch **urheberpersönlichkeitsrechtliche** Befugnisse erhalten soll, kann dies ebenfalls vertraglich geregelt werden. So benötigt etwa der Verleger eines Bildbandes neben verschiedenen Nutzungsrechten auch das Recht zur Ausübung des Veröffentlichungsrechts,[1] welches dem Urheber nach § 12 UrhG persönlichkeitsrechtlich zusteht. Allerdings sind Urheberpersönlichkeitsrechte an sich nicht übertragbar, § 29 Abs. 1 UrhG. Die dogmatische Lösung dieses Umstandes ist zwar sehr umstritten.[2] In der Praxis hat sie jedoch keine Relevanz, da im Ergebnis Einigkeit darüber besteht, dass die Vertragsautonomie vor diese urheberpersönlichkeitsrechtlichen Hindernisse gestellt werden muss. Regelungen zwischen den Vertragsparteien sind daher im Grundsatz auch im Hinblick auf Urheberpersönlichkeitsrechte zulässig.[3]

---

[1] *Schricker*, Verlagsrecht, 3. Aufl. 2001, § 8 Rn. 3.

[2] Vgl. beispielsweise *Kroitzsch*, in: Möhring/Nicolini, Urheberrechtsgesetz, 2. Aufl. 2000, § 13 Rn. 17; *Hoeren/Sieber*, Handbuch Multimedia-Recht, 2009, 7.2, Rn. 111 ff.; *Dietz*, in: Schricker, Urheberrecht, 3. Aufl. 2006, Vor §§ 12 ff. Rn. 26.

[3] Die Grenze bildet der Kernbereich des Urheberpersönlichkeitsrechts, auf den der Urheber nicht verzichten kann; die geistigen und persönlichen Beziehungen des Urhebers zu seinem Werk dürfen nicht gänzlich gefährdet werden, BGH GRUR 1955, 201, 204 f – Cosima Wagner.

Nutzungsrechte an Fotografien werden durch **Rechtsgeschäft** eingeräumt. Zur Begründung einer Verpflichtung zur Einräumung von Nutzungsrechten ist also eine Einigung zwischen den Beteiligten erforderlich. Hier werden die allgemeinen Regeln des BGB zum Vertragsschluss angewandt. Eine gesetzliche Formvorschrift für die Einräumung von Nutzungsechten gibt es nicht, sie ist daher auch formlos möglich. Zur späteren besseren Beweisbarkeit im Streitfalle empfiehlt sich jedoch eine schriftliche Fixierung der durch den Urheber eingeräumten Rechte.

274   Der schuldrechtliche Vertragsschluss ist zu trennen von der tatsächlichen Rechts-einräumung als dinglichem Verfügungsgeschäft (**Trennungsprinzip**). Das im allgemeinen Zivilrecht anwendbare Abstraktionsprinzip gilt hingegen im Urheberrecht nicht.[4] Verpflichtungs- und Verfügungsgeschäft sind vielmehr derart miteinander verknüpft, dass die tatsächliche Einräumung der Nutzungsrechte wegfällt, wenn die vertragliche Regelung zwischen den Parteien unwirksam ist.[5] Das alleinige Nutzungsrecht an dem Werk steht dann wieder dem Urheber zu, soweit dieser keine anderweitige Vereinbarung mit Dritten getroffen hat.

2. Einfache und ausschließliche Nutzungsrechte

275   § 31 Abs. 1 UrhG unterteilt das Nutzungsrecht in die Übertragung verschiedener **Nutzungsarten**. Der Begriff der Nutzungsart ist im Gesetz aber nicht näher definiert und findet daher in der Literatur verschiedenste Ansätze. Er wird jedoch allgemein in einem wirtschaftlichen Zusammenhang verstanden und grenzt die verschiedenen Nutzungsmöglichkeiten danach ab, ob diese eine wirtschaftlich und technisch selbständige Form der Auswertung eines Werkes bilden.[6] Um eigenständig zu sein, muss sich eine Nutzungsmöglichkeit unter Berücksichtigung der Verkehrsauffassung als objektiv abgrenzbarer Ausschnitt aus der Gesamtheit der Nutzungsmöglichkeiten darstellen.[7]

276   So ist die Nutzung von Fotos auf der Homepage einer Tageszeitung gegenüber dem Abdruck derselben in Printmedien eine nach der Verkehrsauffassung hinreichend klar abgrenzbare wirtschaftlich-technische Verwertungsform. Die Art der Wahrnehmung in Online-Medien unterscheidet sich aufgrund der Sichtbarmachung auf einer beliebigen Anzahl von Computerbildschirmen an beliebig vielen Orten von den Printmedien, die durch ihre Auflagenzahl und Gegenständlichkeit begrenzt sind.[8] Aufgrund der sich daraus ergebenen eigenständigen Absatzform ist die Online-Nutzung von Fotos für eine Homepage als eigenständige Nutzungsart zu bewerten.

Ebenso ist in dem Urteil des Landgerichts Frankfurt am Main in Bezug auf die *Fischer-Fotos*[9] festgehalten, dass bei der Verwendung geschützter Werke über die ursprünglich vereinbarte Nutzung hinaus (hier: vereinbarte Nutzung in Buchform – später „Flyer" über die Veröffentlichung des Buches) das Urheberrecht des Fotografen verletzt ist und diesem daher ein Unterlassungsanspruch gem. § 97 UrhG

---

[4]   Allgemeine Meinung, vgl. *Spautz*, in: Möhring/Nicolini, Urheberrechtsgesetz, 2. Aufl. 2000, § 31 Rn. 14; Schricker, in: Schricker, Urheberrecht, 3. Aufl. 2006, §§ 31/32 Rn. 2 und Vor §§ 28 ff. Rn. 61 m.w.N.

[5]   *Schricker*, in: Schricker, Urheberrecht, 3. Aufl. 2006, Vor §§ 28 ff. Rn. 61.

[6]   *Schricker*, in: Schricker, Urheberrecht, 3. Aufl. 2006, §§ 31/32 Rn. 38; *Wandtke/Grunert*, in: Wandtke/Bullinger, UrhR, 3. Aufl. 2009, Vor §§ 31 ff. UrhR Rn. 21.

[7]   *Schricker*, in: Schricker, Urheberrecht, 3. Aufl. 2006, §§ 31/32, Rn. 38; *Wandtke/Grunert*, in: Wandtke/Bullinger, UrhR, 3. Aufl. 2009, Vor §§ 31 ff. UrhR Rn. 21.

[8]   LG Berlin v. 14.10.1999 – 16 O 26/99 – ZUM 2000, 73, 75.

[9]   LG Frankfurt v. 16.01.2003 – 2-3 O 263/02.

zusteht. Dies gilt jedenfalls, wenn nicht zur vollen Überzeugung des Gerichts feststeht, dass eine Einigung auch gerade über eine solche Nutzung vorgelegen hat. Die Verwendungsmöglichkeiten eines Fotos in einem Buch und in sonstigen Printmedien stellen folglich zwei verschiedene Nutzungsarten dar, an denen jeweils eigenständig Nutzungsrechte eingeräumt werden müssen.

Jedes einzelne Nutzungsrecht kann entweder als **einfaches** oder **ausschließliches** *277* Nutzungsrecht eingeräumt werden, § 31 Abs. 1 S. 2 UrhG. Letzteres berechtigt nach § 31 Abs. 3 S. 1 UrhG den Inhaber, das Werk unter Ausschluss aller anderen Personen auf die ihm erlaubte Art zu nutzen. Nach Maßgabe des § 35 S. 1 UrhG kann der Inhaber eines ausschließlichen Nutzungsrechtes zudem wiederum einfache Nutzungsrechte an Dritte einräumen, benötigt dazu allerdings die Zustimmung des Urhebers. Wichtig ist dabei, dass es sogar für den Urheber selbst möglich ist, gegen sein eigenes Urheberrecht zu verstoßen, sog. Selbstplagiat. Sofern der Fotograf sein Werk also weiterhin selbst nutzen will, muss zwischen den Parteien nach § 31 Abs. 3 S. 2 UrhG vereinbart werden, dass die Nutzung dem Urheber vorbehalten bleibt.

Wie § 31 Abs. 2 UrhG darstellt, berechtigt das einfache Nutzungsrecht den Inhaber, das Werk auf die erlaubte Art zu nutzen, ohne dass eine Nutzung durch andere ausgeschlossen ist. Als Folge davon können nebeneinander mehrere einfache Nutzungsrechte bestehen. Bei der Vergabe dieser Nutzungsrechte muss der Urheber mögliche Schäden, die beim Vertragspartner auftreten können, berücksichtigen. Sollte der Vertragszweck nicht erreicht werden, kann sich der Urheber schadensersatzpflichtig machen. Bereits vorhandene Nutzer des Werkes sollten daher in dem neuen Vertrag ausdrücklich genannt und anderweitig bestehende Nutzungsrechte möglichst präzise definiert werden.

Einfache Nutzungsrechte bleiben weiterhin wirksam, wenn zeitlich später ein ausschließliches Nutzungsrecht an derselben Fotografie eingeräumt wird, § 33 S. 1 UrhG. Durch dieses so genannte **Sukzessionsrecht** wird der Werknutzer vor späteren Rechtshandlungen des Urhebers, die seine Rechte beeinträchtigen würden, geschützt.[10]

3. Zweckübertragungsgrundsatz

Sind keine eindeutigen vertraglichen Regelungen getroffen, entscheidet nach § 31 Abs. 5 UrhG der **Vertragszweck**, auf welche Nutzungsarten sich die Einräumung des Nutzungsrechts bezieht. Zu beachten ist, dass im Zweifel eben auch nur die Nutzungsrechte eingeräumt werden, die für den Vertragszweck unbedingt erforderlich sind.[11]

Der Zweckübertragungsgrundsatz fand beispielsweise Anwendung in dem Fall *Mikis Theodorakis*.[12] Hier hatte ein Fotograf einem Tonträgerhersteller ein Künstlerfoto „zur einmaligen Verwendung für LP-Cover und Single-Cover" überlassen. Das OLG Hamburg stellte fest, dass nach dem Vertragszweck im Zweifel zugleich das Recht eingeräumt sei, das Foto auch in unmittelbaren Zusammenhang mit dem Vertrieb der Tonträger zu verwenden. Ankündigungen von Tourkonzerten des Künstlers seien hingegen von dem Vertragszweck nicht mehr gedeckt.

---

[10] *Wandtke/Grunert*, in: Wandtke/Bullinger, UrhR, 3. Aufl. 2009, § 33 UrhR Rn. 1.

[11] BGH v. 22.04.2004 – I ZR 174/01 – GRUR 2004, 938 – Comic-Übersetzungen III; BGH v. 22.01.1998 – I ZR 189/95 – GRUR 1998, 680, 682 – Comic-Übersetzungen.

[12] OLG Hamburg v. 8.1.87; 3 U 79/86 – AfP 1987, 691, 692.

Im Rahmen einer **Auftragsproduktion,** bei der der Fotograf von einem Besteller den Auftrag erhält, bestimmte Fotos oder eine ganze Fotoserie anzufertigen, ist im Zweifel davon auszugehen, dass keine weitergehenden Rechte eingeräumt werden sollen, als es der Zweck dieser Nutzungsrechtsvereinbarung es erfordert. Zu berücksichtigen sind dabei insbesondere der erkennbare Vertragszweck sowie die Höhe der vereinbarten Vergütung.[13]

Die Ermittlung des Vertragszwecks war auch im Fall *CD-Cover* relevant.[14] Der Fotograf hatte den Auftrag erhalten, ein Foto für das Cover einer LP herzustellen. Zwischen den Parteien hatte es dabei keine Einräumung von Nutzungsrechten bezüglich eines möglichen CD-Covers gegeben. Das Gericht stellte fest, dass nach Anwendung des Zweckübertragungsgrundsatzes von der Abrede nicht die Nutzung des Fotos als CD-Cover umfasst war. Als Indiz hat es in diesem Zusammenhang gewertet, dass die vereinbarte Vergütung etwa dem Honorar für die Gestaltung lediglich eines LP- und MC-Covers entsprach.

Die Tendenz des BGH, einem Fotografen im Zweifel weitergehende Honorarforderungen vorzubehalten, wird auch in dem Urteil Spiegel-CD-ROM deutlich.[15] Bei freiberuflich tätigen Fotografen, die von den Erträgen einer Veröffentlichung ihrer Bilder leben, kann davon ausgegangen werden, dass diese die Nutzung zusätzlicher wirtschaftlicher Nutzungsformen gesondert mit ihrem Vertragspartner verhandelt haben.[16] Gerade bei der Ermittlung des Umfangs einer Einräumung von Nutzungsrechten an Fotografien muss der Zweckübertragungsgrundsatz demnach besonders intensive Berücksichtigung finden.

279   Um Unstimmigkeiten zwischen den Vertragsparteien zu vermeiden, sollten die einzelnen Nutzungsarten nach Möglichkeit ausdrücklich in dem Vertrag aufgeführt werden.[17] Soweit ausdrückliche Abmachungen zwischen den Parteien existieren, greift der Zweckübertragungsgrundsatz erst gar nicht. Medialer Träger (bspw. Buch unter konkreter Bezeichnung des Formats, CD, Internet etc.), Auflagenhöhe, Einsatzart (private oder gewerbliche Nutzung, Werbung etc.) und Verbreitungsgebiet, ggf. auch Format, Darstellungsform, Auflösung und Farbanzahl, sollten daher in dem Vertrag genannt werden. Zu beachten ist auch, dass die Verwendung des Werkes auf der eigenen Homepage des Vertragspartners, ebenso in Internet-Archiven, gesondert ausgewiesen werden muss, da dies eine eigenständige Nutzungsform darstellt.[18]

Für Fotografen interessant ist auch ein Urteil des BGH aus dem Jahr 2007, das sich mit der Frage, ob eine Übertragung des Eigentums an Abzügen aufgrund einer Nutzungsrechtseinräumung bejaht werden kann, beschäftigt.[19] Auch bei der Bewertung, ob der Fotograf seinem Gegenüber eine sachenrechtliche Position (Eigentum an den

---

[13]   OLG Karlsruhe v. 09.05.1984 – 6 U 142/83 – GRUR 1984, 522, 523 – Herrensitze in Schleswig-Holstein; BGH v. 26.02.1987 – I ZR 25/85 – GRUR 1988, 300, 301 – Fremdenverkehrsbroschüre; OLG Düsseldorf v. 22.03.1988 – 20 U 166/87 – GRUR 1988, 541 – Warenkatalogfotos.

[14]   OLG Hamburg v. 17.12.1998 – 3 U 162/97 – GRUR 2000, 45 – CD-Cover.

[15]   BGH v. 05.07.2001 – I ZR 311/98 – GRUR 2002, 248, 252 – Spiegel-CD-ROM.

[16]   Anders im Falle eines wissenschaftlichen Autors, der eher an einer weitreichenden Verbreitung seines Werkes interessiert sei.

[17]   Vgl. hierzu OLG München v. 31.10.1957 – 6 U 1179/57 – GRUR 1958, 458 – Kirchenfoto; LG Wuppertal v. 05.10.1988 – 8 S 116/88 – GRUR 1989, 54, 55 – Lichtbild-Negative.

[18]   KG v. 24.07.2001 – 5 U 9427/99 – GRUR 2002, 252, 255 – Mantellieferung.

[19]   BGH v. 14.12.2006 – I ZR 34/04 – GRUR 2007, 693, 695 – Archivfotos.

Negativen) einräumen wollte, kann der Zweckübertragungsgrundsatz herangezogen werden. Nach den Darstellungen des BGH sind diese Punkte unabhängig voneinander zu bewerten. Die Beauftragung von Fotografien muss dementsprechend nicht dazu führen, dass der Besteller die Negative herausverlangen kann.[20] Dies gilt jedenfalls dann, wenn der vertraglich vereinbarte Zweck auch ohne eine Eigentumsübertragung durch bloße Besitzüberlassung erreicht werden kann.[21] Andersherum muss auch die Einräumung einer Eigentumsposition an Fotografien nicht zwingend zu umfassenden Nutzungsrechten führen.[22]

Eine möglichst genaue Wiedergabe des Nutzungsumfangs, der von der Rechtseinräumung gedeckt sein soll, spielt insbesondere auch für die Bewertung der Angemessenheit der vereinbarten **Vergütung** eine Rolle.[23] Ein späterer Verweis des Urhebers darauf, dass eine bestimmte Nutzungsart zum Zeitpunkt des Vertragsschlusses noch nicht bekannt war,[24] ist bei einer solchen ausdrücklichen Vereinbarung ebenfalls nicht möglich.

4. Beschränkung von Nutzungsrechten

Wie § 31 Abs. 1 S. 2 UrhG festlegt, können Nutzungsrechte auch **räumlichen, zeit-** 280 **lichen oder inhaltlichen Beschränkungen** unterliegen. Die Vertragsparteien haben daher die Option, den Umfang der Rechtseinräumung individuell zu beeinflussen.

Einen Numerus clausus der möglichen einzuräumenden Rechte wie beispielsweise im Sachenrecht gibt es demnach nicht.[25] Räumliche, zeitliche oder inhaltliche Beschränkungen können von den Vertragspartnern frei nach ihren Wünschen einzeln oder in Verbindung mit weiteren Beschränkungen gesetzt werden.[26]

Durch die beschränkte Einräumung wird das Nutzungsrecht dinglich beeinflusst. Die Nichteinhaltung der vorgegebenen Beschränkung stellt eine Verletzung des Urheberrechts dar und der Urheber kann nach den §§ 97 ff. UrhG vorgehen.[27]

a) Räumliche Beschränkung

Die Einräumung kann auf die Nutzung in einem bestimmten geografischen oder 281 politischen Gebiet oder auch auf die Nutzung in einem bestimmten Sprachraum beschränkt sein. Sofern allerdings das Recht zur Verbreitung des Werkes betroffen ist, ist der Geltungsbereich des UrhG als einheitliches Wirtschaftsgebiet zu beachten. Im Interesse der Rechtssicherheit ist eine Aufspaltung des Verbreitungsrechts innerhalb eines Staatsgebietes mit dinglicher Wirkung daher nicht zuzulassen.[28] Eine Unter-

---

[20] *Kroitzsch*, in: Möhring/Nicolini, Urheberrechtsgesetz, 2. Aufl. 2000, § 72 Rn. 10; *Thum*, in: Wandtke/Bullinger, UrhR, 3. Aufl. 2009, § 72 UrhR Rn. 49.
[21] OLG München v. 17.02.1983 – 6 U 3285/82 – GRUR 1984, 516, 517 – Tierabbildungen.
[22] *Thum*, in: Wandtke/Bullinger, UrhR, 3. Aufl. 2009, § 72 UrhR Rn. 49 und OLG Düsseldorf GRUR 1988, 541 – Warenkatalogfotos.
[23] Hierzu später unter Ziffer 5.
[24] Vgl. auch unten Ziffer 7.
[25] *Wandtke/Grunert*, in: Wandtke/Bullinger, UrhR, 3. Aufl. 2009, § 31 UrhR Rn. 4; *Schack*, Rn. 541.
[26] *Wandtke/Grunert*, in: Wandtke/Bullinger, UrhR, 3. Aufl. 2009, § 31 UrhR Rn. 8.
[27] Siehe hierzu oben Rn. 240 ff.
[28] *Schricker*, in: Schricker, Urheberrecht, 3. Aufl. 2006, Vor §§ 28 ff. Rn. 54; *Ulmer*, § 103 II 2; *Wandtke/Grunert*, in: Wandtke/Bullinger, UrhR, 3. Aufl. 2009, § 31 UrhR Rn. 11; KG ZUM 2003, 395, 396.

scheidung der anderen Nutzungsformen und deren unterschiedliche Verteilung innerhalb der Bundesrepublik ist aber möglich.[29]

b) Zeitliche Beschränkung

282 Je nach Vertragszweck können durch Definition von Beginn und Ende der Nutzungsrechte auch zeitliche Beschränkungen festgesetzt werden. Vor dem Hintergrund der langen Schutzdauer von 70 Jahren p. m. a. bei Lichtbildwerken (§ 64 UrhG) und 50 Jahren bei Lichtbildern (§ 72 Abs. 3 UrhG) ist eine zeitliche Beschränkung durchaus sinnvoll und sollte in Verträgen zwischen den Parteien vereinbart werden.

Nach Ende der vereinbarten Nutzungszeit erlischt das Nutzungsrecht automatisch und sämtliche Rechte stehen wieder dem Fotografen als Urheber zu.[30] Eine über die zeitliche Beschränkung hinausgehende Nutzung des Lichtbildes würde demnach eine Urheberrechtsverletzung darstellen.

Aufgrund der Spezialregelung des § 29 Abs. 3 VerlG darf auch der Verleger nach Ablauf der Nutzungszeit die noch vorhandenen Abzüge nicht mehr verbreiten. Das Nutzungsrecht endet, ohne dass ein Aufhebungsakt erforderlich ist.[31]

c) Inhaltliche Beschränkung

283 Inhaltliche Beschränkungen sind vielfältig und in ihrer Zahl nicht begrenzt. Auf diesem Weg kann die Nutzungsrechtseinräumung auf bestimmte Nutzungsarten eingeschränkt werden. Räumt der Fotograf von vornherein seinem Vertragspartner inhaltlich beschränkte Rechte ein, erhält er die Option, seine wirtschaftlichen Interessen durch Einräumung der Nutzungsrechte an verschiedene Personen umfassend durchzusetzen. Er kann beispielsweise hinsichtlich desselben Lichtbildes etwa das Vervielfältigungs-, Verbreitungs- oder Ausstellungsrecht gesondert vergeben.

Voraussetzung für eine inhaltliche Beschränkung ist die nach der Verkehrsauffassung klar abgrenzbare, wirtschaftlich und technisch einheitliche und **selbständige Verwendungsart** des Werkes.[32] Grenze für diese Aufspaltung in unterschiedliche Nutzungsarten ist, dass die Übersichtlichkeit der Rechtslage und die Verkehrsmöglichkeit der Nutzungsrechte gewährleistet bleiben müssen.[33]

Abgesehen von der Beschränkung auf bestimmte Nutzungsarten ist es dem Fotografen auch möglich, dem Verwerter mit dinglicher Wirkung zu verbieten, **Unterlizenzen** zu vergeben. Hierbei handelt es sich nicht um einen Verstoß gegen das rechtsgeschäftliche Verfügungsverbot des § 137 S. 1 BGB, sondern um eine inhaltliche Beschränkung des von dem Urheber erstmalig eingeräumten Nutzungsrechts.[34] Bei Verstoß gegen diese Beschränkung liegt neben der Verletzung des schuldrechtlichen Vertrages daher auch ein Urheberrechtsverstoß vor.[35]

---

[29] *Schricker*, in: Schricker, Urheberrecht, 3. Aufl. 2006, Vor §§ 28 ff. Rn. 54.
[30] Sog. Heimfall des Nutzungsrecht, *Schricker*, in: Schricker, Urheberrecht, 3. Aufl. 2006, § 30 Rn. 20; *Hertin*, in: Fromm/Nordemann, Urheberrecht, 10. Aufl. 2008, Vor § 31 Rn. 10; LG Köln CR 2006, 372 – Reifenhändler-Programm.
[31] *Schricker*, Verlagsrecht, 3. Aufl. 2001, § 29 Rn. 10 f.
[32] *Loewenheim*, in: Schricker, Urheberrecht, 3. Aufl. 2006, § 17 Rn. 20.
[33] *Wandtke/Grunert*, in: Wandtke/Bullinger, UrhR, 3. Aufl. 2009, § 31 UrhR Rn. 16.
[34] *Schack*, Rn. 545.
[35] *Spautz*, in: Möhring/Nicolini, Urheberrechtsgesetz, 2. Aufl. 2000, § 32 Rn. 7.

5. Die angemessene Vergütung gem. § 32 UrhG

Wird ein Vertrag über die Einräumung von Nutzungsrechten geschlossen, werden sich 284 die Vertragsparteien fast automatisch Gedanken über die zu vereinbarende Vergütung machen. Schriftliche Verträge, die keinerlei Vereinbarung zu der Höhe der Vergütung enthalten, werden daher in der deutlichen Minderheit sein. Im Fall eines schriftlichen Vertragsschlusses über die Zurverfügungstellung einer Fotografie wird daher nur die **Anpassung der Vergütung** nach § 32 Abs. 1 S. 3 UrhG von Bedeutung sein.

Der Fotograf hat nach dieser Norm einen Anspruch auf Vertragsanpassung, wenn die vereinbarte Vergütung nicht angemessen ist. Bei der Bewertung spielen Dauer, Umfang und Intensität der Nutzung eine Rolle. Ändern sich diese Kriterien in einer für den Urheber besonders nachteiligen Weise nach Vertragsschluss und war dies von den Parteien bei Abschluss des Vertrages nicht vorhersehbar, muss die tatsächlich angemessene Vergütung notfalls gerichtlich bewertet werden.[36]

Besonders erwähnt sei in diesem Zusammenhang der **Buy-Out** Vertrag. Bei einem 285 solchen lässt sich der Vertragspartner umfassende Nutzungsrechte für eine Vielzahl von Nutzungsarten einräumen, auch wenn er diese für die von ihm im Zeitpunkt des Vertragsschlusses angestrebte Verwertung eigentlich nicht benötigt.[37] Der BGH hat dazu ausgeführt, dass die Vereinbarung einer Pauschalvergütung nicht generell unredlich ist.[38] Ist die vereinbarte Vergütung im Hinblick auf den tatsächlichen Umfang der Nutzung jedoch nicht angemessen, kann der Urheber nach § 32 Abs. 1 S. 3 UrhG eine Anpassung der Vergütung verlangen.[39] So kann der Urheber bei einem Gesamtertrag der Nutzung, der in seinem Umfang ein Pauschalhonorar wirtschaftlich deutlich übersteigt, an den mit den Fotografien erzielten Gewinnen zu beteiligen sein.[40] Nach § 32 Abs. 3 UrhG kann vertraglich nicht von diesem Recht des Urhebers auf Vertragsanpassung abgewichen werden.

Bei Fälligkeit der Vergütungsansprüche kann der Urheber unmittelbar auf **Zahlung** 286 **des angemessenen Entgelts** klagen.[41] Die Höhe des Anspruchs bemisst sich dabei aus der Differenz zwischen vereinbarter und angepasster Vergütung für die gesamte Zeit der Unangemessenheit. Um seinen Anspruch genau beziffern zu können, steht dem Urheber nach allgemeinen Grundsätzen zunächst ein Anspruch auf Auskunft und Rechnungslegung über die durch die Nutzung erzielten Erträge zu.[42]

---

[36] BGH v. 7.10.2009 – I ZR 38/07 – Talking to Addison.

[37] In diesem Zusammenhang wird die Zulässigkeit solcher Buy-Out Verträge vor dem Hintergrund einer AGB-rechtlichen Überprüfbarkeit und der Sittenwidrigkeit nach § 138 Abs. 1 BGB diskutiert. Dieser Streit dürfte sich jedoch mit der Neufassung des Urheberrechtsgesetzes und Einführung des Anspruchs auf Vertragsanpassung erledigt haben. Auch nach Angaben der Bundesregierung (BT-Drucks. 14/4973 vom 12.12.2000) sei ein Vertragsmodell, nach dem der Urheber gegen eine einmalige Vergütung alle seine Nutzungsrechte überträgt, grundsätzlich zulässig. Eine Unwirksamkeit des Vertrages aufgrund von Sittenwidrigkeit wird daher insgesamt kaum noch zu begründen sein.

[38] BGH v. 7.10.2009 – I ZR 38/07 – Talking to Addison.

[39] *Wandtke/Grunert*, in: Wandtke/Bullinger, UrhR, 3. Aufl. 2009, § 31 UrhR Rn. 44.

[40] Für literarische Werke BGH v. 7.10.2009 – I ZR 38/07 – Talking to Addison, wonach der Übersetzer ab einer Auflagenhöhe von 5.000 Exemplaren am Nettoladenverkaufspreis zu beteiligen war.

[41] So die Gesetzesbegründung BT-Drucks. 14/8058, 42 unter Hinweis auf BGH v. 27.06.1991 – I ZR 22/90 – BGHZ 115, 63 – Horoskop-Kalender.

[42] *Wandtke/Grunert*, in: Wandtke/Bullinger, UrhR, 3. Aufl. 2009, § 32 UrhR Rn. 20; BGH v. 22.01.1998 – I ZR 189/95 – GRUR 1998, 680, 682 – Comic-Übersetzungen; OLG München v. 07.06.2001– 29 U 2196/00ZUM 2001, 994, 997 – Der Diamant des Salomon.

287   Neben dem Anspruch auf Anpassung einer ausdrücklich vereinbarten Vergütung ist zu beachten, dass Verträge über die Einräumung von Nutzungsrechten auch **mündlich** geschlossen werden können. Dies geschieht beispielsweise dadurch, dass der Fotograf einem Bekannten die digitale Version eines Bildes überlässt, damit dieser das Foto auf seiner Homepage nutzen kann. Sprechen beide nicht über die Höhe der hierfür veranschlagten Vergütung bzw. besteht über die vereinbarte Höhe Streit, regelt § 32 Abs. 1 UrhG das weitere Vorgehen. Ist nicht davon auszugehen, dass die Überlassung des Bildes unentgeltlich erfolgen sollte, bestimmt sich die Höhe im Zweifel danach, was angemessen ist.

288   Eine Legaldefinition für die Angemessenheit findet sich in § 32 Abs. 2 UrhG. Für die Bewertung sind demnach die Gepflogenheiten des Geschäftsverkehrs, Art und Umfang der Nutzungsmöglichkeit, die Nutzungsdauer und sämtliche sonstigen Umstände heranzuziehen. Bei der Bewertung einer angemessenen Vergütung für eine Fotografie ist auch zu berücksichtigen, was das Bild zeigt. Besondere Umstände wie die Seltenheit des Motivs, die Exklusivität der erstellten Bilder, die Nutzung aufwändiger Techniken oder Sets finden im Rahmen der sonstigen Umstände Berücksichtigung.

Für die Bewertung der Angemessenheit können auch die Vergütungssätze der **Mittelstandsgemeinschaft Foto-Marketing**[43] herangezogen werden.[44] Es kommt jedoch immer auf die gesamten wesentlichen Umstände des Einzelfalls an, so dass beispielsweise zu berücksichtigen sein kann, ob und zu welchem Preis der Fotograf Dritten die Nutzung des Werkes gestattet hat oder in welchem redaktionellen Zusammenhang die Bilder stehen.[45] Die Honorarempfehlungen bilden jedoch eine gute Grundlage für die Bemessung einer angemessenen Vergütung nach § 32 Abs. 2 S. 2 UrhG.

289   Stellt ein Fotograf seine Bilder selbst ins Internet, kann daraus auf der anderen Seite nicht ohne Weiteres geschlossen werden, dass er für die Nutzung dieser Bilder durch Dritte keinerlei Vergütung beanspruchen will. Allein dadurch, dass das Bild im Internet von einer Vielzahl – dem Urheber zum großen Teil unbekannter – Personen genutzt wird, ergibt sich noch kein Hinweis darauf, dass der Urheber das Bild zur freien Verfügung bereitstellte.

290   Um der Open Source-Bewegung eine rechtliche Grundlage zu bieten, ist jedoch nach § 32 Abs. 3 S. 3 UrhG die **Einräumung eines einfachen Nutzungsrechts für jedermann** möglich. Der Fotograf kann im Rahmen der Einstellung seines Bildes ins Internet bestimmen, dass jeder das Bild frei nutzen kann. Eine Einschränkung auf einen bestimmten Personenkreis ist dabei nicht möglich, eine Beschränkung der Nutzungsmöglichkeit hingegen sehr wohl.[46] So kann der Fotograf als Urheber das Nutzungsrecht beispielsweise dahingehend beschränken, dass eine Nutzung nur in einem bestimmten inhaltlichen Zusammenhang oder nur zu privaten Zwecken erfolgen darf.

6.   Weitere finanzielle Beteiligung, § 32 a UrhG

291 § 32 a UrhG bietet dem Fotografen Schutz vor Knebelungsverträgen. Steht die vereinbarte Vergütung in einem Missverhältnis zu den wirtschaftlichen Vorteilen des Vertragspartners aus der Nutzung des Bildes, kann der Fotograf über den „Fairness-

---

[43] http://www.mittelstandsgemeinschaft-foto-marketing.de/
[44] *Thum*, in: Wandtke/Bullinger, UrhR, 3. Aufl. 2009, § 72 UrhR Rn. 48.
[45] BGH v. 06.10.2005 – I ZR 266/02 – GRUR 2006, 136, 138 – Pressefotos.
[46] So auch *Wandtke/Grunert*, in: Wandtke/Bullinger, UrhR, 3. Aufl. 2009, § 32 UrhR Rn. 45.

Ausgleich"[47] des § 32 a UrhG weitergehende Zahlungen verlangen. Allerdings ist für eine solche weitere finanzielle Beteiligung ein auffälliges Missverhältnis zwischen der bei Vertragsschluss vereinbarten Vergütung und dem später erzielten Nutzen erforderlich. Bei dem Vergleich der beiden Zeitpunkte sind, um eine objektive Vergleichbarkeit herzustellen, identische Grundsätze anzuwenden.[48] Sollen diese als Grundlage dienen, ist es jedoch zunächst erforderlich, dass der Vertragspartner des Fotografen überhaupt einen messbaren finanziellen Vorteil aus dem urheberrechtlichen Werk des Fotografen gezogen hat. Ergeben sich die Vorteile nur mittelbar aus dem Bild, etwa aufgrund verbesserter Werbemöglichkeiten, Verbesserung des Renommees etc., wird ein konkreter Ertrag kaum messbar sein.

Ein Missverhältnis kann nur angenommen werden, wenn die Bemessung der ange- *292* messenen Vergütung nach § 32 Abs. 2 UrhG deutlich von den vertraglichen Vereinbarungen der Parteien abweicht.[49] Zwar ist es nach § 32 a Abs. 1 S. 2 UrhG unerheblich, ob der Umfang der erzielten Vorteile aus der Nutzung des Werkes bei Vertragsschluss absehbar war. Sofern die Vertragsparteien jedoch bei Abschluss der Nutzungsvereinbarung bereits wesentliche wirtschaftliche Gewinne in Betracht gezogen hatten, wird das auffällige Missverhältnis schwerer zu begründen sein. In diesem Fall muss zunächst davon ausgegangen werden, dass sich die Parteien vor dem Hintergrund der in nicht unerheblichem Maße angestrebten Gewinne über eine angemessene Vergütung verständigt haben. Der Gegenbeweis bleibt dem Urheber selbstverständlich weiterhin vorbehalten.

Um einen Anspruch auf angemessene Beteiligung durchzusetzen, muss der Fotograf das auffällige Missverhältnis zwischen den von ihm eingeräumten Nutzungsrechten und den von seinem Vertragspartner erzielten Vorteilen darlegen und gegebenenfalls beweisen. Allein auf mittelbar erzielte Vermögensvorteile des Verwerters kann sich der Urheber dabei nicht beziehen. Der wirtschaftliche Wert des Werkes für den Vertragspartner muss vielmehr **konkret bezifferbar** sein. Um ermitteln zu können, welche Erlöse sein Vertragspartner mit dem urheberrechtlichen Werk erzielt hat, stehen dem Fotografen bei Vorliegen klarer Anhaltspunkte für einen Anspruch aus § 32a UrhG, die durch Tatsachen nachprüfbar sind, Ansprüche auf Auskunft und Rechnungslegung aus Treu und Glauben zu.[50] Kann der Vertragspartner die geforderte Auskunft unschwer erbringen und ist es dem Fotografen nicht zuzuschreiben, dass er den Umfang seines Rechts nicht genau beziffern kann, gewährt ihm § 242 BGB ein solches Recht.[51]

7. Bei Vertragsschluss unbekannte Nutzungsarten

Eine weitere Art des Fairness-Ausgleichs kann der Fotograf bei einer erst nach *293* Abschluss eines Vertrages über Nutzungsrechte bekannt werdenden Nutzungsart geltend machen. Wie die einzelnen Nutzungsarten abzugrenzen sind und welche

---

47 OLG Naumburg v. 07.04.2005 – 10 U 7/04 – NJW-RR 2006, 488, 489.
48 OLG Naumburg v. 07.04.2005 – 10 U 7/04 – NJW-RR 2006, 488, 489.
49 *Wandtke/Grunert*, in: Wandtke/Bullinger, UrhR, 3. Aufl. 2009, § 32 a UrhR Rn. 17; BGH v. 21.06.2001 – I ZR 245/98 – GRUR 2002, 153, 155 – Kinderhörspiele.
50 BGH v. 13.12.2001– I ZR 44/99 – ZUM 2002, 549, 551 – Musikfragmente; OLG München v. 20.12.2007 – 29 U 5512/06 – ZUM-RD 2008, 131, 144.
51 BGH v. 06.02.2007 – X ZR 117/04 – GRUR 2007, 532, 533 – Meistbegünstigungsvereinbarung; BGH v. 07.12.1979 – I ZR 157/77 – GRUR 1980, 227, 232 – Monumenta Germaniae Historica.

Nutzungsarten bekannt sind, muss für den jeweiligen Einzelfall und ggf. gerichtlich bewertet werden. Auch hier ist wie bei § 31 Abs. 5 UrhG hinsichtlich der Nutzungsart zu ermitteln, ob es sich um eine wirtschaftlich-technisch selbständige Form der Auswertung handelt.[52]

Zur Beantwortung der Frage, ob eine bestimmte Nutzungsart als eigenständig anzusehen ist, kann die **wirtschaftliche Verwertbarkeit** herangezogen werden. Um eigenständige Rechte an einer Nutzungsweise einräumen zu können, darf der Urheber nicht in an seinem Werk bestehende Nutzungsrechte Dritter eingreifen.[53] Nicht jedes neue Medium führt aber zu einer abgrenzbaren Verwertbarkeit in neuer Form.[54] Es muss sich vielmehr um eine fortentwickelte Technik handeln.[55] Der Markt lässt sich dabei danach abgrenzen, ob für die Nutzungsform ein eigener Vertriebsweg besteht[56] oder ein eigenes Preissegment des Marktes eingegrenzt wird.[57]

Weiterhin muss diese konkret ermittelte Nutzungsart im Zeitpunkt der Rechtseinräumung unbekannt gewesen sein. Dies ist zu verneinen, wenn die Verwendungsform bereits technisch realisierbar war und eine gewisse wirtschaftliche Bedeutung hatte.[58]

294   Die Rechtsprechung hat zu einzelnen Verwendungsmöglichkeiten eines Werkes schon eine Entscheidung darüber getroffen, ob es sich jeweils um eine neue, eigenständige Nutzungsart handelt. So gibt es gerichtliche Urteile darüber, dass die Nutzungsart der CD etwa im Jahr 1983[59] und die CD-ROM als Träger multimedialer Werke etwa 1995[60] bekannt wurde. Die Einstellung von Fotografien ins Internet stellt in Verbindung mit der Wahl eines bestimmten Mediums ebenfalls eine eigenständige Nutzungsart dar. Diese ist etwa seit dem Jahr 1995 bekannt; allerdings muss hier auch zwischen den einzelnen Möglichkeiten der Nutzung von Bildern im Internet (Download, E-Book etc.) unterschieden werden.[61]

---

[52] So die überwiegende Meinung, vgl. *Schricker*, in: Schricker, Urheberrecht, 3. Aufl. 2006, § 31 Rn. 26; *Movessian*, GRUR 1974, 371, 373 ff.; *Reber*, GRUR 1997, 162, 168; BGH v. 11.10.1990 – I ZR 59/89 – GRUR 1991, 133, 136 – Videozweitauswertung; BGH v. 26.01.1995 – I ZR 63/93 – BGHZ 128, 336, 341 – Videozweitauswertung III; BGH v. 16.01.1997 – I ZR 38/96 – GRUR 1997, 464, 465 – CB-Infobank II.

[53] *Straßer/Stumpf*, GRUR Int. 1997, 801, 805.

[54] *Stieper/Frank*, MMR 2000, 643, 645.

[55] *Reber*, GRUR 1998, 792, 793.

[56] BGH v. 21.11.1958 – I ZR 98/57 – GRUR 1959, 200, 203 – Der Heiligenhof; *Reber*, GRUR 1998, 792, 793.

[57] BGH v. 12.12.1991 – I ZR 165/89 – NJW 1992, 1320, 1321 – Taschenbuchlizenz.

[58] *Spautz*, in: Möhring/Nicolini, Urheberrechtsgesetz, 2. Aufl. 2000, § 31 Rn. 42; Die Nutzungsart muss einen gewissen Bekanntheitsgrad haben und nicht nur in der Fachwelt, sondern auch durchschnittlichen Urhebern bekann sein, vgl. OLG Hamburg v. 11.05.2000 – 3 U 269/98 – NJW-RR 2001, 123; OLG Hamburg v. 17.12.1998 – 3 U 162/97 – GRUR 2000, 45 – CD Cover.

[59] Strittig ist, ob die CD gegenüber den Aufnahmen auf Langspielplatten oder Musikkassetten eine neue Nutzungsart darstellt; bejahend KG v. 30.07.1999 – 5 U 3591/99 – NJW-RR 2000, 270, 271; OLG Düsseldorf v. 10.10.1995 – 20 U 86/95 – NJW-RR 1996, 420; verneinend OLG Köln v. 22.09.2000– 6 U 19/96 – ZUM 2001, 166, 172.

[60] BGH v. 05.07.2001 – I ZR 311/98 – GRUR 2002, 248 – Spiegel-CD-ROM.; auch bereits OLG Hamburg v. 05.11.1998 – 3 U 212/97 – MMR 1999, 225, 229.

[61] Vgl. *Wandtke/Grunert*, in: Wandtke/Bullinger, UrhR, 3. Aufl. 2009, §§ 31 UrhR Rn. 60; *Hoeren*, CR 1995, 710, 713; *Frohne*, ZUM 2000, 810, 815; OLG Hamburg v. 11.05.2000 – 3 U 269/98 – ZUM 2000, 870, 873 – Onlinezeitung; *Grunert/Ohst*, KUR 2001, 8, 16 ff.; *Schuster/Müller*, MMR-Beilage 10/2000, 1, 32 ff.

Im Gegensatz zu der früheren Rechtslage kann nach den Änderungen des Anfang 295
2008 in Kraft getretenen zweiten Korbes des Urheberrechtsgesetzes ein Vertrag über
noch unbekannte Nutzungsarten geschlossen werden. Ein solcher Vertrag bedarf der
Schriftform. Strebt der Vertragspartner die Aufnahme einer neuen Art der Werknutzung an, die zum Zeitpunkt des Vertragsschlusses noch nicht bekannt war, muss er
den Urheber gemäß § 31a Abs. 1 S. 4 UrhG darüber in Kenntnis setzen. Dem Urheber steht sodann die Möglichkeit zu, seine Rechtseinräumung innerhalb von drei
Monaten nach Absendung der Mitteilung an ihn zu **widerrufen**. Dieses Recht darf
dem Urheber im Voraus nicht durch eine vertragliche Regelung genommen werden.
Nach Bekanntwerden der neuen Nutzungsart sind vertragliche Verzichtserklärungen
jedoch möglich.

Für die Entscheidung darüber, ob die Rechtseinräumung widerrufen werden sollte,
ist auch relevant, dass dem Urheber im Fall der Aufnahme einer neuen Werknutzung
ein zusätzlicher Vergütungsanspruch zusteht. Um diesen durchsetzen zu können,
muss der Vertragspartner den Urheber unverzüglich über die Werknutzung **unter-
richten**, wenn er sie tatsächlich begonnen hat. Wichtig und vom Verwerter zu beachten ist, dass die Aufnahme der Nutzung bereits bei jeder urheberrechtlich relevanten
Verwendung des Werkes beginnt, also z. B. auch schon mit der Herstellung von Vervielfältigungsstücken. Eine besondere Form für die Unterrichtung sieht § 32c Abs. 1
S. 3 UrhG zwar nicht vor, es empfiehlt sich jedoch eine schriftliche Benachrichtigung.
Hier gelten die allgemeinen Beweisregeln, so dass der Vertragspartner im Zweifel die
Unterrichtung darlegen und beweisen muss, also auch den Zugang des Schreibens
beim Urheber.[62]

Ein Anspruch auf einen solchen Ausgleich besteht wiederum nicht, wenn der
Urheber jedermann ein einfaches Nutzungsrecht eingeräumt hat. Diese Einräumung
muss auch nicht in Schriftform erfolgen, § 31a Abs. 1 S. 2 UrhG. Dem Fotografen
bleibt es damit unbenommen, seine Bilder beispielsweise im Internet Dritten zur Nutzung zur Verfügung zu stellen.[63]

8. Einräumung weiterer Nutzungsrechte an Dritte

Will der Vertragspartner wiederum Dritten weitere Nutzungsrechte einräumen, ist 296
dies nur nach **Zustimmung** des Fotografen möglich. Dies gilt gemäß § 34 Abs. 1
UrhG sowohl für den Fall, dass dem Vertragspartner einfache Nutzungsrechte eingeräumt wurden, als auch nach § 35 Abs. 1 UrhG für den Fall, dass ihm ausschließliche Rechte an dem Werk zustehen. Hierzu ist eine ausdrückliche Vereinbarung erforderlich, zumindest muss sich jedoch der Wille des Fotografen im Hinblick auf die
Zustimmung zur Einräumung weiterer Nutzungsrechte aus den näheren Umständen
eindeutig ablesen lassen.[64]

Allerdings ist zu beachten, dass die Zustimmung nicht entgegen Treu und Glauben
(§ 242 BGB) versagt werden darf. Diese Schwelle des § 242 BGB ist jedoch recht hoch,
so dass dem Fotografen ein weitgehend eigenständiger Entscheidungsspielraum über
die Einräumung weiterer Nutzungsrechte an Dritte verbleibt.

---

[62] *Wandtke/Grunert*, in: Wandtke/Bullinger, UrhR, 3. Aufl. 2009, § 32 c UrhR Rn. 31.
[63] Vgl. auch oben unter Ziff. 5.
[64] LG Leipzig ZUM 2006, 671, 672.

Die bei der Unterlizenzierung zu beachtenden Vorgaben des Gesetzes können leicht übersehen werden. Hat der Vertragspartner den Wunsch, das Werk der Öffentlichkeit oder Dritten zur Verfügung zu stellen, muss er sich dies ausdrücklich in dem Vertrag einräumen lassen. Dies gilt auch, wenn er die ausschließlichen Rechte an einer Fotografie erhält.

297   Werden Verwertungsgesellschaften, im Bereich der Fotografie also die **Verwertungsgesellschaft BILD-KUNST**, tätig, ist nach § 35 Abs. 1 S. 2 UrhG eine Zustimmung des Urhebers nicht erforderlich. Denn weil der Fotograf ausschließliche Nutzungsrechte an die Verwertungsgesellschaft BILD-KUNST gerade zur Wahrung seiner eigenen Belange einräumt, bedarf er eines Schutzes nicht.[65]

---

[65] *Wandtke/Grunert*, in: Wandtke/Bullinger, UrhR, 3. Aufl. 2009, § 35 UrhR Rn. 12.

Caplan

II. Grundsätze des allgemeinen Vertragsrechts

Ein Schuldverhältnis ist ein Rechtsverhältnis, durch das eine Person von einer anderen *298* Person ein Tun oder Unterlassen fordern kann, § 241 Abs. 1 BGB. Das Zustandekommen von Schuldverhältnissen kann ganz unterschiedlich sein: So können durch Urteile Schuldverhältnisse entstehen oder auch unmittelbar durch Gesetz. Einer der häufigsten Gründe jedoch für die Entstehung eines Schuldverhältnisses ist der Vertragsschluss zwischen mindestens zwei Parteien, wodurch ein rechtsgeschäftliches Schuldverhältnis entsteht.

1. Zustandekommen von Verträgen

a) Angebot und Annahme

Ein Vertrag kommt durch Angebot und deren rechtzeitige Annahme zustande. So- *299* wohl bei dem Angebot als auch bei der Annahme muss es sich um wirksame Willenerklärungen handeln, die in Bezug aufeinander abgegeben werden. Ob eine solche inhaltliche Bezugnahme tatsächlich vorliegt, ist durch Auslegung zu ermitteln. Maßgeblich ist hierbei der **Empfängerhorizont**, d. h., was der Empfänger der Willenerklärung bei verständiger Würdigung als den Willen des Erklärenden auffassen konnte.

Das auf den Abschluss eines Vertrages unterbreitete Angebot kann unter Anwesenden nur **sofort** gem. § 147 Abs. 1 S. 1 BGB angenommen werden. Dies gilt auch dann, wenn die potentiellen Vertragsparteien mittels Kommunikationseinrichtungen, wie beispielsweise einem Telefongespräch, in direktem Kontakt zueinander stehen. Stehen die Parteien in keinem direktem Kontakt zueinander, so kann das Angebot nur bis zu dem Zeitpunkt angenommen werden, in dem üblicherweise mit einer Antwort zu rechnen ist. Wird jedoch die Annahme nicht uneingeschränkt erklärt, also das Angebot modifiziert, so gilt dies gem. § 150 Abs. 2 BGB als Ablehnung des ursprünglichen Angebots verbunden mit einem neuen Angebot, welches dann zur Begründung des Vertragsverhältnisses von demjenigen, der das ursprüngliche Angebot unterbreitet hat, angenommen werden muss.

Zu beachten ist, dass auch die Annahme eines Angebots grundsätzlich eine **empfangsbedürftige Willenserklärung** ist. Allerdings bestimmt § 151 BGB, dass auch ohne die Erklärung gegenüber dem Antragenden ein Vertrag zu Stande kommt, wenn nämlich der Antragende auf eine solche Erklärung verzichtet hat oder sie nach der Verkehrssitte nicht zu erwarten ist.

Eine Besonderheit diesbezüglich enthält das Handelsrecht: Nach § 362 Abs. 1 S. 1 HGB gilt das Schweigen eines Kaufmanns, zu dessen Gewerbebetrieb die Besorgung von Geschäften für andere gehört, auf einen Antrag, der auf eine solche Besorgung gerichtet ist, als Annahme. Voraussetzung ist jedoch, dass er mit dem Antragenden in Geschäftsverbindung steht. In diesen Fällen wird dem Schweigen kraft Gesetzes ausdrücklich die Bedeutung einer Willenserklärung zugeschrieben, die zum Vertragsschluss führt. Der Unterschied zwischen der Regelung des **§ 362 Abs. 1 S. 1 HGB** und § 151 S. 1 BGB ist folgender: Im Falle des § 362 Abs. 1 S. 1 HGB bedarf es keiner Annahmeerklärung; diese wird durch das Gesetz fingiert. Bei § 151 S. 1 BGB bedarf es jedoch einer Annahmeerklärung; es wird lediglich darauf verzichtet, dass diese Erklärung dem Antragenden zugeht.

b) Stellvertretung

300 Allerdings wäre es umständlich, wenn die Parteien eines Rechtsgeschäfts dieses immer nur persönlich vornehmen könnten. Aus diesem Grund gibt es die Stellvertretung. Hierbei tritt beim Vertragsschluss der Stellvertreter auf, Vertragspartei wird jedoch der Vertretene. Das bedeutet, dass die Rechtsfolgen des Vertrages ihn treffen. Voraussetzung hiefür ist jedoch gem. § 164 Abs. 1 S. 1 BGB, dass der Vertreter eine eigene **Willenserklärung im Namen des Vertretenen** abgibt,[66] damit der anderen Vertragspartei klar ist, dass nicht die ihm gegenüberstehende Person Vertragspartner wird, sondern der Vertretene. Zudem muss sich die Willenerklärung des Vertreters innerhalb der Grenzen der ihm zustehenden Vertretungsmacht bewegen. Schließt jemand ohne Vertretungsmacht im Namen eines anderen einen Vertrag, so hängt die Wirksamkeit des Vertrages für und gegen den Vertretenen gem. § 177 Abs. 1 BGB von dessen Genehmigung ab.

2. Wirksamkeit von Verträgen

301 Auch wenn ein Vertrag geschlossen wurde, bedeutet dies noch nicht, dass dieser auch zwangsläufig wirksam ist. So können der Wirksamkeit des Vertrages gesetzliche Regelungen entgegenstehen oder die Wirksamkeit des Vertrages durch eine der Parteien beseitigt werden.

a) Anfechtung

302 Wird ein einmal geschlossener Vertrag angefochten, so gilt er als von Anfang an als nicht geschlossen, das heißt, die **Wirksamkeit entfällt** *ex tunc*, § 142 Abs. 1 BGB. Da es sich bei der Anfechtung um ein Gestaltungsrecht handelt, also die Nichtigkeitsfolge nicht kraft Gesetzes eintritt, bedarf die Anfechtung gem. § 143 Abs. 1 BGB einer Erklärung, die den Willen zum Ausdruck bringt, an das Rechtsgeschäft nicht mehr gebunden zu sein. Des Weiteren ist ein Anfechtungsgrund erforderlich. Als Anfechtungsgründe kommen die Anfechtung wegen Irrtums, § 119 BGB, die Anfechtung wegen Täuschung oder Drohung, § 123 BGB, sowie die Anfechtung von Willenerklärungen wegen eines Übermittlungsfehlers unter Abwesenden, § 120 BGB, in Betracht.

b) Sittenwidrigkeit

303 Ein Rechtsgeschäft, das gegen die guten Sitten verstößt, ist gem. § 138 Abs. 1 BGB nichtig, bindet somit die Vertragsparteien nicht. Der Begriff der Sittenwidrigkeit ist selbst im Gesetz nicht definiert. Nach der Rechtsprechung liegt Sittenwidrigkeit dann vor, wenn durch das Rechtsgeschäft das Anstandsgefühl aller billig und gerecht denkenden verletzt wird. Dies kann dadurch ausgelöst werden, dass die Art und Weise des Zustandekommen des Vertrages anstößig ist, der Inhalt des Vertrages verwerflich ist oder die gesamten Umstände des Vertrags – Beweggrund und Zweck – zu missbilligen sind. Zu beachten ist jedoch, dass das Anstandsgefühl einer Gesellschaft dem Wandel unterliegt und somit in gewisser Weise auch ein Spiegelbild gesellschaftlicher Entwicklung ist.

---

[66] Wird lediglich eine fremde Willenserklärung überbracht, so handelt es sich um einen Boten und keinen Stellvertreter.

c) Minderjährige

Die Frage, ob Minderjährige wirksam kontrahieren können, hängt von der Frage ab, *304* ob sie geschäftsunfähig sind oder lediglich in ihrer Geschäftsfähigkeit beschränkt. Die Willenserklärung eines Geschäftsunfähigen, also einer Person, die das siebente Lebensjahr noch nicht vollendet hat, § 104 Nr. 1 BGB, ist gem. § 105 Abs. 1 BGB nichtig. Ein Minderjähriger, der das siebente Lebensjahr vollendet hat, ist in seiner Geschäftsfähigkeit lediglich beschränkt, kann aber grundsätzlich wirksam Willenserklärungen abgeben und damit auch Verträge schließen. Gibt jedoch der Minderjährige eine Willenerklärung ab, durch die er nicht lediglich einen rechtlichen Vorteil erlangt, bedarf die Willenserklärung zu ihrer Wirksamkeit der **Einwilligung seines gesetzlichen Vertreters**, § 107 BGB. Ein ohne diese Einwilligung geschlossener Vertrag ist schwebend unwirksam, d. h. die Wirksamkeit des Vertrages hängt von der Genehmigung des Vertreters ab. Wird der Vertreter zur Genehmigung aufgefordert und gibt er diese nicht innerhalb von zwei Wochen ab Empfang der Aufforderung ab, so gilt die Genehmigung als verweigert.

Kann der Minderjährige allerdings den Vertrag mit den ihm überlassenen Mitteln vollständig erfüllen, so gilt nach § 110 BGB auch ein ohne die Einwilligung des Vertreters geschlossener Vertrag als wirksam.

d) Formvorschriften

Grundsätzlich können Verträge formlos, d. h. auch mündlich geschlossen werden. In *305* den wenigen Fällen, in denen der Gesetzgeber eine bestimmte Form vorgeschrieben hat, sei es die Schriftform oder die notarielle Beurkundung, führt ein Verstoß gegen diese Formvorschriften grundsätzlich zur Unwirksamkeit der jeweiligen Einigung. Für den Bereich des Fotorechts dürften die speziellen Formvorschriften jedoch nicht einschlägig sein, so dass in diesem Bereich Verträge wirksam mündlich geschlossen werden können.

3. Allgemeine Geschäftsbedingungen

Vertragspartner von Fotografen, aber auch Fotografen selbst nutzen nicht selten vor- *306* formulierte Vertragsbedingungen, sog. Allgemeine Geschäftsbedingungen („AGB"). Diese Musterverträge sind nicht zu verwechseln mit Honorarempfehlungen, z. B. die von der Mittelstandsgemeinschaft Foto-Marketing (MFM) jährlich erstellte Übersicht von durchschnittlichen Honoraren.[67] Ein Beispiel für AGB, die die Interessen der Fotografen favorisiert, sind die ursprünglich von der Interessenvertretung FreeLens und der IG Medien gemeinsam entwickelten AGB für freie Fotografen. Ein Beispiel für AGB der Verwerter sind die AGB von Presseverlagen.

a) Begriff der AGB

Allgemeine Geschäftsbedingungen sind für eine Vielzahl von Verträgen vorformu- *307* lierte Vertragsbedingungen, die eine Vertragspartei (Verwender) der anderen Vertragspartei bei Abschlusses eines Vertrages stellt (§ 305 Abs. 1 Satz 1 BGB). Nach der Rechtsprechung des BGH können solche für eine Vielzahl von Verträgen vorformulierten Vertragsbedingungen selbst dann vorliegen, wenn die Bedingungen nur gegen-

---

[67] Die vollständige Übersicht über die Bildhonorare gibt die MFM (in der ver.di korporatives Mitglied ist) auf Grundlage einer Honorarerhebung heraus. Sie kann kann zusammen mit dem Handbuch „Der Bildermarkt" zum Preis von 33 € bezogen werden beim Bundesverband der Pressebild-Agenturen und Bildarchive e.V. (BVPA).

über einer Vertragspartei verwendet werden sollen.[68] *Graf von Westphalen*[69] bringt es auf folgenden einfachen Nenner: „Formelhaft verwendete Klauseln erwecken bis zum Beweis des Gegenteils den Anschein der Mehrfachverwendungsabsicht". Entnimmt der Autor eines Vertragsentwurfs, der dem anderen Teil übersandt wird, die Klauseln seiner anwaltlichen „Datenbank", werden sie in diesem Sinne formelhaft verwendet, selbst wenn sie insgesamt nur auf ein Vertragsverhältnis zugeschnitten sind. Keinen Untertschied macht es, ob die AGB einen äußerlich gesonderten Bestandteil des Vertrages bilden oder in die Vertragsurkunde selbst aufgenommen werden.

b) Einbeziehung der AGB und Vorrang individueller Abreden

308 Die AGB müssen einbezogen werden, eine einseitige Erklärung reicht nicht aus. Dazu ist erforderlich, dass auf die AGB ausdrücklich hingewiesen wird. Außerdem muss dem Nutzer die Kenntnisnahme in zumutbarer Weise ermöglicht werden. Dafür genügt es, wenn bei einer Bestellung über das Internet die AGB des Anbieters über einen auf der Bestellseite gut sichtbaren Link aufgerufen und ausgedruckt werden können.[70] Für Unternehmer und somit z. B. auch für Verträge zwischen Presseverlagen und freiberuflich tätigen Fotografen gelten gem. § 310 Abs. 1 Satz 1 BGB erleichterte Voraussetzungen für die Einbeziehung. Dies nützt dem Verwender insbesondere dann, wenn die Verwendung von AGB branchenüblich ist,[71] wie dies bei den meisten Branchen der Medienwirtschaft der Fall ist. Sogar ohne diese Erleichterung bei der Einbeziehung von AGB gegenüber Unternehmern hatte es der BGH bereits 1984 – mit Hinweis auf die langjährige Praxis eines Senders – ausreichen lassen, dass der Sender dem Urheber die AGB erst mit der Gagenabrechnung und damit weit nach dessen telefonischen Beauftragung mitteilte.[72]

Es gilt der sog. „Vorrang der Individualabrede". AGB und somit die §§ 305 ff. BGB sind nicht anwendbar, wenn die Vertragsbedingungen zwischen den Vertragsparteien im Einzelnen ausgehandelt sind. Aushandeln ist dabei mehr als Verhandeln und liegt nur vor, wenn der Verwender die Klauseln ernsthaft und für die andere Seite erkennbar zur Disposition stellt. Der Verwender muss also dem anderen Teil zur Wahrung von dessen Interessen eine reale Möglichkeit der Klauseländerung in Aussicht stellen. Diese hohen Anforderungen gelten nach h.M. auch im kaufmännischen Verkehr.[73] Bloßes Erörtern ohne die deutlich erklärte Verhandlungsbereitschaft soll ebenso we-

---

68 BGH v. 11.12.2003 – VII ZR 31/03 – NJW 2004, 1454, 1455; BGH v. 23.06.2005 – VII ZR 277/04 – ZIP 2005, 1604; zuvor bereits BGH v. 16.11.1990 – V ZR 217/89 – NJW 1991, 843; anders dagegen noch BGH v. 13.09.2001 – VII ZR 487/99 – NJW-RR 2002, 13, 14 mit Verweis auf BGH v. 04.05.2000 – VII ZR 53/99 – NJW 2000, 2988, 2989.

69 *v. Westphalen*, NJW 2004, 1993.

70 BGH v. 04.12.1997 – IX ZR 247/96 – NJW 1998, 1140, 1142; BGH v. 20.03.1985 – VIII ZR 237/83 – NJW 1985, 1838 (m.w.N.); für gewisse Branchen differenzierend *Heinrichs*, in: Palandt, Kommentar BGB, 67. Aufl. 2007, § 305 Rn. 57 m.w.N.

71 BGH v. 22.09.1983 – I ZR 40/81 – GRUR 1984, 119, 120 f. – Synchronisationssprecher; ebenso *Schricker*, in: Schricker, Urheberrecht, 3. Aufl. 2006, Vor §§ 28, Rn. 11; insofern dagegen strenger BGH v. 18.06.1986 – VIII ZR 137/85 – NJW-RR 1987, 112, 114; gegen eine Einbeziehung KG v. 12.05.1981 – 4 U 3014/08 – VersR 1982, 372, 373; LG Gießen v. 24.01.1996 – 1 S 394/95 – NJW-RR 1996, 630.

72 *v. Westphalen*, NJW 2006, 2228, 2229; BGH v. 14.04.2005 – VII ZR 56/2004 – NJW-RR 2005, 1040, 1041; BGH v. 23.01.2003 – VII ZR 210/01 – NJW 2003, 1805, 1807; a.A: *Heinrichs*, in: Palandt, Kommentar BGB, 67. Aufl. 2007, § 305 Rn. 21.

73 BGH v. 13.11.1997 – X ZR 135/95 – NJW 1998, 1066, 1067 f.; anders dagegen im Bereich der Tarifwahl vgl. BGH v. 06.12.2002 – V ZR 220/02 – NJW 2003, 1313.

nig genügen wie die Möglichkeit für den anderen Teil, durch Ankreuzen zwischen unterschiedlichen vorformulierten Varianten zu wählen. Nur wenn der andere Teil die Möglichkeit erhält, eine Leerstelle auszufüllen, etwa mit Bezug auf die Laufzeit einer Lizenz, ohne dass es vorformulierte Varianten gibt, kommt eine Einzelabrede in Betracht. Die Darlegungs- und Beweislast dafür, dass eine Klausel ausnahmsweise individuell ausgehandelt wurde, liegt beim AGB-Verwender.

c) Inhaltskontrolle

Sind die Allgemeinen Geschäftsbedingungen Vertragsbestandteil geworden, so stellt *309* sich als nächstes die Frage, ob sie denn auch wirksam sind, d. h. Anspruch auf Beachtung entfalten.

aa) Generalklausel

Nach der Generalklausel des § 307 Abs. 1 S. 1 BGB sind AGB dann unwirksam, wenn *310* sie den Vertragspartner des Verwenders entgegen den Geboten von Treu und Glauben unangemessen benachteiligen. § 307 Abs. 2 BGB bestimmt, dass eine unangemessene Benachteiligung im Zweifel anzunehmen ist, wenn eine Bestimmung von einem wesentlichen Grundgedanken des Gesetzes abweicht, § 307 Abs. 2 Nr. 1 BGB.

bb) Sonderfall des sog. „Buy-Out" der Rechte

Seit vielen Jahren wird die umfassende Rechtseinräumungen in AGB mit Skepsis betrachtet.[74] Die Urheberseite, u. a. vertreten durch die Gewerkschaft ver.di, hält es für nicht angemessen, dass die Urheber durch AGB verpflichtet werden, sämtliche Nutzungsrechte zeitlich und räumlich unbegrenzt an ihre Auftraggeber abzutreten. Nach ihrer Auslegung des § 31 Abs. 5 UrhG sollten AGB-rechtlich nur diejenigen Nutzungsrechte eingeräumt werden (können), die vom Medienunternehmen auch tatsächlich genutzt werden.[75] Weshalb, so wird argumentiert, solle man die Rechtseinräumung für eine unbegrenzte Dauer abschließen, wenn es z. B. nur um die Veröffentlichung eines Fotos in einer Zeitschrift gehe?[76] Die Seite der Medienunternehmen argumentiert hingegen mit ökonomischen Zwängen und Praktikabilität. Die überwiegende Rechtsprechung[77] hat bisher die Auffassung vertreten, dass § 31 Abs. 5 UrhG nur als Auslegungsregel eingreife. § 31 Abs. 5 UrhG habe, ähnlich wie § 88 Abs. 2 UrhG, „lediglich Ersatzfunktion und keine Leitbildfunktion".[78] Ihr zweites Argument war bisher § 307 Abs. 3 BGB, wonach die AGB-Kontrolle keine Kontrolle der

---

[74] *Schricker*, in: Schricker, Urheberrecht, 3. Aufl. 2006, Vor §§ 28 ff. Rn. 14; *J. B. Nordemann*, in: Loewenheim, Handbuch des Urheberrechts, 2. Aufl. 2010, § 60 Rn. 11; *Wandtke/Grunert*, in: Wandtke/Bullinger, Urheberrecht, 3. Aufl. 2009, Vor §§ 31 ff., Rn. 107 ff.; *Schaaf*, Urheberrecht und allgemeine Geschäftsbedingungen, Diss. Berlin 1995, Seite 128 f.; *Donle*, Die Bedeutung des § 31 Abs. 5 UrhG für das Urhebervertragsrecht, Diss. München 1993, Seite 253 f.; neuerdings *Berberich*, ZUM 2006, 2055 ff.

[75] *Schimmel*, ZUM 2010, 95, 97 f.

[76] *Schimmel*, ZUM 2010, 95, 97 f.

[77] BGH v. 18.02.1982 – I ZR 81/89 – GRUR 1984, 45, 47 ff. – Honorarbedingungen: Sendevertrag; *Schippan*, ZUM 2010, 872.

[78] BGH v. 18.02.1982 – I ZR 81/89 – GRUR 1984, 45, 48 – Honorarbedingungen: Sendevertrag; bestätigt durch BGH v. 22.09.1983 – I ZR 40/81 – GRUR 1984, 119, 121 – Synchronisationssprecher.

Hauptleistungspflichten beinhalte.[79] In jüngsten Urteilen wird hingegen auf das Leitbild des § 11 Satz 2 UrhG abgestellt, der für Urheber eine angemessene Beteiligung an den Erlösen verlangt.[80] Die bisher zu dieser Frage ergangenen erst- und zweitinstanzlichen Entscheidungen sind jedoch nicht rechtskräftig und es ist abzusehen, dass die Rechtmäßigkeit des Rechte-Buy-Outs spätestens 2012 vom Bundesgerichtshilf entschieden wird.[81]

Bei der Entscheidung des Kammergerichts[82] zu den AGB des Axel Springer Verlags wurde das Buy-Out der Rechte für zulässig gehalten, ebenso wie die Einräumung eines Bearbeitungs- und Übersetzungsrechts, die Einräumung der Nutzung für werbliche Zwecke, der Eigentumserwerb an den abgelieferten bzw. angenommenen Unterlagen sowie die grundsätzliche Möglichkeit einer pauschalen Vergütung und die Fälligkeitsregelung. Für unwirksam gehalten wurden verschiedene Vergütungsregelungen wegen Verstoßes gegen § 307 Abs. 2 Ziff. 1 BGB i.V.m. § 11 S. 2 oder § 32 I S. 1 UrhG und z.T. auch wegen Intransparenz: (1.) die Regelung über den Anspruch auf Vergütung sonstiger, weitergehender oder werblicher Nutzungen; (2.) die Möglichkeit pauschaler Drittvermarktung; (3.) Zahlungsmodalitäten und (4.) die Zustimmungsfiktion zur Weiterlizenzierung von Nutzungsrechten.

cc) Spezielle Klauselverbote

311 Neben der Generalklausel des § 307 BGB findet sich in den §§ 308, 309 BGB eine umfangreiche Aufzählung einzelner verbotener Klauseln. Die Verbote sind eher auf Verbraucherverträge zugeschnitten und daher im Urhebervertragsrecht weniger relevant als die Generalklausel. Bei § 309 BGB ist im Medienbereich vor allem die Begrenzung der Laufzeit von bestimmten Dauerschuldverhältnissen auf zwei Jahre von Relevanz, denn die Ausnahme gilt nur für Wahrnehmungsverträge. Im Zusammenhang mit der Verletzung von Rechten gibt es Vertragsmuster, die Schadenspauschalierungen enthalten, die nicht den von § 309 Nr. 5 b) BGB verlangten Nachweis eines geringeren Schadens erlauben. Dies ist in Verträgen zwischen Unternehmern zulässig; dort darf nur der Gegenbeweis nicht ausdrücklich ausgeschlossen sein.[83]

(1) Klauselverbote ohne Wertungsmöglichkeit, § 309 BGB[84]

312 Klauseln ohne Wertungsmöglichkeit i. S. d. § 309 BGB sind bzw. betreffen:

---

[79] *Schack*, Urheber- und Urhebervertragsrecht, 3. Aufl., 2005, Rn. 959; *Kuck*, GRUR 2000, 285, 288; *Hoeren*, CR 2004, 721, 723; *Castendyk*, in: Loewenheim, Handbuch des Urheberrechts, 2. Aufl. 2009, § 75 Rn. 209; *Wandtke/Grunert*, in: Wandtke/Bullinger, Praxiskommentar Urheberrecht, 3. Aufl. 2009, Vor §§ 31 ff. Rn. 109

[80] Vgl. KG v. 26.03.2010 – 5 U 66/09 – ZUM 2010, 799; LG Rostock v. 31.07.2009 – 3 O 166/09 – ZUM 2010, 828.

[81] Vgl. zu den Hintergründen *Wille*, ZUM 2011, 206, *Castendyk*, AfP 2010, 434.

[82] KG v. 26.03.2010 – 5 U 66/09 – ZUM 2010, 799 ff.

[83] BGH v. 12.01.1994 – VIII ZR 165/92 – NJW 1994, 1060, 1067 f; zur Abgrenzung von Schadenspauschalierung und Vertragsstrafe siehe BGH v. 25.11.1982 – III ZR 92/81 – NJW 1983, 1542; BGH v. 24.04.1992 – V ZR 13/91 – NJW 1992, 2625 f.; OLG München v. 06.04.2005 – 7 U 1573/05 (*juris*); *Heinrichs*, in: Palandt, Kommentar BGB, 67. Aufl. 2007, § 276 Rn. 26, § 309 Rn. 33 ff., Vorbem. § 339 Rn. 3 ff.; *Tilp*, Jura 2001, 441; auf den Wortlaut abstellend *Lindacher*, in: Soergel, Kommentar BGB, 12. Aufl. 1990, Vor § 339 Rn. 12.

[84] Unter „Wertungsmöglichkeit" versteht man dabei den mit einer Klausel gegebenenfalls verbundenen Interpretationsspielraum des Verwenders.

– kurzfristige Preiserhöhungen

– Einschränkung oder Ausschluss von Leistungsverweigerungsrechten

– Aufrechnungsverbote

– Ausschluss des Erfordernisses von Mahnung oder Fristsetzung seitens des
  Verwenders

– Unangemessene Pauschalierung von Schadensersatzansprüchen und
  Wertminderungen

– Vertragsstrafen

– Haftungsausschluss bei der Verletzung von Leben, Körper oder Gesundheit

– Haftungsausschluss bei grobem Verschulden

– Andere Haftungsausschlüsse, die der Gesetzgeber für unangemessen hält

– Dauerschuldverhältnisse

– Wechsel des Vertragspartners, wenn dieser im Vertrag nicht ausdrücklich benannt ist

– Haftung des Abschlussvertreters

– Änderung der Beweislast zum Nachteil des Vertragspartners

– Formerfordernisse, die strenger sind als die Schriftform.

(2)   Klauselverbote mit Wertungsmöglichkeit, § 308 BGB

Die Bestimmung des § 308 BGB enthält Klauseln mit auslegungsbedürftigen Tatbe-   *313*
standsmerkmalen. § 308 zählt eine Reihe von AGB-Klauseln auf, deren Wirksamkeit
davon abhängt, ob sie im Einzelfall einen Inhalt haben, der als „unangemessen",
„sachlich nicht gerechtfertigt", „unzumutbar" usw. erscheint. In dieser Vorschrift hat
der Gesetzgeber diejenigen Klauseln zusammengefasst, die zwar in der Praxis häufig
zu einer unangemessenen Benachteiligung des Kunden führen, bei denen sich aber
letztlich doch nur auf Grund ihrer Einbettung in einen bestimmten Vertragstyp beurteilen lässt, ob sie unangemessen und daher unwirksam sind oder nicht.[85]

Diese Klauseln betreffen:

– Annahme- und Leistungsfrist

– Nachfrist

– Rücktrittsvorbehalt

– Änderungsvorbehalt

– Fingierte Erklärungen

– Fiktion des Zugangs

– Abwicklung von Verträgen

– Nichtverfügbarkeit der Leistung

---

[85]   *Kieninger*, in: MünchKomm-BGB, 5. Aufl. 2007, § 308 Rn. 1.

dd) Schriftformklauseln

314 Schriftformklauseln verstoßen nicht notwendigerweise gegen §§ 305 b, 307 Abs. 2 Nr. 1 BGB. Auch qualifizierte Schriftformklauseln sind nicht schlechthin unzulässig. Ihre Wirksamkeit hängt von der Ausgestaltung im Einzelfall und dem Anwendungsbereich der konkreten Klausel ab. Die Unwirksamkeit einer Klausel ist allerdings dann anzunehmen, wenn sie dazu dient, nach Vertragsschluss getroffene mündliche Individualvereinbarungen zu unterlaufen, indem sie beim Vertragspartner den Eindruck erweckt, eine mündliche Abrede sei entgegen den allgemeinen Grundsätzen unwirksam.[86]

---

[86] LG Mönchengladbach vom 10.10.2003 – 2 O 45/03 (Juris): BGH v. 15.02.1995 – VIII ZR 93/95 – NJW 1995, 1488.

III. Besondere Verträge

1. Verträge über Fotorechte, Fotoproduktionsverträge und Verträge über fotografische Kunstobjekte

Die typischen Vertragsbeziehungen, mit denen Fotografen, Bildagenturen und Ver- *315* werter in der Praxis konfrontiert werden, lassen sich in drei Kategorien unterteilen.[87] Die wohl wichtigste und am häufigsten vorkommende Kategorie bilden die **Lizenzverträge**. Durch einen Lizenzvertrag wird die Art und der Umfang der Nutzungsrechtseinräumung an Lichtbildern und Lichtbildwerken bestimmt. Diese Nutzungsrechtsverträge werden abgeschlossen, wenn ein Fotograf Nutzungsrechte zugunsten einer Bildagentur einräumt (Rn. 322 ff.), die die Verwertung der Fotografien übernehmen soll, oder wenn Fotografen oder Bildagenturen Bildrechte an Verwerter weiterlizenzieren. Auch Verträge zwischen Fotografen und Buch- oder Zeitungsverlagen sind Lizenzverträge (Rn. 343 ff.).

Die zweite Kategorie bilden die **Fotoproduktionsverträge**. Gegenstand dieser Vertragsform ist die Herstellung von Fotografien, mit denen der Fotograf beauftragt wird (Rn. 349 ff.). In der Regel beinhaltet ein Fotoproduktionsvertrag eine werkvertragliche Komponente (§ 631 BGB) sowie eine lizenzvertragliche, da gleichzeitig Nutzungsrechte an den herzustellenden Bildern eingeräumt werden.

Sowohl Fotoproduktionsverträge als auch Lizenzverträge werden in der Praxis nur selten einzelvertraglich ausgehandelt, sondern beinhalten vielmehr Standardklauseln, die der AGB-Kontrolle (§§ 305 ff. BGB) unterliegen.[88] Auf die jeweiligen Besonderheiten wird bei den einzelnen, im folgenden dargestellten Verträgen gesondert eingegangen.

Die dritte Kategorie von Vertragsbeziehungen sind **Verträge über fotografische Kunstobjekte** (Rn. 368 ff.), bei denen es nicht primär um Nutzungsrechte an den Fotografien geht, sondern vielmehr um das Kunstobjekt selbst.

a) *Lizenzverträge*

Wesentlicher Bestandteil eines Lizenzvertrages ist die Einräumung oder Übertragung *316* von Nutzungsrechten gegen eine angemessene Vergütung.[89] Ob es sich um Lichtbildwerke i. S. d. § 2 Abs. 1 Nr. 5 UrhG handelt oder um Lichtbilder i. S. d. § 72 UrhG,

---

[87] Eine umfangreiche Sammlung von Musterverträgen findet sich z. B. bei *Maaßen*, Vertragsmuster, Formulare und Musterbriefe, 2. Aufl. 2006 (herausgegeben vom BFF – Bund Freischaffender Foto-Designer); ferner können über die Verbände Freelens und dem Deutschen Journalisten Verband Musterverträge bezogen werden.

[88] In den nachfolgenden Ausführungen wird häufig auf die „Liefer- und Geschäftsbedingungen für Lieferung von Bildmaterial in analoger und digitaler Form zur Vergabe von Nutzungsrechten" Bezug genommen, die vom BVPA (Bundesverband der Pressebild-Agenturen und Bildarchive e. V.) herausgegeben wurden (im folgenden zitiert als „Liefer- und Geschäftsbedingungen BVPA") Diese Geschäftsbedingungen sind 1997 durch das Bundeskartellamt genehmigt worden (vgl. Bundesanzeiger Nr. 194 v. 17.10.1997, S. 1296). Die Entscheidung des Bundeskartellamts betraf jedoch lediglich die Bestimmungen zum analogen Bildmaterial. Mittlerweile sind die Klauseln jedoch dem Geschäftsverkehr mit Nutzungsrechten an digitalen Bildern angepasst worden. Siehe zur AGB-Kontrolle auch Rn. 306 ff. sowie *Castendyk*, ZUM 2007, 169 ff.

[89] Siehe auch Grundsätze des Urhebervertragsrechts Rn. 272 ff.

spielt für die Rechteeinräumung keine wesentliche Rolle, da die Vorschrift des § 72 Abs. 1 UrhG auf die §§ 31 – 44 UrhG verweist.[90]

317   Der Umfang der eingeräumten Nutzungsrechte hängt vom Parteiwillen und den jeweiligen Umständen ab. Die Parteien sollten die Nutzungsarten klar umschreiben und sich darüber einig werden, ob es um **einfache** oder **ausschließliche Nutzungsrechte** geht oder ob die Rechte räumlich, zeitlich und inhaltlich beschränkt werden sollen.[91] Ein einfaches Nutzungsrecht erlaubt dem Verwerter, das Werk neben anderen auf die vertraglich vereinbarte Weise zu benutzen. Der Inhaber eines einfachen Nutzungsrechts darf dieses nur mit Zustimmung des Urhebers nach § 34 Abs. 1 UrhG weiter übertragen oder Unterlizenzen einräumen. Durch ein ausschließliches Nutzungsrecht erhält der Erwerber eine stärkere Rechtsposition, die ihn dazu berechtigt, das Werk unter Ausschluss aller anderen Personen inklusive des Urhebers auf die vertraglich vereinbarte Art zu nutzen, § 31 Abs. 3 UrhG.[92]

318   Von Bedeutung sind ferner **inhaltliche, räumliche oder zeitliche Beschränkungen** der Nutzungsrechte. Die Vertragsparteien können dadurch Lizenzverträge optimal ihren Bedürfnissen anpassen. Voraussetzung einer inhaltlichen Beschränkungen ist, dass die Nutzungsart klar abgrenzbar und von selbstständiger wirtschaftlich-technischer Bedeutung ist.[93] So kann der Fotograf bei der Vergabe von Printrechten zwischen Zeitungen und Zeitschriften, aber auch zwischen Taschenbüchern und Hardcoverausgaben differenzieren. Eine besondere wirtschaftliche Bedeutung hat in diesem Sinne auch die **werbliche Nutzung** von Fotografien, die ebenfalls eine eigenständige Nutzungsart darstellt.[94] Räumlich kann die Nutzung z. B. nur auf den deutschsprachigen Raum beschränkt werden. Eine zeitliche Beschränkung liegt vor, wenn das Veröffentlichungsrecht auf einen bestimmten Zeitraum, z. B. ein Jahr, beschränkt wird.

319   Fehlen ausdrückliche Bestimmung zum Umfang der Nutzungsrechte oder sind diese nicht eindeutig, ist auf die **Zweckübertragungsregel gem. § 31 Abs. 5 UrhG** zurückzugreifen.[95] Danach kommt es für den Umfang der Rechtseinräumung auf den zugrunde liegenden Vertragsweck an.[96] Zu den Umständen, die bei der Anwendung der Zweckübertragungsregel eine Rolle spielen, gehören z. B. die Höhe der gezahlten Vergütung[97] und die Branchenübung.[98] Unerheblich ist, ob der Fotograf für die Einräumung der Nutzungsrechte ein Pauschalhonorar erhalten hat. Verhandlungsstarke Auftraggeber, wie etwa Zeitungsverlage, versuchen immer wieder, durch Zahlung

---

[90] Zur Unterscheidung zwischen Lichtbild und Lichtbildwerk, Rn. 64 ff.

[91] Bei der Einräumung von Rechten für unbekannte Nutzungsarten ist das Schriftformerfordernis des § 31 a UrhG zu beachten. Siehe dazu auch Rn. 234.

[92] Siehe allgemein zum Urhebervertragsrecht Rn. 272 ff.

[93] BGH v. 12.12.1991 – I ZR 165/89 – GRUR 1992, 310, 311; *Wanckel,* Foto- und Bildrecht, 3. Aufl. 2009, Rn. 328 sowie Rn. 335 mit ausführlicher Darstellung der Rechtsprechung.

[94] *Wanckel,* Foto- und Bildrecht, 3. Aufl. 2009, Rn. 328; *Schulze,* in: Dreier/Schulze, UrhG, 3. Aufl. 2008, Vor §§ 31 ff. Rn. 180; *Wanckel,* Foto- und Bildrecht, 3. Aufl. 2009, Rn. 328.

[95] Zur Zweckübertragungsregel vgl. Rn. 278 f.

[96] Siehe zur übersichtlichen Darstellung der Rechtsprechung *Wanckel,* Foto- und Bildrecht, 3. Aufl. 2009, Rn. 330 ff; *Maaßen,* in: Wandtke, Praxishandbuch Medienrecht, 1. Aufl. 2009, Teil 2, Kap. 4 Rn. 307 ff.; *Schulze,* in: Dreier/Schulze, UrhG, 3. Aufl. 2008, § 31 Rn. 139; siehe auch oben Rn. 278 f.

[97] BGH v. 20.03.1986 – I ZR 179/83 – GRUR 1986, 885, 886; *Maaßen,* in: Wandtke, Praxishandbuch Medienrecht, 1. Aufl. 2009, Teil 2, Kap. 4 Rn 303.

[98] *Schulze,* in: Dreier/Schulze, UrhG, 3. Aufl. 2008, § 31 Rn. 139.

Blobel

eines geringen Pauschalhonorars in den Genuss einer unbeschränkten Rechtseinräumung zu gelangen.

Dieser in der Branche verbreiteten „Unsitte"[99] wird jedoch vermehrt durch die *320* Rechtsprechung Einhalt geboten.[100] So ist etwa eine Zeitung nicht berechtigt, Fotos, an denen sie die Printrechte erworben hat, auch für eine CD-Rom zu benutzen, auf der die Zeitungsausgaben mehrerer Jahre abgespeichert sind.[101] Ebenso wurde es Zeitungsverlagen verboten, Zeitungsfotos auch für die Online-Ausgabe zu verwenden.[102] Die Rechtsprechung untersagte ferner einem Verwerter, Fotos, die er für ein LP-Cover erworben hatte, später für eine zusätzlich herausgegebene CD zu nutzen.[103] Im Zweifel werden demnach nach der Zweckübertragungsregel keine weitergehenden Rechte übertragen, als der Vertragszweck es erfordert. Die Darlegungs- und Beweislast, dass entsprechende Rechte erworben wurden, obliegt dem Verwerter.[104]

Da nach §§ 34, 35 UrhG für die Weiterübertragung oder die Einräumung weiterer *321* Nutzungsrechte stets die **Zustimmung des Urhebers** erforderlich ist, sollte sich ein Lizenzvertrag auch dieser Frage widmen. Es hängt von den jeweiligen Umständen ab, ob die Zustimmung bereits vorab im Nutzungsrechtsvertrag erteilt wird oder nicht. Die vorab erteilte Zustimmung zur Weiterübertragung ist vor allem in Fotoproduktionsverträgen und Verträgen zwischen Fotografen und Bildagenturen üblich. Bei Nutzungsrechtsverträgen zwischen letzteren und Verwertern wird dies in der Regel nicht der Fall sein. Hervorzuheben ist, dass die Einräumung eines ausschließlichen Nutzungsrechts nicht gleichzeitig das Recht zur Unterlizenzierung mit einschließt.[105] Insbesondere bei der vorab erteilten Zustimmung zur Weiterübertragung können AGB-rechtliche Besonderheiten eine Rolle spielen, sofern der Verwerter diesbezüglich Standardklauseln verwendet. So kann eine allgemeine Geschäftsbedingung gem. § 307 Abs. 2 Nr. 1 BGB i. V. m. § 11 Satz 2 UrhG unangemessen sein, wenn dem Verwerter umfangreiche Nutzungsrechte einschließlich des Rechts zur Weiterübertragung eingeräumt werden, ohne gleichzeitig dem Urheber einen Anspruch auf eine gesonderte Vergütung hierfür zuzubilligen.[106] Dies gilt insbesondere dann, wenn der Verwerter keinerlei Informationspflichten bzgl. weiterer Nutzungen und etwaiger Weiterübertragungen übernimmt.

---

[99] *Maaßen*, in: Wandtke, Praxishandbuch Medienrecht, 1. Aufl. 2009, Teil 2, Kap. 4 Rn. 305.
[100] Siehe LG Hamburg v. 22.09.2009 – 312 O 411/09 – ZUM 2010, 72 ff.
[101] BGH v. 05.07.2001 – I ZR 311/98 – NJW 2002, 896 ff.
[102] KG v. 24.07.2001 – 5 U 9427/99 – GRUR 2002, 252 ff.; AG Köln v. 14.06.2006 – 137 C 90/06 – GRUR 2006, 396 ff.
[103] OLG Hamburg v. 17.12.1998 – 3 U 162/97 – GRUR 2000, 45 ff.
[104] BGH v. 22.09.1983 – I ZR 40/81 – GRUR 1984, 119, 121; BGH v. 27.09.1995 – I ZR 215/93 – GRUR 1996, 121, 122; *Schulze*, in: Dreier/Schulze, UrhG, 3. Aufl. 2008, § 31 Rn. 103 ff., 110 ff; Maaßen, in: *Wandtke*, Praxishandbuch Medienrecht, 1. Aufl. 2009, Teil 2, Kap. 4 Rn. 302 ff.
[105] LG Leipzig v. 13.11.2006 – 05 O 1408/06 – ZUM 2007, 671 ff.
[106] siehe LG Berlin v. 05.06.2007 – 16 O 106/07 – ZUM-RD 2008, 18, 19: Einer der größten deutschen Zeitschriftenverlage benutzte diese Art von Klauseln und betrieb damit einer Bildagentur vergleichbaren Handel. Dadurch habe sie sich nach Ansicht des Gerichts außerdem in direkte Konkurrenz zu den Fotografen begeben, denen es auf diese Weise erschwert wurde, Beiträge daneben noch anderweitig am Markt zu platzieren.

aa) Verträge mit Bildagenturen

322 Bildagenturen fungieren als Bindeglied zwischen Fotografen und Verwertern. Viele Fotografen, v. a. Bildjournalisten, haben sich exklusiv an Bildagenturen gebunden, um so auf einen größeren Absatzmarkt zurückgreifen zu können.[107]

Bei Bildagenturen sind zwei Formen von Verträgen näher zu betrachten: Einmal die Vertragsbeziehung zwischen **Fotograf und Agentur** (1) und einmal der Vertrag zwischen **Agentur und Verwender** (2).

(1) Bildagenturvertrag

(a) Rechtsnatur

323 Bei dem Vertrag zwischen Agentur und Fotograf handelt es sich in der Regel um einen sog. **Geschäftsbesorgungsvertrag** in der Form eines Dienstvertrages (§§ 675, 611 BGB).[108] Mit dem Vertrag wird die Agentur zur treuhänderischen Wahrnehmung der Bildrechte des Fotografen beauftragt, vergleichbar mit einem Makler. Der Agent kann dabei im Namen des Urhebers oder auch im eigenen Namen handeln.[109] Die Verträge zwischen einem Fotografen und einer Bildagentur werden in der Regel schriftlich abgeschlossen. Zumeist berufen sich die Bildagenturen auch auf Allgemeine Geschäftsbedingungen, sodass die §§ 305 ff. BGB zu beachten sind. Da der Fotograf oft freischaffend und deshalb **Unternehmer** i. S. d. § 14 BGB sein wird, unterliegt die Einbeziehung zwar nicht den strengen Voraussetzungen des § 305 Abs. 2 BGB, eine Inhaltskontrolle der Klausel gem. § 307 BGB hat jedoch stets stattzufinden.[110]

(b) Nutzungsrechtsumfang

324 Üblicherweise erhält die Agentur die ausschließlichen Nutzungsrechte an den Bildern und die Erlaubnis, weitere Nutzungsrechte einzuräumen.[111] Hier reicht grundsätzlich eine allgemein gehaltene Klausel aus. Zwar ist die Zweckübertragungsregel des § 31 Abs. 5 UrhG anwendbar, sie führt jedoch nicht zu einer Spezifizierungslast zulasten der Agentur, da diese mit dem Fotografen in der Regel „an einem Strang zieht".[112] Der Fotograf, der eine Beschränkung der Nutzungsrechte beabsichtigt oder vor Weiterübertragung der Rechte an Dritte gefragt werden möchte, sollte dies deshalb **ausdrücklich** mit in den Bildagenturvertrag aufnehmen.[113] Da viele Bildagenturen mit digitalisierten Archiven arbeiten und die Nutzung über das Internet ebenfalls häufig angefragt wird, ist die digitale Bildverarbeitung und die Nutzung der Bilder über das

---

[107] Siehe auch Verzeichnis der Bildagenturen, die Mitglied beim BVPA – Bundesverband der Pressebild-Agenturen und Bildarchive e.V. sind (www.bvpa.org).

[108] *Maaßen*, in: Wandtke, Praxishandbuch Medienrecht, 1. Aufl. 2009, Teil 2, Kap. 4 Rn. 334; *A. Nordemann*, in: Loewenheim, Handbuch des Urheberrechts, 2. Aufl. 2010, § 73 Rn. 5; „Vertrag sui generis": *Mercker*, in: Berger/Wündisch, Urhebervertragsrecht, 1. Aufl. 2008, § 29 Rn. 19; Beispiel für einen Mustervertrag bei *Vinck*, in: Münchener Vertragshandbuch, Band 3, 6. Aufl. 2009, Formular IX 65.

[109] *Schulze*, in: Dreier/Schulze, UrhG, 3. Aufl. 2008, Vor § 31 Rn. 278.

[110] LG Frankfurt a.M. v. 11.04.2003 – 2/1 S 336/02 – ZUM-RD 2005, 455, 457; *Schulze*, in: Dreier/Schulze, UrhG, 3. Aufl. 2008, Vor § 31 Rn. 278; siehe allgemein zu Lizenzverträgen und AGB-Recht *Castendyk*, ZUM 2007, 169 ff.

[111] *Maaßen*, in: Wandtke, Praxishandbuch Medienrecht, 1. Aufl. 2009, Teil 2, Kap. 4 Rn. 335; *Mercker*, in: Berger/Wündisch, Urhebervertragsrecht, 1. Aufl. 2008, § 29 Rn. 23.

[112] *A. Nordemann*, in: Loewenheim, Handbuch des Urheberrechts, 2. Aufl. 2010, § 73 Rn. 6.

[113] *A. Nordemann*, in: Loewenheim, Handbuch des Urheberrechts, 2. Aufl. 2010, § 73 Rn. 6.

Blobel

Internet in der Regel vom Zweck des Bildagenturvertrages mit umfasst.[114] Möchten die Fotografen dies nicht, sollten sie auch hier eine ausdrückliche Regelung treffen.

In der Regel enthält der Agenturvertrag auch die Zustimmung des Fotografen, dass die Bilder nicht nur in der Originalfassung verwertet werden können, sondern auch in bearbeiteter Form (z. B. ausschnittsweise, verfremdet, coloriert oder schwarz-weiß).[115] Dies erhöht zwar die Verwertungschancen der Bilder; allerdings sollte die Gestattung nicht so weit gehen, dass die Schwelle zur rechtsverletzenden Entstellung überschritten wird.[116]

Der Fotograf sollte die Agentur ferner verpflichten, seine urheberpersönlichkeitsrechtlichen Befugnisse auszuüben, wie etwa den Anspruch auf **Anerkennung der Urheberschaft** nach § 13 UrhG.[117]

(c) Vergütung/Erlösverteilung

Die erzielten Erlöse werden i. d. R. im Verhältnis 50:50 zwischen Agentur und Foto- 325 graf aufgeteilt.[118] Der Fotograf kann sich hier vertraglich das Recht sichern, dass er die Berechnung der Honorare nachprüfen lassen darf, etwa durch einen vereidigten Buchprüfer.[119] Der Abrechnungszeitraum hängt vom Parteiwillen ab, üblich sind monatliche, zweimonatliche oder eine quartalsweise Abrechnung.[120] Denkbar ist ferner die Aufnahme einer Klausel, wonach die Agentur bei Weiterübertragung der Nutzungsrechte an Verwerter gewisse Mindestsätze verlangen muss.[121] Die Erlöse, die durch die Rechtewahrnehmung der Verwertungsgesellschaft Bild-Kunst erzielt werden, stehen zu 30 % der Agentur und zu 70 % dem Fotografen zu.[122]

(d) Haftung

Da mit der Veröffentlichung von Fotografien häufig auch Rechte Dritter, insbeson- 326 dere der abgebildeten Personen, tangiert werden, sollte sich ein Bildagenturvertrag auch dieser Frage widmen. Es wird regelmäßig der Fotograf sein, der zusichern muss, dass das Bildmaterial frei von Rechten Dritter ist.[123] Rechte Dritter, etwa Persönlichkeitsrechte der Abgebildeten, können vor allem bei der werblichen Nutzung eine

---

[114] *A. Nordemann*, in: Loewenheim, Handbuch des Urheberrechts, 2. Aufl. 2010, § 73 Rn. 7.

[115] § 6 des Agenturvertrages bei *Vinck*, in: Münchener Vertragshandbuch, Band 3, 6. Aufl. 2009, Formular IX 65.

[116] Siehe zu § 14 UrhG auch Rn. 97 ff.

[117] Siehe § 3 des Agenturvertrages bei *Vinck*, in: Münchener Vertragshandbuch, Band 3, 6. Aufl. 2009, Formular IX 65; zur Durchsetzung von Auskunftsansprüchen durch die Bildagentur, siehe vgl. LG München I v. 07.05.2003 – 21 O 5250/03 – MMR 2004, 192 ff.

[118] *Maaßen*, in: Wandtke, Praxishandbuch Medienrecht, 1. Aufl. 2009, Teil 2, Kap. 4 Rn. 335.

[119] § 2 des Agenturvertrages bei *Vinck*, in: Münchener Vertragshandbuch, Band 3, 6. Aufl. 2009, Formular IX 65.

[120] *Bauernschmitt*, in: Der Bildermarkt – Handbuch der Bildagenturen 2009, S. 23, 27.

[121] Oftmals orientieren sich die Mindestsätze an der Bildhonorarliste, die jährlich von der MFM (Mittelstandsgemeinschaft Foto-Marketing) herausgegeben wird; vgl. auch *A. Nordemann*, in: Loewenheim, Handbuch des Urheberrechts, 2. Aufl. 2010, § 73 Rn. 8.

[122] *Vinck*, in: Münchener Vertragshandbuch, Band 3, 6. Aufl. 2009, Erläuterung 3 zu Formular IX 65. Ist der Fotograf noch nicht Mitglied der VG Bild-Kunst sollte die Agentur gleichzeitig beauftragt werden, den entsprechenden Aufnahmeantrag zu stellen, siehe *A. Nordemann*, in: Loewenheim, Handbuch des Urheberrechts, 2. Aufl. 2010, § 73 Rn. 14.

[123] § 5 des Agenturvertrages bei *Vinck*, in: Münchener Vertragshandbuch, Band 3, 6. Aufl. 2009, Formular IX 65.

Rolle spielen.[124] Diese Garantieklauseln sind in der Regel mit einer **Haftungsfreistellung** verbunden, wonach der Fotograf die Agentur von Forderungen Dritter freistellt, die gegen sie erhoben werden. Hier sind jedoch AGB-rechtliche Besonderheiten zu beachten, da eine derartige Rechtegarantie zu einer verschuldensunabhängigen Haftung des Fotografen führt. Da Schadensersatzansprüche für Rechtsmängel nach dem gesetzlichen Leitbild ein Vertretenmüssen voraussetzen, kann eine standardmäßige Rechtegarantie unangemessen i. S. d. § 307 Abs. 2 Nr. 1 BGB sein.[125]

Außerdem unterliegen auch die Agenturen einer **Sorgfaltspflicht:** Sie sollten sich ebenso wie Werbeagenturen und Verlage vor Vervielfältigung und Verbreitung eines Bildnisses darüber informieren, ob eine Einwilligung erforderlich ist bzw. ob sie im erforderlichen Umfang erteilt wurde.[126] Um von Beginn an Klarheit zu haben, sollte die Agentur den Fotografen beispielsweise verpflichten, die Fotos zu kennzeichnen, die nicht für Werbung verwendet werden können.[127]

Vertragspartnern ist außerdem geraten, den Fall der Beschädigung und des Verlustes von Bildmaterial zu regeln, insbesondere, wenn es sich um Original-Fotos handelt. Die Haftung für Fremdverschulden oder höhere Gewalt kann hier im Verhältnis zum Fotografen zwar ausgeschlossen werden, allerdings bleibt die Agentur stets verpflichtet, das Bildmaterial sorgfältig und ordnungsgemäß zu behandeln.[128] Da Bilder häufig auch durch Verschulden der Verwerter beschädigt werden oder verloren gehen, werden Bildagenturen üblicherweise auch verpflichtet, mit den jeweiligen Verwertern **pauschalierte Schadensersatzansprüche** zu vereinbaren, die den Mindestsätzen der MFM-Bildhonorarliste entsprechen.[129]

(e) Vertragsbeendigung

327 Bildagenturverträge haben in der Regel eine **Mindestvertragslaufzeit**, damit sich die Ausgaben für die Bewerbung der Bilder und sonstige Kosten der Agentur amortisieren können. Da sich der Fotograf zumeist exklusiv an die Agentur bindet, sollte die Laufzeit jedoch nicht zu lange bemessen werden. Üblich ist eine Vertragslaufzeit von **zwei Jahren** mit einer anschließenden 6-monatigen Kündigungsfrist.[130] Die Parteien legen üblicherweise vertraglich fest, was nach Beendigung des Vertragsverhältnisses mit den beispielsweise kurz vor Vertragsende eingeräumten Nutzungsrechten und ggf.

---

[124] Siehe z. B. OLG Hamburg v. 11.06.1998 – 3 U 284/97 – ZUM-RD 1999, 122 ff.
[125] Siehe BGH v. 05.10.2005 – VIII ZR 16/05 – NJW 2006, 47 ff.; sowie *Castendyk*, ZUM 2007, 169, 175 f., der hinsichtlich der Zulässigkeit einer Rechtegarantie dahingehend differenziert, ob der Lizenzvertrag eher pacht- und mietvertragliche Elemente beinhaltet oder als Kauf- bzw. Werklieferungsvertrag einzuordnen ist. Findet Kaufrecht Anwendung, was insbesondere bei Lizenzverträgen auf zweiter Stufe zwischen Lizenznehmer und Sublizenznehmern der Fall ist, muss die höchstrichterliche Rechtsprechung beachtet und eine Unangemessenheit der verschuldensunabhängigen Garantieklausel angenommen werden.
[126] Dies gilt auch dann, wenn eine nachträgliche Recherche schwierig und unüblich ist, vgl. OLG Frankfurt a.M. v. 23.12.2008 – 11 U 21 08 – ZUM-RD 2009, 314 ff.; OLG Frankfurt a.M. v. 23.12.2008 – 11 U 22 08 – ZUM-RD 2009, 187 ff.
[127] *A. Nordemann*, in: Loewenheim, Handbuch des Urheberrechts, 2. Aufl. 2010, § 73 Rn. 11.
[128] *A. Nordemann*, in: Loewenheim, Handbuch des Urheberrechts, 2. Aufl. 2010, § 73 Rn. 12.
[129] *A. Nordemann*, in: Loewenheim, Handbuch des Urheberrechts, 2. Aufl. 2010, § 73 Rn. 12.
[130] § 10 des Agenturvertrages bei *Vinck*, in: Münchener Vertragshandbuch, Band 3, 6. Aufl. 2009, Formular IX 65.

dem überlassenen Material geschehen soll und inwieweit die Agentur die eventuell noch bestehenden Abrechnungspflichten zu erfüllen hat.[131]

(2) Verträge zwischen Agentur und Verwertern

Gegenstand des folgenden Abschnitts sind Lizenzverträge zwischen Bildagenturen *328* und Verwertern, wobei die Ausführungen durchaus auch für Lizenzverträge gelten, die der Urheber – also der Fotograf – selbst mit Verwertern abschließt.

(a) Geschäftspraxis

Der Geschäftsverkehr und die Vertragsverhandlungen bei Bildagenturen hängt davon *329* ab, ob sich der Kunde für analoge Bilder in Form von Abzügen, Dias oder Negative interessiert oder – wie heute in der Regel der Fall – für ein digitales Bild in Form einer Datei.

Im Falle eines analogen Bildes wendet sich der interessierte Bildbesteller an eine Bildagentur und fragt Bildmaterial zu einem bestimmten Thema an. Die Agentur schickt sodann eine Auswahl an Bilder zu, aus denen der Verwender wählen kann. Die Sendung enthält in der Regel einen Lieferschein, auf welchem die allgemeinen Geschäftsbedingungen der Bildagentur abgedruckt sind. Nachdem die Auswahl getroffen ist, werden die nicht gebrauchten Bilder wieder an die Agentur zurückgeschickt, die ausgewählten Bilder wiederum werden zum vereinbarten Zweck verwendet.

Da heute das Bildmaterial vermehrt in digitalen Archiven der Bildagenturen zur Ansicht zur Verfügung gestellt wird, können Nutzer selbst die entsprechenden Bilder auswählen. Die Bildagentur sendet die ausgewählten Bilder in der gewünschten Qualität als Dateien elektronisch zu.

(b) Rechtsnatur

Vertragsrechtlich ist die Bestellung analogen Bildmaterials folgendermaßen zu beur- *330* teilen: Die bloße telefonische Anfrage des Verwenders stellt grundsätzlich noch kein Angebot i. S. d. § 145 BGB auf Abschluss eines Vertrages dar.[132] Ein Angebot auf Abschluss eines Nutzungsrechtsvertrages ist vielmehr in der Zusendung des Bildmaterials einschließlich der allgemeinen Geschäftsbedingungen zu sehen. Mit der Annahme des Bildmaterials und der Sichtung entsteht zunächst ein Leihverhältnis i. S. d. § 598 BGB verbunden mit der Option auf Abschluss eines Nutzungsrechtsvertrages.[133] Dieser wird dann geschlossen, wenn der Verwender die Bilder ausgewählt hat und dies der Agentur mitteilt.

Handelt es sich um digitales Bildmaterial, welches Nutzer elektronisch bei der Bildagentur bestellen, wird kein Leihvertrag geschlossen, sondern es erfolgt eine Nutzungsrechtsübertragung nach § 31 UrhG, § 389 BGB.

---

[131] Vgl. im einzelnen dazu *A. Nordemann*, in: Loewenheim, Handbuch des Urheberrechts, 2. Aufl. 2010, § 73 Rn. 15 ff. und § 10 des Agenturvertrages bei *Vinck*, in: Münchener Vertragshandbuch, Band 3, 6. Aufl. 2009, Formular IX 65, § 10.

[132] *Mielke/Mielke*, ZUM 1998, 646, 647.

[133] *Mielke/Mielke*, ZUM 1998, 646, 647; OLG Hamburg v. 05.03.1992 – 3 U 164/91 – ZUM 1998, 665 66.; OLG München v. 13.11.1997 – 29 U 2661/97 – ZUM-RD 1998, 113 ff.; *A. Nordemann*, in: Loewenheim, Handbuch des Urheberrechts, 2. Aufl. 2010, § 73 Rn. 22; BGH v. 19.09.2001 – I ZR 343/98 – GRUR 2002, 282, 283.; a. A. OLG Celle v. 21.06.2001 – 13 U 160/00 – NJW-RR 2002, 259, 260.

Lizenzverträge zwischen Bildagenturen bzw. Urhebern und Nutzern von Fotografien enthalten üblicherweise Regelungen zum Nutzungsrechtsumfang, zur Vergütung, der Haftung und der Urhebernennung bzw. des Agenturvermerkes sowie Bestimmungen zu Vertragsstrafen und Schadenspauschalen.[134] Bei Verwendung von allgemeinen Geschäftsbedingungen sind die §§ 305 ff. BGB zu beachten. Da es sich bei den Verwertern in der Regel auch um Unternehmer handelt, ist die Einbeziehung der AGBs erleichtert.[135]

(c) Nutzungsrechtsumfang

331 Der Verwerter muss bei Bestellung der Bilder die Art, den Umfang und den Sprachraum der beabsichtigten Nutzung angeben. Im Falle einer werblichen Nutzung ist der Bildagentur unter Umständen auch das jeweilige Produkt, für welches geworben werden soll, zu benennen. Nutzungsrechte werden hier in der Regel nicht exklusiv eingeräumt. Üblich ist ferner, dass sowohl für das Bearbeitungsrecht als auch für die Weiterübertragung der Nutzungsrechte die Zustimmung der Bildagentur erforderlich ist.[136]

In Lizenzverträgen finden sich oftmals auch Bestimmungen zu **Sperrfristen**. Durch eine vertragliche Sperrfirst kann ein Nutzungsrechtsinhaber verpflichtet werden, von den erworbenen Nutzungsrechten erst ab einem gewissen Zeitpunkt Gebrauch zu machen.[137] Vertragsstrafen können zur Absicherung der Einhaltung von Sperrfristen verwendet werden.[138]

(d) Vergütung

332 Wesentlicher Vertragsbestandteil eines Lizenzvertrages ist die Vergütung. Nach § 11 Abs. 2 UrhG sind Urheber angemessen am wirtschaftlichen Nutzen ihrer Werke zu beteiligen.[139] Voraussetzung ist, dass es sich um eine **angemessene Vergütung** handelt. Ob die Vergütung angemessen ist, bemisst sich zunächst nach einem Tarifvertrag oder gemeinsamen Vergütungsregeln, § 32 Abs. 2 UrhG. Da beides im Bereich der Fotografie jedoch nicht vorhanden ist,[140] muss die angemessene Vergütung im Einzelfall bestimmt werden. Nach § 32 Abs. 2 Satz 2 UrhG bestimmt sich die Angemessenheit

---

[134] Die nachfolgenden Ausführungen nehmen weitestgehend Bezug auf die Allgemeinen Geschäftsbedingungen des BVPA (Bundesverband der Pressebildagenturen und Bildarchive e.V.), abgedruckt in „Der Bildermarkt – Handbuch der Bildagenturen 2009, S. 105 ff.

[135] Bei Übersendung analoger Bilder reicht grundsätzlich der Abdruck auf dem Lieferschein aus, vgl. *Schulze*, in: Dreier/Schulze, UrhG, 3. Aufl. 2008, Vor § 31 Rn. 281; siehe auch OLG Hamburg v. 13.06.2002 – 3 U 168/00 – ZUM 2002, 833 ff.; LG Frankfurt a.M. v. 11.04.2003 – 2/1 S 336/02 – ZUM-RD 2005, 458 ff.

[136] Ziff. 5 Liefer- und Geschäftsbedingungen BVPA; allerdings kann sich der Vertragspartner, z. B. ein Verlagshaus, bei Nutzung der Werke auch konzerneigener Unternehmen bedienen. Eine Weiterübertragung an einen Dritten liegt dann nicht vor, vgl. OLG Hamburg v. 13.06.2002 – 3 U 168/00 – MMR 2002, 677, 678.

[137] *Wanckel*, Foto- und Bildrecht, 3. Aufl. 2009, Rn. 350.

[138] Ist eine solche nicht vereinbart, kommt bei vorzeitiger, vertragswidriger Verwendung der Fotos die Geltendmachung eines Schadensersatzanspruchs durch den Fotografen nur dann in Betracht, wenn ihm auch tatsächlich ein konkreter Schaden entstanden ist, vgl. *Wanckel*, Foto- und Bildrecht, 3. Aufl. 2009, Rn. 350.

[139] *Schulze*, in: Dreier/Schulze, UrhG, 3. Aufl. 2008, § 11 Rn. 8; LG Berlin v. 05.06.2007 – 16 O 106/07 – ZUM-RD 2008, 18, 19 jeweils m. w. N.

[140] *A. Nordemann*, in: Loewenheim, Handbuch des Urheberrechts, 2. Aufl. 2010, § 73 Rn. 42; *Maaßen*, in: Wandtke, Praxishandbuch Medienrecht, 2. Aufl. 2010, Teil 2, Kap. 4 Rn. 322.

Blobel

danach, was zum Zeitpunkt des Vertragschlusses dem Geschäftsverkehr unter Berücksichtung aller Umstände üblicher- und redlicherweise entspricht. Erweist sich eine vertraglich vereinbarte Vergütung als unangemessen, hat der Fotograf nach § 32 Abs. 1 Satz 3 UrhG einen Anspruch auf Vertragsanpassung.

Anhaltspunkte für verkehrsübliche Nutzungsvergütungen können der Bildho- *333* norarliste der Mittelstandsvereinigung Foto-Marketing[141] entnommen werden, die auch von der Rechtsprechung regelmäßig berücksichtigt wird.[142] Hier ist jedoch zu beachten, dass es sich um durchschnittliche Honorarsätze handelt, die sich bei qualitativ höherwertigen Arbeiten als nicht branchenüblich herausstellen können.[143] Die **Bildhonorarliste der MFM** enthält eine umfangreiche Auflistung branchenüblicher Vergütungssätze für Fotonutzungsrechte. Es wird zwischen der **Einzelvergütung** für die Nutzung einzelner Fotos und der **Pauschalvergütung** für mehrfache Bildnutzungen unterschieden. Bei der Bemessung der Einzelvergütung spielen Nutzungsart- und Umfang sowie die Verbreitung des Mediums (Auflage bzw. Dauer der Veröffentlichung bei Internetnutzungen) eine Rolle.[144] Hinsichtlich der Art der Nutzung wird zwischen redaktionellem,[145] werblichem[146] und dem Handels-Produkt[147] unterschieden. Zuletzt enthält die Bildhonorarliste auch Hinweise auf branchenübliche Zuschläge und Preisnachlässe[148] sowie Angaben zu den marktüblichen allgemeinen Konditionen für die Nutzung von Bildern in den verschiedenen Medienbereichen.

Preisaufschläge werden durch die Bildagenturen berechnet, wenn die Fotos für *334* Titelbilder von Zeitschriften oder Werbeanzeigen verwendet werden.[149] Auch für Aufnahmen, die unter ungewöhnlichen Umständen und Kosten entstanden sind (z. B. Fotomodell-, Luft-, Unterwasser-, Expeditionsaufnahmen), können zusätzliche Aufschläge zum Grundhonorar anfallen. Exklusivrechte und Sperrfristen können Zusatzkosten in Höhe von 100 % des Grundhonorars verursachen. Ein weiterer Kosten-

---

[141] Die jährlich erscheinende Bildhonorarliste wird von der „Mittelstandsvereinigung Foto-Marketing" (http://www.mittelstandsgemeinschaft-foto-marketing.de/) herausgegeben und kann auch dort bestellt werden.

[142] Vgl. OLG Hamburg v. 13.06.2002 – 3 U 168/00 – ZUM 2002, 833 ff.; LG Düsseldorf v. 11.11.1997 – 20 U 31/97 – MMR 1998, 147 f.; LG Berlin v. 07.09.1995 – 16 S 9/95 – ZUM 1998, 673 f.; LG Düsseldorf v. 14.07.1992 – 12 O 353/91 – GRUR 1993, 664 f.; OLG München v. 11.07.1991 – 6 U 3078/89 – ZUM 1992, 152 ff.; allerdings ist die Anwendung der Bildhonorarliste der Mittelstandsgemeinschaft Foto-Marketing im Einzelfall durch das Gericht zu begründen, ein genereller Verweis auf Urteile und Literaturmeinung reicht nicht aus, vgl. BGH v. 06.10.2005 – I ZR 266/02 – GRUR 2006, 136, 138; siehe auch *J. B. Nordemann*, ZUM 1998, 642 ff.

[143] BGH v. 06.10.2005 – I ZR 266/02 – GRUR 2006, 136, 138; *Maaßen*, in: Wandtke, Praxishandbuch Medienrecht, 1. Aufl. 2009, Teil 2, Kap. 4 Rn. 323.

[144] Siehe zur Vergütungsstruktur Bildhonorarliste der Mittelstandsgemeinschaft Foto-Marketing, 2009, S. 6.

[145] Neben Presseerzeugnissen z. B. auch Enzyklopädien, Online-Zeitungen, Ausstellungskataloge, Stadtpläne etc.

[146] Z. B. für Anzeigen, Autogrammkarten, Geschäftsberichte, Plakate, Reisekataloge, Veranstaltungen, Verpackungen etc.

[147] Z. B. Bildtapeten, Briefmarken, Grußkarten, Schulhefte, Spiele etc.

[148] Z. B. 100 % Zuschlag für die werbliche Nutzung und Luft- oder Unterwasseraufnahmen sowie 30 % – 100 % Zuschlag, sofern Fotomodelle involviert sind; vgl. Bildhonorarliste der Mittelstandsgemeinschaft Foto-Marketing, 2009, S. 7.

[149] Hier sind Preisaufschläge von 100 % nicht unüblich und auch zulässig, vgl. OLG Frankfurt v. 28.01.1997 – 11 U 49/96 – ZUM 1998, 662, 663.

punkt sind die Bearbeitungsgebühren, die üblicherweise durch die Bildagenturen für die Zusammenstellung des Bildmaterials erhoben werden.[150]

(e) Urhebernennung und Agenturvermerk

335 Der Fotograf hat nach § 13 UrhG das Recht, als Urheber des Bildes genannt zu werden.[151] Da es sich hierbei auch um eine wichtige Werbemöglichkeit handelt, wollen Fotografen davon regelmäßig Gebrauch machen. Deshalb findet sich in den Allgemeinen Geschäftsbedingungen üblicherweise auch die Verpflichtung für den Verwerter zur Namensnennung des Urhebers und des Bildquellennachweises zugunsten der Agentur.[152] Abgesichert wird diese Nennungsverpflichtung in der Regel auch durch **Vertragsstrafenklauseln**, die Strafzahlungen bis zu 100 % des Grundhonorars vorsehen können.[153] Von Verwertern gestellte AGB-Klauseln, die Ansprüche des Fotografen wegen des Verstoßes gegen § 13 UrhG ausschließen, sind in der Regel unzulässig.[154]

(f) Rückgabe des Bildmaterials

336 Da sich Verwerter üblicherweise eine Auswahl an Bildmaterial nach Angabe bestimmter Kriterien zuschicken lassen, von denen nicht alle verwendet werden, regeln die Verträge regelmäßig auch die Rückgabeverpflichtungen. So muss das Bildmaterial, an welchem der Besteller keine Nutzungsrechte erwerben möchte, innerhalb einer gewissen Frist zurückgesandt werden.[155] Kommt der Verwerter dem nicht nach, muss er mit sog. **Blockierungskosten** rechnen.[156] Handelt es sich um digitales Bildmaterial wird der Verwerter aufgefordert, die Dateien bei Nichterwerb von Nutzungsrechten unverzüglich zu löschen. Aber auch genutztes Bildmaterial, an denen der Verwerter Nutzungsrechte erworben hat, muss in der Regel zurückgegeben bzw. gelöscht werden.[157] Denn ein Verwerter erhält in der Regel nur Nutzungsrechte an dem analogen Bildmaterial und kein Eigentum an den Abzügen, Dias etc. selbst.[158]

Die Risikoverteilung hinsichtlich des Hin- und Rückversandes des analogen Bildmaterials gestaltet sich folgendermaßen: Für den Transport der Bilder zum Verwerter ist die Bildagentur verantwortlich. Sie haftet für Verlust und Beschädigung des Mate-

---

[150] Ziff. B. 7 Liefer- und Geschäftsbedingungen BVPA sehen einen Mindestbetrag von 30,00 € vor; *Mielke/Mielke*, ZUM 1998, 646, 648

[151] Siehe oben Rn. 92 ff. zu § 13 UrhG.

[152] *A. Nordemann*, in: Loewenheim, Handbuch des Urheberrechts, 2. Aufl. 2010, § 73 Rn. 26.

[153] Zur Zulässigkeit dieser Vertragsstrafenreglungen vgl. OLG Düsseldorf v. 11.11.1997 – 20 U 31/97 – ZUM 1998, 668, 673; LG Berlin v. 07.09.1995 – 16 S 9/95 – ZUM 1998, 673, 674; LG München I v. 05.03.1993 – 21 O 7688/92 – ZUM 1995, 57 f.; siehe unten Rn. 338 ff. allgemein zu Vertragsstrafenregelungen und Schadenspauschalen.

[154] LG Berlin v. 05.06.2007 – 16 O 106/07 – ZUM-RD 2008, 18, 20.

[155] Es handelt sich hier um eine sog. Bringschuld, die bei der Bildagentur bzw. beim Fotografen erfüllt werden muss, vgl. BGH v. 19.09.2001 – I ZR 343/98 – GRUR 2002, 282, 284; BGH v. 14.12.2006 – I ZR 34/04 – GRUR 2007, 693, 695 f.; OLG Hamburg v. 23.01.2008 – 5 U 122/01 – ZUM-RD 2008, 183, 186 f.

[156] Diese betragen zwischen 0,80 und 2,00 € pro Tag, vgl. auch Ziff. A.7. Liefer- und Geschäftsbedingungen BVPA; siehe vertiefend zu Blockierungskosten Rn. 340.

[157] Nach Ziff. A. 7 der Liefer- und Geschäftsbedingungen BVPA beträgt die Rückgabe- bzw. Löschungsfrist 90 Tage nach Empfang.

[158] BGH v. 14.12.2006 – I ZR 34/04 – ZUM 2007, 655, 657: Selbst wenn die Parteien die Zahlung einer Archivgebühr vereinbart haben und der Verwerter die Bilder daraufhin in sein Archiv aufnimmt, folgt daraus nicht ohne weiteres, dass der Verwerter auch das Eigentum an den Abzügen erhalten hat.

rials.[159] Umgekehrt hat der Verwerter für den Verlust und alle Schäden aufzukommen, die während des Rücktransportes der Bilder zur Bildagentur entstehen.[160] Diese Klausel wird ferner in Verträgen zwischen Fotograf und Agentur verwendet, sofern die Bilder analog übermittelt werden.[161]

(g) Haftung

In einem Lizenzvertrag sollte regelmäßig die Frage der Haftung für die Verletzung   *337* von Rechten Dritter (z. B. Urheberrechte, Bildnisrechte, Marken- oder Geschmacksmusterrechte) geklärt werden. Damit geht die Frage einher, wer die Kosten tragen soll, wenn es zu einer Rechtsverletzung kommt. Auch wenn Bildagenturen dem Verwerter die freie und unbeschränkte Nutzung von Bildern gestatten, müssen sie den Verwerter nicht von sämtlichen Rechten Dritter freistellen.[162] Verschuldensunabhängige Rechtegarantien, die standardmäßig in Formularverträgen verwendet werden, dürften wegen des Verstoßes gegen das gesetzliche Leitbild in der Regel gem. § 307 Abs. 2 Nr. 1 BGB unangemessen und somit unzulässig sein.[163]

(h) Vertragsstrafen und Schadenspauschalen

Musterverträge über Nutzungsrechte enthalten in der Regel Bestimmungen zu **Ver-**   *338* **tragsstrafen** und **Schadenspauschalen**, deren Abgrenzung im Einzelfall Schwierigkeiten bereiten kann. Eine Vertragsstrafenregelung liegt vor, wenn sie nicht in erster Linie der vereinfachten Durchsetzung eines bestehenden vertraglichen Schadensersatzanspruchs dient, sondern vielmehr die Erfüllung des Hauptanspruchs sichern und auf den Vertragspartner einen möglichst wirkungsvollen Druck ausüben soll.[164] Daneben wird durch eine Vertragsstrafenregelung aber auch der Schadensausgleich erleichtert, da eine komplizierte Schadensberechnung und der Einzelnachweis vermieden wird.[165] Werden Vertragsstrafen formularmäßig in Musterverträgen gebraucht, ist die Vorschrift des § 309 Nr. 6 BGB zu beachten.[166]

Eine häufig in Musterverträgen über Fotorechte enthaltene Vertragsstrafenregelung ist die Bestimmung, dass bei unberechtigter Nutzung oder Weitergabe von Fotos ein Betrag in Höhe des fünffachen Entgelts zu bezahlen ist.[167] Als Vertragsstrafenregelung

---

[159] BGH v. 19.09.2001 – I ZR 343/98 – ZUM 2002, 141 ff.

[160] OLG Hamburg v. 05.03.1992 – 3 U 164/91 – ZUM 1998, 665 ff.; BGH v. 19.09.2001 – I ZR 343/98 – GRUR 2002, 282, 284. Der Verwerter haftet gem. § 278 BGB auch für den Fall, dass das Transportunternehmen den Verlust verschuldet hat.

[161] Dies ist ebenfalls anerkannt seit OLG Hamburg v. 02.11.1994 – 13 U 10/94 – ZUM 1998, 663 ff.

[162] *Schulze*, in: Dreier/Schulze, UrhG, 3. Aufl. 2008, Vor § 31 Rn. 282; LG München I v. 14.10.2004 – 4 HK O 12461/04 – ZUM-RD 2005, 193, 195.

[163] BGH v. 05.10.2005 – VIII ZR 16/05 NJW 2006, 47 ff; sowie Rn. 309 ff.

[164] OLG Frankfurt a.M. v. 28.01.1997 – 11 U 49/96 – ZUM 1998, 662.

[165] Vgl. *Dammann*, in: Wolf/Lindacher/Pfeiffer, AGB-Recht, 5. Aufl. 2009, § 309 Nr. 6 Rn. 12 m. w. N.

[166] Nach § 309 Nr. 6 BGB sind Vertragsstrafen unzulässig für den Fall der Nichtabnahme oder verspäteten Abnahme der Leistung, des Zahlungsverzugs oder für den Fall, dass der andere Vertragsteil sich vom Vertrag löst.

[167] Zur Zulässigkeit siehe OLG Frankfurt a.M. v. 28.01.1997 – 11 U 49/96 – ZUM 1998, 662 ff; *Wanckel*, Foto- und Bildrecht, 3. Aufl. 2009, Rn. 362; OLG Celle v. 14.05.1997 – 13 U 81/96 u. a. – AfP 1998, 224, 225; OLG München v. 13.11.1997 – 29 U 2661/97 – ZUM-RD 1998, 113, 114; *A. Nordemann*, in: Loewenheim, Handbuch des Urheberrechts, 2. Aufl. 2010, § 73 Rn. 33; *Mielke/Mielke*, ZUM 1998, 646, 649; OLG Frankfurt a.M. v. 28.01.1997 – 11 U 49/96 – ZUM 1998, 662 f.; OLG Celle v. 14.05.1997 – 13 U 81/96 u. a. – AfP 1998, 224 ff.

sind auch Regelungen anzusehen, die bei Unterlassen der Urhebernennung oder des Bildagenturvermerkes einen Aufschlag von 100 % des vereinbarten Honorars veranschlagen.[168]

339   **Schadenspauschalen** sind Bestimmungen, die Pauschalbeträge für Schadensersatzansprüche festlegen. Sie dienen im Gegensatz zu Vertragsstrafenklauseln nur der Erleichterung des Schadensnachweises. Handelt es sich um allgemeine Geschäftsbedingungen, müssen jedoch die Voraussetzungen des § 309 Nr. 5 b BGB erfüllt sein. Danach sind Schadenspauschalen nur wirksam, wenn sie dem anderen Vertragspartner ausdrücklich den Nachweise gestatten, ein Schaden sei nicht entstanden oder geringer als die Pauschale.[169] Ferner darf die in den AGBs angesetzte Pauschale nicht den nach dem gewöhnlichen Lauf der Dinge zu erwartenden Schaden übersteigen.[170]

Üblicherweise werden Schadenspauschalen für die Beschädigung und den Verlust von Bildern angewandt. Handelt es sich um AGBs, sind die durch die Rechtsprechung gezogenen Obergrenzen zu beachten.[171] Bei einem Verlust von Originalbildern hängt die Höhe des Schadensersatzanspruches von der Qualität des Bildes, dem Fotografen, dem Motiv und der Frage ab, ob das Bild mit vertretbarem Aufwand wieder herstellt werden kann.[172] Üblich sind pauschalierte Schadensersatzbeträge zwischen 150,00 € und 1500 € pro Foto.[173] Bei Verlust von Duplikaten sollte der Schadensersatz auf 25 € begrenzt werden, was dem Wiederherstellungswert entspricht.[174] Bei Beschädigung von Original-Bildmaterial sollte in AGBs hinsichtlich des Grades der Beschädigung differenziert werden.[175] Pauschalbeträge als Schadensersatz werden teilweise auch bei der Beschädigung von Schutzhüllen oder Beschriftungen erhoben (sog. Layoutgebühren).[176]

340   Umstritten ist die rechtliche Einordnung sog. **Blockierungskosten**. Blockierungskosten fallen an, wenn ausgehändigtes Bildmaterial nicht rechtzeitig zurückgegeben

---

[168] Diese Klauseln sind grundsätzlich für zulässig erachtet worden durch OLG Düsseldorf v. 11.11.1997 – 20 U 31/97 – ZUM 1998, 668, 673; OLG Hamburg v. 03.08.1989 – 3 U 49/89 – GRUR 1989, 912, 913; OLG Düsseldorf v. 11.11.1997 – 20 U 31/97 – ZUM 1998, 668, 673; LG Berlin v. 07.09.1995 – 16 S 9/95 – ZUM 1998, 673, 674.

[169] BGH v. 23.11.2005 – VIII ZR 154/04 – NJW 2006, 1056, 1059 zur Unwirksamkeit einer Mahnkostenpauschale in einem Mietvertrag; *Grüneberg*, in: Palandt, BGB, 69. Aufl. 2010, § 309 Rn. 30.

[170] AG Hamburg v. 09.04.1999 – 34c C 1489/98 – ZUM-RD 1999, 459.

[171] In BGH v. 23.11.2005 – I ZR 154/04 – GRUR 2002, 282, 284 hielt der BGH eine Klausel, nach welcher 3000 DM pro Bild verlangt werden konnte für unwirksam, da sie den Eindruck vermittelte, die Erbringung eines Gegenbeweises sei nicht zulässig.

[172] *Wanckel*, Foto- und Bildrecht, 3. Aufl. 2009, Rn. 366: ca. 250 – 1500 €.

[173] *Schulze*, in: Dreier/Schulze, UrhG, 3. Aufl. 2008, Vor § 31 Rn. 285 m. w. N. Es liegt kein Mitverschulden des Fotografen gem. § 254 BGB vor, wenn dieser Originalbilder versendet, vgl. BGH v. 19.09.2001 – I ZR 343/98 – ZUM 2002, 2141: die durch den Verlust begründete Ungewissheit über die verlorenen Bilder kann sich jedoch im Rahmen der Schätzung eines Mindestschadens nach § 287 ZPO zulasten des Fotografen oder der Bildagentur auswirken; siehe auch OLG Hamburg v. 05.03.1992 – 3 U 164/91 – ZUM 1998, 665.

[174] *Wanckel*, Foto- und Bildrecht, 3. Aufl. 2009, Rn. 366.

[175] Siehe z. B. Anhang E der Liefer- und Geschäftsbedingungen BVPA, die bei leichten Beschädigungen, die eine weitere Verwendung erlauben, 150 € ansetzen, und bei schweren Beschädigungen mit beschränkter Weiterverwendung einen Betrag von 250 €.

[176] Zur Zulässigkeit vgl. OLG München v. 13.11.1997 – 29 U 2661/97 – ZUM-RD 1998, 113, 115, wonach bei zerstörter Verpackung ein Betrag von 75 – 150 € erhoben werden kann.

wird.[177] Sie haben den Zweck, die rechtzeitige Rückgabe des überlassenen (analogen) Bildmaterials zu ermöglichen. Ob es sich bei einer Blockierungskostenregelung um eine Vertragsstrafenregelung,[178] einen pauschalierten Verzugsschaden[179] oder gar um eine Art Mietzins[180] handelt, hängt von der jeweiligen Ausgestaltung ab. Unabhängig davon müssen die Blockierungskosten stets ausdrücklich vereinbart werden. Sind sie es nicht, muss die Agentur bzw. der Fotograf nachweisen, dass er die Bilder innerhalb der Verzugsfrist anderweitig hätte verwerten können.[181] Durch die Rechtsprechung wurden Blockierungskosten bis zu 1,00 € pro Tag für zulässig erachtet.[182] Bildagenturen setzen häufig jedoch auch höhere Gebühren an.

Werden Blockierungskosten in Allgemeinen Geschäftsbedingungen vereinbart, sind sie nur dann zulässig, wenn es sich um Originalbilder handelt, da nur in diesem Fall etwas „blockiert" wird, d. h. nicht anderweitig verwendet werden kann.[183] Bei Duplikaten und digitalen Bilddateien ist dies nicht der Fall. Außerdem ist darauf zu achten, dass eine Obergrenze enthalten ist und – sofern man sie als Vertragsstrafenregelung betrachtet – der Nachweis eines geringeren Schadens zulässig ist.[184]

(3) Royalty-Free-Lizenzen und Creative Commons

Manche Agenturen bieten sog. **Royalty-Free-Lizenzen** an.[185] Es handelt sich dabei *341* um Fotografien, die nach Zahlung einer einmaligen Lizenzgebühr nicht-exklusiv aber zeitlich und örtlich unbeschränkt genutzt werden dürfen. Die Bezeichnung „Royalty-Free" ist insofern irreführend, da die Nutzung der Fotos sehr wohl gegen Entgelt erfolgt, welches jedoch vergleichsweise gering ausfällt. Häufig verwenden Anbieter von Royalty-Free-Lizenzen sog. „Endabnehmerlizenzbestimmungen" (EULA),[186] die den Umfang der Nutzung genau beschreiben. Die Verwerter sind danach in der Regel auch verpflichtet, einen Urhebervermerk anzubringen und im Falle einer Bearbeitung eine separate Zustimmung des Urhebers bzw. der Bildagentur einzuholen. Ferner gilt

---

[177] *A. Nordemann*, in: Loewenheim, Handbuch des Urheberrechts, 2. Aufl. 2010, § 73 Rn. 32; zur Zulässigkeit von Blockierungskosten in AGB siehe LG Hamburg v. 03.09.1986 – 17 S 297/85 – AfP 1986, 352; OLG Hamburg v. 15.05.1986 – 3 U 178/85 – NJW-RR 1986, 1177 ff.; LG Hamburg v. 31.10.2003 – 308 S 7/03 – ZUM 2004, 148 ff. zur unwirksamen Blockierungsgebühr.

[178] OLG Hamburg v. 15.05.1986 – 3 U 178/85 – NJW-RR, 1986, 1177 ff.; LG Hamburg v. 03.09.1986 – 17 S 297/85 – AfP 1986, 352 f.

[179] LG Hamburg v. 31.10.2003 – 308 S 7/03 – ZUM 2004, 2148 ff lässt dies zwar offen, das Gericht tendiert eher zu einer Lizenz.

[180] So wohl OLG München v. 13.11.1997 – 29 U 2661/97 – ZUM-RD 1998, 113, 115.

[181] *Wanckel*, Foto- und Bildrecht, 3. Aufl. 2009, Rn. 365.

[182] *Schulze*, in: Dreier/Schulze, UrhG, 3. Aufl. 2008, Vor § 31 Rn. 284; OLG Hamburg v. 15.05.1986 – 3 U 178/85 – NJW-RR 1986, 1177, 1179; LG Frankfurt v. 11.04.2004 – 2/1 S 336/02 – ZUM-RD, 455, 457; *Habel/Meindl*, ZUM 1993, 270, 274.

[183] *Mielke/Mielke*, ZUM 1998, 646, 648.

[184] LG Hamburg v. 31.10.2003 – 308 S 7/03 – ZUM 2004, 148 ff.

[185] *Maaßen*, in: Wandtke, Praxishandbuch Medienrecht, 1. Aufl. 2009, Teil 2, Kap. 4 Rn. 340; siehe auch Bildhonorarliste der Mittelstandsgemeinschaft Foto-Marketing, 2009, S. 71.

[186] EULA – „End user licence agreement" wurde zunächst nur bei Softwarelizenzverträgen benutzt. „Es handelt sich dabei um nichts anderes als allgemeine Geschäftsbedingungen, die heute auch in anderen Bereichen wie dem Fotomarkt verwendet werden.

es für die Verwerter zu beachten, dass sich diese regelmäßig selbst um die Klärung aller durch die Fotografie tangierten Rechte Dritter kümmern müssen.[187]

342 Bei **Creative Commons-Lizenzen** handelt es sich um eine besondere Art von Lizenz („Jedermannslizenz"), deren Ziel die freie Verfügbarkeit von Inhalten ist.[188] Creative Commons-Lizenzen werden in der Regel von Hobbyfotografen verwendet, die ihre Bilder im Internet der Allgemeinheit unentgeltlich zur Nutzung zur Verfügung stellen möchten. Urheber haben bislang sechs unterschiedliche Lizenzierungsformen zur Auswahl. So können sie beispielsweise Bearbeitungsrechte an ihren Werken einräumen, aber die kommerzielle Verwertung der Bilder von einer weiteren Zustimmung abhängig machen. Viele Suchmaschinen und Foto-Sharing-Seiten haben sich bereits auf diese Form von Lizenzierung eingestellt.

bb) Verträge mit Verlagen

(1) Verträge zwischen Fotografen und Buchverlagen

343 Im Wesentlichen existieren zwei Formen der Zusammenarbeit zwischen Fotografen und Buchverlagen: Entweder wird der Fotograf mit der Illustration eines Werkes beauftragt („Illustrationsvertrag"),[189] sodass der Textteil überwiegt, oder es handelt sich um eine Zusammenarbeit mit einem (fotografischen) Kunstverlag, der sich beispielsweise auf die Verbreitung von Fotografien in Bildbänden, Kalendern oder auf Postkarten spezialisiert hat.[190]

344 **Illustrationsverträge** können entweder als Werkverträge i. S. d. § 631 BGB oder als Verlagsverträge qualifiziert werden. Ein Werkvertrag liegt vor, wenn der Fotograf lediglich mit der Lieferung bestimmter Illustrationen beauftragt wird.[191] Wesentliches Kennzeichen eines Verlagsvertrages ist gem. § 1 VerlG, dass der Urheber dem Verleger ein ausschließliches Vervielfältigungs- und Verbreitungsrecht einräumt und der Verleger im Gegenzug eine Auswertungsverpflichtung übernimmt.[192] Eine Auswertungspflicht ist auch dann gegeben, wenn der Fotograf eine Beteiligungsvergütung erhält.[193] Ist der Umfang der eingeräumten Nutzungsrechte nicht näher vertraglich bestimmt, so gilt die Einräumung gem. § 5 VerlG nur für eine Auflage, die nicht mehr als 1000 Exemplare umfassen darf.[194]

---

[187] LG München v. 14.10.2004 – 4 HKO 12461/04 – I ZUM RD 2005, 193; *Maaßen*, in: Wandtke, Praxishandbuch Medienrecht, 1. Aufl. 2009, Teil 2, Kap. 4 Rn. 341.

[188] Creative Commons-Lizenzen wurden im Jahre 2001 an der Stanford Universität entwickelt, siehe auch www.creativecommons.org; *Mantz*, GRURInt 2008, 20 ff.

[189] *A. Nordemann*, in: Loewenheim, Handbuch des Urheberrechts, 2. Aufl. 2010, § 73 Rn. 45 ff.; siehe auch *Kreile*, in: Beck´sche Onlineformulare Vertragsrecht, 11. Edition 2009, 21.1.5.1. mit dem Beispiel eines Fotografen-Illustrationsvertrag.

[190] *A. Nordemann*, in: Loewenheim, Handbuch des Urheberrechts, 2. Aufl. 2010, § 73 Rn. 53 ff.

[191] *A. Nordemann*, in: Loewenheim, Handbuch des Urheberrechts, 2. Aufl. 2010, § 73 Rn. 45.

[192] Siehe dazu auch BGH v. 13.12.1984 – I ZR 141/82 – GRUR 1985, 378, 379; *Schricker*, in: Schricker, Verlagsrecht, 3. Aufl. 2001, § 1 Rn. 56 ff; *ders.*, in: Schricker, Urheberrecht, 3. Aufl. 2006, Vor §§ 28 ff. Rn. 68 ff.

[193] *Nordemann*, in: Fromm/Nordemann, Urheberrecht, 10. Aufl. 2008, Vor §§ 31 ff. Rn. 412.

[194] BGH v. 13.12.1984 – I ZR 141/82 – GRUR 1985, 378, 379, wonach unter einer Auflage ein einheitlicher, drucktechnischer Vorgang zu verstehen ist. Auch unveränderte Nachdrucke gelten deshalb bereits als neue Auflage; s. auch *A. Nordemann*, in: Loewenheim, Handbuch des Urheberrechts, 2. Aufl. 2010, § 73 Rn. 46.

Als Vergütung erhält der Fotograf in der Regel ein einmaliges Honorar für seine Werkleistung und ein zusätzliches Honorar für die Nutzungsrechtseinräumung, welches zumeist in Form einer Absatzbeteiligung vereinbart wird. Üblich ist hier eine Beteiligung auf der Basis eines Beteiligungssatzes von 10 % des Nettoladenpreises.[195]

Verträge mit Kunstverlagen, die die Erstellung von Bildbänden, Kalendern, Post- *345* karten u. ä. zum Gegenstand haben, sind als **Verträge sui generis** gem. § 311 BGB einzuordnen, die Elemente aus Dienst-, Werk- und Pachtverträgen beinhalten.[196] Auf diese Verträge sind die Vorschriften des VerlG in der Regel analog anzuwenden, insbesondere, wenn der Verleger vertraglich eine Auswertungsverpflichtung eingeht.[197] Hinsichtlich des regelmäßig eingeräumten Rechteumfangs ergeben sich keine wesentlichen Unterschiede zum bereits oben genannten Verlagsvertrag. Die Honorarstruktur kann aber im Einzelfall erheblich variieren: Eine Beteiligung am Stückverkauf oder eine prozentuale Umsatzbeteiligung ist genauso denkbar wie die Zahlung eines Festhonorars.[198] Auch hier ist jedoch darauf zu achten, dass es sich um eine angemessene Vergütung i. S. d. §§ 32, 32 a UrhG handelt.

(2) Verträge mit Zeitungs- und Zeitschriftenverlagen

Auf Verträge zwischen Fotografen und Verlegern von Zeitungen und Zeitschriften *346* finden die §§ 41-46 VerlG und die Vorschrift des § 38 UrhG Anwendung.[199] Der Verleger ist nach § 45 Abs. 2 VerlG verpflichtet, das Foto zu vervielfältigen und zu verbreiten, wenn er dem Fotografen den genauen Zeitpunkt mitgeteilt hat, wann der Beitrag veröffentlicht werden soll. Im Übrigen besteht jedoch keine Vervielfältigungs- und Verbreitungsverpflichtung.

Hinsichtlich der Rechte, die der Fotograf dem Verleger im Zweifel einräumt, ist nach Art des Mediums zu differenzieren. Das Gesetz unterscheidet zwischen periodischen (§ 38 Abs. 1 UrhG) und nichtperiodischen (§ 38 Abs. 2 UrhG) Sammlungen und enthält eine spezielle Regelung zur Nutzungsrechtseinräumung zu Gunsten von Verlegern von Zeitungen. Periodische Sammlungen wie Zeitungen und Zeitschriften sind auf ein ständiges, regel- oder unregelmäßiges Erscheinen angelegt, während nichtperiodische Sammlungen wie etwa Festschriften, Handbücher, Enzyklopädien nicht fortlaufend erscheinen.[200] Grundsätzlich gilt für periodische und nichtperiodische Sammlungen das gleiche: Der Verleger erhält gem. § 38 Abs. 1 Satz 1 UrhG im Zweifel das ausschließliche Nutzungsrecht zur Vervielfältigung und zur Verbreitung, allerdings beschränkt auf ein Jahr seit Erscheinen. Mangels vertraglicher Vereinbarung darf der Fotograf die Bilder nach Ablauf eines Jahres ebenfalls verbreiten und ver-

---

[195] *A. Nordemann*, in: Loewenheim, Handbuch des Urheberrechts, 2. Aufl. 2010, § 73 Rn. 47; *Maaßen*, in: Wandtke, Praxishandbuch Medienrecht, 1. Aufl. 2009, Teil 2, Kap. 4 Rn. 344.

[196] *A. Nordemann*, in: Loewenheim, Handbuch des Urheberrechts, 2. Aufl. 2010, § 73 Rn. 54.

[197] *Schricker/Loewenheim*, in: Schricker/Loewenheim, Urheberrecht, 4. Aufl. 2010, Vor §§ 28 ff. Rn. 109. *Maaßen*, in: Wandtke, Praxishandbuch Medienrecht, 1. Aufl. 2009, Teil 2, Kap. 4 Rn. 342; *Schulze*, in: Dreier/Schulze, UrhG, 3. Aufl. 2008, Vor § 31 Rn. 274.

[198] *A. Nordemann*, in: Loewenheim, Handbuch des Urheberrechts, 2. Aufl. 2010, § 73 Rn. 58.

[199] *Maaßen*, in: Wandtke, Praxishandbuch Medienrecht, 1. Aufl. 2009, Teil 2, Kap. 4 Rn. 345; *Schricker/Loewenheim*, in: Schricker/Loewenheim, Urheberrecht, 4. Aufl. 2010, Vor §§ 28 ff. Rn. 117 f.

[200] *Schricker/Peukert*, in: Schricker/Loewenheim, Urheberrecht, 4. Aufl. 2010, § 38 Rn. 11.

vielfältigen (§ 38 Abs. 1 Satz 2 UrhG), der Verleger verfügt dann nur noch über ein einfaches Nutzungsrecht.[201]

347   Etwas anderes gilt jedoch gem. § 38 Abs. 3 UrhG für Zeitungen. Hier erwirbt der Verleger lediglich ein einfaches Nutzungsrecht zur Vervielfältigung und Verbreitung, wenn nichts anderes vereinbart ist. Folglich darf der Fotograf sein Bild auch in anderen Medien verbreiten. Die Abgrenzung zwischen Zeitungen und Zeitschriften – beides periodische Sammlungen – bereitet in der Praxis häufig Schwierigkeiten.[202] Umstritten ist dabei vor allem die Einordnung von wöchentlich erscheinenden Nachrichtenmagazinen wie dem „Spiegel" oder „Focus".[203] Zwar ist im Zweifel stets zu Gunsten des Urhebers von einer Zeitung auszugehen, auf der anderen Seite sprechen die aufwendigere Aufmachung und die erhöhten Investitionen ebenso für die Einordnung als Zeitschrift i. S. d. § 38 Abs. 1 UrhG.[204]

348   Zu beachten ist allerdings, dass es sich bei der Vorschrift des § 38 UrhG lediglich um eine Auslegungsregel handelt. Der Umfang der vertraglich eingeräumten Nutzungsrechte kann im Einzelfall erheblich davon abweichen. So wird für den Bereich der Pressefotografie in der Regel ein ausschließliches Nutzungsrecht von der Dauer nur einer Woche, bei Zeitschriften und bei Tageszeitungen von nur einem Tag nach Erstverkaufstag vereinbart.[205]

Da Zeitungs- und Zeitschriftenverlage fast immer Allgemeine Geschäftsbedingungen verwenden, sind die Vorschriften der §§ 305 ff. BGB zu berücksichtigen. Gerade im Hinblick auf die Leitbildfunktion des § 11 Satz 2 UrhG, der die angemessene Beteiligung der Urheber an dem wirtschaftlichen Nutzen ihrer Werke absichert, ist auf die Angemessenheit der Vergütung zu achten.[206]

b)   Fotoproduktionsverträge

349   Ein Fotoproduktionsvertrag, auch „Fotoshooting-Vertrag"[207] genannt, liegt vor, wenn der Fotograf mit der Herstellung von Fotos beauftrag wird, etwa für Reportagen im

---

[201] *Wandtke/Grunert*, in: Wandtke/Bullinger, UrhR, 3. Aufl. 2009, § 38 Rn. 8; *Schulze*, in: Dreier/Schulze, UrhG, 3. Aufl. 2008, § 38 Rn. 16; *Schricker/Peukert*, in: Schricker/Loewenheim, Urheberrecht, 4. Aufl. 2010, § 38 Rn. 18.

[202] Siehe zur Abgrenzung unter anderem *Wandtke/Grunert*, in: Wandtke/Bullinger, UrhR, 3. Aufl. 2009, § 38 Rn. 11 f.; *Schricker/Peukert*, in: Schricker, Urheberrecht, 4. Aufl. 2010, § 38 Rn. 12 m. w. N.

[203] Siehe *Wandtke/Grunert*, in: Wandtke/Bullinger, UrhR, 3. Aufl. 2009, § 38 Rn. 12.

[204] *Wandtke/Grunert*, in: Wandtke/Bullinger, UrhR, 3. Aufl. 2009, § 38 Rn. 12; *Schricker/Peukert*, in: Schricker/Loewenheim, Urheberrecht, 4. Aufl. 2010, § 38 Rn. 12. Die Kriterien sind vielfältig und führen teilweise zu absurden Ergebnissen: So soll es sich bei der wöchentlich im „Zeitungsformat" erscheinenden „Zeit" um eine Zeitung handeln, während die im Heftformat erscheinende Beilage eine „Zeitschrift" ist, vgl. *Schulze*, in: Dreier/Schulze, UrhG, 3. Aufl. 2008, § 38 Rn. 21; *Schricker/Peukert*, in: Schricker/Loewenheim, Urheberrecht, 4. Aufl. 2010, § 38 Rn. 14.

[205] *A. Nordemann*, in: Loewenheim, Handbuch des Urheberrechts, 2. Aufl. 2010, § 73 Rn. 37.

[206] LG Hamburg v. 22.09.2009 – 312 O 411/09 – ZUM 2010, 72, 73; LG Berlin v. 09.12.2008 – 16 O 8/08 – ZUM-RD 2008, 18, 19; siehe auch *Wandtke/Grunert*, in: Wandtke/Bullinger, UrhR, 3. Aufl. 2009, Vor §§ 31 ff. Rn. 108. Siehe dazu auch ausführlich Rn. 284 ff.

[207] *Wanckel*, Foto- und Bildrecht, 3. Aufl. 2009, Rn. 316; Siehe zu den allgemeinen Konditionen bei Fotoproduktionsverträgen auch Bildhonorarliste der Mittelstandsgemeinschaft Foto-Marketing, 2009, S. 74 f.

Bereich der Presse oder der Werbeindustrie. In der Regel beinhaltet der Vertrag auch die erforderliche Nutzungsrechtseinräumung an den Verwerter.[208] Die Hauptpunkte, mit denen sich die Parteien beim Abschluss von Fotoproduktionsverträgen auseinanderzusetzen haben, sind u. a., wann ein Auftrag ordnungsgemäß erfüllt und die Vergütung fällig ist, in welchem Umfang Nutzungsrechte eingeräumt werden sollen und welche Rechtsfolgen sich aus Vertragsverletzungen ergeben sollen.

aa) Rechtliche Einordnung

Die Beauftragung eines Fotografen mit der Herstellung von Bildern ist als **Werkver-** *350* **trag** i. S. d. § 631 ff. BGB einzuordnen und nicht als Werklieferungsvertrag nach § 651 BGB.[209] Die Einordnung als Werklieferungsvertrag scheitert daran, dass nicht die Lieferung der Bilder im Vordergrund steht, sondern die Herstellung der fotografischen Aufnahmen.[210] Ein Dienstvertrag gem. § 611 BGB wäre ebenfalls abzulehnen, da der Fotograf einen Erfolg schuldet.[211] Da allein mit dem Vertrag über die Erbringung der Werkleistung noch keine Nutzungsrechte an den hergestellten Fotos erworben werden können, wird außerdem noch ein entsprechender Nutzungsrechtsvertrag abgeschlossen.[212] Der gleichzeitige Abschluss beider Verträge ist jedoch nicht zwingend. So kann sich der Auftraggeber den Abschluss des Nutzungsrechtsvertrages auch vorbehalten, um zunächst das fertig gestellte Bildmaterial zu begutachten. Gefallen ihm die Bilder nicht, hätte er in diesem Fall unter Umständen das Recht, auf eine Nutzungsrechtsvereinbarung zu verzichten. Diese Möglichkeit wäre ihm versagt, wenn beide Rechtsgeschäfte gleichzeitig abgeschlossen werden.[213]

Durch die werkvertragliche Komponente können auch im Bereich der Fotografie **Kostenvoranschläge** eine Rolle spielen. Hier ist zu beachten, dass dieser nach § 632 Abs. 3 BGB in der Regel gratis zu erstellen ist. Wird der Vertrag auf Grundlage des Kostenvoranschlages geschlossen, obliegt dem Fotografen die Pflicht, dem Auftraggeber jede wesentliche Überschreitung der Kosten anzuzeigen (§ 650 Abs. 2 BGB). Weichen die voraussichtlichen Kosten weniger als 10 % vom Kostenvoranschlag ab, ist von einer unwesentlichen Überschreitung auszugehen.[214] Ist die Kostenüberschreitung jedoch wesentlich, kann der Auftraggeber den Vertrag nach § 650 Abs. 1 BGB kündigen. Der Fotograf kann in diesem Fall lediglich eine Vergütung für die bis zur Kündigung erbrachten Leistungen verlangen (§ 645 Abs. 1 BGB).

---

[208] In diesem Fall ein „Zweistufen-Vertrag", siehe *Schulze*, in: Dreier/Schulze, UrhG, 3. Aufl. 2008, Vor § 31 Rn. 276.

[209] OLG Karlsruhe v. 09.05.1984 – 6 U 142/83 – GRUR 1984, 522, 523; *Maaßen*, in: Wandtke, Praxishandbuch Medienrecht, 1. Aufl. 2009, Teil 2, Kap. 4 Rn. 293; *Wanckel*, Foto- und Bildrecht, 3. Aufl. 2009, Rn. 321; *Mercker*, in: Berger/Wündisch, Urhebervertragsrecht, 1. Aufl. 2008, § 29 Rn. 4.

[210] Handelt es sich jedoch um einen Fall der Herstellung eines Personenbildnisses gem. § 60 UrhG ist das Vorliegen eines Werklieferungsvertrag i. S. d. § 651 BGB zu bejahen, da die Übereignung der Fotografie im Vordergrund steht; siehe vertiefend zur Bildnisbestellung Rn. 367.

[211] *Mercker*, in: Berger/Wündisch, Urhebervertragsrecht, 1. Aufl. 2008, § 29 Rn. 4.

[212] *Schulze*, in: Dreier/Schulze, UrhG, 3. Aufl. 2008, Vor § 31 UrhG Rn. 165 ff., Rn. 276; OLG Köln v. 19.09.86 – 6 U 199/85 – GRUR 1986, 889, 891; *Maaßen*, in: Wandtke, Praxishandbuch Medienrecht, 1. Aufl. 2009, Teil 2, Kap. 4 Rn. 295.

[213] *Maaßen*, in: Wandtke, Praxishandbuch Medienrecht, 1. Aufl. 2009, Teil 2, Kap. 4 Rn. 295.

[214] *Busche*, in: MünchKomm-BGB, 5. Aufl. 2009, § 650 Rn. 10.

bb) Vertragspflichten

(1) Pflichten des Fotografen

351 Bei Fotoproduktionsverträgen ist der Fotograf dazu verpflichtet, die Werkleistung zu erbringen und die vereinbarten Nutzungsrechte einzuräumen. Da Fotoproduktionen zumeist mit viel Aufwand und der Einbindung Dritter (Models, Visagisten, Fotoassistenten) verbunden ist, sollten die Parteien außerdem über die Erfüllung der Nebenpflichten und der Kostentragung übereinkommen.

(a) Erbringung der Werkleistung

352 In welcher Art und Weise die Werkleistung zu erbringen ist, hängt von den Absprachen zwischen Fotograf und Auftraggeber ab. Je detaillierter der Auftrag im Vorfeld abgesprochen wird, umso weniger laufen die Parteien Gefahr, dass es im Nachhinein zu Konflikten kommt (z. B. Verweigerung der Abnahme durch den Auftraggeber, u. U. sogar Mängelgewährleistungsansprüche).[215] Die verbleibende Gestaltungsfreiheit darf durch den Fotografen nach seinem **künstlerischen Ermessen** ausgeübt werden.[216]

(b) Nutzungsrechtseinräumung

353 Der Umfang der eingeräumten Nutzungsrechte richtet sich nach der Vereinbarung, die Fotograf und Auftraggeber geschlossen haben. Insbesondere sollten die Parteien regeln, zu welchen Zwecken die Fotos benutzt werden dürfen und für welchen Zeitraum. Ebenso ist in die Nutzungsrechtsvereinbarung aufzunehmen, ob die Bilder exklusiv durch den Auftraggeber genutzt werden dürfen. Bei fehlender oder unvollständiger vertraglicher Vereinbarung findet die Zweckübertragungsregel gem. § 31 Abs. 5 UrhG Anwendung.[217] Im Rahmen von **Auftragsproduktionen** wurde vereinzelt von einer Überlassung ausschließlicher und unbeschränkter Nutzungsrechte ausgegangen, da der Auftraggeber mit dem Tragen des vollen wirtschaftlichen Risikos der Fotoproduktion stets ein Interesse an einer exklusiven und unbeschränkten Auswertung der Bildrechte habe.[218] Richtig ist zwar, dass die jeweiligen Umstände ein Indiz für eine exklusive Rechtseinräumung sein können.[219] Dass die Einräumung jedoch auch zeitlich, räumlich und unbeschränkt vollzogen werden soll, ist nur bei ausdrücklicher Vereinbarung oder bei Vorliegen eindeutiger Umstände anzunehmen.[220]

354 Zahlreiche Urteile sind in dieser Hinsicht bereits ergangen.[221] So wurde etwa entschieden, dass sich exklusiv eingeräumte Nutzungsrechte an Fotografien zur Verwen-

---

[215] Siehe Rn. 361 ff.

[216] BGH v. 24.01.1956 – VI ZR 147/54 – BGHZ 19, 382, 384; KG v. 18.03.1999 – 12 U 2557/96 – ZUM-RD 1999, 337; *Maaßen*, in: Wandtke, Praxishandbuch Medienrecht, 1. Aufl. 2009, Teil 2, Kap. 4 Rn. 298; allgemein zur künstlerischen Fotografie siehe auch *A. Nordemann*, Die künstlerische Fotografie als urheberrechtlich geschütztes Werk, Diss. Baden-Baden 1992.

[217] Siehe Rn. 319 ff. zur Zweckübertragungsregel.

[218] OLG Karlsruhe v. 09.05.1984 – 6 U 142/83 – GRUR 1984, 552 ff.; in diese Richtung wohl auch *Schulze*, in: Dreier/Schulze, UrhR, 3. Aufl. 2008, § 31 Rn. 139.

[219] OLG Hamburg v. 17.12.1998 – 3 U 162/97 – NJW-RR 1999, 1721, 1723; *Maaßen*, in: Wandtke, Praxishandbuch Medienrecht, 1. Aufl. 2009, Teil 2, Kap. 4 Rn. 304.

[220] *Nordemann*, in: Fromm/Nordemann, Urheberrecht, 10. Aufl. 2008, Vor §§ 31 ff. Rn. 408; *Maaßen*, in: Wandtke, Praxishandbuch Medienrecht, 1. Aufl. 2009, Teil 2, Kap. 4 Rn. 307 ff., 310.

[221] siehe auch die ausführliche Darstellung der Rechtsprechung bei *Maaßen*, in: Wandtke, Praxishandbuch Medienrecht, 1. Aufl. 2009, Teil 2, Kap. 4 Rn. 307 ff.

dung in einer deutschsprachigen Zeitschrift auch auf das zum Kernverbreitungsgebiet gehörende deutschsprachige Ausland (Schweiz und Österreich) erstrecken würden.[222] Auch dürfe eine Fotografie, mit welcher für einen Film geworben werde, auf dem Cover der dazugehörigen Videokassette benutzt werden.[223] Unzulässig sei es hingegen, Bilder, die für einen Ausstellungskatalog benutzt werden dürften, in einer dazugehörigen Buchausgabe abzudrucken.[224]

Im Rahmen von Auftragsproduktionen sollten die Parteien ferner regeln, an welchen Materialien der Fotograf dem Auftraggeber das Eigentum übertragen muss. Bei fehlender vertraglicher Vereinbarung findet auch hier die **Zweckübertragungsregel** gem. § 31 Abs. 5 UrhG Anwendung.[225] Eine Verpflichtung zur Übertragung des Eigentums an analogen Materialien wie Negativen, Diapositiven und Fotoabzügen wird jedoch nur dann anzunehmen sein, wenn dies zur Erreichung des Vertragszwecks unentbehrlich ist.[226]

Handelt es sich um Fotoproduktionen, die nur für private Zwecke des Auftraggebers bestimmt sind („Bildnisbestellungen"), werden in der Regel keine Nutzungsrechte an den Aufnahmen eingeräumt, da die Herstellung von Vervielfältigungsstücken und die Weitergabe an Bekannte aufgrund der Schrankenbestimmungen der §§ 53 Abs. 1, 60 UrhG erlaubt sein dürfte.[227]

(c) Nebenleistungen

Insbesondere bei Fotoproduktionsverträgen sollten sich die Parteien über etwaige *355* Nebenleistungsverpflichtungen einigen. Übernimmt der Fotograf die Verpflichtung, geeignete Locations zu suchen, Fotomodelle[228], Visagisten und Stylisten zu buchen sowie Requisiten zu besorgen, können damit Risiken für beide Seiten verbunden sein. Denn der Fotograf haftet in diesem Fall für das Handeln seiner Erfüllungsgehilfen und bleibt ihnen gegenüber auch dann zur Zahlung verpflichtet, wenn der Auftraggeber die Bezahlung verweigert.[229] Für den Auftraggeber wiederum kann ein solches Vorgehen zur Folge haben, dass er zweimal mit der **Künstlersozialabgabe** belastet ist.[230] Zur Vermeidung dieser Doppelbelastung sollte der Auftraggeber die Verträge mit den Mitwirkenden entweder selbst abschließen oder dem Fotografen diesbezüglich eine Vollmacht erteilen.

(2) Pflichten des Auftraggebers

Zu den Hauptleistungspflichten des Auftraggebers gehören die **Abnahme- und Vergütungspflicht.**

---

[222] OLG Hamburg v. 09.01.1986 – 3 U 142/85 – NJW-RR 1986, 996, 997.
[223] OLG München v. 23.02.1995 – 29 U 5928/94 – ZUM 1995, 798 ff.
[224] LG München I v. 10.05.1994 – 7 O 20285/93 – ZUM 1995, 725 ff.
[225] BGH v. 14.12.2006 – I ZR 34/04 – GRUR 2007, 693, 695; *Maaßen*, in: Wandtke, Praxishandbuch Medienrecht, 1. Aufl. 2009, Teil 2, Kap. 4 Rn. 312.
[226] KG v. 24.07.2001 – 5 U 9427/99 – GRUR 2002, 252, 255.
[227] Siehe vertiefend zur Bildnisbestellung auch unten Rn. 367.
[228] Siehe zu Verträgen mit Fotomodellen Rn. 374 ff.
[229] *Maaßen*, in: Wandtke, Praxishandbuch Medienrecht, 1. Aufl. 2009, Teil 2, Kap. 4 Rn. 313.
[230] Siehe *Maaßen*, in: Wandtke, Praxishandbuch Medienrecht, 1. Aufl. 2009, Teil 2, Kap. 4 Rn. 314; zum Künstlersozialversicherungsrecht siehe unten Rn. 727 ff.

(a) Abnahme

356 Der Auftraggeber ist gem. § 640 Abs. 1 Satz 1 BGB verpflichtet, das Werk abzunehmen. Zu beachten ist, dass er im Falle sichtbarer Mängel oder bei Kenntnis über versteckte Mängel die Abnahme unter Vorbehalt seiner Rechte wegen dieser Mängel erklären muss (§ 640 Abs. 2 BGB). Tut er dies nicht, verliert er seine Gewährleistungsansprüche. Gerade bei der Werbefotografie kann es vorkommen, dass nicht der Auftraggeber selbst die Fotografien abnimmt, sondern eine dazwischen geschaltete Werbeagentur. Nimmt diese die Bilder vorbehaltlos ab, so muss sich der Auftraggeber dies anrechnen lassen, da Sachmängel bei Fotografien in der Regel sofort sichtbar sind.[231]

(b) Vergütung

357 Der Fotograf erhält eine Vergütung für die Werkleistung und eine Vergütung für die Einräumung von Nutzungsrechten. Der Anspruch auf die Vergütung der Werkleistung, der gem. § 641 Abs. 1 BGB mit Abnahme des Werkes fällig ist, ergibt sich zunächst aus der Parteivereinbarung.[232] Ist keine Vergütung vereinbart, kann von einer stillschweigenden Vereinbarung nach § 632 BGB ausgegangen werden, wonach der Fotograf einen Anspruch auf Zahlung einer **angemessenen Vergütung** hat.[233] Schließlich kann von einem Berufsfotografen nicht erwartet werden, dass er die Werkleistung ohne Honorar erbringt.

Sofern der Werkvertrag vorzeitig nach § 649 BGB gekündigt wird, verliert der Fotograf seinen Anspruch auf die vereinbarte Vergütung nicht.[234] Der Fotograf muss sich nach § 649 Satz 2 BGB nur dasjenige anrechnen lassen, was er durch die Kündigung des Vertrages an Aufwendungen erspart oder durch andere Aufträge erworben hat.[235] Darunter fallen etwa Buchungskosten für nicht mehr benötigte Fotomodelle und auch Aufträge, die der Fotograf aufgrund der Stornierung nun stattdessen erledigen konnte.[236] In der Praxis versuchen Auftraggeber häufig, im Falle einer Stornierung den Vergütungsanspruch auf die tatsächlich erbrachten Leistungen zu beschränken.[237] Handelt es sich dabei um AGBs, müssen sie allerdings mit deren Unwirksamkeit nach § 307 Abs. 1 Satz 1, Abs. 2 Nr. 1 BGB rechnen, da der Fotograf hier entgegen Treu und Glauben benachteiligt wird.[238]

---

[231] Siehe *Maaßen*, in: Wandtke, Praxishandbuch Medienrecht, 1. Aufl. 2009, Teil 2, Kap. 4 Rn. 315.

[232] Ein erfahrender Berufsfotograf kann bei einem inländischen Fotoshooting mit ca. 1000 EUR exkl. Spesen und Nutzungsrechte rechnen, vgl. *Wanckel*, Foto- und Bildrecht, 3. Aufl. 2009, Rn. 345.

[233] Siehe *Maaßen*, in: Wandtke, Praxishandbuch Medienrecht, 1. Aufl. 2009, Teil 2, Kap. 4 Rn. 317, der richtigerweise hervorhebt, dass die Bildhonorarliste der Mittelstandsgemeinschaft Foto-Marketing in diesem Fall nicht heranzuziehen ist, da diese nur die üblichen Lizenzhonorare für bereits hergestellte Bilder wiedergibt.

[234] *Busche*, in: MünchKomm-BGB, 5. Aufl. 2009, § 649 Rn. 21.

[235] Ausführlich zur Ermittlung der Vergütungshöhe und der Anrechnung von ersparten Aufwendungen, siehe *Busche*, in: MünchKomm-BGB, 5. Aufl. 2009, § 649 Rn. 21 ff.

[236] *Wanckel*, Foto- und Bildrecht, 3. Aufl. 2009, Rn. 348.

[237] *Maaßen*, in: Wandtke, Praxishandbuch Medienrecht, 1. Aufl. 2009, Teil 2, Kap. 4 Rn. 318.

[238] BGH v. 12.07.2007 – VII ZR 154/06 – NJW 2007, 3423, 3424; *Maaßen*, in: Wandtke, Praxishandbuch Medienrecht, 1. Aufl. 2009, Teil 2, Kap. 4 Rn. 318.

Neben der Vergütung für die Erbringung der Werkleistung erhält der Fotograf eine *358*
Vergütung für die Einräumung der **Nutzungsrechte** an den hergestellten Fotos.[239]
Der Anspruch auf Zahlung ergibt sich aus dem Vertrag oder – falls keine Vereinbarung
getroffen wurde – aus § 32 Abs. 1 Satz 2 UrhG.[240] Die Vergütung ist üblicherweise
unabhängig davon zu leisten, ob die Bilder verwertet werden oder nicht. Sollten die
Parteien jedoch vertraglich davon abweichen, ist dem Fotografen zu raten, ein **Ausfallhonorar** für den Fall zu vereinbaren, dass die Bilder nicht erscheinen.[241]

In der Praxis werden die Vergütungen für die Werkleistung und Nutzungsrechts- *359*
einräumung oftmals zu einem Gesamtbetrag zusammengefasst. Solche Pauschalver-
gütungen sind zulässig, wenn sie eine i. S. d. § 32 UrhG angemessene Vergütung darstellen.[242] Eine getrennte Ausweisung der Vergütungen hat jedoch den Vorteil, dass die
urheberrechtliche Vergütung leichter auf Angemessenheit überprüft werden kann.[243]
Außerdem kann sich die Trennung auch vor dem Hintergrund der **Besteuerung** loh-
nen: Nach § 12 Abs. 2 Nr. 7 c UStG gilt für die Einräumung und Übertragung von
Nutzungsrechten der ermäßigte Mehrwertsteuersatz von 7 %.[244]

Wird die Vergütung in Allgemeinen Geschäftsbedingungen geregelt, sind außerdem *360*
die §§ 305 ff. BGB zu beachten. Bei dem urheberrechtlichen Prinzip, dass der Urheber
gem. § 11 Satz 2 UrhG angemessen am wirtschaftlichen Nutzen, der aus seinem Werk
gezogen wird, zu beteiligen ist, handelt es sich um ein gesetzgeberisches Leitbild, welches insbesondere im Rahmen des § 307 Abs. 2 Nr. 1 BGB zu berücksichtigen ist.[245]
Lässt sich etwa ein Verwerter, z. B. ein Verlag, in seinen allgemeinen Geschäftsbedingungen gegen die Zahlung eines einmaligen Pauschalhonorars sämtliche gegenwärtige
Rechte und zukünftige verwandte Schutzrechte sowie das Recht zur Übertragung
sämtlicher Nutzungsrechte einräumen, so kann dies dem Leitbild des § 11 Satz 2
UrhG widersprechen.[246] Denn der Urheber wird gerade nicht an jeder Nutzung sei-

---

[239] Siehe dazu auch oben Rn. 316 ff. und Rn. 284.
[240] *Maaßen*, in: Wandtke, Praxishandbuch Medienrecht, 1. Aufl. 2009, Teil 2, Kap. 4 Rn. 319;
Dreier, in: Dreier/Schulze, UrhG, 3. Aufl. 2008, § 31 Rn. 33, 53. Siehe allgemein zur angemessenen Vergütung Rn. 284.
[241] Siehe dazu *A. Nordemann*, in: Loewenheim, Handbuch des Urheberrechts, 2. Aufl. 2010,
§ 73 Rn. 43; und Bildhonorarliste der Mittelstandsgemeinschaft Foto-Marketing, 2009,
S. 75: Das Ausfallhonorar bis 24 Stunden vor Auftragsbeginn beträgt in der Regel 50 % vom
Grundgehalt, danach 100 %.; *Wanckel*, Foto- und Bildrecht, 3. Aufl. 2009, Rn. 321; vgl. auch
LG Berlin v. 05.06.2007 – 16 O 106/07 – ZUM-RD 2008, 18, 21 zu einem unzulässigen Klau-
selbeispiel bei Lizenzierung bereits hergestellter Bilder: Einer der größten deutschen Zeit-
schriftenverträge beschränkte durch ihre AGBs das Ausfallhonorar auf 50 % im Falle der
Nichtveröffentlichung. Das Gericht sah hierin einen Verstoß gegen § 307 Abs. 2 Nr. 1 BGB
i. V. § 32 Abs. 1 Satz 1 UrhG. Der Honoraranspruch hinge nicht davon ab, ob der Verwerter
das Werk tatsächlich nutzt.
[242] *Wanckel*, Foto- und Bildrecht, 3. Aufl. 2009, Rn. 344.
[243] Dafür muss jedoch der Anteil geschätzt werden, der für die Einräumung der Nutzungsrechte
geleistet wird. *Maaßen*, in: Wandtke, Praxishandbuch Medienrecht, 1. Aufl. 2009, Teil 2,
Kap. 4 Rn. 321 geht davon aus, dass dieser bei Fotoproduktionsverträgen 45 % der Gesamt-
vergütung beträgt.
[244] Siehe dazu auch *Maaßen*, in: Wandtke, Praxishandbuch Medienrecht, 1. Aufl. 2009, Teil 2,
Kap. 4 Rn. 320.
[245] LG Hamburg v. 22.09.2009 – 312 O 411/09 – ZUM 2010, 72, 73; LG Berlin v. 09.12.2008 – 16
O 8/08 – ZUM-RD 2008, 18, 19; siehe auch *Wandtke/Grunert*, in: Wandtke/Bullinger, UrhR,
3. Aufl. 2009, Vor §§ 31 ff. Rn. 108.
[246] LG Hamburg v. 22.09.2009 – 312 O 411/09 – ZUM 2010, 72, 73.

ner Werke beteiligt und kann etwaige Ansprüche gem. §§ 32, 32 a UrhG auch nicht geltend machen, da er von zusätzlichen Nutzungen überhaupt keine Kenntnis erlangt. Auch eine Klausel, die vorsieht, dass sich der Anspruch auf Vergütung bei sonstiger Nutzung nach der jeweiligen Absprache zwischen den Parteien richtet, ist unwirksam, da hier die Entrichtung einer zusätzlichen Vergütung für die Nutzung des Werkes zur Disposition steht und nicht ausreichend abgesichert ist.[247]

cc) Haftung bei Pflichtverletzungen

(1) Sach- und Rechtsmängel

361 Der Fotograf ist verpflichtet, das Werk frei von **Sach- und Rechtsmängeln** abzuliefern. Ist das Werk nicht frei von Sach- oder Rechtsmängeln, kann der Auftraggeber Gewährleistungsrechte nach § 634 BGB geltend machen (Nacherfüllung, Rücktritt und bei Verschulden des Fotografen auch Schadensersatz).

Eine Fotografie ist frei von Sachmängeln, wenn sie die **vereinbarte Beschaffenheit** hat. Ist nichts zwischen den Parteien vereinbart, kommt es darauf an, ob sich die Fotos für die nach dem Vertrag vorausgesetzte Nutzung eignen (§ 633 Abs. 2 S. 2 BGB). Sind sich die Parteien bei Auftragserteilung jedoch darüber einig gewesen, dass der Fotograf über einen künstlerischen Gestaltungsfreiraum verfügt, muss der Auftraggeber das Risiko tragen, dass ihm die Bilder nicht gefallen.[248] Für den Auftraggeber ist es deshalb wichtig, sich im Vorfeld mit den Arbeiten des Fotografen auseinander zu setzen. Ferner sollten bei Auftragserteilung die Anzahl der Fotos, die Beschreibung der Motive, spezielle Aufnahmetechniken oder auch die Verwendung besonderen Materials vereinbart werden. Je mehr sich die Parteien über die Umstände **im Vorfeld** einig sind, umso weniger besteht im Nachhinein die Gefahr von Konflikten.

362 Schwierig sind die Fälle zu beurteilen, in welchen von beiden Seiten noch keine konkreten Umsetzungsvorstellungen vorhanden sind, wie etwa im Bereich der **Werbefotografie**. Die Parteien sind hier zur gegenseitigen Rücksicht angehalten, d. h. der Auftraggeber, etwa die Werbeagentur, muss über ein Einflussnahmerecht verfügen. Seine Anweisungen sind vom Fotografen zu befolgen, es sei denn, sie bewegen sich völlig außerhalb des vereinbarten Rahmens oder sie könnten sein fachliches Ansehen beeinträchtigen.[249]

363 Rechtsmängel können entstehen, wenn Dritte in Bezug auf die Arbeiten Rechte erwerben (z. B. Fotomodelle, Urheber von abgebildeten Werken).[250] Hier ist vor allem auf ein mögliches Haftungsrisiko des Fotografen hinzuweisen.[251] Dieser sollte, wenn möglich, den Auftraggeber zur Rechteklärung verpflichten und sich von sämtlichen Forderungen freistellen, die von Seiten Dritter erhoben werden können.

---

[247] LG Berlin v. 09.12.2008 – 16 O 8/08 – ZUM-RD 2008, 18, 19.

[248] Zur künstlerischen Freiheit vgl. auch KG v. 18.03.1999 – 12 U 2557/96 – ZUM-RD 1999, 337; *Maaßen*, in: Wandtke, Praxishandbuch Medienrecht, 1. Aufl. 2009, Teil 2, Kap. 4 Rn. 436; *Wanckel*, Foto- und Bildrecht, 3. Aufl. 2009, Rn. 322; *A. Nordemann*, Die künstlerische Fotografie als urheberrechtlich geschütztes Werk, Diss. Baden-Baden 1992.

[249] *Maaßen*, in: Wandtke, Praxishandbuch Medienrecht, 1. Aufl. 2009, Teil 2, Kap. 4 Rn. 327.

[250] *Maaßen*, in: Wandtke, Praxishandbuch Medienrecht, 1. Aufl. 2009, Teil 2, Kap. 4 Rn. 328.

[251] *Maaßen*, Haftungsfalle für Fotografen, in PROFIFOTO Heft 4/2008, abrufbar unter http://www.lawmas.de/main.php?cat_id=167&linkid=150&pic_id=228&pageaction=showentry&lang=de.

(2) Verletzung von Treuepflichten

Die Verletzung vertraglicher Treuepflichten kann zu Schadensersatzansprüchen gem. *364*
§ 280 ff. BGB zu Gunsten des Auftraggebers führen. Die Treuepflicht kann unter anderem dann verletzt sein, wenn der Fotograf die Auswertungsinteressen des Auftraggebers negativ beeinflusst.[252] Beispielsweise dürfte ein Fotograf nicht dieselben Fotos für einen anderen Auftraggeber noch einmal herstellen. Werden neue Bilder jedoch in freier Benutzung nach § 24 UrhG der alten Bilder geschaffen, so wäre dies zulässig.[253]

dd) Sonstige vertragliche Bestimmungen

Fotoproduktionsvertrage können je nach den Umständen des Einzelfalls noch viel- *365*
fältige Bestimmungen enthalten, wie z. B. Regelungen zur Urhebernennung. Wichtig ist ferner, wer die anfallenden Produktionskosten, etwa für die Miete der Location, der Honorare anderer Mitwirkender, Reise- und Materialkosten, Zölle und Steuern zu zahlen hat. Üblicherweise werden Materialkosten, Zusatzausrüstung, Fahrt- und Reisekosten zusätzlich berechnet.[254] Auch kann bei besonders teuren Produktionen der Abschluss besonderer Versicherungen ratsam sein, was ebenfalls mit in den Vertrag aufgenommen werden sollte. Im Übrigen kommt noch die vertragliche Festlegung besonderer Mitwirkungspflichten des Auftraggebers in Betracht, wie etwa eine Anwesenheitspflicht beim Shooting oder u. U. das Zurverfügungstellen von Material.

ee) Standfotos

Standfotos sind Bilder, die das Foto-Shooting selbst fotografisch festhalten. Hier *366*
besteht die Besonderheit, dass dem Auftraggeber zwar ein Erstauswahlrecht eingeräumt wird, der Fotograf selbst jedoch zur Nutzung der Bilder umfassend berechtigt ist. Möchte der Auftraggeber ein exklusives Nutzungsrecht an den Standfotos unter Ausschluss eines Verbreitungsrechts durch den Fotografen, muss dafür üblicherweise ein Aufschlag von 200 % vom Grundhonorar geleistet werden.[255] Ein Aufschlag von 100 % ist üblich, wenn der Auftraggeber die Standbilder redaktionell nutzen möchte.[256]

ff) Bildnisbestellungen

Eine Bildnisbestellung ist der Auftrag einer fotografischen Darstellung einer oder *367*
mehrerer Personen, nicht jedoch von Tieren, Landschaften oder Gebäuden.[257] Hierbei kann es sich um Bildnisse aus dem rein privaten Bereich wie Hochzeiten etc., aber auch um Portraitfotos für eine Werbebroschüre oder Fotos eines Politikers für Wahlkampfplakate handeln.[258] Bei Bildnisbestellungen handelt es sich in der Regel um Werklieferungsverträge nach § 651 BGB, da nicht die Herstellung der Bilder den

---

[252] *Maaßen*, in: Wandtke, Praxishandbuch Medienrecht, 1. Aufl. 2009, Teil 2, Kap. 4 Rn. 329; *Dreier*, in: Dreier/Schulze, UrhG, 3. Aufl. 2008, Vor § 31 Rn. 42, 46.

[253] *Maaßen*, in: Wandtke, Praxishandbuch Medienrecht, 1. Aufl. 2009, Teil 2, Kap. 4 Rn. 329.

[254] Bildhonorarliste der Mittelstandsgemeinschaft Foto-Marketing, 2009, S. 74.

[255] Bildhonorarliste der Mittelstandsgemeinschaft Foto-Marketing, 2009, S. 74.

[256] *A. Nordemann*, in: Loewenheim, Handbuch des Urheberrechts, 2. Aufl. 2010, § 73 Rn. 37.

[257] Siehe ausführlich zu § 60 UrhG oben, Pahlen/Buchholz; *Nordemann*, in: Fromm/Nordemann, Urheberrecht, 10. Aufl. 2008, § 60 Rn. 2; *Vogel*, in: Schricker, Urheberrecht, 3. Aufl. 2006, § 60 Rn. 13; *A. Nordemann*, in: Loewenheim, Handbuch des Urheberrechts, 2. Aufl. 2010, § 73 Rn. 49.

[258] *A. Nordemann*, in: Loewenheim, Handbuch des Urheberrechts, 2. Aufl. 2010, § 73 Rn. 49.

Schwerpunkt ausmacht, sondern die Übereignung der Bilder und die Einräumung der Nutzungsrechte.[259] Hinsichtlich der Nutzungsrechtseinräumung gilt die Zweckübertragungsregel. Ferner sind die gesetzlichen Schrankenbestimmungen der § 60 UrhG und § 53 Abs. 1 UrhG zu beachten, wonach die Anfertigung von Vervielfältigungsstücken sowie deren Weitergabe an Bekannte in der Regel abgedeckt ist,[260] nicht jedoch eine öffentliche Wiedergabe z. B. im Internet.[261]

c) Verträge über fotografische Kunstobjekte

aa) Ausstellungs- und Galerieverträge

368 Ausstellungen in Museen und vor allem in Galerien bieten den Fotografen eine wichtige Werbe- und Absatzmöglichkeit für ihre Kunstfotografien.

Gegenstand von Ausstellungsverträgen ist das **Ausstellungsrecht** i. S. d. § 18 UrhG.[262] Allerdings fallen unter das Ausstellungsrecht nur unveröffentlichte Werke. Ist das Werk bereits veröffentlicht, kann auch ohne Zustimmung des Fotografen das Werk ausgestellt werden.[263] Während der Ausstellung hat der Aussteller gem. § 58 UrhG das Recht, Vervielfältigungen der Fotografien zur Werbung in Ausstellungskatalogen zu nutzen und die Bilder im Internet gem. § 19 a UrhG öffentlich zugänglich zu machen.[264]

369 Im Falle von Ausstellungen in Galerien zielt die Ausstellung zumeist auf die Veräußerung der Werke ab.[265] Die Galerie übernimmt dabei oft auch die Förderung, Betreuung und Weitervermittlung des Fotografen sowie die Vermarktung seiner Bilder. Der Ausstellungsvertrag bzw. **Galerievertrag** enthält Regelungen zur Durchführung der Verkäufe und zur Beteiligung der Galerie an den Verkaufserlösen.[266] Zumeist übernimmt die Galerie die Verkäufe der Kunstwerke auf **Kommissionsbasis**, teilweise kaufen sie die Werke jedoch auch an. Üblicherweise lassen sich die Galerien auch durch den Fotografen einen Verhandlungsspielraum hinsichtlich des Verkaufspreises einräumen (z. B. 20 %). Weitere Reduzierungen des Verkaufspreises bedürfen sodann der Zustimmung des Fotografen. Da bei Ausstellungen unter Umständen auch Käufer auftreten, die ein Interesse an anderen Werken des Künstlers haben, die nicht Gegenstand der Ausstellung sind, wird sich die Galerie auch hier eine Beteiligung am Verkaufserlös zusichern lassen, wenn sie aktiv an der Vermittlung beteiligt war. Das gleiche gilt für Ausstellungswerke, die erst nach Ablauf der Ausstellung veräußert werden.[267]

---

[259] *A. Nordemann*, in: Loewenheim, Handbuch des Urheberrechts, 2. Aufl. 2010, § 73 Rn. 50; Mercker, in: Berger/Wündisch, Urhebervertragsrecht, 1. Aufl. 2008, § 29 Rn. 4.

[260] *Maaßen*, in: Wandtke, Praxishandbuch Medienrecht, 1. Aufl. 2009, Teil 2, Kap. 4 Rn. 300, 313; Siehe ausführlich zu § 60 auch oben Rn. 158 ff., und zu § 53 UrhG 178 ff.

[261] OLG Köln v. 19.12.2003 – 6 U 91/03 – MMR 2004, 253 ff.; LG Köln v. 20.12.2006 – 28 O 468/06 – ZUM 2008, 76 ff.

[262] Siehe zu § 18 UrhG auch Rn. 111.

[263] *Maaßen*, in: Wandtke, Praxishandbuch Medienrecht, 1. Aufl. 2009, Teil 2, Kap. 4 Rn. 348; *Vogel*, in: Schricker, Urheberrecht, 4. Aufl. 2010, § 18 Rn. 15; *Schulze*, in: Dreier/Schulze, UrhG, 3. Aufl. 2008, § 18 Rn. 9.

[264] *Mercker*, in: Berger/Wündisch, Urhebervertragsrecht, 1. Aufl. 2008, § 29 Rn. 54.

[265] Allgemein zum Galerievertrag siehe auch *Schack*, Kunst und Recht, 1. Aufl. 2009, S. 321 ff.

[266] *Maaßen*, in: Wandtke, Praxishandbuch Medienrecht, 1. Aufl. 2009, Teil 2, Kap. 4 Rn. 349.

[267] Hier wird die Galerie regelmäßig den Künstler versuchen zu verpflichten, bis zum Ablauf von etwa sechs Monaten nach Beendigung der Ausstellung die vertragsgegenständlichen Werke nicht ohne ihre Mitwirkung zu verkaufen.

Der Künstler ist bei Galerieverträgen zunächst dazu verpflichtet, die auszustellen- *370* den Werke im vereinbarten Zustand (z. B. gerahmt oder kaschiert) abzuliefern und zu versichern, dass keine Rechte Dritter der Nutzung der Werke entgegenstehen. Ferner wird er typischerweise Nutzungsrechte einräumen, die der Galerie erlauben, die Werke bzw. deren Vervielfältigungen für die Bewerbung der Ausstellung und darüber hinaus auch für die Eigenwerbung zu nutzen.

Die Gestaltung der Ausstellung erfolgt normalerweise durch die Galerie im Einver- *371* nehmen mit dem Fotografen, wobei die Galerie oftmals das Letztentscheidungsrecht haben wird. Dies gilt auch für die Gestaltung des Werbematerials (z. B. Einladungen, Plakate, Anzeigen, Kataloge und Pressemitteilungen), welche normalerweise auf Kosten der Galerie erfolgt. Der Künstler wird wiederum verpflichtet sein, zu einem vereinbarten Zeitraum anwesend zu sein, um so der Ausstellung einen zusätzlichen Werbeeffekt zu geben.

Weitere typische Regelung eines Galerievertrages ist außerdem die Klärung der Frage, wer die **Haftung** für den Hin- und Rücktransport der Werke tragen soll. Ab dem Moment, in dem sich die Werke in den Galerieräumen befinden, wird die Galerie das Haftungsrisiko tragen, wobei hier eine Haftungsbegrenzung auf Vorsatz und grobe Fahrlässigkeit zulässig sein sollte.

Sowohl Ausstellungs- als auch Galerieverträge sollten sich ferner den Folgen widmen, die eintreten, sofern die Ausstellung wider Erwarten nicht durchgeführt wird. Es ist durchaus möglich, dass eine Galerie zur Durchführung einer Ausstellung verpflichtet ist, sodass sie sich unter Umständen schadensersatzpflichtig machen kann, wenn die Ausstellung nicht realisiert wird.[268]

bb) Kommissionsverträge

Ein Kommissionsvertrag liegt dann vor, wenn ein Fotograf seine Arbeiten einem *372* Kunsthändler zum Verkauf überlässt (§§ 383 ff. HBG). In dem Vertrag sind Regelungen zur Art, Ausstattung und Verkaufspreis der Werke enthalten sowie die vom Kommissionär geschuldeten Werbemaßnahmen und seine Beteiligung.

cc) Kaufverträge

Beim Kaufvertrag werden im Zweifel nur Eigentumsrechte und keine Nutzungsrechte *373* übertragen (§ 44 Abs. 1 UrhG).[269] Kauft der Erwerber jedoch ein Original, so erwirbt er in der Regel auch das Ausstellungsrecht (§ 44 Abs. 2 UrhG). Verkäufer müssen bei fotografischen Werken häufig garantieren, dass die vertraglich zugesagte Limitierung der Auflage eingehalten wird.[270] Bei einem Weiterverkauf des Werkes durch einen Händler ist die Vorschrift des § 26 UrhG zu beachten, der dem Fotografen einen Folgerechtsanspruch gewähren kann.

---

[268] OLG Düsseldorf v. 22.04.1997 – 20 U 18/94 – ZUM-RD 1998, 513.
[269] *A. Nordemann*, in: Loewenheim, Handbuch des Urheberrechts, 2. Aufl. 2010, § 73 Rn. 62.
[270] *Maaßen*, in: Wandtke, Praxishandbuch Medienrecht, 1. Aufl. 2009, Teil 2, Kap. 4 Rn. 351.

2. Honorarverträge für Fotomodelle

374 Eine Vielzahl von Fotografen, Werbeagenturen etc. kommen täglich mit rechtlichen Fragen in Berührung, die die Verzahnung von Urheberrechten mit dem Bildnisschutz, dem Recht am eigenen Bild und Persönlichkeitsrechten betreffen. Eine bedeutende Rolle spielen dabei auch die Fotomodelle, die beim Entstehen von Fotos entscheidend mitwirken, gleichzeitig aber durch die Notwendigkeit ihrer Einwilligung zur späteren Verwertung erheblichen Einfluss auf die Nutzungsmöglichkeiten haben.

a) Das Modell und sein Umfeld

375 Das rechtliche Umfeld eines Fotomodells wird bestimmt vom **Kunden** und dem **Vermittler** zwischen dem Kunden und dem Modell.

aa) Der Kunde

376 Der Kunde ist in aller Regel ein Fotograf, der entweder als freischaffender Künstler das Modell für einen Bildband o. ä. ablichtet, oder eine Werbeagentur, die eine Präsentation, eine Kampagne oder einen Katalog zu erstellen hat. Auf der Basis eines Werkvertrages i. S. d. § 631 BGB müssen diese Kunden in aller Regel das angefertigte Werk, also die fertigen Fotos (und die dazugehörigen Werbetexte), an den Auftraggeber weitergeben.

Das Modell schließt eine vertragliche Vereinbarung unmittelbar jedoch nur mit der Werbeagentur oder dem Fotografen, die im Normalfall nicht mit dem Endabnehmer der Bilder identisch sind.

bb) Das Fotomodell

377 Das Modell ist **Freiberufler i. S. d. § 18 Abs. 1 S. 2 EStG**. Das bedeutet u. a., dass das Modell für die Abführung von Sozialabgaben und Steuern selbst verantwortlich ist. Sämtliche arbeits- und sozialrechtlichen Schutzgesetze, die für Arbeitnehmer und in eingeschränktem Umfang für arbeitnehmerähnliche Personen gelten, finden auf Selbstständige keine Anwendung, so dass das Modell keinerlei Absicherung hat.

cc) Die Arbeitsvermittlung

378 Das Bindeglied zwischen dem Modell und dem Kunden stellt in aller Regel die Arbeitsvermittlung dar. An sie wendet sich der Kunde bei seiner Suche nach einem dem jeweiligen Auftrag entsprechenden Modell. Bei dieser Vermittlung muss man zwischen der Künstlervermittlung, hierbei handelt es sich um eine Fachvermittlung der Bundesagentur für Arbeit, und den eigentlichen Modellagenturen unterscheiden.

(1) Die Künstlervermittlung

379 Die Künstlervermittlung ist eine **spezielle Fachvermittlungseinrichtung** der Bundesagentur für Arbeit (BfA) für die Unterhaltungs-, Musik-, Werbe- und Modebranche. Viele Fotomodelle haben ihre „Sedcard" bei dem Künstlerdienst hinterlegt. Der Vorteil für das Modell ist hier die gebührenfreie Vermittlung, denn im Gegensatz dazu fallen bei einer Zusammenarbeit mit Modellagenturen hohe Vermittlungsgebühren an.

(2) Die Modellagentur

380 Ein ungleich größeres Gewicht, insbesondere im professionellen Bereich, haben die Modellagenturen. Auch sie vermitteln die Modelle an den Kunden und stellen somit die Verbindung her, aus der das Rechtsverhältnis zwischen dem Kunden und dem Modell erwächst.

Die privaten Modellagenturen sind Zivilmakler, so dass zwar grundsätzlich die entsprechenden Vorschriften des BGB, §§ 652 ff., Anwendung finden. Da es sich jedoch vorliegend um eine Arbeitsvermittlung handelt, werden diese Vorschriften weitestgehend durch die zwingenden Vorschriften der §§ 296 ff. SBG III verdrängt, die Sonderregelungen enthalten.[271]

Aus dem Vorrang der Vorschriften des SGB III folgen drei wesentliche Aspekte: Erstens bedarf der Vertrag zwischen dem Modell und der Agentur der schriftlichen Form, § 296 Abs. 1 S. 1 SGB III; §126 BGB. Zweitens gehören zum gesetzlichen Leistungsumfang der Vermittlung alle Leistungen, die zur Vorbereitung und Durchführung der Vermittlung erforderlich sind, insbesondere die Feststellung der Kenntnisse des Arbeitsuchenden sowie die mit der Vermittlung verbundene Berufsberatung, § 296 Abs. 1 S. 3 SGB III. Dies bedeutet, dass insbesondere die Erstellung der „Sedcards" zum gesetzlichen Leistungsumfang der Agenturen zählt und daher nicht dem Modell in Rechnung gestellt werden dürfen.

Ein dritter Aspekt dürfte die Begrenzung der Vergütung, also die Provision sein. Hier hat das Bundesministerium für Arbeit und Soziales von der Verordnungsermächtigung des § 301 SGB III dahingehend Gebrauch gemacht, dass die Provision auf maximal 18 % des Modellhonorars begrenzt wurde. Eine Vereinbarung, die diese Kernaspekte nicht beachtet, ist gem. § 297 SGB III unwirksam.

b) Der Vertrag zwischen dem Modell und dem Kunden

In aller Regel werden die Verträge zwischen dem Modell und dem Kunden mündlich 382 geschlossen. Das Modell erhält von ihrer Agentur bzw. vom Künstlerdienst die Benachrichtigung über ein gebuchtes „Shooting". Es liegt dann an ihr, dieses Angebot anzunehmen. Einige Agenturen lassen dem Modell eine Kopie der Buchungsbestätigung zukommen. Der Regelungsgehalt dieser Buchungsbestätigung ist minimal, so dass sie in einem Streitfall wenig zur Klärung der exakten Vertragsbeziehung beitragen kann. Dieses Problem ist jedoch keineswegs neu, und mit Hilfe von vorformulierten Verträgen versuchen sowohl Fotografen und Fachzeitschriften[272] als auch Interessenvertretungen der Modelle für Rechtsklarheit zu sorgen.

aa) Rechtsnatur des Vertrages

Während der Fotograf seinerseits mit dem Auftraggeber einen Werkvertrag gem. 383 § 631 BGB geschlossen hat, ist das Verhältnis zwischen ihm und dem Modell nicht eindeutig. Man könnte auch hier an einen Werkvertrag denken, letztlich geht es um das Gelingen der Aufnahmen, was für eine Erfolgsgarantie sprechen könnte. Die Tatsache, dass das Modell nur in Person ihrer Verpflichtung nachkommen kann,[273] spricht für die Annahme eines Dienstvertrages. Gegenstand des Vertrages ist somit eine Dienstleistung,[274] die sich im Posieren vor der Kamera erschöpft, und nicht der Erfolg, also das Gelingen der Fotografien. Eine „künstlerische Wertschöpfung" ist durch das Modell selbst grundsätzlich nicht zu erwarten.

---

[271] BSG v. 06.04.2006 – B7a AL 56/05 – NJW 2007, 1902.
[272] Z. B. FreeLens.
[273] *Hanau*, in: Erman, Kommentar BGB, § 613 Rn. 1.
[274] *Dörner*, in: Dörner, § 613, Rn. 2.

bb) Nutzungsrechte

384 Auch wenn das Erstellen der Fotos ein notwendiger Bestandteil der Rechtsbeziehung zwischen dem Kunden und dem Modell ist, so dürften hier nur selten Streitpunkte liegen. Die zentrale Frage eines solchen Vertrages ist vielmehr, in welchem Umfang das Modell Nutzungsrechte abtritt.

Gemäß § 22 S. 1 KUG können Bildnisse lediglich mit Einwilligung des Abgebildeten verbreitet oder öffentlich zur Schau gestellt werden. Das bedeutet, dass ohne diese Einwilligung des Modells die Bilder für den Kunden wertlos sind, da er sie nicht ohne weiteres nutzen darf. Diese Einwilligung gilt gem. § 22 S. 2 KUG als erteilt, wenn der Abgebildete dafür, dass er sich hat abbilden lassen, eine Entlohnung erhalten hat. Hierbei handelt es sich um eine gesetzliche Fiktion. Diese ist jedoch widerlegbar; die Beweislast für die Einwilligung und deren Umfang hat regelmäßig der Verletzende,[275] also derjenige, der die Fotos ggf. ohne Einwilligung nutzt. Die Unterscheidung zwischen dem Vorliegen einer Einwilligung und deren Umfang ist ein entscheidender Punkt eines Modellvertrages.

(1) Die Einwilligung

385 Die Fiktion des § 22 S. 2 KUG, wonach die Einwilligung bei Entlohnung als erteilt gilt, bezieht sich dem Wortlaut nach nur auf die Frage, ob eine solche Einwilligung erteilt wurde. Sie umfasst jedoch nicht zwingend Aussagen über den Umfang der Einwilligung.

(2) Der Umfang

386 Anknüpfungspunkte dafür, in welchem Rahmen die Einwilligung des Modells als erteilt gilt, sind der Verwendungszweck der Fotografien, die Nutzungsform und die Dauer der Nutzung. Hiernach richtet sich auch das Honorar des Modells. Der Umfang der Einwilligung bestimmt sich nach den allgemeinen Regeln[276] der Rechtsgeschäftslehre, also denen einer Willenserklärung,[277] die durch Auslegung zu ermitteln ist, §§ 133, 157 BGB.

(a) Verwendungszweck

387 Wie oben dargelegt, hängt die Vergütung vom Umfang der Einwilligung ab. So wird beispielsweise das Mitwirken eines Fotomodells bei einer Werbekampagne eines bekannten Produkts, die in Illustrierten, im Fernsehen, im Internet und auf Plakaten international geschaltet wird, höher honoriert als das Mitwirken bei einem Fotobuch eines Hobbyfotografen. Gerade im Bereich der Mode- und Kosmetikindustrie werden große Summen für die Werbung ausgegeben. Hingegen sind bei künstlerischer Fotografie, d. h. Fotos, die der Fotograf nicht kommerzialisieren will, deutlich geringere Honorare üblich.

388 Nicht unproblematisch sind für die Frage des Verwendungszwecks so genannte **Probe-„Shootings"**. Hierzu lädt ein Fotograf einige Modelle ein und macht die Bildaufnahmen zunächst in der Absicht, sich auf eine Kampagne vorzubereiten, Modelle zu sichten oder aber unterschiedliche fotografische Techniken oder Örtlichkeiten

---

[275] *Riedel*, Rn. 6.23.
[276] LG Berlin v. 05.08.1997 – 27 O 204/97 – AfP 1998, 417, 418.
[277] *Frömming/Peters*, NJW 1996, 958, 959.

auszuprobieren. In der Hoffnung auf einen späteren lukrativen Auftrag verlangen Modelle für ein solches Probe-„Shooting" in der Regel, wenn überhaupt, nur ein sehr geringes Honorar. Zuweilen kommt es aber zu keinem Folgeauftrag und dennoch finden sich die bei dem Probe-"Shooting" erstellten Bilder in Zeitschriften, dem Internet oder auf Verpackungen wieder. In solchen Fällen darf nicht davon ausgegangen werden, dass mit der Zahlung eines geringen Honorars eine Einwilligung in eine solche kommerzielle Nutzung vorliegt. Bei der Ermittlung ihres Umfangs ist die Art der Veröffentlichung, die unmittelbar Anstoß zur Einwilligung gegeben hat, von wesentlicher Bedeutung.[278] Anders verhält es sich bei Fotos, die der Fotograf bewusst und mit Einverständnis der Modelle für sein Archiv anfertigt, ohne bereits konkrete Verwendungsmöglichkeiten geklärt zu haben. In einem solchen Fall weiß das Modell, dass der Fotograf die Bilder an Kunden verkaufen wird. Somit ist in einem so gelagerten Fall von einer Einwilligung auszugehen.

(b) Nutzungsform

Neben dem Verwendungszweck muss sich der Umfang der Einwilligung auch auf *389* die Form bzw. das Medium der Nutzung erstrecken. Auch hier gilt der Grundsatz, dass eine größere Anzahl an Nutzungsformen den Preis in die Höhe treiben kann. Die Fiktion des § 22 S. 2 KUG kann daher nicht automatisch eine Einwilligung in sämtliche Nutzungsformen umfassen. Eine genaue Benennung der Nutzungsform ist somit unerlässlich. Dabei ist nicht auf die Art der Fotografie (analog oder digital) oder die Art der Archivierung abzustellen, sondern lediglich auf die konkrete Nutzung der Bildnisse. So macht eine Nutzung im Internet eine Digitalisierung der Bilder unumgänglich. Die zu klärende Nutzungsform umfasst folglich das Medium, mit dessen Hilfe das Bildnis aus der Beziehung zwischen Fotograf und Modell an Dritte weitergegeben werden soll, nicht hingegen die technischen Abläufe im Wirkungsbereich des Fotografen.

(c) Dauer

Regelungsbedarf besteht ferner hinsichtlich der Dauer einer Einwilligung. Der gesetz- *390* liche Schutz am eigenen Bild währt gem. § 22 S. 3 KUG noch zehn Jahre nach dem Tod des Abgebildeten. Eine Einwilligung können in diesem Fall nur die Angehörigen erteilen.

Die Dauer der Nutzung wird in aller Regel eng mit dem Verwendungszweck zusammenhängen. Hat ein Modell an einem „Shooting" für eine Werbekampagne teilgenommen, so wird die Einwilligung für die gesamte Dauer der Aktion vorliegen. Bei Archivfotos kommt dagegen nur eine zeitlich uneingeschränkte Einwilligung in Betracht, weil der Fotograf zum Zeitpunkt der Entstehung der Bilder den Verwendungszweck noch nicht kennt. Er soll davor geschützt werden, dass dann, wenn er Fotos an einen Kunden verkaufen kann, die Übertragung der Nutzungsrechte seitens des Modells scheitert. Einige im Internet abrufbare Verträge enthalten einen Passus, der dem Erwerber der Rechte diese „ohne jede zeitliche, örtliche und inhaltliche Einschränkung"[279] zugesteht. Hat jedoch derjenige, dem gegenüber die Einwilligung erklärt wurde, davon über einen längeren Zeitraum keinen Gebrauch gemacht, so kommt unter dem Gesichtspunkt der Verwirkung eine Versagung der Nutzung in

---

[278] *Gass*, in: Möhring/Nicolini, Urheberrechtsgesetz, 2. Aufl. 2000, § 60/§ 22 KUG, Rn. 24; BGH v. 08.05.1956 – I ZR 62/54 – BGHZ 20, 345, 348.

[279] Vertrag von FreeLens, www.freelens.com/modellrelease/modell.html (Stand: 10/2002).

Betracht, wenn der Einwilligende mit einer Geltendmachung nach den Gesamtumständen nicht mehr rechnen musste.[280]

(3) Die Beseitigung der Einwilligung

391 Wurden die erörterten Gesichtspunkte beachtet, liegt eine wirksame Einwilligung vor. Dennoch kann es aus unterschiedlichsten Gründen geboten sein, dem Abgebildeten die Möglichkeit einzuräumen, eine weitere Nutzung zu verhindern. Dies könnte der Fall sein, wenn ältere Aufnahmen eines Modells nicht mehr zum aktuellen Image passen. Probleme entstehen, wenn der Verwender dennoch von der Nutzung keinen Abstand nehmen möchte. Daher enthalten viele Verträge eine Unwiderruflichkeitsklausel der einmal erteilten Einwilligung. Deren rechtliche Bewertung hängt von der Rechtsnatur der Einwilligung ab. Zudem stellt sich die Frage, welche Wirkung ein Widerruf der Einwilligung überhaupt entfaltet.

(a) Unwiderruflichkeitsklauseln

392 Nach herrschender Auffassung handelt es sich bei der Einwilligung um eine empfangsbedürftige Willenserklärung nach Maßgabe der §§ 104 ff. BGB[281] mit der Folge, dass sie bindend und grundsätzlich unwiderruflich ist.[282]

Bei Fotomodellen ist diese Einwilligung als Bestandteil des Vertrages zu sehen. Der Fotograf ist schutzwürdig und muss sich auf die Wirksamkeit der Erklärung verlassen können.

Grundsätzlich bindet die einmal erteilte Einwilligung den Betroffenen. Dennoch lässt die Rechtsprechung[283] in bestimmten Situationen Ausnahmen zu. In Anlehnung an das mit dem Urheberpersönlichkeitsrecht begründete Rückrufrecht des Urhebers gem. § 42 UrhG wegen gewandelter Überzeugung soll auch dem Modell ein solches Recht bei grundlegendem Überzeugungswandel zustehen. Zusätzlich kann eine Abwägung des allgemeinen Persönlichkeitsrechts des Abgebildeten mit den Interessen des Fotografen zu einer solchen Rücknahme führen.[284] Die Maßstäbe, die in einem solchen Fall anzulegen sind, müssen aufgrund des berechtigten Vertrauensschutzes des Fotografen hoch sein. Zu trennen ist an dieser Stelle die Erstveröffentlichung von Folgeveröffentlichungen. Man wird in aller Regel den Vertrauensschutz des Fotografen nur bei der Erstveröffentlichung annehmen dürfen.[285] Die Einwilligung für spätere Publikationen kann dagegen nach dem Rechtsgedanken des § 42 UrhG[286] widerrufen werden.[287] Dieser Ansatz erklärt sich vor dem Hintergrund des Vertrages. Das Modell und der Fotograf haben in der Regel einen Vertrag für einen bestimmten Zweck geschlossen. Das Modell verhielte sich treuwidrig, widerriefe es noch vor der Erstveröffentlichung die Einwilligung.

Nicht zu übersehen ist, dass es häufig keines Widerrufs bedarf, weil sich das Verbot der Veröffentlichung bzw. das Recht, ein Honorar zu verlangen, aus der Reichweite der erteilten Einwilligung ergibt.

---

[280] *Heinrichs*, in: Palandt, Kommentar BGB, § 242 Rn. 87.
[281] OLG München v. 21.12.1981 – 21 U 395/81 – AfP 1982, 230, 231.
[282] *Seiler*, visuell 4/2001, S. 65.
[283] OLG München v. 07.12.1989 – I ZR 62/88 – NJW-RR 1990, 999, 1000.
[284] OLG München v. 07.12.1989 – I ZR 62/88 – NJW-RR 1990, 999, 1000.
[285] OLG München v. 07.12.1989 – I ZR 62/88 – NJW-RR 1990, 999, 1000.
[286] *Frömming/Peters*, NJW 1996, 958, 959.
[287] *Gass*, in: Möhring/Nicolini, Urheberrechtsgesetz, 2. Aufl. 2000, § 60/§ 22 KUG, Rn. 32.

(b) Wirkung des Widerrufs

Der Widerruf der Einwilligung des Modells wirkt ex nunc.[288] Jedoch stellt sich die **393** Frage, welche Ansprüche dem Auftraggeber gegenüber dem Modell durch einen wirksam erklärten Widerruf entstehen. Teile der Literatur gehen davon aus, dass der Widerrufende gem. § 42 Abs. 3 S. 1 UrhG analog eine angemessene Entschädigung zu leisten hat, also einen Ausgleich i. S. d. Schadensersatzrechts.[289] Dieser Ansatz birgt allerdings die Gefahr, dass es sich das Modell nicht leisten kann, von ihrem im Grundgesetz verankerten Persönlichkeitsrecht Gebrauch zu machen, da unüberschaubare Kosten auf sie zukommen könnten. Das Recht am eigenen Bild unterliegt als Ausformung des durch Art. 1 Abs. 1 und Art. 2 Abs. 1 GG geschützten allgemeinen Persönlichkeitsrechtes einem stärkeren Schutz als die im UrhG geschützten Rechte an Literatur, Wissenschaft und Kunst. Wenngleich auch diese gem. Art. 5 Abs. 1 und 3 GG verfassungsrechtlichen Schutz genießen, sind sie nicht geeignet, das verfassungsrechtlich verankerte Recht am eigenen Bild einzuschränken.

Vor diesem Hintergrund ist eine Interessenidentität zwischen dem widerrufenden Künstler, dessen Überzeugung sich gewandelt hat, und einem Modell, das von einer Grundrechtsausübung Gebrauch macht, nicht gegeben. Der berechtigten Sorge von einem Missbrauch der Norm und einem unüberschaubaren Erschwernis für den Widerrufenden[290] kann dadurch begegnet werden, dass der Widerrufende gem. § 122 Abs. 1 BGB analog nur für den Vertrauensschaden, das sog. „negative Interesse", einzustehen hat.[291] Das hätte den Vorteil, dass die dem Modell entstehenden Kosten maximal die Höhe hätten, die § 42 Abs. 3 S. 2 UrhG als Mindestbetrag bezeichnet, nämlich die vergeblichen Aufwendungen für die Fotoproduktion. Die Kosten wären auch überschaubar, da dem Auftraggeber, abgesehen von der Fertigung der Fotos, durch das Vorhalten der Bilder kaum Kosten entstehen dürften. Da der Widerruf ex nunc, also erst mit der Erklärung wirksam wird, bleiben Kosten durch eine bisherige Nutzung außer Betracht.

(c) Minderjährige Modelle

Anlass für die Untersuchung der Vertragsbeziehung von minderjährigen Modellen **394** bietet der Umstand, dass in aller Regel Berufsneueinsteiger das achtzehnte Lebensjahr noch nicht vollendet haben und somit gem. § 106 BGB in ihrer Geschäftsfähigkeit beschränkt sind. Die Einwilligung der gesetzlichen Vertreter ist gem. § 107 BGB erforderlich, wenn es sich bei einem Rechtsgeschäft um ein nicht lediglich rechtlich vorteilhaftes Geschäft handelt.

Aus dem Vertrag mit einem Fotografen oder einer Werbeagentur erwachsen dem Fotomodell nicht nur Rechte, sondern auch rechtlich nachteilige Pflichten, was die Zustimmungsbedürftigkeit der gesetzlichen Vertreter begründet.

Zu keinem anderen Ergebnis führt eine isolierte Betrachtung der Einwilligung: Die **395** Einwilligung eines Minderjährigen in die Veröffentlichung ist ohne die Zustimmung

---

[288] *Frömming/Peters*, NJW 1996, 958, 959.
[289] *Dietz*, in: Schricker, Urheberrecht, 3. Aufl. 2006, § 42 Rn. 29.
[290] *Dietz*, in: Schricker, Urheberrecht, 3. Aufl. 2006, § 42 Rn. 32.
[291] Vgl. AG Charlottenburg v. 21.02.2002 – 204 C 574/01 – AfP 2002, 172, 173.

der gesetzlichen Vertreter nach h. M. unwirksam, §§ 107, 111 BGB.[292] Eine Isolation der Lösungen wird jedoch den kollidierenden Aspekten, nämlich einerseits der elterlichen Sorge und andererseits dem Selbstbestimmungsrecht des einsichtsfähigen Minderjährigen, nicht gerecht. Vorzugswürdig erscheint es, unter Durchbrechung der starren Zuweisung der Entscheidungsbefugnis, dem einsichtsfähigen beschränkt Geschäftsfähigen ein Mitspracherecht einzuräumen. Im Ergebnis läuft dies auf eine „Doppelzuständigkeit" hinaus. Beide Einwilligungen müssen kumulativ vorliegen. Der Minderjährige kann die Einwilligung nicht gegen oder ohne die Zustimmung der gesetzlichen Vertreter erteilen, umgekehrt diese nicht gegen den einsichtsfähigen Minderjährigen. Somit beschränken sich die Rechte gegenseitig. In Anknüpfung an einschlägige spezialgesetzliche Vorschriften wie § 1617 c Abs. 1 S. 2 BGB ist als Regelvermutung davon auszugehen, dass ein Minderjähriger ab dem 14. Lebensjahr über die erforderliche Einsichtsfähigkeit verfügt.[293]

(d) Körperteilmodelle

396 Insbesondere in der Mode- und Kosmetikbranche sind auf Werbefotos häufig nicht die gesamten Personen, sondern nur deren bestimmte Körperteile zu sehen. Fraglich ist, ob auch diese Bilder in den Schutzbereich des Kunsturhebergesetzes fallen. Gem. § 22 S. 1 KUG ist der Anwendungsbereich nur eröffnet, wenn es sich um ein Bildnis handelt. Der Umfang der Abbildung ist gleichgültig, soweit der Abgebildete als Person erkennbar ist,[294] wenngleich die Wiedergabe der Gesichtszüge entbehrlich sein kann.[295] Zwar leitet der BGH[296] aus dem allgemeinen Persönlichkeitsrecht, Art. 2 Abs. 1 i. V. m. Art. 1 Abs. 1 GG, ein grundsätzliches Verbot ungenehmigter Bildaufnahmen her. Diese Entscheidung wird jedoch dahingehend auszulegen sein, dass der Abgebildete in einer Art und Weise gezeigt wird, die einer Identifizierung zugänglich ist. Maßgeblich bei der Beantwortung der Frage, ob die Abbildung von Körperteilfotos in den Schutzbereich des KUG fällt, ist somit die Möglichkeit der Zuordnung zu einer bestimmten Person und damit vom jeweiligen Bild abhängig. Sollte diese Zuordnung nicht möglich sein, ist der Anwendungsbereich des KUG verschlossen. Dieses Ergebnis ist sachgerecht vor dem Hintergrund der Entstehungsgeschichte dieses Gesetzes. Sinn war es nicht, die wirtschaftlichen Interessen eines Abgebildeten zu sichern, sondern ihn in seiner freien Persönlichkeitsentfaltung und Selbstbestimmung zu schützen. Eines solchen Schutzes bedarf es allerdings dann nicht, wenn die Person nicht zurechenbar erkannt wird.

(e) Der Velma

397 Die bisher genannten Vertragsbestandteile sind ohne jede Frage die maßgeblichen Eckpunkte des Vertrages. Dennoch besteht in vielen weiteren Bereichen Regelungsbedarf, um die rechtliche Beziehung zwischen dem Modell und dem Fotografen annähernd sicher zu gestalten.

---

[292] OLG München v. 21.12.1981 – 21 U 395/81 – AfP 1982, 230, 232; *Soehring*, PresseR, Rn. 19, 44; *Gerstenberg*, in: Schricker, Urheberrecht, 3. Aufl. 2006, § 60/§ 22 KUG Rn. 14. Einer Mindermeinung folgend ist die Einwilligung eines Minderjährigen dagegen wirksam, wenn er die Bedeutung des Eingriffs zu ermessen vermag, die sog. Grundrechtsmündigkeit vorliegt, OLG Karlsruhe FamRZ 1983, 742, 743; *Heidenreich*, AfP 1970, 960, 963.

[293] *Gerstenberg*, in: Schricker, Urheberrecht, 3. Aufl. 2006, § 60/§ 22 KUG Rn. 14; vgl. Rn. 502.

[294] KG v. 22.05.1981 – 5 U 2295/81 – GRUR 1981, 742, 743.

[295] BGH v. 06.02.1979 – VI ZR 46/77 – NJW 1979, 2204, 2205.

[296] BGH v. 25.04.1995 – VI ZR 272/94 – JZ 1995, 1115, 1116.

Eine Vielzahl von Modellen arbeitet mit Agenturen zusammen und lässt sich von ihnen vertreten. Schlagzeilen machen unseriöse Vertreter unter den Agenturen. Um sich gegen diese „schwarzen Schafe" der Branche zur Wehr zu setzen, aber auch zur Verbesserung des eigenen Images, wurde der Verband lizenzierter Modellagenturen e. V. (Velma) gegründet. Dieser nimmt die Interessen von Agenturen sowie der Modelle wahr. Die Unterstützung erfolgt primär durch Beratung. Ziel ist es u. a., die Buchungsmodalitäten zu harmonisieren.

cc) Die Buchungsbedingungen

Um diesem Ziel näher zu kommen, hat der Velma Buchungsbedingungen erstellt, die *398* den Vertrag zwischen dem Modell, der Agentur und dem Kunden ergänzen. Diese sind, da sie vorformulierte Regelungsentwürfe für eine Vielzahl von Einzelverträgen sind, allgemeine Geschäftsbedingungen und unterliegen damit der Kontrolle der §§ 305–310 BGB. Sie gelten gem. § 1 Buchungsbedingungen (nachfolgend BB), soweit nicht abweichende Abreden getroffen wurden.

(1) Buchungsgrundlage

§ 2 BB regelt die Buchungsgrundlagen. Dazu gehört, dass die Agentur als Vertreter *399* der Modelle auftritt und Erklärungen gegenüber dem Kunden im Namen und im Auftrag des Modells abgibt. Damit wahrt die Agentur das Offenkundigkeitsprinzip; der Vertragspartner weiß, dass die Agentur als Vertreter des Modells agiert.

Darüber hinaus ist in § 2 BB die seitens des Kunden an die Agentur zu entrichtende Provision i. H. v. 20 % des vereinbarten Modellhonorars oder des zu zahlenden Ausfallhonorars festgelegt. Ferner ist es dem Kunden untersagt, Forderungen gegen das Modell mit dem Provisionsanspruch der Agentur aufzurechnen oder ein Zurückbehaltungsrecht geltend zu machen, § 2 Abs. 2 BB. Auch ist der Kunde gem. § 2 Abs. 3 BB nicht berechtigt, bei Folgebuchungen die Agentur zwecks Einsparung der Provision zu umgehen und Direktbuchungen vorzunehmen.

(2) Nutzungsrechte

Für den Fall einer Trennung zwischen dem eigentlichen Modellvertrag und der Ein- *400* räumung der Nutzungsrechte stellt § 10 Abs. 1 BB klar, dass mit der Vereinbarung über das Honorar die Nutzungsrechte eingeräumt werden. Diese erhält ausschließlich der Vertragspartner. Die Aufnahmen dürfen vom Erwerber der Rechte innerhalb der Bundesrepublik Deutschland für ein Jahr genutzt werden. Die Frist beginnt mit der tatsächlichen Nutzung, spätestens aber zwei Monate nach Erstellung der Aufnahmen, § 10 Abs. 1 S. 2 BB.

Ferner umfasst die Einwilligung der Nutzung gem. § 10 Abs. 1 S. 1 BB lediglich den vereinbarten Verwendungszweck, das vereinbarte Produkt und die vereinbarte Nutzungsform. Eine weitergehende Nutzung bedarf der ausdrücklichen schriftlichen Einwilligung durch die Agentur. Eine digitale Speicherung der Fotos ist grundsätzlich nicht gestattet und nur mit ausdrücklicher schriftlicher Einwilligung unter konkreter Angabe des Verwendungszwecks möglich, § 10 Abs. 2 BB.

(3) Honorarvereinbarung, Reisekosten

Das Modellhonorar umfasst das Tageshonorar und das Entgelt für die Nutzungs- *401* rechte, § 6 BB. Unterschieden wird zwischen dem Modetarif, also sämtlichen Aufnahmen von Bekleidung und zur Mode gehörenden Accessoires, soweit es sich nicht um Werbung handelt, und dem Sonderhonorar, z. B. für Konsumgüterwerbung und Akt.

Von den Reisekosten umfasst sind nicht nur die Reisespesen, § 7 Abs. 2 BB, sondern unter Umständen auch ein Reisetageersatz. Das bedeutet, dass der entgangene Verdienst des Modells durch die Reise zu einem „Shooting" teilweise kompensiert werden kann.

(4) Erfüllungshindernisse

402 Auch sehen die Buchungsbedingungen Regelungen bezüglich eventueller Erfüllungshindernisse vor. Diese können sich durch äußere Umstände, eine Annullierung seitens des Modells oder des Kunden sowie Reklamation ergeben.

Sehr häufig finden die Shootings im Freien statt. Hierbei handelt es sich in aller Regel um **Schönwetterbuchungen**.[297] Liegen die gewünschten Witterungsbedingungen nicht vor oder ist die Wetterlage unklar, so kann der Kunde die Buchung absagen, § 3 Abs. 3 S. 3 BB. Das Ausfallhonorar beträgt 50 % des vereinbarten Modellhonorars.

403 Sowohl Kunde als auch Modell sind berechtigt den Vertrag zu annullieren. Dies kann gem. § 4 Abs. 1 BB nur **aus wichtigem Grund** geschehen. Dieser kann sich auch aus Umständen ergeben, welche die Durchführung wirtschaftlich unzumutbar machen, § 4 Abs. 1 S. 2 BB. Zu erfolgen hat die Annullierung so viele Werktage vor Arbeitsbeginn, wie Arbeits- und Reisetage gebucht worden sind, mindestens jedoch drei Werktage.

Im Falle von Reklamationen hat der Kunde die Agentur umgehend von und über die Reklamationsgründe zu informieren, § 9 Abs. 1 S. 1 BB, und den Nachweis mit Hilfe von Polaroidfotos zu erbringen, S. 2. Sodann ist das Modell von seiner Tätigkeit vollständig zu entbinden, und der Kunde wird von seiner Leistungspflicht, dem Honorar und den Reisekosten frei, S. 4. Werden dennoch Aufnahmen angefertigt, so gilt dies als Verzicht des Kunden auf Reklamation.

404 Eine Reklamation kann berechtigt sein, wenn das Modell nicht die angegebenen Maße hat oder sich ihr Äußeres derartig verändert hat, dass es von der „Sedcard" und somit von den Erwartungen des Auftraggebers abweicht.

Sollten besonders risikoreiche Aufnahmen gemacht werden, so hat der Kunde für das Modell eine Versicherung abzuschließen und diese Umstände vorher dem Modell mitzuteilen, § 9 Abs. 3 BB. Im Fall einer Nichtanzeige der Gefahren steht dem Modell ein Leistungsverweigerungsrecht und ein Ausfallhonorar i. H. v. 70 % des vereinbarten Gesamthonorars zu.

Die Haftung des Modells sowie seiner Agentur aus jedwedem Rechtsgrund ist auf das zweifache Gesamthonorar beschränkt, ausgenommen Vorsatz und grobe Fahrlässigkeit.

dd) Problematik der Buchungsbedingungen

405 Leisten die Velma-Buchungsbedingungen einen wichtigen Beitrag zur Vertragssicherheit zwischen dem Modell und dem Kunden, so ist es dennoch leicht festzustellen, dass die Interessen des Velma sich nicht auf die Wahrung der Interessen des Modells beschränken, sondern auch die der Modellagenturen nicht aus den Augen verlieren. So wundert es nicht, dass Velma-Vorstandsmitglied Louisa von Minckwitz zugleich

---

[297] Vgl. Wortlaut § 3 Abs. 3 S. 2 BB.

Geschäftsführerin einer der führenden deutschen Modellagenturen[298] ist. Dies drückt sich insbesondere im Bereich der Nutzungsrechte aus. Jede weitergehende als die vorher vereinbarte Nutzung kann nur von der Agentur genehmigt werden, § 10 Abs. 2 BB. Hierbei handelt es sich entweder um eine missverständliche Formulierung oder es ist schlicht der Ausdruck eines großen Provisionsstrebens. Dem Wortlaut nach wäre es nicht möglich, dass das Modell diese Einwilligung erteilt. Es ist jedoch nicht einzusehen, warum die Rechte des Vertreters die des Vertretenen übersteigen. So müsste zumindest auch das Modell in eine weitergehende Nutzung einwilligen können. Denkbar ist hier lediglich, dass die Agentur ein den Verwertungsgesellschaften angelehntes Wahrnehmungsverhältnis begründet, aufgrund dessen sie ein ausschließliches Nutzungs- und Verwertungsrecht[299] erhält. Für diesen Fall wäre jedoch eine Erlaubnis gem. § 1 Abs. 1 und 4 WahrnG nötig.

Nicht unproblematisch ist auch die Klausel, nach der sich der Kunde verpflichtet, *406* Direktbuchungen unter Umgehung der Agentur zu unterlassen. Eine solchen Regelung ist nur für die Agentur vorteilhaft: Der Kunde würde bei einer Direktbuchung die Vermittlungsprovision sparen und das Modell müsste nicht das der Agentur zugehörige Serviceunternehmen mit der Abrechnung beauftragen und sich Abzüge gefallen lassen. Abgesehen davon, dass sowohl Modelle als auch Kunden versuchen, diese Klausel zu umgehen, und Direktbuchungen vornehmen, kommt eine Kollision mit § 297 Nr. 4 SGB III in Betracht. Demnach sind Bestimmungen unwirksam, die sicherstellen sollen, dass ein Arbeitgeber oder ein Arbeitnehmer sich ausschließlich eines bestimmten Vermittlers bedient. Sinn einer Arbeitsvermittlung ist primär, Arbeitsuchenden behilflich zu sein. Nun darf an der Hilfsbedürftigkeit gezweifelt werden, wenn Modell und Kunde bereits miteinander in Kontakt stehen. Folglich läuft diese Bestimmung § 297 Nr. 4 SGB III zuwider.

Nicht eindeutig ist das Verbot der digitalen Speicherung der Aufnahmen, § 10 Abs. 2 BB. Bedeutet dies, dass der Fotograf keine Digitalkamera benutzen darf? Schließlich wird bei der digitalen Fotografie automatisch das Bild auf der Chip-Card gespeichert. Auch kann keine Redaktion ein Foto in den Druck geben, ohne es zuvor ins System kopiert und damit auch gespeichert zu haben. Diese Bestimmung ist nicht mehr zeitgemäß und realitätsfern.

Bezüglich der Bestimmung, die den Kunden zum Abschluss einer Versicherung für *407* das Modell verpflichtet, stellt sich die Frage, was für eine Versicherung gemeint ist. In Betracht kommen u. a. eine Kranken- oder Unfallversicherung, aber auch eine Berufsunfähigkeitsversicherung. Eine Summe ist ebenfalls nicht genannt.

Zusammenfassend lässt sich sagen, dass die Velma-Buchungsbedingungen eine gute Grundlage zur Vertragsergänzung bieten, die jedoch im Rahmen der vorstehend erarbeiteten Grundsätze an den genannten Stellen überarbeitet werden müssten. Auch ist insbesondere seitens des Modells zu beachten, dass der Velma in einem Interessenkonflikt steht und stets den Spagat zwischen den Interessen der Agentur und dem Modell schaffen sollte.

---

[298] Louisa Models, München.
[299] LG Köln v. 09.04.1997 – 28 O 55/96 – ZUM 1998, 168, 170.

IV. Verwertungsgesellschaften

1. Der Zweck von Verwertungsgesellschaften

408 Verwertungsgesellschaften lizenzieren typischerweise solche Nutzungsrechte, bei denen eine individuelle Lizenzierung nicht möglich oder nicht wirtschaftlich wäre. 1851 wurde in Frankreich die erste Verwertungsgesellschaft gegründet, um die musikalischen Aufführungsrechte gegenüber den Besitzern von Cafés, Kurhäusern und den vielen anderen Aufführungsorten durchzusetzen. 1847 besuchte der Komponist Ernest Bourget in Paris ein Konzert-Café; er stellte fest, dass die kleine Combo des Cafés zwei seiner Walzer spielte, ohne dass er dem Cafébetreiber dafür die Nutzungsrechte eingeräumt hatte. Als der Wirt die Rechnung für Kaffee und Kuchen präsentierte, sagte der Komponist, er rechne mit seiner Lizenzforderung auf. Im anschließenden Zivilprozess gewann Bourget zwei Jahre später. Da Bourget und seine Kollegen nicht jedes Konzert-Café Frankreichs kontrollieren konnten, schlossen sie sich zur Societé des Auteurs et Compositeurs et Editeurs de Musique (SACEM) zusammen, einer Verwertungsgesellschaft, die noch heute existiert. Das Prinzip einer Verwertungsgesellschaft ist also im Kern, dass Nutzungsrechte oder Vergütungsansprüche von einer großen Zahl von Inhabern des entsprechenden Nutzungsrechts gesammelt und einheitlich an Nutzer vergeben werden. Dies spart Aufwand und Kosten. Hauptaufgabe ist die **kollektive Wahrnehmung und Verwaltung** von Rechten und Ansprüchen. § 1 Abs. 1 Wahrnehmungsgesetz („WahrnG") definiert eine Verwertungsgesellschaft dementsprechend als Institution, die „Nutzungsrechte, Einwilligungsrechte oder Vergütungsansprüche, die sich aus dem Urhebergesetz ... ergeben, für Rechnung mehrerer Urheber oder Inhaber verwandter Schutzrechte zur gemeinsamen Auswertung wahrnimmt."

Daneben haben Verwertungsgesellschaften auch eine **kultur- und sozialpolitische Funktion** (vgl. nur §§ 7 S. 2 und 8 WahrnG). Die ausschließlich wettbewerbsorientierte Funktionsbeschreibung der EU-Kommission wurde deshalb von der Enquet-Kommission des Deutschen Bundestages „Kultur in Deutschland" zu Recht abgelehnt.[300]

Die Massennutzung von Urheberrechten und verwandten Schutzrechten durch die Digitalisierung wird dazu führen, dass die Bedeutung der kollektiven Wahrnehmung zunehmen wird.[301] Einzellizenzierungen sind trotz aller PayPal-, One-Click-Buy- oder ähnlicher Systeme auf dem Rückzug.

2. Die für Fotografen zuständige Verwertungsgesellschaft – die VG Bild-Kunst[302]

409 Die Verwertungsgesellschaften in Deutschland vertreten häufig unterschiedliche Rechtsinhaber und unterschiedliche Nutzungsrechte. So vertritt die GEMA sämtliche kollektiv wahrgenommenen Nutzungsrechte und Vergütungsansprüche der Komponisten, Liedtextdichter und Musikverlage, die GVL Rechte von ausübenden

---

[300] Schlussbericht der Enquete-Kommission des Deutschen Bundestages – BT-Drucksache 16/2007, S. 278 f.

[301] Schlussbericht der Enquete-Kommission des Deutschen Bundestages – BT-Drucksache 16/2007, S. 278 f.

[302] Umfassende Informationen zur VG Bild-Kunst finden sich bei http://www.bildkunst.de/ (Stand: 8/2010).

Künstlern (Musiker, Schauspieler, Sprecher etc.) und der Tonträgerhersteller. Für Fotografen ist die VG Bild-Kunst einschlägig. Sie vertritt insgesamt drei Berufsgruppen: Berufsgruppe I setzt sich aus bildenden Künstlern und Kunstverlagen zusammen. Zur Berufsgruppe II gehören insbesondere Fotografen, Bildjournalisten, Bildagenturen, Fotodesigner und deren Verlage. Zur Berufsgruppe III gehören u. a. Filmregisseure, Kameraleute und einzelne Filmproduktionsunternehmen.

Die VG-Bild-Kunst wurde 1969 von Vertretern und Verbänden der bildenden Künstler gegründet.[303] Sie hatte 2009 rund 45.000 Mitglieder. Ihre Gesamterlöse aus der Wahrnehmung von Rechten und Vergütungsansprüchen belief sich in den letzten Jahren bei rund 60 Mio. €. Nur im Geschäftsjahr 2009 hatte sich das Aufkommen gegenüber 2008 mehr als verdoppelt; es stieg um 121 % von 56,8 Mio. € auf 125,8 Mio. € an. Der Zuwachs stammte aus Nachzahlungen für vergangene Jahre: 2009 erhielt die VG Bild-Kunst nach einer positiven Entscheidung des BGH allein aus der Reprografievergütung für Multifunktionsgeräte der Jahre 2002 bis 2007 einen Betrag von 72,1 Mio. € nachgezahlt.

Die VG Bild-Kunst hat die Rechtsform eines Vereins kraft staatlicher Verleihung und steht, wie alle Verwertungsgesellschaften in Deutschland, unter der Aufsicht des Bundespatent- und Markenamtes („BPMA"). Sie unterhält ein Sozialwerk und unterstützt die Stiftung Kunstfonds aus dem Aufkommen der Berufsgruppe I mit jährlich 400.000 €. Im Jahr 1999 wurde die Stiftung Kulturwerk der VG Bild-Kunst gegründet, die seitdem auch für die Bereiche Foto- bzw. Grafikdesign und Film kulturelle Förderung betreibt. Sie vergibt Projektstipendien an Fotografen, Grafiker und Grafik-Designer und unterstützt kulturelle Vorhaben im Filmbereich.

3. Wahnehmungs- und Gegenseitigkeitsverträge

Gem. § 6 Nr. 4 der Satzung der VG Bild-Kunst wird man durch Abschluss eines *410* Wahrnehmungsvertrages Mitglied der VG Bild-Kunst. Mit der Mitgliedschaft verbinden sich die entsprechenden Mitbestimmungsrechte in der Mitgliedsversammlung, u. a. über die Wahl des Verwaltungsrats oder auf Vorschlag der jeweiligen Berufsgruppe über die Verteilungspläne.

Mit Abschluss des Wahrnehmungsvertrags räumt der Berechtigte der VG Bild-Kunst bestimmte Rechte und Vergütungsansprüche zur treuhänderischen Wahrnehmung ein. Haupteinnahmequellen der VG Bild-Kunst sind vor allem Vergütungsansprüche: allen voran die Reprographievergütung gem. § 54 a UrhG, das Folgerecht (§ 26 UrhG), die Videogeräte und Leerkassettenabgabe (§ 54 UrhG) und die Kabelweitersendevergütung (§ 20 b UrhG). Während die VG Bild-Kunst für die von ihr vertretenen bildenden Künstler auch das Recht zur Vervielfältigung und Verbreitung vergibt und sogar Urheberpersönlichkeitsverletzungen verfolgt, bleibt es bei Fotografen (Berufsgruppe II) bei der Wahrnehmung von Vergütungsansprüchen. Dies schließt allerdings die Folgerechtsvergütung mit ein, die seit November 2006 Fotografen beim Verkauf eines Orginalfotos durch den Kunsthandel zusteht.

Für Vewertungsgsellschaften gilt gem. § 6 Abs. 1 WahrnG ein Wahrnehmungszwang. D. h., die VG Bild-Kunst muss grds. jede Person als Wahrnehmungsberechtigten auf dessen Verlangen zu angemessenen Bedingungen vertreten, wenn sie diese

---

[303] Einzelheiten zur Entwicklung der VG Bild-Kunst bei *Pfennig*, in: Becker, Die Verwertungsgesellschaften im Europäischen Binnenmarkt, 1990, S. 63 f., 65 f.

Rechte bzw. Vergütungsansprüche besitzt. Dies gilt auch für den – seltenen – Fall, dass ein einzelner Berechtigter aus dem europäischen Ausland einen Wahrnehmungsvertrag mit der VG Bild-Kunst abschließen möchte.

Die VG Bild-Kunst erwirbt von ihr wahrgenommene Rechte nicht nur von einzelnen Personen oder Unternehmen, sondern auch von ausländischen Verwertungsgesellschaften. In sog. Gegenseitigkeitsverträgen räumen sich Verwertungsgesellschaften ihren Rechtevorrat ein. Damit wird es der VG Bild-Kunst möglich, auch Rechte von ausländischen Rechteinhabern zu vertreten, die nicht direkt Mitglied der VG Bild-Kunst geworden sind.

4. Rechtsverhältnis zu den Nutzern

411 Anders als eine Bildagentur vermarktet die VG Bild-Kunst nicht aktiv die von ihr wahrgenommenen Werke. Sie vereinnahmt lediglich die Vergütungsansprüche, die sie für bestimmte Nutzungen erhält. Die Höhe der Vergütungen wird zunächst in Tarifen festgelegt, die die VG Bild-Kunst für diverse Nutzungen vorsieht. So beträgt der Grundtarif für den Abdruck von Werken der Bildenden Kunst und Fotografien bei Büchern mit einer Auflage bis 10.000 Stück und einer Bildgröße von einer halben Seite 69,00 €[304], bei Zeitschriften 43,00 €[305] und bei Zeitungen 54,00 €[306] jeweils zzgl. Mehrwertsteuer. Diese Tarife sind ähnlich strukturiert wie die Bildhonorarlisten der Mittelstandsgemeinschaft Foto-Marketing (MFM).[307] Der Abschluss von Verträgen mit einzelnen Nutzern erfolgt in aller Regel auf der Basis der „Allgemeinen Konditionen der Rechtevergabe" der VG Bild-Kunst. Häufig werden jedoch sog. Gesamtverträge (§ 12 WahrnG) mit **Vereinigungen von Nutzern** abgeschlossen. Dazu gehört z. B. ein Gesamtvertrag, den die VG Bild-Kunst gemeinsam mit anderen Verwertungsgesellschaften über die Nutzung von Werken in Unterricht und Forschung mit den Ländern vereinbart hat. Aus Nutzersicht hat der Gesamtvertrag den Vorteil, dass die Nutzer einen Gesamtvertragsrabatt erhalten; für die Rechteinhaber liegt der Vorteil in der Verringerung des Verwaltungs- und Kontrollaufwands, weil die Vereinigungen und Verbände z. B. ihre Mitgliederlisten an die Verwertungsgesellschaft geben.

Die Tarife der Verwertungsgesellschaften können vor Gericht angegriffen werden. Vorgeschaltet ist ein Schlichtungssystem beim BPMA; jeder Beteiligte kann die Schiedsstelle anrufen, wenn es um Nutzungen von Werken geht, die nach dem UrhG geschützt sind (§ 14 WahrnG). Da der Sitz der Schiedsstelle beim BPMA derzeit München ist, werden Fragen danach, ob ein Tarif einer Verwertungsgesellschaft angemessen ist, i. d. R. vom OLG München (vgl. § 14 Abs. 4 WahrnG) und in nächster und letzter Instanz vom BGH entschieden.

5. Verteilung der Einnahmen der VG Bild-Kunst

412 Verwertungsgesellschaften müssen nach § 7 WahrnG Verteilungspläne abschließen, in denen die Einnahmen aus den verschiedenen Rechten und Vergütungsansprüchen nach klaren und fest vorgegebenen Regeln unter die Mitglieder und die vertraglich verbundenen ausländischen Verwertungsgesellschaften aufgeteilt werden. Die Verteilungspläne sollen dabei den Grundsatz berücksichtigen, dass kulturell bedeutende

---

[304] http://www.bildkunst.de/index.html (Stand: 01/2012).
[305] http://www.bildkunst.de/index.html (Stand: 01/2012).
[306] http://www.bildkunst.de/index.html (Stand: 01/2012).
[307] Siehe Rn. 253 sowie 333.

Werke und Leistungen zu fördern sind. Wesentliche Grundsätze des Verteilungsplans müssen in die Satzung Eingang finden. Die allgemeinen Grundsätze der VG Bild-Kunst werden im Verteilungsplan vom 10.07.2009 aufgeführt.[308] Für die Stiftung Sozialwerk der VG Bild-Kunst wird ein Anteil von bis zu 10 % nur für inländische Wahrnehmungsberechtigte abgezogen; aufgrund internationaler Vereinbarungen gibt es diesen Abzug nicht bei Berechtigten, die von einer der CISAC[309] angehörenden Verwertungsgesellschaft vertreten werden. Im Kern versucht die VG Bild-Kunst, die Einnahmen nach konkreter Nutzung der Werke zu verteilen. Wo dies zu aufwändig oder unmöglich ist, wird durch entsprechende empirische Gutachten ermittelt, in welchem Ausmaß Werke genutzt werden. Das BPMA als Aufsichtsbehörde kann einen Verteilungsplan wegen Verstoßes gegen das Willkürverbot beanstanden. Eine Angemessenheitskontrolle widerspricht dem Wortlaut des § 7 WahrnG und der systematischen Trennung der Regelungen in den §§ 6 und 7 WahrnG.

---

[308] http://www.bildkunst.de/index.html (Stand: 8/2010).
[309] Die CISAC *(Confédération Internationale des Sociétés d'Auteurs et Compositeurs)* ist die Dachorganisation der Verwertungsgesellschaften, der zur Zeit 225 Gesellschaften aus 118 Staaten angehören. Die aktuelle Liste findet sich auf http://en.wikipedia.org/wiki/List_of_CISAC_members.

TEIL 3:

Sonstige rechtliche Rahmenbedingungen

A. Sachfotografie

Während es bei der Anfertigung und Veröffentlichung von Personenfotos gilt, das all- *413* gemeine Persönlichkeitsrecht respektive das Recht am eigenen Bild des Abgebildeten aus §§ 22 ff. KUG zu beachten,[1] stellen sich auch bei der Fotografie von Sachen eine Reihe von rechtlichen Fragen. Auch wenn es kein dem Recht am eigenen Bild entsprechendes „Recht am Bild der eigenen Sache" gibt, so können der Zulässigkeit der Anfertigung und Verbreitung von Abbildungen eines Gegenstandes dennoch Rechte Dritter entgegenstehen:

Handelt es sich bei dem fotografierten Motiv um ein **urheberrechtlich geschütztes Werk**, so muss insbesondere vor einer Verwertung des Fotos geprüft werden, inwiefern demjenigen, der dieses Werk geschaffen hat, Ansprüche aus seinem Urheberrecht gegen eine Verwertung eines Fotos seines Werks zustehen.

Auch unabhängig davon, ob es sich bei dem Motiv um ein urheberrechtlich geschütztes Werk handelt, stellt sich die Frage, ob der Eigentümer oder Besitzer der Sache, die fotografiert wurde oder werden soll, berechtigte Einwände hiergegen oder gegen die Verwertung eines solchen Fotos aufgrund seiner **Eigentümer-/Besitzerstellung** oder seines Hausrechts erheben kann.

Obwohl das **allgemeine Persönlichkeitsrecht** naturgemäß vor allem bei Personenfotos eine Rolle spielt, sind auch bei der Sachfotografie Konstellationen denkbar, bei denen das allgemeine Persönlichkeitsrecht insbesondere der Veröffentlichung einer Sachfotografie entgegenstehen kann.

Zuletzt können der Verwertung einer Sachfotografie auch noch **gewerbliche Schutzrechte Dritter**, wie z. B. Ansprüche aus dem Marken- und Geschmacksmusterrecht, sowie Ansprüche aus Wettbewerbsrecht entgegenstehen.

I. Fotos von urheberrechtlich geschützten Motiven

Bei jedem Motiv sollte zunächst die Frage gestellt werden, ob es urheberrechtlichen *414* Schutz genießt, d. h. ob es sich dabei um ein von einem Dritten geschaffenes, urheberrechtlich geschütztes Werk handelt. Ist dies der Fall, so sind auf dieses geschützte Werk die Vorschriften des Urheberrechtsgesetzes (UrhG) anzuwenden. Dies hat wiederum zur Konsequenz, dass bereits die Abbildung eines solchen Werkes auf einem Foto und erst Recht eine weitere Verwertung solcher Fotos ohne die Einwilligung des Urhebers des abgebildeten Werkes in unzulässiger Weise in dessen Urheberrechte eingreifen kann. Denn was in der Praxis häufig übersehen wird: bereits die bloße Abbildung eines urheberrechtlich geschützten Werkes auf einem Foto stellt eine Vervielfältigung des abgebildeten Werkes gem. § 16 Abs. 1 UrhG dar[2] und für eine solche Vervielfältigung des geschützten Werkes ist grundsätzlich die Einwilligung des Urhebers des abgebildeten Werkes erforderlich (vgl. §§ 11, 15, 31 ff UrhG). Entsprechendes gilt dann grundsätzlich auch für die weitere Verwertung solcher Fotografien,

---

[1] Siehe hierzu die Ausführungen unten unter „B. Personenfotografie", Rn. 466 ff.
[2] BGH v. 05.06.2003 – I ZR 192/00 – GRUR 2003, 1035, 1036 – Hundertwasser-Haus.

wie deren Veröffentlichung und Verbreitung. Hierdurch wird insbesondere in das **Verbreitungsrecht des Urhebers** des abgebildeten Gegenstandes aus § 17 Abs. 1 UrhG eingegriffen. Daher bedarf sowohl die Herstellung als auch jede Verbreitung fotografischer Abbildungen oder Filmaufnahmen von urheberrechtlich geschützten Objekten grundsätzlich der Zustimmung des Urhebers.[3]

1. Welche Motive genießen Urheberschutz?

415 In der Praxis stellt sich in vielen Fällen zunächst das Problem zu entscheiden, ob der fotografisch abgebildete Gegenstand überhaupt urheberrechtlichen Schutz genießt. Schutzgegenstand des Urheberrechts ist das „Werk". § 2 Abs. 1 zählt insoweit zunächst beispielhaft verschiedene Werkarten auf. Zu den urheberrechtlich geschützten Werken, die für fotografische Abbildungen in Betracht kommen, gehören dabei insbesondere pantomimische Werke einschließlich der Werke der Tanzkunst (§ 2 Abs. 1 Nr. 3 UrhG) und vor allem die Werke der bildenden Kunst (§ 2 Abs. 1 Nr. 4 UrhG), sowie unter Umständen Darstellungen wissenschaftlicher oder technischer Art, wie Zeichnungen, Pläne, Karten etc.. Auch das Abfotografieren von Fotografien kann einen Eingriff in fremde Urheber- oder Leistungsschutzrechte darstellen, da Fotografien entweder als Lichtbildwerke gem. § 2 Abs. 1 Nr. 5 UrhG oder als Lichtbilder (§ 72 UrhG) geschützt sind.

§ 2 Abs. 2 UrhG stellt sodann allgemein klar, dass „Werke" im Sinne des Urheberrechtsgesetzes nur „persönliche geistige Schöpfungen" sind.

a) persönliche geistige Schöpfung

416 Den Fotografen trifft somit die schwierige Aufgabe zu entscheiden, ob eventuell auch zusammen mit Personen abgebildete Objekte ein urheberrechtlich geschütztes Werk im Sinne von § 2 UrhG darstellen. Dies ist insbesondere für den juristischen Laien schon deshalb problematisch, weil die Kurzdefinition des Werkbegriffs in § 2 Abs. 2 UrhG darauf abstellt, dass es sich bei Werken um „persönlich geistige Schöpfungen" handelt, also um Schöpfungen, die in einer über das übliche handwerkliche Schaffen eines Durchschnittsgestalters hinausgehende Weise individuell ästhetisch-kreativ gestaltet sind.[4] Da sich nicht einheitlich festlegen lässt, wann diese erforderliche „Schöpfungshöhe" für den Urheberschutz erreicht ist, muss dies jeweils für den Einzelfall entschieden werden, wobei hinsichtlich der verschiedenen in § 2 Abs. 1 UrhG in nicht abschließender Form aufgezählten Werkarten auch noch unterschiedliche Anforderungen von der Rechtsprechung gestellt werden. Selbst für Juristen ist es daher oftmals unmöglich, mit Sicherheit einzuordnen, ob es sich bei einem Motiv um ein urheberrechtlich geschütztes Werk handelt oder nicht. Den juristisch nicht vorgebildeten Laien wird die Beantwortung solcher Fragen regelmäßig überfordern.

417 Da insbesondere auch Gebrauchsgegenstände durchaus urheberrechtlichen Schutz genießen können, kann es für den Fotografen sehr leicht eine böse Überraschung geben, wenn er feststellen muss, dass der dekorative Kaffeehaus-Stuhl, der zusammen mit einem Fotomodel auf seinem Foto zu sehen ist, ein urheberrechtlich geschütztes Werk im Sinne von § 2 UrhG ist und eine – ohne die Einwilligung des Rechteinhabers hergestellte und verbreitete – Fotografie damit dessen Vervielfältigungs- und

---

[3] BGH v. 04.05.2000 – I ZR 256/97 – NJW 2000, 3783, 3784 – Parfumflakon; BGH v. 24.01.2002 – I ZR 102/99 – NJW 2002, 2394 ff. – Verhüllter Reichstag; *Wanckel*, Foto- und Bildrecht, 3. Aufl. 2009, Rn. 85.

[4] *Wanckel*, Foto- und Bildrecht, 3. Aufl. 2009, Rn. 87.

Verbreitungsrechte verletzt. So ist insbesondere Vorsicht geboten bei der bildlichen Darstellung von Lampen, Möbelstücken und anderen Gebrauchsgegenständen von Künstlern des Bauhauses, denen Urheberrechtsschutz zugebilligt wurde.[5] Aber auch für viele Möbel und andere Gebrauchsgegenstände aus der heutigen Zeit wurde Urheberrechtsschutz bejaht, so dass ihre Abbildung einen unzulässigen Eingriff in das Urheberrecht des Berechtigten darstellen kann. So genießt beispielsweise der unter dem Namen „Tripp-Trapp-Stuhl" bekannte Kinderstuhl nach der ständigen Rechtsprechung des Oberlandesgerichts Hamburg urheberrechtlichen Schutz,[6] ebenso wie das USM-Haller-Möbelprogramm.[7] Wie schwierig die Entscheidung darüber sein kann, ob ein Gegenstand urheberrechtlichen Schutz genießt und zu welch unterschiedlichen Ergebnissen selbst „Experten" kommen können, zeigt der „Silberdistel-Fall": Während das Oberlandesgericht München Ohrclips aus einer Trachtenschmuckserie mit dem Motiv der „Silberdistel" noch als urheberrechtlich geschützte Werke ansah,[8] lehnte der Bundesgerichtshof einen Urheberrechtsschutz für diese Ohrclips mangels Schöpfungshöhe ab.[9]

b) zeitliche Begrenzung des Urheberschutzes

Bei der Frage, ob ein auf einem Foto abgebildetes Objekt Urheberschutz genießt, *418* kommt es neben der Frage, ob es sich dabei um ein urheberrechtlich geschütztes Werk handelt, auch darauf an, ob die urheberrechtliche Schutzfrist noch läuft. Das Urheberrecht erlischt gemäß § 64 UrhG 70 Jahre nach dem Tod des Urhebers – bei mehreren Urhebern nach dem Tod des am längsten lebenden Urhebers (§ 65 UrhG). In der Praxis steht der Fotograf oder derjenige, der ein entsprechendes Foto veröffentlichen will somit auch noch oftmals vor dem Problem, herausfinden zu müssen, wer überhaupt Urheber des in Betracht kommenden Werkes ist. Ist die urheberrechtliche Schutzfrist abgelaufen, ist das Werk „gemeinfrei" und darf auch ohne die Zustimmung des Urhebers vervielfältigt und verbreitet und damit auch fotografiert werden.

2. Konsequenzen des Urheberschutzes des abgebildeten Motivs

Handelt es sich bei dem fotografierten Motiv um ein urheberrechtlich geschütztes *419* Werk, so muss der Fotograf die Rechte des Urhebers des Werkes insbesondere bei der Verwertung der Fotografie beachten.

a) Einwilligung des Urhebers des abgebildeten Gegenstandes

Kommt man zu dem Ergebnis, dass es sich bei dem Motiv, welches fotografiert wer- *420* den soll oder bereits fotografiert wurde, um ein urheberrechtlich geschütztes Werk

---

[5] Vgl. etwa für die Wagenfeld-Leuchte: BGH v. 15.02.2007 – I ZR 114/04 – GRUR 2007, 871 –; für den „Hocker B9" von Marcel Breuer: OLG Düsseldorf v. 30.05.2002 – 2 U 81/01 – ZUM-RD 2002, 419; für die Corbusier-Liege und die Corbusier-Sessel: LG Frankfurt v. 09.03.2005 – 2-06 O 55/05 – InstGE 5, 222 und OLG Frankfurt v. 29.11.2005 – 11 U 19/05 – ZUM-RD 2007, 123 m.w.N.; KG v. 30.04.1993 – 5 U 2548/91 – GRUR 1996, 968; BGH v. 10.12.1986 – I ZR 15/85 – GRUR 1987, 903 – Le Corbusier-Möbel; für weitere Bauhaus-Klassiker von Marcel Breuer und Mies van der Rohe: LG Hamburg v. 02.01.2009 – 308 O 255/07 – GRUR-RR 2009, 211.

[6] OLG Hamburg v. 01.11.2001 – 3 U 115/99 – ZUM-RD 2002, 181 – Tripp-Trapp-Stuhl I – bestätigt in BGH v. 14.05.2009 – I ZR 98/06 – GRUR 2009, 856 – Tripp-Trapp-Stuhl.

[7] OLG Frankfurt v. 11.02.1988 – 6 U 182/85 – GRUR 1990, 121 – USM-Haller.

[8] OLG München v. 25.02.1993 – 29 U 2918/92 – ZUM 1994, 515.

[9] BGH v. 22.06.1995 – I ZR 119/93 – GRUR 1995, 581 – Silberdiestel.

im Sinne von § 2 UrhG handelt, so sind nicht nur von dem Fotografen, sondern auch von denjenigen, die das Foto verwerten, also z. B. veröffentlichen und verbreiten wollen, die Rechte des Urhebers dieses Werkes nach dem UrhG zu beachten. Bereits die Abbildung eines urheberrechtlich geschützten Werkes auf einem Foto stellt eine Vervielfältigung des abgebildeten Werkes gem. § 16 Abs. 1 UrhG dar[10] und für eine solche Vervielfältigung des geschützten Werkes ist grundsätzlich die Einwilligung des Urhebers des abgebildeten Werkes erforderlich (vgl. §§ 11, 15, 31 ff UrhG). Entsprechende Einschränkungen gelten dann auch für die weitere Verwertung solcher Fotografien, die urheberrechtlich geschützte Werke abbilden. Wird ein Foto, auf dem ein urheberrechtlich geschütztes Werk abgebildet ist, z. B. in Zeitschriften oder auf Postkarten veröffentlicht, so wird hierdurch in das Verbreitungsrecht des Urhebers aus § 17 Abs. 1 eingegriffen.[11] Bei einer Verbreitung des Fotos in unkörperlicher Form, z. B. durch Veröffentlichung im Internet oder im Fernsehen, ist das Recht des Urhebers der abgebildeten Sache auf öffentliche Wiedergabe und Zugänglichmachung seines Werkes aus §§ 15, 19a UrhG betroffen. Nach den urheberrechtlichen Bestimmungen soll der Urheber selbst darüber bestimmen dürfen, ob und wie sein Werk vervielfältigt, veröffentlicht oder verbreitet wird. Daher bedarf sowohl die Herstellung als auch jede Verbreitung fotografischer Abbildungen oder Filmaufnahmen von urheberrechtlich geschützten Objekten grundsätzlich der Zustimmung des Urhebers.[12]

421   Die Bedeutung des Urheberrechts, welches Dritte an abgebildeten Objekten haben können, ist in der Praxis nicht zu unterschätzen. Dies zeigen bereits die Fälle, in denen das Urheberrecht eines Dritten zum **Verbot der Verbreitung** von Aufnahmen oder sogar zu **Schadensersatzleistungen** geführt hat: So sah beispielsweise das Landgericht Leipzig in einem Kleid mit dem Motiv eines röhrenden Hirsches ein urheberrechtlich geschütztes Werk und verurteilte die Verbreiterin einer Messe-Präsentationsmappe, in der ein Foto dieses Kleides enthalten war, gemäß § 97 Abs. 1 UrhG zur Zahlung einer entgangenen Lizenzgebühr in Höhe von 2.000,00 DM.[13] Auch eine Live-Kunstaktion in Form eines „Happenings" kann ein urheberrechtlich geschütztes Werk sein, so dass eine Fotoserie von dieser Live-Aktion diesbezüglich eine Urheberrechtsverletzung darstellen kann, wenn sie die tragenden Elemente des ursprünglichen Schöpfers enthält.[14] Gleiches gilt für die Abbildung einer künstlerischen Lichtinstallation.[15]

b) Urheberpersönlichkeitsrecht, Änderungsverbot und Quellenangabe

422 Bei der Verwertung einer Fotografie, die ein urheberrechtlich geschütztes Motiv abbildet, ist neben dem Erfordernis der Zustimmung des Urhebers auch dessen Urheberpersönlichkeitsrecht aus § 14 UrhG zu beachten. Dieses billigt dem Urheber das Recht zu, eine Entstellung oder eine andere Beeinträchtigung seines Werkes zu verbieten, die geeignet ist, seine berechtigten geistigen oder persönlichen Interessen an dem Werk zu gefährden. Das Landgericht Mannheim untersagte daher z. B. einem Fotografen die Verbreitung von Fotografien des so genannten „Holbein-Pferdes"

---

[10] BGH v. 05.06.2003 – I ZR 192/00 – GRUR 2003, 1035, 1036 – Hundertwasser-Haus.

[11] BGH v. 05.06.2003 – I ZR 192/00 – GRUR 2003, 1035, 1036 – Hundertwasser-Haus.

[12] BGH v. 04.05.2000 – I ZR 256/97 – NJW 2000, 3783, 3784 – Parfumflakon; BGH v. 24.01.2002 – I ZR 102/99 – GRUR 2002, 605 = NJW 2002, 2394 – Verhüllter Reichstag; *Wanckel*, Foto- und Bildrecht, 3. Aufl. 2009, Rn. 85.

[13] LG Leipzig v. 23.10.2001 – 5 O 5288/01 – NJW-RR 2002, 619 f.

[14] LG Düsseldorf v. 15.06.2009 – 12 O 191/09 – ZUM 2009, 875.

[15] LG Hamburg v. 24.06.1988 – 74 S 5/88 – GRUR 1989, 591 ff.

(eine an einer Freiburger Straße aufgestellte Fohlenplastik aus Zementguss), da diese von unbekannten Dritten durch Bemalung und sonstige Umgestaltungen erheblich verändert worden war.[16] Der Fotograf wirke insofern an der durch die Entstellung begangenen Urheberpersönlichkeitsrechtsverletzung mit, wenn er Postkarten, Bücher und Kalender der entstellten Plastik vertreibe.[17] Dies könne ausnahmsweise nur im Rahmen einer redaktionellen Berichterstattung über die Entstellungen möglich sein.[18]

Der Urheber hat zudem ein Recht auf Anerkennung seiner Urheberschaft (§ 13 UrhG) und kann bestimmen, ob das Werk mit einer Urheberbezeichnung zu versehen und welche Bezeichnung zu verwenden ist. Selbst wenn ein Werk ohne die Zustimmung des Urhebers vervielfältigt werden darf,[19] ist gem. § 63 UrhG stets die Quelle, d. h. nicht nur der Name des Urhebers, sondern auch die evtl. Fundstelle des Werkes, anzugeben.[20]

3. Ausnahmen vom Einwilligungserfordernis – die Schranken des Urheberrechts

Es existieren verschiedene **Ausnahmetatbestände**, nach denen die Verbreitung von *423* Abbildungen urheberrechtlich geschützter Werke Dritter ohne deren Einwilligung zulässig sein kann. Wie alle Beschränkungen des Urheberrechts sind auch diese Schranken jeweils eng auszulegen und das Änderungsverbot gemäß § 62 UrhG sowie die Pflicht zur Quellenangabe gemäß § 63 UrhG sind stets zu beachten.

a) Die Privilegierungen der §§ 45 – 47 UrhG

Die §§ 45, 45 a, 46 und 47 UrhG enthalten verschiedene Privilegierungstatbestände, *424* nach denen auch die fotografische Vervielfältigung urheberrechtlich geschützter Werke ohne die Einwilligung des Urhebers zulässig sein kann. Die Bedeutung dieser Ausnahmetatbestände in der Praxis ist allerdings eher gering. Nach § 45 UrhG darf zu Zwecken der Rechtspflege und zur öffentlichen Sicherheit in fremde Urheberrechte eingegriffen werden. Zulässig ist nach § 45 UrhG unter anderem auch die fotografische Vervielfältigung von urheberrechtlich geschützten Werken zur Verwendung vor Gerichten und Behörden. Ebenfalls weniger praxisrelevante Ausnahmetatbestände, nach denen auch Foto- oder Filmaufnahmen von urheberrechtlichen Werken zulässig sein können, werden in § 45 a UrhG zu Gunsten behinderter Menschen und in § 46 UrhG hinsichtlich Sammlungen für den Kirchen-, Schul- oder Unterrichtsgebrauch und in § 47 UrhG für Schulfunksendungen geregelt.

b) Berichterstattung über Tagesereignisse (§ 50 UrhG)

§ 50 UrhG bietet für den Bereich der redaktionellen Berichterstattung eine praxisre- *425* levante Ausnahme vom Erfordernis der Einwilligung des Urhebers für die Abbildung von urheberrechtlich geschützten Werken. Gemäß § 50 UrhG dürfen zur Berichterstattung über Tagesereignisse durch Funk oder ähnliche technische Mittel, in Zeitungen, Zeitschriften und in anderen Druckschriften oder sonstigen Datenträgern, die im wesentlichen Tagesinteressen Rechnung tragen, sowie im Film, fremde Werke, die im Verlauf der Ereignisse wahrnehmbar werden, in einem durch den Zweck gebotenen

---

[16] LG Mannheim v. 14.02.1997 – 7 S 4/96 – GRUR 1997, 364 – Freiburger Holbein-Pferd.
[17] LG Mannheim v. 14.02.1997 – 7 S 4/96 – GRUR 1997, 364 – Freiburger Holbein-Pferd.
[18] LG Mannheim v. 14.02.1997 – 7 S 4/96 – GRUR 1997, 364, 365 – Freiburger Holbein-Pferd.
[19] zu den Ausnahmen vom Zustimmungserfordernis siehe unten unter „A. I. 3. Ausnahmen vom Einwilligungserfordernis", Rn. 423 ff.
[20] *Dreier*, in: Dreier/Schulze, UrhG, 3. Aufl. 2008, § 63 UrhG, Rn. 1.

Umfang gezeigt werden. Sinn dieser Vorschrift ist die Privilegierung des von Artikel 5 Abs. 1 GG geschützten **Informationsauftrags der Medien**, die zu einer wirklichkeitsgetreuen, sachlichen Schilderung aktueller tatsächlicher Begebenheiten berechtigt sein sollen. Eine sachgerechte Information der Öffentlichkeit, z. B. über eine Ausstellungseröffnung, wäre nicht möglich, wenn nicht wenigstens einige der Exponate im Bild gezeigt werden dürften.[21] Wie alle Schranken des Urheberrechts ist auch § 50 UrhG eng auszulegen. Die Berichterstattung muss sich auf aktuelle Tagesereignisse beziehen und im zeitlichen Zusammenhang mit dem Ereignis erfolgen, wobei jedoch die Erscheinungsweise des Mediums zu berücksichtigen ist.[22] So kann ein bebilderter Zeitungsbericht über die Eröffnung einer Ausstellung noch ausreichend aktuell sein, wenn die Vernissage an einem Sonntag stattfindet und der Bericht erst am darauffolgenden Wochenende im Feuilleton der Zeitung erscheint.[23] Die bildliche Darstellung eines temporären Kunstwerks auf der Hamburger Außenalster in einem Jahresbildband über die Stadt Hamburg sah das Landgericht Hamburg hingegen nicht mehr als von § 50 UrhG gedeckt an, da es sich nicht mehr um „Gegenwartsberichterstattung" handele.[24]

c) Zitatrecht (§ 51 UrhG)

426 Das Zitatrecht aus § 51 UrhG erlaubt auch bei der Herstellung von Fotos in engen Grenzen Zitate fremder Werke. Ein solches Zitat ist jedoch nur dann zulässig, wenn ein hinreichender Zitatzweck verfolgt wird und sich die Anleihe aus dem fremden Werk, also das Zitat, in dem von dem Zweck gebotenen Umfang hält.[25] § 51 UrhG schützt insofern das Interesse an einer geistigen Auseinandersetzung mit dem fremden Werkschaffen.[26]

427 Es gibt nur wenige Entscheidungen, nach denen § 51 UrhG zu einer Zulässigkeit der genehmigungsfreien Wiedergabe fremder Werke in fotografischen oder filmischen Aufnahmen führt. So sah das Hanseatische Oberlandesgericht den ungenehmigten Abdruck eines Fotos des so genannten „Maschinenmenschen" – einer von einem Künstler geschaffenen Plastik aus dem Film „Metropolis" von Fritz Lang – als zulässiges Zitat im Sinne von § 51 Nr. 2 UrhG an.[27] Hingegen lehnte das Landgericht Köln eine Anwendbarkeit von § 51 Nr. 2 UrhG ab, als in einer Auftragsproduktion für das öffentlich-rechtliche Fernsehen („Beate Uhse – Ein Deutscher Sittenspiegel") ohne Genehmigung Filmsequenzen aus einem Kinofilm aus dem Jahr 1968 verwendet wurden.[28] Nach Ansicht des Landgerichts Köln fehlte es vorliegend an dem erforderli-

---

[21] *Wanckel*, Foto- und Bildrecht, 3. Aufl. 2009, Rn. 96 unter Verweis auf BGH v. 01.07.1982 – I ZR 118/80 – GRUR 1983, 25 ff.

[22] *Lüft*, in: Wandtke/Bullinger, Praxiskommentar zum Urheberrecht, 3. Aufl. 2009, § 50 UrhG, Rn. 4.

[23] KG Schulze KGZ 74, 11.

[24] LG Hamburg v. 24.06.1988 – 74 S 5/88 – GRUR 1989, 591, 592.

[25] *Wanckel*, Foto- und Bildrecht, 3. Aufl. 2009, Rn. 99; *Dustmann*, in: Fromm/Nordemann, Urheberrecht. Kommentar zum Urheberrechtsgesetz, Verlagsgesetz, Urheberrechtswahrnehmungsgesetz, 10. Aufl. 2008, § 51, Rn. 29.

[26] *Lüft*, in: Wandtke/Bullinger, Praxiskommentar zum Urheberrecht, 3. Aufl. 2009, § 51 UrhG, Rn. 1.

[27] OLG Hamburg v. 10.07.2002 – 5 U 41/01 – NJW-RR 2003, 112 – Maschinenmensch: Veröffentlichung eines Fotos des „Maschinenmenschen" im Rahmen eines Artikels über die philosophischen und medizinischen Möglichkeiten der Gentechnik im Nachrichtenmagazin „Der Spiegel" zulässig gem. § 51 Nr. 2 UrhG .

[28] LG Köln v. 06.08.2008 – 28 O 786/04 – ZUM-RD 2009, 472 – Beate Uhse.

chen Zitatzweck. Dieser erkläre sich insbesondere daraus, dass dem eigenen Werk erkennbar fremde Werke bzw. Werkteile hinzugefügt seien. Das Zitat dürfe dabei nicht ununterscheidbar in das zitierende Werk integriert sein, sondern müsse als fremde Zutat erkennbar sein.[29] Diese Voraussetzung sei vorliegend nicht erfüllt, da nach Ansicht des Gerichts die streitgegenständlichen Filmausschnitte in dem neuen Filmbeitrag weitgehend ununterscheidbar untergegangen seien. Für den Zuschauer sei daher nicht erkennbar, dass es sich um ein fremdes, in den Film eingeschnittenes Werk handelt. Es fehle insofern insbesondere an einer nach außen sichtbaren Kenntlichmachung der Werkteile als „Zitate".[30]

Auch im Fall einer Tageszeitung, die ein Thema aus einem am Tag zuvor ausge- *428* strahlten Fernsehbeitrag aufgenommen und den eigenen Artikel mit sieben so genannten „Sreenshots", d. h. Standbildern aus dem Fernsehbericht, bebildert hatte, versagte das Landgericht Berlin dem Verlag der Tageszeitung die Privilegierung des § 51 Abs. 1 Nr. 2 UrhG.[31] Das Landgericht Berlin sah auch in diesem Fall den Zitatzweck nicht als erfüllt an, da die Aufnahmen nicht als Beleg zu einer inhaltlichen Erörterung des vorangegangenen Beitrags zitiert worden seien, sondern sich die Zeitung schlicht eigene Ausführungen und Aufwendungen zur Bebilderung der als Anregung übernommenen Thematik erspart habe.[32] Auch in diesem Fall scheiterte eine Anwendbarkeit von § 51 Abs. 1 Nr. 2 UrhG zudem daran, dass die Zeitung nicht gekennzeichnet hatte, dass sie fremdes Material übernommen hat. Somit hatte sie auch die Pflicht zur Quellenangabe gemäß § 63 UrhG, die bei Zitaten ebenfalls zu berücksichtigen ist, verletzt.[33] Auch das Oberlandesgericht Frankfurt verneinte das Vorliegen eines zulässigen Zitates im Sinne von § 51 UrhG bei der Übernahme eines Sendeausschnitts des Hessischen Rundfunks in der Sendung „TV-Total", da der Zitatzweck nicht erfüllt sei.[34] Der Bundesgerichtshof bestätigte später diese Entscheidung.[35]

d)   Unterrichts- und Forschungszwecke (§ 52 a UrhG)

§ 52 a UrhG erlaubt die öffentliche Zugänglichmachung kleinerer Werkteile für Zwe- *429* cke des Unterrichts und der Forschung, wozu nach § 52 a Abs. 3 UrhG auch die erforderlichen Vervielfältigungen hergestellt werden dürfen, aber eine angemessene Vergütung an eine Verwertungsgesellschaft gezahlt werden muss (§ 52 a Abs. 4 UrhG).[36]

e)   Vervielfältigung zum privaten Gebrauch (§ 53 UrhG)

Nach § 53 UrhG ist die Herstellung einzelner Vervielfältigungen eines Werkes ohne *430* Genehmigung des Urhebers zum privaten Gebrauch zulässig, sofern sie weder unmittelbar noch mittelbar Erwerbszwecken dient und zur Vervielfältigung nicht eine offensichtlich rechtswidrig hergestellte oder öffentlich zugänglich gemachte Vorlage verwendet wird. Diese Privilegierung ist auch auf **Foto- und Filmaufnahmen von urheberrechtlich geschützten Werken** anwendbar, da auch sie eine Vervielfältigung

---

[29]   LG Köln v. 06.08.2008 – 28 O 786/04 – ZUM-RD 2009, 472 – Beate Uhse, unter Verweis auf OLG München v. 26.03.1998 – 29 U 5758/97 – NJW 1999, 1975 – Stimme Brechts.

[30]   LG Köln v. 06.08.2008 – 28 O 786/04 – ZUM-RD 2009, 472 – Beate Uhse.

[31]   LG Berlin v. 16.03.2000 – 16 S 12/99 – NJW-RR 2001, 1054 f. – Screenshots.

[32]   LG Berlin v. 16.03.2000 – 16 S 12/99 – NJW-RR 2001, 1054 f. – Screenshots.

[33]   LG Berlin v. 16.03.2000 – 16 S 12/99 – NJW-RR 2001, 1054 f. – Screenshots.

[34]   OLG Frankfurt v. 25.01.2005 – 11 U 25/04 – ZUM 2005, 477, 481.

[35]   BGH v. 20.12.2007 – I ZR 42/05 – NJW 2008, 2346 – TV-Total.

[36]   *Wanckel*, Foto- und Bildrecht, 3. Aufl. 2009, Rn. 108 m.w.N.

im Sinne des Urheberrechts darstellen. § 53 UrhG gestattet somit z. B. die Herstellung privater Urlaubs- und Erinnerungsfotos von urheberrechtlich geschützten Werken, wie z. B. Gemälden, Plastiken oder Bauwerken. Maßgebend für die Anwendbarkeit der Privilegierung des § 53 UrhG ist jedoch, dass ein solches Foto zu keinem Zeitpunkt selbst oder durch Dritte veröffentlicht oder kommerziell genutzt werden darf.

f) Unwesentliches Beiwerk (§ 57 UrhG)

431   Gemäß § 57 UrhG ist die Vervielfältigung, Verbreitung und öffentliche Wiedergabe von Werken zulässig, wenn diese als unwesentliches Beiwerk neben dem eigentlichen Gegenstand der Vervielfältigung, Verbreitung oder öffentlichen Wiedergabe anzusehen sind. Ist daher beispielsweise auf einem Foto ein urheberrechtlich geschützter Gegenstand zu sehen, so kommt es für die Zulässigkeit der durch die Abbildung erfolgten Vervielfältigung und einer etwa geplanten Verbreitung darauf an, ob der Gegenstand im Verhältnis zu dem eigentlichen Motiv des Bildes als unwesentliches Beiwerk anzusehen ist.

432   Nach dem Gesetzeswortlaut wird der Begriff des „unwesentlichen Beiwerks" dadurch definiert, dass es **„neben dem eigentlichen Gegenstand"** steht, um den es dem durch § 57 UrhG privilegierten Nutzer geht.[37] Zu dem Hauptmotiv der Abbildung darf der Gegenstand, wenn er als unwesentliches Beiwerk angesehen werden soll, nach der gebotenen engen Auslegung der Vorschrift und bei objektiver Würdigung der Umstände keine noch so unbedeutende inhaltliche Beziehung aufweisen, sondern hat durch seine Zufälligkeit und Beliebigkeit für das Hauptmotiv ohne jede Bedeutung zu sein.[38] Unwesentlich kann das Beiwerk nur dann sein, wenn es ausgetauscht werden kann, ohne die Wirkung des eigentlichen Werkes zu beeinträchtigen.[39] Die beabsichtigte Einbeziehung eines Werkes in den eigentlichen Gegenstand von Foto- oder Filmaufnahmen indiziert, dass kein unwesentliches Beiwerk vorliegt. Wird daher beispielsweise das Werk eines anderen in die Handlung eines Films einbezogen, ohne dass es ausgetauscht werden könnte, so kann von einem unwesentlichen Beiwerk selbst dann nicht mehr die Rede sein, wenn der Betrachter die Einbeziehung nicht zwangsläufig bemerkt.[40] Hingegen sah das OLG München die Verbreitung eines Fotos eines Mannes, der ein T-Shirt mit einem vermeintlich urheberrechtlich geschützten Design trägt, zur Illustration der Titelgeschichte „Beruf und Karriere" einer Zeitschrift nicht als Verletzung des vermeintlichen Urheberrechts desjenigen an, der das Design des T-Shirts entworfen hatte, weil dieses jedenfalls nur als unwesentliches Beiwerk neben dem eigentlichen Gegenstand der Vervielfältigung oder Verbreitung anzusehen sei.[41] Für den Abdruck eines Kunstwerks in einem Möbelprospekt lehnte demgegenüber das Oberlandesgericht München die Anwendbarkeit des § 57 UrhG ab.[42]

---

[37]   *Vogel*, in: Schricker/Loewenheim, Urheberrecht, Kommentar, 4. Aufl. 2010, § 57, Rn. 6.

[38]   *Vogel*, in: Schricker/Loewenheim, Urheberrecht, Kommentar, 4. Aufl. 2010, § 57, Rn. 6.

[39]   *Lüft*, in: Wandtke/Bullinger, Praxiskommentar zum Urheberrecht, 3. Aufl. 2009, § 57 UrhG, Rn. 2.

[40]   *Vogel*, in: Schricker/Loewenheim, Urheberrecht, Kommentar, 4. Aufl. 2010, § 57, Rn. 8; *Gass*, in: Möhring/Nicolini, Urheberrechtsgesetz – Kommentar, 2. Aufl. 2000, § 57, Rn. 8; *Nordemann*, in: Fromm/Nordemann, Urheberrecht. Kommentar zum Urheberrechtsgesetz, Verlagsgesetz, Urheberrechtswahrnehmungsgesetz, 10. Aufl. 2008, § 57 Rn. 2.

[41]   OLG München v. 13.03.2008 – 29 U 5826/07 – ZUM-RD 2008, 554: das T-Shirt hätte ebenso gut durch ein anderes ersetzt werden können, ohne dass dadurch die Gesamtwirkung des Magazintitels beeinträchtig worden wäre – so auch die Vorinstanz; LG München v. 24.10.2007 – 21 O 4956/07 – AfP 2008, 218.

[42]   OLG München v. 09.06.1988 – 6 U 4132/87 – NJW 1989, 404.

g) *Werke in Ausstellungen, öffentlichem Verkauf und öffentlich zugänglichen Einrichtungen (§ 58 UrhG)*

§ 58 UrhG[43] gestattet unter bestimmten Voraussetzungen dem Veranstalter einer 433
Ausstellung, die ausgestellten, urheberrechtlich geschützten Werke zu fotografieren
und die Fotos zur Bewerbung der Ausstellung (z. B. auf Ausstellungsplakaten etc.) zu
verbreiten, sofern dies zur Förderung der Veranstaltung erforderlich ist (§ 58 Abs. 1
UrhG). § 58 Abs. 1 UrhG setzt einen inhaltlichen und zeitlichen Zusammenhang mit
der Veranstaltung voraus. Die dort vorgesehene Privilegierung besteht somit nur während sowie in einem angemessenen Zeitraum vor oder auch nach der Ausstellung.[44]
Außerdem darf mit der Verbreitung der Abbildungen kein eigenständiger Erwerbszweck verfolgt werden. Die Nutzung von Fotografien der ausgestellten Werke auf
zum Verkauf vorgesehenen Postkarten, Kalendern oder sonstigen Souvenirartikeln
fällt daher nicht unter den Ausnahmetatbestand des § 58 Abs. 1 UrhG.[45]

Gemäß § 58 Abs. 2 UrhG dürfen fotografische Abbildungen öffentlich ausgestellter
oder zur öffentlichen Ausstellung oder zum öffentlichen Verkauf bestimmter Werke
in Verzeichnissen (z. B. in Katalogen) abgedruckt werden, die von öffentlich zugänglichen Bibliotheken, Bildungseinrichtungen oder Museen in inhaltlichem und zeitlichem Zusammenhang mit einer Ausstellung oder zur Dokumentation von Beständen
herausgegeben werden, sofern damit kein eigenständiger Erwerbszweck verfolgt wird
(§ 58 Abs. 2 UrhG).

h) *Panoramafreiheit (§ 59 UrhG)*

Von besonderer praktischer Bedeutung ist die Ausnahmeregel des § 59 UrhG. Danach 434
dürfen urheberrechtlich geschützte Werke, die sich bleibend an öffentlichen Wegen,
Straßen oder Plätzen befinden, mit Mitteln der Malerei oder Grafik sowie durch
Lichtbild oder durch Film vervielfältigt, verbreitet und öffentlich wiedergegeben werden. Die sog. Panoramafreiheit trägt dem Gedanken Rechnung, dass Werke, die sich
dauernd an öffentlichen Straßen oder Plätzen befinden, in gewissen Sinne Gemein-
gut sind und grundsätzlich von jedermann frei wiedergegeben werden dürfen.[46] § 59
UrhG umfasst naturgemäß in erster Linie Werke der bildenden Künste, vornehmlich
Werke der Bildhauerei, wie Denkmäler, Brunnen, Plastiken und Werke der Baukunst.
Damit sind insbesondere Bauwerke, aber auch Kunstwerke, die bleibend an öffentlichen Orten stehen, unabhängig von einem noch bestehenden Urheberrechtsschutz
zur Abbildung durch Foto und Film frei. Abgebildet werden darf aber nur das Erscheinungsbild dieser Werke, welches von öffentlichen Wegen, Straßen und Plätzen
einsehbar ist. Für Bauwerke stellt insofern § 59 Satz 2 UrhG noch einmal klar, dass
sich die Befugnisse aus § 59 Abs. 1 UrhG nur auf die äußere Ansicht erstrecken.

---

[43] § 58 UrhG wurde im Zuge des Gesetzes zur Regelung des Urheberrechts in der Informationsgesellschaft vom 10.09.2003 (BGBl I, S. 1774) vollständig neu gefasst.

[44] *Dreier*, in: Dreier/Schulze, UrhG, 3. Aufl. 2008, § 58 UrhG, Rn. 12; *Wandtke*, Medienrecht
Praxishandbuch, 1. Aufl. 2008, Rn. 213; *Vogel*, in Schricker/Loewenheim, Urheberrecht,
Kommentar, 4. Aufl. 2010, § 58 UrhG, Rn. 21.

[45] *Dreier*, in: Dreier/Schulze, UrhG, 3. Aufl. 2008, § 58 UrhG, Rn. 7.

[46] BGH v. 24.01.2002 – I ZR 102/99 – GRUR 2002, 605, 606 – Verhüllter Reichstag – unter
Bezugnahme auf die Motive zu § 20 KUG, in dem die entsprechende Bestimmung von 1907
bis 1965 geregelt war, abgedruckt bei *Osterrieth*, Das Urheberrecht an Werken der bildenden
Künste und der Photographie, 1. Aufl. 1907, § 20 KUG Anm. I 2); BGH v. 05.06.2003 – I ZR
192/00 – GRUR 2003, 1035, 1037 – Hundertwasser-Haus.

aa) an öffentlichen Wegen, Straßen und Plätzen gelegen

435 Um in den Genuss der Privilegierung des § 59 UrhG zu kommen, muss sich das abgebildete Werk an öffentlichen Wegen, Straßen und Plätzen befinden. Dabei kommt es nicht maßgeblich darauf an, ob diese Wege, Straßen oder Plätze tatsächlich im öffentlichen Eigentum stehen. Maßgeblich ist, dass sie dem Gemeingebrauch gewidmet und deshalb für Jedermann frei zugänglich sind.[47] Auch Privatwege und Parks oder Parkplätze, die für Jedermann frei zugänglich sind, fallen damit in den Anwendungsbereich dieser Vorschrift. In der Literatur wird z. T. die Ansicht vertreten, dass dennoch z. B. U-Bahnhöfe oder Bahnhofshallen, selbst wenn sie Tag und Nacht frei betreten werden können, nicht als öffentliche Plätze angesehen werden sollen.[48] Auch wenn eine enge Auslegung der Vorschrift des § 59 UrhG geboten ist, so erscheint eine solche Differenzierung dennoch nicht nur praxisfern, sondern auch nicht mit dem Sinn und Zweck der Panoramafreiheit im Einklang. Warum ein Friedhof, der überwiegend den Bekannten und Angehörigen der Verstorbenen als Gedenkstätte dienen wird, als öffentlicher Raum anzusehen sein soll, während dies für einen U- oder S-Bahnhof, der von der breiten Bevölkerung als täglicher Aufenthaltsort zu Fortbewegungszwecken angesehen wird, nicht gelten soll, ist nicht nachvollziehbar. Auch wenn daher Bahnhofshallen, Flughafenhallen und U-Bahnhöfe dem Verkehrszweck dienen, so sind sie jedoch regelmäßig jedermann frei zugänglich und sollten daher dem Anwendungsbereich des § 59 UrhG unterfallen.[49]

bb) bleibend

436 Eine weitere Voraussetzung des § 59 UrhG ist, dass sich das Werk „bleibend" an öffentlichen Wegen, Straßen oder Plätzen befindet. Auch bezüglich der Bedeutung dieses Begriffs gehen die Meinungen auseinander: Einigkeit besteht insofern, dass § 59 UrhG jedenfalls solche Werke umfasst, die sich für die Zeit ihrer materialbedingten Lebensdauer und ohne Befristung an öffentlichen Straßen und Plätzen befinden.[50] Wie jedoch sollen Werke behandelt werden, die von vornherein nur zeitlich befristet an öffentlichen Straßen und Plätzen errichtet werden? Nach der Ansicht des Bundesgerichtshofs kommt es insofern entscheidend auf den Zweck an, zu dem das geschützte Werk an dem öffentlichen Ort aufgestellt worden ist.[51] Ist von vornherein nur eine vorübergehende Aufstellung oder Errichtung des Werkes geplant, so soll § 59 UrhG nicht zur Anwendung kommen.[52] Der BGH sah daher in dem Vertrieb von Postkarten des „verhüllten Reichstags" eine Verletzung der Urheberrechte des Künstlerpaares

---

[47] *Vogel,* in Schricker/Loewenheim, Urheberrecht, Kommentar, 4. Aufl. 2010, § 59, Rn. 9.

[48] *Vogel,* in Schricker/Loewenheim, Urheberrecht, Kommentar, 4. Aufl. 2010, § 59 UrhG, Rn. 9; *Gass,* in: Möhring/Nicolini, Urheberrechtsgesetz – Kommentar, 2. Aufl. 2000, § 59 UrhG, Rn. 14; *Nordemann,* in: Fromm/Nordemann, Urheberrecht. Kommentar zum Urheberrechtsgesetz, *Verlagsgesetz,* Urheberrechtswahrnehmungsgesetz, 10. Aufl. 2008, § 59, Rn. 2.

[49] so auch *Lüft,* in: Wandtke/Bullinger, Praxiskommentar zum Urheberrecht, 3. Aufl. 2009, § 59, Rn. 3.

[50] *Vogel,* in Schricker/Loewenheim, Urheberrecht, Kommentar, 4. Aufl. 2010, § 59 UrhG, Rn. 11.

[51] BGH v. 24.01.2002 – I ZR 102/99 – GRUR 2002, 605, 606 – Verhüllter Reichstag: Für das Merkmal „bleibend" könne es zwar nicht darauf ankommen, ob ein vorübergehend aufgestelltes Werk nach dem Abbau weiterhin besteht und ggf. an anderer Stelle neu aufgestellt werden soll, so dass es nicht erforderlich ist, dass ein Werk für die gesamte Dauer der Werkexistenz an dem öffentlichen Ort aufgestellt sein muss.

[52] BGH v. 24.01.2002 – I ZR 102/99 – GRUR 2002, 605, 606 – Verhüllter Reichstag.

Christo und Jeanne-Claude.[53] Da die Verhüllungsaktion von vornherein auf zwei Wochen begrenzt war, lehnte der BGH die Anwendbarkeit von § 59 UrhG ab. Auch das Landgericht Hamburg sah in einer zeitlich begrenzten Installation kein bleibendes Werk im Sinne von § 57 UrhG.[54] Hingegen sah das Landgericht Frankenthal in einem „Grassofa" ein „work in progress" mit offenem Ende, welches von der Panoramafreiheit des § 59 UrhG umfasst sei.[55] Obwohl der Bundesgerichtshof in seiner Entscheidung zum verhüllten Reichstag auf die von Beginn an geplante Befristung des Werkes und nicht darauf abgestellt hatte, dass hiervon auch gleichzeitig die gesamte Lebensdauer des Werkes umfasst war, geht die wohl herrschende Meinung davon aus, dass kurzlebige Werke wie Schneeplastiken oder Pflastermalereien dennoch von § 59 UrhG umfasst werden.[56] Gleiches gilt für Graffitiwerke, selbst wenn sie vom Regen abgewaschen oder von der Stadtreinigung entfernt werden, da sie sich jedenfalls zunächst wegen ihrer regelmäßig unbefristeten Präsentation bleibend an ihrem Standort befinden.[57]

cc) Perspektive von einem allgemein zugänglichen Standort

Von § 59 UrhG wird jedoch nur die Abbildung eines Werkes geschützt, wie sie direkt *437* von den öffentlichen Wegen, Straßen oder Plätzen angefertigt werden kann. In seiner Hundertwasser-Entscheidung hat der BGH daher entschieden, dass die Anfertigung einer Fotografie von dem in Wien stehenden Hunderwasser-Haus nicht unter die Privilegierung des § 59 UrhG fällt, weil das Foto nicht von der Straße aus, sondern von einer gegenüberliegenden Wohnung aus gefertigt wurde.[58] § 59 UrhG soll daher nur dann Anwendung finden, wenn die wiedergegebene Ansicht des Werkes **ohne besondere Hilfsmittel** gefertigt werden konnte. Es kommt somit nicht darauf an, dass sich das Werk selbst auf öffentlich zugänglichem Grund befindet, sondern es ist vielmehr allein entscheidend, dass sich der Fotograf bei der Fertigung des Fotos an einem solchen Ort befindet. Steht das Werk selbst auf einem Privatgrundstück, kann es aber ohne weiteres von der Straße aus fotografiert werden, so greift die Privilegierung des § 59 UrhG ein.

Nach der Ansicht des BGH soll die Privilegierung hingegen nicht eingreifen, wenn zwar das Bauwerk an einer öffentlichen Straße gelegen ist, der Fotograf jedoch ein Foto des Bauwerks von einer nicht allgemein zugänglichen Stelle aus macht.[59] Die Hundertwasser-Entscheidung des BGH führt in der Literatur zu etwas ausufernden Haarspaltereien. So soll § 59 UrhG bereits beim Einsatz von Hilfsmitteln jeglicher Form keine Anwendung mehr finden.[60] Während dies für den Einsatz von Flugzeugen noch nachvollziehbar sein kann, wenn dadurch die Möglichkeit eröffnet wird, Ansichten eines Werkes abzubilden, die dem Publikum von der Straße aus verborgen

---

[53] BGH v. 24.01.2002 – I ZR 102/99 – GRUR 2002, 605 – Verhüllter Reichstag.

[54] LG Hamburg v. 24.06.1988 – 74 S 5/88 – GRUR 1989, 591.

[55] LG Frankenthal v. 09.11.2004 – 6 O 209/04 – GRUR 2005, 577.

[56] *Vogel*, in Schricker/Loewenheim, Urheberrecht, Kommentar, 4. Aufl. 2010, § 59 UrhG, Rn. 15.

[57] *Vogel*, in Schricker/Loewenheim, Urheberrecht, Kommentar, 4. Aufl. 2010, § 59, Rn. 15; LG Berlin v. 14.12.1995 – 16 O 532/95 – NJW 1996, 2380, 2381.

[58] BGH v. 05.06.2003 – I ZR 192/00 – NJW 2004, 594, 595 – Hunderwasserhaus; so auch OLG München v. 16.06.2005 – 6 U 5629/99 – GRUR 2005, 1038, 1039 – Hunderwasserhaus II.

[59] BGH v. 05.06.2003 – I ZR 192/00 – NJW 2004, 594, 595 – Hunderwasserhaus.

[60] vgl. *Vogel*, in Schricker/Loewenheim, Urheberrecht, Kommentar, 4. Aufl. 2010, § 59 UrhG, Rn. 10 m.w.N.

bleiben, so erscheint diese Ansicht jedoch als zu weitgehend, wenn unter Hilfsmittel beispielsweise auch Leitern[61] fallen sollen. Auch wenn § 59 UrhG eine einschränkende Auslegung gebietet, so geht es dennoch am Schutzzweck der Vorschrift vorbei, wenn ein Fotograf noch nicht einmal auf einen Hocker steigen darf, um ein Foto eines Werkes zu fertigen, welches bleibend an öffentlichen Plätzen und Wegen steht. Es ist hier vielmehr im Einzelfall darauf abzustellen, ob durch die Verwendung eines Hilfsmittels Anblicke des Werkes offenbart werden, die dem Publikum ansonsten verborgen bleiben.

II. Eigentum und Hausrecht

438 Unabhängig davon ob ein Motiv urheberrechtlich geschützt ist, stellt sich die Frage, ob und inwieweit das Anfertigen und die Verwertung von Fotografien fremder Sachen in die Rechte des Eigentümers oder Besitzers dieser Sache eingreift.

1. Eigentum

439 Gemäß § 903 S. 1 BGB kann der Eigentümer einer Sache, soweit nicht das Gesetz oder Rechte Dritter entgegenstehen, mit der Sache nach Belieben verfahren und andere von jeder Einwirkung ausschließen. Ob der Eigentümer das Fotografieren oder die Verwertung von Fotografien seines Eigentums untersagen kann, ist im einzelnen bis heute umstritten. Der Bundesgerichtshof hat die Frage, inwiefern das ungenehmigte Fotografieren fremden Eigentums und die Verwertung einer solchen Fotografie eine Abwehr- oder Zahlungsansprüche auslösende Einwirkung auf das fremde Eigentum darstellt, bis heute nicht abschließend entschieden.[62]

a) *Fotografieren fremder Häuser von allgemein zugänglichem Standort*

440 Höchstrichterlich geklärt ist der Fall des ungenehmigten Fotografierens eines fremden Hauses ohne das Betreten des Hausgrundstücks von einer allgemein zugänglichen Stelle aus und die gewerbliche Verwertung solcher Fotografien. Für diese Fallkonstellation hat der BGH in seiner *Friesenhaus*-Entscheidung klargestellt, dass hierin keine Einwirkung in das Eigentum an dem Haus vorliegt, die den Eigentümer zu Unterlassungs- oder Zahlungsansprüchen gegen die Verwertung der Fotografien berechtigen würden.[63] In diesem Zusammenhang hat der BGH auch deutlich gemacht, dass der reine Fotografiervorgang an sich keine dem Eigentümer vorbehaltene Einwirkung auf das Eigentum darstellt.[64] Leider kann dieser Entscheidung des Bundesgerichtshofs nicht der allgemeingültige Grundsatz entnommen werden, dass auch die gewerbliche Verwertung von Fotografien fremder Sachen grundsätzlich keine Verletzung des Eigentumsrechts des Eigentümers der Sache darstellt. Eine solche Festlegung musste der BGH in dem genannten Urteil nicht treffen, da das betreffende Foto von dem Haus

---

[61] *Vogel*, in Schricker/Loewenheim, Urheberrecht, Kommentar, 4. Aufl. 2010, § 59 UrhG, Rn. 10.

[62] BGH v. 13.10.1965 – Ib ZR 111/63 – NJW 1966, 542 – Apfel-Madonna; BGH v. 20.09.1974 – I ZR 99/73 – GRUR 1975, 500, 501 – Schloss Tegel; BGH v. 26.06.1981 – I ZR 73/79 – GRUR 1981, 846, 847 – Rennsportgemeinschaft.

[63] BGH v. 09.03.1989 – I ZR 54/87 – GRUR 1990, 390f. – Friesenhaus.

[64] BGH v. 09.03.1989 – I ZR 54/87 – GRUR 1990, 390 – Friesenhaus.

von der öffentlichen Straße aus gefertigt wurde. Der Bundesgerichtshof konnte seine Entscheidung insofern damit begründen, dass § 59 UrhG (Panoramafreiheit)[65] nicht nur die Vervielfältigung von Bauwerken durch Lichtbild, sondern auch die Verbreitung solcher Lichtbilder zu gewerblichen Zwecken erlaubt. Dann aber könnten dem Eigentümer einer Sache keine weiteren Befugnisse als dem Urheber eingeräumt werden.[66] Entsprechend wurden in der Folgezeit verschiedene Klagen von Hauseigentümern wegen ungenehmigter Aufnahmen ihrer Häuser und Verwertung derselben von zahlreichen Instanzgerichten als unbegründet zurückgewiesen.[67]

b) Fotografieren fremder Gegenstände von allgemein zugänglichem Standort

Ob auch die gewerbliche Verwertung einer Fotografie eines beweglichen Gegenstan- *441* des, wie z. B. eines Autos, grundsätzlich keine Ansprüche des Eigentümers auslösen soll, wenn sie vom öffentlichen Straßenland aus gefertigt wurde, ist höchstrichterlich noch nicht entschieden worden. Der Bundesgerichtshof hat in der *Friesenhaus*-Entscheidung[68] die Ablehnung eigentumsrechtlicher Ansprüche damit begründet, dass die Ansprüche des Eigentümers nicht über die eines Urhebers hinausgehen könnten. Dabei ging es jedoch konkret um die Verwertung der Fotografie eines Gebäudes, dessen Straßenansicht selbst bei bestehendem Urheberschutz nach § 59 UrhG frei verwertbar gewesen wäre. Die Frage, ob dies auch in Fällen gelten soll, in denen ein Rückgriff auf § 59 UrhG auch deshalb ausscheiden würde, weil sich ein Gegenstand z. B. nicht – wie von § 59 UhrG vorausgesetzt – „bleibend" an öffentlichen Wegen, Straßen oder Plätzen befindet, hat der BGH derart konkret bisher noch nicht zu beantworten gehabt. In seiner jüngsten Entscheidung zur Sachfotografie hat der Bundesgerichtshof jedoch ausgeführt, dass es für die gewerbliche Verwertung von Fotografien von Parkanlagen nicht zwangsläufig darauf ankommt, dass diese von öffentlichen Plätzen aus gefertigt wurden.[69] Damit hat der Bundesgerichtshof bestätigt, dass eine Zulässigkeit der Verwertung von Sachfotografien nicht nur dann in Betracht kommt, wenn die Voraussetzungen vorliegen, nach denen § 59 UrhG die Verwertung von Abbildungen selbst eines urheberrechtlich geschützten Werkes gestatten würde. Damit sollte es für die Zulässigkeit der Verwertung von Sachfotografien auch nicht darauf ankommen, ob sich die fotografierten Sachen „bleibend" an öffentlichen Orten befinden, sondern allein darauf, ob das Anfertigen der Aufnahmen nur unter Betreten des Grundstücks des Eigentümers möglich war.[70]

In der Literatur wurde somit auch bisher zu Recht überwiegend davon ausgegan- *442* gen, dass die vom BGH in der *Friesenhaus*-Entscheidung[71] aufgestellten Grundsätze

---

[65] Siehe zu der Bedeutung von § 59 UrhG bei urheberrechtlich geschützten Motiven oben unter „A.I.3.h) Panoramafreiheit", Rn. 434 ff.

[66] BGH v. 09.03.1989 – I ZR 54/87 – GRUR 1990, 390f. – Friesenhaus.

[67] LG Freiburg v. 17.01.1985 – 3 S 234/84 – GRUR 1985, 544 – Fachwerkhaus; LG Oldenburg v. 21.09.1987 – 5 O 2958/87 – AfP 1988, 167 – Haus mit Grasdach; OLG Düsseldorf v. 17.12.1987 – 2 U 187/87 – AfP 1991, 424 – Jugendstilhaus in Werbung; LG Waldshut-Tiengen v. 28.10.19999 – 1 O 200/99 – AfP 2000, 101 – Aufnahme von Gebäude- und Straßenansichten; OLG Brandenburg v. 02.09.1998 – 1 U 4/98 – NJW 1999, 3339.

[68] BGH v. 09.03.1989 – I ZR 54/87 – GRUR 1990, 390f. – Friesenhaus.

[69] BGH v. 17.12.2010 – VI ZR 45/10 – ZUM 2011, 327, 328 – Schlösser und Gärten.

[70] siehe hierzu auch die Ausführungen unten unter Rn. 444.

[71] BGH v. 09.03.1989 – I ZR 54/87 – GRUR 1990, 390f. – Friesenhaus.

nicht nur für Häuser, sondern auch für bewegliche Sachen entsprechend gelten.[72] Diese Ansicht wird auch von verschiedenen Instanzgerichten geteilt. So sah das Landgericht Hamburg etwa die kommerzielle Verwertung von Fotografien einer Segelyacht als zulässig an und stellte hierzu insbesondere fest, dass das äußere Erscheinungsbild einer Sache nicht vom Zuweisungsgehalt des Eigentums erfasst wird.[73] Auch das OLG Köln bestätigte, dass die Herstellung von Abbildungen auch einer beweglichen Sache in keiner Weise in das Recht des Eigentümers zum Besitz und zur Benutzung seiner Sache eingreift.[74]

c) *Fotografieren von Gebäuden und Gegenständen unter Betreten fremder Grundstücke*

443 Abschließend geklärt dürfte nunmehr auch die Frage sein, unter welchen Umständen dem Eigentümer Ansprüche gegen die Anfertigung und Verwertung von Fotografien seines Eigentums zustehen sollen, die von seinem Grundstück aus gefertigt wurden. Grundsätzlich kann der Eigentümer einer Sache einem Fotografen zunächst aufgrund seines aus dem Eigentum fließenden Hausrechts den Zugang verwehren.[75] Selbst wenn der Grundstückseigentümer jedoch grundsätzlich Besuchern Zugang zu seinem Grundstück gewährt, soll man hieraus nicht ohne Weiteres auch auf eine Einwilligung des Eigentümers in die gewerbliche Verwertung von Fotografien seines Eigentums schließen können.[76]

So billigte der Bundesgerichtshof in seiner seither viel zitierten **Schloss Tegel-Entscheidung** dem Eigentümer eines Schlosses einen Unterlassungsanspruch gegen die kommerzielle Verwertung von Aufnahmen seines Schlosses zu, die von seinem – Besuchern grundsätzlich frei zugänglichen – Grundstück aus gefertigt wurden.[77] Eine klare Antwort auf die Frage, ob die gewerbliche Verwertung der Ansicht einer Sache grundsätzlich dem Eigentümer ausschließlich zustehen soll, findet sich jedoch in der Entscheidung nicht. Stattdessen begründet der BGH den Unterlassungsanspruch des Schloss-Eigentümers gegen den Vertrieb von Postkarten des Schlosses damit, dass dem Eigentümer aufgrund seiner Sachherrschaft auch die ausschließliche rechtliche und tatsächliche Macht zur Entscheidung zustehe, auf seinem Gelände Aufnahmen anzufertigen.[78]

444 2010 musste sich der Bundesgerichtshof erneut mit der Frage der Zulässigkeit der Verwertung von Fotografien fremden Eigentums beschäftigen:[79] Ende 2008 billigte das Landgericht Potsdam der Stiftung Preußische Schlösser und Gärten in verschiedenen Entscheidungen unter anderem einen **Unterlassungsanspruch** gegen die kom-

---

[72] *Wanckel*, Foto- und Bildrecht, 3. Aufl. 2009, Rn. 6; *Helle*, Besondere Persönlichkeitsrechte im Privatrecht, 1. Aufl. 1991, Seite 58; *von Strobl-Albeg*, in: Wenzel, Das Recht der Wort- und Bildberichterstattung, 5. Aufl. 2003, Kap.7, Rn. 88f.; *Soehring*, Presserecht, 3. Aufl. 2000, Rn. 21.36 und 21.38; Fricke, in: Wandtke/Bullinger, Praxiskommentar zum Urheberrecht, 3. Aufl. 2009, § 22 KUG, Rn. 21.

[73] LG Hamburg v. 30.04.1993 – 324 O 77/93 – AfP 1994, 161f. – Segelyacht.

[74] OLG Köln v. 25.02.2003 – 15 U 138/02 – GRUR 2003, 1066, 1067 – Wayangfiguren.

[75] *Dreier*, in: Dreier/Schulze, UrhG, 3. Aufl. 2008, § 59 UrhG, Rn. 14 m.w.N.; siehe hierzu auch die Ausführungen unten unter „A.II.2. Hausrecht", Rn. 445 ff.

[76] BGH v. 20.09.1974 – I ZR 99/73 – GRUR 1975, 500, 502 – Schloss Tegel; BGH v. 17.12.2010 – VI ZR 45/10 – ZUM 2011, 327 – Schlösser und Gärten.

[77] BGH v. 20.09.1974 – I ZR 99/73 – GRUR 1975, 500 – Schloss Tegel.

[78] BGH v. 20.09.1974 – I ZR 99/73 – GRUR 1975, 500, 502 – Schloss Tegel.

[79] BGH v. 17.12.2010 – VI ZR 45/10 – ZUM 2011, 327 – Schlösser und Gärten.

merzielle Verwertung von Fotos stiftungseigener Baudenkmäler zu, die nicht vom Straßenland aus, sondern unter Betreten der Parkanlagen der Stiftung angefertigt worden waren.[80] Das Landgericht Potsdam stützte dabei den Unterlassungsanspruch auf §§ 1004 Abs. 1 Satz 2, 903 BGB mit der Begründung, dass die ungenehmigte gewerbliche Verwertung von Abbildungen der im Eigentum der Stiftung stehenden Kulturgüter eine Beeinträchtigung des Eigentums der Stiftung darstelle.[81] In der zweiten Instanz hob das OLG Brandenburg die Entscheidungen des LG Potsdam auf und entschied, dass sich aus dem Eigentum nicht das Recht herleiten lasse, das Fotografieren der im Eigentum stehenden Parkanlagen und Gebäude sowie die anschließende gewerbliche Verwertung solcher Fotografien zu untersagen.[82] Mit erstaunlich klaren Worten führte das OLG in seinen Entscheidungen aus, dass grundsätzlich weder das Fotografieren von Eigentum noch die gewerbliche Verwertung solcher Ablichtungen einen Eingriff in das Eigentum darstellt.[83] Die gewerbliche Verwertung von Abbildungen der eigenen Sache sei kein selbständiges Ausschließlichkeitsrecht, das dem Eigentümer zuzuordnen wäre.[84]

Die Revision der Stiftung Preußische Schlösser und Gärten hatte Erfolg: Der Bundesgerichtshof entschied, dass die Stiftung, sofern ihr die Parkanlagen und Gärten gehören, gem. § 1004 Abs. 1 S. 2 BGB die Verwertung solcher Fotos untersagen kann, die ohne ihre Genehmigung innerhalb der von ihr verwalteten Anwesen aufgenommen wurden.[85] In seinen Entscheidungsgründen scheint der Bundesgerichtshof jedoch dann das an Klarstellung nachholen zu wollen, was die Schloß Tegel-Entscheidung vermissen ließ: Der Bundesgerichtshof stellt ausdrücklich klar, dass durch seine Entscheidung kein „Recht am Bild der eigenen Sache" begründet wird und dem Grundstückseigentümer somit auch kein ausschließliches Recht zusteht, Abbilder von seinem Grundeigentum herzustellen und zu verwerten.[86] Ein solches Recht steht dem Eigentümer vielmehr nur dann zu, wenn sein Grundstück betreten werden soll, um Abbilder insbesondere von Gebäuden und Gärten anzufertigen, die sich darauf befinden, und die Abbilder dann zu verwerten.[87] Zu einem ausschließlichen Verwertungsrecht wird dieses Recht des Grundstückseigentümers nach der Rechtsprechung des Bundesgerichtshofs somit nur, wenn Lage und Nutzung seines Grundstücks rein tatsächlich dazu führen, dass verwertungsfähige Bilder nur von seinem eigenen Grundstück, nicht von öffentlichen Plätzen oder anderen Grundstücken aus angefertigt werden können.[88] Durch diese ausdrückliche Erwähnung der Möglichkeit der Bildanfertigung von „anderen Grundstücken" neben der von „öffentlichen Plätzen" aus, wird nunmehr durch diese Entscheidung auch klargestellt, dass es bei der Frage der Zulässigkeit der Verwertung einer Fotografie von fremdem Eigentum, insbesondere von Gebäuden und Gärten, nicht darauf ankommt, dass die Voraussetzungen der

---

[80] LG Potsdam v. 21.11.2008 – 1 O 175/08 – ZUM-RD 2009, 223; LG Potsdam v. 21.11.2008 – 1 O 161/08 – ZUM 2009, 430; LG Potsdam v. 21.11.2008 – 1 O 330/08 – JURIS.

[81] LG Potsdam v. 21.11.2008 – 1 O 161/08 – ZUM 2009, 430, 432; LG Potsdam v. 21.11.2008 – 1 O 330/08 – JURIS; LG Potsdam v. 21.11.2008 – 1 O 175/08 – ZUM-RD 2009, 223, 226.

[82] OLG Brandenburg v. 18.02.2010 – 5 U 121/09 – ZUM 2010, 356; OLG Brandenburg v. 18.02.2010 – 5 U 14/09 – CR 2010, 393; OLG Brandenburg v. 18.02.2010 – 5 U 13/09 – GRUR 2010, 927.

[83] OLG Brandenburg v. 18.02.2010 – 5 U 121/09 – ZUM 2010, 356, 360.

[84] OLG Brandenburg v. 18.02.2010 – 5 U 121/09 – ZUM 2010, 356, 360.

[85] BGH v. 17.12.2010 – VI ZR 45/10 – ZUM 2011, 327 – Schlösser und Gärten.

[86] BGH v. 17.12.2010 – VI ZR 45/10 – ZUM 2011, 327, 328 – Schlösser und Gärten.

[87] BGH v. 17.12.2010 – VI ZR 45/10 – ZUM 2011, 327, 328 – Schlösser und Gärten.

[88] BGH v. 17.12.2010 – VI ZR 45/10 – ZUM 2011, 327, 328 – Schlösser und Gärten.

Panoramafreiheit gem. § 59 UrhG erfüllt sind. Dieser Umkehrschluss wurde zum Teil aus der Friesenhaus-Entscheidung des Bundesgerichtshof[89] gezogen. In seiner neuen Entscheidung weist der Bundesgerichtshof jedoch ausdrücklich daraufhin, dass der Grundstückseigentümer einer Verwertung von Abbildern seines Grundbesitzes nicht entgegentreten kann, wenn sie von öffentlich zugänglichen „oder anderen Stellen außerhalb des Grundstücks" angefertigt wurden.[90] Die vom Bundesgerichtshof gewählten Formulierungen können somit nur dahingehend verstanden werden, dass es für die Zulässigkeit der Verwertung von Abbildern eines fremden Grundstücks nicht darauf ankommen kann, ob diese von einer allgemein zugänglichen Stelle im Sinne von § 59 UrhG angefertigt wurden, sondern dass es allein entscheidend ist, ob die Anfertigung unter Betreten des Grundstückes des Eigentümers erfolgte. Denn nur dann hängt die Möglichkeit, das Gebäude oder den Garten zu fotografieren, entscheidend davon ab, ob der Grundstückseigentümer den Zugang zu seinem Grundstück eröffnet und unter welchen Bedingungen dies geschieht.[91]

2. Hausrecht

445 Aufgrund seiner Eigentümer- oder Besitzerstellung hat der Betreffende eine Kontrollbefugnis dahingehend, dass er entscheiden kann, wem er nicht nur den Zutritt zu seinem Eigentum oder Besitz, sondern auch die Möglichkeit des Fotografierens desselben einräumt. Danach hat es der Eigentümer oder Besitzer in der Hand, ob er durch tatsächliche Maßnahmen zur Verhinderung der Einsehbarkeit und Versagung der Gestattung der Einsichtnahme bzw. des Fotografierens rechtlichen Schutz in Anspruch nehmen will.[92]

a) Umfang des Hausrechts

446 Derjenige, der das Hausrecht ausübt, kann somit grundsätzlich nicht nur bestimmen, wer Zutritt zu dieser Örtlichkeit bekommt, sondern beispielsweise auch, ob und unter welchen Bedingungen Foto- und Filmaufnahmen angefertigt werden dürfen. Liegt keine ausdrückliche Einwilligung des Hausrechtsinhabers in die Anfertigung von Foto- und Filmaufnahmen vor, kommt es auf die Gesamtumstände an. Selbst wenn der Hausrechtsinhaber Zugang ohne ein ausdrückliches Fotografierverbot gewährt hat, kann hieraus nach der Rechtsprechung des BGH nicht ohne weiteres auch auf die Erlaubnis zur gewerblichen Anfertigung und Verwertung von Fotografien geschlossen werden können. Vielmehr sollte nach der *Schloss-Tegel*-Entscheidung des BGH davon auszugehen sein, dass mit der Gewährung des Zutritts jedenfalls die gewerbliche Verwendung von Sachaufnahmen, die innerhalb des befriedeten Besitztums entstehen, stillschweigend ausgeschlossen sein soll.[93] Erlaubt soll zwar das Fotografieren sein, doch sollen die Aufnahmen nur für private Zwecke verwendet werden dürfen,[94] wobei allerdings zu einer solchen „privaten" Nutzung nach der Rechtsprechung des OLG Köln auch der Abdruck der Bilder in wissenschaftlichen Veröffentlichungen oder die Präsentation in nicht gewinnorientierten Ausstellungen[95] gehören kann. In seiner *Schlösser-und-Gärten*-Enscheidung über die gewerbliche Verwertung von Fotografien

---

[89] BGH v. 09.03.1989 – I ZR 54/87 – GRUR 1990, 390 – Friesenhaus.

[90] BGH v. 17.12.2010 – VI ZR 45/10 – ZUM 2011, 327, 328 – Schlösser und Gärten.

[91] BGH v. 17.12.2010 – VI ZR 45/10 – ZUM 2011, 327, 328 – Schlösser und Gärten.

[92] *Dreier*, in: Festschrift für Adolf Dietz, 2001, Seite 246.

[93] BGH v. 20.09.1974 – I ZR 99/73 – GRUR 1975, 500, 501 – Schloss Tegel.

[94] BGH v. 20.09.1974 – I ZR 99/73 – GRUR 1975, 500, 501 – Schloss Tegel.

[95] OLG Köln v. 25.02.2003 – 15 U 138/02 – GRUR 2003, 1066, 1067 – Wayangfiguren.

von Parkanlagen, Skulpturen und Außenansichten historischer Gebäude, die von der Stiftung Preußischer Schlösser und Gärten verwaltet werden, hat der Bundesgerichtshof seine Rechtsprechung aus der *Schloss-Tegel*-Entscheidung bestätigt.[96] Darauf, dass die Stiftung an den Parkeingängen Schilder mit der Parkordnung aufgestellt hat, nach der Film- und Fernsehaufnahmen zu gewerblichen Zwecken der vorherigen Zustimmung der Stiftung bedürfen, geht er Bundesgerichtshof in seiner Entscheidung nicht ein. Er stellt vielmehr allein darauf ab, dass der öffentliche Zugang zu den Parkanlagen auf einer Entscheidung der Stiftung beruht, die sie im Rahmen des ihrer Errichtung zugrunde liegenden Staatsvertrages der Länder Berlin und Brandenburg[97] jederzeit ändern kann.[98] Ein Recht, unabhängig von einem Einverständnis der Stiftung gewerbliche Bildaufnahmen in den Parkanlagen anfertigen zu dürfen, kann dem Staatsvertrag nicht entnommen werden.[99] Grundsätzlich muss daher – auch bei einem unentgeltlich gewährtem Zutritt zu Parkanlagen oder ähnlichen Einrichtungen davon ausgegangen werden, dass eine gewerbliche Verwertung von Fotografien des Grundstücks von dem Einverständnis des Eigentümers abhängt.

Wird jemandem in seiner konkreten Funktion als Bildberichterstatter Zutritt zu 447 fremdem Eigentum gewährt, wird man hierin in der Regel auch die Einwilligung in die Anfertigung von Fotografien sehen müssen. Wer auf eine entsprechende Anfrage hin einen Bildjournalisten in seine Wohnung lässt und dort die Anfertigung von Aufnahmen gestattet, ohne die Befugnis konkret einzugrenzen, wird sich später nicht dagegen wenden können, dass die entsprechenden Bilder veröffentlicht werden. Das Gleiche gilt, wenn Fotografen und Kamerateams zu einer Veranstaltung zugelassen werden – hier ist nur grundsätzlich der Umfang der damit erteilten konkludenten Einwilligung in die Veröffentlichung von Aufnahmen zu beachten, der im Zweifel auf eine Veröffentlichung im Zusammenhang mit einer Berichterstattung über die betreffende Veranstaltung begrenzt sein wird.[100]

b) Verwertung von Fotografien, die unter Verletzung des Hausrechts gefertigt wurden

Wurden Foto- oder Filmaufnahmen unter Verletzung des Hausrechts des Berechtig- 448 ten angefertigt, so stellt sich die Frage, ob die Rechtswidrigkeit der Herstellung auch automatisch zu einer Unzulässigkeit der Verwertung der Aufnahmen, insbesondere durch eine Veröffentlichung derselben, führt.[101]

Weder das Grundrecht der Freiheit der Meinungsäußerung oder der Pressefreiheit 449 noch das Grundrecht der Informationsfreiheit schützen die rechtswidrige Beschaffung

---

[96] BGH v. 17.12.2010 – VI ZR 45/10 – ZUM 2011, 327 – Schlösser und Gärten.

[97] Staatsvertrag der Länder Berlin und Brandenburg v. 23.8.1994 (GVBl. Bln S. 515=GVBl. BB 1995 I S. 2).

[98] BGH v. 17.12.2010 – VI ZR 45/10 – ZUM 2011, 327, 329 – Schlösser und Gärten.

[99] BGH v. 17.12.2010 – VI ZR 45/10 – ZUM 2011, 327, 329 – Schlösser und Gärten.

[100] Zur Reichweite einer Einwilligung in die Bildnisveröffentlichung vgl. auch unten unter B. Personenfotografie, II. 2. g) Reichweite der Einwilligung, Rn. 508 ff.

[101] Bei ungenehmigten Aufnahmen von Grundstücken oder Räumen, die von Unternehmen oder Betrieben genutzt werden, wird ein möglicher Unterlassungsanspruch oftmals auch unter dem Gesichtspunkt einer Verletzung des Rechts am eingerichteten und ausgeübten Gewerbebetrieb (= sonstiges Recht im Sinne von § 823 Abs. 1 BGB) geprüft – vgl. etwa LG Münster v. 04.02.2004 – 16 O 14/04 – ZUM-RD 2004, 262 unzulässige Veröffentlichung von Filmmaterial über Tierversuche in einem Labor.

von Informationen,[102] entsprechend ist auch die rechtswidrige Herstellung von Foto- und Filmmaterial nicht von diesen Grundrechten geschützt. Das Bundesverfassungsgericht hat jedoch in seiner Wallraff-Entscheidung klargestellt, dass demgegenüber die Verbreitung rechtswidrig erlangter Informationen sehr wohl in den Schutzbereich des Artikel 5 Abs. 1 GG fällt.[103] Zur Begründung hat das Bundesverfassungsgericht insbesondere darauf hingewiesen, dass die Kontrollaufgabe der Presse, zu deren Funktion es gehört, auf Missstände von öffentlicher Bedeutung hinzuweisen, leiden würde, wenn die Rechtswidrigkeit der Beschaffung von Informationen automatisch zu einer Rechtswidrigkeit der Verbreitung derselben führen würde.[104] Es ist vielmehr auch in den Fällen der Verbreitung rechtswidrig erlangter Informationen jeweils im Einzelfall mittels einer Güterabwägung zwischen den Rechten des Veröffentlichenden und denen des Betroffenen über die Rechtmäßigkeit der Veröffentlichung dieser Informationen zu entscheiden.[105]

450   In der Praxis wird diese Frage nur in den Bereichen eine Rolle spielen, in denen sich der Veröffentlichende auf die Presse-, Meinungs- und Informationsfreiheit aus Artikel 5 GG berufen kann und damit insbesondere im Bereich der Presseberichterstattung. Für die Zulässigkeit der Veröffentlichung von unter Verletzung des Hausrechts oder der Sachherrschaft des Eigentümers oder Besitzers hergestellter Foto- und Filmaufnahmen kommt es somit darauf an, ob im Einzelfall der Informationswert des rechtswidrig erlangten Bildmaterials schwerer wiegt als die durch seine Beschaffung begangene Rechtsverletzung.[106] Unter Berücksichtigung dieser Grundsätze sah das Landgericht Hamburg die Verbreitung von Filmaufnahmen aus einem Schweinemastbetrieb, die ohne Erlaubnis des Hausrechtsinhabers angefertigt und nur durch ein widerrechtliches Eindringen in die Betriebsräume ermöglicht worden waren, als unzulässig an.[107] Das Landgericht Hamburg bestätigte zwar, dass die Öffentlichkeit ein anerkanntes Interesse daran hat, über die Bedingungen der Tierhaltung in der Fleischproduktion auch durch Bilder unterrichtet zu werden, da es sich hierbei um eine die Öffentlichkeit wesentlich berührende Frage handele. Dennoch überwiege in dem betreffenden Fall das Geheimhaltungsinteresse des Schweinemastbetriebs, da das Bildmaterial keinen Hinweis darauf liefere, dass die Verhältnisse in den Stallungen des Mastbetriebs in irgendeiner Weise der Rechtsordnung und insbesondere den Regeln des Tierschutzgesetzes widersprächen.[108]

451   Damit die Verbreitung illegal erlangten Film- oder Fotomaterials zulässig ist, ist es somit erforderlich, dass an der Veröffentlichung dieses Bildmaterials ein überwiegendes öffentliches Informationsinteresse besteht. Allgemeine Missstände durchschnittlicher Art dürfen somit in der Regel nicht mit unerlaubt hergestellten Aufnahmen

---

[102] BVerfG v. 25.01.1984 – 1 BvR 272/81 – NJW 1984, 1741 – Günter Wallraff.

[103] BVerfG v. 25.01.1984 – 1 BvR 272/81 – NJW 1984, 1741 – Günter Wallraff.

[104] BVerfG v. 25.01.1984 – 1 BvR 272/81 – NJW 1984, 1741 – Günter Wallraff.

[105] BVerfG v. 25.01.1984 – 1 BvR 272/81 – NJW 1984, 1741 – Günter Wallraff.

[106] LG Hamburg v. 26.06.2007 – 324 O 268/07 – ZUM 2008, 614 – Schweinemastbetrieb; vgl. zur Zulässigkeit von Aufnahmen, die unter Verletzung des Hausrechts entstanden sind, auch: OLG München v. 30.10.1991 – 21 U 4699/91 – AfP 1992, 78 – ungenehmigte Filmaufnahmen in Anwaltskanzlei; OLG Hamm v. 21.07.2004 – 3 U 116/04 – ZUM-RD 2005, 131 – illegal erlangtes Filmmaterial aus einem Tierlabor.

[107] LG Hamburg v. 26.06.2007 – 324 O 268/07 – ZUM 2008, 614 – Schweinemastbetrieb.

[108] LG Hamburg v. 26.06.2007 – 324 O 268/07 – ZUM 2008, 614 ff. – Schweinemastbetrieb; vgl. auch OLG Hamm v. 21.07.2004 – 3 U 116/04 – ZUM-RD 2005, 131 – Tierversuche.

bebildert werden, selbst wenn sie kritikwürdig erscheinen.[109] Entsprechend sah das Landgericht Hamburg die Verbreitung von Fotografien, die ein Tierschutzverein ebenfalls nur unter Begehung eines Hausfriedensbruchs auf einem Hühnerhof gefertigt hatte, trotz der rechtswidrigen Herstellung dieser Aufnahmen als zulässig an, da auf dem Bildmaterial offenkundig tierschutzwidrige Zustände von erheblichem Ausmaß abgebildet seien.[110] Da es sich bei der angegriffenen Berichterstattung um einen wesentlichen Beitrag zum geistigen Meinungskampf in einer die Öffentlichkeit wesentlich berührenden Frage handele, durfte das Bildmaterial ungeachtet des zur seiner Beschaffung begangenen Hausfriedensbruchs veröffentlicht werden.[111]

III. Allgemeines Persönlichkeitsrecht

Das allgemeine Persönlichkeitsrecht ist naturgemäß vor allem bei der Anfertigung und *452* Veröffentlichung von Personenfotos von entscheidender Bedeutung. Aber auch im Bereich der Sachfotografie kann das allgemeine Persönlichkeitsrecht der Anfertigung oder Verbreitung von Aufnahmen entgegenstehen. Das ist der Fall, wenn Objekte fotografiert werden, die als solche oder in ihrer Zusammenstellung und Anordnung so eng mit einer Person verbunden sind, dass das Fotografieren oder gar die Bildveröffentlichung sich als Eindringen in höchstpersönliche Lebensumstände des Betroffenen darstellt.[112] Es kann sich somit die Frage stellen, inwiefern auch die Herstellung und Verbreitung von Sachfotografien in unzulässiger Weise die Intim- und Privatsphäre einer Person verletzen kann. Von praktischer Bedeutung sind an dieser Stelle insbesondere Fotografien und Bildaufnahmen aus dem häuslichen Bereich eines Menschen. Der häusliche Bereich gehört in der Regel zur geschützten Privatsphäre eines Menschen.[113] Jede Person soll das Recht haben, sich in diesen privaten Bereich zurückziehen zu können und vor der Anfertigung und Veröffentlichung von Bildnissen, die ihn in diesem Bereich zeigen, geschützt zu sein. Für die Sachfotografie stellt sich insoweit die Frage, wann Fotografien und Aufnahmen aus diesem Bereich selbst dann einen unzulässigen Eingriff in die Privat- oder Intimsphäre einer Person darstellen können, wenn die Person selbst gar nicht Gegenstand der Abbildung ist.

1. Abbildungen der Innen- oder Außenansicht der Wohnung

Von besonderer praktischer Bedeutung ist die Frage, inwieweit der Betroffene An- *453* sprüche aus seinem allgemeinen Persönlichkeitsrecht gegen die Anfertigung und Verbreitung von Fotografien aus oder von seiner Wohnung oder seines Wohnhauses geltend machen kann.

a) Abbildungen aus dem Inneren der Wohnung

Zum Teil wird in der Literatur von dem Grundsatz ausgegangen, die Wohnung eines *454* Menschen könne nicht schlechthin als dergestalt geschützter Ausstrahlungsbereich dieser Person anzusehen sein, dass das Fotografieren des Wohnungsinneren ohne

---

[109] *Wanckel*, Foto- und Bildrecht, 3. Aufl. 2009, Rn. 257.

[110] LG Hamburg v. 28.08.2009 – 324 O 864/06 – JURIS – Horror-Hühnerhof.

[111] LG Hamburg v. 28.08.2009 – 324 O 864/06 – JURIS – Horror-Hühnerhof.

[112] *Helle*, Besondere Persönlichkeitsrechte im Privatrecht, 1. Aufl. 1991, Seite 56.

[113] BGH v. 19.12.1995 – VI ZR 15/95 – GRUR 1996, 923 – Caroline von Monaco; BVerfG v. 15.12.1999 – 1 BvR 653/96 – NJW 2000, 1021, 1022 jeweils m.w.N.

Einwilligung des Wohnungsinhabers stets rechtswidrig wäre – von einem „Recht am Bild der eigenen Wohnung" könne insofern nicht gesprochen werden.[114] Angesichts der Tatsache, dass das Bundesverfassungsgericht den häuslichen Bereich als eine geschützte Sphäre anerkannt und als notwendigen Rückzugsbereich bestätigt hat[115] und es jedem Menschen freigestellt ist, wem er Zutritt zu diesem Bereich gewährt, sollte jedoch stattdessen als Grundsatz davon ausgegangen werden, dass es auch das Recht einer jeden Person ist, selbst darüber zu entscheiden, inwiefern sie der Öffentlichkeit Einblicke in diesen persönlichen Rückzugsbereich, etwa durch die Veröffentlichung von Aufnahmen, gewähren will. Werden daher Aufnahmen aus dem Wohnungsinneren ohne die Einwilligung des Berechtigten angefertigt und veröffentlicht, so sollte grundsätzlich davon ausgegangen werden, dass es sich dabei um einen unzulässigen Eingriff in die Privat- und/oder sogar Intimsphäre des Betroffenen handelt. So sah auch das Landgericht Hamburg die Veröffentlichung von Aufnahmen in Form eines „virtuellen Rundgangs" durch ein landwirtschaftliches Anwesen, welches neben kulturellen auch zu Wohnzwecken genutzt wurde, als unzulässigen Eingriff in die Privatsphäre des dort lebenden Klägers an.[116] Das Landgericht Hamburg begründete seine Entscheidung damit, dass die Aufnahmen der frei zugänglichen Bereiche der Wohnung des Betroffenen seinen privaten Lebensbereich darstellen und er selber entscheide, wem er einen Einblick in diesen Bereich ermöglichen wolle und wem nicht.[117] Dieses Selbstbestimmungsrecht sei dem Betroffenen entzogen worden, indem ein virtueller Rundgang durch seine Wohnräume im Internet veröffentlicht wurde.[118]

b) Abbildungen der Außenansicht von Wohnhäusern

455 Bei der Veröffentlichung von Fotografien von der Außenansicht eines Wohnhauses kommt es – selbst wenn die Fotos von frei zugänglichen Standorten aus gefertigt wurden – für die Frage der Zulässigkeit der Verbreitung jeweils auf eine Abwägung zwischen dem allgemeinen Persönlichkeitsrecht des betroffenen Bewohners und dem Veröffentlichungsinteresse, d. h. in der Regel der Pressefreiheit aus Artikel 5 GG, an. Dabei ist es im Rahmen der Güterabwägung insbesondere von Bedeutung, ob die Aufnahmen unter Einbeziehung des Kontextes, in dem sie veröffentlicht werden, insbesondere der sie begleitenden Wortberichterstattung, dazu führen, dass die Adresse des Betroffenen öffentlich bekannt wird. Da hierdurch die Anonymität des Anwesens aufgehoben und die Abbildungen einer Person zugeordnet werden, gewinnen sie damit einen zusätzlichen Informationsgehalt.[119] Hierdurch entsteht die Gefahr, dass das Grundstück in seiner Eignung als Rückzugsort für die Betroffenen beeinträchtigt wird. Zugleich werden einem breiten Publikum Einblicke in Lebensbereiche gewährt, die sonst allenfalls den Personen bekannt werden, die im Vorübergehen oder Vorüberfahren das Anwesen betrachten und zudem in Erfahrung gebracht haben, wer dort wohnt.[120] In jedem Einzelfall ist daher zu prüfen, ob das Recht des Betroffenen auf in-

---

[114] *Helle*, Besondere Persönlichkeitsrechte im Privatrecht, 1. Aufl. 1991, S. 56; Arzt, Der strafrechtliche Schutz der Intimsphäre, 1. Aufl. 1970, Seite 63 f.

[115] BVerfG v. 15.12.1999 – 1 BvR 653/96 – NJW 2000, 1021, 1022.

[116] LG Hamburg v. 22.05.2009 – 324 O 791/08 – K & R 2009, 508.

[117] LG Hamburg v. 22.05.2009 – 324 O 791/08 – K & R 2009, 508 f.

[118] LG Hamburg v. 22.05.2009 – 324 O 791/08 – K & R 2009, 508 f.

[119] BGH v. 09.12.2003 – VI ZR 373/02 – GRUR 2004, 438, 440 zur Veröffentlichung von Luftbildaufnahmen v. Feriendomizilen Prominenter ohne deren Zustimmung; vgl. hierzu auch BGH v. 09.12.2003 – VI ZR 404/02 – GRUR 2004, 442.

[120] BGH v. 09.12.2003 – VI ZR 373/02 – GRUR 2004, 438, 440 – Luftbildaufnahmen.

formationelle Selbstbestimmung verletzt ist und – da auch dieses Recht nicht schrankenlos gewährleistet ist – inwiefern die sich aus seinem Schutz ergebenen Rechte der Betroffenen das Recht an einer freien Berichterstattung überwiegen.

Wird durch das Fotografieren von Privatgrundstücken unter Überwindung be-   *456* stehender Hindernisse oder mit geeigneten Hilfsmitteln (z. B. Teleobjektiv, Leiter, Flugzeug) der räumliche Lebensbereich eines anderen ausgespäht, so stellt dies regelmäßig einen Eingriff in die Privatsphäre der Bewohner dar.[121] Aber auch über die Zulässigkeit der Veröffentlichung derartiger Aufnahmen ist nach der Rechtsprechung des Bundesgerichtshofs im Rahmen einer Abwägung des nach Art. 2 Abs. 1 i.V.m. Art. 1 Abs. 1 GG verfassungsgerichtlich geschützten allgemeinen Persönlichkeitsrechts der betroffenen Grundstücksnutzer mit dem Veröffentlichungsinteresse, d. h. in der Regel mit dem gemäß Art. 5 Abs. 1 GG ebenfalls Verfassungsrang genießenden Recht auf Pressefreiheit, zu entscheiden.[122] Bei der vorzunehmenden Abwägung zwischen dem Persönlichkeitsrecht der Betroffenen und dem Veröffentlichungsinteresse ist jeweils zu beachten, dass der Schutz, der sich aus dem Recht auf Selbstbestimmung bezüglich der Offenbarung persönlicher Lebensumstände ergibt, besonders ausgeprägt ist, wenn es sich bei dem abgebildeten Wohnhaus oder Grundstück um den Familienwohnsitz handelt, weil der Schutz der Familie und die elterliche Hinwendung zu minderjährigen Kindern den Schutz der Privatsphäre auch zu Gunsten von prominenten Eltern stärkt.[123] Bei der Abwägung der widerstreitenden Interessen ist zudem zu berücksichtigen, ob der Betroffene seinen Privatwohnsitz bisher geheim gehalten bzw. von der Öffentlichkeit abgeschirmt hat, da nur dann ein persönlicher Rückzugsbereich vorliegt, der dem Schutz der Privatsphäre unterfällt.[124]

Voraussetzung für einen Unterlassungsanspruch der Betroffenen gegen die Veröf-   *457* fentlichung von Außenaufnahmen ihrer Wohnhäuser ist somit zunächst die **Identifizierbarkeit des Standortes des Hauses**, die sich nicht zwingend aus der Nennung der Adresse oder einer Wegbeschreibung, sondern im Einzelfall auch aus optischen Auffälligkeiten des Objekts zusammen mit anderen Kommentaren ergeben kann, die zu einer Auffindbarkeit führen können.[125] So sah das Kammergericht in der Veröffentlichung eines von einer allgemein zugänglichen Stelle aufgenommenen Bildes einer Villa, in der ein prominenter Moderator mit seiner Frau und seinen minderjährigen Kindern lebt, unter Nennung des Namens des Moderators und zusammen mit der Angabe, dass die Villa „in Potsdam" stehe, einen unzulässigen Eingriff in das Persönlichkeitsrecht des Betroffenen.[126] Hingegen stellt nach Ansicht des Kammgerichts die Veröffentlichung einer Abbildung eines Privathauses keinen unzulässigen Eingriff in

---

[121] BGH v. 09.12.2003 – VI ZR 373/02 – GRUR 2004, 438, 440 – Luftbildaufnahmen.
[122] BGH v. 09.12.2003 – VI ZR 373/02 – GRUR 2004, 438, 440 und BGH v. 09.12.2003 – VI ZR 404/02 – GRUR 2004, 442 – Luftbildaufnahmen: Verbreitung von Luftaufnahmen der Grundstücke bekannter Moderatorinnen auf Mallorca zulässig, da Intensität des Eingriffs in die Privatsphäre gering. Eine Rolle bei der Abwägung spielte jedoch, dass beide Moderatorinnen in der Vergangenheit selbst Veröffentlichungen zugelassen hatten, die sich mit ihrem Leben auf Mallorca beschäftigten. Der BGH wurde später vom Bundesverfassungsgericht bestätigt: BVerfG v. 02.05.2006 – 1 BvR 452/04 – NJW 2006, 2838 (Nichtannahmebeschluss).
[123] *Wanckel*, Foto- und Bildrecht, 3. Aufl. 2009, Rn. 79; BVerfG v. 15.12.1999 – 1 BvR 653/96 – NJW 2000, 1021, 1023 – Caroline von Monaco IV; KG v. 14.04.2005 – 10 U 103/04 – NJW 2005, 2320, 2321.
[124] *Wanckel*, Foto- und Bildrecht, 3. Aufl. 2009, Rn. 80; vgl. auch OLG Hamburg AfP 2005, 75.
[125] KG v. 14.04.2005 – 10 U 103/04 – NJW 2005, 2320.
[126] KG v. 14.04.2005 – 10 U 103/04 – NJW 2005, 2320.

das Recht auf informationelle Selbstbestimmung des betroffenen Hausbewohners dar, wenn dazu lediglich berichtet wird, dass das Haus in Berlin stehe und ansonsten keine genaue Anschrift oder sonstige nähere Hinweise auf dessen Lage mitgeteilt werden.[127]

458   Selbst wenn die Veröffentlichung der Abbildung eines Wohnhauses in das allgemeine Persönlichkeitsrecht des Bewohners eingreift, kann eine Abwägung der widerstreitenden Interessen ergeben, dass das Veröffentlichungsinteresse die Interessen des Bewohners überwiegt. So sah das Kammergericht in der Veröffentlichung von Fotografien des Wohnhauses des ehemaligen Außenministers und Vizekanzlers der Bundesrepublik Deutschland zwar grundsätzlich einen Eingriff in dessen allgemeines Persönlichkeitsrecht.[128] Das Kammergericht entschied jedoch, dass die Fotoveröffentlichung dennoch rechtmäßig erfolgte, da das Informationsinteresse der Öffentlichkeit den nur geringen Eingriff in das Persönlichkeitsrecht des Betroffenen durch Abbildung seines Wohnhauses überwiege.[129] Die Berichterstattung habe sich aus aktuellem Anlass, nämlich der Beendigung der aktiven politischen Tätigkeit des ehemaligen Außenministers, damit beschäftigt, in welchem Anwesen er nunmehr seine „Freiheit genießt" und damit, wie der Betroffene nach seinem Ausscheiden aus der Politik sein Leben gestaltet, bestehe ein berechtigtes Informationsinteresse.[130] Der Bundesgerichtshof bestätigte später die Entscheidung des Kammergerichts.[131] Demgegenüber sah das Kammergericht die Veröffentlichung eines Fotos der Straßenfassade des Wohnhauses, in welchem ein ehemaliges Mitglied der Roten Armee Fraktion (RAF) wohnt, als unzulässig an.[132]

2.   Unternehmenspersönlichkeitsrecht

459 In Ausnahmefällen kann durch die Veröffentlichung und Verbreitung einer Sachaufnahme das sogenannte Unternehmenspersönlichkeitsrecht verletzt werden. Grundsätzlich können auch Kapitalgesellschaften Träger des allgemeinen Persönlichkeitsrechts sein, soweit sie in ihrem sozialen Geltungsanspruch als Arbeitgeber oder Wirtschaftsunternehmen betroffen sind.[133] So sah z. B. das Landgericht Münster in der Veröffentlichung von Filmmaterial über Tierversuche in einem Labor, welches unter Verstoß gegen ein arbeitsvertragliches Fotografier- und Filmverbot hergestellt worden war, einen unzulässigen Eingriff in das Unternehmenspersönlichkeitsrecht des Laborbetreibers.[134] Als ein Verlag, der auf die Produktion von Medien für Homosexuelle Männer spezialisiert ist, im Internet eine Fotografie verbreitete, auf der ein nackter Mann mit gespreizten Beinen auf einem Bett sitzend und sich ans Geschlechtsteil fassend zu sehen ist, während zwischen seinen Beinen im Vordergrund der Fotografie ein

---

[127] KG v. 16.04.2004 – 9 U 10/04 – AfP 2006, 564; siehe zur Frage der Auffindbarkeit eines Privathauses aufgrund von Fotos des Hauses auch OLG Hamburg v. 28.09.2004 – 7 U 60/04 – AfP 2005, 75: Veröffentlichung der Abbildung des Privathauses mit dem Zusatz „G.´s. Luxus-Villa im Berliner Stadtteil Zehlendorf" reicht für Auffindbarkeit; OLG Hamburg v. 31.01.2006 – 7 U 108/05 AfP 2006, 182: keine Auffindbarkeit bei Veröffentlichung von Foto einer Wohnanlage, in der sich an nicht näher bezeichneter Stelle auch die Wohnung eines Prominenten befindet, wenn nur die Stadt, nicht aber Ortsteil oder Straße angegeben werden.
[128] KG v. 07.02.2008 – 10 U 108/07 – AfP 2008, 399 – Joschka Fischer.
[129] KG v. 07.02.2008 – 10 U 108/07 – AfP 2008, 399 – Joschka Fischer.
[130] KG v. 07.02.2008 – 10 U 108/07 – AfP 2008, 399 – Joschka Fischer.
[131] BGH v. 19.05.2009 – VI ZR 160/08 – NJW 2009, 3030 – Joschka Fischer.
[132] KG v. 18.12.2007 – 9 U 95/07 – AfP 2008, 396 – ehem. RAF-Mitglied.
[133] BGH v. 03.06.1986 – VI ZR 102/85 – GRUR 1986, 759, 761 – BMW.
[134] LG Münster v. 04.02.2004 – 16 O 14/04 – ZUM-RD 2004, 262, 267.

Hotelhandtuch mit dem deutlich erkennbaren Emblem des Hotels liegt, entschied das Landgericht Berlin, dass die Verbreitung dieser Fotografie in unzulässiger Weise in das Unternehmenspersönlichkeitsrecht der Hotelbetreibergesellschaft eingreift.[135] Eine Abwägung des Unternehmenspersönlichkeitsrechts mit der Kunstfreiheit fiele zu Gunsten der Hotelbetreiberin aus, da sich das Bild ausschließlich aus dem unbekleideten Mann und dem durch die fotografische Schärfe hervorgehobenem Emblem des Hotels zusammensetze und es somit das Hotel in der Wahrnehmung der Leser in einen unmittelbaren Zusammenhang mit der Vornahme sexueller Handlungen bringe.[136]

IV. Gewerbliche Schutzrechte

Der Herstellung und Veröffentlichung eines Fotos, auf dem fremde Gegenstände *460* abgebildet sind, können auch gewerbliche Schutzrechte Dritter entgegenstehen. Von praktischer Bedeutung sind hier vor allem Markenrechte sowie Rechte an geschäftlichen Bezeichnungen und Geschmacksmusterrechte.

1. Marken und geschäftliche Bezeichnungen

Das Markenrecht gewährt seinem Inhaber ein ausschließliches Recht zur Nutzung *461* seiner Marke und untersagt es Dritten, im geschäftlichen Verkehr ein identisches oder verwechslungsfähiges Zeichen zu benutzen (§ 14 MarkenG). § 15 MarkenG regelt entsprechende Ansprüche für den Inhaber einer geschäftlichen Bezeichnung. Entscheidend für die Frage, wann die Wiedergabe einer Marke oder einer geschäftlichen Bezeichnung im Rahmen von Foto- und Filmaufnahmen die entsprechenden Rechte des Inhabers der Marke oder der geschäftlichen Bezeichnung verletzen könnte, ist das Tatbestandsmerkmal des markenmäßigen Gebrauchs. Denn nur ein solcher kann Unterlassungsansprüche nach § 14 MarkenG bzw. § 15 MarkenG begründen. Nach der herrschenden Meinung ist nicht jede Benutzung markenrechtlich relevant, d. h. nicht jede visuelle Wiedergabe einer geschützten Marke stellt eine Benutzung im markenrechtlichen Sinne dar.[137] Eine markenmäßige Benutzung setzt vielmehr voraus, dass die Marke zur Kennzeichnung der Herkunft einer Ware oder Dienstleistung eingesetzt wird.[138] Dieser Verwendungszweck fehlt, wenn die Abbildung einer Marke vom Verkehr nur als Sachhinweis zur Unterrichtung des Publikums verstanden wird.[139]

In der bloßen fotografischen Wiedergabe einer Marke im redaktionellen Bereich *462* wird in den seltensten Fällen eine markenmäßige Benutzung zu sehen sein.[140] So sah z. B. der BGH die Abbildung des bekannten Logos der „Bild-Zeitung" im Rahmen eines kritischen Artikels in einer Gewerkschaftszeitung als zulässig an.[141] Vorsicht ist

---

[135] LG Berlin v. 3. 02.2009 – 16 O 548/08 – nicht veröffentlicht.
[136] LG Berlin v. 3. 02.2009 – 16 O 548/08 – nicht veröffentlicht.
[137] Ingerl/Rohnke, Markengesetz, Kommentar, 3. Aufl. 2010, § 14 MarkenG, Rn. 94 m.w.N.
[138] *Wanckel*, Foto- und Bildrecht, 3. Aufl. 2009, Rn. 114 m.w.N.
[139] BGH v. 25.03.2004 – I ZR 130/01 – GRUR 2004, 775, 778 – EURO 2000.
[140] *Wanckel*, Foto- und Bildrecht, 3. Aufl. 2009, Rn. 114 unter Verweis auf LG Düsseldorf v. 28.02.2007 – 22 O 150/06 – NJW-RR 2007, 920; *Wandtke*, Medienrecht, Praxishandbuch, 1. Auflage 2008, Teil 2, Kap. 4 (Fotorecht), Rn. 234.
[141] BGH v. 23.03.1979 – I ZR 50/77 – NJW 1980, 280 – Metall-Zeitung.

jedoch bei der Abbildung fremder Marken außerhalb des redaktionellen Bereichs, insbesondere bei der Gestaltung von Werbemitteln, geboten. Gemäß § 14 Abs. 3 Nr. 5 MarkenG fällt die Nutzung von Marken in der Werbung ausdrücklich in den Bereich markenrechtlich relevanter Benutzung. Eine Abbildung von fremden Marken im Rahmen der eigenen Produktwerbung kann jedoch dann zulässig sein, wenn die abgebildete Marke nur auf die Bestimmung einer Ware hinweisen soll. So ist gem. § 23 Nr. 3 MarkenG eine solche Benutzung einer fremden Marke insbesondere als Hinweis auf die Bestimmung von Zubehör und Ersatzteilen zulässig, soweit ihre Verwendung für diesen Zweck notwendig ist und nicht gegen die guten Sitten verstößt. Entsprechend sah der BGH in der Abbildung eines Sportwagens in der Werbeanzeige eines Aluminiumräderherstellers zwar eine markenmäßige Benutzung der auf dem abgebildeten Fahrzeug angebrachten Marke des Sportwagenherstellers.[142] Die Abbildung der fremden Marke stellt jedoch keine Markenverletzung dar, da das Bild nur den Zweck habe, die Aluminiumräder in ihrer bestimmungsgemäßen Funktion zu zeigen.[143]

463 Eine markenmäßige Benutzung liegt auch dann vor, wenn eine fremde Marke für ein Produkt (z. B. ein T-Shirt oder eine Postkarte) übernommen wird und dabei in parodistischer Absicht verändert wird.[144] In diesen Fällen kann der Eingriff in die fremden Markenrechte jedoch aufgrund einer erforderlichen Abwägung zwischen den Rechten des Markeninhabers und der Kunstfreiheit aus Art. 5 Abs. 3 GG ausscheiden.[145]

Da sich die Markenrechte mit dem Inverkehrbringen der mit der Marke gekennzeichneten Waren durch den Markeninhaber erschöpfen, ist es zulässig, den Absatz solcher Waren durch Werbehinweise zu fördern und dafür auch Abbildungen der geschützten Marke zu verwenden.[146] Werden daher Markenwaren zu dem Zweck fotografiert, den legalen Verkauf dieser Waren in Werbeveröffentlichungen anzukündigen, verletzt die in der Abbildung der Marke liegende markenmäßige Benutzung nicht die Markenrechte des Markeninhabers.[147]

2. Geschmacksmuster

464 Auch im Bereich des Geschmacksmusterrechts sind Entscheidungen, die sich mit einer Verletzung dieses Rechts durch Foto- und Filmaufnahmen auseinandersetzen, eher selten. Das Geschmacksmusterrecht ist im Deutschen Geschmacksmustergesetz (GeschmMG) und in der Europäischen Geschmacksmusterverordnung (GGV) geregelt. Geschmacksmusterschutz wird für Gestaltungen gewährt, die neu und eigentümlich sind und auf einer schöpferischen Leistung beruhen, die über das Können eines Durchschnittsgestalters und damit über das Handwerkmäßige hinausgehen.[148] Außerdem muss sich der Gegenstand in seinem Gesamteindruck vom bisherigen Formenschatz abheben.

---

[142] BGH v. 15.07.2004 – I ZR 37/01 – GRUR 2005, 163 – Aluminiumräder.
[143] BGH v. 15.07.2004 – I ZR 37/01 – GRUR 2005, 163, 164 – Aluminiumräder.
[144] BGH v. 03.02.2005 – I ZR 159/02 – GRUR 2005, 583, 584 – Humorvoller, markenmäßiger Gebrauch einer bekannten Marke; *Wandtke*, Medienrecht, Praxishandbuch, 1. Aufl. 2008, Teil 2, Kap. 4 (Fotorecht), Rn. 237.
[145] BGH v. 03.02.2005 – I ZR 159/02 – GRUR 2005, 583, 584 – Humorvoller, markenmäßiger Gebrauch einer bekannten Marke.
[146] *Wandtke*, Medienrecht, Praxishandbuch, 1. Aufl. 2008, Teil 2, Kap. 4 (Fotorecht), Rn. 239 unter Verweis auf EuGH v. 04.11.1997 – C-337/95 – GRUR Int 1998, 140, 143 – Dior/Evora.
[147] *Wandtke*, Medienrecht, Praxishandbuch, 1. Aufl. 2008, Teil 2, Kap. 4 (Fotorecht), Rn. 239.
[148] BGH v. 01.10.1980 – I ZR 111/78 – GRUR 1981, 269, 270 – Haushaltsschneidemaschine II.

Nach §§ 38, 40 GeschmMG steht dem Inhaber des Geschmacksmusters das ausschließliche Recht zu, es im gewerblichen Bereich zu benutzen. Unzulässige Nutzungen liegen nach dem Geschmacksmustergesetz insbesondere in der Herstellung, dem Anbieten, dem Inverkehrbringen, der Ein- und Ausfuhr und dem Gebrauch von Erzeugnissen mit dem Geschmacksmuster. Damit eine Verletzung eines Geschmacksmusters durch die Veröffentlichung von Sachaufnahmen in Betracht kommen kann, ist somit eine Nutzung der fotografischen Abbildung im gewerblichen Geschäftsverkehr erforderlich.

Wird durch die Nachbildung eines Gegenstands, für den ein Geschmacksmusterschutz besteht, dieses Geschmacksmuster verletzt, so ist auch die Vervielfältigung des Imitats als Verletzungshandlung anzusehen. In diesem Rahmen dürfen Imitate daher auch nicht mit Foto- und Filmaufnahmen beworben werden. So hat das OLG Frankfurt die Bewerbung eines Uhrenimitats mittels fotografischer Darstellung des Imitats in einem Versandhauskatalog als Verletzung des Geschmacksmusterrechts bezüglich der Originaluhr angesehen.[149]

V. Wettbewerbsrecht

Bei der Verwertung von Sachfotografien zu gewerblichen Zwecken sind wie bei al- *465* len geschäftlichen Handlungen die Vorschriften des Gesetzes gegen den unlauteren Wettbewerb (UWG) zu beachten. Für die Wahl des Motivs ist das UWG insbesondere in Fällen relevant, in denen fremde Marken nicht zur Kennzeichnung der Herkunft einer Ware oder Dienstleistung abgebildet werden – das Markenrecht mangels einer markenmäßigen Benutzung daher nicht anwendbar ist. Eine solche fotografische Abbildung eines geschützten Zeichens kann insbesondere dann wettbewerbswidrig sein, wenn sie dazu dienen soll, den guten Ruf der Waren oder Dienstleistungen, die mit dem abgebildeten Zeichen ausgestattet sind, auf die eigene Ware zu übertragen (Imagetransfer).[150] Eine solche Rufausbeutung kann eine unlautere Wettbewerbshandlung darstellen, insbesondere, wenn sie im Rahmen einer vergleichenden Werbung erfolgt (§ 6 Abs. 2 Nr. 4 UWG) oder zu einer unzulässigen Behinderung (§ 4 Nr. 10 UWG) führt. Für eine Anwendbarkeit der wettbewerbsrechtlichen Vorschriften ist es jedoch jeweils erforderlich, dass zwischen demjenigen, der die fremde Marke verwendet und dem Inhaber der Markenrechte ein konkretes Wettbewerbsverhältnis besteht (§ 2 Abs. 1 Nr. 3 UWG).

---

[149] OLG Frankfurt v. 15.08.2002 – 6 U 116/01 – GRUR-RR 2003, 204.
[150] *Wandtke*, Medienrecht, Praxishandbuch, 1. Aufl. 2008, Rn. 241.

B. Personenfotografie

Seit jeher sind Menschen das beliebteste Motiv des Fotografen. Wenn solch ein Foto *466* jedoch nicht nur im privaten Fotoalbum landen soll, sondern in den Medien veröffentlicht oder gar zu Werbezwecken verbreitet werden soll, ergeben sich sowohl für den Fotografen als auch für denjenigen, der das Foto nutzen will, oft ungeahnte Probleme. Dabei geht es vor allem um die Frage, ob eine wirksame Einwilligung des Fotografierten für die spezifische Nutzung des Fotos vorliegt bzw. wenn eine solche Einwilligung nicht vorliegt, unter welchen Voraussetzungen eine Veröffentlichung ohne sie möglich ist.

I. Anfertigen von Personenfotos

Während sich die Rechtmäßigkeit der Verbreitung und Veröffentlichung von Perso- *467* nenfotos maßgeblich nach dem Gesetz betreffend das Urheberrecht an Werken der bildenden Künste und der Fotographie (KUG) richtet, finden die dortigen Vorschriften auf das Anfertigen und das Vervielfältigen solcher Fotografien keine Anwendung. In § 22 KUG sind ausdrücklich nur die Voraussetzungen für die Zulässigkeit der Verbreitung und der öffentlichen Zurschaustellung geregelt. Eine analoge Anwendung der Vorschriften des KUG auf die Anfertigung und die Vervielfältigung von Fotografien kommt schon wegen der Strafbewehrung in § 33 KUG nicht in Betracht.[1]

Der Umstand, dass die Vorschriften des KUG das Anfertigen von Personenfoto- *468* grafien nicht erfassen, heißt jedoch im Umkehrschluss keineswegs, dass das Fotografieren an sich ohne weiteres rechtmäßig ist. Zwar existieren nur wenige gesetzlich normierte Fotografierverbote wie bspw. der 2004 in das Strafgesetzbuch eingefügte § 210 a Abs. 1 StGB, der die Verletzung des höchstpersönlichen Lebensbereichs durch die Anfertigung von Bildaufnahmen unter Strafe stellt.[2] Jedoch ist man sich in Literatur und Rechtsprechung heute weitgehend einig, dass bereits die nicht gestattete Anfertigung der Fotografie einer Person in deren allgemeines Persönlichkeitsrecht aus Artikel 2 Abs. 1 GG i.V.m. Artikel 1 Abs. 1 GG eingreift.[3] Da bereits das Anfertigen einer Personenfotografie in das Selbstdarstellungsrecht des Betroffenen eingreift, sein Bildnis von seiner Person losgelöst wird und damit in dieser konkreten Form der Kontrolle des Abgebildeten entzogen wird, ist eine Ausweitung des Schutzes der

---

1   *Dreier*, in: Dreier/Schulze, UrhG, 3. Aufl. 2008, § 22 KUG Rn. 12; OLG Hamburg v. 14.04.1972 – 1 Ws 84/72 – NJW 1972, 1290.
2   Zu den gesetzlichen Fotografierverboten siehe unten unter C. Gesetzliche Fotografierverbote, Rn. 644 ff., sowie zu § 201a StGB unten unter B.III. 2. Strafrechtliche Folgen, Rn. 633 ff.
3   BGH v. 10.05.1957 – I ZR 234/55 – GRUR 1957, 494 – Spätheimkehrer; BGH v. 16.09.1966 – VI ZR 268/64 GRUR 1967, 205 – Vor unserer eigenen Tür; KG v. 04.12.2007 – 9 U 21/07 – AfP 2008, 199, 201; OLG Frankfurt v. 09.01.1958 – 6 U 77/57 – GRUR 1958, 508 – Verbrecherbraut; OLG Hamburg v. 14.04.1972 – 1 Ws 84/72 – NJW 1972, 1290; *Götting*, in: Schricker/Loewenheim, Urheberrecht, Kommentar, 4. Aufl. 2010, § 22 KUG, Rn. 5 m.w.N.; *Dreier*, in: Dreier/Schulze, UrhG, 3. Aufl. 2008, § 22 KUG, Rn. 13; *Fricke*, in: Wandtke/Bullinger, Praxiskommentar zum Urheberrecht, 3. Aufl. 2009, § 22 KUG, Rn 9; *Wanckel*, Foto- und Bildrecht, 3. Aufl. 2009, Rn. 55; a.A. *v. Gamm*, Urheberrechtsgesetz, 2. Aufl. 1968, Einf. Rn. 105: Verletzung des allg. Persönlichkeitsrechts nur bei einem über das bloße Abbilden hinausgehenden Eingriff in das Persönlichkeitsrecht.

Persönlichkeit bereits vor dem Fotografiervorgang selbst geboten.[4] Die Heranziehung des allgemeinen Persönlichkeitsrechts ist insoweit sowohl unter dem Gesichtspunkt eines möglichst umfassenden grundgesetzlich verankerten Persönlichkeitsschutzes als auch im Hinblick auf die zunehmende Kommerzialisierung des persönlichen Erscheinungsbildes gerechtfertigt.[5]

469 Die frühere Rechtsprechung, die auch das heimliche Abbilden nur dann als einen Eingriff in das allgemeine Persönlichkeitsrecht ansah, wenn es in der Wohnung des Abgebildeten stattfand[6] oder die spätere Veröffentlichung bereits bei der Anfertigung des Fotos beabsichtigt war,[7] ist vor diesem Hintergrund überholt. Ein Eingriff in das allgemeine Persönlichkeitsrecht des Betroffenen durch die Herstellung von Bildnissen seiner Person kann vielmehr selbst dann gegebenen sein, wenn die Aufnahmen außerhalb des häuslichen Lebensbereichs gefertigt werden und keine Verbreitungsabsicht hinsichtlich der gefertigten Fotografien besteht.[8] So hat der Bundesgerichtshof bspw. die gezielte Überwachung eines Teils eines öffentlichen Weges über längere Zeiträume, die als Schutzmaßnahme eines Grundstückseigentümers vorgenommen wurde, als schwerwiegende Beeinträchtigung des allgemeinen Persönlichkeitsrechts anderer Bewohner gewertet, die diesen Weg als Zugang zu ihren Grundstücken nutzten.[9] Auch die Videoüberwachung im Aufzug eines Mietshauses ohne die Einwilligung der Mieter greift nach der Rechtsprechung des Kammergerichts in rechtswidriger Weise in das allgemeine Persönlichkeitsrecht der Mieter ein und ist daher unzulässig.[10]

470 Ob der Betroffene bereits gegen die Anfertigung von Fotos seiner Person Ansprüche geltend machen kann, muss unter Würdigung aller Umstände des Einzelfalls und durch Vornahme einer den verfassungsrechtlich geschützten Positionen der Beteiligten Rechnung tragenden Güter- und Interessenabwägung ermittelt werden.[11] Auch bei der Prüfung, ob bereits das Herstellen einer Fotografie unzulässig ist, kommt man daher im Kern zu derselben Abwägung zwischen den betroffenen Rechtsgütern, die auch im Rahmen der Vorschriften über die Veröffentlichung eines Bildnisses nach dem KUG vorzunehmen ist[12] und auf die dort noch im Einzelnen eingegangen werden wird.[13]

471 Wird eine Personenfotografie mit der Absicht aufgenommen, dieselbe in den Medien zu veröffentlichen bzw. veröffentlichen zu lassen, so ist im Hinblick auf die Bedeutung der Pressefreiheit grundsätzlich davon auszugehen, dass die Anfertigung eines Bildnisses jedenfalls dann zulässig ist, wenn es wegen einer nach § 22 KUG er-

---

4   *Dreier*, in: Dreier/Schulze, UrhG, 3. Aufl. 2008, § 22 KUG, Rn. 13 m.w.N.
5   *Dreier*, in: Dreier/Schulze, UrhG, 3. Aufl. 2008, § 22 KUG, Rn. 13.
6   BGH v. 10.05.1957 – I ZR 234/55 – GRUR 1957, 494, 497 – Spätheimkehrer; ähnlich noch OLG Schleswig v. 03.10.1979 – 1 Ss 313/79 – NJW 1980, 352: Arbeitsplatz als nicht privater Bereich.
7   OLG Frankfurt v. 09.01.1958 – 6 U 77/57 – GRUR 1958, 508 – Verbrecherbraut.
8   BGH v. 25.04.1995 – VI ZR 272/94 – NJW 1995, 1955 – Videoüberwachung.
9   BGH v. 25.04.1995 – VI ZR 272/94 – NJW 1995, 1955, 1957 – Videoüberwachung.
10   KG v. 04.08.2008 – 8 U 83/08 – WuM 2008, 663.
11   BGH v. 25.04.1995 – VI ZR 272/94 – NJW 1995, 1955, 1957 – Videoüberwachung.
12   So wie hier: *Dreier*, in: Dreier/Schulze, UrhG, 3. Aufl. 2008, § 22 KUG, Rn. 13; *Fricke*, in: Wandtke/Bullinger, Praxiskommentar zum Urheberrecht, 3. Aufl. 2009, § 22 KUG, Rn. 9; *Wanckel*, Foto- und Bildrecht, 3. Aufl. 2009, Rn. 55 jeweils m.w.N.
13   Siehe hierzu die Ausführungen unten unter B. II. 3. Veröffentlichung ohne Einwilligung – die Ausnahmetatbestände des § 23 Abs. 1 KUG, Rn. 521 ff..

teilten Einwilligung oder aufgrund einer der Ausnahmetatbestände des § 23 KUG verbreitet werden darf.[14] In der Praxis führt dieser Grundsatz jedoch dazu, dass man bereits bei der Prüfung der Zulässigkeit des Anfertigens einer Fotografie bei den – nicht immer einfach und schnell zu bewertenden – rechtlichen Voraussetzungen für ihre Veröffentlichung nach den §§ 22 ff. KUG landet. In Literatur und Rechtsprechung sind dennoch Tendenzen dahingehend zu erkennen, die Grenzen, die nach dem KUG für die Bildnisverbreitung und -veröffentlichung gesetzt werden, nicht erst bei der Frage der Verbreitung zu beachten, sondern den Schutz des Betroffenen schon vorher, nämlich bei der Anfertigung der fotografischen Aufnahme, eingreifen zu lassen.[15]

Da bei der Anfertigung eines Bildnisses der Veröffentlichungsumfang und -zusam- *472* menhang oftmals noch gar nicht feststehen wird und sich eine besondere Bedeutung des Bildnisses unter Umständen auch erst im Nachhinein herausstellen kann, würde eine Regel, nach der nur fotografiert werden darf, was auch veröffentlicht werden dürfte, regelmäßig zu einer Beurteilung ex post führen und somit den Interessen des Fotografen, der die Entscheidung über die Rechtmäßigkeit in dem Moment treffen muss, in dem er auf den Auslöser drückt, nicht gerecht werden. Ein Verbot bereits der Anfertigung von Bildnissen, an denen ggf. ein öffentliches Informationsinteresse bestehen kann, würde zu einer Einschränkungen der Pressefreiheit führen und ein journalistisches Arbeiten teilweise unmöglich machen.[16] Für den Bereich publizistisch veranlasster Aufnahmen zu Berichterstattungszwecken erscheint es daher angemessen, den Vorgang des Anfertigens nur dann als unzulässig anzusehen, wenn ihre Verbreitung in jedem denkbaren Kontext unzulässig wäre, etwa bei Eingriffen in die Intimsphäre, die Menschenwürde und teilweise auch bei der Bildniserschleichung.[17]

II. Verbreiten und Veröffentlichen von Personenfotos

Während die Frage der Zulässigkeit der Anfertigung von Personenfotos oftmals nur *473* eine theoretische bleiben wird, erlangt sie spätestens in dem Moment, in dem solch ein Foto der Öffentlichkeit, bspw. durch den Abdruck in Zeitungen und Zeitschriften oder die Veröffentlichung in anderen Medien, zugänglich gemacht wird, praktische Bedeutung. Unter welchen Voraussetzungen die Veröffentlichung von Personenfotos zulässig ist, richtet sich nach dem **Recht am eigenen Bild**, welches als Teil des Kunsturhebergesetzes (KUG) vom Gesetzgeber bereits 1907 geschaffen wurde.

---

[14] OLG Hamburg v. 13.07.1989 – 3 U 30/89 – AfP 1991, 437; LG Oldenburg v. 22.03.1990 – 5 O 3328/89 – AfP 1991, 652; OLG Schleswig v. 03.10.1979 – 1 Ss 313/79 – NJW 1980, 352; KG v. 02.03.2007 – 9 U 212/06 – AfP 2007, 139.

[15] so OLG Hamburg v. 13.07.1989 – 3 U 30/89 – GRUR 1990, 35; so im Ergebnis auch *von Strobl-Albeg*, in: Wenzel, Das Recht der Wort- und Bildberichterstattung, 5. Aufl. 2003, Kap. 7, Rn. 25, nach dessen Ansicht die grundsätzliche Verbreitungsbefugnis nach §§ 22, 23 KUG nicht bereits zum Zeitpunkt der Herstellung der Aufnahme bestehen müsse.

[16] OLG Frankfurt v. 25.08.1994 – 6 U 296/93 – NJW 1995, 878; KG v. 02.03.2007 – 9 U 212/06 – AfP 2007, 139, 141; *von Strobl-Albeg*, in: Wenzel, Das Recht der Wort- und Bildberichterstattung, 5. Aufl. 2003, Kap. 7, Rn. 25.

[17] KG v. 02.03.2007 – 9 U 212/06 – AfP 2007, 139 f.; *Wanckel*, Foto- und Bildrecht, 3. Aufl. 2009, Rn. 57.

474   Das in § 22 Satz 1 KUG normierte Recht am eigenen Bild ist eine besondere gesetzliche Regelung des allgemeinen Persönlichkeitsrechts,[18] welches dem Einzelnen dem Grundsatz nach die Verfügung über das eigene Bild zusprechen soll. Nur der Betroffene selbst soll grundsätzlich darüber befinden dürfen, ob, wann und wie er sich gegenüber Dritten oder der Öffentlichkeit im Bild darstellen will.[19] Anlass für die Schaffung des KUG im Jahre 1907 waren die wohl ersten **„Paparazzi"-Fotos**, über deren Veröffentlichung das Reichsgericht zu entscheiden hatte. Als der ehemalige Reichskanzler Otto von Bismarck im Juli 1898 im Sterben lag, versammelten sich an seinem Wohnort zahlreiche Journalisten. Zwei Fotografen aus Hamburg gelang es, durch Bestechung der Hausangestellten nach dem Tod Bismarcks als erste in sein Sterbezimmer einzudringen und den Verstorbenen zu fotografieren. Die Fotografen wurden anschließend bei dem Versuch, das Bild zu verkaufen, festgenommen und wegen Hausfriedensbruch und Störung der Totenruhe zu Gefängnisstrafen verurteilt. Parallel zu dem strafrechtlichen Verfahren verklagten die Erben Bismarcks die Fotografen auf Herausgabe der Negative und Abzüge. Das Reichsgericht, welches schließlich über den Fall zu entscheiden hatte, konnte die Verbreitung der Fotos mangels entsprechender gesetzlicher Regelungen nur gestützt auf den begangenen Hausfriedensbruch untersagen.[20] Aus der Begründung des Reichsgerichts, nach dem es „mit dem natürlichen Rechtsgefühl unvereinbar" ist, dass jemand etwas „unangefochten behalte, was er durch eine widerrechtliche Handlung erlangt und dem durch dieselbe in seinen Rechten entzogen hat"[21], wird deutlich, dass hier eine **Regelungslücke** erkennbar geworden war. Diese sollte nach längerer Debatte durch die Verabschiedung des Kunsturheberrechtsgesetzes (KUG), das am 01.07.1907 in Kraft trat und das Recht am eigenen Bild erstmals im deutschen Recht näher definierte, geschlossen werden. Dabei sollte das KUG einen Ausgleich zwischen dem Achtungsanspruch der Persönlichkeit und dem Informationsinteresse der Allgemeinheit vornehmen.[22]

475   Geregelt ist das Recht am eigenen Bild in den §§ 22 – 24, 33 ff. KUG. Diese Vorschriften zum Bildnisschutz des KUG blieben gem. § 141 Nr. 4 UrhG auch nach Inkrafttreten des Urheberrechtsgesetzes von 1965 und der damit verbundenen Aufhebung der sonstigen Vorschriften des KUG in Kraft. Während das Urheberrechtsgesetz von 1965 zum Ziel hatte, die bis dahin in mehreren Gesetzen geregelte Materie des Urhebergesetzes in einem Gesetz zusammenzuführen, blieben die Vorschriften des Bildnisschutzes hiervon konsequenter Weise unberührt, da es sich bei dem Recht am eigenen Bild nicht um ein Urheberrecht, sondern um eine Ausprägung des Persönlichkeitsrechts handelt.[23] Es fand nur deshalb Aufnahme in das KUG, weil es eine „Einschränkung der Befugnisse des Urhebers des Bildnisses" bedeutete.[24]

---

18 BVerfG v. 05.06.1973 – 1 BvR 536/72 – GRUR 1973, 541, 545 – Lebach; BGH v. 12.12.1995 – VI ZR 223/94 – GRUR 1996, 227, 228 – Wiederholungsveröffentlichung; BGH v. 06.03.2007 – VI ZR 51/06 – GRUR 2007, 527 – Winterurlaub.

19 st. Rspr., BGH v. 06.03.2007 – VI ZR 51/06 – GRUR 2007, 527 – Winterurlaub, m. w. N.

20 RG v. 28.12.1899 – VI 259/99 – RGZ 45, 170; Näheres hierzu bei Kohler, Der Fall der Bismarckphotographie, GRUR 1900, 196.

21 RG v. 28.12.1899 – VI 259/99 – RGZ 45, 170.

22 Amtliche Begründung der Regierungsvorlage zum KUG in: Stenographische Berichte über die Verhandlungen des Reichstages, 11. Legislaturperiode, II. Session, 2. Anlageband, S. 1540 ff, teilweise abgedruckt in *Osterrieth/Marwitz*, Das Kunstschutzgesetz, 1929, § 22 Anm. I.; BVerfG v. 15.12.1999 – 1 BvR 653/96 – GRUR 2000, 446, 451 – Caroline von Monaco.

23 *Götting*, in: Schricker/Loewenheim, Urheberrecht, Kommentar, 4. Aufl. 2010, § 60/§ 22 KUG, Rn. 7; *Schertz*, in: Loewenheim, Handbuch des Urheberrechts, 1. Aufl. 2003 § 18, Rn. 1.

24 *Helle*, Besondere Persönlichkeitsrechte im Privatrecht, 1. Aufl. 1991, Seite 45/46 unter Bezugnahme auf die Gesetzesmaterialien.

Gem. § 22 KUG dürfen Bildnisse grundsätzlich nur mit **Einwilligung des Abge-** 476
bildeten verbreitet oder öffentlich zur Schau gestellt werden. Ausnahmen von dem
Erfordernis der Einwilligung regeln die §§ 23 und 24 KUG. Soll ein Personenfoto
veröffentlicht werden, so ist daher zunächst festzustellen, ob die Tatbestandsvoraussetzungen des § 22 KUG vorliegen, nämlich an erster Stelle, ob überhaupt ein Bildnis
im Sinne dieser Vorschrift vorliegt.

Handelt es sich um ein Bildnis im Sinne des § 22 KUG, so stellt sich als nächstes die
Frage, ob der Abgebildete in die konkrete Verbreitung oder Veröffentlichung eingewilligt hat. Hat er dies nicht, so ist zu prüfen, ob einer der Ausnahmetatbestände des
§ 23 Abs. 1 KUG oder des § 24 KUG gegeben ist. Liegt einer der Ausnahmetatbestände des § 23 Abs. 1 KUG vor, so ist zuletzt zu prüfen, ob der Verbreitung oder
Veröffentlichung dennoch ein berechtigtes Interesse des Abgebildeten gem. § 23 Abs.
2 KUG entgegensteht.

1. Bildnis

Ein Bildnis im Sinne von § 22 KUG ist ein Personenbildnis, d. h. die Darstellung einer 477
Person in ihrer wirklichen, dem Leben entsprechenden äußeren Erscheinung, in einer
für Dritte erkennbaren Weise.[25]

a) *Personenbildnis*

Voraussetzung für das Vorliegen eines Bildnisses im Sinne von § 22 KUG ist zunächst, 478
dass es die Person in „ihrer wirklichen, dem Leben entsprechenden Erscheinung"[26]
darstellt.

Nicht nur Fotografien oder Filmaufnahmen können Bildnisse im Sinne von § 22
KUG darstellen. Der Bildnisschutz des KUG umfasst vielmehr auch alle anderen
Abbildungsformen wie Zeichnungen und Gemälde oder Skulpturen.[27] Weder auf die
technische Art der Darstellung noch auf die Art des Mediums, welches der Wiedergabe der bildlichen Darstellung dient, kommt es für das Vorliegen eines Bildnisses
an. So ist es in Bezug auf Foto- und Filmaufnahmen ohne Bedeutung, ob ein Bildnis
ständig oder nur vorübergehend sichtbar wird.[28] Die Abbildung von Personen in der
Bewegung in Film und Fernsehen ist ebenso ein Bildnis wie ein Foto, ein Gemälde,
eine Statue, eine Puppe[29] oder die Abbildung auf einer Medaille.[30]

aa) *Leichenfotos*

Nach der herrschenden Ansicht in Literatur und Rechtsprechung können auch Abbil- 479
dungen von Leichen oder Totenmasken „Bildnisse" im Sinne von § 22 KUG darstel-

---

[25] *Götting*, in: Schricker/Loewenheim, Urheberrecht, Kommentar, 4. Aufl. 2010, § 60/§ 22
KUG, Rn. 14.
[26] Amtliche Begründung der Regierungsvorlage zum KUG in: Stenographische Berichte über die
Verhandlungen des Reichstages, 11. Legislaturperiode, II. Session, 2. Anlageband, S. 1540 ff.
[27] *Dreier*, in: Dreier/Schulze, UrhG, 3. Aufl. 2008,§ 22 KUG, Rn. 1.
[28] *Götting*, in: Schricker/Loewenheim, Urheberrecht, Kommentar, 4. Aufl. 2010, § 60/§ 22
KUG, Rn. 15.
[29] Corte di Cassazione v. 10.11.1979 – GRUR Int. 1982, 462 – Mazzola; AG Hamburg v.
02.11.2004 – 36A C 184/04 – NJW-RR 2005, 196 – Kanzlerpuppe.
[30] BGH v. 14.11.1995 – VI ZR 410/94 – GRUR 1996, 195 – Abschiedsmedaille.

len.[31] Die Mindermeinung, nach der kein Bildnis im Sinne von § 22 KUG vorliegen soll, wenn die abgebildete Person nach ihrem Ableben dargestellt wird,[32] kann nicht überzeugen. Bereits in der amtlichen Begründung zum Kunsturhebergesetz wird klargestellt, dass der Bildnisbegriff auch solche Darstellungen umfasst, die nach dem Tode des Abgebildeten aufgenommen wurden.[33] Der Begriff des „Bildnisses" bietet auch keinen Ansatzpunkt für eine Unterscheidung zwischen Abbildungen lebender und toter Personen in sich. Zudem macht § 22 S. 3 KUG deutlich, dass der Gesetzgeber das Verfügungsrecht einer Person über ihr Bildnis nicht mit dem Tod enden lassen wollte. Gem. § 22 S. 3 KUG bedarf es bei der Veröffentlichung eines Bildnisses nach dem Tod des Abgebildeten bis zum Ablauf von 10 Jahren der Einwilligung der Angehörigen des Abgebildeten. Wollte der Gesetzgeber auf diesem Wege eindeutig den Bildnisschutz nicht mit dem Tod des Abgebildeten enden lassen, so besteht erst Recht keine Veranlassung, Bildnisse, die nach dem Ableben des Abgebildeten gefertigt werden und somit im Moment größter Schutz- und Wehrlosigkeit entstehen, aus dem Bildnisschutz auszunehmen.

bb) Doppelgänger

480 Für das Vorliegen eines Bildnisses einer Person ist es auch nicht erforderlich, dass die Person auch tatsächlich selbst abgebildet wurde. Auch die Abbildung eines sog. „Doubles" (Doppelgänger) kann dazu führen, dass am Ende nicht nur ein „Bildnis" des Doppelgängers (sofern dieser als Person noch erkennbar ist) geschaffen wurde, sondern auch ein Bildnis desjenigen vorliegt, den der Doppelgänger darstellt.[34]

Das Recht am eigenen Bild umfasst also nicht nur die Abbildung einer Person im eigentlichen Sinne, sondern auch die Darstellung einer Person durch einen Schauspieler auf der Bühne im Film oder im Fernsehen.[35] Maßgebend ist aber auch hier die Erkennbarkeit. Die Darstellung einer Person, bspw. durch einen Schauspieler, kann nur

---

[31] OLG Hamburg v. 07.07.1983 – 3 U 7/83 – AfP 1983, 466 – Oktoberfestattentäter; bezogen auf den Bildnisbegriff in § 60 UrhG: KG v. 08.02.1983 – 5 U 376/82 – ZUM 1985, 383 – Totenmaske Max Liebermanns; *Dreier*, in: Dreier/Schulze, UrhG, 3. Aufl. 2008, § 22, Rn. 1, *Götting*, in: Schricker/Loewenheim, Urheberrecht, Kommentar, 4. Aufl. 2010, § 60/§ 22 KUG, Rn. 15.

[32] so im Ergebnis *von Strobl-Albeg*, in: Wenzel, Das Recht der Wort- und Bildberichterstattung, 5. Aufl. 2003, Kap. 7, Rn. 10.

[33] In der amtlichen Begründung der Regierungsvorlage zum KUG (Stenographische Berichte über die Verhandlungen des Reichstages, 11. Legislaturperiode, II. Session, 2. Anlageband, S. 1540 ff.) heißt es: „Dieser Schutz wird sich auch auf Bildnisse erstrecken, die nach dem Tode des Abgebildeten aufgenommen sind. Einer besonderen Vorschrift hierüber bedurfte es nicht, da der Begriff des Bildnisses auch diesen Fall umfasst."; vgl. auch *Helle*, Besondere Persönlichkeitsrechte im Privatrecht, 1. Aufl. 1991, Seite 63, Fn.112.

[34] st. Rspr.: KG v. 18.01.1928 – 10 U 14480/27 – JW 1928, 363 – Piscator; BGH v. 15.11.1957 – I ZR 83/56 – GRUR 1958, 354 – Sherlock Holmes; OLG Hamburg v. 24.10.1974 – 3 U 134/74 – NJW 1975, 649 – Aus nichtigem Anlass; OLG Karlsruhe v. 04.11.1994 – 14 U 125/93 – AfP 1996, 282, 283 – Ivan Rebroff; LG München v. 03.04.1996 – 21 O 19723/95 – AfP 1997, 554, 555 – Marlene Dietrich, BGH v. 01.12.1999 – I ZR 226/97 – NJW 2000, 2201 – Marlene Dietrich / „Der Blaue Engel"; OLG München v. 17.01.2003 – 21 U 2664/01 – NJW-RR 2003, 767; *Dreier*, in: Dreier/Schulze, UrhG, 3. Aufl. 2008, § 22 KUG, Rn. 2; *Götting*, in: Schricker/ Loewenheim, Urheberrecht, Kommentar, 4. Aufl. 2010, § 60/§ 22 KUG, Rn. 33; *Schertz*, in: Loewenheim, Handbuch des Urheberrechts, 1. Aufl. 2003 § 18, Rn. 5; *von Strobl-Albeg*, in: Wenzel, Das Recht der Wort- und Bildberichterstattung, 5. Aufl. 2003, Kap. 7, Rn. 17.

[35] OLG Hamburg v. 24.10.1974 – 3 U 134/74 – NJW 1975, 649, 650 – Aus nichtigem Anlass.

dann zum Bildnis der dargestellten Person werden, wenn der Darsteller z. B. durch Maske, Mimik und Gesten die von ihm verkörperte Person so überzeugend darstellt, dass er damit ein lebendes Abbild der dargestellten Person schafft. So lehnten bspw. sowohl das Kammergericht[36] als auch das Oberlandesgericht München[37] das Vorliegen eines Bildnisses der in einem Spielfilm über die RAF von zwei Schauspielerinnen dargestellten Töchter von Ulrike Meinhof mit der Begründung ab, es sei zwar für den Zuschauer aufgrund der Benennung und der Rolle der beiden Figuren klar gewesen, wer hier dargestellt werden soll. Mangels Ähnlichkeit zwischen den beiden Schauspielerinnen und ihren lebenden Vorbildern läge jedoch kein Bildnis der Töchter von Ulrike Meinhof vor.[38] Auch das Landgericht Köln lehnte einen Unterlassungsanspruch der Witwe von Jürgen Ponto aus ihrem Recht am eigenen Bild gegen die Darstellung ihrer Person durch eine Schauspielerin in dem Spielfilm über die RAF mangels Ähnlichkeit zwischen ihr und der Schauspielerin ab.[39]

Ein weiterer praktisch relevanter Fall für das Vorliegen eines Bildnisses einer Person, ohne dass diese tatsächlich fotografiert wurde, findet sich in der Praxis auch im Bereich der Werbung. Hier werden immer wieder sog. „look-alikes"/Doubles von Prominenten eingesetzt, um auf diesem Wege ohne die Zahlung hoher Honorare von dem Image des Dargestellten zu profitieren. Wird durch den Einsatz dieser „look-alikes" der Eindruck erweckt, es handele sich um die andere Person selbst, so handelt es sich auch hier um ein Bildnis der anderen Person.[40] Dem Vorliegen eines Bildnisses in einem solchen Fall soll auch nicht entgegenstehen, dass ein größerer Teil der Betrachter durchaus erkennt, dass es sich um einen Doppelgänger handelt.[41] Vielmehr soll es in Anlehnung an § 3 UWG hierbei ausreichend sein, dass ein nicht unbeachtlicher Teil des angesprochenen Publikums glaubt, es handele sich tatsächlich um den Prominenten.[42] *481*

b) Erkennbarkeit

Maßgebend für das Vorliegen eines Bildnisses im Sinne von § 22 KUG ist die Erkennbarkeit des einzelnen Abgebildeten.[43] Erkennbar ist eine abgebildete Person schon dann, wenn sie begründeten Anlass hat anzunehmen, dass sie nach der Art der Abbildung erkannt werden könne.[44] Ausreichend ist insofern schon die Erkennbarkeit *482*

---

36 KG v. 23.10.2008 – 10 U 140/08 – ZUM-RD 2009, 181 – Tochter von Ulrike Meinhof.
37 OLG München v. 14.09.2007 – 18 W 1902/07 – ZUM 2007, 932 – Tochter von Ulrike Meinhof (a.A. noch die Vorinstanz: LG München v. 12.06.2007 – 9 O 9431/07 – ZUM-RD 2007, 936).
38 KG v. 23.10.2008 – 10 U 140/08 – ZUM-RD 2009, 181 – Tochter von Ulrike Meinhof.
39 LG Köln v. 09.01.2009 – 28 O 765/08 – ZUM 2009, 324.
40 BGH v. 01.12.1999 – I ZR 226/97 – GRUR 2000, 715 – Der blaue Engel; LG Düsseldorf v. 29.08.2001 – 12 O 566/00 – AfP 2002, 64 – Kaiser Franz; LG München I v. 11.09.2003 – 7 O 20974/02 – ZUM-RD 2003, 601: angebliche Nacktaufnahme von Marlene Dietrich; LG Köln v. 19.09.2000 – 33 O 276/00 – ZUM 2001, 180 – Werbeauftritt eines Doppelgängers von Michael Schumacher; LG Stuttgart v. 02.03.1982 – 7 O 516/81 – AfP 1983, 292; *Dreier*, in: Dreier/Schulze, UrhG, 3. Aufl. 2008, § 22 KUG, Rn. 2; *Fricke*, in: Wandtke/Bullinger, Praxiskommentar zum Urheberrecht, 3. Aufl. 2009, § 22 KUG, Rn. 7, *von Strobl-Albeg*, in: Wenzel, Das Recht der Wort- und Bildberichterstattung, 5. Aufl. 2003, Kap. 7, Rn. 18.
41 LG Düsseldorf v. 29.08.2001 – 12 O 566/00 – AfP 2002, 64, 65 – Kaiser Franz.
42 LG Düsseldorf v. 29.08.2001 – 12 O 566/00 – AfP 2002, 64 – Kaiser Franz.
43 vgl. BGH v. 14.02.1958 – I ZR 151/56 – GRUR 1958, 408 – Herrenreiter.
44 BGH v. 26.01.1971 – VI ZR 95/70 – NJW 1971, 698, 700 – Liebestropfen; OLG München v. 21.01.1999 – 21 U 6238/97 – AfP 1999, 351; LG München v. 10.11.1996 – 21 O 23932/95 – ZUM-RD 1998, 18; *von Strobl-Albeg*, in: Wenzel, Das Recht der Wort- und Bildberichterstattung, 5. Aufl. 2003, Kap. 7, Rn. 15.

innerhalb eines mehr oder minder großen Bekanntenkreises.[45] Einen Beweis dafür, dass die Person tatsächlich erkannt wurde, muss sie nicht führen, weil es ihr naturgemäß nicht zugemutet werden kann, im Einzelnen darzulegen, welche Personen das veröffentlichte Bild wahrgenommen und sie darauf erkannt haben.[46] Wurde der Abgebildete auf die Bildnisveröffentlichung von Dritten angesprochen, so stellt dies eine Bestätigung der Erkennbarkeit dar.[47]

aa) Erkennbarkeit aufgrund der Abbildung selbst

483 Die Erkennbarkeit einer Person aufgrund einer Abbildung setzt nicht notwendig die Abbildung ihrer Gesichtszüge voraus. Es genügt, wenn der Abgebildete, mag auch sein Gesicht kaum oder – etwa durch Retuschen – gar nicht erkennbar sein, durch Merkmale, die sich aus dem Bild ergeben und die gerade ihm eigen sind, erkennbar ist.[48] Insofern kann es sich auch bei einem bloßen Schattenriss[49] oder der Abbildung der Person von hinten[50] um ein Bildnis im Sinne von § 22 KUG handeln. Das OLG München sah insofern in einem Foto des Fußballspielers Paul Breitner ein Bildnis, da dieser trotz verdeckten Gesichts an Hand seiner typischen Haartracht erkennbar sei.[51] Das OLG Hamburg erkannte in der technisch verfremdeten Darstellung eines Torwarts in einem Computerspiel ein Bildnis des Torwarts Oliver Kahn.[52] Und das Landgericht München bestätigte das Vorliegen eines Bildnisses eines Trick-Ski-Fahrers, weil dieser aufgrund der Bekleidung und der Sprungposition erkennbar sei.[53] Abgelehnt wurde das Vorliegen eines Bildnisses hingegen z. B. vom Kammergericht bei einem Foto, auf welchem die Abgebildete nur seitlich von hinten abgelichtet ist, Gesicht und Figur nicht erkennbar sind, sie „Allerweltskleidung" ohne identifizierende Merkmale und eine „Durchschnittsfrisur" trägt.[54]

484 Die in den Medien offenbar nach wie vor weit verbreitete Ansicht, man könne die Erkennbarkeit eines Abgebildeten durch Augenbalken oder Pixeln bzw. Weißen des Gesichts ausschließen, ist angesichts der obigen Ausführungen zur Erkennbarkeit

---

[45] BGH v. 26.06.1979 – VI ZR 108/78 – GRUR 1979, 732, 733 – Fußballtorwart; OLG Hamburg v. 06.01.1993 – 3 W 2/93 – AfP 1993, 590; OLG München v. 21.12.1981 – 21 U 3951/81 – AfP 1983, 276; LG Frankfurt v. 19.01.2006 – 2-3 O 468/05 – ZUM-RD 2006, 357, 358, LG München v. 10.11.1996 – 21 O 23932/95 – ZUM-RD 1998, 18; *Dreier*, in: Dreier/Schulze, UrhG, 3. Aufl. 2008, § 22 KUG, Rn. 4; Wanckel, Foto- und Bildrecht, 3. Aufl. 2009, Rn. 126; Fricke, in: Wandtke/Bullinger, Praxiskommentar zum Urheberrecht, 3. Aufl. 2009, § 22 KUG, Rn. 6; *von Strobl-Albeg*, in: Wenzel, Das Recht der Wort- und Bildberichterstattung, 5. Aufl. 2003, Kap. 7, Rn. 14 f.; *Götting*, in: Schricker/Loewenheim, Urheberrecht, Kommentar, 4. Aufl. 2010, § 60/§ 22 KUG, Rn. 23 ff.

[46] BGH v. 26.01.1971 – VI ZR 95/70 – NJW 1971, 698, 700 – Liebestropfen.

[47] BGH v. 10.12.1991 – VI ZR 53/91 – NJW 1992, 1312; OLG München v. 21.12.1981 – 21 U 3951/81 – AfP 1983, 276; OLG Karlsruhe v. 14.10.1998 – 6 U 120/97 – AfP 1999, 4892 – Wachkomapatient.

[48] BGH v. 26.06.2079 – VI ZR 108/78 – GRUR 1979, 732, 733 – Fußballtorwart; BGH v. 01.12.1999 – I ZR 226/97 – GRUR 2000, 715 – Der blaue Engel; OLG München v. 15.03.1982 – 21 U 3976/81 – Schulze OLGZ 270 – Paul Breitner; OLG Hamburg v. 13.01.2004 – 7 U 41/03 – ZUM 2004, 309 – PC-Spiel mit Oliver Kahn.

[49] KG v. 22.08.2006 – 9 W 114/06 – ZUM 2007, 60.

[50] BGH v. 26.06.1979 – VI ZR 108/78 – GRUR 1979, 732, 733 – Fußballtorwart.

[51] OLG München v. 15.03.1982 – 21 U 3976/81 – Schulze OLGZ 270 – Paul Breitner.

[52] OLG Hamburg v. 13.01.2004 – 7 U 41/03 – ZUM 2004, 309.

[53] LG München I Schulze LGZ 197.

[54] KG v. 05.09.2006 – 9 W 127/06 – AfP 2006, 567.

nicht unproblematisch. Die Verwendung von Augenbalken, die üblicherweise nur einen Teil des Gesichts abdecken, muss die Erkennbarkeit keineswegs ausschließen.[55] Dies liegt nicht nur daran, dass Augenbalken in der Regel nur die Augenpartie des Abgebildeten verdecken. Entsprechendes gilt selbst dann, wenn das gesamte Gesicht des Abgebildeten gepixelt oder geweißt wird, wenn die abgebildete Person über nicht unkenntlich gemachte Bildelemente, wie z. B. die Frisur oder die Kleidung, erkannt werden kann.[56]

Die Erkennbarkeit der abgebildeten Person kann sich auch aus Elementen ergeben, die zusammen mit der fotografierten Person abgebildet werden. So bejahte das OLG Düsseldorf die Erkennbarkeit eines abgebildeten Reiters aufgrund der Erkennbarkeit des abgebildeten Reitervereins und seines bekannten Pferdes.[57] Ein – oftmals kritisiertes – Extrem bildet in diesem Zusammenhang eine Entscheidung des OLG Nürnbergs, welches die Erkennbarkeit und damit das Vorliegen eines Bildnisses eines Segelfliegers bejahte, obwohl der Kopf des Segelfliegers lediglich in einer Größe von kaum einem Millimeter in der Kanzel seines Flugzeuges zu sehen war.[58] Das OLG Nürnberg stütze sich in seiner Entscheidung darauf, dass der Kunstflieger aufgrund seines Flugzeuges erkennbar sei.[59] *485*

bb) Erkennbarkeit aufgrund begleitender Umstände

Auch Umstände, die außerhalb der eigentlichen Aufnahme liegen, können zu einer Erkennbarkeit der abgebildeten Person führen.[60] Eine wesentliche Rolle kommt dabei etwa dem zusammen mit einer Fotografie veröffentlichten Begleittext zu. Wird bspw. bei der Veröffentlichung des Bildes einer Person durch Angabe des Namens mitgeteilt, wen das Bild darstellen soll, so liegt ein Bildnis im Sinne des § 22 KUG auch vor, wenn der Abgebildete allein auf Grund der bildlichen Darstellung – bei Wegfall der Namensunterschrift – nicht wiedererkannt werden könnte.[61] Auch andere Hinweise *486*

---

[55] OLG Hamburg v. 26.03.1987 – 3 U 197/86 – AfP 1987, 703; OLG Hamburg v. 06.01.1993 – 3 W 2/93 – AfP 1993, 590; OLG Karlsruhe v. 06.07.2001 – 14 U 71/00 – ZUM 2001, 883, 887; OLG Frankfurt v. 26.07.2005 – 11 U 13/03 – NJW 2006, 619; LG Hamburg v. 27.02.2009 – 324.O.703/08 – StRR 2009, 162 (Kurzwiedergabe); *Fricke*, in: Wandtke/Bullinger, Praxiskommentar zum Urheberrecht, 3. Aufl. 2009, § 22, Rn. 6; *Wanckel*, Foto- und Bildrecht, 3. Aufl. 2009, Rn. 128; *von Strobl-Albeg*, in: Wenzel, Das Recht der Wort- und Bildberichterstattung, 5. Aufl. 2003, Kap. 7, Rn. 16.

[56] LG Berlin v. 22.10.2009 – Az. 27.O.674/09 – nicht veröffentlicht; LG Frankfurt v. 19.01.2006 – 2-3 O 468/05 – AfP 2007, 378.

[57] OLG Düsseldorf v. 30.09.1969 – 20 U 80/69 – GRUR 1970, 618 – Schleppjagd.

[58] OLG Nürnberg v. 26.10.1971 – 3 U 68/71 – GRUR 1973, 40 – Kunstflieger.

[59] OLG Nürnberg v. 26.10.1971 – 3 U 68/71 – GRUR 1973, 40 – Kunstflieger – insoweit zweifelnd jedoch BGH v. 26.06.1979 – VI ZR 108/78 – GRUR 1979, 732.

[60] BGH v. 09.06.1965 – Ib ZR 126/63 – NJW 1965, 2148 – Spielgefährtin I; OLG Hamburg, Urteil v. 09.09.1971 in Schulze OLGZ 113; OLG Frankfurt v. 12.07.1991 – 25 U 87/90 – NJW 1992, 441, 442; OLG Hamburg v. 06.01.1993 – 3 W 2/93 – NJW-RR 1993, 923; BGH v. 10.11.1961 – I ZR 78/60 – MDR 1962, 194 – Hochzeitsbild; *von Strobl-Albeg*, in: Wenzel, Das Recht der Wort- und Bildberichterstattung, 5. Aufl. 2003, Kap. 7, Rn. 14; OLG Hamburg AfP 1983, 466 – Oktoberfestattentäter: Erkennbarkeit einer verstümmelten Leiche; *Dreier*, in: Dreier/Schulze, UrhG, 3. Aufl. 2008, § 22 KUG, Rn. 3; a.A. *Fricke*, in: Wandtke/ Bullinger, Praxiskommentar zum Urheberrecht, 3. Aufl. 2009, § 22, Rn. 6: keine Fälle des Bildnisschutzes sondern des allgemeinen Persönlichkeitsrechts; *Hochrathner*, ZUM 2001, 672.

[61] BGH v. 09.06.1965 – Ib ZR 126/63 – NJW 1965, 2148 – Spielgefährtin I.

im Begleittext, die Rückschlüsse auf die Identität des Abgebildeten zulassen, können zu dessen Erkennbarkeit führen.

Eine Erkennbarkeit aufgrund der begleitenden Umstände kann sich auch aus dem Zusammenhang mit früheren Veröffentlichungen[62] bzw. anderen Veröffentlichungen in demselben Medium ergeben.[63] So hielt bspw. das Landgericht Bremen ein Fotomodell auf Fotos für erkennbar, die nur Körperteile des Modells abbildeten, weil es sich hierbei um Ausschnitte aus Ganzkörper-Fotografien handelte, die in derselben Zeitschrift sowie verschiedenen anderen Medien bereits veröffentlicht worden waren.[64]

2. Einwilligung

487 Handelt es sich bei einem Personenfoto um ein Bildnis im Sinne von § 22 KUG, so darf dieses gem. § 22 S. 1 KUG grundsätzlich nur mit Einwilligung des Abgebildeten verbreitet und öffentlich zur Schau gestellt werden, soweit nicht die Ausnahmetatbestände der §§ 23, 24 KUG eingreifen.

488 Die Rechtsnatur der Einwilligung wird bis heute in Rechtsprechung und Literatur uneinheitlich beurteilt. Bedeutung erlangt dieser Streit insbesondere bei der Frage nach der Widerruflichkeit der Einwilligung und bei der Abbildung von Personen, die nicht voll geschäftsfähig sind. Nach heute wohl herrschender Ansicht handelt es sich bei der Einwilligung im Sinne von § 22 KUG um eine empfangsbedürftige Willenserklärung, auf die die §§ 104 ff. BGB Anwendung finden.[65]

489 Ein Formerfordernis besteht für die Einwilligung nicht. Sie kann daher auch mündlich erteilt werden. Da die Beweislast für das Vorliegen einer wirksamen Einwilligung bei demjenigen liegt, der das Personenfoto letztendlich verbreitet oder veröffentlicht, ist in der Praxis jedoch die schriftliche Fixierung der Einwilligung immer empfehlenswert. Dabei ist insbesondere darauf zu achten, dass der Umfang der geplanten Veröffentlichung von der Einwilligung erfasst wird, d. h., dass insbesondere das Medium, in welchem die Veröffentlichung stattfinden soll, als auch der inhaltliche und zeitliche Umfang der Nutzung entsprechend dokumentiert werden.

a) ausdrücklich oder stillschweigend erteilte Einwilligung

490 Die Einwilligung in die Veröffentlichung und Verbreitung kann sowohl ausdrücklich als auch konkludent, d. h. stillschweigend durch schlüssiges Verhalten, erteilt werden.

---

62 BGH v. 26.06.1979 – VI ZR 108/78 – GRUR 1979, 732, 733 – Fußballtorwart; OLG Hamburg v. 09.09.1971 – 3 U 63/71 – Schulze OLGZ 113 – Der nackte Affe.
63 OLG Düsseldorf v. 29.05.1984 – 15 U 174/83 – AfP 1984, 229; KG v. 05.09.2006 – 9 W 127/06 – AfP 2006, 567; LG Frankfurt v. 19.01.2006 – 2-3 O 468/06 – ZUM-RD 2006, 357, 358.
64 LG Bremen v. 15.09.1993 – 5 O 1374/93, 5 O 1374/93b – GRUR 1994, 897.
65 OLG München v. 21.12.1981 – 21 U 3951/81 – AfP 1982, 230, 232; OLG Hamburg v. 22.09.1994 – 3 U 106/94 – AfP 1995, 508; OLG München v. 30.05.2001 – 21 U 1997/00 – ZUM 2001, 708; *von Strobl-Albeg*, in: Wenzel, Das Recht der Wort- und Bildberichterstattung, 5. Aufl. 2003, Kap. 7, Rn. 59; *Wanckel*, Foto- und Bildrecht, 3. Aufl. 2009, Rn. 130; *Fricke*, in: Wandtke/Bullinger, Praxiskommentar zum Urheberrecht, 3. Aufl. 2009, § 22 KUG, Rn. 13 m.w.N.; a.A.: BGH v. 18.03.1980 – VI ZR 155/78 – NJW 1980, 1903, 1904: bloßer Realakt, für dessen Auslegung aber die Grundsätze der rechtsgeschäftlichen Willenserklärung herangezogen werden können; OLG München v. 30.05.2001 – 21 U 1997/00 – NJW 2002, 305: rechtsgeschäftsähnliche Handlung; für eine Übersicht über den Meinungsstreit siehe auch *Dasch*, Die Einwilligung zum Eingriff in das Recht am eigenen Bild, 1. Aufl. 1990, Seite 82 ff.

In der Praxis mangelt es leider häufig am Vorliegen einer ausdrücklichen Einwilligung. Gerade im täglichen Mediengeschäft ist es eher die Ausnahme, dass sich die Beteiligten vor einer Veröffentlichung im Einzelnen ausdrücklich über die genaue Verwendung der Fotografien einigen. Während dies beispielsweise bei Exklusivberichten oder umfangreichen Portraits über bekannte Persönlichkeiten, für die extra Fotoaufnahmen angefertigt werden, der Fall sein kann, spielt in der Praxis die stillschweigende Einwilligung eine bedeutende Rolle.

Eine stillschweigende Einwilligung liegt vor, wenn der Abgebildete die Anfertigung *491* der Aufnahme in Kenntnis ihres Zweckes billigt.[66] Eine stillschweigende Einwilligung kann daher nur dann angenommen werden, wenn das Verhalten des Abgebildeten aus der Sicht des objektiven Erklärungsempfängers eindeutig als Einwilligung verstanden werden kann.

Lässt sich jemand von einem Journalisten interviewen und fotografieren, so wird dies zugleich als stillschweigende Einwilligung in die Veröffentlichung eines entsprechenden Interviews bzw. Artikels mit dem gefertigten Personenfoto gewertet werden können.[67] Dabei ist jedoch danach zu differenzieren, ob dem Abgebildeten bewusst gewesen ist, dass Fragen und Fotos einem Veröffentlichungszweck dienen. So wird in der Rechtsprechung zum Teil in der spontanen Beantwortung von Fragen vor laufender Kamera nicht notwendig eine Einwilligung in die spätere Ausstrahlung gesehen.[68] Zwar wird man in der Regel davon ausgehen können, dass derjenige, der sich einem Fernsehinterview stellt, auch stillschweigend in die Ausstrahlung eines solchen Interviews einwilligt.[69] Duldet jedoch jemand, der von einem Fernsehjournalisten überrumpelt worden ist, die Aufzeichnung ohne Kenntnis ihres Zwecks, lässt sich das nicht ohne weiteres als Einverständnis mit der konkreten Veröffentlichung deuten.[70]

Die bloße Duldung einer Aufnahme, ohne dass sich der Betroffene hiergegen zur *492* Wehr setzt, kann mangels eines konkreten Erklärungsgehalts nicht ohne Weiteres als stillschweigende Einwilligung gewertet werden.[71] Nimmt der Betroffene zwar wahr, dass er fotografiert oder gefilmt wird und zeigt er hierauf lediglich keine Reaktion, so wird man die Frage, ob aus dem bloßen Untätigbleiben eine stillschweigende Einwilligung abgeleitet werden kann, nur für den jeweiligen Einzelfall beantworten können.[72] Maßgeblich ist hierbei allein, ob der Fotografierende oder Filmende als objektiver

---

[66] BGH v. 20.02.1968 – VI ZR 200/66 – GRUR 1968, 652, 654 – Ligaspieler.
[67] LG München I v. 12.12.2007 – 9 O 138332/07 – ZUM-RD 2008, 309.
[68] OLG Hamburg v. 04.05.2004 – 7 U 10/04 – GRUR-RR 2005, 140 – Sendung über Trickbetrüger; LG Berlin v. 19. 01.2010 – 27 O 931/09 – nicht veröffentlicht.
[69] OLG Hamburg v. 04.05.2004 – 7 U 10/04 – AfP 2005, 73, 74; LG Köln v. 29.03.1989 – 28 O 134/89 – AfP 1989, 766; *Dreier*, in: Dreier/Schulze, UrhG, 3. Aufl. 2008, § 22 KUG, Rn. 18; *Fricke*, in: Wandtke/Bullinger, Praxiskommentar zum Urheberrecht, 3. Aufl. 2009, § 22 KUG, Rn. 15.
[70] *von Strobl-Albeg* in: Wenzel, Das Recht der Wort- und Bildberichterstattung, 5. Aufl. 2003, Kap. 7, Rn. 63 unter Verweis auf OLG Frankfurt v. 08.05.1990 – 6 W 62/ 90 – NJW-RR 1990, 1439 – Steuerberater.
[71] *Wanckel*, Foto- und Bildrecht, 3. Aufl. 2009, Rn. 136, m.w.N.; OLG Hamburg v. 01.08.1990 – 3W 83/90 – AfP 1991, 626.
[72] Keine stillschweigende Einwilligung: OLG Hamburg v. 01.08.1990 – 3 W 83/90 – AfP 1991, 626, 627; LG Münster v. 24.03.2004 – 10 O 626/03 – NJW-RR 2005, 1065, 1066; Einwilligung bejaht: OLG Köln v. 22.02.1994 – 15 U 138/93 – NJW-RR 1994, 865.

Erklärungsempfänger das Verhalten des Betroffenen nach Treu und Glauben als Einwilligung gerade in die konkrete Veröffentlichung verstehen konnte.[73]

Wer dagegen an einer Veranstaltung teilnimmt, bei der mit einer Berichterstattung durch die Medien gerechnet werden muss, willigt jedenfalls dann in die Herstellung und grundsätzliche Veröffentlichung der Aufnahmen konkludent ein, wenn er für die Aufnahmen posiert oder auch nur fröhlich in die Kamera blickt.[74] Eine hierdurch stillschweigend erteilte Einwilligung umfasst jedoch nicht die Veröffentlichung der Aufnahmen in jedem erdenklichen Zusammenhang,[75] sondern in der Regel nur die Veröffentlichung im Zusammenhang mit einer Berichterstattung über die Veranstaltung.[76]

493   Eine stillschweigende Einwilligung in eine Veröffentlichung von Aufnahmen einer Person kann auch darin gesehen werden, dass einem Fotografen der Zugang zu einem sie betreffenden bestimmten Ereignis ermöglicht wird, z. B. in der Zulassung von Presse-Fotografen zu einer Hochzeitsfeierlichkeit.[77] Allein der Umstand, dass eine private Feier, wie beispielsweise eine Taufe, Hochzeit oder Trauerfeier in einem öffentlichen Gottesdienst stattfindet, lässt jedoch noch nicht auf eine stillschweigend erteilte Einwilligung der Betroffenen mit der Anfertigung und Veröffentlichung von Fotoaufnahmen schließen.[78]

494   Voraussetzung für die Wirksamkeit einer stillschweigenden Einwilligung ist jedoch, dass der Abgebildete **Zweck, Art und Umfang der geplanten Veröffentlichung** kennt.[79] Ein Fotomodell, welches an einer Modenschau teilnimmt, bei der mit dem Erscheinen von Pressefotografen zu rechnen ist, gibt eine stillschweigende Einwilligung in die Veröffentlichung seiner/ihrer Fotos im Rahmen von Berichterstattungen über die Modenschau ab,[80] nicht jedoch in die Veröffentlichung der Fotos in einem anderen Zusammenhang.

b)   Vermutung der Einwilligung (§ 22 Satz 2 KUG)

495   Gemäß § 22 Satz 2 KUG gilt die Einwilligung im Zweifel als erteilt, wenn der Abgebildete dafür, dass er sich abbilden ließ, eine Entlohnung erhalten hat. § 22 KUG Satz 2 KUG enthält damit eine Vermutung für das Vorliegen einer stillschweigenden Einwilligung.[81] Diese gesetzliche Vermutung kann der Abgebildete jedoch ggf. widerlegen. Das Entgelt im Sinne von § 22 Satz 1 KUG muss sich dabei konkret auf das

---

[73]   LG Bielefeld v. 18.09.2007 – 6 O 360/07 – NJW-RR 2008, 715, 716 – Die Super-Nanny; *Fricke*, in: Wandtke/Bullinger, Praxiskommentar zum Urheberrecht, 3. Aufl. 2009, § 22 KUG, Rn. 15.

[74]   BVerfG v. 10.07.2002 – 1 BvR 354/98 – NJW 2002, 3767 – Glosse und Satire; *von Strobl-Albeg* in: Wenzel, Das Recht der Wort- und Bildberichterstattung, 5. Aufl. 2003, Kap. 7, Rn. 63.

[75]   *von Strobl-Albeg* in: Wenzel, Das Recht der Wort- und Bildberichterstattung, 5. Aufl. 2003, Kap. 7. Rn. 63 unter Bezugnahme auf OLG Hamburg v. 08.09.1998 – 7 U 48/98 – nicht veröffentlicht.

[76]   so auch *von Strobl-Albeg*, in: Wenzel, Das Recht der Wort- und Bildberichterstattung, 5. Aufl. 2003, Kap. 7, Rn. 63.

[77]   BGH v. 10.11.1961 – I ZR 78/60 – GRUR 1962, 211 – Hochzeitsbild.

[78]   OLG München v. 31.03.1995 – 21 U 3377/94 – NJW-RR 1996, 93 – Anne-Sophie Mutter.

[79]   OLG Hamburg v. 04.05.2004 – 7 U 10/04 – NJW-RR 2005, 479, 480; OLG Karlsruhe v. 26.05.2006 – 14 U 27/05 – NJW-RR 2006, 1198.

[80]   OLG Koblenz v. 02.03.1995 – 6 U 1350/93 – NJW-RR 1995, 1112.

[81]   LG Berlin v. 05.08.1997 – 27 O 204/97 – AfP 1998, 417.

Fotografiertwerden zum Zwecke der Veröffentlichung beziehen und nicht auf eine andere Tätigkeit, während der der Abgebildete fotografiert oder gefilmt wird.[82] So ist in der Zahlung des Arbeitslohns kein Entgelt im Sinne von § 22 Satz 2 KUG zu sehen, wenn Aufnahmen des Betroffenen während seiner Arbeitszeit angefertigt werden.[83]

Die Vermutung im Sinne von § 22 Satz 2 KUG für das Vorliegen einer stillschweigenden Einwilligung entbindet jedoch nicht von der Prüfung des Umfangs einer solchen Einwilligung.[84] Insbesondere führt die Zahlung eines Entgelts für sich genommen nicht dazu, dass das Vorliegen einer in jeder Hinsicht unbeschränkten Einwilligung angenommen werden kann. Maßgebend sind vielmehr auch hier die zwischen den Beteiligten getroffenen Abreden oder das schlüssige Verhalten des Abgebildeten. Wird das Entgelt beispielsweise nur für ein bestimmtes Projekt gezahlt, beschränkt sich auch die gemäß § 22 Satz 2 KUG vermutete Einwilligung auf die Nutzung von Bildnissen im Rahmen dieses Projekts.[85]

c) Stellvertretung

Es ist in der Praxis durchaus nicht unüblich, dass die Einwilligung – insbesondere in *496* die Veröffentlichung von Personenfotos – nicht von dem Abgebildeten selbst, sondern von Dritten erteilt wird. So geschieht dies zum Beispiel bei Schauspielern und anderen Künstlern oftmals durch deren Agentur oder ihr Management. Es stellt sich somit die Frage, inwieweit eine von Dritten erklärte Einwilligung im Hinblick auf die persönlichkeitsrechtliche Komponente der Einwilligung und den höchstpersönlichen Charakter des Rechts am eigenen Bild wirksam sein kann.

Aufgrund des steigenden Bedürfnisses in der Praxis nach einer Delegierung der *497* vermögensrechtlichen Verwertung des eigenen Bildes wird man bei der Erteilung der Einwilligung auch die gewillkürte Stellvertretung gemäß den §§ 164 ff. BGB grundsätzlich für zulässig erachten können.[86] Der BGH hält insoweit auch eine Ermächtigung Dritter zur Erteilung der Einwilligung im eigenen Namen bis hin zur Generalermächtigung für wirksam.[87] Eine Grenze sollte jedoch insofern gezogen werden, als dass eine solche Stellvertretung nicht dazu führen darf, dass sich der Betroffene des persönlichkeitsrechtlichen Schutzes auf für ihn nicht hinreichend vorhersehbare Weise begibt, wie etwa bei einer zeitlich und inhaltlich unbegrenzten Bevollmächtigung.[88]

In der Rechtsprechung wird zum Teil auch die gewillkürte Prozessstandschaft für zulässig erachtet.[89] Doch auch hier muss die Grenze – wie auch bei der Stellvertretung – dort gezogen werden, wo sich der Betroffene durch so eine Ermächtigung seiner

---

[82] *Götting*, in: Schricker/Loewenheim, Urheberrecht, Kommentar, 4. Aufl. 2010, § 60 UrhG/ § 22 KUG, Rn. 51.

[83] OLG Nürnberg v. 22.09.1988 – 8 U 531/ 86 – GRUR 1957, 296 – Fotomodell.

[84] OLG München v. 04.05.2006 – 29 U 3499/05 – ZUM 2006, 936; LG München v. 19.05.2005 – 7 O 22025/04 – ZUM 2006, 937; *Dreier*, in: Dreier/Schulze, UrhG, 3. Aufl. 2008, § 22 KUG, Rn. 19.

[85] OLG München v. 04.05.2006 – 29 U 3499/05 – ZUM 2006, 936; LG München v. 19.05.2005 – 7 O 22025/04 – ZUM 2006, 937.

[86] *Dreier*, in: Dreier/Schulze, UrhG, 3. Aufl. 2008, § 22, Rn. 20.

[87] BGH v. 14.10.1986 – VI ZR 10/86 – GRUR 1987, 128 – Nena.

[88] *Dreier*, in: Dreier/Schulze, UrhG, 3. Aufl. 2008, § 22 KUR, Rn. 20; *Dasch*, Die Einwilligung zum Eingriff in das Recht am eigenen Bild, 1. Aufl. 1990, Seite 90 f.

[89] OLG München v. 28.07.1983 – 6 U 2517/83 – ZUM 1985, 448.

Entscheidungsfreiheit in einem für ihn nicht hinreichend vorhersehbaren Umfang begibt.[90]

d) Geschäftsfähigkeit

498 Auch wenn – wie oben bereits dargestellt – nach wie vor in Einzelfragen unterschiedliche Ansichten darüber bestehen, in welchem Umfang die rechtsgeschäftlichen Vorschriften der § 104 ff. BGB direkt bzw. zumindest analog auf die Einwilligung im Sinne von § 22 Satz 1 KUG Anwendung finden, hat sich in Bezug auf die Voraussetzungen, die an eine wirksame Einwilligung bei geschäftsunfähigen bzw. beschränkt geschäftsfähigen Personen gestellt werden müssen, doch zwischenzeitlich eine jedenfalls im Kern übereinstimmende Linie in Rechtsprechung und Literatur gebildet:[91]

aa) Geschäftsunfähige

499 Weitgehende Einigkeit besteht darin, dass die §§ 104 und 105 BGB jedenfalls bei der Einwilligung Geschäftsunfähiger Anwendung finden, so dass eine wirksame Einwilligung in diesen Fällen gemäß §§ 1629, 1793 BGB ausschließlich von dem gesetzlichen Vertreter zu erteilen ist.[92]

Auch bei Personen, die zum Beispiel aufgrund von Volltrunkenheit nur vorübergehend nicht geschäftsfähig sind (vgl. § 105 Abs. 2 BGB), wird man im Ergebnis davon ausgehen müssen, dass diese keine wirksame Einwilligung – und zwar weder ausdrücklich noch konkludent – erteilen können.[93]

bb) Beschränkt Geschäftsfähige

501 Folgt man der wohl herrschenden Meinung und sieht in der Einwilligung eine Willenserklärung oder zumindest eine rechtsgeschäftsähnliche Erklärung, so bedürften auch Minderjährige, die das 7. Lebensjahr vollendet haben, der Zustimmung ihres gesetzlichen Vertreters – in der Regel also ihrer Eltern.[94] Allein das Vorliegen der Einwilligung eines minderjährigen Schülers in die Verbreitung von Aufnahmen, die ihn

---

[90] *Dreier*, in: Dreier/Schulze, UrhG, 3. Aufl. 2008, § 22 KUG, Rn. 20; *Dasch*, Die Einwilligung zum Eingriff in das Recht am eigenen Bild, 1. Aufl. 1990, Seite 92 ff. m.w.N.

[91] Siehe zur Entwicklung in Rechtsprechung und Literatur: *Dasch*, Die Einwilligung zum Eingriff in das Recht am eigenen Bild, 1. Aufl. 1990, Seite 97 ff.

[92] *Dreier*, in: Dreier/Schulze, UrhG, 3. Aufl. 2008, § 22 KUG, Rn. 25; *Götting*, in: Schricker/Loewenheim, Urheberrecht, Kommentar, 4. Aufl. 2010, § 60/§ 22 KUG, Rn. 42; *Fricke*, in: Wandtke/Bullinger, Praxiskommentar zum Urheberrecht, 3. Aufl. 2009, § 22, 14; *von Strobl-Albeg* in: Wenzel, Das Recht der Wort- und Bildberichterstattung, 5. Aufl. 2003, Kap. 7, Rz 67; *Wanckel*, Foto- und Bildrecht, 3. Aufl. 2009, Rn. 134, Schertz, in: Loewenheim, Handbuch des Urheberrechts, 1. Aufl. 2003 § 18, Rn. 11.

[93] OLG Frankfurt v. 21.01.1987 – 21 U 164/86 – NJW 1987, 1087; *von Strobl-Albeg* in: Wenzel, Das Recht der Wort- und Bildberichterstattung, 5. Aufl. 2003, Kap. 7, Rn. 67.

[94] OLG München v. 21.12.1981 – 21 U 3851/81 – AfP 1983, 276; BGH v. 02.07.1974 – VI ZR 121/73 – NJW 1974, 1947; LG Berlin v. 12.02.1973 – 16 O 298/71 – GRUR 1974, 415 – Saat der Sünde; BGH v. 02.07.1974 – VI ZR 121/73 – GRUR 1975, 561; BGH v. 05.10.2004 – VI ZR 255/03 – GRUR 2005, 179, 180 – Charlotte Casiraghi I; *Götting*, in: Schricker/Loewenheim, Urheberrecht, Kommentar, 4. Aufl. 2010, § 60/§ 22 KUG, Rn. 42; *Fricke*, in: Wandtke/Bullinger, Praxiskommentar zum Urheberrecht, 3. Aufl. 2009, § 22 KUG, Rn. 14; *Dreier*, in: Dreier/Schulze, UrhG, 3. Aufl. 2008, § 22, Rn. 26 jeweils m.w.N.

zusammen mit seiner 34jährigen Geliebten in deren Villa zeigen, wurde daher bereits 1970 als nicht ausreichend angesehen.[95]

Bei Fotografien von Minderjährigen ist insofern in der Praxis zudem zu beachten, dass nach den entsprechenden familienrechtlichen Vorschriften nicht nur die Zustimmung eines Elternteils ausreicht, wenn die Eltern das gemeinsame Sorgerecht ausüben. Hat der zustimmende Elternteil nicht das alleinige Sorgerecht inne, so bedarf es grundsätzlich der Zustimmung beider Elternteile in die Veröffentlichung der Fotos ihres minderjährigen Kindes.

Die Einordnung der Einwilligung im Sinne von § 22 KUG als rechtsgeschäftli- *502* che Erklärung führt jedoch auch dazu, dass der gesetzliche Vertreter entsprechend den §§ 1626 Abs. 1, 1629 Abs. 1 BGB die Einwilligung auch ohne Zustimmung des Minderjährigen und sogar gegen dessen Willen (§ 1629 i.V.m. § 164 BGB) erklären könnte. Es stellt sich daher in diesen Fällen die Frage, inwieweit zur Vermeidung einer Beeinträchtigung des Minderjährigenschutzes nicht neben der Zustimmung der gesetzlichen Vertreter auch die des Minderjährigen vorliegen muss.[96] Angemessen scheint insofern eine vermittelnde Lösung, die in der Literatur als sogenannte „Doppelzuständigkeit"[97] bezeichnet wird: Danach kann der Minderjährige die Einwilligung nicht gegen den Willen seines gesetzlichen Vertreters erteilen, umgekehrt kann aber auch dieser sie nicht gegen den Willen des Minderjährigen erklären, sofern dieser bereits als „einsichtsfähig" anzusehen ist.[98] Danach genügt somit die Einwilligung auch eines einsichtsfähigen Minderjährigen alleine nicht. Es bedarf zusätzlich der Zustimmung der gesetzlichen Vertreter gemäß § 107 BGB. Andererseits dürfen die gesetzlichen Vertreter ihre Einwilligung in die Veröffentlichung von Bildnissen eines einsichtsfähigen Minderjährigen nicht gegen dessen Willen erklären.[99] In Anlehnung an die Regelungen über die beschränkte Geschäftsfähigkeit wird dabei in der Regel davon auszugehen sein, dass ein Minderjähriger ab dem 14. Lebensjahr über die erforderliche Einsichtsfähigkeit verfügt.[100]

Im Ergebnis bedarf es daher nach dieser vermittelnden Ansicht für die Veröffent- *503* lichung von Fotografien eines Minderjährigen, der das 14. Lebensjahr noch nicht vollendet hat, allein der **Zustimmung seiner gesetzlichen Vertreter** – wohingegen es bei der Veröffentlichung von Fotografien von Minderjährigen, die über 14 Jahre, aber noch nicht 18 Jahre alt sind, neben der Zustimmung der gesetzlichen Vertreter auch der Einwilligung des Minderjährigen bedarf. Diese „Faustregel" ist jedoch mit Vorsicht anzuwenden. Der Bundesgerichtshof hat diesbezüglich noch keine eindeu-

---

[95] OLG Köln v. 01.04.1970 – 7 W 76/69 – AfP 1970, 133 – Geliebter der Millionärin.

[96] Offengelassen in BGH v. 02.07.1974 – VI ZR 121/73 – NJW 1974, 1947.

[97] *von Strobl-Albeg*, in: Wenzel, Das Recht der Wort- und Bildberichterstattung, 5. Aufl. 2003, Kap. 7, Rn. 69; *Götting*, in: Schricker/Loewenheim, Urheberrecht, Kommentar, 4. Aufl. 2010, § 60/§22 KUG, Rn. 42.

[98] *Götting*, in: Schricker/Loewenheim, Urheberrecht, Kommentar, 4. Aufl. 2010, Kap 7, Rn. 69; *Dreier*, in: Dreier/Schulze, UrhG, 3. Aufl. 2008, § 22 KUG, Rn. 26.

[99] *Dreier*, in: Dreier/Schulze, UrhG, 3. Aufl. 2008, § 22, Rn. 26; *Fricke*, in: Wandtke/Bullinger, Praxiskommentar zum Urheberrecht, 3. Aufl. 2009, § 22, Rn. 14; *Götting*, in: Schricker/Loewenheim, Urheberrecht, Kommentar, 4. Aufl. 2010, § 60/§22 KUG, Rn. 42.

[100] *Götting*, in: Schricker/Loewenheim, Urheberrecht, Kommentar, 4. Aufl. 2010, § 60/§ 22 KUG, Rn. 42; *Wanckel*, Foto- und Bildrecht, 3. Aufl. 2009, Rn. 134; Dreier, in: Dreier/ Schulze, UrhG, 3. Aufl. 2008, § 22 KUG, Rn. 26; LG Bielefeld v. 18.09.2007 – 6 O 360/07 – ZUM 2008, 528.

tige Entscheidung getroffen. Zwar hat er sich der Idee der **„Doppelzuständigkeit"** nicht ablehnend gegenübergestellt.[101] Er hat hierzu jedoch insbesondere ausgeführt, dass Inhalt und Grenzen der elterlichen Gewalt zuerst vom Erziehungsziel her zu bestimmen sind und dieses Ziel in einer vom Menschenbild der freiheitlichen, eigenverantwortlichen Persönlichkeit geprägten Rechtsordnung nur in der Entfaltung der Persönlichkeit des Kindes zur Selbstverantwortlichkeit bestehen kann.[102] Geht man von dieser Definition der „elterlichen Gewalt" aus, so dürften an der Wirksamkeit einer Einwilligung der Erziehungsberechtigten in die Anfertigung und Veröffentlichung von Nacktfotos einer 12jährigen gegen deren ausdrücklich erklärten Willen jedoch ebenfalls erhebliche Zweifel bestehen.

e) Einwilligung nach dem Tod des Abgebildeten

504 Auch nach dem Tod des Abgebildeten besteht das Recht am eigenen Bild fort. Soll ein Bildnis einer Person veröffentlicht werden, die zu ihren Lebzeiten keine oder nur eine unzureichende Einwilligung erteilt hat, so bedarf es gemäß § 22 S. 3 KUG für einen Zeitraum von 10 Jahren nach dem Tod des Abgebildeten der Einwilligung der Angehörigen des Verstorbenen.

505 Bei den Angehörigen im Sinne von § 22 S. 3 KUG handelt es sich gemäß § 22 S. 4 KUG um den überlebenden Ehegatten oder Lebenspartner[103] und die Kinder des Abgebildeten, und wenn weder Ehegatte oder Lebenspartner noch Kinder vorhanden sind, um die Eltern des Abgebildeten. Zu den Kindern des Verstorbenen zählen sowohl die ehelichen Kinder einschließlich der durch Legitimation (§ 1719 BGB) sowie durch Ehelichkeitserklärung (§ 1723 BGB) legitimierten nichtehelichen Abkömmlinge als auch die nichtehelichen Kinder (§ 1600 a BGB).

Leben noch mehrere Angehörige des Verstorbenen, so reicht es für eine rechtmäßige Veröffentlichung nicht aus, wenn nur einer von ihnen einwilligt. Maßgeblich ist vielmehr die Einwilligung aller hierzu gemäß § 22 S. 3 KUG befugten Angehörigen.[104] Umgekehrt hat jedoch jeder Angehörige die Möglichkeit, aus eigenem Recht unabhängig von den übrigen Angehörigen gegen eine unbefugte Veröffentlichung vorzugehen.[105]

506 Hat der Verstorbene zu Lebzeiten in die konkrete Veröffentlichung eingewilligt, so ist diese über seinen Tod hinaus wirksam und hat Vorrang vor dem Entscheidungsrecht der wahrnehmungsberechtigten Angehörigen.[106] Und auch wenn der Verstorbene noch zu Lebzeiten einen anderen zu einer entsprechenden Einwilligung bevollmächtigt hat und diese Vollmacht über den Tod hinaus wirksam ist, wird man

---

[101] BGH v. 02.07.1974 – VI ZR 121/73 – GRUR 1975, 561, 564 – Nacktaufnahmen.

[102] BGH v. 02.07.1974 – VI ZR 121/73 – GRUR 1975, 561, 563 – Nacktaufnahmen.

[103] Der Kreis der Berechtigten ist durch das Gesetz zur Beendigung der Diskriminierung gleichgeschlechtlicher Lebenspartnerschaften v. 16.02.2001, BGBl. I, S. 266 – LebPartG auf Lebenspartner erweitert worden.

[104] *Fricke*, in: Wandtke/Bullinger, Praxiskommentar zum Urheberrecht, 3. Aufl. 2009, § 22 KUG, Rn. 12; *Dreier*, in: Dreier/Schulze, UrhG, 3. Aufl. 2008, § 22 KUG, Rn. 28; *Götting*, in: Schricker/Loewenheim, Urheberrecht, Kommentar, 4. Aufl. 2010, § 22 KUG, Rn. 58.

[105] *Fricke*, in: Wandtke/Bullinger, Praxiskommentar zum Urheberrecht, 3. Aufl. 2009, § 22 KUG, Rn. 12 m.w.N.; *Dreier*, in: Dreier/Schulze, UrhG, 3. Aufl. 2008, § 22 KUG, Rn. 28.

[106] *Prinz/Peters*, Medienrecht, 1999, Rn. 864; *Helle*, Besondere Persönlichkeitsrechte im Privatrecht, 1. Aufl. 1991, Seite 62 m.w.N.; *Götting*, in: Schricker/Loewenheim, Urheberrecht, Kommentar, 4. Aufl. 2010, § 60/§ 22 KUG, Rn. 59.

im Hinblick auf die bezüglich der Einwilligung grundsätzlich zulässige Stellvertretung dieser Einwilligung Vorrang vor dem Entscheidungsrecht der wahrnehmungsberechtigten Angehörigen einräumen müssen.[107]

Nach der heute wohl herrschenden Meinung berechnet sich die 10-Jahresfrist nach den §§ 186 ff. BGB, d.h sie fängt mit dem Tod des Abgebildeten an zu laufen und nicht erst – wie im Urheberrecht – mit dem Beginn des nächsten Kalenderjahres.[108]

Auch nach Ablauf der 10-Jahresfrist ist eine ungenehmigte Veröffentlichung von Bildnissen Verstorbener nicht ohne weiteres möglich. Zwar greifen in solchen Fällen nicht mehr die Vorschriften des KUG ein – einer Veröffentlichung oder Verbreitung kann jedoch das postmortale Persönlichkeitsrecht des Verstorbenen entgegenstehen.[109]

f) Nichtigkeit der Einwilligung

Die Einwilligung gemäß § 22 Satz 1 KUG kann nach den §§ 134, 138 BGB wegen Verstoßes gegen ein gesetzliches Verbot oder wegen Sittenwidrigkeit nichtig sein. In der Praxis kommen dabei neben dem Ausnutzen einer Übermachtstellung oder eines auffälligen Missverhältnisses zwischen Leistung und Gegenleistung insbesondere Abbildungen eindeutig pornografischen Inhalts in Betracht.[110] Bei letzteren ist jedoch zu beachten, dass pornografische Fotografien nicht schon schlechthin, sondern erst bei Hinzutreten besonderer Umstände, insbesondere der Ausbeutung, als sittenwidrig anzusehen sind,[111] es sei denn, es handelt sich um sogenannte Kinder- und Minderjährigenpornografie, deren Herstellung generell verboten ist (vgl. §§ 176 Abs. 3 bzw. 175, 180 StGB). *507*

g) Reichweite der Einwilligung

Damit die Veröffentlichung eines Personenfotos rechtmäßig erfolgt, ist es von maßgeblicher Bedeutung, dass sich die Einwilligung des Abgebildeten auch auf die konkrete Veröffentlichung bezieht. *508*

Der konkrete Umfang einer Einwilligung ist jeweils durch Auslegung (§ 133 BGB) zu ermitteln.[112] Der Umfang einer Einwilligung für eine Bildnisveröffentlichung hängt nach § 133 BGB vom wirklichen Willen ab, der anhand der Erklärung und der Umstände aus der Sicht des Erklärungsempfängers zu erforschen ist.[113] Dabei ist eine erteilte Einwilligung grundsätzlich eng entsprechend der konkreten Zweckbestimmung

---

[107] *Von Strobl-Albeg*, in: Wenzel, Das Recht der Wort- und Bildberichterstattung, 5. Aufl. 2003, Kap. 7, Rn. 74; *Fricke*, in: Wandtke/Bullinger, Praxiskommentar zum Urheberrecht, 3. Aufl. 2009, Kap. 7, § 22 KUG, Rn. 12; OLG München v. 30.05.2001 – 21 U 1997/00 – NJW 2002, 305 – Lebenspartnerschaft: Generalvollmacht ausreichend, obwohl dort Bildnisrecht nicht explizit erwähnt.

[108] *Helle*, Besondere Persönlichkeitsrechte im Privatrecht, 1. Aufl. 1991, Seite 63 m.w.N.

[109] Siehe hierzu die Ausführungen unten unter B. II. 5. Rechtslage nach dem Tod des Abgebildeten, Rn. 597 ff.

[110] *Dreier*, in: Dreier/Schulze, UrhG, 3. Aufl. 2008, § 22 KUG, Rn. 32.

[111] OLG Hamm v. 18.01.2002 – 3 U 215/01 – AfP 2004, 362; OLG Stuttgart v. 30.01.1987 – 2 U 195/86 – NJW-RR 1987, 1434; *Dreier*, in: Dreier/Schulze, UrhG, 3. Aufl. 2008, § 22 KUG, Rn. 32.

[112] BGH v. 08.05.1956 – I ZR 62/54 – NJW 1956, 1554 – Paul Dahlke; *Prinz/Peters*, Medienrecht, 1999, Rn. 837 m.w.N.

[113] LG Nürnberg-Fürth v. 06.02.2009 – 11 O 762/09 – AfP 2009, 177.

auszulegen.[114] Hier bietet sich ein Rückgriff auf die im Urheberrecht einwickelte Zweckübertragungslehre an: Danach sind im Allgemeinen nur die Rechte stillschweigend eingeräumt, die der Vertragspartner zur Erreichung des Vertragszwecks benötigt.[115] Übertragen auf das Recht am eigenen Bild bedeutet dies, dass die erteilte Einwilligung im Zweifel nur soweit reicht, als sie für den geplanten Veröffentlichungszweck erforderlich ist. Jede darüber hinausgehende Verwertung ist nur dann von der Einwilligung gedeckt, wenn ein dahingehender Parteiwille unzweideutig zum Ausdruck gekommen ist.[116]

509   Der Betroffene kann die Einwilligung in jeder beliebigen Hinsicht beschränken: Er kann sie zeitlich befristen, nur bestimmten Personen die Bildnisveröffentlichung gestatten, die Publikation auf bestimmte Anlässe, bestimmte Zeitungen oder sonstige Umstände begrenzen.[117] Der Abgebildete hat daher grundsätzlich ebenso wie der Urheber bei der Gewährung von Nutzungsrechten eine umfassende Gestaltungsfreiheit bezüglich des Umfangs seiner Einwilligung in die Nutzung seines Bildnisses.[118]

510   So deckt die Einwilligung in die Verwendung eines Bildnisses für eine aktuelle Berichterstattung nicht ohne Weiteres die Nutzung dieses Bildnisses für künftige Veröffentlichungen.[119] Lässt sich jemand von einem Journalisten interviewen und fotografieren, so wird darin zwar eine stillschweigende Einwilligung in die Veröffentlichung eines entsprechenden Interviews bzw. Artikels mit dem gefertigten Personenfoto zu sehen sein,[120] nicht jedoch die Veröffentlichung des Bildnisses zu Werbezwecken.[121] Auch der ursprüngliche Veröffentlichungszweck ist bei der Auslegung des Umfangs der von dem Abgebildeten erteilten Einwilligung zu berücksichtigen. So sah der Bundesgerichtshof die Einblendung eines Nacktfotos, welches ursprünglich mit Einwilligung der Abgebildeten in einem Schulbuch veröffentlicht worden war, in einem Fernsehbeitrag, der sich damit beschäftigte, dass dieses Lehrbuch aufgrund geänderter Richtlinien an bayerischen Schulen nicht mehr zu Unterrichtszwecken genutzt werden durfte, als Verstoß gegen das Recht am eigenen Bild der Abgebildeten an, da die konkrete Veröffentlichung nicht mehr von der ursprünglichen Einwilligung gedeckt war.[122]

511   Wer an einer Veranstaltung teilnimmt, bei der mit einer Berichterstattung durch die Medien gerechnet werden muss, willigt jedenfalls dann in die Herstellung und grundsätzliche Veröffentlichung der Aufnahmen konkludent ein, wenn er für die Aufnah-

---

[114] OLG Hamburg v. 27.04.1995 – 3 U 292/94 – NJW 1996, 1151; OLG Zweibrücken v. 25.09.1998 – 2 U 7/98 – AfP 1999, 362; *von Strobl-Albeg*, in: Wenzel, Das Recht der Wort- und Bildberichterstattung, 5. Aufl. 2003, Kap. 7, Rn. 81; *Prinz/Peters*, Medienrecht, 1999, Rn. 837.

[115] *von Strobl-Albeg*, in: Wenzel, Das Recht der Wort- und Bildberichterstattung, 5. Aufl. 2003, Kap. 7, Rn. 81 m.w.N.

[116] *von Strobl-Albeg*, in: Wenzel, Das Recht der Wort- und Bildberichterstattung, 5. Aufl. 2003, Kap. 7, Rn. 81.

[117] *Helle*, Besondere Persönlichkeitsrechte im Privatrecht, 1. Aufl. 1991, Seite 105; *Von Strobl-Albeg*, in: Wenzel, Das Recht der Wort- und Bildberichterstattung, 5. Aufl. 2003, 7. Rn. 80.

[118] *Helle*, Besondere Persönlichkeitsrechte im Privatrecht, 1. Aufl. 1991, Seite 105.

[119] OLG Köln v. 09.05.1968 – 1 U 47/68 – AfP 1969, 118, 119; AG Kaufbeuren v. 19.01.1988 – 1 C 787/88 – AfP 1988, 277.

[120] LG München I v. 12.12.2007 – 9 O 13832/07 – ZUM-RD 2008, 309.

[121] BGH v. 08.05.1956 – I ZR 62/54 – NJW 1956, 1554 – Paul Dahlke.

[122] BGH v. 22.01.1985 – VI ZR 28/83 – NJW 1985, 1617, 1618.

men posiert oder auch nur fröhlich in die Kamera blickt.[123] Diese konkludente Einwilligung bezieht sich jedoch im Zweifel nur auf eine Veröffentlichung des Bildnisses im Zusammenhang mit der betreffenden Veranstaltung bzw. mit seinem Besuch derselben und nicht in jedem anderen erdenklichen Zusammenhang.[124] Ein Fotomodell, welches an einer Modenschau teilnimmt, bei der mit dem Erscheinen von Pressefotografen zu rechnen ist, gibt eine stillschweigende Einwilligung in die Veröffentlichung seiner/ihrer Fotos im Rahmen von Berichterstattungen über die Modenschau ab, nicht jedoch in die Veröffentlichung der Fotos in einem anderen Zusammenhang, insbesondere nicht ohne Weiteres für eine Verwertung in einer Werbeanzeige für die präsentierte Mode.[125]

Bei der Nutzung eines Bildnisses zu Werbe- oder anderen kommerziellen Zwecken *512* ist besondere Vorsicht geboten: Die Einwilligung in die Veröffentlichung im Zusammenhang mit einer redaktionellen Berichterstattung umfasst grundsätzlich nicht eine Nutzung des Bildnisses zu Werbezwecken.[126] Ebenso wenig rechtfertigt die Mitwirkung einer Schauspielerin in einem Film die Veröffentlichung eines ihrer Bildnisse für Werbezwecke – insbesondere nicht, wie in einem vom BGH zu entscheidenden Fall – für Sexualpräparate.[127] Die Werbung für Fitnessgeräte mittels eines Banners, auf welchem die Titelseite eines Magazins mit einem Foto eines bekannten Fußballspielers gezeigt wird, verletzt ebenfalls das Recht am eigenen Bild des Fußballspielers, da eine solche Verwendung nicht von seiner ursprünglichen Einwilligung gedeckt war.[128]

Auch die Einwilligung zur Verwendung eines Bildnisses zu Werbezwecken umfasst nur diese konkrete Nutzung: Willigt der Abgebildete z. B. in die Nutzung seines Fotos, welches ihn zusammen mit zwei unbekleideten Männern beim Baden zeigt, für eine Bewerbung einer Badewanne ein, so umfasst diese Einwilligung nicht die Veröffentlichung dieses Bildnisses im Zusammenhang mit einer redaktionellen Veröffentlichung zum Thema „Sex-Therapie".[129]

Hat der Abgebildete nur in die Veröffentlichung seines Bildnisses in anonymisier- *513* ter Form eingewilligt, so verletzt eine Veröffentlichung, in welcher seine Identität – und sei es nur im Begleittext – preisgegeben wird, sein Recht am eigenen Bild[130] – es

---

[123] BVerfG v. 10.07.2002 – 1 BvR 354/98 – NJW 2002, 3767 – Glosse und Satire; *von Strobl-Albeg*, in: Wenzel, Das Recht der Wort- und Bildberichterstattung, 5. Aufl. 2003, Kap. 7, Rn. 63.

[124] *von Strobl-Albeg*, in: Wenzel, Das Recht der Wort- und Bildberichterstattung, 5. Aufl. 2003, Kap. 7. Rn. 63 unter Bezugnahme auf OLG Hamburg v. 8.09.1998 – 7 U 48/98 – nicht veröffentlicht.

[125] OLG Koblenz v. 02.03.1995 – 6 U 1350/93 – GRUR 1995, 771; LG Düsseldorf v. 18.12.2002 – 12 O 175/02 – AfP 2003, 469.

[126] BGH v. 08.05.1956 – I ZR 62/54 – NJW 1956, 1554 – Paul Dahlke; BGH v. 26.01.1971 – VI ZR 95/70 – NJW 1971, 698 – Pariser Liebestropfen; BGH v. 10.11.1961 – I ZR 78/60 – GRUR 1962, 211 – Hochzeitfoto; BGH v. 06.02.1979 – VI ZR 46/77 – NJW 1979, 2203 – Fußballspieler; OLG Frankfurt v. 28.02.1986 – 6 U 30/85 – NJW-RR 1986, 1118 – Ferienprospekt; AG Frankfurt v. 27.04.1995 – 31 C 4012/94 – NJW 1996, 531 – Werbeprospekt für Küchenherde; OLG Koblenz v. 02.03.1995 – 6 U 1350/93 – GRUR 1995, 771; LG Düsseldorf v. 18.12.2002 – 12 O 175/02 – AfP 2003, 469.

[127] BGH v. 26.01.1971 – VI ZR 95/70 – NJW 1971, 698 – Liebestropfen.

[128] LG Frankfurt v. 12.03.2009 – 2-3 O 363/08 – ZUM-RD 2009, 468.

[129] OLG München v. 21.12.1981 – 21 U 3951/81 – AfP 1983, 276 – „Die Sex-Therapie der Lady Hamilton beginnt mit einem munteren Flirt in der vorgeheizten Wanne".

[130] OLG München v. 18.01.1985 – 21 U 3479/84 – ZUM 1985, 326.

sei denn, seine Einwilligung in eine identifizierende Bildnisberichterstattung war aufgrund des Ausnahmetatbestands des § 23 Abs. 1 KUG entbehrlich.[131]

514   Das Fehlen einer konkreten Einigung über den Verwendungszweck von Fotos ist nicht gleichzusetzen mit einer uneingeschränkten Einwilligung. Auch ohne eine ausdrückliche diesbezügliche Erklärung kann eine Beschränkung anzunehmen sein[132] und wird sogar die Regel sein.[133] Allein aus dem Umstand, dass sich jemand im Studio eines Berufsfotografen ohne nähere Zweckbestimmung für Aufnahmen zur Verfügung stellt, kann nicht auf eine konkludente Einwilligung in die umfassende Verwertung – insbesondere nicht zu Werbezwecken – der Bildnisse geschlossen werden. So sah z. B. das Hanseatische Oberlandesgericht in der Verwertung von Studioaufnahmen der Band „Backstreet Boys" in einem Star-Foto-Kalender ohne ausdrückliche Genehmigung der Abgebildeten eine Verletzung des Rechts am eigenen Bild.[134]

Die Reichweite der Einwilligung kann sich jedoch auch aus den Gesamtumständen ergeben. Danach wertete das OLG Freiburg bereits 1953 die Einwilligung eines angestellten Croupiers in die Anfertigung von gestellten Fotoaufnahmen zusammen mit einem bestellten Fotomodell außerhalb seiner Arbeitszeit durch einen Berufsfotografen aufgrund der Umstände des Sachverhalts als eine Einwilligung, die sich generell auf die Verwendung des Bildnisses in der Werbung bezog.[135]

515   Auch in räumlicher Hinsicht ist der Umfang der Einwilligung mangels konkreter Angaben durch Auslegung zu ermitteln. Gibt z. B. jemand einem Fernsehsender, der über Satellit in vielen Ländern empfangbar ist und dessen Sendungen inhaltsgleich auch über andere Medien wie das Internet verbreitet werden, ein Interview, so liegt hierin die konkludente Einwilligung der Verbreitung des Interviews mit ihm über die Landesgrenzen des Senders hinaus.[136]

Hat der Abgebildete seine Einwilligung inhaltlich, zeitlich oder räumlich begrenzt, so erfolgt eine Veröffentlichung außerhalb des durch die Einwilligung bestimmten Rahmens ohne seine Einwilligung und verletzt – sofern keine der Ausnahmetatbestände des § 23 KUG eingreifen – sein Recht am eigenen Bild.

h)   Anfechtung und Widerruf der Einwilligung

516   Unter welchen Umständen eine zunächst wirksam erteilte Einwilligung zu einem späteren Zeitpunkt ihre Wirkung verlieren kann, ist im Einzelnen umstritten. Weitgehend Einigkeit besteht lediglich insofern, als dass die Einwilligung in die Verbreitung und Veröffentlichung eines Bildnisses wegen Irrtums oder Drohung gemäß den §§ 119, 123 BGB angefochten werden kann.[137]

---

[131] Siehe hierzu die Ausführungen unten unter B. II. 3. a) Bildnisse aus dem Bereich der Zeitgeschichte (§ 23 Abs. 1 Nr. 1 KUG), Rn. 522 ff.

[132] BGH v. 08.05.1956 – I ZR 62/54 – NJW 1956, 1554 – Paul Dahlke.

[133] *Von Strobl-Albeg*, in: Wenzel, Das Recht der Wort- und Bildberichterstattung, 5. Aufl. 2003, Kap. 7, Rn. 80.

[134] OLG Hamburg v. 11.06.1998 – 3 U 284/97 – AfP 1999, 486, 487 f. – Backstreet Boys.

[135] OLG Freiburg v. 11.06.1953 – 2 U 52/53 – GRUR 1953, 404.

[136] LG Nürnberg-Fürth v. 06.02.2009 – 11 O 762/09 – AfP 2009, 177.

[137] *Dreier*, in: Dreier/Schulze, UrhG, 3. Aufl. 2008, § 22 KUG, Rn. 34; *von Strobl-Albeg*, in: Wenzel, Das Recht der Wort- und Bildberichterstattung, 5. Aufl. 2003, Kap. 7, Rn. 83; *Dasch*, Die Einwilligung zum Eingriff in das Recht am eigenen Bild, 1. Aufl. 1990, Seite 77 ff.; Frömming/Peters, NJW 1996, 959; Klass, AfP 2005, 507, 514.

Gerade im Hinblick auf die zunehmende Kommerzialisierung des Rechts am eigenen Bild und dem damit einhergehenden Bedürfnis des Bildnisverwerters nach Rechtssicherheit geht die herrschende Meinung ansonsten jedoch grundsätzlich von einer Unwiderruflichkeit einer einmal erteilten Einwilligung aus.[138] Ob und unter welchen Voraussetzungen ausnahmsweise ein Widerruf der Einwilligung möglich sein soll, ist umstritten.[139] Von dem Grundsatz der Unwiderruflichkeit sind zumindest unter bestimmten Voraussetzungen Ausnahmen zuzulassen, wenn dies zur Wahrung gewichtiger ideeller Interessen des Rechtsinhabers unvermeidlich ist.[140]

Da die Persönlichkeit eines Menschen sich in einer permanenten dynamischen Ent- *517* wicklung befindet und sich im Laufe eines Lebens selbst hinsichtlich grundsätzlicher Überzeugungen unvorhersehbare und tiefgreifende Wandlungen vollziehen können, folgt aus dem im Kern unverzichtbaren Selbstbestimmungsrecht über die Selbstdarstellung, dass dem Abgebildeten bei **Vorliegen eines wichtigen Grundes** ein Widerrufsrecht zuzubilligen ist.[141] Insoweit wird überwiegend eine Analogie zu § 42 UrhG (Rückruf wegen gewandelter Überzeugung) vorgenommen[142] und dem Betroffenen ein Widerrufsrecht insbesondere dann zugebilligt, wenn die Weiterverwendung des in Frage stehenden Bildnisses aufgrund gewandelter Überzeugung persönlichkeitsrechtsverletzend wäre und insofern dem Einwilligungsgeber ein Festhalten an der zuvor erteilten Zustimmung nicht zumutbar ist.[143]

Für ein Widerrufsrecht ist es dann jedoch erforderlich, dass sich seit der erteilten *518* Einwilligung die innere Einstellung des Betroffenen grundlegend geändert hat.[144] An dieser Stelle wird in der Literatur gerne als Beispiel angeführt, dass es einer ehemaligen Prostituierten gestattet sein muss, die Einwilligung zur Veröffentlichung von Fotos in „eindeutigem" Sachzusammenhang rückgängig zu machen, wenn sie sich vollständig aus dem Milieu zurückgezogen hat.[145] In der Rechtsprechung wurde der bloße „Wunsch" einer Schauspielerin, ins „Charakterfach" zu wechseln, hingegen nicht ausreichend für einen Widerruf einer zwei Jahre zuvor erklärten Einwilligung in die Verbreitung von Aktfotos angesehen.[146]

---

[138] *Götting*, in: Schricker/Loewenheim, Urheberrecht, Kommentar, 4. Aufl. 2010, § 60/§22 KUG, Rn. 40; *Fricke*, in: Wandtke/Bullinger, Praxiskommentar zum Urheberrecht, 3. Aufl. 2009, § 22 KUG, Rn. 19; *Dreier*, in: Dreier/Schulze, UrhG, 3. Aufl. 2008, § 22 KUG, Rn. 35; OLG Freiburg v. 11.06.1953 – 2 U 52/53 – GRUR 1953, 404; OLG Hamburg v. 20.07.1972 – 3 U 27/72 – Schulze OLGZ 122.

[139] vgl. zum Meinungsstand *Fricke*, in: Wandtke/Bullinger, Praxiskommentar zum Urheberrecht, 3. Aufl. 2009, § 22 KUG, Rn. 19 n.w.N.

[140] *Götting*, in: Schricker/Loewenheim, Urheberrecht, Kommentar, 4. Aufl. 2010, § 60/§22 KUG, Rn. 41; *Schertz*, in: Loewenheim, Handbuch des Urheberrechts, 1. Aufl. 2003 § 18, Rn. 10; *von Strobl-Albeg*, in: Wenzel, Das Recht der Wort- und Bildberichterstattung, 5. Aufl. 2003, Kap. 7, Rn. 84.

[141] *Götting*, in: Schricker/Loewenheim, Urheberrecht, Kommentar, 4. Aufl. 2010, § 60/§ 22 KUG, Rn. 41.

[142] *Schertz*, in: Loewenheim, Handbuch des Urheberrechts, 1. Aufl. 2003, § 18, Rn. 10.

[143] *Schertz*, in: Loewenheim, Handbuch des Urheberrechts, 1. Aufl. 2003 § 18, Rn. 10; *Götting*, in: Schricker/Loewenheim, Urheberrecht, Kommentar, 4. Aufl. 2010, § 60/§22 KUG, Rn. 41; *von Strobl-Albeg*, in: Wenzel, Das Recht der Wort- und Bildberichterstattung, 5. Aufl. 2003, Kap.7, Rn. 84 ff.

[144] *von Strobl-Albeg*, in: Wenzel, Das Recht der Wort- und Bildberichterstattung, 5. Aufl. 2003, Kap. 7, Rn. 85.

[145] *Helle*, Besondere Persönlichkeitsrechte im Privatrecht, 1. Aufl. 1991, Seite 100.

[146] OLG München v. 17.03.1989 – 21 U 4729/88 – AfP 1989, 570.

Auch eine vorsätzlich rechtswidrige Bildnisveröffentlichung kann zu einem Widerruf berechtigen,[147] nicht hingegen der Umstand, dass die Veröffentlichung ungewollte negative Auswirkungen hat. So sah das Landgericht Köln den Widerruf einer Einwilligung eines Bischofs in die Ausstrahlung eines Fernsehinterviews mit der Begründung, aufgrund der von ihm nicht gewollten Ausstrahlung des Interviews in Deutschland würde gegen ihn nunmehr wegen Volksverhetzung ermittelt, als unwirksam an.[148]

519   Eine weitere Ausnahme von der Unwiderruflichkeit der Einwilligung bilden die sogenannten „Überrumpelungsfälle". Als Beispiel hierfür sind insbesondere die Fälle zu nennen, in denen der Betroffene unangemeldeten Besuch eines Fernsehteams erhält und sich beim Öffnen der Haustür einem Kamerateam gegenübersieht. Selbst wenn dann zunächst spontan eine Einwilligung – und sei es konkludent durch Beantwortung von Fragen – erteilt wird, wird hier teilweise in der Rechtsprechung ein Recht zum Widerruf angenommen.[149] Zur Begründung wird dabei unter anderem auf den in den §§ 312, 355 BGB normierten Rechtsgedanken verwiesen. Wendet man diese Normen konsequent an, so ist es jedoch erforderlich, das Widerrufsrecht zumindest zeitlich zu begrenzen und zwar entsprechend § 355 Abs. 2 BGB auf zwei Wochen ab Bildnisfertigung.[150]

Die Beweislast für das Vorliegen der Berechtigung für einen Widerruf, insbesondere dafür, dass die Weiterverwendung des Bildnisses infolge einer Wandlung der Persönlichkeit persönlichkeitsverletzend wäre, liegt beim Betroffenen.[151]

520   Betrifft der Widerruf die Einwilligung in die Veröffentlichung eines Bildnisses eines Minderjährigen, muss ein Widerruf sowohl von dem Abgebildeten als auch von seinem gesetzlichen Vertreter erklärt bzw. genehmigt werden, wenn auch die Einwilligung selbst bereits von beiden zu erklären war.[152]

Der Widerruf entfaltet seine Wirkung ex nunc. Die Ausübung des Widerrufs wegen geänderter Umstände kann den Betroffenen zum Aufwendungsersatz analog § 42 Abs. 3 UrhG[153] bzw. bei Vorliegen eines Vertrauenstatbestandes zum Schadensersatz analog § 122 BGB verpflichten.[154] Die Höhe des Aufwendungsersatzes oder Schadensersatzes, mit welchem der Widerrufende belastet werden kann, umfasst jedenfalls die Produktionskosten der Aufnahmen, soweit diese noch nicht durch Verwertungshandlungen vor dem Widerruf abgedeckt sind.[155]

---

[147] *Fricke*, in: Wandtke/Bullinger, Praxiskommentar zum Urheberrecht, 3. Aufl. 2009, § 22 KUG, Rn. 20 unter Bezugnahme auf OLG Hamburg v. 11.03.1997 – 7 U 251/96 – nicht veröffentlicht.
[148] LG Nürnberg-Fürth v. 06.02.2009 – 11 O 762/09 – AfP 2009, 177.
[149] LG Hamburg v. 21.01.2005 – 324 O 448/04 – NJW-RR 2005, 1357.
[150] *Fricke*, in: Wandtke/Bullinger, Praxiskommentar zum Urheberrecht, 3. Aufl. 2009, § 22 KUG, Rn. 20.
[151] LG Köln v. 20.12.1995 – 28 O 406/05 – AfP 1996, 186 – Widerruf bei Aktaufnahmen.
[152] *Dreier*, in: Dreier/Schulze, UrhG, 3. Aufl. 2008, § 22 KUG, Rn. 35, siehe zur Einwilligung Minderjähriger auch die Ausführungen oben unter B. II. 2. d) Geschäftsfähigkeit, Rn. 498 ff.
[153] Frömming/Peters, NJW 1996, 959.
[154] *Fricke*, in: Wandtke/Bullinger, Praxiskommentar zum Urheberrecht, 3. Aufl. 2009, § 22 KUG, Rn. 20 m.w.N.
[155] *Wanckel*, Foto- und Bildrecht, 3. Aufl. 2009, Rn. 170.

3. Veröffentlichung ohne Einwilligung – die Ausnahmetatbestände des § 23 Abs. 1 KUG

§ 23 Abs. 1 KUG regelt verschiedene Ausnahmen zu § 22 KUG, in denen Personenfo- *521* tos auch ohne Einwilligung des Abgebildeten rechtmäßig veröffentlicht und verbreitet werden können. Ist einer der Ausnahmetatbestände des § 23 Abs. 1 KUG gegeben, so ist eine Verbreitung und Veröffentlichung dennoch unzulässig, wenn sie berechtigte Interessen des Abgebildeten i.S.v. § 23 Abs. 2 KUG verletzt.

a)   Bildnisse aus dem Bereich der Zeitgeschichte (§ 23 Abs. 1 Nr. 1 KUG)

Der Ausnahmetatbestand des § 23 Abs. 1 Nr. 1 KUG spielt im Bildnisschutz die zen- *522* trale Rolle. Da nach dieser Vorschrift Bildnisse aus dem Bereich der Zeitgeschichte ohne die nach § 22 KUG erforderliche Einwilligung verbreitet werden dürfen, solange keine berechtigten Interessen des Abgebildeten gem. § 23 Abs. 2 KUG der Veröffentlichung entgegenstehen, ist sie die maßgebliche Norm für den gesamten Bereich der Berichterstattung in den Medien, insbesondere über prominente Persönlichkeiten.

aa)   Die frühere Rechtsprechung – Die Person der Zeitgeschichte

Bei der Frage, wann ein Bildnis aus dem Bereich der Zeitgeschichte im Sinne von § 23 *523* Abs. 1 Nr. 1 KUG vorliegt, wurde in den vergangenen Jahrzehnten in Rechtsprechung und Literatur auf die Figur der so genannten „Person der Zeitgeschichte" zurückgegriffen. Unterschieden wurde insofern zwischen sogenannten „absoluten Personen der Zeitgeschichte" und „relativen Personen der Zeitgeschichte".[156]

Als absolute Personen der Zeitgeschichte wurden Personen bezeichnet, die auf *524* Grund ihrer hervorgehobenen Stellung in Staat und Gesellschaft oder durch außergewöhnliches Verhalten oder besondere Leistungen aus der Masse der Mitmenschen herausragen.[157] Bildnisse einer absoluten Person der Zeitgeschichte durften grundsätzlich ohne ihre Einwilligung veröffentlicht werden, ohne dass ein konkreter Bezug zu einem zeitgeschichtlichen Ereignis bestand. Dies begründete die höchstrichterliche Rechtsprechung damit, dass an absoluten Personen der Zeitgeschichte ein generelles Informationsinteresse ohne aktuellen Anlass bestünde.[158] Die Person selbst stellte somit das zeitgeschichtliche Ereignis im Sinne von § 23 Abs. 1 Nr. 1 KUG dar.[159] Bildnisse von absoluten Personen der Zeitgeschichte durften grundsätzlich auch dann ohne deren Einwilligung veröffentlicht werden, wenn sie diese außerhalb ihrer jeweiligen Funktion zeigten. Auch wenn es sich nicht um einen öffentlichen Auftritt der absoluten Person der Zeitgeschichte handelte, war eine einwilligungslose Veröffentlichung grundsätzlich möglich.[160] Die Rechtsprechung begrenzte diese Veröffentli-

---

[156] Vgl. zu weiteren Einzelheiten zu der Rechtsfigur der Person der Zeitgeschichte *von Strobl-Albeg*, in: Wenzel, Das Recht der Wort- und Bildberichterstattung, 5. Aufl. 2003, Kap. 8, Rn. 10ff. m.w.N.

[157] *Fricke*, in: Wandtke/Bullinger, Praxiskommentar zum Urheberrecht, 3. Aufl. 2009, § 23 KUG, Rn. 8.

[158] Vgl. zur früheren Rechtslage für absolute Personen der Zeitgeschichte im Einzelnen *von Strobl-Albeg*, in: Wenzel, Das Recht der Wort- und Bildberichterstattung, 5. Aufl. 2003, Kap. 8, Rn. 10.

[159] *Schertz*, in: Götting/Schertz/Seitz, Handbuch des Persönlichkeitsrechts, 1. Aufl. 2008, § 12, Rn. 40.

[160] *von Strobl-Albeg*, in: Wenzel, Das Recht der Wort- und Bildberichterstattung, 5. Aufl. 2003, Kap. 8, Rn. 10.

chungsfreiheit dann über § 23 Abs. 2 KUG. Eine einwilligungslose Veröffentlichung war insofern nur dann unzulässig, wenn ihr berechtigte Interessen des Abgebildeten, wie etwa Eingriffe in seine Intim- und Privatsphäre, entgegenstanden, die im Rahmen der dort vorzunehmenden Abwägung die Interessen des Veröffentlichenden überwogen.[161]

Zu den absoluten Personen der Zeitgeschichte zählten vor allem Monarchen und Staatsoberhäupter,[162] herausragende Politiker[163] (auch nach ihrem Ausscheiden aus dem Amt),[164] Repräsentanten der Wirtschaft,[165] Wissenschaftler und Erfinder,[166] Schauspieler und Moderatoren,[167] Musiker[168] und Sportler,[169] sofern sie jeweils über einen besonders hohen Bekanntheitsgrad verfügten.

525 Relative Personen der Zeitgeschichte, d. h. Personen, die im Zusammenhang mit einem bestimmten zeitgeschichtlichen Ereignis, wie z. B. einer Straftat, ins Licht der Öffentlichkeit getreten waren, durften nach dieser Rechtsprechung in der Regel auch nur im Zusammenhang mit einer Berichterstattung über das betreffende Ereignis

---

[161] Zur früheren Rechtslage bei absoluten Personen der Zeitgeschichte, vgl. *von Strobl-Albeg*, in: Wenzel, Das Recht der Wort- und Bildberichterstattung, 5. Aufl. 2003, Kap.8, Rn. 9 ff.

[162] BGH v. 19.12.1995 – VI ZR 15/95 -NJW 1996, 1128 f. – Caroline von Monaco IV; BVerfG v. 15.12.1999 – 1 BvR 653/96 – GRUR 2000, 446, 452 – Caroline von Monaco; KG v. 18.01.1928 – 10 U 14480/27 – JW 1928, 363: Wilhelm II; AG Ahrensböck v. 09.03.1920 – DJZ, Heft 13/14, 1920, 596: Staatspräsident Friedrich Ebert und Reichswehrminister Noske; OLG Karlsruhe v. 18.11.2005 – 14 U 169/05 – NJW 2006, 617: Albert von Monaco.

[163] BGH v. 14.11.1995 – VI ZR 410/94 – NJW 1996, 593: Willi Brandt; LG Berlin v. 21.01.2003 – 27 O 1033/02 – AfP 2003, 176: Bundeskanzler Gerhard Schröder; OLG München v. 08.03.1990 – 6 U 5059/89 – NJW-RR 1990, 1327: Franz-Josef Strauss; KG v. 26.06.2007 – 9 U 220/06 – AfP 2007, 573: der ehemalige Bundesaußenminister Joschka Fischer; OVG Berlin v. 07.07.1997 – 8 B 91.93 – NJW 1998, 257: Manfred Stolpe; OLG München v. 06.12.1962 – 6 U 2160/61 – UFITA 41 (1964) 322: Kanzlerkandidat einer Partei; KG v. 13.06.2006 – 9 U 251/05 – ZUM-RD 2006, 552: Ministerpräsidentin Schleswig-Holsteins; BVerfG v. 11.11.1992 – 1 BvR 1595/92, 1 BvR 1606/92 – NJW 1992, 3288 – ehemalige Mitglieder des DDR-Politbüros wie Erich Honecker, Erich Mielke u. a.

[164] KG v. 13.06.2006 – 9 U 251/05 – ZUM-RD 2006, 552: Ministerpräsidentin Schleswig-Holsteins; KG v. 26.06.2007 – 9 U 220/06 – AfP 2007, 375: Joschka Fischer.

[165] BGH v. 12.10.1993 – VI ZR 23/93 – GRUR 1994, 391; BGH v. 12.10.1993 – VI ZR 23/93 – AfP 1993, 736: Vorstandsvorsitzender der Hoechst AG.

[166] *Dreier*, in: Dreier/Schulze, UrhG, 3. Aufl. 2008, § 23, Rn. 6; *Soehring*, Presserecht, 3. Aufl. 2000, Rn. 21. 3b.; RG v. 28.10.1910 – II 688/09 – RGZ 74, 308: Luftschiffkonstrukteur Ferdinand Graf von Zeppelin.

[167] LG Berlin v. 22.12.2005 – 27 O 555/05 – AfP 2007, 257, 258: Thomas Gottschalk; KG v. 05.11.1996 – 5 U 7890/05 – AfP 1997, 926, 927 und BGH 01.12.1999 – I ZR 49/97 – AfP 2002, 435: Marlene Dietrich; OLG Hamburg v. 13.10.1994 – 3 U 129/94 – AfP 1995, 512: Schauspieler Michael Degen; BGH v. 14.04.1992 – VI ZR 285/91 – AfP 1992, 149: Joachim Fuchsberger; OLG Köln v. 23.03.1982 – 15 U 113/81 – AfP 1982, 181, 183: Rudi Carell.

[168] KG v. 30.09.1980 – 5 U 1522/80 – UFITA 90 (1981), 163: Udo Lindenberg; LG Berlin v. 21.02.2001 – 27 O 533/00 – AfP 2001, 246, 247: Nina Hagen; OLG München v. 31.03.1995 – 21 U 3377/94 – AfP 1995, 658: Anne-Sophie Mutter; OLG Frankfurt v. 04.03.1993 – 6 U 207/92 – GRUR Int. 1993, 872: The Beatles.

[169] BGH v. 06.02.1979 – VI ZR 46/77 – NJW 1997, 2203, 2204: Franz Beckenbauer; OLG Frankfurt v. 21.09.1999 – 11 U 28/99 – NJW 2000, 594: Katharina Witt; RG v. 26.06.1929 – I 97/29 – RGZ 125, 80: Fußballspieler Tull Harder; OLG Hamburg v. 16.07.1992 – 3 U 62/92 – AfP 1993, 576 und OLG München v. 06.03.2007 – 18 U 3961/06 – AfP 2007, 237: Boris Becker.

ohne ihre Einwilligung abgebildet werden.[170] Der Status einer relativen Person der Zeitgeschichte war damit naturgemäß auf die Dauer begrenzt, während der die Allgemeinheit noch ein das Persönlichkeitsrecht überwiegendes Informationsinteresse an dem zeitgeschichtlichen Ereignis hat.[171] Zu den relativen Personen der Zeitgeschichte zählten bspw. Straftäter und Angeklagte, vorausgesetzt, die ihnen vorgeworfene Tat geht über das „Alltägliche" hinaus und hat für ein gewisses Aufsehen gesorgt.[172] Auch Staatsanwälte, Richter und Rechtsanwälte, die an spektakulären Prozessen beteiligt waren, konnten relative Personen der Zeitgeschichte sein.[173] Auch Schauspieler, Musiker und andere Künstler wurden als relative Personen der Zeitgeschichte eingeordnet, sofern ihr Bekanntheitsgrad sich im Gegensatz zu den absoluten Personen der Zeitgeschichte an ihrer Mitwirkung an bestimmten Ereignissen begründete und daher eher temporärer Natur war.[174] Ebenfalls in die Kategorie der relativen Person der Zeitgeschichte fielen nach der sog. Begleiterrechtsprechung unter Umständen auch die „vertrauten Begleiter" einer absoluten Person der Zeitgeschichte, wie etwa Familienangehörige oder der Lebenspartner.[175]

bb) Die neue Rechtsprechung – Das abgestufte Schutzkonzept

Die Rechtsprechung, die bei der Frage, ob eine ungenehmigte Bildnisveröffentlichung nach § 23 Abs. 1 Nr. 1 KUG zulässig ist, zunächst danach unterschied, ob ein Bildnis einer absoluten oder relativen Person der Zeitgeschichte vorliegt, ist in den letzten Jahren immer mehr ins Wanken gekommen. Grund dafür ist die Entscheidung des Europäischen Gerichtshofs für Menschenrechte (EGMR) vom 24.06.2004.[176] Obwohl der Bundesgerichtshof[177] und das Bundesverfassungsgericht[178] über die Jahre hinweg immer wieder Korrekturen auch zum Schutz von absoluten Personen der Zeitgeschichte vorgenommen hatten, sah der Europäische Gerichtshof für Menschenrechte (EGMR) diese im Lichte von Art. 8 der Europäischen Menschenrechtskonvention (EKMR) jedoch nicht als ausreichend an.[179] Dabei wandte sich der EGMR zwar nicht grundsätzlich gegen die Rechtsfiguren der absoluten und relativen Person der Zeitgeschichte – sondern vor allem gegen die oftmals pauschalen Auswirkungen, die die Klassifizierung einer Person als absolute Person der Zeitgeschichte nach der

526

---

[170] *Dreier*, in: Dreier/Schulze, UrhG, 3. Aufl. 2008, § 23 KUG, Rn. 8; *Fricke*, in: Wandtke/Bullinger, Praxiskommentar zum Urheberrecht, 3. Aufl. 2009, § 23 KUG, Rn. 14; *Dreyer*, in: Dreyer/Kotthoff/Meckel, Heidelberger Kommentar zum Urheberrecht, 2. Aufl. 2009, § 23 KUG, Rn. 5; OLG Frankfurt v. 25.08.1994 – 6 U 296/93 – NJW 1995, 878, 879 – Universelles Leben II; BGH v. 09.06.1965 – Ib ZR 126/63 – GRUR 1965, 102 – Spielgefährtin.

[171] *Dreier*, in: Dreier/Schulze, UrhG, 3. Aufl. 2008, § 23 KUG, Rn. 8.

[172] BVerfG v. 13.06.2006 – 1 BvR 565/06 – AfP 2006, 354; BGH v. 15.11.2005 – VI ZR 286/04 – GRUR 2006, 257 – Ernst August von Hannover, vgl. auch *Dreier*, in: Dreier/Schulze, UrhG, 3. Aufl. 2008, § 23 KUG, Rn. 9 m.w.N.

[173] BVerfG v. 21.07.2000 – 1 BvQ 17/00 – NJW 2000, 2890; vgl. auch Dreier, in: Dreier/Schulze, UrhG, 3. Aufl. 2008, § 23 KUG, Rn. 9 m.w.N.

[174] Vgl. *Schertz*, in: Götting/Schertz/Seitz, Handbuch des Persönlichkeitsrechts, 1. Aufl. 2008, § 12, Rn. 42 mit weiteren Beispielen „temporärer berufsbezogener Prominenz".

[175] *Dreier*, in: Dreier/Schulze, UrhG, 3. Aufl. 2008, § 23 KUG, Rn. 10 m.w.N.

[176] EGMR v. 24.06.2004 – 59320/00 – NJW 2004, 2647 ff. – Caroline von Hannover.

[177] Vgl. etwa BGH v. 19.12.1995 – VI ZR 15/95 – GRUR 1996, 923 – Caroline von Monaco II.

[178] Vgl. etwa BVerfG v. 15.12. 1999 – 1 BvR 653/96 – GRUR 2000, 446 – Caroline von Monaco; BVerfG v. 26.04.2001 – 1 BvR 758/97, 1 BvR 1857/98, 1 BvR 1918/98, 1 BvR 2109/99, 1 BvR 182/00 – ZUM 2001, 578, 584 – Prinz Ernst August von Hannover.

[179] EGMR v. 24.06.2004 – 59320/00 – GRUR 2004, 1051 – Caroline von Hannover.

deutschen Rechtsprechung haben sollte.[180] Der EGMR sah es als mit der Europäischen Menschenrechtskonvention unvereinbar an, dass bei absoluten Personen der Zeitgeschichte ein generelles berechtigtes Informationsinteresse unterstellt wird und es sich daher entsprechend bei Bildnissen dieser Personen regelmäßig um solche aus dem Bereich der Zeitgeschichte im Sinne von § 23 Abs. 1 Nr. 1 KUG handeln sollte.[181]

527 Als Folge dieses Urteils verzichten jetzt sowohl der BGH[182] als auch das Bundesverfassungsgericht[183] auf die Rechtsfigur der „Person der Zeitgeschichte".[184] Stattdessen orientiert sich die höchstrichterliche Rechtsprechung dogmatisch wieder mehr am Wortlaut des § 23 Abs. 1 Nr. 1 KUG und prüft, ob die Berichterstattung – unabhängig von der Prominenz des Abgebildeten – ein Ereignis von zeitgeschichtlicher Bedeutung betrifft.[185] Der BGH stellt insofern als Prüfungsmaßstab für § 23 Abs. 1 Nr. 1 KUG und § 23 Abs. 2 KUG auf ein **„abgestuftes Schutzkonzept"** ab,[186] das vom Bundesverfassungsgericht als verfassungsrechtlich nicht zu beanstanden angesehen wurde.[187]

Der Grundansatz für das abgestufte Schutzkonzept ist nicht neu, sondern orientiert sich direkt am Wortlaut der §§ 22, 23 KUG: Ausgangspunkt ist der in § 22 KUG festgelegte Grundsatz, dass Bildnisse grundsätzlich nur mit Einwilligung des Abgebildeten veröffentlicht und verbreitet werden dürfen. Von diesem Grundsatz lässt § 23 Abs. 1 Nr. 1 KUG unter bestimmten Voraussetzungen Ausnahmen zu, wenn ein Bildnis aus dem Bereich der Zeitgeschichte vorliegt. Diese Ausnahme greift jedoch dann nicht, wenn der Veröffentlichung oder Verbreitung des Bildnisses berechtigte Interessen des Abgebildeten gem. § 23 Abs. 2 KUG entgegenstehen.[188]

528 Neu ist jedoch die Art und Weise, in der nach der Rechtsprechung des BGH die einzelnen „Stufen" dieses Schutzkonzepts zu prüfen sind: Bislang stellte das Bildnis einer absoluten Person der Zeitgeschichte ohne das Hinzutreten weiterer Voraussetzungen in der Regel automatisch ein Bildnis aus dem Bereich der Zeitgeschichte im Sinne von § 23 Abs. 1 Nr. 1 KUG dar. Eine Abwägung zwischen den Interessen des Abgebildeten und der Presse als Veröffentlichender wurde erst im Rahmen von § 23

---

[180] EGMR v. 24.06.2004 – 59320/00 – GRUR 2004, 1051 – Caroline von Hannover.

[181] EGMR v. 24.06.2004 – 59320/00 – NJW 2004, 2547 ff. – Caroline von Hannover.

[182] BGH v. 06.03.2007 – VI ZR 51/06 – GRUR 2007, 527, 528 – Abgestuftes Schutzkonzept I; BGH, 03.07.2007 – VI ZR 164/06 – GRUR 2007, 902, 903 – Abgestuftes Schutzkonzept II.

[183] BVerfG v. 26.02.2008 – 1 BvR 1602/07, 1 BvR 1606/07, 1 BvR 1626/07 – NJW 2008, 1793, 1798.

[184] Auch in den Instanzgerichten setzt sich die Abkehr von der Verwendung der Begriffe der absoluten und relativen Personen der Zeitgeschichte langsam durch. Stattdessen scheint sich nunmehr der Begriff der „Person des öffentlichen Interesses" („public figure") durchzusetzen, vgl. etwa LG Hamburg v. 10.07.2009 – Az. 324 O 840/07 – ZUM-RD 2009, 676; aber auch LG Frankfurt v. 17.04.2008 – 2-03 O 129/07 – BeckRS 2009, 07024, das immer noch hartnäckig die Begrifflichkeiten der absoluten und relativen Person der Zeitgeschichte verwendet.

[185] BGH v. 06.03.2007 – VI ZR 51/06 – GRUR 2007, 527, 528 – Abgestuftes Schutzkonzept I.

[186] BGH v. 06.03.2007 – VI ZR 51/06 – GRUR 2007, 527 – Abgestuftes Schutzkonzept I; BGH, 03.07.2007 – VI ZR 164/06 – GRUR 2007, 902 – Abgestuftes Schutzkonzept II.

[187] BVerfG v. 26.02.2008 – 1 BvR 1602/07, 1 BvR 1606/07, 1 BvR 1626/07 – GRUR 2008, 539, 543 f. – Caroline von Hannover.

[188] BGH v. 06.03.2007 – VI ZR 51/06 – GRUR 2007, 527, 528 – Abgestuftes Schutzkonzept I; BGH v. 03.07.2007 – VI ZR 164/06 – GRUR 2007, 902, 903 – Abgestuftes Schutzkonzept II; *Dreier*, in: Dreier/Schulze, UrhG, 3. Aufl. 2008, § 23 KUG, Rn. 3; *Dreyer*, in: Dreyer/Kotthoff/Meckel, Heidelberger Kommentar zum Urheberrecht, 2. Aufl. 2009, § 23 KUG, Rn. 1.

Abs. 2 KUG vorgenommen. Diese Vorgehensweise hat der BGH mit der Begründung geändert, das Informationsinteresse der Öffentlichkeit sei der gesetzgeberische Grund für die Ausnahmeregelung des § 23 Abs. 1 Nr. 1 KUG und müsse daher bereits bei der Auslegung des Tatbestandsmerkmals „Bereich der Zeitgeschichte" beachtet werden.[189] Es muss demnach jetzt für das konkrete Bildnis – unabhängig vom Bekanntheitsgrad der abgebildeten Person – jeweils geprüft werden, ob gerade an seiner Veröffentlichung ein zeitgeschichtliches Interesse besteht.[190]

Maßgebend für die Frage, ob es sich bei einem Bildnis um ein solches aus dem *529* Bereich der Zeitgeschichte handelt, ist dabei der **Begriff des Zeitgeschehens**. Dieser Begriff darf nicht zu eng verstanden werden, sondern wird vom Interesse der Öffentlichkeit bestimmt.[191] Im Hinblick auf den Informationsbedarf der Öffentlichkeit umfasst der Begriff des Zeitgeschehens nicht nur Vorgänge von historisch-politischer Bedeutung, sondern ganz allgemein das Zeitgeschehen, also alle Fragen von allgemeinem gesellschaftlichem Interesse.[192] Auch durch unterhaltende Beiträge kann Meinungsbildung stattfinden; solche Beiträge können die Meinungsbildung unter Umständen sogar nachhaltiger anregen und beeinflussen als sachbezogene Informationen.[193] Der Umstand, dass ein Bildnis in einem Boulevardblatt veröffentlicht wird und sich die Veröffentlichung nicht mit weltpolitisch wichtigen Themen auseinandersetzt, sondern eher die Unterhaltung im Vordergrund steht, führt somit nicht bereits zu einem Ausschluss der Anwendbarkeit von § 23 Abs. 1 Nr. 1 KUG. Vielmehr sollen sich auch die Verbreiter solcher Berichterstattung grundsätzlich auf das Grundrecht der Presse-, Meinungs- und Informationsfreiheit aus Art. 5 GG berufen dürfen.

Das Informationsinteresse der Öffentlichkeit besteht jedoch nicht schrankenlos. *530* Vielmehr wird der Einbruch in die persönliche Sphäre des Abgebildeten durch den Grundsatz der Verhältnismäßigkeit begrenzt, so dass eine Berichterstattung keineswegs immer zulässig ist.[194] Wo konkret die Grenze für das berechtigte Informationsinteresse der Öffentlichkeit an einer Berichterstattung zu ziehen ist, lässt sich dabei nur unter Berücksichtigung der jeweiligen Umstände des Einzelfalls entscheiden. Nach dem abgestuften Schutzkonzept hat somit nicht erst bei der Prüfung etwaiger einer Veröffentlichung entgegenstehender berechtigter Interessen im Sinne von § 23 Abs. 2 KUG, sondern bereits bei der Zuordnung eines Bildnisses zum Bereich der Zeitgeschichte eine einzelfallbezogene Abwägung der widerstreitenden Grundrechte in Form des allgemeinen Persönlichkeitsrechts aus Art. 1 Abs. 1, 2 Abs. 1 GG und Art. 8 EMRK einerseits und der Presse-, Informations- und Meinungsfreiheit aus Art. 5 GG sowie aus Art. 10 EMRK andererseits stattzufinden.[195]

Damit es sich bei einem Bildnis um ein solches aus dem Bereich der Zeitgeschichte *531* handelt, das gemäß § 23 Abs. 1 Nr. 1 KUG ohne Einwilligung des Abgebildeten veröffentlicht werden darf, muss das berechtigte Interesse an seiner Veröffentlichung das Interesse des Abgebildeten am Schutz seiner Persönlichkeit überwiegen. Im Rahmen

---

[189] BGH v. 06.03.2007 – VI ZR 51/06 – GRUR 2007, 527, 528 – Abgestuftes Schutzkonzept I
[190] *Teichmann*, NJW 2007, 1917, 1918.
[191] BGH v. 03.07.2007 – VI ZR 164/06 – GRUR 2007, 902, 903 – Abgestuftes Schutzkonzept II.
[192] BGH v. 03.07.2007 – VI ZR 164/06 – GRUR 2007, 902, 903 – Abgestuftes Schutzkonzept II.
[193] BGH v. 09.12.2003 – VI ZR 373/02 – GRUR 2004, 438 – Feriendomizil I; BGH v. 06.03.2007 – VI ZR 51/06 – GRUR 2007, 527 – Abgestuftes Schutzkonzept I; BVerfG v. 02.05.2006 – 1 BvR 507/01 – NJW 2006, 2836, 2837 – Luftbildaufnahmen.
[194] BGH v. 06.03.2007 – VI ZR 51/06 – GRUR 2007, 527, 528 – Abgestuftes Schutzkonzept I .
[195] BGH v. 03.07.2007 – VI ZR 164/06 – GRUR 2007, 902, 903 – Abgestuftes Schutzkonzept II.

der insofern vorzunehmenden Abwägung gilt dann folgender Maßstab: Je größer der Informationswert der Veröffentlichung für die Öffentlichkeit ist, desto mehr muss das Schutzinteresse desjenigen, über den informiert wird, hinter den Informationsbelangen der Öffentlichkeit zurücktreten.[196] Umgekehrt wiegt aber auch der Schutz der Persönlichkeit des Betroffenen desto schwerer, je geringer der Informationswert für die Allgemeinheit ist. Das Interesse der Leser an reiner Unterhaltung hat gegenüber dem Schutz der Privatsphäre regelmäßig ein geringeres Gewicht und ist nicht schützenswert.[197] Auch bei den bisher so genannten Personen der Zeitgeschichte kann somit nicht mehr außer Betracht bleiben, ob die Berichterstattung zu einer Debatte mit einem Sachgehalt beiträgt, der über die Befriedigung bloßer Neugier hinausgeht.[198] Das schließt jedoch nicht aus, dass je nach Lage des Falls für den Informationswert einer Berichterstattung auch der Bekanntheitsgrad des Betroffenen von Bedeutung sein kann.[199] Bei der erforderlichen Abwägung zwischen den widerstreitenden Interessen des Veröffentlichenden und des Abgebildeten kann auch im Übrigen in weiten Teilen auf die Fallgruppen zurückgegriffen werden, die die Rechtsprechung für die bisher im Rahmen des § 23 Abs. 2 KUG vorzunehmende Prüfung entgegenstehender berechtigter Interessen des Abgebildeten im Laufe der Jahrzehnte geschaffen hat. Auf diese wird daher im Folgenden im Einzelnen eingegangen.

cc) Begleitende Wortberichterstattung

Da es für die Abwägung im Rahmen der Zuordnung eines Bildnisses zum Bereich des Zeitgeschehens somit nach dem abgestuften Schutzkonzept maßgeblich auf den Informationswert der Abbildung ankommt, darf nach der ständigen Rechtsprechung des Bundesgerichtshofs, wenn die beanstandete Abbildung im Zusammenhang mit einer Wortberichterstattung verbreitet worden ist, bei der Beurteilung die zugehörige Wortberichterstattung nicht unberücksichtigt bleiben.[200] Dies ist vom Ansatz her nicht zu beanstanden – dennoch wird im Hinblick auf das Verständnis insbesondere des Bundesverfassungsgerichts von der Bedeutung der begleitenden Berichterstattung gerade an dieser Stelle ein Problem deutlich, welches in der Praxis nicht nur zu erheblichen Rechtsunsicherheiten führt, sondern in der Konsequenz auch eine Einschränkung des Schutzes in Sonderheit von Personen mit „hohem Bekanntheitsgrad" mit sich bringt: Das Bundesverfassungsgericht hat in seiner Entscheidung über die Verfassungsbeschwerden zweier Presseverlage und Prinzessin Caroline von Hannover[201] zwar grundsätzlich das abgestufte Schutzkonzept des Bundesgerichtshofs und die Einbeziehung der begleitenden Wortberichterstattung gebilligt. Es hat jedoch zu Letzterer

---

[196] BGH v. 03.07.2007 – VI ZR 164/06 – GRUR 2007, 902, 903 – Abgestuftes Schutzkonzept II.

[197] BGH v. 03.07.2007 – VI ZR 164/06 – GRUR 2007, 902, 903 – Abgestuftes Schutzkonzept II; BVerfG v. v. 14.02.1973 – 1 BvR 112/65 – NJW 1973, 1221; BVerfG v. 15.12.1999 – 1 BvR 653/96 – NJW 2000, 1021- Caroline von Monaco; BGH v. 19.12.1995 – VI ZR 15/95 – GRUR 1996, 923 – Caroline von Monaco II m.w.N.

[198] BGH v. 03.07.2007 – VI ZR 164/06 – GRUR 2007, 902, 903 – Abgestuftes Schutzkonzept II.

[199] BGH v. 03.07.2007 – VI ZR 164/06 – GRUR 2007, 902, 903 – Abgestuftes Schutzkonzept II.

[200] So auch EGMR v. 24.06.2004 – 59320/00 – NJW 2004, 2647, 2650 – Caroline von Hannover; ständige Rspr.: BGH v. 09.03.2004 – VI ZR 217/03 – GRUR 2004, 592 – Charlotte Casiraghi; BGH v. 30.09.2003 – VI ZR 89/02 – GRUR 2004, 590 – Satirische Fotomontage; BGH v. 28.09.2004 – VI ZR 305/03 – GRUR 2005, 74 – Charlotte Casiraghi II; BGH v. 19.10.2004 – VI ZR 292/03 – GRUR 2005, 76 – „Rivalin" von Uschi Glas; BGH v. 06.03.2007 – VI ZR 51/06 – GRUR 2007, 527 – Abgestuftes Schutzkonzept I.

[201] BVerfG v. 26.02.2008 – 1 BvR 1602/07, 1 BvR 1606/07, 1 BvR 1626/07 – NJW 2008, 1793 – Caroline von Hannover.

weitergehend ausgeführt, dass der Informationswert eines Bildnisses, welches nicht schon als solches eine für die öffentliche Meinungsbildung bedeutsame Aussage enthält, im Kontext der dazu gehörenden Wortberichterstattung zu ermitteln ist.[202]

Der Stellenwert, welcher der ein Bildnis begleitenden Wortberichterstattung damit eingeräumt wird, führt im Ergebnis dazu, dass den Medien die Möglichkeit gegeben wird, auch Bildnisse, die eigentlich der geschützten Privatsphäre einer bekannten Persönlichkeit zuzuordnen wären, ohne deren Einwilligung zu veröffentlichen, sofern sie es nur schaffen, in der begleitenden Textberichterstattung einen Beitrag zur **„öffentlichen Meinungsbildung"**[203] zu leisten. 533

Wie unterschiedlich dies jedoch beurteilt wird, zeigt der unter anderem auch vom Bundesverfassungsgericht in der genannten Entscheidung zu überprüfende Sachverhalt: In einer Wochenzeitschrift wurde unter der Überschrift „In Prinzessin Carolines Bett schlafen – kein unerfüllbarer Wunsch! – Caroline und Ernst August vermieten ihre Traum-Villa" ein Paparazzi-Foto veröffentlicht, welches Prinzessin Caroline von Hannover und ihren Ehemann während ihres Urlaubs in Kenia beim Spazierengehen auf einer Straße zeigt. Der begleitende Artikel beschäftigte sich damit, dass Prinz Ernst August von Hannover über eine Ferienvilla in Kenia verfügt, die in Zeiten seiner Abwesenheit an Interessenten vermietet werde. Unter der Unterzeile „Auch die Reichen und Schönen sind sparsam. Viele vermieten ihre Villen an zahlende Gäste" wurden Caroline von Hannover und ihr Ehemann als eines von mehreren Beispielen dafür angeführt, dass Hollywoodstars und Angehörige von Adelshäusern „einen Hang zum ökonomischen Denken entwickelt" hätten. In seinem ersten Urteil zu diesem Fall lehnte der BGH eine Anwendbarkeit des Ausnahmetatbestands des § 23 Abs. 1 Nr. 1 KUG ab, weil es sich bei dem veröffentlichten Foto nicht um ein Bildnis aus dem Bereich der Zeitgeschichte handeln würde.[204] Das Bildnis selbst enthalte keinen besonderen Informationswert und auch die Betrachtung des Bildnisses **im Kontext der Textberichterstattung** führe nicht zu einer anderen Beurteilung: Die Wortberichterstattung über die Wohnung und ihre Vermietung beträfe selbst bei Anlegung eines großzügigen Maßstabs keinen Vorgang von allgemeinem Interesse und kein zeitgeschichtliches Ereignis.[205]

Diese Ansicht teilte jedoch das Bundesverfassungsgericht nicht: Zwar sei dem Bundesgerichtshof insoweit zuzustimmen, dass das Foto, welches Prinzessin Caroline und ihren Ehemann im Urlaub in Freizeitkleidung zeigt, **keinen eigenen Informationswert** habe.[206] In dem maßgebenden Bericht sei es jedoch nicht um die Beschreibung einer Szene des Urlaubs als Teil des Privatlebens gegangen; vielmehr sei über die Vermietung der Ferienvilla des Paares an Dritte berichtet worden und dieser Umstand sei mit „wertenden Anmerkungen kommentiert" worden, die „Anlass für sozialkritische Überlegungen der Leser" sein können.[207] Die Angelegenheit wurde daraufhin zum 534

---

[202] BVerfG v. 26.02.2008 – 1 BvR 1602/07, 1 BvR 1606/07, 1 BvR 1626/07 – NJW 2008, 1797 – Caroline von Hannover.

[203] BVerfG v. 26.02.2008 – 1 BvR 1602/07, 1 BvR 1606/07, 1 BvR 1626/07 – NJW 2008, 1797 – Caroline von Hannover.

[204] BGH v. 06.03.2007 – VI ZR 52/06 – ZUM 2007, 470 – Ferienvilla I.

[205] BGH v. 06.03.2007 – VI ZR 52/06 – ZUM 2007, 470, 473 – Ferienvilla I.

[206] BVerfG v. 26.02.2008 – 1 BvR 1602/07, 1 BvR 1606/07, 1 BvR 1626/07 – NJW 2008, 1793, 1801.

[207] BVerfG v. 26.02.2008 – 1 BvR 1602/07, 1 BvR 1606/07, 1 BvR 1626/07 – NJW 2008, 1793, 1801.

BGH zurückverwiesen, der in einer neuen Entscheidung dann ebenfalls das Vorliegen eines Bildnisses aus dem Bereich der Zeitgeschichte" aufgrund des „sozialkritischen" Ansatzes der Berichterstattung bejahte.[208] Bereits dieses eine Verfahren zeigt, dass es nach der „neuen" Rechtsprechung für die Praxis nicht gerade einfacher geworden ist, die Zulässigkeit einer Bildnisveröffentlichung nach § 23 Abs. 1 Nr. 1 KUG zu beurteilen. Es zeigt aber auch, dass es den Medien im Grunde genommen überlassen ist, auch eine eigentlich unzulässige Bildnisveröffentlichung dadurch „zulässig zu machen", dass sie sie mit einer Wortberichterstattung verbinden, die „Anlass für sozialkritische Überlegungen der Leser" sein kann. Ob dies im Sinne des EGMR ist, darf bezweifelt werden. Anlass für die Entscheidung des EGMR[209] war der unzureichende Schutz absoluter Personen der Zeitgeschichte. Durch die höchstrichterliche Rechtsprechung, die sich in der Folge in Deutschland herauskristallisiert hat, wird jedoch – insbesondere im Hinblick auf die in die Beurteilung einzubeziehende begleitende Wortberichterstattung – dieser Schutz eher weiter eingeschränkt. Ob die höchstrichterliche deutsche Rechtsprechung und die Einzelheiten des abgestuften Schutzkonzepts mit dem Grundrecht aus Art. 8 der Konvention zum Schutze der Menschenrechte und Grundfreiheiten (EMRK) zu vereinbaren sind, wird sich im Einzelnen zeigen: Prinzessin Caroline von Hannover und ihr Ehemann, Prinz Ernst August von Hannover, haben sich mit dieser Frage erneut an den Europäischen Gerichtshof für Menschenrechte (EGMR) gewandt.[210]

dd) Die Intimsphäre des Abgebildeten

535 Während früher dem Schutz der Intimsphäre wie auch dem der Privatsphäre im Rahmen der berechtigten Interessen des Abgebildeten nach § 23 Abs. 2 KUG eine besondere Bedeutung zukam, dürfte sich die Prüfung, ob die Bildnisveröffentlichung einen unzulässigen Eingriff in diese geschützten Sphären des Abgebildeten darstellt, nunmehr fast vollständig auf die Tatbestandsebene des § 23 Abs. 1 Nr. 1 KUG verschoben haben. Da es nach dem neuen Lösungsansatz des BGH zu § 23 Abs. 1 Nr. 1 KUG bereits bei der Zuordnung eines Bildnisses zum Bereich der Zeitgeschichte auf eine Abwägung zwischen den widerstreitenden Interessen des Abgebildeten und des Veröffentlichenden ankommt, spielt die Frage, ob der Intim- oder Privatsphärenschutz das öffentliche Informationsinteresse überwiegt, somit jetzt bereits im Rahmen der Feststellung, ob es sich bei einem Bildnis um ein solches aus dem Bereich der Zeitgeschichte handelt, eine entscheidende Rolle.

536 Der Begriff der „Intimsphäre" eines Menschen stammt aus der im Allgemeinen Persönlichkeitsrecht entwickelten **Sphärentheorie**, nach der der Schutzbereich eines Menschen vor dem Eindringen der Öffentlichkeit unterteilt wird in die jeweils mit abnehmendem Schutz ausgestattete Intim-, Privat- und Öffentlichkeitssphäre. Der Bereich der Intimsphäre genießt hierbei den stärksten Schutz. Von der Intimsphäre umfasst ist insbesondere die Sexualität eines Menschen. Ihr Schutz spielt daher im Fotorecht insbesondere bei Abbildungen des nackten Körpers einer Person eine Rolle. Zum Teil werden auch Krankheiten in den Bereich der Intimsphäre eingeordnet.[211]

---

[208] BGH v. 01.07.2008 – VI ZR 67/08 – NJW 2008, 3141 – Ferienvilla II.

[209] EGMR v. 24.06.2004 – 59320/00 – NJW 2004, 2547 ff. – Caroline von Hannover.

[210] Verfahren vor dem EGMR: Caroline von Hannover v. Germany (no. 40660/08) und Ernst August von Hannover v. Germany (no. 60641/08).

[211] Landgericht München v. 27.06.205 – 7 O 12065/05 – ZUM 2005, 922 – Nichte Versaces.

Nach Ansicht des Bundesverfassungsgerichts[212] fallen diese jedoch in der Regel in den Bereich der Privatsphäre.

(1) Nacktfotos

Die Veröffentlichung von Bildnissen aus der Intimsphäre ist ohne Einwilligung des *537* Betroffenen prinzipiell unzulässig. Hierzu zählen insbesondere die Veröffentlichungen von Nacktaufnahmen.[213] Solche Aufnahmen bedürfen stets der Einwilligung des Abgebildeten, da sie einen erheblichen Eingriff in seine Intimsphäre darstellen.[214] Dies gilt umso mehr, wenn die Nacktaufnahmen heimlich angefertigt worden sind.[215] Grundsätzlich wird man daher davon ausgehen können, dass ungenehmigte Nacktaufnahmen aufgrund des erheblichen Eingriffs in die Intimsphäre des Abgebildeten bereits keine Bildnisse aus dem Bereich der Zeitgeschichte im Sinne von § 23 Abs. 1 Nr. 1 KUG darstellen, die ohne Einwilligung des Abgebildeten veröffentlicht werden dürfen.

Auch nach der früheren Rechtsprechung brauchten selbst die so genannten abso- *538* luten Personen der Zeitgeschichte Abbildungen aus ihrem Intimbereich grundsätzlich nicht zu dulden.[216] So muss auch ein prominenter Politiker Abbildungen aus seinem Intimbereich nicht hinnehmen.[217] Auch die in der Boulevardpresse so beliebten „Busenblitzer-Fotos", die weibliche Prominente mit unfreiwillig entblößter Brust zeigen, sind in der Regel unzulässig.[218] Das Landgericht Hamburg sah in der Veröffentlichung heimlich aufgenommener Fotos, die einen bekannten Musikproduzenten an einem FKK-Badestrand zeigten, einen Eingriff in die Intimsphäre des Abgebildeten, auch wenn über „Teile seines Schambereichs" bei der Veröffentlichung ein Laubblatt auf-

---

[212] BVerfG v. 15.12.1999 – 1 BvR 653/96 – NJW 2000, 1021, 1022 – Caroline von Monaco.

[213] BGH v. 02.07.1974 – VI ZR 121/73 – NJW 1974, 1947=GRUR 1975, 561 – Nacktaufnahmen; BGH v. 22.01.1985 – VI ZR 28/83 – NJW 1985, 1617=GRUR 1985, 398 – Nacktfoto; OLG Hamburg v. 21.05.1981 – 3 U 22/81 – AfP 1982, 41 – Heimliche Nacktfotos; OLG Hamburg v. 27.07.1995 – 3 U 292/94 – NJW 1996, 1151 – TV-Star oben ohne; OLG Hamburg v. 30.05.1991 – 3 U 258/90 – AfP 1992, 159 – Schauspielerin halbnackt; OLG Oldenburg v. 14.11.1988 – 13 U 72/88 – NJW 1989, 400 – Oben ohne; OLG München v. 08.11.1985 – 21 U 2432/85 – AfP 1986, 69 – Nackt im Park, LG Saarbrücken v. 19.05.2000 – 13 A S 112/99 – NJW-RR 2000, 1571; LG München v. 07.10.2004 – 7 O 18165/03 – ZUM-RD 2005, 38 – Playboyfotos im Internet; LG Kiel v. 27.04.2006 – 4 O 251/05 – NJW 2007, 1002 – Nacktfotos im Internet.

[214] BGH v. 22.01.1985 – VI ZR 28/83 – GRUR 1985, 398, 399 – Nacktfoto; BGH v. 02.07.1974 – VI ZR 121/73 – GRUR 1975, 561, 562 – Nacktaufnahmen; *Götting*, in: Schricker/Loewenheim, Urheberrecht, Kommentar, 4.Aufl. 2010, § 60/§ 23 KUG, Rn. 100; *Fricke*, in: Wandtke/Bullinger, Praxiskommentar zum Urheberrecht, 3. Aufl. 2009, § 23 KUG, Rn. 40.

[215] OLG Hamburg v. 21.05.1981 – 3 U 22/81 – AfP 1982, 41 – Heimliche Nacktfotos.

[216] OLG Hamburg v. 27.04.1995 – 3 U 292/94 – GRUR 1996, 123, 124 – Schauspielerin; LG Berlin v. 21.12.2000 – 27 O 533/00 – ZUM 2002, 153, 154 – Nina Hagen; OLG Frankfurt v. 21.09.1999 – 11 U 28/99 – ZUM-RD 2000, 119, 120 – Katharina Witt; *Götting*, in: Schricker/Loewenheim, Urheberrecht, Kommentar, 4. Aufl. 2010, § 60/§ 23 KUG, Rn. 101; *Dreier*, in: Dreier/Schulze, UrhG, 3. Aufl. 2008, § 23 KUG, Rn. 27 – die Unzulässigkeit wurde hier jeweils noch über § 23 Abs. 2 KUG festgestellt.

[217] OLG München v. 06.12.1962 – 6 U 2160/61 – Schulze OLGZ 58 – Kanzlerkandidat.

[218] LG Hamburg v. 13.01.2006 – 324 O 674/05 – ZUM-RD 2006, 251; OLG Hamburg v. 02.05.2006 – 7 U 19/06 – ZUM 2006, 639; vgl. aber auch LG Hamburg v. 20.04.2007 – 324 O 859/06 – AfP 2007, 385 zur Haftung einer Bildagentur und zur Bedeutung des Vorverhaltens der Abgebildeten.

gezeichnet worden war.[219] Als unzulässige öffentliche Bloßstellung hat das Oberlandesgericht Hamburg auch die Veröffentlichung eines vergrößerten Ausschnitts einer Torraumszene mit einem Bundesligaspieler angesehen, auf der dessen Penis infolge Hochrutschens des linken Hosenbeines teilweise entblößt zu sehen ist und die mit dem Zusatz veröffentlicht wurde „Er überzeugte die 30.000 Zuschauer nicht nur von seinen sportlichen, sondern auch von seinen männlichen Qualitäten".[220]

539   Auch wenn es sich bei dem gezeigten Körper nicht um den des behaupteten Prominenten handelt, so ist auch bei einer Fotomontage, bei der Köpfe Prominenter mit unbekleideten Körpern anderer Personen gezeigt werden, von einem Eingriff in die Intimsphäre der prominenten Personen auszugehen.[221] Ein Eingriff in die Intimsphäre liegt auch dann vor, wenn Aktaufnahmen den Abgebildeten beispielsweise lediglich von hinten oder nur in Umrissen zeigen.[222] Dies stellt eine logische Konsequenz der Anwendung des Bildnisbegriffs dar, nach dem ein Bildnis – wie oben dargestellt[223] – auch unabhängig davon vorliegt, ob die Gesichtszüge des Abgebildeten gezeigt werden. Maßgeblich ist auch an dieser Stelle die Erkennbarkeit.[224]

540   Bei derartigen Eingriffen in die Intimsphäre des Abgebildeten wird man daher nach der Rechtsprechung des Bundesgerichtshofs und des Bundesverfassungsgerichts im Nachgang zu der Entscheidung des EGMR[225] bereits das Vorliegen eines Bildnisses aus dem Bereich der Zeitgeschichte im Sinne von § 23 Abs. 1 Nr. 1 KUG verneinen müssen, da man bei der Veröffentlichung von Nacktfotos im allgemeinen im Rahmen der Abwägung zwischen den Interessen des Abgebildeten und denen des Veröffentlichenden zu einem deutlichen Überwiegen der Interessen des Abgebildeten kommen wird.

541   Bei der Frage der Zulässigkeit der Veröffentlichung von Nacktfotos stellt sich jedoch immer wieder die Frage, ob dem Abgebildeten ein Schutz seiner Intimsphäre zu versagen ist, weil er oder sie **in der Vergangenheit** die Veröffentlichung von Nacktfotos **gestattet** hat oder sogar die Erstveröffentlichung des in Rede stehenden Bildnisses ursprünglich erlaubt hatte. Grundsätzlich soll sich auch derjenige auf einen Schutz seiner Intimsphäre berufen können, der bereits in anderem Zusammenhang in die Veröffentlichung von Aktaufnahmen eingewilligt hat.[226] Nur weil sich jemand einmal nackt der Öffentlichkeit präsentiert hat, heißt dies nicht, dass er sich ab da dem Schutz seiner Intimsphäre begeben hat. Zum Teil wird in der Literatur jedoch die Ansicht vertreten, dass der grundsätzliche Anspruch auf Schutz der Intimsphäre entfallen würde, wenn die abgebildete Person der Erstellung und Veröffentlichung der betref-

---

[219] LG Hamburg v. 29.05.2009 – 324 O 951/08 – ZUM-RD 2009, 610.
[220] OLG Hamburg v. 06.07.1972 – 3 U 64/72 – AfP XVI 172, 150 – Zerrissene Hose.
[221] OLG Köln NJW-RR 2002, 1007; LG Berlin v. 28.08.2001 – 27 O 375/01 – AfP 2002, 249.
[222] OLG München v. 17.12.1984 – 21 U 2775/84 – ZUM 1985, 327, 328 – Herrenmagazin; OLG Düsseldorf v. 29.05.1984 – 15 U 174/83 – AfP 1984, 229, 230 – Rückenakt.
[223] Siehe hierzu die Ausführungen oben unter B. II. 1.b) Erkennbarkeit, Rn. 482 ff.
[224] Auch bei fehlender Erkennbarkeit kann die Veröffentlichung eines Nacktfotos u.U. aufgrund eines Rückgriffs auf das allgemeine Persönlichkeitsrecht unzulässig sein: BGH v. 02.07.1974 – VI ZR 121/73 – NJW 1974, 1947.
[225] EGMR v. 24.06.2004 – 59320/00 – GRUR 2004, 1051 – Caroline von Hannover.
[226] OLG Hamburg v. 21.05.1981 – 3 U 22/81 – AfP 1982, 41 – heimliche Nacktfotos; LG Saarbrücken v. 19.05.2000 – 13 A S 112/99 – NJW-RR 2000, 1571; *Götting*, in: Schricker/Loewenheim, Urheberrecht, Kommentar, 4. Aufl. 2010, § 60/§ 23 KUG, Rn. 100; *Dreier*, in: Dreier/Schulze, UrhG, 3. Aufl. 2008, § 23 KUG, Rn. 27.

fenden Nacktaufnahmen – wenn auch in einem anderen Rahmen – zugestimmt hat.[227] Dabei wird insbesondere auf eine Entscheidung des Oberlandesgerichts Frankfurt a.M.[228] verwiesen, nach der die Nacktaufnahme der Eiskunstläuferin Katharina Witt in einer Sonntagszeitung unter der Rubrik „Leute über die man spricht" als zulässig angesehen wurde. Bei dem Foto handelte es sich um eine Nacktaufnahme, die im Einverständnis der Abgebildeten für den deutschen und amerikanischen „Playboy" fotografiert worden war. Aus dieser Entscheidung kann jedoch nicht pauschal geschlossen werden, dass sich derjenige, der sich mit seinem Einverständnis der Öffentlichkeit nackt präsentiert, grundsätzlich dem Schutz seiner Intimsphäre in Bezug auf Nacktfotos begibt. Auch die Entscheidung des Oberlandesgerichts Frankfurt begründete die Rechtmäßigkeit der Veröffentlichung damit, dass sich der redaktionelle Beitrag, der die Veröffentlichung in der Sonntagszeitung begleitete, damit beschäftigte, dass sich nunmehr auch Sportlerinnen vermehrt dem „Playboy" für Nacktfotos zur Verfügung stellen bzw. dass gerade Katharina Witt eine entsprechende Entscheidung getroffen hatte. Das Gericht kam zu dem Ergebnis, dass die Veröffentlichung von Nacktfotos der Eiskunstläuferin im „Playboy" als solches ein zeitgeschichtliches Ereignis darstellte und dass die Veröffentlichung im Rahmen eines Beitrages, der sich hiermit auseinandersetzte, einen berechtigten Informationszweck verfolgt.[229]

Auch nach Auffassung des OLG Hamburg kann der Umstand, dass sich jemand *542* nackt in einem Herrenmagazin hat ablichten lassen, einen Bericht hierüber („B. mal wieder nackt") unter Wiedergabe einer der veröffentlichten Aufnahmen in einem Medium **rechtfertigen**.[230] Aber auch hier ging das Gericht davon aus, dass die ursprüngliche Veröffentlichung der Fotos der Schauspielerin in dem Herrenmagazin das zeitgeschichtliche Ereignis darstellt und sich in einem solchen Fall das öffentliche Interesse nicht nur auf die Tatsache der Erstveröffentlichung, sondern auch auf das „wie", also die konkrete Abbildung, bezieht.[231] Dennoch kann man nicht allgemein davon ausgehen, dass sich der Betroffene einer Berufung auf den Schutz seiner Intimsphäre generell dadurch begibt, dass er die Erstveröffentlichung von Nacktfotos gestattet. Da der nackte Körper zum intimsten Persönlichkeitsbereich eines Menschen gehört, muss die Entscheidung über die Veröffentlichung seines Nacktbildes prinzipiell stets dem Abgebildeten selbst vorbehalten bleiben.[232]

Grundsätzlich gilt daher Folgendes: Heimlich angefertigte Nacktfotos, die ohne *543* Einwilligung des Abgebildeten veröffentlicht werden, dürften – je nach Einzelfall – bereits keine Bildnisse aus dem Bereich der Zeitgeschichte im Sinne von 23 Abs. 1 Nr. 1 KUG darstellen bzw. ihrer Veröffentlichung wird in der Regel ein berechtigtes Interesse des Abgebildeten gemäß § 23 Abs. 2 KUG entgegenstehen. Willigt der Abgebildete in die Veröffentlichung von Nacktfotos ein, so ist bezüglich einer Zweitverwertung zu differenzieren: Der Abgebildete muss es wohl hinnehmen, dass diese Erstveröffentlichung im Einzelfall ein zeitgeschichtliches Ereignis darstellen kann und sich das öffentliche Interesse nicht nur auf die Tatsache der Erstveröffentlichung, son-

---

[227] *Wegner*, in: Götting/Schertz/Seitz, Handbuch des Persönlichkeitsrechts, 1. Aufl. 2008, § 32, Rn. 146.
[228] OLG Frankfurt v. 21.09.1999 – 11 U 28/99 – ZUM-RD 2000, 119, 120 – Katharina Witt.
[229] OLG Frankfurt v. 21.09.1999 – 11 U 28/99 – ZUM-RD 2000, 119, 120 – Katharina Witt.
[230] OLG Hamburg v. 30.05.1991 – 3 U 258/90 – AfP 1992, 159 – Schauspielerin halb nackt.
[231] OLG Hamburg v. 30.05.1991 – 3 U 258/90 – AfP 1992, 159 – Schauspielerin halb nackt.
[232] BGH v. 02.07.1974 – VI ZR 121/73 – GRUR 1975, 561, 562 – Nacktaufnahmen; *Götting*, in: Schricker/Loewenheim, Urheberrecht, Kommentar, 4.Aufl. 2010, § 60/§ 23 KUG, Rn. 100.

dern auch auf das „wie" derselben bezieht, so dass andere Medien unter Wiedergabe der entsprechenden Nacktfotos hierüber berichten dürfen.[233] Damit sich der Veröffentlichende in einem solchen Fall auf § 23 Abs. 1 Nr. 1 KUG beziehen kann und § 23 Abs. 2 KUG einer solchen Veröffentlichung nicht entgegensteht, wird jedoch ein unmittelbarer zeitlicher Zusammenhang mit der Erstveröffentlichung der Nacktfotos erforderlich sein. Für die Rechtmäßigkeit einer solchen Zweitverwertung von Nacktfotos aufgrund eines legitimen Informationszwecks ist es zudem notwendig, dass die Ablichtung auf den Inhalt des begleitenden redaktionellen Text verweist, ihn veranschaulicht und belegt oder die Ablichtung als solche einen zeitgeschichtlichen Nachrichtenwert besitzt.[234]

544　Insoweit besteht in diesem Punkt durchaus eine Parallele zu den Voraussetzungen des „Bildzitats" im urheberrechtlichen Sinne analog § 50 UrhG (Berichterstattung über Tagesereignisse).[235] Eine Zweitverwertung eines Nacktfotos zu Informationszwecken ist insofern nicht mehr gegeben, wenn die Veröffentlichung der Fotos nur der Befriedigung der Schaulust und/oder der Schaffung eines Blickfangs für die Zeitung dient.[236] In diesem Fall wäre bereits das Vorliegen eines Bildnisses aus dem Bereich der Zeitgeschichte abzulehnen.

(2) Leichenfotos

545　Dem Bereich der Intimsphäre werden auch Abbildungen eines Menschen zugeordnet, die diesen in der konkreten Situation seines Todes zeigen.[237] Auch hier ist im Rahmen einer Abwägung der widerstreitenden Interessen zu prüfen, ob es sich im Einzelfall um ein Bildnis aus dem Bereich der Zeitgeschichte handelt bzw. spätestens im Rahmen von § 23 Abs. 2 KUG zu prüfen, ob berechtigte Informationsinteressen der Öffentlichkeit eine Veröffentlichung ohne Einwilligung der Angehörigen des Verstorbenen rechtfertigen. So wurde beispielsweise vom Deutschen Presserat die erstmalige Veröffentlichung des Fotos, welches den früheren Schleswig-Holsteinischen Ministerpräsidenten Uwe Barschel tot in einer Badewanne liegend zeigte, im „Stern" (Ausgabe Nr. 43/87) als legitime zeitgeschichtliche Dokumentation bewertet.[238] Gleichzeitig sprach der Presserat dem „Stern" jedoch eine Rüge aus, da das betreffende Foto in der nächsten Ausgabe des Magazins erneut veröffentlicht worden war.[239] Hierin sah

---

[233] So im Ergebnis OLG Frankfurt v. 21.09.1999 – 11 U 28/99 – ZUM-RD 2000, 119, 120 – Katharina Witt; OLG Hamburg v. 30.05.1991 – 3 U 258/90 – AfP 1992, 159 – Schauspielerin halb nackt.

[234] *Götting*, in: Schricker/Loewenheim, Urheberrecht, Kommentar, 4. Aufl. 2010, § 60/§ 23 KUG, Rn. 105.

[235] *von Strobl-Albeg*, in: Wenzel, Das Recht der Wort- und Bildberichterstattung, 5. Aufl. 2003, Kap. 8, Rn. 58.

[236] OLG Hamburg v. 27.04.1995 – 3 U 292/94 – GRUR 1996, 123.

[237] OLG Hamburg v. 07.07.1983 – 3 U 7/83 – AfP 1983, 466, 468 – Bombenattentäter; LG Berlin v. 18.07.2002 – 27 O 241/02 – AfP 2002, 540, 541; *Fricke*, in: Wandtke/Bullinger, Praxiskommentar zum Urheberrecht, 3. Aufl. 2009, § 23 KUG, Rn. 41; so im Ergebnis auch *von Strobl-Albeg*, in: Wenzel, Das Recht der Wort- und Bildberichterstattung, 5. Aufl. 2003, Kap. 8, Rn. 61.

[238] Jahrbuch des Deutschen Presserats 1987, 11; vgl. auch *Wessels*, Ein politischer Fall: Uwe Barschel – Die Hintergründe der Affäre, 2. Aufl. 1990, Seite 198.

[239] Jahrbuch des Deutschen Presserats 1987, 11; zustimmend: *Fricke*, in: Wandtke/Bullinger, Praxiskommentar zum Urheberrecht, 3. Aufl. 2009, § 23 KUG, Rn. 41; *Gass*, in: Möhring/Nicolini, Urheberrechtsgesetz – Kommentar, 2. Aufl. 2000, § 23 KUG, Rn. 40; *Soehring*, Presserecht, 3. Aufl. 2000, Rn. 21.19; gegen die Zulässigkeit derartiger Veröffentlichungen: *Prinz/Peters*, Medienrecht, 1999, Rn. 828.

der Presserat einen nicht zu rechtfertigenden Eingriff in die schutzwürdigen Belange der Hinterbliebenen des Verstorbenen, da hier kein angemessener Informationsgehalt mehr vorhanden gewesen sei.[240] Auch das OLG Hamburg sah die Abbildung der Leiche eines Bombenattentäters, der bei seiner Tat auf dem Münchener Oktoberfest ums Leben gekommen war, als zulässig an.[241]

ee) Die Privatsphäre des Abgebildeten

Die Privatsphäre eines Menschen genießt zwar im Vergleich zur Intimsphäre einen abgestuften, aber dennoch starken Schutz. Bei der Prüfung, ob ein Bildnis aus dem Bereich der Zeitgeschichte im Sinne von § 23 Abs. 1 Nr. 1 KUG vorliegt, das ohne Einwilligung des Abgebildeten veröffentlicht werden darf, ist daher bereits im Rahmen einer Abwägung zu prüfen, ob an der Bildnisveröffentlichung im Einzelfall ein berechtigtes Informationsinteresse der Öffentlichkeit besteht, welches das Interesse des Abgebildeten am Schutz seiner Privatsphäre überwiegt. **546**

Thematisch umfasst der Schutz der Privatsphäre unter anderem Angelegenheiten, die wegen ihres Informationsinhaltes typischerweise als „privat" eingestuft werden, weil ihre öffentliche Erörterung oder Zurschaustellung als unschicklich gilt, das Bekanntwerden als peinlich empfunden wird oder nachteilige Reaktionen der Umwelt auslöst.[242] So hat das Bundesverfassungsgericht den Schutzbereich der Privatsphäre unter anderem z. B. für den Fall der Auseinandersetzung mit sich selbst in Tagebüchern[243] sowie im Bereich der Sexualität,[244] für die vertrauliche Kommunikation unter Eheleuten[245] oder für Krankheiten[246] anerkannt.

(1) Häuslicher Bereich

In räumlicher Hinsicht war die Privatsphäre jahrzehntelang auf den häuslichen, familiären und sonstigen der Öffentlichkeit entzogenen Lebensbereich[247] begrenzt. Danach umfasst der Schutz der Privatsphäre insbesondere Vorgänge, die im örtlich abgeschirmten häuslichen Bereich der Wohnung, des Hauses oder des Garten stattfinden. Hierzu gehört jedoch nicht nur das „Zuhause" – auch Büros und Geschäftsräume sind Teil der Privatsphäre.[248] Traditionell endete damit die Privatsphäre außerhalb des eigenen Grundstücks bzw. des häuslichen Bereichs.[249] Heimliche Aufnahmen in der Wohnung des Abgebildeten oder durch die Fenster in die Wohnung hinein verletzen **547**

---

[240] Jahrbuch des Deutschen Presserats 1987, S. 11 f.; *Halling*, Das Spannungsverhältnis zwischen Pressefreiheit und Persönlichkeitsrecht am Beispiel der Presseberichterstattung zum Fall Barschel, Studienarbeit, 1. Aufl. 2000, Seite 11.

[241] OLG Hamburg 27.04.1995 – 3 U 292/94 – AfP 1983, 466 – Bombenattentäter.

[242] *von Strobl-Albeg*, in: Wenzel, Das Recht der Wort- und Bildberichterstattung, 5. Aufl. 2003, Kap 8, Rn. 65.

[243] BVerfG v. 15.01.1970 – 1 BvR 13/68 – BverfGE 27, 344=NJW 1970, 555.

[244] BVerfG v. 21.12.1977 – 1 BvL 1/75 und 1 BvR 147/75 – BverfGE 47, 46=NJW 1978, 807 – Sexualkundeunterricht; BVerfG v. 11.10.1978 – 1 BvR 16/72 – BVerfGE 49, 286.

[245] BVerfG v. 15.01.1970 – 1 BvR 13/68 – BVerfGE 27, 344=NJW 1970, 555.

[246] BVerfG v. 08.03.1972 – 2 BvR 28/71 – BVerfGE 32, 373.

[247] BGH v. 19.12.1972 – VI ZR 15/95 – BGHZ 131, 332, 338 f.

[248] BGH v. 10.05.1957 – I ZR 234/55 – NJW 1957, 1315, 1316 – Spätheimkehrer; OLG München v. 30.10.1991 – 21 U 4699/91 – AfP 1992, 78, 80.

[249] *Schulz/Jürgen*, JuS 1999, 770, 775; KG v. 10.04.1953 – 5 U 477/53 – Schulze KGZ 14; *Gerstenberg*, in: Schricker, Urheberrecht, Kommentar, 1. Aufl. 1987, § 23 KUG, Rn. 35 m.w.N. zur damaligen Auffasung.

grundsätzlich die Privatsphäre des Abgebildeten. Aber auch ein umfriedetes Grundstück ist jedenfalls dann der Privatsphäre zuzurechnen, wenn es dem Nutzer die Möglichkeit gibt, frei von öffentlicher Beobachtung zu sein.[250] Der Schutz der Privatsphäre entfällt nicht bereits deshalb, weil Vorbeikommende aufgrund der landschaftlichen Gegebenheiten Grundstücksteile einsehen können. Bei umfriedeten Wohngrundstücken bleibt der typisch private Charakter für Dritte bereits durch dessen erkennbaren Nutzungszweck bestimmt.[251]

548 Auch bei Bildnissen, die unter Verletzung dieses häuslichen Bereichs der Privatsphäre gefertigt wurden, kann jedoch eine einwilligungslose Veröffentlichung gemäß § 23 Abs. 1 Nr. 1 KUG zulässig sein. So wurde bspw. ein durch ein vorhangloses Fenster aufgenommenes Foto, welches einen Rechtsanwalt zusammen mit Kriminalbeamten in seinen hell erleuchteten Kanzleiräumen während einer staatsanwaltschaftlichen Durchsuchung zeigte, als Bildnis aus dem Bereich der Zeitgeschichte angesehen.[252]

(2) Privatsphäre außerhalb des häuslichen Bereichs

549 Als sich Prinzessin Caroline von Monaco 1993 gegen die Veröffentlichung diverser Fotos wandte, die sie zwar außerhalb ihres Hauses, aber dennoch bei privaten Tätigkeiten wie dem Besuch in einem Gartenlokal, dem Einkaufen auf dem Markt und bei Freizeitbeschäftigungen mit ihren Kindern zeigten, entschied noch in der Berufungsinstanz das Hanseatische Oberlandesgericht, dass die Privatsphäre der Prinzessin als sog. „absoluter Person der Zeitgeschichte" durch die veröffentlichten Bilder nicht berührt werde.[253] Nach Ansicht des Gerichts endete das berechtigte Informationsinteresse der Öffentlichkeit zwar an der „Haustür" der Abgebildeten, hingegen nicht an jedermann zugänglichen Orten.[254] Der Bundesgerichtshof hob 1995 das Urteil des Hanseatischen Oberlandesgerichts auf und stellte erstmals klar, dass es eine schützenswerte Privatsphäre auch außerhalb des häuslichen Bereichs geben kann.[255] Das sei insbesondere dann der Fall, wenn sich der Betroffene in eine örtliche Abgeschiedenheit zurückgezogen hat, in der er objektiv erkennbar für sich allein sein will.[256] Konsequenterweise bejahte der BGH damals den Unterlassungsanspruch für die Bildnisse, die die Prinzessin mit ihrem Begleiter in der „verborgenen Atmosphäre" eines Gartenlokals zeigten, während er die übrigen Veröffentlichungen, die die Prinzessin z. B. beim Einkaufen auf dem Markt zeigten, für rechtmäßig erachtete. Als derartige „Orte der Zurückgezogenheit" wurden in der Rechtsprechung im Folgenden beispielsweise der spärlich beleuchtete hintere Teile eines Lokals[257], ein einsamer, nur vom Wasser aus zugänglicher Strand[258], das Innere einer Kirche[259] sowie eine in deutlichem Abstand vom Ufer ankernde Motorjacht[260] angesehen.

[250] *Götting*, in: Schricker, Urheberrecht, Kommentar, 3. Aufl. 2006, § 60 / § 23 KUG, Rn. 86.
[251] BGH v. 09.12.2003 – VI ZR 373/02 – GRUR 2004, 438, 439 – Luftbildaufnahmen; BGH v. 09.12.2003 – VI ZR 404/02 – GRUR 2004, 442, 443 – Luftbildaufnahmen.
[252] OLG Karlsruhe v. 07.04.2006 – 14 U 137/05 – ZUM 2006, 571.
[253] OLG Hamburg v. 08.12.1994 – 3 U 64/94 – AfP 1996, 69.
[254] OLG Hamburg v. 08.12.1994 – 3 U 64/94 – AfP 1996, 69.
[255] BGH v. 19.12.1995 – VI ZR 15/95 – GRUR 1996, 923 – Caroline von Monaco IV.
[256] BGH v. 19.12.1995 – VI ZR 15/95 – GRUR 1996, 923 – Caroline von Monaco IV.
[257] BGH v. 19.12.1995 – VI ZR 15/95 – GRUR 1996, 923, 926 – Caroline von Monaco IV.
[258] LG Hamburg v. 08.05.1998 – 324 O 736/97 – ZUM 1998, 852, 859.
[259] OLG Hamburg v. 10.10.2000 – 7 U 138/99 – OLG-Report 2001, 140.
[260] OLG Hamburg v. 10.10.2000 – 7 U 138/99 – OLG-Report 2001, 139, 140.

Die Rechtsprechung des EGMR und die sie zumindest teilweise aufnehmende *550* Rechtsprechung des BGH und des Bundesverfassungsgerichts haben im Folgenden den Schutzbereich der Privatsphäre auch in räumlicher Hinsicht noch über solche „Orte der Abgeschiedenheit" hinaus erweitert. Räumlich gesehen umfasst der Schutz der Privatsphäre nunmehr unabhängig von der örtlichen Abgeschiedenheit insgesamt auch einen Rückzugsbereich, in dem der Einzelne zu sich kommen, sich entspannen oder auch gehen lassen kann.[261] Entsprechend wurde auch der Moment der Entspannung im Urlaub bei einer Plauderei in einem Sessellift[262] der Privatsphäre der Abgebildeten zugeordnet.

Dass die Definition eines „Ortes der Abgeschiedenheit" nicht immer einfach ist, *551* zeigen die Entscheidungen zur Veröffentlichungen von Fotos von den Hochzeitsfeierlichkeiten des Moderators Günter Jauch: Während z. B. das Landgericht Hamburg in der Veröffentlichung einen Eingriff in die Privatsphäre (hier der Ehefrau) sah, weil sich die örtliche Abgeschiedenheit aufgrund der Absperrung der Hochzeitsfeierlichkeiten ergeben hätte,[263] wertete das OLG Hamburg die Fotos als Bildnisse aus dem Bereich der Zeitgeschichte, die ohne Erlaubnis gemäß § 23 Abs. 1 Nr. 1 KUG veröffentlicht werden dürften.[264] Das Landgericht Köln[265] und das Oberlandesgericht Köln[266] sahen hingegen die Veröffentlichung von Fotos der Hochzeitsfeierlichkeiten des Ehepaars Jauch, die die Ehefrau in einem abgeschiedenen Bereich innerhalb des abgesperrten Areals beim Warten auf die Trauung zeigten, als unzulässigen Eingriff in die Privatsphäre an.

Auch eine nicht öffentliche Trauerfeier ist als ein der Privatsphäre zugehöriger Vorgang anzusehen, bei dem die Angehörigen einen zu achtenden Anspruch darauf haben, dass ihre Trauer respektiert und nicht zum Gegenstand öffentlicher Berichterstattung gemacht wird.[267]

(3) Alltagssituationen

Die Rechtsprechung zum Privatsphärenschutz in der Öffentlichkeit hat zu einer er- *552* heblichen Unsicherheit im Hinblick auf die Zulässigkeit der Veröffentlichung von Personenfotos geführt. Während bereits die Einschätzung, ob sich ein Betreffender in eine örtliche Abgeschiedenheit zurückgezogen hat und „objektiv erkennbar" für sich allein sein will, in der Praxis zu großen Schwierigkeiten führen kann, stellt insbesondere die Abbildung prominenter Persönlichkeiten an öffentlichen Orten in so genannten Alltagssituationen derzeit den wohl umstrittensten Bereich des Bildnisschutzes dar.

Nach der früheren Rechtsprechung des Bundesverfassungsgericht durften insbe- *553* sondere Personen von öffentlichem Interesse, die nach der früheren Terminologie als

---

[261] BVerfG v. 26.02.2008 – 1 BvR 1602/07, 1 BvR 1606/07, 1 BvR 1626/07 – GRUR 2008, 539, 541 – Caroline von Hannover; BVerfG v. 15.12.1999 – 1 BvR 653/96 – GRUR 2000, 464, 450 – Caroline von Monaco.

[262] BVerfG v. 26.02.2008 – 1 BvR 1602/07, 1 BvR 1606/07, 1 BvR 1626/07 – GRUR 2008, 539 – Caroline von Hannover; BGH v. 06.07.2007 – VI ZR 13/06 – GRUR 2008, 527, 529 – Winterurlaub.

[263] LG Hamburg v. 11.01.2008 – 324 O 126/07 – AfP 2008, 100.

[264] OLG Hamburg v. 21.10.2008 – 7 U 11/08 – ZUM 2009, 65.

[265] LG Köln v. 30.07.2008 – 28.O.148/08, BeckRS 2009, 27621.

[266] OLG Köln v. 10.03.2009 – 15 U 163/08 – ZUM 2009, 486.

[267] LG Köln v. 05.06.1991 – 28 O 451/90 – AfP 1991, 757.

„absolute Personen der Zeitgeschichte" einzuordnen waren, grundsätzlich in allen Situationen außerhalb des oben beschriebenen Rückzugsbereichs in Form der „örtlichen Abgeschiedenheit" abgebildet werden, so beispielsweise beim Aufenthalt an allgemein zugänglichen Orten wie beim Einkaufen, Reiten und Fahrradfahren,[268] beim Besuch einer für die Öffentlichkeit zugänglichen Gaststätte,[269] beim Besuch eines in freier Natur stattfindenden Reitturniers, beim Spielen auf einem auch an hotelfremde Personen vermieteten Hoteltennisplatz und beim Skilaufen[270] sowie beim Aufenthalt in einer öffentlichen Badeanstalt.[271]

554   Dieser zwar pauschalen, aber für die Praxis zumindest einigermaßen klaren Abgrenzung hat der EGMR in seiner Entscheidung zum Bildnisschutz[272] jedoch Einhalt geboten. Nach der Rechtsprechung des EGMR ist die einwilligungslose Veröffentlichung von Fotos Prominenter, die sich – wie in dem vom EGMR zu entscheidenden Fall die Bilder von Caroline von Monaco beim Einkaufen, Reiten und Fahrradfahren in der Öffentlichkeit – ausschließlich auf Einzelheiten des Privatlebens beziehen, nicht zulässig, da solche Fotos nicht zu einer Diskussion von allgemeinem Interesse beitragen.[273] Hierauf hat der BGH insofern reagiert, als er nunmehr auch bei Bildnissen aus dem Alltag von den bisher so genannten Personen der Zeitgeschichte bereits bei der Frage, ob ein Bildnis aus dem Bereich der Zeitgeschichte vorliegt, berücksichtigt, ob die Berichterstattung zu einer Debatte mit einem Sachgehalt beiträgt, der über die Befriedigung bloßer Neugier hinausgeht.[274] Eine Ausnahme vom Einwilligungserfordernis des § 22 KUG komme grundsätzlich nur dann in Betracht, wenn die Berichterstattung ein Ereignis von zeitgeschichtlicher Bedeutung betreffe. Entscheidend sei dabei der Informationswert der Abbildung, weshalb die dazugehörige Wortberichterstattung eine maßgebliche Rolle spiele.[275]

555   Seit dieser, in ihren Einzelheiten noch keineswegs stringenten, Änderung der Rechtsprechung in Bezug auf die Einordnung eines Bildnisses als ein solches aus dem Bereich der Zeitgeschichte ist der Ausgang eines Rechtsstreits, der sich mit der Zulässigkeit der Veröffentlichung von Personenfotos, die die Privatsphäre der Abgebildeten betreffen, noch schwerer vorhersehbar, was nicht zu einer Stärkung der Rechtssicherheit geführt hat.[276] Nicht nur von der höchstrichterlichen Rechtsprechung selbst wird die Frage nach der Zulässigkeit der Veröffentlichung eines Bildnisses aus dem Alltag einer prominenten Persönlichkeit ohne deren Einwilligung oft widersprüchlich beantwortet. Auch die Instanzgerichte kommen zu durchaus unterschiedlichen Bewertungen:

556   Bezüglich einer Aufnahme aus dem Winterurlaub von Caroline und Ernst August von Hannover, die sie beim Spaziergang auf öffentlicher Straße in St. Moritz zeigte, bestätigte der BGH zwar, dass diese den „Kernbereich der Privatsphäre" beträfe, obwohl sich Caroline und Ernst August von Hannover nicht an einem Ort der Ab-

---

[268] BVerfG v. 15.12.1999 – 1 BvR 653/96 – GRUR 2000, 446 – Caroline von Monaco.

[269] BGH v. 19.12.1995 – VI ZR 15/95 – GRUR 1996, 923, 926 – Caroline von Monaco IV; KG v. 22.06.2004 – 9 U 53/04 – GRUR 2004, 1056 – Lebenspartnerin von Herbert Grönemeyer.

[270] LG Hamburg v. 26.09.1997 – 324 O 348/97 – ZUM 1998, 579 ff.

[271] BVerfG v. 13.04.2000 – 1 BvR 2080/98 – NJW 2000, 2192.

[272] EGMR v. 24.06.2004 – 59320/00 – GRUR 2004, 1051 – Caroline von Hannover.

[273] EGMR v. 24.06.2004 – 59320/00 – GRUR 2004, 1051, 1054 Caroline von Hannover.

[274] BGH v. 06.03.2007 – VI ZR 51/06 – GRUR 2007, 523, 526 – Abgestuftes Schutzkonzept I.

[275] BGH v. 06.03.2007 – VI ZR 13/06 – AfP 2007, 121, 123.

[276] vgl. auch *Fricke*, in: Wandtke/Bullinger, Praxiskommentar zum Urheberrecht, 3. Aufl. 2009, § 23 KUG, Rn. 37; *Klass*, AfP 2007, 517, 527; *Söder*, ZUM 2008, 95.

geschiedenheit befunden hätten.[277] Er stellte zudem fest, dass der beanstandeten Abbildung als solcher keine Information über ein zeitgeschichtliches Ereignis oder ein Beitrag zu einer Diskussion von allgemeinem Interesse zu entnehmen sei. Dennoch sei die Veröffentlichung nach § 23 Abs. 1 Nr. 1 KUG zulässig, da Gegenstand der Wortberichterstattung der Urlaub der Abgebildeten während der Erkrankung des damals regierenden Fürsten von Monaco und damit ein zeitgeschichtliches Ereignis sei, über das die Presse berichten dürfe. Die Veröffentlichung der Aufnahme sei daher „als Bebilderung eines Berichts über ein zeitgeschichtliches Ereignis" nicht zu beanstanden.[278]

Demgegenüber sah der BGH in der Veröffentlichung von Fotos, die den Musiker   **557** Herbert Grönemeyer mit seiner Lebensgefährtin bei einem Einkaufsbummel und in einem Café in Rom zeigen, keinen hinreichenden Informationswert, obwohl sich die Wortberichterstattung mit Grönemeyers von ihm selbst öffentlich thematisierten Lebenssituation nach dem Krebstod seiner Ehefrau befasste.[279]

Auch die Veröffentlichung von Fotos, die den damaligen Fußballnationaltorwart auf einer Promenade in St. Tropez zeigten, bewertete der BGH als unzulässig.[280] Diesbezüglich entschied der BGH, dass das Interesse der Leser an bloßer Unterhaltung gegenüber dem Schutz der Privatsphäre regelmäßig ein geringeres Gewicht habe und nicht schützenswert sei.[281] Auch bei den bisher so genannten Personen der Zeitgeschichte könne nicht außer Betracht bleiben, ob die Berichterstattung zu einer Debatte mit einem Sachgehalt beitrage, der über die Befriedigung der bloßen Neugier hinausgehe. Der Informationswert des beanstandeten Urlaubsbildes bestehe für die Öffentlichkeit wesentlich in der Unterhaltung ohne gesellschaftliche Relevanz. Der Bericht über den Aufenthalt des Torwarts und seiner Begleitung in St. Tropez stelle insoweit keinen Vorgang von allgemeinem Interesse und auch kein zeitgeschichtliches Ereignis dar.[282]

Wegen eines Eingriffs in die geschützte Privatsphäre wurden unter anderem auch   **558** die Veröffentlichung eines privaten Fotos aus der Vergangenheit des neuen Lebensgefährten einer prominenten Schauspielerin, das ihn bei der Vertragsunterzeichnung mit einem Pornofilmproduzenten zeigt[283] und die Abbildung eines Fernseh-Comedian ohne die für seine Auftritte stets verwendete Maske[284] als unzulässig angesehen. Als zulässig wurde hingegen die Veröffentlichung von Fotos einer langjährigen Ministerpräsidentin beim Einkaufsbummel unmittelbar nach ihrem Ausscheiden aus dem Amt angesehen.[285] Das Gleiche gilt für die Veröffentlichung eines Fotos des ehemaligen Bundesaußenministers Joschka Fischer, das ihn am Flughafen auf dem Weg zum Antritt einer Dozentur an der Universität Princeton[286] zeigt und von demselben auf

---

[277] BGH v. 06.03.2007 – VI ZR 51/06 – GRUR 2007, 527, 530 – Winterurlaub.

[278] BGH v. 06.03.2007 – VI ZR 13/06 – GRUR 2007, 523, 526 – Winterurlaub.

[279] BGH v. 19.06.2007 – VI ZR 12/06 – GRUR 2007, 899, 901 – Grönemeyer.

[280] BGH v. 03.07.2007 – VI ZR 164/06 – AfP 2007, 476.

[281] BGH v. 03.07.2007 – VI ZR 164/06 – AfP 2007, 476.

[282] BGH v. 03.07.2007 – VI ZR 164/06 – AfP 2007, 427; vgl. auch *Schertz*, in: Götting/Schertz/Seitz, Handbuch des Persönlichkeitsrechts, 1. Aufl. 2008, § 12, Rn. 60 m.w.N.

[283] LG Berlin v. 04.09.2007 – 27 O 591/07 – ZUM 2007, 866.

[284] LG Berlin v. 24.02.2005 – 27 O 26/05 – AfP 2005, 292.

[285] BGH v. 24.06.2008 – VI ZR 156/08 – GRUR 2008, 1017 – Heide Simonis; entsprechend auch die Vorinstanz: KG v. 13.06.2006 – 9 U 251/05 – AfP 2006, 369 – Heide Simonis.

[286] KG v. 01.06.2007 – 9 U 239/06 – AfP 2007, 375 – Joschka Fischer.

einem einsehbaren Balkon seiner Wohnung.[287] Hingegen sah der Bundesgerichtshof die Veröffentlichung von Fotos, die eine bekannte Fernsehmoderatorin beim Einkaufen mit ihrer Putzfrau zeigten, als unzulässig an, da das beanstandete Bild die Abgebildete in einer völlig belanglosen Situation beim „Shopping" mit ihrer Putzfrau als Teil eines Berichts über „was jetzt los ist auf Mallorca" zeigte.[288] Der Nachrichtenwert der Berichterstattung hätte keinerlei Orientierungsfunktion im Hinblick auf eine die Allgemeinheit interessierende Sachdebatte, sondern beschränke sich lediglich auf die Information, dass sich die Abgebildete zurzeit auf Mallorca aufhalte, wo sie ein Ferienhaus besitze und dort – wie viele andere Menschen auch – mitunter auch in Begleitung einkaufen gehe.[289] Auch die Strandfotos eines bekannten Fußballspielers[290] oder solche, die einen bekannten Popstar in Unterhosen zeigten,[291] und Fotos von der Hochzeitsfeier eines bekannten Moderators, die vom öffentlichen Raum räumlich abgegrenzt wurde,[292] wurden als unzulässig angesehen.

(4) Kinder und Eltern-Kind-Beziehungen

559 Kinder bedürfen hinsichtlich der Gefahren, die von dem Interesse der Medien ausgehen, eines besonderen Schutzes, denn sie müssen sich erst zu eigenverantwortlichen Personen entwickeln.[293] Ein weiterer Teil der Privatsphäre bildet demgemäßt die Hinwendung von Eltern zu ihren Kindern.[294] Wird die spezifisch elterliche Hinwendung auch von den früher als Personen der Zeitgeschichte bezeichneten Persönlichkeiten zu ihren Kindern im Bild festgehalten, so ist der dadurch betroffene Schutz der Privatsphäre bereits bei der Abwägung im Rahmen der Prüfung des Tatbestands des § 23 Abs. 1 Nr. 1 KUG und damit bei der Frage, ob ein Bildnis aus dem Bereich der Zeitgeschichte vorliegt, zu berücksichtigen. Dies hat zur Folge, dass es bei der Abbildung von Kindern von Personen des öffentlichen Interesses oftmals schon am zeitgeschichtlichen Ereignis im Sinne von § 23 Abs. 1 Nr. 1 fehlen wird.[295] Abbildungen, die Kinder Prominenter alleine oder zusammen mit ihren Eltern zeigen, dürfen daher in der Regel nur dann verbreitet oder veröffentlicht werden, wenn sie das Kind in einer Situation zeigen, bei der es bewusst der Öffentlichkeit präsentiert wird bzw. sich dieser bewusst zuwenden wollte, wie z. B. bei einem Staatsempfang in Begleitung der Eltern.[296]

(5) Beschränkung des Privatsphärenschutzes durch Vorverhalten

560 Der Schutz der Privatsphäre kann durch ein Vorverhalten des Betroffenen eingeschränkt werden. Wer Einblicke in seine Privatsphäre zulässt, kann unter Umständen

---

[287] KG v. 26.06.2007 – 9 U 220/06 – ZUM-RD 2008, 1.

[288] BGH v. 01.07.2008 – VI ZR 243/06 – GRUR 2008, 1024 – Shopping mit Putzfrau.

[289] BGH v. 01.07.2008 – VI ZR 243/06 – GRUR 2008, 1024 – Shopping mit Putzfrau.

[290] LG Berlin v. 12.09.2006 – 27 O 856/06 – GRUR-RR 2007, 198 – Lukas Podolski.

[291] LG Berlin v. 28.09.2006 – 27 O 857/06 – ZUM-RD 2007, 88 – Robbie Williams.

[292] LG Hamburg v. 11.01.2008 – 324 O 126/07 – AfP 2008, 100, 102 .

[293] BVerfG v. 15.12.1999 – 1 BvR 653/96 – Caroline von Monaco – NJW 2000, 2021, 2023; BVerfG v. 31.03.2000 – 1 BvR 1454/97 – NJW 2000, 2191; BGH v. 05.10.2004 – VI ZR 255/03 – GRUR 2005, 179, 181 – Charlotte Casiraghi I.

[294] BVerfG v. 15.12.1999 – 1 BvR 653/96 – GRUR 2000, 446, 451 – Caroline von Monaco; BGH v. 05.10.2004 – VI ZR 255/03 – GRUR 2005, 179, 181 – Charlotte Casiraghi I.

[295] LG Hamburg v. 11.07.2008 – 324 O 1172/07 – JURIS; BGH v. 06.10.2009 – VI ZR 314/08 – GRUR 2010, 173: aber kein genereller Anspruch auf Unterlassung der Veröffentlichung jeglicher Fotos; LG Hamburg v. 24.08.2007 – 308 O 245/07 – ZUM-RD 2008, 373.

[296] BVerfG v. 31.03.2000 – 1 BvR 1454/97 – NJW 2000, 2191.

später deren Schutz nicht mehr im vollen Umfang beanspruchen. In der Literatur wird zuweilen die Ansicht vertreten, es gäbe diesbezüglich so etwas wie ein „Alles-oder-Nichts-Prinzip" dergestalt, dass derjenige, der einmal der Öffentlichkeit Einblick in seine Privatsphäre gewährt hat, sich nicht mehr auf deren Schutz berufen können soll.[297] Dies würde jedoch zu weit führen, da es im Ergebnis zur Folge hätte, dass Prominenten die Möglichkeit genommen würde, zum Schutz ihrer Privatsphäre die Sensationslust der Presse und des Publikums nach Einzelheiten aus ihrem Privatleben gezielt und in nur begrenztem Maße zu befriedigen.[298] Es würde insofern verfassungsrechtlichen Bedenken begegnen, wenn jemand, der in einem bestimmten Umfang der Öffentlichkeit Einblicke in sein Privatleben gewährt hat, sich damit grundsätzlich dem Schutz seiner Privatsphäre begeben würde. So ist auch hier dahingehend zu differenzieren, dass die Gewähr von Einblicken in bestimmte Teilbereiche des Privatlebens allenfalls eine Berufung auf den Privatsphärenschutz in diesen Teilbereichen verwehren kann,[299] nicht jedoch ein Eindringen in weitere, bislang noch nicht offenbarte Teilbereiche gestattet.[300]

ff) Kommerzielle Nutzung

Wird ein Bildnis ohne Einwilligung des Abgebildeten kommerziell, insbesondere 561 zu Werbezwecken, genutzt, so kommt der Ausnahmetatbestand des § 23 Abs. 1 Nr. 1 KUG in der Regel nicht zur Anwendung, da mit einer Werbung regelmäßig kein berechtigtes öffentliches Informationsinteresse erfüllt wird. Bereits das Reichsgericht hatte entschieden, dass es grundsätzlich niemand zu dulden braucht, dass sein Bildnis ohne seine Einwilligung als Warenzeichen verwendet und auf einer Warenpackung abgebildet wird.[301] 1956 urteilte der BGH hinsichtlich der werblichen Verwendung eines Bildnisses des Schauspielers Paul Dahlke, dass sich die für Personen der Zeitgeschichte vorgesehene Abbildungsfreiheit gemäß § 23 Abs. 1 Nr. 1 KUG nicht auf Veröffentlichungen erstreckt, die nicht einem berechtigten Informationsinteresse der Allgemeinheit, sondern allein den Geschäftsinteressen eines mit der Abbildung für seine Waren werbenden Unternehmens dienen.[302] Zugleich führte das Gericht weiter aus, dass durch derartige Veröffentlichungen „berechtigte Interessen des Abgebildeten" gemäß § 23 Abs. 2 KUG auch dann verletzt werden, wenn es sich um die Werbung einer angesehenen Firma für anerkannte Qualitätswaren handelt und die Abbildung als solche einwandfrei ist.[303]

Von diesem Grundsatz hat der Bundesgerichtshof in jüngerer Zeit jedoch Ausnahmen gemacht: So sah der BGH für die Verwendung eines Fotos von Oskar Lafontaine im Rahmen einer Werbung einer Autovermietung die Tatbestandsvoraussetzung des § 23 Abs. 1 Nr. 1 KUG als erfüllt an, da die Anzeige nicht ausschließlich einem Werbezweck diente, sondern im Zusammenhang mit der Abbildung des Politikers eine auf ein aktuelles Ereignis bezogene politische Meinungsäußerung in Form der Satire enthielt.[304] Oskar Lafontaine hatte sich gegen eine Werbeanzeige gewandt, die kurz

---

[297] so im Ergebnis *Fricke*, in: Wandtke/Bullinger, Praxiskommentar zum Urheberrecht, 3. Aufl. 2009, § 23 KUG, Rn. 39; *Soehring*, AfP 2000, 234.

[298] *Dreier*, in: Dreier/Schulze, UrhG, 3. Aufl. 2008, § 23, Rn. 31.

[299] *Dreier*, in: Dreier/Schulze, UrhG, 3. Aufl. 2008, § 23 KUG, Rn. 31.

[300] *Dreier*, in: Dreier/Schulze, UrhG, 3. Aufl. 2008, § 23 KUG, Rn. 31.

[301] RG v. 28.10.1910 – II 688/09 – RGZ 74, 308, 312 – Graf Zeppelin (Werbung für Zigarren).

[302] BGH v. 08.05.1956 – I ZR 62/54 – NJW 1956, 1554 ff – Paul Dahlke.

[303] BGH v. 08.05.1956 – I ZR 62/54 – NJW 1956, 1554 ff – Paul Dahlke.

[304] BGH v. 26.10.2006 – I ZR 182/04 – GRUR 2007, 139 – Oskar Lafontaine.

nach seinem Rücktritt als damaliger SPD-Finanzminister erschien und ihn zusammen mit den übrigen Kabinettsmitgliedern zeigt. Das Bild von Oskar Lafontaine war dabei durchgestrichen und die gesamte Werbung mit dem Spruch kommentiert: „Sixt verleast auch Autos an Mitarbeiter in der Probezeit".

562   Umstritten ist auch immer wieder die Verwendung von Bildnissen prominenter Persönlichkeiten im Rahmen und insbesondere auf den Titelseiten von Kundenzeitschriften. Zwar haben sowohl die Instanzgerichte als auch der BGH in der Vergangenheit die Verwendung eines solchen Bildnisses auf der Titelseite einer Kundenzeitschrift selbst bei redaktionell magerem Inhalt mit Bezug auf die betreffende Person im Innenteil als zulässig angesehen,[305] doch ist oftmals zwischen Informations- und Werbezweck kaum zu unterscheiden. Nach der jüngeren Rechtsprechung des BGH zu der Unzulässigkeit der Verwendung eines Fotos eines prominenten Moderators auf einer Rätselzeitschrift, ohne dass die Berichterstattung im Innenteil der Zeitschrift einen Beitrag zur öffentlichen Meinungsbildung erkennen ließ,[306] wird man die Maßstäbe bei der Verwendung solcher Bildnisse im Rahmen von Kundenzeitschriften, deren werblicher Charakter sogar noch deutlicher auf der Hand liegt, neu überdenken müssen.

gg) Beteiligte an Ermittlungsverfahren und Strafprozessen

563   Die Berichterstattung über Aufsehen erregende Straftaten, Ermittlungsverfahren und Strafprozesse ist für die Medien von besonderem Interesse. Bei der Frage, von welchem der verschiedenen Beteiligten unter welchen Voraussetzungen Fotos veröffentlicht werden dürfen, ergibt sich jedoch eine Vielzahl von Problemen.

(1) Täter

564   In der Presseberichterstattung ist die Frage, unter welchen Umständen das Bildnis eines (mutmaßlichen) Straftäters ohne dessen Einwilligung gezeigt werden darf, von großer praktischer Bedeutung. In der Vergangenheit wurden Straftäter als relative Personen der Zeitgeschichte angesehen, sofern die von ihnen begangene oder ihnen vorgeworfene Tat über die alltägliche Kriminalität hinausging und Aufsehen erregt hat.[307] Auf die Rechtsprechung zur Veröffentlichung von Bildnissen von Straftätern und anderen relativen Personen der Zeitgeschichte kann auch im Rahmen des neuen Prüfungsansatzes des Bundesgerichtshofs für das Vorliegen eines Bildnisses aus dem Bereich der Zeitgeschichte zurückgegriffen werden. Auch nach der früheren Rechtsprechung war für eine einwilligungslose Bildnisveröffentlichung von einer relativen Person der Zeitgeschichte im Gegensatz zu denen von absoluten Personen der Zeitgeschichte ein zeitgeschichtliches Ereignis erforderlich. Da der BGH jetzt im Wege einer Güter- und Interessenabwägung prüft, ob eine Berichterstattung ein Ereignis von zeitgeschichtlicher Bedeutung betrifft,[308] besteht insofern eine entscheidende Übereinstimmung zu der früheren Rechtsprechung.

---

[305] BGH v. 14.03.1995 – VI ZR 52/94 – AfP 1995, 495; OLG München v. 19.09.1997 – 21 U 3202/97 – AfP 1998, 409; OLG Köln v. 16.02.1993 – 15 U 125/921 – AfP 1993, 751.

[306] BGH v. 11.03.2009 – I ZR 8/07 – NJW 2009, 3032 – Günter Jauch.

[307] BVerfG v. 13.06.2006 – 1 BvR 565/06 – AfP 2006, 354; BGH v. 15.11.2005 – VI ZR 286/04 – GRUR 2006, 257; KG v. 15.06.2006 – 10 U 184/05 – ZUM-RD 2006, 378; OLG Hamburg v. 10.02.1994 – 3 U 238/93 – ZUM 1995, 336; OLG Hamburg v. 07.07.1983 – 3 U 7/83 – AfP 1983, 466.

[308] BGH v. 06.03.2007 – I ZR 52/06 – ZUM 2007, 470 ff. – Ferienvilla I.

Die Darstellung als Straftäter oder auch nur als einer Tat verdächtigten Person in 565 der Öffentlichkeit, insbesondere in den Medien, stellt eine **erhebliche Beeinträchtigung des Rufs** einer Person dar. Die eintretende Stigmatisierung hat in der Regel eine Einschränkung sozialer Kontakte und Diskriminierungen im Alltag zur Folge.[309] Bei der Veröffentlichung von Bildnissen von Verdächtigen, Beschuldigten, Angeklagten und selbst von verurteilten Straftätern ist aufgrund der besonders schwerwiegenden Folgen einer Veröffentlichung daher grundsätzlich Vorsicht geboten. Da eine Berichterstattung über eine Straftat unter Abbildung des Täters eine erhebliche Beeinträchtigung seines Persönlichkeitsrechts darstellt, weil hierdurch das Fehlverhalten öffentlich bekannt gemacht und der Betroffene in den Augen des Publikums negativ qualifiziert wird,[310] ist bei der Abwägung der widerstreitenden Interessen dem „Anonymitätsinteresse" als besondere Ausprägung des allgemeinen Persönlichkeitsrechtsschutzes ein hoher Stellenwert einzuräumen.[311]

Eine Straftat wird überhaupt nur dann als zeitgeschichtliches Ereignis, welches die 566 Veröffentlichung eines Bildnisses auch eines (mutmaßlichen) Straftäters rechtfertigen könnte, gewertet werden können, wenn die Umstände des Einzelfalls die Tat aus der Masse der täglich begangenen Straftaten herausheben.[312] Es muss sich daher entweder um eine besonders schwere Straftat handeln oder es müssen zumindest besondere Umstände vorliegen, die ein berechtigtes öffentliches Interesse rechtfertigen, so dass die Tat aus dem Rahmen des Alltäglichen fällt und allgemeines Aufsehen erregt.[313]

Als Indiz für das Vorliegen eines Ereignisses von zeitgeschichtlicher Bedeutung 567 kommt unter anderem die Schwere der Tat sowie der zu erwartende Strafrahmen in Betracht.[314] So wurde z. B. die Abbildung des Täters des Bombenanschlages auf das Münchener Oktoberfest für rechtmäßig gehalten,[315] ebenso wie diejenige von Marianne Bachmeier, die den Mörder ihres Sohnes im Gerichtssaal erschoss.[316] Nach Ansicht des Kammergerichts durfte auch das Bildnis eines „Unterweltkönigs", dem als mutmaßlichen Kopf eines Drogenhändlerrings erhebliche Drogendelikte zur Last gelegt wurden, im Zusammenhang mit einem Bericht über seine Festnahme veröffentlicht werden.[317] Die so genannte Kleinkriminalität, wie z. B. Verkehrsverstöße und Ladendiebstähle, stellen hingegen grundsätzlich kein zeitgeschichtliches Ereignis dar.

Etwas anderes galt und gilt jedoch, wenn es nicht die Tat, sondern die Person des 568 Täters ist, der für Aufsehen sorgt. Bekleidet jemand ein öffentliches Amt oder hat

---

[309] *Engau*, Straftäter und Tatverdächtige als Personen der Zeitgeschichte, 1. Aufl. 1993, Seite 203 ff.

[310] BVerfG v. 20.08.2007 – 1 BvR 1913/07 und 1 BvR 2024/07 – NVwZ 2008, 306.

[311] BVerfG v. 05.06.1973 – 1 BvR 536/72 – NJW 1973, 1226, 1231 – Lebach; *Helle*, Besondere Persönlichkeitsrechte im Privatrecht, 1. Aufl. 1991, Seite 161.

[312] *Bartnik*, Der Bildnisschutz im deutschen und französischen Zivilrecht, 2004, Seite 169.

[313] OLG Hamburg v. 22.11.1990 – 3 U 170/90 – NJW-RR 1991, 990, 991; OLG Frankfurt v. 06.02.2007 – 11 U 51/06 – ZUM 2007, 546, 548; KG v. 15.06.2006 – 10 U 184/05 – NJW-RR 2007, 345 – Anführer eines Drogenhändlerrings; *Schertz*, in: Götting/Schertz/Seitz, Handbuch des Persönlichkeitsrechts, 1. Aufl. 2008, § 12, Rn. 43; *Dreier*, in: Dreier/Schulze, UrhG, 3. Aufl. 2008, § 23 KUG, Rn. 9; *Götting*, in: Schricker/Loewenheim, Urheberrecht, Kommentar, 4. Aufl. 2010, § 60/23 KUG, Rn. 34 f.; *von Strobl-Albeg*, in: Wenzel, Das Recht der Wort- und Bildberichterstattung, 5. Aufl. 2003, Kap. 8, Rn. 21 f.; *Wanckel*, Foto- und Bildrecht, 3. Aufl. 2009, Rn. 192 f.

[314] BVerfG v. 05.06.1973 – 1 BvR 536/72 – BVerfGE 35, 202, 230 – Lebach.

[315] OLG Hamburg v. 07.07.1983 – 3 U 7/83 – AfP 1983, 466 – Bombenattentäter.

[316] OLG Hamburg v. 04.03.1986 – 4 U 157/85 – AfP 1987, 518 – Marianne Bachmeier.

[317] KG v. 15.06.2006 – 10 U 184/ 05 – NJW-RR 2007, 345.

eine besonders vertrauenswürdige berufliche Stellung inne und begeht dann Straftaten, so ist das Informationsinteresse der Öffentlichkeit an dem Vorgang natürlich entscheidend größer, als wenn es sich um eine beliebige Person handelt.[318] Über einen Klinikarzt, der wegen Kokainhandels zu mehrjähriger Haft verurteilt wurde, durfte daher mit seinem Bildnis berichtet werden.[319] Gleiches soll nach Ansicht des OLG Nürnberg für einen Notar gelten, der für im Amt begangene Straftaten verurteilt wurde.[320] Würde der Träger eines hohen öffentlichen Amtes einen Ladendiebstahl begehen, müsste man dies ebenfalls als zeitgeschichtliches Ereignis ansehen, da die Tat im Widerspruch zu dem besonderen Vertrauen steht, das eine solche Person in der Öffentlichkeit genießt.

569   Selbst wenn der Täter aus Gründen, die in seiner Person selbst liegen, im Interesse der Öffentlichkeit steht, ist eine Bildnisveröffentlichung im Zusammenhang mit einer von ihm begangenen Straftat jedoch nicht ohne weiteres zulässig. Es ist vielmehr auch hier eine Abwägung der widerstreitenden Interessen vorzunehmen. Diese Abwägung führt in der Rechtsprechung jedoch oftmals zu unterschiedlichen Beurteilungen, was den Umgang mit derartigen Bildnisveröffentlichungen in der Praxis nicht unbedingt erleichtert. So sah beispielsweise das Kammergericht die Veröffentlichung eines Bildnisses, welches einen wegen Betrugs verurteilten und im offenen Verzug inhaftierten Schauspieler und Moderator während eines Freigangs zeigte, noch im einstweiligen Verfügungsverfahren als unzulässig an.[321] Im Hauptsacheverfahren entschied das Kammergericht dann jedoch, dass sich der Verlag, der die Fotos veröffentlicht hatte, doch auf ein öffentliches Berichterstattungsinteresse berufen könne und der einwilligungslosen Veröffentlichung auch keine überwiegenden berechtigten Interessen des Abgebildeten i.S.d. § 23 Abs. 2 KUG entgegenstehen würden.[322] Das Kammergericht begründete seine Entscheidung damit, dass das Interesse der Öffentlichkeit an Straftaten umso stärker sei, je mehr die Straftat sich über die gewöhnliche Kriminalität heraushebt und dies sei im vorliegenden Fall bereits durch die Person des Klägers selbst geschehen, weshalb es auch hier neben Neugier und Sensationslust ernstzunehmende Gründe für das Informationsinteresse der Öffentlichkeit gäbe.[323] Der Bundesgerichtshof bestätigte später die Entscheidung des Kammergerichts.[324]

570   Neben der Schwere der Tat und der Person des Täters können auch die Umstände der Tat diese zu einem zeitgeschichtlichen Ereignis machen. So sah das Landgericht Oldenburg etwa die Berichterstattung über einen durch spektakuläre Gefängnisausbrüche aufgefallenen Einbrecher unter Veröffentlichung seines Bildnisses als rechtmäßig an.[325]

(2) Jugendliche Straftäter

571 Bei der unautorisierten Veröffentlichung von Bildnissen von Tätern, die zum Tatzeitpunkt Jugendliche (14 aber noch nicht 18 Jahre alt, § 1 JGG) waren, sind die besonderen Schutzbedürfnisse des Jugendlichen bei der Abwägung mit dem Berichter-

---

[318] *Engau*, Straftäter und Tatverdächtige als Personen der Zeitgeschichte, 1. Aufl. 1993, Seite 340 f.
[319] LG Berlin v. 17.12.1985 – 27 O 200/85 – NJW 1986, 1265 – Klinikarzt.
[320] OLG Nürnberg v. 29.01.1963 – 3 U 131/62 – MDR 1963, 412.
[321] KG v. 20.06.2006 – 9 U 47/06 – NJW 2007, 703.
[322] KG v. 04.12.2007 – 9 U 21/07 – AfP 2008, 199.
[323] KG v. 04.12.2007 – 9 U 47/06 – AfP 2008, 199 ff.
[324] BGH v. 28.10.2008 – VI ZR 307/07 – NJW 2009, 757 f.
[325] LG Oldenburg v. 22.01.1987 – 5 O 3128/86 – AfP 1987, 720.

stattungsinteresse besonders zu berücksichtigen. Dies entspricht den Wertungen des Gesetzgebers, die in § 48 JGG zum Ausdruck kommen.[326] Danach ist die Verhandlung gegen zur Tatzeit jugendliche Straftäter grundsätzlich nicht öffentlich. Weiterführend heißt es in den – freilich nicht mit Gesetzeskraft ausgestatteten – Richtlinien zum Jugendgerichtsgesetz hierzu, dass es sich aus „erzieherischen Gründen" nicht empfiehlt, die Presse zur Hauptverhandlung zuzulassen.

Entschließt sich der Vorsitzende dennoch dazu, so sollte er darauf hinwirken, dass in den Presseberichten der Name des Jugendlichen nicht genannt, sein Lichtbild nicht veröffentlicht und auch jede andere Angabe vermieden wird, die auf die Person des Jugendlichen hindeutet.[327] Auch wenn strafrechtliche Wertungen nicht ohne weiteres in das zivilrechtliche System übernommen werden können, kommen diese Wertungen bei der Abwägung zwischen den widerstreitenden Interessen im Rahmen von § 23 Abs. 1 Nr. 1 KUG jedenfalls ergänzend zum Tragen.[328] Entsprechend sah das Landgericht Hamburg die Veröffentlichung eines einen minderjährigen Straftäter zeigenden Fotos im Rahmen einer Zeitungsberichterstattung als nicht mehr von § 23 Abs. 1 Nr. 1 KUG umfasst an.[329] Obwohl es sich bei der dem Jugendlichen vorgeworfenen Straftat um Mord und Entführung und demnach um Kapitalverbrechen handelte, stellte das Landgericht Hamburg fest, dass das Interesse des zur Tatzeit Jugendlichen, bei der Berichterstattung über die Tat nicht identifizierbar abgebildet zu werden, das öffentliche Informationsinteresse überwiegt.[330]

(3) Verdächtige

Besondere Vorsicht ist geboten, solange gegen eine Person nur ein Verdacht vorliegt. *572* Auch nach der früheren Terminologie wurde niemand allein deshalb, weil gegen ihn ein Ermittlungs- oder Strafverfahren anhängig ist, zu einer relativen Person der Zeitgeschichte.[331] Bei der Abwägung der widerstreitenden Interessen, die bei der Einordnung eines Bildnisses zum Bereich der Zeitgeschichte im Sinne von § 23 Abs. 1 Nr. 1 KUG vorzunehmen ist, müssen daher insbesondere auch das Stadium des Verfahrens und der Grad der Wahrscheinlichkeit, dass der Betroffene auch tatsächlich der Täter ist, einbezogen werden.

(4) Anspruch auf Resozialisierung

Auch ein verurteilter Straftäter, dessen Bildnis aufgrund der besonderen Umstände *573* seiner Tat grundsätzlich gemäß § 23 Abs. 1 Nr. 1 KUG veröffentlicht werden dürfte, muss eine Bildberichterstattung nicht unbeschränkt hinnehmen. Mit zunehmender zeitlicher Distanz zu der begangenen Tat und der Verurteilung gewinnt vielmehr das Interesse des Täters, „in Ruhe gelassen zu werden", größere Bedeutung, wobei die Grenze zwischen zulässiger aktueller Berichterstattung und unzulässiger späterer Berichterstattung nicht allgemein fixiert ist, aber jedenfalls mit der Haftentlassung oder in zeitlicher Nähe zu der (möglichen) Entlassung das entscheidende Stadium beginnt, in dem im Regelfall das Interesse an der Resozialisierung und Wiedereingliederung des

---

[326] LG Hamburg Urteil v. 27.02.2009, Az. 324 O 703/08 – JURIS, Rn. 26.
[327] LG Hamburg Urteil v. 27.02.2009, Az. 324 O 703/08 – JURIS, Rn. 26.
[328] LG Hamburg Urteil v. 27.02.2009, Az. 324 O 703/08 – JURIS, Rn. 26.
[329] LG Hamburg Urteil v. 27.02.2009, Az. 324 O 703/08 – JURIS.
[330] LG Hamburg Urteil v. 27.02.2009, Az. 324 O 703/08 – JURIS.
[331] *Prinz/Peters*, Medienrecht, 1999, Rn. 853.

Täters in die Gesellschaft die Grenze einer zulässigen Berichterstattung markiert.[332] Während das Resozialisierungsinteresse des verurteilten Straftäters nach der früheren Rechtsprechung regelmäßig im Rahmen von § 23 Abs. 2 KUG (berechtigte Interessen des Abgebildeten) berücksichtigt wurde, wird man es nach der neueren Rechtsprechung des Bundesgerichtshofs und des Bundesverfassungsgerichts nunmehr bereits bei der Abwägung der widerstreitenden Interessen bei der Zuordnung des Bildnisses zum Bereich der Zeitgeschichte und damit bereits auf der Tatbestandsebene des § 23 Abs. 1 Nr. 1 KUG berücksichtigen müssen.

(5) Richter, Staatsanwälte, Rechtsanwälte

574 Ob im Zusammenhang mit der Berichterstattung über einen Strafprozess auch andere Prozessbeteiligte abgebildet werden dürfen, ist ebenfalls durch Abwägung des Informationsinteresses der Öffentlichkeit mit dem entgegenstehenden Interesse des jeweils Abgebildeten festzustellen.[333] Nach der Rechtsprechung des Bundesverfassungsgerichts haben Personen, die im Gerichtsverfahren infolge ihres öffentlichen Amtes oder in anderer Position als Organ der Rechtspflege im Blickpunkt der Öffentlichkeit stehen, nicht in gleichem Ausmaße einen Anspruch auf Schutz ihrer Persönlichkeitsrechte wie eine von dem Verfahren betroffene Privatperson (z. B. ein Zeuge) oder wie anwesende Zuhörer.[334] Die Veröffentlichung von Bildnissen der Richter, Staatsanwälte und Rechtsanwälte, die an spektakulären Prozessen beteiligt sind, kann somit auch ohne deren Einwilligung gemäß § 23 Abs. 1 Nr. 1 KUG gerechtfertigt sein.[335] Zum Teil wird dies jedoch nur dann angenommen, sofern die Beteiligten die Aufmerksamkeit der Öffentlichkeit auf sich ziehen,[336] etwa indem sie sich gegenüber der Presse zum Verfahren äußern.[337]

(6) Opfer

575 Für Bildnisse von Verbrechens- oder Unfallopfern besteht grundsätzlich keine Abbildungsfreiheit nach § 23 Abs. 1 Nr. 1 KUG.[338] Da gerade Opfer von Verbrechen und Unglücksfällen des besonderen Schutzes der Rechtsordnung bedürfen, wird im

---

[332] BVerfG v. 05.06.1973 – NJW 1973, 1226, 1231 – Lebach; BVerfG v. 25.11.1999 – 1 BvR 348/08, 1 BvR 755/08 – NJW 2000, 1859, 1860 – Lebach II; KG v. 02.07.2007 – 9 U 66/07 – NJW-RR 2008, 492, 493 – ehemaliges RAF-Mitglied, bestätigt durch: BVerfG v. 20.08.2007 – 1 BvR 1913/07 und 1 BvR 2024/07 – NVwZ 2008, 306.

[333] *Dreyer*, in: Dreyer/Kotthoff/Meckel, Heidelberger Kommentar zum Urheberrecht, 2. Aufl. 2009, § 23 KUG, Rn. 72.

[334] BVerfG v. 19.12.2007 – 1 BvR 620/07 – NJW 2008, 977, 979 f.

[335] BVerfG v. 31.07.2000 – 1 BvQ 17/00 – NJW 2000, 2890; OLG Hamburg v. 10.12.1981 – 3 U 76/81 – AfP 1982, 177, 178 – Rechtsanwalt.

[336] *Soehring/Seelmann-Eggebert*, NJW 2005, 571, 577; *Fricke*, in: Wandtke/Bullinger, Praxiskommentar zum Urheberrecht, 3. Aufl. 2009, § 23 KUG, Rn. 16.

[337] LG Berlin v. 04.12.2003 – 27 O 704/03 – AfP 2004, 68=ZUM-RD 2004, 99; *Fricke*, in: Wandtke/Bullinger, Praxiskommentar zum Urheberrecht, 3. Aufl. 2009, § 23 KUG, Rn. 16.

[338] OLG Hamburg v. 24.10.1974 – 3 U 134/74 – NJW 1975, 649; OLG Düsseldorf v. 21.10.1998 – 15 U 232/97 – AfP 2000, 574; OLG Jena v. 31.03.2005 – 8 U 910/04 – NJW-RR 2005, 1566; OLG Frankfurt v. 09.01.1958 – 6 U 77/57 – GRUR 1958, 508, 509; OLG Frankfurt v. 26.05.1976 – 13 U 180/75 – AfP 1976, 181; *Schertz*, in: Götting/Schertz/Seitz, Handbuch des Persönlichkeitsrechts, 1. Aufl. 2008, § 12, Rn. 44; *Prinz/Peters*, Medienrecht, 1999, Rn. 854 m.w.N.; a.A. *Fricke*, in: Wandtke/Bullinger, Praxiskommentar zum Urheberrecht, 3. Aufl. 2009, § 23 KUG, Rn. 17, nach dem es sich auch bei Verbrechensopfern um relative Personen der Zeitgeschichte handelt.

Bezzenberger

Zweifel auch nach der heutigen Rechtsprechung davon auszugehen sein, dass es sich bei ihren Bildnissen in der Regel nicht um solche aus dem Bereich der Zeitgeschichte handelt, die ohne ihre Einwilligung veröffentlicht werden dürfen. Eine Ausnahme von diesem Grundsatz ist nur in extremen Ausnahmefällen geboten.

Entsprechendes gilt erst Recht für die Angehörigen eines Opfers.[339] So sprach das Landgericht Köln dem Vater eines Verbrechensopfers für die Veröffentlichung eines Fotos, welches ihn am Grab seines Kindes zeigte, eine Geldentschädigung zu und wies in diesem Zusammenhang zudem darauf hin, dass eine Trauerfeier als ein der Privatsphäre zugehöriger Vorgang anzusehen ist, bei dem die Angehörigen, insbesondere eines Verbrechensopfers, einen zu achtenden Anspruch darauf haben, dass ihre Trauer respektiert und nicht zum Gegenstand öffentlicher Berichterstattung gemacht wird.[340] Das gilt selbst dann, wenn der in Rede stehende Mordfall ein durchaus nachvollziehbares öffentliches Interesse gehabt hat.

b) Personen als Beiwerk (§ 23 Abs. 1 Nr. 2 KUG)

Gemäß § 23 Abs. 1 Nr. 2 KUG dürfen Bilder, auf denen Personen nur als Beiwerk ne- *576* ben einer Landschaft oder sonstigen Örtlichkeit erscheinen, auch ohne Einwilligung der abgebildeten Personen veröffentlicht werden.

Im Regierungsentwurf des KUG war in § 22 Abs. 2 KUG zunächst die Abbildungsfreiheit für „Bilder" vorgesehen, „deren Zweck nicht in der Darstellung einzelner Personen besteht, insbesondere Abbildungen von Landschaften, Versammlungen, Aufzügen und ähnlichen Vorgängen".[341] Das Ergebnis der Verhandlungen der Reichstagskommission war dann die heutige Gesetzesfassung. Zur Begründung wurde angeführt, dass durch die Aufnahme des Begriffs „Beiwerk" ausgedrückt werde, dass die abgebildeten Personen gewissermaßen unfreiwillig auf das Bild gebracht seien, also nur die Nebensache darstellten, während die Hauptsache die Landschaft oder sonstige Örtlichkeit sei.[342] Durch die Differenzierung zwischen „Bildnissen" und „Bildern" im Gesetzestext des § 23 Abs. 1 KUG wird deutlich, dass es sich bei § 23 Abs. 1 Nr. 2 KUG nicht um Personenbildnisse handeln darf, bei denen die Abbildung von einer oder mehrerer Personen die Hauptsache ist, sondern vielmehr um „Bilder" einer Landschaft oder sonstigen Örtlichkeit, auf denen unter anderem – auch – eine oder mehrere Personen zu sehen sind.[343] Der Ausnahmetatbestand des § 23 Abs. 1 Nr. 2 KUG greift daher nur dann ein, wenn nach dem objektiven Gesamteindruck des Betrachters maßgebliches Thema der Abbildung gerade nicht die Darstellung der Person ist, sondern die Landschaft oder sonstige Örtlichkeit den Aussagegehalt des Bildes entscheidend prägt.[344]

Da die Abbildung einer Person oftmals einen charakteristischen Schwerpunkt auf *577* einem Foto setzen wird, ist der Anwendungsbereich des § 23 Abs. 1 Nr. 2 KUG in der Praxis eher klein. Die Anwendbarkeit des § 23 Abs. 1 Nr. 2 KUG scheidet je-

---

[339] LG Köln v. 05.06.1991 – 28 O 451/90 – AfP 1991, 757.

[340] LG Köln v. 05.06.1991 – 28 O 451/90 – AfP 1991, 757.

[341] Stenografische Berichte über die Verhandlungen des Reichstags, 11. Legislaturperiode, II. Session, 2. Anlageband, S. 1528.

[342] Stenografische Berichte über die Verhandlungen des Reichstags, 11. Legislaturperiode, II. Session, 6. Anlageband, Seite 4685; vgl. auch Darstellung bei *Helle,* Besondere Persönlichkeitsrechte im Privatrecht, 1. Aufl. 1991, Seite 164.

[343] *Schricker,* Urheberrecht, Kommentar, 3. Aufl. 2006, § 60/§ 23 KUG, Rn. 48.

[344] *Helle,* Besondere Persönlichkeitsrechte im Privatrecht, 1. Aufl. 1991, Seite 164.

doch nicht schon deshalb aus, weil das Bild ohne die Abbildung der Person weniger lebendig wirken würde.[345] Die Kontrollfrage, die man vielmehr stellen muss, um herauszufinden, ob eine Ausnahme von dem Einwilligungserfordernis des § 22 KUG nach § 23 Abs. 1 Nr. 2 KUG vorliegen könnte, ist, ob die Personenabbildung auch entfallen könnte, ohne dass sich die Aussage und der Charakter des Bildes maßgeblich verändern würden.

578   Zwar kommt es nicht entscheidend auf die Größe der abgebildeten Person an – füllt diese jedoch das Bild fast vollständig aus, können die Voraussetzungen des § 23 Abs. 1 Nr. 2 KUG von vornherein nicht erfüllt sein, selbst wenn die abgebildete Person nur von hinten zu sehen ist.[346] Wird auf einem Werbeplakat einer politischen Partei, das eine Straßenszene darstellt, eine Person gut erkennbar fast in der Bildmitte so abgebildet, dass sie dem Betrachter ihr Gesicht voll zuwendet und auf ihn zuradelt, so ist die abgebildete Person nicht nur Beiwerk i. S. v. § 23 Abs. 1 Nr. 2 KUG.[347] Auch das Landgericht Frankfurt lehnte die Anwendbarkeit des § 23 Abs. 1 Nr. 2 KUG auf ein Foto, auf dem eine Hotelbar mit insgesamt 17 Personen zu sehen war, ab, weil der Betroffene in diesem Zusammenhang an exponierter Stelle, nämlich ziemlich mittig am vorderen Bildrand, gezeigt wurde und zudem auch noch die Bildunterschrift einen Bezug zu dem Betroffenen herstellte.[348]

579   Ist das Thema einer Fotografie erkennbar nicht etwa die Landschaft oder die Örtlichkeit, sondern die sich in dieser Landschaft aufhaltenden Personen, kommt § 23 Abs. 1 Nr. 2 KUG nicht zur Anwendung. So entschied beispielsweise das OLG München, dass es sich bei acht unbekleideten Personen, die beim Sonnenbaden in einem Park auf einem Foto gezeigt wurden, nicht lediglich um „Beiwerk" neben der Landschaft oder sonstigen Örtlichkeit handelte.[349] Bildet die Landschaft oder die Umgebung den bloßen Rahmen für eine Personendarstellung oder wird die Person eindeutig aus der Anonymität herausgelöst, so dass sie aus der Sicht des Betrachters zum Blickfang wird,[350] so greift § 23 Abs. 1 Nr. 2 KUG nicht ein.

580   Auch wenn eine ursprünglich als „Beiwerk" abgebildete Person aus einem Bild herausgeschnitten oder herausvergrößert und für sich allein veröffentlicht wird – z. B. in Form eines Bildausschnittes – wird sie zum beherrschenden Mittelpunkt der Darstellung, so dass auch in einem solchen Fall der Ausnahmetatbestand des § 23 Abs. 1 Nr. 2 KUG nicht länger zur Anwendung kommt.[351] Die Abbildung der Person aus dem Bild wird in diesem Fall vielmehr zum „Bildnis" im Sinne von § 22 KUG.[352]

---

[345] OLG Frankfurt v. 26.01.1984 – 16 U 180/63 – AfP 1984, 115; Dreier, in: Dreier/Schulze, UrhG, 3. Aufl. 2008, § 23 KUG, Rn. 14.

[346] BGH v. 06.02.1979 – VI ZR 46/77 – NJW 1979, 2203 – Fußballtorwart.

[347] LG Oldenburg v. 23.01.1986 – 5 O 3667/85 – GRUR 1986, 464 – DKP-Plakat.

[348] LG Frankfurt v. 01.10.2009, – 2-03 O 92/09 – nicht veröffentlicht.

[349] OLG München v. 13.11.1987 – 21 U 2979/87 – NJW 1988, 915.

[350] OLG Oldenburg v. 14.11.1988 – 13 U 72/88 – NJW 1989, 400: Oben-ohne Badende am Strand; OLG Düsseldorf v. 30.09.1963 – 20 U 80/69 – GRUR 1970, 618 – Schleppjagd: Reitergruppe im Freien; LG Oldenburg v. 23.01.1986 – 5 O 3667/85 – AfP 1987, 536 – DKP-Plakat; LG Köln v. 27.04.1965 – 11 S 6/65 – MDR 1965, 658 – Passantin im Vordergrund einer Schalterhalle.

[351] *Dreier*, in: Dreier/Schulze, UrhG, 3. Aufl. 2008, § 23, Rn. 15; *Götting*, in: Schricker/Loewenheim, Urheberrecht, Kommentar, 4. Aufl. 2010, § 60/§ 23 KUG, Rn. 50 jeweils m.w.N.

[352] *Götting*, in: Schricker/Loewenheim, Urheberrecht, Kommentar, 4. Aufl. 2010, § 60/§ 23 KUG, Rn. 50.

c) Bilder von Versammlungen, Aufzügen und ähnlichen Vorgängen (§ 23 Abs. 1 Nr. 3 KUG)

§ 23 Abs. 1 Nr. 3 KUG sieht eine Ausnahme von dem Einwilligungserfordernis der *581* abgebildeten Person(en) vor, wenn Bilder von Versammlungen, Aufzügen und ähnlichen Vorgängen vorliegen, an denen die dargestellten Personen teilgenommen haben.

Ebenso wie § 23 Abs. 1 Nr. 2 KUG dient auch die Ausnahmebestimmung des § 23 Abs. 1 Nr. 3 KUG dem Informationsinteresse und der Abbildungs- bzw. der Pressefreiheit. Bildberichte über Veranstaltungen, an denen eine Vielzahl von Personen teilnehmen, wären praktisch nicht möglich, müsste der Fotograf zunächst jeden Besucher um eine Einwilligung in die Veröffentlichung seines Bildnisses ersuchen. Zweck eines solchen Bildberichts im Sinne von § 23 Abs. 1 Nr. 3 KUG ist jedoch die Darstellung des Geschehens[353] und nicht die Darstellung der einzelnen Personen, die an dem Geschehen teilgenommen haben. Dabei ist es zwar unschädlich, wenn die einzelne abgebildete Person identifizierbar ist, sie muss jedoch in der Abbildung lediglich als Teil einer Personenmehrheit erscheinen und darf sich nicht aus dieser herausheben.[354]

Nicht jede beliebige Personenmehrheit fällt unter die Begriffe der „Versammlun- *582* gen, Aufzüge und ähnlichen Vorgänge". Erforderlich ist zunächst, dass es sich um einen Vorgang handeln muss, der in der Öffentlichkeit stattfindet und daher auch von der Öffentlichkeit wahrgenommen werden kann.[355] Als solche Vorgänge im Sinne von § 23 Abs. 1 Nr. 3 KUG werden z. B. Demonstrationen, Sport- und Parteiveranstaltungen und Karnevalsumzüge angesehen.[356] Bei privaten Feierlichkeiten wie Hochzeiten, Trauerfeiern oder Beerdigungen wird man in der Regel auch bei größeren Veranstaltungen nicht von einem Vorgang im Sinne von § 23 Abs. 1 Nr. 3 KUG ausgehen können.

Bei der Versammlung o. ä. muss es sich zudem um eine größere Menschenansammlung handeln. Eine feste Mindestanzahl von Teilnehmern lässt sich jedoch nicht festlegen. Als Maßstab gilt, dass die abgebildete Menge von Personen so groß sein muss, dass sich der Einzelne nicht mehr aus ihr hervorhebt.[357]

Aufgrund des Gesetzeswortlauts, der eine „Teilnahme" an der Veranstaltung fordert, darf die Personenansammlung auch nicht rein zufälliger Natur sein. Es muss sich vielmehr um eine Ansammlung von Menschen handeln, die den kollektiven Willen haben, etwas gemeinsam zu tun.[358] Dies ist z. B. bei Sonnenbadenden in einem Park nicht der Fall.[359]

Bei Bildberichten über Demonstrationen, die von **Polizeieinsätzen** begleitet wer- *583* den, wurde in der Vergangenheit immer wieder diskutiert, ob die Polizeibeamten an

---

[353] *von Gamm*, Urheberrechtsgesetz, 1968, Einf. Rn. 122.

[354] *Helle*, Besondere Persönlichkeitsrechte im Privatrecht, 1. Aufl. 1991, Seite 167.

[355] *von Strobl-Albeg*, in: Wenzel, Das Recht der Wort- und Bildberichterstattung, 5. Aufl. 2003, Kap. 8, Rn. 49; *Helle*, Besondere Persönlichkeitsrechte im Privatrecht, 1. Aufl. 1991, Seite 166 f.; *Schertz*, in: Götting/Schertz/Seitz, Handbuch des Persönlichkeitsrechts, 1. Aufl. 2008, § 12, Rn. 68.

[356] *Wanckel*, Foto- und Bildrecht, 3. Aufl. 2009, Rn. 210; *Schertz*, in: Götting/Schertz/Seitz, Handbuch des Persönlichkeitsrechts, 1. Aufl. 2008, § 12, Rn. 68.

[357] *Helle*, Besondere Persönlichkeitsrechte im Privatrecht, 1. Aufl. 1991, Seite 168.

[358] *von Strobl-Albeg*, in: Wenzel, Das Recht der Wort- und Bildberichterstattung, 5. Aufl. 2003, Kap. 8, Rn. 50.

[359] OLG München v. 13.11.1987 – 21 U 2979/87 – NJW 1988, 915, 916.

Demonstrationen im Sinne von § 23 Abs. 1 Nr. 3 KUG „teilnehmen"[360] oder ob sie dort lediglich polizeiliche Aufgaben erfüllen.[361] Geht es jedoch um Bilder vom Geschehen im Sinne des § 23 Abs. 1 Nr. 3 KUG, so muss für Polizeibeamte das Recht am eigenen Bild in gleicher Weise gelten wie für die teilnehmenden Demonstranten. Anderenfalls käme es zu einer für die Pressefreiheit unerträglichen Aushöhlung des Ausnahmetatbestands des § 23 Abs. 1 Nr. 3 KUG, insbesondere im Hinblick auf die Berichterstattung über politische Demonstrationen. Die Freiheit der Berichterstattung gemäß Art. 5 Abs. 1 Satz 2 GG auf der einen und die Erhaltung der Funktionsfähigkeit der Polizei für die öffentliche Sicherheit auf der anderen Seite erfordert zwar grundsätzlich eine sorgfältige Interessenabwägung.[362] Diese Interessenabwägung ist jedoch nur dann erforderlich, wenn kein „Bild" im Sinne des § 23 Abs. 1 Nr. 3 KUG vorliegt, sondern ein „Bildnis" des Polizeibeamten, d. h. wenn eben nicht der Vorgang der Versammlung als solcher abgebildet, sondern der Polizeibeamte im Vordergrund des Bildes steht und seinen Charakter in der Form prägt, dass es sich dabei nicht mehr um die Wiedergabe der Versammlung handelt, sondern das Einzelbildnis im Vordergrund steht. In der dann anschließenden Prüfung, ob ein Bildnis aus dem Bereich der Zeitgeschichte im Sinne von § 23 Abs. 1 Nr. 1 KUG vorliegt, welches der Abgebildete ohne Einwilligung hinnehmen muss, wäre dann die soeben genannte Interessenabwägung vorzunehmen. Liegen hingegen die Voraussetzungen des § 23 Abs. 1 Nr. 3 KUG vor und es handelt sich um ein „Bild", welches die Versammlung bzw. die Demonstration zeigt, so ist auch der Polizeieinsatz Teil dieser Versammlung, so dass für die Polizeibeamten § 23 Abs. 1 Nr. 3 KUG ohne Einschränkung gilt.[363]

584 Voraussetzung für die zustimmungsfreie Abbildung und Verwertung von nach § 23 Abs. 1 Nr. 3 KUG privilegierten Fotografien ist, dass die Versammlung oder der Aufzug **als Vorgang gezeigt** wird und dass nicht nur – einzelne oder mehrere – Individuen abgebildet sind.[364] Einzelbilder von Personen, die an Aufzügen teilnehmen, fallen daher nicht unter die Abbildungsfreiheit, gleichgültig, ob sie schon als Einzelfoto mit dem Teleobjektiv aufgenommen worden sind oder ob sie aus der Gesamtaufnahme herauskopiert werden.[365] Die Erkennbarkeit eines einzelnen Abgebildeten schließt das Eingreifen des Ausnahmetatbestands des § 23 Abs. 1 Nr. 3 KUG jedoch nicht aus.[366] Die Versammlung muss nicht – was in der Praxis auch oftmals kaum möglich sein wird – in Gänze gezeigt werden. Privilegiert ist vielmehr bereits ein repräsentativer Ausschnitt.[367] Die Abbildung einzelner Personen aus der Masse der Teilnehmer her-

---

[360] so *Götting*, in: Schricker/Loewenheim, Urheberrecht, Kommentar, 4. Aufl. 2010, § 60/ § 23 KUG, Rn. 63; *Schertz*, in: Götting/Schertz/Seitz, Handbuch des Persönlichkeitsrechts, 1. Aufl. 2008, § 12, Rn. 69.

[361] *Rebmann*, AfP 1982, 189, 193.

[362] *Götting*, in: Schricker/Loewenheim, Urheberrecht, Kommentar, 4. Aufl. 2010, § 60/§ 23 KUG, Rn. 63.

[363] *Schertz*, in: Götting/Schertz/Seitz, Handbuch des Persönlichkeitsrechts, 1. Aufl. 2008, § 12, Rn. 69; *Dreier*, in: Dreier/Schulze, UrhG, 3. Aufl. 2008, § 23 KUG, Rn. 20.

[364] *Dreier*, in: Dreier/Schulze, UrhG, 3. Aufl. 2008, § 23, Rn. 19.

[365] *Helle*, Besondere Persönlichkeitsrechte im Privatrecht, 1. Aufl. 1991, Seite 186; von Gamm, Urheberrechtsgesetz, 1968, Einf. Rn. 122.

[366] *Dreier*, in: Dreier/Schulze, UrhG, 3. Aufl. 2008, § 23 KUG, Rn. 19.

[367] OLG Hamburg v. 13.07.1989 – 3 U 30/89 – GRUR 1990, 35 – Begleiterin; LG Stuttgart v. 12.10.1989 – 17 O 478/89 – AfP 1989, 765; *Schertz*, in: Götting/Schertz/Seitz, Handbuch des Persönlichkeitsrechts, 1. Aufl. 2008, § 12, Rn. 67; *Dreier*, in: Dreier/Schulze, UrhG, 3. Aufl. 2008, § 23 KUG, Rn. 19; *Götting*, in: Schricker/Loewenheim, Urheberrecht, Kommentar, 4. Aufl. 2010, § 60 / § 23 KUG, Rn. 53.

Bezzenberger

aus, z. B. durch das bei Fernsehaufnahmen äußerst beliebte „Heran-Zoomen" einzelner Gesichter in der Zuschauermenge in aufregenden oder bewegenden Momenten, wie z. B. bei Fußballspielen in Momenten nach einem Torschuss, ist jedoch durch die Ausnahmebestimmung des § 23 Abs. 1 Nr. KUG nicht mehr gedeckt.[368]

d) Bildnisse im Interesse der Kunst (§ 23 Abs. 1 Nr. 4 KUG)

§ 23 Abs. 1 Nr. 4 KUG sieht eine weitere Ausnahme für die Veröffentlichung eines *585* Bildnisses ohne die Einwilligung des Abgebildeten vor, wenn es sich um Bildnisse handelt, die nicht auf Bestellung angefertigt sind und die Verbreitung oder Veröffentlichung einem höheren Interesse der Kunst dient. Diese Ausnahmeregelung des § 23 Abs. 1 Nr. 4 KUG korrespondiert mit der Einschränkung der Rechte des Urhebers an von ihm gefertigten Bildnissen Dritter gemäß § 60 UrhG. Ihr kommt allerdings kaum praktische Bedeutung zu.

Damit § 23 Abs. 1 Nr. 4 KUG zur Anwendung kommen kann, muss es sich um ein Bildnis handeln, das nicht auf Bestellung angefertigt worden ist. Eine Bestellung setzt einen ausdrücklichen Auftrag an den Urheber des Bildnisses voraus. Die bloße Anregung zur Bildnisfertigung reicht nicht aus.[369] § 23 Abs. 1 Nr. 4 KUG setzt für das Vorliegen einer „Bestellung" jedoch nicht voraus, dass es sich um einen entgeltlichen Auftrag handelt.[370]

Um an der Privilegierung des § 23 Abs. 1 Nr. 4 KUG teilnehmen zu können, muss die Verbreitung oder Schaustellung **„einem höheren Interesse der Kunst"** dienen. Die Ausnahme schützt daher nicht das künstlerische Bildnis an sich, sondern nur dessen Verbreitung oder Zurschaustellung zu Zwecken der Kunst. Dabei ist es auch nicht erforderlich, dass das betreffende Bildnis ein urheberrechtlich schutzfähiges Werk im Sinne von § 2 Abs. 2 UrhG darstellt. Dennoch wird die Verfolgung eines künstlerischen Zwecks – wenn überhaupt – vor allem bei urheberrechtlich geschützten Bildnissen gegeben sein.[371] Dass die Verbreitung oder Veröffentlichung gleichzeitig auch wirtschaftliche Zwecke verfolgt schadet nicht.[372] Es stellt insofern keinen Widerspruch zu einer Verbreitung zu Zwecken der Kunst dar, wenn der Künstler – wie dies regelmäßig der Fall sein wird – zur Sicherung seiner Existenzgrundlage auf Einnahmen angewiesen ist, die er durch die Vermarktung seiner Kunstwerke erzielt.[373]

---

[368] *Götting*, in: Schricker/Loewenheim, Urheberrecht, Kommentar, 4.Aufl. 2010, § 60/§ 23 KUG, Rn. 54; LG Stuttgart v. 12.10.1989 – 17 O 478/89 – AfP 1989, 765.

[369] *Götting*, in: Schricker/Loewenheim, Urheberrecht, Kommentar, 4.Aufl. 2010, § 23 KUG, Rn. 71; *Dreier*, in: Dreier/Schulze, UrhG, 3. Aufl. 2008, § 23 KUG, Rn. 22.

[370] Schertz, in: Götting/Schertz/Seitz, Handbuch des Persönlichkeitsrechts, 1. Aufl. 2008, § 12, Rn. 75; *Dreier*, in: Dreier/Schulze, UrhG, 3. Aufl. 2008, § 23, Rn. 22.

[371] *Dreier*, in: Dreier/Schulze, UrhG, 3. Aufl. 2008, § 23 KUG, Rn. 23.

[372] OLG München v. 19.09.1996 – 6 U 6247/95 – ZUM 1997, 388, 391 – Schwarzer Sheriff; andere Ansicht LG München I; Schulze LGZ 201.

[373] OLG München v. 19.09.1996 – 6 U 6247/95 – ZUM 1997, 388 – Schwarzer Sheriff: „kunstgemäße Verwertung" bei Verwertung in Fotoausstellung, als Titelbild des Ausstellungskatalogs und als Kunstpostkarte; Verfassungsgerichtshof des Landes Berlin v. 07.11.2006 – 56/05 – AfP 2007, 345, 348: keine Verbreitung zu Zwecken der Kunst bei satirisch verfremdetem Fahndungsplakat der Polizei, welches Polizeibeamten zeigt und die Aufschrift „Kennzeichnungspflicht für Polizeibeamte sofort!" trägt, da politische Ziele die künstlerischen Ziele überwiegen würden – vgl. auch vorgehend KG v. 04.03.2005 – (4) 1 Ss 468/04 (184/04) – nicht veröffentlicht; *Götting*, in: Schricker/Loewenheim, Urheberrecht, Kommentar, 4.Aufl. 2010, § 60/§ 23 KUG, Rn. 72.

586   Zwar findet der Ausnahmetatbestand des § 23 Abs. 1 Nr. 4 KUG hin und wieder in der Rechtsprechung Erwähnung, dies geschieht jedoch fast ausschließlich, um eine Anwendung der Vorschrift mit wenigen Worten abzulehnen. Nach wie vor ist vor allem eine veröffentlichte Entscheidung bekannt, die die Zulässigkeit einer einwilligungslosen Veröffentlichung eines Bildnisses ausdrücklich auf § 23 Abs. 1 Nr. 4 KUG stützt: Das OLG München entschied, dass die Abbildung eines Mitarbeiters des zivilen Sicherheitsdienstes in München (eines so genannten „schwarzen Sheriffs"), der in einer Schwarz-Weiß-Aufnahme mit verschränkten Armen vor einem Biergarten hinter einer Reihe leerer Stühle steht, von denen einer ein Schild mit der Aufschrift „Geschlossene Gesellschaft" trägt, aufgrund eines höheren Interesses an der Kunst verbreitet werden dürfe.[374]

4.   Entgegenstehende berechtigte Interessen des Abgebildeten (§ 23 Abs. 2 KUG)

587   Fällt eine Bildnisveröffentlichung oder -verbreitung ohne Einwilligung des Abgebildeten unter einen der Ausnahmetatbestände des § 23 Abs. 1 KUG, so ist sie dennoch unzulässig, wenn ihr berechtigte Interessen des Abgebildeten im Sinne von § 23 Abs. 2 KUG entgegenstehen. Ob dies der Fall ist, muss jeweils anhand einer einzelfallbezogenen Abwägung der widerstreitenden Interessen und konkreten Umstände geprüft werden.

Worin die berechtigten Interessen des Abgebildeten bestehen können, die gemäß § 23 Abs. 2 KUG einer einwilligungslosen Veröffentlichung entgegenstehen können, ist durch eine Vielzahl von Entscheidungen über die Jahrzehnte hinweg konkretisiert worden. Danach lagen berechtigte Interessen des Abgebildten, die einer ungenehmigten Bildnisveröffentlichung gemäß § 23 Abs. 2 KUG entgegenstehen konnten, insbesondere dann vor, wenn die Bildnisveröffentlichung zu einer unzulässigen Verletzung der Intim- oder Privatsphäre, zu einer Herabsetzung, Verächtlichmachung oder unzumutbaren Anprangerung oder gar zu einer Personengefährdung führten.[375]

588   Da der BGH die Abwägung der widerstreitenden Interessen im Anwendungsbereich des § 23 Abs. 1 Nr. 1 KUG bereits auf die Zuordnung eines Bildnisses zum Bereich der Zeitgeschichte vorverlagert hat,[376] sind heute die meisten der früher im Rahmen von § 23 Abs. 2 KUG zur Anwendung gekommenen Fallgruppen möglicher entgegenstehender, berechtigter Interessen des Abgebildeten bereits bei der Frage zu prüfen, ob § 23 Abs. 1 Nr. 1 KUG überhaupt Anwendung findet. Bei Bildnissen aus dem Bereich der Zeitgeschichte wird § 23 Abs. 2 KUG daher in Zukunft nur noch als Auffangtatbestand dienen.[377] Zwar gilt § 23 Abs. 2 KUG auch für die anderen Ausnahmetatbestände des § 23 Abs. 1 KUG. Jedoch ist auch insoweit auf die obigen Ausführungen zum Schutz der Intim- und Privatsphäre, zur kommerziellen Nutzung und zur Bildberichterstattung über Straftäter bei § 23 Abs. 1 Nr. 1 KUG[378] zu verweisen. Von den früheren Fallgruppen, die die Rechtsprechung zu § 23 Abs. 2 KUG herausgebildet hat, dürften nur noch die der Herabwürdigung, Anprangerung und

---

[374] OLG München v. 19.09.1996 – 6 U 6247/95 – ZUM 1997, 388, 391 – Schwarzer Sheriff.

[375] *Prinz/Peters*, Medienrecht, 1999, Rn. 875 ff.

[376] Siehe hierzu die Ausführungen oben unter B. II. 3. a) Bildnisse aus dem Bereich der Zeitgeschichte/Die neue Rechtsprechung – Das abgestufte Schutzkonzept, Rn. 526 ff.

[377] Siehe daher hierzu die Ausführungen oben unter B. II. 3. a) Bildnisse aus dem Bereich der Zeitgeschichte, Rn. 522 ff.

[378] Siehe hierzu die Ausführungen oben unter B. II. 3. a) Bildnisse aus dem Bereich der Zeitgeschichte, Rn. 522 ff.

Verächtlichmachung, die der Umstände bei der Anfertigung der Aufnahmen und die der Verfälschung der bildlichen Darstellung durch Fotomontagen überhaupt eine Rolle bei der Feststellung spielen, ob einer grundsätzlich gemäß § 23 Abs. 1 KUG zulässigen ungenehmigten Bildnisveröffentlichung berechtigte Interessen des Abgebildeten gemäß § 23 Abs. 2 KUG entgegenstehen.

a) Herabwürdigung, Anprangerung und sonstige Verächtlichmachung

Eine Fallgruppe der berechtigten Interessen i.S.d. § 23 Abs. 2 KUG, die einer Veröffentlichung eines Bildnisses trotz der Anwendbarkeit eines der Ausnahmetatbestände des § 23 Abs. 1 KUG entgegenstehen kann, hat sich für bildliche Darstellungen mit einer so genannten erheblichen negativen Tendenz herausgebildet. Eine Bildnisdarstellung unter Verletzung von Ehre und Ruf mit negativer Tendenz oder unter Irreführung über die wahren Zusammenhänge braucht der an sich zulässig Abgebildete nach § 23 Abs. 2 KUG grundsätzlich nicht hinzunehmen.[379] Die Verletzung der dem Abgebildeten geschuldeten Achtung wird in der Begründung des Regierungsentwurfes zum KUG ausdrücklich als Fall eines berechtigten Interesses im Sinne von § 23 Abs. 2 KUG genannt.[380] *589*

Dabei kann sich die Herabwürdigung oder sonstige Verächtlichmachung aus dem Bildnis selbst ergeben oder aus dem Veröffentlichungszusammenhang. Im Hinblick auf den starken Schutz der Meinungsfreiheit ist es im Rahmen der an dieser Stelle vorzunehmenden Abwägung zwischen den Interessen des Abgebildeten und denjenigen des Veröffentlichenden grundsätzlich erforderlich, dass die bildliche Darstellung mit einer erheblichen negativen Tendenz verbunden ist.[381] *590*

Die Fallgruppe der „Anprangerung", die zu entgegenstehenden berechtigten Interessen des Abgebildeten i.S.d. § 23 Abs. 2 KUG führen kann, umfasst insbesondere Bildveröffentlichungen von Straftätern und Tatverdächtigen, sofern es sich hierbei überhaupt um Bildnisse aus dem Bereich der Zeitgeschichte i.S.d. § 23 Abs. 1 Nr. 1 KUG handelt. Auch hier hat sich aufgrund der im Rahmen von § 23 Abs. 1 Nr. 1 KUG bereits dargestellten Entwicklung der Rechtsprechung der Prüfungsschwerpunkt auf die Tatbestandsvoraussetzungen des § 23 Abs. 1 Nr. 1 KUG verlagert. Einen Fall der unzulässigen Anprangerung und Zurschaustellung sah das Landgericht Köln in der Veröffentlichung eines Bildnisses einer geistig erkrankten Frau in Handschellen, die kurz zuvor unter dem Einfluss ihrer psychischen Erkrankung ihre 80-jährige Mutter erschlagen hatte.[382] *591*

Die dem Abgebildeten geschuldete Achtung kann auch verletzt werden, wenn er in unglücklichen Situationen fotografiert wird[383] oder wenn mit dem Bildnis des Betroffenen für „anrüchige" Waren geworben wird, wie beispielsweise Sexualkräftigungsmittel.[384] Im letzteren Fall kommt es insofern zu einer Überlappung zwischen dem Bereich, der Schutz vor Herabwürdigungen bietet, und dem, der Schutz vor einer *592*

---

[379] *Dreier*, in: Dreier/Schulze, UrhG, 3. Aufl. 2008, § 23 KUG, Rn. 32.
[380] Stenographische Berichte über die Verhandlungen des Reichstags, 11. Legislaturperiode, II. Session, 2. Anlageband, 171.
[381] *Schertz*, in: Götting/Schertz/Seitz, Handbuch des Persönlichkeitsrechts, 1. Aufl. 2008, § 12, Rn. 85 m.w.N.
[382] LG Köln v. 09.01.2002 – 28 O 444/01 – AfP 2002, 343.
[383] *Helle*, Besondere Persönlichkeitsrechte im Privatrecht, 1. Aufl. 1991, Seite 182.
[384] KG v. 08.04.1969 – 5 U 2179/68 – Schulze, KGZ 51 „Wunder der Liebe".

kommerziellen Nutzung des Bildnisses des Betroffenen bietet. Die Abbildung eines Sturzes in Badekleidung an einem Strand wurde vom Oberlandesgericht Hamburg hingegen nicht als ehrenrührig oder sonst geeignet angesehen, den Abgebildeten in der öffentlichen Meinung herabzusetzen.[385]

Inwiefern berechtigte Interessen des Abgebildeten einer Veröffentlichung entgegenstehen, wenn er in unglücklichen Situationen fotografiert wird, wird ebenfalls eine Beurteilung des jeweiligen Einzelfalls, insbesondere unter Berücksichtigung des jeweiligen „Zeitgeschmacks", erforderlich machen. Während die Veröffentlichung eines Fotos, welches Friedrich Ebert und Reichswehrminister Gustav Noske 1919 in Badehosen auf dem Titel der „Berliner Illustrierte Zeitung" zeigte, noch einen Skandal auslöste,[386] haben die Veröffentlichungen von Fotos, die Russlands damaligen Präsidenten Vladimir Putin im August 2007 mit entblößtem Oberkörper beim Angeln zeigten, zwar in den Medien eine Debatte über Bestrebungen des Politikers nach einer Aufbesserung seines Images ausgelöst, nicht jedoch einen Skandal.

593   Bei der Veröffentlichung von Bildnissen von Personen, die im Zusammenhang mit früheren Ereignissen stehen, ist insbesondere zu prüfen, ob das Informationsinteresse noch – oder wieder – das Anonymitätsinteresse des Abgebildeten überwiegt.[387] Dabei ist insbesondere zu beachten, dass das öffentliche Verbreiten eines Bildnisses insbesondere unter gleichzeitiger Namensnennung und unter negativer Qualifizierung eine – im Gegensatz zur bloßen Wortberichterstattung – noch stärkere soziale Prangerwirkung hat.[388] Auch ein früherer Schwerverbrecher braucht es nicht zu dulden, nach Überschreiten einer für jeden Einzelfall zu bestimmenden Aktualitätsgrenze erneut ins Licht der Öffentlichkeit gebracht zu werden. Selbst diesem Straftäter ist nach Ansicht des Bundesgerichtshofs nach Überschreiten dieser Aktualitätsgrenze ein Freiheitsraum zuzubilligen, in dem er nicht durch eigenmächtige Bildnisaufnahmen und –Vorführungen gestört werden darf, es sei denn, dass „ein besonderer Anlass für die Öffentlichkeit besteht, sich gerade wieder mit dieser Person zu befassen".[389]

b) Umstände bei der Anfertigung von Fotografien

594 In seiner „Caroline"-Entscheidung vom 24.06.2004 führte der Europäische Gerichtshof für Menschenrechte (EGMR) aus, dass es für die Frage der Zulässigkeit einer Bildnisveröffentlichung nicht unberücksichtigt bleiben könne, wie die konkreten Fotos entstanden seien, insbesondere, ob dies heimlich und beispielsweise aus einigen hundert Metern Entfernung ohne Wissen und Zustimmung der Abgebildeten geschehen ist.[390] Dabei könne auch eine Belästigung nicht gänzlich außer Acht gelassen werden, der zahlreiche Personen des öffentlichen Lebens in ihrem Alltag durch die

---

[385] OLG Hamburg v. 13.10.1998 – 7 U 63/98 – AfP 1999, 175.

[386] Wiedergabe der Titelseite der Berliner Illustrierte Zeitung und Darstellung des ausgelösten Skandals bei *Albrecht*, Die Macht einer Verleumdungskampagne, Diss. Bremen 2002, Seite 46 ff.

[387] *Götting*, in: Schricker/Loewenheim, Urheberrecht, Kommentar, 4. Aufl. 2010, § 60/§ 23 KUG, Rn. 107.

[388] *Götting*, in: Schricker/Loewenheim, Urheberrecht, Kommentar, 4. Aufl. 2010, § 60/§ 23 KUG, Rn. 107.

[389] BGH v. 16.09.1966 – VI ZR 268/64 – GRUR 1967, 205, 208 – Vor unserer eigenen Tür.

[390] EGMR v. 24.06.2004 – 59320/00 – AfP 2004, 348, 351.

Belagerungszustände von Paparazzis ausgesetzt seien.[391] Auch wenn diese Ausführungen des Europäischen Gerichtshofs für Menschenrechte sich nicht konkret auf § 23 Abs. 2 KUG, sondern auf die alte Rechtsauffassung des Bundesgerichtshofs bezogen, wonach die bloße Eigenschaft als sogenannte absolute Person der Zeitgeschichte ausreiche, um Bilder aus dem privaten Alltag der betreffenden Person zuzulassen, so sind die Umstände bei der Herstellung des betreffenden Bildnisses – wenn nicht schon im Rahmen der Frage, ob es sich bei dem Bildnis um ein solches aus dem Bereich der Zeitgeschichte i.S.d. § 23 Abs. 1 Nr. 1 KUG handelt, dann doch spätestens im Rahmen der Prüfung des Vorliegens berechtigter entgegenstehender Interessen gem. § 23 Abs. 2 KUG zu berücksichtigen. In diesem Zusammenhang ist es für die Feststellung von einer Veröffentlichung entgegenstehenden berechtigten Interessen des Abgebildeten insbesondere von Bedeutung, dass der Gesetzgeber durch das Gewaltschutzgesetz (GewSchG) einen Schutz gegen Belästigungen durch widerrechtliche Nachstellungen normiert hat. Zudem stellt § 238 StGB beharrliche Nachstellungen unter Strafe und durch § 201a StGB wird die Verletzung höchstpersönlicher Lebensbereiche durch Bildaufnahmen bestraft.

c) Fotomontagen und digitale Veränderungen

Das Recht am eigenen Bild aus §§ 22 ff. KUG ist auf Fotomontagen anwendbar.[392] *595* Eine Verwendung von Personenaufnahmen in Fotomontagen ist somit nur unter den Voraussetzungen des § 23 Abs. 1 KUG ohne Einwilligung des Abgebildeten zulässig. Insbesondere bei Verfälschungen oder sonstigen ernsthaften Beeinträchtigungen können der Veröffentlichung einer Fotomontage selbst bei Vorliegen eines der Ausnahmetatbestände des § 23 Abs. 1 KUG berechtigte Interessen des Abgebildeten gemäß § 23 Abs. 2 KUG entgegenstehen.

Da Fotoveröffentlichungen von dem Betrachter nach wie vor – trotz der bekannten, mannigfaltigen Möglichkeiten, die sich im Zuge der Digitalisierung bei der Bearbeitung von Fotos ergeben haben – als Abbildung eines tatsächlichen Geschehens gewertet werden, ist im Bereich der redaktionellen Medienberichterstattung die Veröffentlichung von Fotomontagen nur dann mit der Sorgfalts- und Wahrheitspflicht der Medien vereinbar, wenn diese deutlich als Fotomontagen gekennzeichnet werden.[393] Das Bundesverfassungsgericht hat hierzu ausgeführt, dass der Träger des Persönlichkeitsrechts zwar kein Recht darauf hat, von Dritten nur so wahrgenommen zu werden wie er sich selbst gern sehen möchte, wohl aber ein Recht, dass ein fotografisch erstelltes Bild nicht manipulativ entstellt wird, wenn es Dritten ohne Einwilligung des Abgebildeten zugänglich gemacht wird.[394] Derartige Manipulationen berühren das Persönlichkeitsrecht unabhängig davon, ob sie in guter oder verletzender Absicht vorgenommen werden oder ob der Betrachter die Veränderung als vorteilhaft oder nachteilig für den Dargestellten bewertet.[395] Denn stets wird die mitschwingende Tatsachenbehauptung über die Realität des Abgebildeten unzutreffend.[396] Eine Bildnisveröffentlichung, die aufgrund von Veränderungen zu einer falschen Tatsachen-

---

[391] EGMR v. 24.06.2004 – 59320/00 – AfP 2004, 348, 351; vgl. auch *Schertz*, in: Götting/Schertz/ Seitz, Handbuch des Persönlichkeitsrechts, 1. Aufl. 2008, § 12, Rn. 55 n.w.N.

[392] BVerfG v. 14.02.2005 – 1 BvR 240/04 – GRUR 2005, 500 – Ron Sommer.

[393] BVerfG v. 14.02.2005 – 1 BvR 240/04 – GRUR 2005, 500 – Ron Sommer.

[394] BVerfG v. 14.02.2005 – 1 BvR 240/04 – GRUR 2005, 500, 501 f. – Ron Sommer.

[395] BVerfG v. 14.02.2005 – 1 BvR 240/04 – GRUR 2005, 500, 502 – Ron Sommer.

[396] BVerfG v. 14.02.2005 – 1 BvR 240/04 – GRUR 2005, 500, 502 – Ron Sommer.

behauptung führt, ist auch gemäß § 23 Abs. 2 KUG unzulässig, da sich niemand gegen seinen Willen in einen falschen Kontext setzen lassen muss.[397]

Dies würde das Recht auf Selbstbestimmung über die öffentliche Darstellung der eigenen Person, welches verfassungsrechtlich im allgemeinen Persönlichkeitsrecht gemäß Art. 2 Abs. 1 GG i.V.m. Art. 1 Abs. 1 GG verankert ist und das auch den §§ 22 ff. KUG zugrunde liegt, verletzen.[398] Das Bundesverfassungsgericht legt insofern bei Fotografien einen wesentlich strengeren Maßstab an als dies bei Karikaturen der Fall ist. Nicht jede satirische Bildnisverzerrung, die als Karikatur zulässig wäre, ist zugleich auch als Fotomontage oder Bildmanipulation zulässig.[399] Vielmehr steht dem Abgebildeten angesichts des vom Betrachter nach Auffassung des Bundesverfassungsgerichts vermuteten Wahrheitsgehalts fotografischer Abbildungen ein Recht gegen die Weitergabe von manipulativ entstellten Bildnissen zu, wenn das Foto über rein reproduktionstechnisch bedingte und für den Aussagehalt unbedeutende Veränderungen hinaus verändert wird.[400] Demgemäß sah auch das Landgericht Hamburg eine Werbung mit verfälschten Politikerfotos als unzulässig an.[401]

596 Fotomontagen können im Einzelfall selbst dann unzulässig sein, wenn die Veränderungen **für den Betrachter erkennbar** sind, d. h. wenn deutlich wird, dass es sich hierbei um eine satirische Bildbearbeitung handelt. Dies gilt jedenfalls dann, wenn eine unwahre Behauptung illustriert wurde und eine sachlich nicht gebotene Herabsetzung erfolgt. Dies hat das Kammergericht z. B. bei der Darstellung einer ehemaligen Ministerpräsidentin mit Maden auf dem Gesicht bzw. mit Jauche beschmiert sowie im Bikini auf einem Elektrobullen reitend unter der Überschrift „Heide Simonis jetzt in Dschungel-Camp?" angenommen.[402] Als das Satiremagazin „Titanic" im April 1993 auf der Titelseite eine eindeutig als solche zu erkennende Fotomontage veröffentlichte, in der der Kopf von Uwe Barschel aus dem bekannten Foto, welches ihn nach seinem Tod in einer Badewanne zeigte, mit dem Kopf des grinsenden, damaligen Ministerpräsidenten von Schleswig-Holstein und SPD-Kanzlerkandidaten Björn Engholm ausgetauscht, ein gelbes Quietsche-Entchen hinzugesetzt und mit der Überschrift „Sehr komisch, Herr Engholm!" versehen worden war, erwirkte Björn Engholm gegen das Magazin eine auch zweitinstanzlich bestätigte einstweilige Verfügung. Des Weiteren verurteilte das Landgericht Hamburg, bestätigt durch eine Entscheidung des Hanseatischen Oberlandesgerichts, den Verlag zur Zahlung einer Geldentschädigung in Höhe von 40.000,00 DM.[403] Das Landgericht Hamburg führte hierzu aus: „Den Kläger als menschenverachtenden Killer zu zeigen, spottet im Grunde jeglicher Beschreibung".

---

[397] *Wanckel*, Foto- und Bildrecht, 3. Aufl. 2009, Rn. 250 unter Bezugnahme auf OLG Hamburg v. 22.02.1993 – 3 W 37/93 – unveröffentlicht.

[398] *Wanckel*, Foto- und Bildrecht, 3. Aufl. 2009, Rn. 250 unter Bezugnahme auf OLG Hamburg v. 22.02.1993 – 3 W 37/93 – unveröffentlicht.

[399] *Dreier*, in: Dreier/Schulze, UrhG, 3. Aufl. 2008, § 23 KUG; Rn. 33.

[400] BVerfG v. 14.02.2005 – 1 BvR 240/04 – GRUR 2005, 500 – Ron Sommer, nachfolgend BGH v. 08.11.2005 – VI ZR 64/05 – GRUR 2006, 255; anderer Ansicht zuvor noch BGH v. 30.09.2003 – VI ZR 89/02 – GRUR 2004, 590 – satirische Fotomontage.

[401] LG Hamburg v. 27.10.2006 – 324 O 381/06 – AfP 2006, 585.

[402] KG v. 15.05.2007 – 9 U 236/06 – AfP 2007, 569.

[403] OLG Hamburg v. 09.12.1993 – 3 U 170/93 – ZUM 1995, 280.

5. Rechtslage nach dem Tod des Abgebildeten

Der Schutz des Abgebildeten vor einer unzulässigen Verwertung seiner Bildnisse en- 597
det nicht mit seinem Tod, sondern bleibt in Form des Rechts am eigenen Bild sowie
aus dem postmortalen Persönlichkeitsrecht grundsätzlich bestehen.

a) Postmortaler Bildnisschutz (§ 22 S. 3 KUG)

Auch nach dem Tod des Abgebildeten besteht das Recht am eigenen Bild aus §§ 22 ff. 598
KUG fort. Es ist als solches – anders als die vermögenswerten Bestandteile des allge-
meinen Persönlichkeitsrechts[404] – auch nicht vererblich und kann daher nicht auf die
Erben übergehen, sondern wird von den Angehörigen nur wahrgenommen.[405]

Soll ein Bildnis einer Person veröffentlicht werden, die zu ihren Lebzeiten keine
oder nur eine unzureichende Einwilligung erteilt hat, so bedarf es gemäß § 22 S. 3
KUG für einen Zeitraum von 10 Jahren nach dem Tod des Abgebildeten der Einwilligung der Angehörigen des Verstorbenen.[406] Notwendig ist dabei die Einwilligung aller
noch lebender Angehöriger im Sinne von § 22 S. 4 KUG. Liegen diese nicht vor, so
richtet sich die Zulässigkeit der Bildnisveröffentlichung wie auch bei lebenden Personen danach, ob einer der Ausnahmetatbestände des § 23 Abs. 1 KUG eingreift. Ist dies
der Fall, kommt es weiterhin darauf an, ob der Veröffentlichung dennoch berechtigte
Interessen des Abgebildeten nach § 23 Abs. 2 KUG entgegenstehen. Ein Verstoß gegen das Recht am eigenen Bild des Verstorbenen kann von jedem der wahrnehmungsberechtigten Angehörigen im Sinne von § 22 S. 4 KUG geltend gemacht werden.

b) Postmortales Persönlichkeitsrecht

Auch nach Ablauf der 10-Jahresfrist ist eine ungenehmigte Veröffentlichung von Bild- 599
nissen Verstorbener nicht ohne weiteres möglich. Zwar greifen in solchen Fällen nicht
mehr die Vorschriften des KUG ein – einer Veröffentlichung oder Verbreitung kann
jedoch das postmortale Persönlichkeitsrecht des Verstorbenen entgegenstehen. Der
rechtliche Schutz des allgemeinen Persönlichkeitsrechts aus Art. 1 Abs. 1 und Art. 2
Abs. 1 GG endet nicht mit dem Tod. Vielmehr besteht der allgemeine Wert- und Achtungsanspruch fort, so dass das fortwirkende Lebensbild eines Verstorbenen weiterhin
gegen grobe und ehrverletzende Beeinträchtigungen geschützt wird.[407]

Der Unterschied zu der Wahrnehmung des Rechts am eigenen Bild durch die Angehörigen während der 10-Jahresfrist des § 22 S. 3 KUG besteht somit darin, dass der
allgemeine postmortale Persönlichkeitsschutz nur dann eingreift, wenn eine Güter-
und Interessenabwägung ergibt, dass das fortwirkende Lebensbild des Verstorbenen
grob beeinträchtigt wird.[408] Dies ist – vergleichbar mit den Fallgruppen des § 23 Abs. 2
KUG – insbesondere dann der Fall, wenn das Bildnis des Verstorbenen zu Werbezwe-

---

[404] Zu deren Übertragbarkeit bzw. Übergang auf die Erben siehe *Dreier*, in: Dreier/Schulze,
UrhG, 3. Aufl. 2008, § 22 KUG, Rn. 28 f.

[405] *Prinz/Peters*, Medienrecht, 1999, Rn. 884; *Helle*, Besondere Persönlichkeitsrechte im Privatrecht, 1. Aufl. 1991, Seite 62.

[406] Siehe hierzu die Ausführungen oben unter B. II. 2 e) Einwilligung nach dem Tod des Abgebildeten, Rn. 504 ff.

[407] BGH v. 20.03.1968 – I ZR 44/066 – NJW 1968, 1773, 1774 – Mephisto.

[408] *Prinz/Peters*, Medienrecht, 1999, Rn. 885 und 131 ff. m.w.N.

cken benutzt wird[409] und bei grob ehrverletzenden Darstellungen oder gravierenden Entstellungen des Lebensbildes.[410]

Die Dauer des postmortalen Persönlichkeitsschutzes lässt sich nicht generell festlegen, sondern hängt von den Umständen des Einzelfalls, insbesondere auch von der Bekanntheit des Verstorbenen, ab.[411] Für den Maler Emil Nolde bejahte der BGH auch noch 30 Jahre nach dessen Tod den Fortbestand eines postmortalen Persönlichkeitsschutzes. Im Fall des Reichspräsidenten Friedrich Ebert wurde der postmortale Persönlichkeitsschutz sogar noch 67 Jahre nach seinem Tod[412] und für den Bremer Bürgermeister Wilhelm Kaisen 15 Jahre[413] nach seinem Ableben bejaht.

Bezüglich der Frage, wer Ansprüche gegen eine Bildnisveröffentlichung wegen des postmortalen allgemeinen Persönlichkeitsrecht geltend machen können soll, wird man § 22 Satz 4 KUG auch insoweit als eine für den Bildnisschutz abschließende Sonderregel anzusehen haben,[414] so dass auch insofern die Rechte von den Angehörigen im Sinne von § 22 Satz 4 KUG wahrgenommen werden. Für eine Differenzierung zwischen der Wahrnehmungsbefugnis während der 10-Jahres-Frist des § 23 S. 3 KUG und der Zeit danach besteht keine Veranlassung.[415]

III. Rechtsfolgen der Verletzung des Rechts am eigenen Bild

600 Wird durch die Herstellung oder die Veröffentlichung eines Fotos oder einer Filmaufnahme das Recht am eigenen Bild des Abgebildeten rechtswidrig verletzt, so können sich daraus sowohl zivil- als auch strafrechtliche Konsequenzen ergeben.

1. Zivilrechtliche Folgen

601 Aus dem Recht am eigenen Bild können sich für den Betroffenen **diverse zivilrechtliche Ansprüche** gegen die rechtswidrige Veröffentlichung und Verbreitung bzw. unter Umständen schon gegen die rechtswidrige Herstellung von Aufnahmen, die sein Recht am eigenen Bild verletzen, ergeben. In Betracht kommen dabei Ansprüche auf Unterlassung, auf Veröffentlichung einer Gegendarstellung und/oder Richtigstellung, materielle und immaterielle Schadensersatzansprüche, Ansprüche aus ungerechtfertigter Bereicherung, Auskunfts-, Herausgabe und Vernichtungsansprüche.

---

[409] BGH v. 01.12.1999 – I ZR 49/97 – NJW 2000, 2195, 2197 f. – Marlene Dietrich.
[410] BVerfG v. 05.04.2001 – I BvR 932/94 – NJW 2001, 2957, 2958 – Wilhelm Kaisen.
[411] BGH v. 08.06.1989 – I ZR 135/87 – ZUM 1990, 180, 183 – Emil Nolde.
[412] OLG Bremen v. 10.08.1992 – 2 U 24/92 – NJW-RR 1993, 726 – Friedrich Ebert.
[413] OLG Bremen v. 13.04.1994 – 1 U 149/93 – NJW-RR 1995, 84 – Wilhelm Kaisen.
[414] *Dreier*, in: Dreier/Schulze, UrhG, 3. Aufl. 2008, § 22 KUG, Rn. 30; *von Strobl-Albeg*, in: Wenzel, Das Recht der Wort- und Bildberichterstattung, 5. Aufl. 2003, Kap. 7 Rn. 57.
[415] *von Strobl-Albeg*, in: Wenzel, Das Recht der Wort- und Bildberichterstattung, 5. Aufl. 2003, Kap. 7, Rn. 57.

a) Unterlassung

In der Praxis richtet sich das Interesse des Abgebildeten oftmals zunächst darauf, eine *602* weitere Verbreitung seines Bildnisses zu verhindern. Die rechtliche Grundlage hierfür bietet der aus dem Recht am eigenen Bild bzw. dem Allgemeinen Persönlichkeitsrecht entsprechend §§ 1004 Abs. 1 S. 2, 823 Abs.1 und Abs. 2 BGB i.V.m. §§ 22, 23 KUG, Art. 1 Abs. 1, 2 Abs. 1 GG hergeleitete Unterlassungsanspruch.

aa) Voraussetzungen

Damit ein Unterlassungsanspruch erfolgreich geltend gemacht werden kann, muss die *603* Veröffentlichung oder Verbreitung des Fotos oder der Filmaufnahme in rechtswidriger Weise das Recht des Abgebildeten am eigenen Bild aus §§ 22, 23 KUG verletzen. Da es sich bei dem Unterlassungsanspruch um einen sogenannten quasi-negatorischen Anspruch handelt, ist hierbei jedoch nur die Darlegung der objektiven Rechtswidrigkeit erforderlich.[416] Ein Verschulden des Herstellers, Verbreiters oder Veröffentlichenden muss hingegen nicht nachgewiesen werden – der Unterlassungsanspruch ist verschuldensunabhängig.[417]

Voraussetzung eines Unterlassungsanspruchs ist jedoch – bei bereits erfolgter *604* Veröffentlichung oder Verbreitung – das Bestehen einer **Wiederholungsgefahr** und bei noch nicht erfolgter Veröffentlichung oder Verbreitung das Vorliegen einer **Erstbegehungsgefahr**, d. h. der Gefahr, dass eine rechtswidrige Veröffentlichung oder Verbreitung unmittelbar bevorsteht. Hat bereits eine rechtswidrige Veröffentlichung oder Verbreitung stattgefunden, so wird hierdurch auch im Bildnisrecht grundsätzlich die Wiederholungsgefahr indiziert, d. h. es besteht eine tatsächliche Vermutung für ihr Vorliegen.[418] Die Wiederholungsgefahr wird dann in der Regel nur durch die Abgabe einer strafbewehrten Unterlassungsverpflichtungserklärung ausgeräumt, d. h. dadurch, dass der Verbreitende gegenüber dem Betroffenen rechtsverbindlich erklärt, dass er die rechtswidrige Veröffentlichung zukünftig unterlassen wird und sich zugleich verpflichtet, bei einem Verstoß gegen diese Unterlassungsverpflichtung eine angemessene Vertragsstrafe zu zahlen. Wurden auf einem Foto mehrere Personen abgebildet, die jeweils Unterlassungsansprüche geltend machen können, so führt die Abgabe einer Unterlassungsverpflichtungserklärung nur gegenüber einem Abgebildeten nicht dazu, dass auch bezüglich der anderen Abgebildeten die Wiederholungsgefahr beseitigt wurde. Dies ergibt sich zum Einen aus der höchstpersönlichen Natur der persönlichkeitsrechtlichen Ansprüche und zum Anderen auch aus dem praktischen Umstand, dass eine erneute Veröffentlichung eines Fotos regelmäßig auch zukünftig möglich wäre, etwa indem nur ein Ausschnitt des Fotos veröffentlicht wird, der diejenigen Personen nicht zeigt, gegenüber denen eine Unterlassungserklärung abgegeben wurde, sehr wohl aber noch die weiteren Personen gezeigt werden.

Ohne die Abgabe einer Unterlassungsverpflichtungserklärung kann man von einem *605* Fehlen der Wiederholungsgefahr nur in seltenen Ausnahmefällen ausgehen. So kann

---

[416] *Burkhardt*, in: Wenzel, Das Recht der Wort- und Bildberichterstattung, 5. Aufl. 2003, Kap. 12, Rn. 1.

[417] *Soehring*, Presserecht, 3. Aufl. 2000, Rn. 30.4 m.w.N.

[418] BGH v. 27.01.1998 – VI ZR 72/97 – GRUR 1998, 504, 506; *Steffen*, in: Löffler, Presserecht, 5. Aufl. 2006, § 6 LPG, Rn. 264; *Burkhardt*, in: Wenzel, Das Recht der Wort- und Bildberichterstattung, 5. Aufl. 2003, Kap. 12, Rn. 8; *Fricke*, in: Wandtke/Bullinger, Praxiskommentar zum Urheberrecht, 3. Aufl. 2009, § 22 KUG, Rn. 24; *Schertz*, in: Loewenheim, Handbuch des Urheberrechts, 1. Aufl. 2003 § 18, Rn. 29.

es unter Umständen z. B. möglich sein, dass die Wiederholungsgefahr entfällt, weil sich die tatsächlichen Umstände derart geändert haben, dass eine ursprünglich wegen der Verletzung der Privatsphäre des Abgebildeten rechtswidrige Veröffentlichung nunmehr zulässig wäre, weil der Betroffene der Öffentlichkeit in der Zwischenzeit freiwillig Einblicke in den betroffenen Bereich seiner Privatsphäre gewährt hat.[419] Dies gilt jedoch in der Regel nur für kontextneutrale Bildnisse und nicht für solche, die unter Verletzung der Privatsphäre des Abgebildeten zu einem Zeitpunkt angefertigt wurden, zu dem er seine Privatsphäre noch nicht gegenüber der Öffentlichkeit geöffnet hatte.[420]

606   Während bei bereits erfolgter rechtswidriger Veröffentlichung das Bestehen einer Wiederholungsgefahr für weitere rechtswidrige Veröffentlichungen vermutet wird, kann bei noch nicht erfolgter Veröffentlichung das Vorliegen der erforderlichen Erstbegehungsgefahr nur dann angenommen werden, wenn eine erste Verletzungshandlung ernsthaft und greifbar zu befürchten ist bzw. als unmittelbar bevorstehend droht.[421] Die bloße Möglichkeit des Eingriffs reicht nicht aus. Die drohende Verletzungshandlung muss sich in tatsächlicher Hinsicht so konkret abzeichnen, dass eine zuverlässige Beurteilung unter rechtlichen Gesichtspunkten möglich ist.[422] Eine solche Erstbegehungsgefahr kann sich z. B. aus eindeutigen Erklärungen von Redakteuren oder Produzenten oder aus Programmankündigungen ergeben.[423] Es entspricht der ständigen Rechtsprechung des BGH, dass eine Erstbegehungsgefahr begründet, wer sich des Rechts berühmt, bestimmte Handlungen vornehmen zu dürfen.[424] Die bloße Recherchetätigkeit von Journalisten begründet hingegen in der Regel keine Erstbegehungsgefahr, da dies einen unverhältnismäßigen Eingriff in die Pressefreiheit darstellen würde.[425] Dies gilt auch für das Anfertigen von Foto- und Filmaufnahmen, solange noch nicht sicher ist, mit welchem Inhalt und ob der geplante Beitrag überhaupt veröffentlicht werden wird.[426]

bb) Anspruchsverpflichtete

607 Ein Unterlassungsanspruch kann gegen jeden „Störer" geltend gemacht werden, d. h. gegen jeden, der in irgendeiner Weise willentlich und adäquat kausal an der Herbeiführung der rechtswidrigen Beeinträchtigung mitgewirkt hat.[427] Bei der rechtswidrigen Veröffentlichung von Fotografien kommt daher neben dem Fotografen regelmäßig auch der Verlag der Zeitung/Zeitschrift, in welcher das Foto veröffentlicht wurde, die Agentur, über die es verbreitet wurde und unter Umständen auch die rein technischen Verbreiter wie etwa Buch- und Zeitschriftenhändler in Betracht – diese jedoch

---

[419] BGH v. 19.10.2004 – VI ZR 292/03 – GRUR 2005, 76, 78 – Freundin von Bernd Tewaag.

[420] BGH v. 19.10.2004 – VI ZR 292/03 – GRUR 2005, 76, 78 – Freundin von Bernd Tewaag.

[421] BGH v. 30.06.2009 – VI ZR 210/08 – GRUR 2009, 1093, 1096 – Focus online; BGH GRUR 1992, 404, 405 – Systemunterschiede.

[422] BGH v. 30.06.2009 – VI ZR 210/08 – GRUR 2009, 1093, 1096 – Focus online; BGH GRUR 1992, 404, 405 – Systemunterschiede.

[423] *Fricke*, in: Wandtke/Bullinger, Praxiskommentar zum Urheberrecht, 3. Aufl. 2009, § 22 KUG, Rn. 23.

[424] BGH v. 09.10.1986 – I ZR 159/84 – GRUR 1987, 125, 126; BGH v. 26.04.1990 – I ZR 198/88 – GRUR 1990, 678, 679; BGH v. 16.01.1992 – I ZR 20/90 – GRUR 1992, 404, 405 – Systemunterschiede.

[425] OLG Hamburg v. 15.08.1991 – 3 U 99/91 – AfP 1992, 279; LG Essen v. 12.01.2006 – 4 O 480/05 – ZUM-RD 2006, 183, 184.

[426] BGH v. 21.04.1998 – VI ZR 196/97 – NJW 1998, 2141; OLG Hamburg v. 10.04.2007 – 7 U 143/06 – ZUM 2007, 483 – Contergan.

[427] BGH v. 09.12.2003 – VI ZR 373/02 – NJW 2004, 762, 765.

nur, soweit sie die Möglichkeit haben, eine Rechtsverletzung zu verhindern.[428] Bei Veröffentlichungen im Internet kommt eine Haftung des Portalbetreibers in Betracht – handelt es sich bei der Veröffentlichung jedoch nicht um eigene Inhalte, besteht eine Haftung auf Unterlassung nur, wenn der Portalbetreiber Prüfungs- und Sorgfalts- pflichten verletzt hat oder nachdem ihm positive Kenntnis von der Rechtswidrigkeit der Veröffentlichung verschafft wurde und er keine ihm möglichen Maßnahmen zur Löschung der rechtswidrigen Inhalte ergriffen hat.[429]

cc) Umfang des Unterlassungsanspruchs

Der Umfang des Unterlassungsanspruchs wird durch die konkrete Verletzungshand- **608** lung bestimmt. Bei Eingriffen in das Recht am eigenen Bild kann der Unterlassungs- anspruch daher in der Regel nur gegen die Veröffentlichung bestimmter Fotos geltend gemacht werden – also z. B. gegen die Veröffentlichung des auf S. X in der Zeitschrift XY unter der Überschrift XYZ veröffentlichten Fotos.

Wendet sich der Abgebildete etwa gegen die Veröffentlichung von Fotos, die ihn in seinem Urlaub am Strand zeigen, kann er nach der Rechtsprechung des Bundes- gerichtshofs nur die Unterlassung der Veröffentlichung dieser konkreten Bilder ver- langen, nicht aber generell von Bildnissen aus seinem privaten Alltag.[430] Während in der Vergangenheit zumindest davon ausgegangen wurde, dass der Unterlassungsan- spruch über die konkrete Verletzungsform hinaus auch ähnliche oder „kerngleiche" Verletzungen umfasst, hat der BGH in seiner jüngeren Rechtsprechung darauf ver- wiesen, dass selbst die erneute Veröffentlichung eines bestimmten Bildes nicht generell verboten werden könne, weil sich die Veröffentlichung in einem anderen Kontext als zulässig erweisen könnte.[431] Vielmehr käme es für die Zulässigkeit einer Bildveröffent- lichung in jedem Einzelfall auf eine Abwägung zwischen dem Informationsinteresse der Öffentlichkeit und dem Interesse des Abgebildeten an dem Schutz seiner Privat- sphäre an, wobei die begleitende Wortberichterstattung eine wesentliche Rolle spielen kann.[432] Eine solche Interessenabwägung könne jedoch nicht in Bezug auf Bilder vor- genommen werden, die noch gar nicht bekannt sind und bei denen insbesondere offen sei, in welchem Kontext sie veröffentlicht werden.[433] Die entsprechenden Möglichkei- ten seien dabei derart vielgestaltig, dass sie mit einer „vorbeugenden" Unterlassungs- klage selbst dann nicht erfasst werden könnten, wenn man diese auf „kerngleiche" Verletzungshandlungen beschränken wollte.[434]

Ergibt sich die Rechtswidrigkeit einer Fotoveröffentlichung allein aus dem Zusam- **609** menhang mit der sie begleitenden Textberichterstattung, beschränkt sich der Unterlas- sungsanspruch somit auch auf eine erneute Veröffentlichung im Zusammenhang mit

---

[428] BGH v. 03.02.1994 – I ZR 321/91 – AfP 1994, 136,137; *von Hutten*, in: Götting/Schertz/ Seitz, Handbuch des Persönlichkeitsrechts, 1. Aufl. 2008, § 47, Rn. 24.

[429] zur Haftung von Internetauktionsbetreibern: BGH v. 11.03.2004 – I ZR 304/01 – GRUR 2004, 860 – Internet-Versteigerung I; BGH v. 19.04.2007 – I ZR 35/04 – GRUR 2007, 708 – Internet-Versteigerung II (jeweils zum Markenrecht); zur Haftung des Portalbetreibers für fremde Inhalte (Fotos), die er sich zu Eigen gemacht hat: BGH v. 12.11.2009 – I ZR 166/07 – GRUR 2010, 616 – Marions-Kochbuch.de.

[430] BGH v. 13.11.2007 – VI ZR 269/06 – GRUR 2008, 446, 447 – Franziska van Almsick.

[431] BGH v. 09.03.2004 – VI ZR 217/03 – NJW 2004, 1795, 1796 – Charlotte Casiraghi.

[432] BGH v. 13.11.2007 – VI ZR 269/06 – GRUR 2008, 446, 447 – Franziska van Almsick.

[433] BGH v. 09.03.2004 – VI ZR 217/03 – NJW 2004, 1795, 1796 – Charlotte Casiraghi.

[434] BGH v. 13.11.2007 – VI ZR 269/06 – GRUR 2008, 446, 447 – Franziska van Almsick.

einer entsprechenden Berichterstattung.[435] Der Unterlassungsanspruch würde sich in einem solchen Fall daher bspw. gegen die erneute Veröffentlichung des auf S. X der Zeitschrift XY unter der Überschrift XYZ veröffentlichten Fotos im Zusammenhang mit einer Berichterstattung über XYXY wenden. Für einen Verstoß gegen eine solche Unterlassungsverpflichtung ist es dann nicht erforderlich, dass die Berichterstattung wortgleich wiederholt wird. Ausreichend ist es vielmehr, wenn das beanstandete Foto nochmals im Zusammenhang mit einer Berichterstattung wiederholt wird, welche die in der ursprünglichen Berichterstattung enthaltenen Mitteilungen sinngemäß ganz oder teilweise zum Gegenstand haben.[436]

b) Gegendarstellung

610 Auch eine Fotoveröffentlichung kann zu einem Anspruch des Betroffenen auf Veröffentlichung einer Gegendarstellung führen, wenn mit der Bildveröffentlichung zugleich eine unwahre Tatsachenbehauptung verbunden ist, wie z. B. im Fall der Fotoverwechselung,[437] oder wenn eine nicht als solche erkennbare Fotomontage eine falsche Aussage vermittelt[438] oder auch, wenn die Fotoveröffentlichung in Verbindung mit dem Begleittext einen falschen Eindruck über den Abgebildeten vermittelt.[439]

Ein Anspruch auf Veröffentlichung einer Gegendarstellung ergibt sich für Veröffentlichungen in periodisch erscheinenden Druckwerken aus den jeweiligen Landespressegesetzen,[440] für Veröffentlichungen im Rundfunk aus den jeweiligen Landesrundfunkgesetzen oder Staatsverträgen und für Internetangebote und andere Telemedien aus § 56 Rundfunkstaatsvertrag (RStV). In den jeweiligen Vorschriften werden die einzelnen Voraussetzungen für den sehr formalistisch ausgestalteten Anspruch auf Veröffentlichung einer Gegendarstellung im Einzelnen festgelegt.[441]

In der Regel wird die verlangte Gegendarstellung in Textform abzufassen sein. So kann bei einer Fotoverwechslung beispielsweise verlangt werden, dass eine Gegendarstellung mit dem Inhalt veröffentlicht wird, dass der Betroffene feststellen darf, dass es sich bei der auf dem veröffentlichten Foto abgebildeten Person nicht um ihn handelt. Ein Anspruch auf Veröffentlichung eines Fotos als „bildliche Entgegnung" im Rahmen einer Gegendarstellung kann hingegen nur verlangt werden, wenn dies für das Verständnis der Gegendarstellung unabweisbar erforderlich ist.[442]

---

[435] BGH v. 23.06.2009 – VI ZR 232/08 – NJW 2009, 2823, 2824 – Andrea Casiraghi.
[436] BGH v. 23.06.2009 – VI ZR 232/08 – NJW 2009, 2823, 2824 – Andrea Casiraghi.
[437] OLG Koblenz v. 20.12.1996 – 10 U 1667/95 – NJW 1997, 1375; LG Berlin v. 09.10.1997 – 27 O 349/97 – ZUM-RD 1998, 341 – Neonazi.
[438] LG München v. 07.05.2003 – 9 O 5693/03 – AfP 2003, 373.
[439] OLG München v. 09.03.1995 – 29 U 3903/94 – ZUM 1996, 160.
[440] Eine Zusammenstellung der jeweils relevanten Gesetzestexte findet sich bei *Seitz/Schmidt*, Der Gegendarstellungsanspruch, 4. Aufl. 2010, Anhang III.
[441] vielfach wird von einer „Regelfrist" von 14 Tagen ab Kenntniserlangung ausgegangen, in der eine Gegendarstellung dem Anspruchsgegner „unverzüglich" im Sinne der PresseG zugeleitet werden kann: OLG Dresden v. 26.10.2006 – 4 U 1541/06 – ZUM-RD 2007, 117; OLG Stuttgart v. 08.02.2006 – 4 U 221/05 – AfP 2006, 252; OLG Hamburg v. 26.09.2000 – 7 U 73/00 – NJW-RR 2001, 186 – a.A. LG Berlin v. 29.06.2010 – 27 O 454/10 – GRUR Prax 2010, 322: in der Regel Unverzüglichkeit innerhalb einer Frist von 10 Tagen. Vgl. zu den Vorraussetzungen der Unverzüglichkeit auch *Seitz/Schmidt*, Der Gegendarstellungsanspruch, 4. Aufl. 2010, Kap. 5, Rn. 34 ff.
[442] OLG Hamburg v. 22.03.1984 – 3 W 47/84 – AfP 1984, 115; *Fricke*, in: Wandtke/Bullinger, Praxiskommentar zum Urheberrecht, 3. Aufl. 2009, § 22 KUG, Rn. 25; *Wanckel*, Foto- und Bildrecht, 3. Aufl. 2009, Rn. 291; *Dreier*, in: Dreier/Schulze, UrhG, 3. Aufl. 2008, §§ 33ff. KUG, Rn. 12.

Nach den einschlägigen gesetzlichen Vorschriften ist der Anspruch auf Veröffentlichung einer Gegendarstellung im Wege des einstweiligen Verfügungsverfahrens durchzusetzen. Hierbei sind insbesondere die nicht nur nach den verschiedenen gesetzlichen Vorschriften, sondern auch bei den verschiedenen Landgerichten z. T. stark divergierenden Zeitspannen zu beachten, innerhalb derer eine Gegendarstellung beim Abdruck- oder Veröffentlichungsverpflichteten geltend gemacht werden muss.[443]

c) Widerruf und Richtigstellung

Liegen die Voraussetzungen für die Veröffentlichung einer Gegendarstellung vor, d. h. **611** wird durch die Veröffentlichung eines Fotos eine falsche Tatsachenbehauptung aufgestellt, kommt in der Regel neben dem Anspruch auf Veröffentlichung einer Gegendarstellung auch ein Anspruch auf Veröffentlichung einer Richtigstellung oder eines Widerrufs[444] in Betracht. Der entscheidende Unterschied zwischen einer solchen Berichtigung und einer Gegendarstellung besteht darin, dass bei letzterer der Betroffene selbst zu Wort kommt, während die Richtigstellung und der Widerruf im Namen desjenigen abgegeben werden, der die falsche Tatsachenbehauptung aufgestellt hat – so z. B. im Falle einer Zeitungsveröffentlichung im Namen des Verlages.

Während eine Gegendarstellung nur in den gesetzlich normierten Fällen, d. h. bei Veröffentlichungen in periodisch erscheinenden Druckwerken, im Rundfunk oder in Telemedien verlangt werden kann, ist der Anspruch auf Veröffentlichung oder Verbreitung einer Richtigstellung oder eines Widerrufs nicht davon abhängig, in welchem Medium die Veröffentlichung stattgefunden hat. So kann eine solche Berichtigung bspw. auch bzgl. einer Veröffentlichung in einem Rundschreiben verlangt werden.

Der Richtigstellungsanspruch ist als **Folgenbeseitigungsanspruch** aus § 1004 BGB anerkannt. Voraussetzung für das Bestehen eines solchen Berichtigungsanspruchs ist zunächst, dass durch die Fotoveröffentlichung eine unwahre Tatsachenbehauptung verbreitet wird. Anders als bei der Gegendarstellung muss die Unwahrheit der Tatsachenbehauptung durch den Anspruchsteller bewiesen werden.

Der Widerruf oder die Richtigstellung muss darüber hinaus auch notwendig und geeignet sein, die durch die Veröffentlichung eingetretene Beeinträchtigung zu beseitigen.[445] Eine solche Eignung liegt nur dann vor, wenn die Beeinträchtigung noch andauert.[446]

Durch die Veröffentlichung einer Gegendarstellung erlischt der Anspruch auf Berichtigung nicht.[447] Da die Gegendarstellung im Namen des Betroffenen abgefasst ist („… hierzu stelle ich fest …), hat sie gegenüber dem Leser naturgemäß eine geringere Aussagekraft als eine Richtigstellung oder ein Widerruf, mit welchem der Behauptende selbst einräumen muss, dass er etwas falsches verbreitet hat. In der Praxis wird jedoch häufig der Richtigstellungs- oder Widerrufsanspruch dadurch erfüllt, dass unter eine Gegendarstellung der Zusatz veröffentlicht wird, dass der Betroffene „Recht hat". Vor-

---

[443] Vgl. hierzu *von Hutten*, in: Götting/Schertz/Seitz, Handbuch des Persönlichkeitsrechts, 1. Aufl. 2008, § 48, Rn. 29.

[444] Zu den Unterschieden zwischen Widerruf und Richtigstellung vgl. im Einzelnen *Löffler/Ricker*, Handbuch des Presserechts, 5. Aufl. 2005, Kap. 44, Rn. 16ff.

[445] BVerfG v. 14.01.1998 – 1 BvR 1861/93, 1 BvR 1864/95, 1 BvR 2073/97 – NJW 1998, 1383.

[446] BGH v. 15.11.1994 – VI ZR 56/94 – NJW 1995, 862.

[447] *Kamps*, in: Götting/Schertz/Seitz, Handbuch des Persönlichkeitsrechts, 1. Aufl. 2008, § 49, Rn. 31 m.w.N.

aussetzung ist jedoch jeweils, dass durch eine solche Veröffentlichung unmissverständlich klargestellt wird, dass die Erstmitteilung entsprechend unrichtig war.[448]

Da eine Richtigstellung oder ein Widerruf nur bei erwiesen unwahren Tatsachenbehauptungen verlangt werden kann, ist ihre Durchsetzung grundsätzlich nur im Wege eines Hauptsacheverfahrens und nicht im einstweiligen Rechtsschutz möglich.

d) Materieller Schadensersatz

612 Gemäß § 823 Abs. 2 BGB ist derjenige, der vorsätzlich oder fahrlässig ein zum Schutze eines anderen bestimmtes Gesetz verletzt, diesem zum Ausgleich des daraus entstehenden Schadens verpflichtet. Da es sich bei den Vorschriften des KUG um ein Schutzgesetz im Sinne von § 823 Abs. 2 BGB handelt, ist auch derjenige, der durch die Veröffentlichung oder Verbreitung eines Fotos in schuldhafter Weise die Vorschriften über das Recht am eigenen Bild aus den §§ 22 ff. KUG verletzt, dem Abgebildeten zum Schadensersatz verpflichtet.

613 Voraussetzung für eine Verpflichtung zum Schadensersatz ist die rechtswidrige und schuldhafte Verletzung des Rechts am eigenen Bild. Des Weiteren muss durch die Veröffentlichung oder Verbreitung des Fotos ein Schaden verursacht worden sein. Einen solchen kausalen Schaden nachzuweisen bereitet in der Praxis oftmals Schwierigkeiten. Statt des tatsächlich entstandenen Schadens kann der Betroffene jedoch auch seinen entgangenen Gewinn (§ 252 BGB) im Wege des Schadensersatzanspruchs geltend machen. Dabei kann der Schaden nach der Methode der Lizenzanalogie berechnet werden,[449] d. h. der Betroffene kann einen abstrakten Wertausgleich anhand der hypothetisch erzielbaren Lizenzgebühr[450] fordern. Diese Berechnungsmethode findet in der Praxis hauptsächlich Anwendung, da sie den Abgebildeten von den häufig auftretenden Schwierigkeiten der Berechnung eines konkreten Schadens entbindet. Wird daher das Foto einer bekannten Persönlichkeit in rechtswidriger und schuldhafter Weise in der Werbung verwendet, so kann der Abgebildete von dem Verletzer gemäß §§ 823 Abs. 2 i.V.m. 22 KUG die Zahlung einer fiktiven Lizenzgebühr verlangen, d. h. dasjenige, was gezahlt hätte werden müssen, wenn der Verletzer die Einwilligung des Abgebildeten in die betreffende Nutzung seines Bildnisses eingeholt hätte.[451] Fehlt es an einer schuldhaften Rechtsverletzung, so kommt ein bereicherungsrechtlicher Anspruch auf Zahlung einer fiktiven Lizenz in Betracht.[452]

614 Zwar werden die meisten Fälle unautorisierter kommerzieller Bildnisnutzung von den Gerichten über das Bereicherungsrecht gelöst,[453] da es hierbei auf ein Verschulden des Verletzers nicht ankommt. In verschiedenen Fällen wurde jedoch auch ein Anspruch auf Zahlung einer entgangenen Lizenzgebühr aus § 823 Abs. 2 BGB i.V.m. §§ 22, 23 KUG gewährt: So wurde fünf ehemaligen Spielern der Fußballnationalmannschaft für die unerlaubte Nutzung eines sie zeigenden Fotos von dem Endspiel

---

[448] *Soehring*, Presserecht, 3. Aufl. 2000, Rn. 31.13.

[449] BGH v. 08.05.1956 – I ZR 62/54 – NJW 1956, 1554 = GRUR 1956, 427 – Paul Dahlke; BGH v. 01.12.1999 – I ZR 226/97 – NJW 2000, 2195, 2201 – Marlene.

[450] *Müller*, in: Götting/Schertz/Seitz, Handbuch des Persönlichkeitsrechts, 1. Aufl. 2008, § 50, Rn. 37.

[451] BGH v. 14.04.1992 – VI ZR 285/91 – NJW 1992, 2084, 2085.

[452] Siehe hierzu die Ausführungen unten unter B. III. 1 f) Ungerechtfertigte Bereicherung, Rn. 623 ff.

[453] Siehe hierzu die Ausführungen unten unter B. III. 1 f) Ungerechtfertigte Bereicherung, Rn. 623 ff.

der Weltmeisterschaft 1954 in Bern in einer Werbung für den Autohersteller Daewoo jeweils eine entgangene Lizenzgebühr in Höhe von 15.000 EUR als Schadensersatz zugesprochen.[454] Auch das Landgericht München stützte seine Entscheidung, mit der es Boris Becker für die Nutzung seines Bildnisses auf der Titelseite eines Zeitungs-Dummys als Werbemittel für eine neue Sonntagszeitung 1,2 Mio. EUR zusprach, allein auf § 823 Abs. 2 BGB i.V.m. §§ 22, 23 KUG.[455] Das Urteil ist hinsichtlich der Höhe bis heute nicht rechtskräftig.[456] In der Berufungsinstanz begründete das OLG München den Anspruch des ehemaligen Tennisspielers dem Grunde nach sowohl mit § 823 Abs. 2 BGB i.V.m. §§ 22, 23 KUG als auch mit § 812 BGB.[457]

Auch die Anwaltskosten, die dem Betroffenen durch die Einschaltung eines Anwalts für die Geltendmachung von Ansprüchen wegen der rechtswidrigen Verletzung seines Rechts am eigenen Bild entstanden sind, gehören zu dem Schaden, den der Verletzer dem Abgebildeten zu erstatten hat. Fehlt es diesbezüglich an einer schuldhaften Verletzung des Rechts am eigenen Bild, so kann sich ein diesbezüglicher Erstattungsanspruch auch aus den Grundsätzen der Geschäftsführung ohne Auftrag (§§ 683, 677, 670 BGB) ergeben.

e) Immaterieller Schadensersatz/Geldentschädigung

Unter bestimmten Voraussetzungen kann die Verletzung des Rechts am eigenen *615* Bild auch zur Geltendmachung eines immateriellen Schadensersatzes in Form einer **Geldentschädigung** berechtigen. Dieser Anspruch wird umgangssprachlich gern als Schmerzensgeldanspruch bezeichnet – da es sich hierbei jedoch nicht um einen Fall des Schmerzensgeldes nach § 847 BGB a.F. (heute § 253 Abs. 2 BGB) für die Verletzung des Körpers, der Gesundheit etc. handelt, ist dies ungenau und der Begriff der Geldentschädigung vorzuziehen.

Der medienrechtliche Anspruch auf Zahlung einer angemessenen Entschädigung in Geld ist nicht ausdrücklich geregelt, sondern leitet sich nach der Rechtsprechung unmittelbar aus dem Schutz des Allgemeinen Persönlichkeitsrechts aus Art. 1 Abs. 1 und Art. 2 Abs. 1 GG ab.[458] Voraussetzung für einen Anspruch auf eine angemessene Entschädigung in Geld ist, dass es sich bei der rechtswidrigen und schuldhaften Rechtsverletzung um einen schwerwiegenden Eingriff in die geschützten Rechtsgüter des Betroffenen handelt und die Beeinträchtigung nicht in anderer Weise befriedigend ausgeglichen werden kann.[459]

aa) Schwerwiegende Rechtsverletzung

Ob eine schwerwiegende Rechtsverletzung vorliegt, die die Zahlung einer Geldentschä- *616* digung rechtfertigt, hängt insbesondere von der Bedeutung und Tragweite des Eingriffs, ferner von Anlass und Beweggrund des Handelnden sowie vom Grad seines Verschul-

---

[454] LG München v. 14.08.2002 – 21 O 4059/02 – ZUM 2003, 418 – Fußballnationalmannschaft 1954.

[455] LG München v. 22.02.2006 – 21 O 17367/03 – AfP 2006, 382 – Boris Becker.

[456] Vgl. zum Verfahrensgang die Ausführungen hierzu unten unter B. III. 1. f) Ungerechtfertigte Bereicherung, Rn. 623 ff.

[457] OLG München v. 06.03.2007 – 18 U 3961/06 – AfP 2007, 237 – Boris Becker, teilw. bestätigt durch BGH v. 29.10.2009 – I ZR 65/07 – GRUR 2010, 546 – Der strauchelnde Liebling.

[458] BGH v. 15.11.1994 – VI ZR 56/94 – NJW 1995, 861, 864 – Caroline von Monaco I.

[459] BGH v. 15.11.1994 – VI ZR 56/94 – NJW 1995, 861, 864 – Caroline von Monaco I.

dens ab.[460] Nicht jede Fotoveröffentlichung, die einen Eingriff in das Recht am eigenen Bild des Betroffenen darstellt, begründet daher einen Geldentschädigungsanspruch.

(1) Verletzung der Intimsphäre

617 Aufgrund der besonderen Schutzintensität der Intimsphäre werden schwerwiegende Rechtsverletzungen oftmals bei der ungenehmigten Veröffentlichung von Nacktfotos angenommen. Auch hier sind jedoch die Umstände des Einzelfalls, insbesondere das Vorverhalten des Betroffenen, zu berücksichtigen. So wies bspw. das OLG Frankfurt einen Anspruch der Einskunstläuferin Katharina Witt auf Zahlung einer Geldentschädigung wegen der unautorisierten Veröffentlichung eines Nacktfotos mit der Begründung ab, dass die Betroffene in die Veröffentlichung dieses Fotos im „Playboy" eingewilligt hatte und die streitgegenständliche Veröffentlichung im redaktionellen Teil einer Tageszeitung einen über die bloße Unterrichtung der Öffentlichkeit über die Playboy-Aufnahmen hinausgehenden Informationszweck erfüllt hätte.[461]

Hingegen billigte das OLG Hamm einem Gelegenheitsmodell, welches von sich Aktaufnahmen in einem Studio anfertigen ließ, eine Geldentschädigung in Höhe von 20.000 DM zu, nachdem die Fotos von einem Auszubildenden des Fotografen mit einem gefälschten Model-Release an eine Zeitschrift verkauft und von dieser auf der Titelseite neben einem kopulierenden Paar und der Überschrift „7 Tipps für den Mega-Orgasmus" veröffentlicht wurden.[462]

Weitere Beispiele aus der Rechtsprechung:

- 150.000 DM für die Veröffentlichung von Fotos aus dem Urlaub der Schriftstellerin Hera Lind, die diese teilweise unbekleidet zeigten;[463]
- 30.000 DM für die Veröffentlichung eines Fotos in einer Zeitschrift, welches die Sängerin Nina Hagen nackt und schwanger unter der Dusche zeigte und welches ohne ihre Einwilligung in einer von ihrer Mutter zuvor veröffentlichten Biographie gezeigt worden war;[464]
- 12.000 EUR für die Veröffentlichung eines Nacktfotos von einem Fotomodell in einer Tageszeitung als Bebilderung für einen Bericht über ein Buch mit dem Titel „Tagebuch einer Nymphomanin";[465] das Foto war ursprünglich für eine evtl. Veröffentlichung in einem „Hochglanz-Magazin" nach Rücksprache mit dem Modell gedacht;
- 5.000 EUR für die Veröffentlichung eines Fotos, auf dem u. a. die Abgebildete nackt in einem Freizeit- und Saunabad in einem „Lokal-Anzeiger" zu sehen ist;[466]
- 25.000 EUR für die Veröffentlichung von drei Nacktfotos auf einer Internetplattform mit sexueller Ausrichtung durch den Ex-Freund der Abgebildeten zusammen mit anzüglichen Bemerkungen.[467]

---

[460] BGH v. 15.11.1994 – VI ZR 56/94 – NJW 1995, 861, 864 – Caroline von Monaco I.
[461] OLG Frankfurt v. 21.09.1999 – 11 U 28/99 – AfP 2000, 185 – Katharina Witt.
[462] OLG Hamm v. 03.03.1997 – 3 U 132/96 – AfP 1998, 304.
[463] LG Hamburg v. 20.07.2001 – 324 O 68/01 – ZUM 2002, 68 – Hera Lind.
[464] LG Berlin v. 21.02.2001 – 27 O 533/00 – AfP 2001, 246 – Nina Hagen.
[465] LG Kaiserslautern v. 22.06.2007 – 2 O 970/05 – JURIS.
[466] LG Düsseldorf v. 13.12.2006 – 12 O 194/05 – JURIS.
[467] LG Kiel v. 27.04.2006 – 4 O 251/05 – NJW 2007, 1002.

Keine Geldentschädigung billigten das Landgericht Hamburg[468] und das OLG Hamburg[469] einer prominenten Frau für die Veröffentlichung eines Fotos zu, das sie beim Tanzen auf einer Gala-Veranstaltung in einem Moment zeigte, in dem der Träger ihres Abendkleides so verrutscht war, dass man ihre entblößte Brust sehen konnte. Zur Begründung führten die Gerichte an, dass die Betroffene sich auch bei anderen Gelegenheiten in sehr freizügiger Kleidung zeigen würde[470] und dass es ihr zudem nicht hätte verborgen bleiben dürfen, dass Schnitt und Stoff des Abendkleides ein Herunterrutschen des Trägers begünstigen würden.[471]

Eine Verletzung der Intimsphäre, die eine Geldentschädigung rechtfertigt, kann nicht nur in der Veröffentlichung von Nacktfotos bestehen, sondern sich auch aufgrund der Veröffentlichung eines Bildnisses **in einem die Intimsphäre verletzenden Kontext** ergeben. So wurde z. B. einer Studentin eine Geldentschädigung in Höhe von 5.000 DM für ein Werbefoto zugesprochen, welches mit der erfundenen Bildunterschrift „Quickie einer Sachbearbeiterin" in einer Illustrierten veröffentlicht wurde.[472] Und einer 16-jährige Schülerin wurde für die mehrfache Ausstrahlung eines sie zeigenden Filmausschnitts („Mein Name ist Lisa Loch und ich bin 16 Jahre alt") in der Sendung „TV-Total" eine Geldentschädigung in Höhe von 70.000 EUR zugesprochen.[473]

(2) Verletzung der Privatsphäre

Auch die Verletzung der Privatsphäre durch eine ungenehmigte Fotoveröffentlichung *618* kann derart schwerwiegend sein, dass sie eine Geldentschädigung rechtfertigt. Auch in diesen Fällen ist die Spannbreite im Hinblick auf die Höhe der ausgeurteilten Geldentschädigungen groß:

– Für die ungenehmigte Veröffentlichung von Fotos, die eine bekannte Moderatorin im Urlaub im Bikini am Strand zeigten, bewilligte ihr das Landgericht Hamburg eine angemessene Entschädigung in Geld – allerdings nur in Höhe von 15.000 EUR statt der verlangten 50.000 EUR.[474] Das Landgericht begründete die Höhe der ausgeurteilten Geldentschädigung unter anderem damit, dass die Betroffene ihre Privatsphäre gerade im vorliegend relevanten Kontext (Urlaub und Familie) gegenüber der Öffentlichkeit in nicht ganz unerheblicher Weise geöffnet hatte. Noch ca. 1 ½ Jahre zuvor hatte das Landgericht Hamburg der Moderatorin wegen der Veröffentlichung entsprechender Fotografien aus demselben Urlaub in einer anderen Illustrierten noch eine Geldentschädigung in Höhe von 40.000 EUR zugesprochen.[475]

– Unter anderem auch für die ungenehmigte Veröffentlichung von Privatfotos der Lebensgefährtin von Herbert Grönemeyer verurteilte das Landgericht Berlin den

---

[468] LG Hamburg v. 13.01.2006 – 324 O 674/05 – ZUM-RD 2006, 251.
[469] OLG Hamburg v. 02.05.2006 – 7 U 19/06 – ZUM 2006, 639.
[470] LG Hamburg v. 13.01.2006 – 324 O 674/05 – ZUM-RD 2006, 251.
[471] OLG Hamburg v. 02.05.2006 – 7 U 19/06 – ZUM 2006, 639.
[472] OLG Hamburg v. 22.09.1994 – 3 U 106/04 – NJW-RR 1995, 220.
[473] OLG Hamm v. 04.02.2004 – 3 U 168/03 – NJW-RR 2004, 919.
[474] LG Hamburg v. 10.07.2009 – 324 O 840/07 – JURIS.
[475] LG Hamburg v. 16.11.2007 – 324 O 535/07 – JURIS.

Verlag der „BILD"-Zeitung zur Zahlung einer Geldentschädigung in Höhe von 25.000 EUR.[476]

- 200.000 DM für die Veröffentlichung von zahlreichen Paparazzi-Fotos der Prinzessin Caroline von Monaco in zwei Illustrierten, die die Prinzessin unter anderem beim Austausch von Zärtlichkeiten an Bord einer Yacht und betend beim Abendmahl in einer Freiluftkirche auf Jamaika zeigten.[477]

(3) Kommerzielle Nutzung

619 Die unautorisierte Nutzung eines Fotos einer Person zu Werbe- oder sonstigen kommerziellen Zwecken ist nur in seltenen Ausnahmefällen gemäß § 23 Abs. 1 Nr. 1 KUG zulässig.[478] Liegt ein solcher Ausnahmefall nicht vor, so kann sich aus der ungenehmigten Veröffentlichung auch ein Anspruch des Abgebildeten auf Zahlung einer Geldentschädigung ergeben, insbesondere, wenn das mit seinem Bildnis beworbene Produkt im groben Widerspruch zu seiner Persönlichkeit und seinem Wirken steht und für sein Ansehen abträglich ist.[479] Im Vordergrund stehen bei der ungenehmigten kommerziellen Bildnisnutzung jedoch bereicherungsrechtliche Ansprüche oder Schadensersatzansprüche auf Zahlung einer fiktiven Lizenzgebühr.[480]

(4) Herabwürdigung/ehrenrühriger Kontext

620 Eine schwerwiegende Rechtsverletzung kann sich auch daraus ergeben, dass ein Foto in einem herabwürdigenden Kontext veröffentlicht wird. Dabei ist es für den Geldentschädigungsanspruch unter anderem von Bedeutung, ob die begleitende Berichterstattung falsche Behauptungen aufstellt oder nicht. So lehnte das OLG Frankfurt den Geldentschädigungsanspruch wegen einer reißerischen, aber überwiegend auf zutreffenden Fakten beruhenden Berichterstattung nebst Bildnisveröffentlichung über eine Anklage wegen Mordes und den Vorwurf, der Täter habe Teile der Leiche verzehrt, ab.[481]

Einem ehemaligen Pressesprecher der Frankfurter Buchmesse sprach das Landgericht Frankfurt eine Geldentschädigung in Höhe von insgesamt 5.000 EUR für die unautorisierte Nutzung von Fotos zu, die den Betroffenen während der Buchmesse spätabends schlafend in einem Sessel in einer Bar zeigten.[482]

Einem katholischen Pfarrer, dessen Foto aufgrund einer grob fahrlässigen Verwechslung zur Bebilderung eines Berichts über sexuellen Missbrauch von Minderjährigen veröffentlicht wurde, billigte das OLG Koblenz hingegen eine Geldentschädigung in Höhe von 20.000 DM zu. Insbesondere zu der letztgenannten Entscheidung ist anzumerken, dass in den seitdem vergangenen 12 Jahren eine deutliche Steigerung der ausgeurteilten Geldentschädigungssummen stattgefunden hat. Es ist davon auszu-

---

[476] LG Berlin v. 13.01.2004 – 27 O 348/03 – ZUM-RD 2004, 312 – Freundin von Herbert Grönemeyer.

[477] OLG Hamburg v. 10.10.2000 – 7 U 138/99 – OLG Report 2001, 139.

[478] Zu den Ausnahmen siehe die Ausführungen oben unter B. II. 3. a) ff) Kommerzielle Nutzung, Rn. 561 ff.

[479] BGH v. 14.02.1958 – I ZR 151/56 – GRUR 1958, 408 = NJW 1958, 827 – Herrenreiter; OLG Saarbrücken v. 13.09.2006 – 1 U 624/05-215, 1 U 4624/05 – NJW-RR 2007, 112 – Wahlplakat.

[480] Siehe hierzu die Ausführungen unter B. III. 1. d) materieller Schadensersatz, Rn. 612 ff. und f) Ungerechtfertigte Bereicherung, Rn. 623 ff.

[481] OLG Frankfurt v. 31.10.2006 – 11 U 10/06 – ZUM 2007, 390.

[482] LG Frankfurt v. 01.10.2009 – 23 O 92/09 – nicht veröffentlicht.

Bezzenberger

gehen, dass ein Verlag bei einer vergleichbaren Berichterstattung heute nicht so „billig" davon kommen würde.

(5) Hartnäckigkeit

Auch eine wiederholte und hartnäckige Verletzung des Rechts am eigenen Bild, die *621* um des wirtschaftlichen Vorteils willen erfolgt, kann sich als schwere, einen Anspruch auf Geldentschädigung rechtfertigende Verletzung des allgemeinen Persönlichkeitsrechts des Betroffenen darstellen.[483] So verurteilte das Landgericht Hamburg einen Verlag wegen einer Reihe von fünfzehn rechtswidrigen Fotoveröffentlichungen in einem Zeitraum von zwei Jahren, die den Prinz von Hannover zeigten, zu einer Geldentschädigung von 100.000 DM, obwohl es die einzelnen Fotoveröffentlichungen für sich genommen jeweils nicht als schwerwiegende Rechtsverletzung ansah.[484]

Auch das Landgericht Berlin[485] verurteilte den Verlag zweier Zeitschriften zur Zahlung von insgesamt 150.000 DM wegen der wiederholten Veröffentlichung von heimlich und z. T. aus größerer Entfernung auf dem Anwesen ihrer Eltern aufgenommener Fotos, die die jüngste Tochter von Caroline von Hannover im Säuglings- und Kleinkindalter zeigten. Das Kammergericht,[486] der BGH[487] und das Bundesverfassungsgericht[488] bestätigten das Urteil.

Die bisher höchste Geldentschädigung in einem Presserechtsprozess wurde Prinzessin Madeleine von Schweden zugesprochen. Das OLG Hamburg verurteilte einen Verlag wegen insgesamt 86 persönlichkeitsrechtsverletzenden Beiträgen in zwei Zeitschriften über einen Zeitraum von 4 Jahren zur Zahlung einer Geldentschädigung in Höhe von 400.000 EUR – Teil der Berichterstattungen waren insgesamt 52 Fotomontagen, die die Prinzessin z. B. mit einem Baby auf dem Arm oder im Hochzeitskleid zeigten.[489] Das Urteil ist rechtskräftig. Der Bundesgerichtshof hat die von der Prinzessin und dem Verlag eingelegten Beschwerden gegen die Nichtzulassung der Revision zurückgewiesen.[490]

bb) Ultima Ratio

Der Geldentschädigungsanspruch ist nur dann begründet, wenn die Beeinträchtigung *622* nicht in anderer Weise befriedigend ausgeglichen werden kann.[491] Er ist daher als „ultima ratio" anzusehen. Im Bildnisrecht kommt allerdings häufig – insbesondere wenn es um schwerwiegende Rechtsverletzungen aus dem Bereich der Intim- oder Privatsphäre oder um ungenehmigte kommerzielle Nutzungen geht – kein anderweitiger Ausgleich in Betracht. Allein bei einer Fotoverwechselung oder in anderen Fällen, in welchen durch die Fotoveröffentlichung eine falsche Behauptung über den Abgebildeten aufgestellt wird, kann die freiwillige Veröffentlichung einer Richtigstellung einen angemessenen Ausgleich darstellen und einen Geldentschädigungsanspruch re-

---

[483] BGH v. 15.11.1994 – VI ZR 56/94 – BGHZ 128, 1, 12; BVerfG v. 26.08.2003 – I BvR 1338/00 – NJW 2004, 591, 592.

[484] LG Hamburg v. 08.05.1998 – 324 O 736/97 – ZUM 1998, 852 – Prinz von Hannover.

[485] LG Berlin v. 11.12.2001 – 27 O 461/01 – BeckRS 2001, 31396617 – Alexandra von Hannover.

[486] KG v. 26.05.2003 – 10 U 40/02 – ZUM-RD 2003, 527 – Alexandra von Hannover.

[487] BGH v. 05.10.2004 – VI ZR 255/03 – GRUR 2005, 179 – Alexandra von Hannover.

[488] BVerfG v. 06.06.2006 – 1 BvR 3/05 – ZUM-RD 2007, 1 – Alexandra von Hannover.

[489] Hanseatisches OLG v. 30.07.2009 – 7 U 4/08 – GRUR-RR 2009, 438.

[490] BGH v. 13.01.2011 – Az. VI ZR 253/09 – nicht veröffentlicht.

[491] BGH v. 15.11.1994 – VI ZR 56/94 – NJW 1995, 861, 864 – Caroline von Monaco I.

duzieren bzw. sogar entfallen lassen. Trotz der Veröffentlichung einer Richtigstellung sprach das Landgericht Berlin einem Studenten, der in einem Fernsehbeitrag aufgrund einer Bildnisverwechselung unzutreffend als Neonazi bezeichnet wurde, eine Geldentschädigung in Höhe von 10.000 DM zu.[492]

In den übrigen Fällen einer schwerwiegenden Verletzung des Rechts am eigenen Bild steht dem Betroffenen jedoch in der Regel keine andere Ausgleichsmöglichkeit als ein Anspruch auf eine Geldentschädigung zu, so dass in diesen Fällen an die Zubilligung eines Entschädigungsanspruchs entsprechend geringere Anforderungen zu stellen sind als in anderen Fällen einer Persönlichkeitsrechtsverletzung.[493]

f) Ungerechtfertigte Bereicherung

623 Bei der sich aus § 22 KUG ergebenden Befugnis, über die kommerzielle Nutzung seines Bildnisses selbst zu entscheiden, handelt es sich um ein vermögenswertes Ausschließlichkeitsrecht,[494] dessen Verletzung auch Ansprüche aus ungerechtfertigter Bereicherung (§§ 812 ff. BGB) begründen kann. Die unbefugte kommerzielle Nutzung eines Bildnisses stellt einen Eingriff in den vermögensrechtlichen Zuweisungsgehalt des Rechts am eigenen Bild wie auch des allgemeinen Persönlichkeitsrechts dar und begründet grundsätzlich – neben dem Verschulden voraussetzenden Schadensersatzanspruch – einen Anspruch aus Eingriffskondiktion (§ 812 Abs. 1 S. 1 Alt. 2 BGB).[495] Bereicherungsgegenstand ist die Nutzung des Bildnisses. Da diese nicht herausgegeben werden kann, ist nach § 818 Abs. 2 BGB Wertersatz zu leisten.[496] In der Regel hat der Verletzer daher dem Betroffenen das ersparte Honorar, das er für die Nutzung des Bildnisses sonst zu entrichten gehabt hätte, zu ersetzen, und zwar durch Zahlung einer angemessenen Lizenzgebühr.[497]

aa) Voraussetzungen

624 Anspruchsgrundlage des Bereicherungsanspruchs ist § 812 Abs. 1 S. 1 Alt. 2 BGB (Eingriffskondiktion). Die Bildnisnutzung muss in rechtswidriger Weise in das Recht am eigenen Bild eingreifen. Ein Verschulden ist nicht erforderlich.[498]

Voraussetzung für einen Anspruch auf Zahlung einer entgangenen Lizenzgebühr nach dem Bereicherungsrecht ist jedoch, dass durch die rechtswidrige Bildnisnutzung seitens des Verletzers ein Entgelt erspart wurde, das er nach der Verkehrssitte für die Einwilligung des Verletzten hätte entrichten müssen.[499] Die Rechtswidrigkeit einer Bildnisnutzung allein reicht demnach für die Zuerkennung einer fiktiven Lizenzgebühr nicht aus. Hinzukommen muss vielmehr, dass nach der Verkehrssitte vernünf-

---

[492] LG Berlin v. 09.10.1997 – 27 O 349/97 – NJW-RR 1998, 316 – Neonazi.
[493] BGH v. 12.12.1995 – VI ZR 223/94 – NJW 1996, 985, 986.
[494] BGH v. 08.05.1956 – I ZR 62/54 – BGHZ 20, 347, 353 – Paul Dahlke; *Helle*, Besondere Persönlichkeitsrechte im Privatrecht, 1. Aufl. 1991, Seite 50 und Seite 217.
[495] BGH v. 01.12.1999 – I ZR 226/97 – GRUR 2000, 715, 716 – Der blaue Engel; ferner BVerfG v. 22.08.2006 – 1 BvR 1168/04 – WRP 2006, 1361.
[496] BGH v. 26.10.2006 – I ZR 182/04 – GRUR 2007, 139, 140f. – Oscar Lafontaine; *Fricke*, in: Wandtke/Bullinger, Praxiskommentar zum Urheberrecht, 3. Aufl. 2009, § 22 KUG, Rn. 26.
[497] BGH v. 14.04.1992 – VI ZR 285/91 – GRUR 1992, 557, 558 – Joachim Fuchsberger.
[498] BGH v. 14.04.1992 – VI ZR 285/91 – GRUR 1992, 557, 558 – Joachim Fuchsberger; *Fricke*, in: Wandtke/Bullinger, Praxiskommentar zum Urheberrecht, 3. Aufl. 2009, § 22, Rn. 26.
[499] BGH v. 08.05.1956 – I ZR 62/54 – BGHZ, 20, 345, 353 – Paul Dahlke; OLG Hamburg v. 02.05.2006 – 7 U 19/06 – ZUM 2006, 639, 640.

Bezzenberger

tige Vertragspartner in der Lage der Parteien – d. h. auch der des Verletzers – für die Autorisierung der konkret angegriffenen Nutzung eine Honorarzahlung vereinbart hätten.[500] Es muss sich daher um Bildnisse handeln, die kommerzialisierbar sind und um eine Nutzung derselben, die zumindest auch kommerziellen Charakter hat.[501]

Diese Voraussetzungen für einen bereicherungsrechtlichen Anspruch sind daher **625** insbesondere bei der unautorisierten **Nutzung von Bildnissen zu Werbezwecken** erfüllt. Rechtswidrige Bildnisveröffentlichungen allein zu redaktionellen Zwecken können nach der Rechtsprechung hingegen nur ausnahmsweise einen Bereicherungsanspruch auslösen.[502] Dies soll bspw. dann der Fall sein, wenn mit der redaktionellen Veröffentlichung zugleich auch ein Werbewert für den Verlag verbunden ist[503] oder wenn die Veröffentlichung beim Leser den Eindruck erweckt, erst durch eine mit dem Betroffenen vereinbarte (exklusive) Zusammenarbeit ermöglicht worden zu sein, wie dies z. B. bei „Home Stories" der Fall sein könne.[504] Diese Rechtsprechung verkennt jedoch, dass auch der redaktionellen Nutzung insbesondere von Bildnissen prominenter Persönlichkeiten sehr wohl ein kommerzieller Charakter innewohnt. Die Veröffentlichung solcher Bilder führt zu einer Auflagensteigerung und damit verbunden zu einem Anstieg des Wertes von Werbeanzeigen, die in der betreffenden Zeitschrift o. ä. geschaltet werden können.

Lange Zeit war in Rechtsprechung und Literatur umstritten, ob für einen Schadens- **626** oder Bereicherungsausgleich auf der Grundlage einer angemessenen Lizenzgebühr ein grundsätzliches Einverständnis des Abgebildeten mit der Vermarktung seines Rechts am eigenen Bild vorauszusetzen sei.[505] Dieser Streit ist für die Praxis jedoch durch die Entscheidung des BGH zur unautorisierten Nutzung eines Fotos von Oscar Lafontaine in einer Werbeanzeige[506] entschieden. In dieser Entscheidung stellt der BGH ausdrücklich klar, dass ein Bereicherungsanspruch unabhängig davon besteht, ob der Abgebildete bereit oder in der Lage ist, gegen Entgelt Lizenzen für die Verbreitung und öffentliche Wiedergabe seiner Abbildung zu gewähren.[507]

Der Verletzer kann sich auch nicht darauf berufen, dass er die rechtswidrige Nutzung nicht vorgenommen hätte, wenn er die Vergütungspflicht oder die Höhe einer angemessenen Vergütung gekannt hätte.[508] Ihm ist auch der Einwand verwehrt, er sei objektiv wirtschaftlich gar nicht in der Lage, für die Nutzung des Bildnisses eine Vergütung zu zahlen.[509]

---

[500] LG Hamburg v. 11.01.2008 – 324 O 129/07 – ZUM 2008, 798 – Hochzeitsfotos.
[501] *Wanckel*, Foto- und Bildrecht, 3. Aufl. 2009, Rn. 283.
[502] LG Hamburg v. 11.01.2008 – 324 O 129/07 – ZUM 2008, 798, 799 – Hochzeitsfotos – bestätigt durch OLG Hamburg v. 09.09.2008 – 7 U 13/08 – ZUM 2009, 297: danach fehlte es bereits an der Rechtswidrigkeit der Fotoveröffentlichung, da der Ausnahmetatbestand des § 23 Abs. 1 Nr. 1 KUG erfüllt sei – die Nichtzulassungsbeschwerde des Klägers wurde vom BGH zurückgewiesen; *Fricke*, in: Wandtke/Bullinger, Praxiskommentar zum Urheberrecht, 3. Aufl. 2009, § 22 KUG, Rn. 26.
[503] LG Hamburg v. 15.10.1993 – 324 O 3/93 – AfP 1995, 526 – Nena.
[504] LG Hamburg v. 11.01.2008 – 324 O 129/07 – ZUM 2008, 798, 799 – Hochzeitsfotos.
[505] So noch BGH v. 14.02.1958 – I ZR 151/56 – BGH GRUR 1958, 408, 409 = BGHZ 26, 349, 353 – Herrenreiter; BGH v. 18.03.1959 – I ZR 182/58 – BGHZ 30, 7, 16 f. – Caterina Valente; BGH v. 26.06.1979 – VI ZR 108/78 – GRUR 1979, 732, 734 – Fußballtor.
[506] BGH v. 26.10.2006 – I ZR 182/04 – GRUR 2007, 139 – Oscar Lafontaine.
[507] BGH v. 26.10.2006 – I ZR 182/04 – GRUR 2007, 139, 140 – Oscar Lafontaine.
[508] *Dreier*, in: Dreier/Schulze, UrhG, 3. Aufl. 2008, §§ 33-50 KUG, Rn. 13.
[509] BGH v. 08.05.1956 – I ZR 62/54 – BGHZ 20, 347, 353 – Paul Dahlke.

bb) Höhe der fiktiven Lizenzgebühr

627 Hinsichtlich der Höhe der nach dem Bereicherungsanspruch von dem Verletzer an den Abgebildeten zu zahlenden fiktiven Lizenzgebühr ist darauf abzustellen, welches Entgelt vernünftige Vertragspartner in der Lage der Parteien als angemessenes Honorar für die werbemäßige Verwertung des Fotos des Klägers ausgehandelt hätten.[510] Dabei sind alle Umstände des konkreten Einzelfalls zu berücksichtigen, also u. a. die Auflagenstärke und der Verbreitungsgrad der kommerziellen Nutzung des Bildnisses sowie die Werbewirkung der Bildveröffentlichung.[511] Maßgebend für die Werbewirkung ist auch der Marktwert und Bekanntheitsgrad des Abgebildeten.[512]

628 Wie die folgenden Beispiele aus der Rechtsprechung zeigen, divergiert auch hier die Höhe des zugesprochenen Bereicherungsausgleichs nicht nur nach dem Bekanntheitsgrad des Abgebildeten, sondern auch nach dem mit dem Sachverhalt befassten Gericht. Zudem ist in den vergangenen Jahrzehnten auch für diesen Anspruch ein deutlicher Anstieg der ausgeurteilten Beträge festzustellen:

- 3.050 DM für die Verwendung des Fotos eines Torwarts im Rahmen einer bundesweit geschalteten Anzeige für Farbfernsehgeräte;[513]
- 120.000 DM für die unautorisierte Nutzung eines Bildnisses des Schauspielers und Moderators Joachim Fuchsberger in sechs Anzeigen für ein Optikergeschäft in einer Lokalzeitung;[514]
- Insgesamt 40.000 DM für die Veröffentlichung eines Nacktfotos der Sängerin Nena auf der Titelseite einer Illustrierten;[515]
- 155.000 DM für die Verwendung eines Doubles des Sängers Ivan Rebroff in einem bundesweit ausgestrahlten Fernsehwerbespot für „Müller Milch";[516]
- 158.000 DM für die Abbildung von Boris Becker auf dem Bildschirm eines in einem Werbeprospekt der Firma Saturn abgebildeten Fernsehgerätes;[517]
- 1,2 Mio. EUR für die ungenehmigte Nutzung eines Fotos von Boris Becker für einen Zeitungs-Dummy der Frankfurter Allgemeinen Sonntagszeitung (nicht rechtskräftig);[518]

---

[510] BGH v. 14.04.1992 – VI ZR 285/91 – GRUR 1992, 557, 558 – Joachim Fuchsberger; OLG Hamburg v. 09.11.2004 – 7 U 18/04 – AfP 2004, 566, 569; *Fricke*, in: Wandtke/Bullinger, Praxiskommentar zum Urheberrecht, 3. Aufl. 2009, § 22 KUG, Rn. 27 m.w.N.

[511] BGH v. 14.04.1992 – VI ZR 285/91 – GRUR 1992, 557, 558 – Joachim Fuchsberger.

[512] LG Frankfurt v. 12.03.2009 – 2-3 O 363/08, 2/3 363/08 – ZUM-RD 2009, 468, 470.

[513] BGH v. 26.06.1979 – VI ZR 108/78 – GRUR 1979, 732, 734 – Fußballtor.

[514] BGH v. 14.04.1992 – VI ZR 285/91 – GRUR 1992, 557 – Joachim Fuchsberger.

[515] LG Hamburg v. 15.10.1993 – 324 O 3/93 – AfP 1995, 526.

[516] OLG Karlsruhe v. 30.01.1998 – 14 U 210/95 – ZUM-RD 1998, 453 – Ivan Rebroff.

[517] LG München v. 13.03.2002 – 21 O 12437/99 – ZUM 2002, 565 – Boris Becker, bestätigt durch OLG München v. 02.08.2002 – 21 U 2677/02 – AfP 2003, 71 – Boris Becker.

[518] LG München v. 22.02.2006 – 21 O 17367/03 – AfP 2006,382 – Boris Becker: Das OLG München bestätigte den Anspruch in der Berufungsinstanz nur dem Grunde nach, hielt jedoch den Rechtsstreit, was die Höhe des Anspruchs betraf, noch nicht für entscheidungsreif. In der mündlichen Verhandlung ließ der Vorsitzende Richter erkennen, dass sich das OLG eher eine Lizenzgebühr in Höhe von ca. 30.000 EUR vorstellen würde (vgl. Handelsblatt v. 27.06.2003, „Boris Becker siegt gegen FAZ"). Der BGH hat den Bereicherungs-/Schadensersatzanspruch dem Grunde nach z.T. bestätigt (BGH v. 29.10.2009 – I ZR 65/07 – GRUR 2010, 546) und den Rechtsstreit an das Berufungsgericht zurückverwiesen. Angesichts der Einschränkung des BGH bzgl. des Anspruchsgrundes und der in der mündlichen Verhandlung vor dem OLG München erkennbar gewordenen Einschätzung des OLG ist kaum damit zu rechnen, dass es bei der vom LG München ausgeurteilten Summe von 1,2 Mio. EUR bleiben wird.

– 200.000 EUR für die unerlaubte Nutzung des zum Kindergesicht verfremdeten Portraits von Joschka Fischer in diversen Werbemitteln zur Einführung der neuen Tageszeitung „Welt Kompakt".[519] In der Berufungsinstanz einigten sich die Parteien auf 75.000 EUR.[520]

g) Verhältnis des Schadensersatz- und Bereicherungsanspruchs zum Anspruch auf Geldentschädigung

Nach der wohl herrschenden Meinung in Literatur und Rechtsprechung können **629** sowohl der materielle Schadensersatzanspruch als auch der Bereicherungsanspruch selbstständig neben dem Anspruch auf Geldentschädigung geltend gemacht werden, sofern für die jeweiligen Ansprüche die Voraussetzungen vorliegen.[521] Dies wird zutreffend damit begründet, dass der Bereicherungsanspruch auf den Ausgleich einer unberechtigten Vermögensverschiebung gerichtet ist und auch der materielle Schadensersatzanspruch den Ausgleich einer Vermögenseinbuße herbeiführen soll, während die Geldentschädigung der Genugtuung für die immaterielle Beeinträchtigung und der Prävention zukünftiger Verletzungen dienen soll.[522]

h) Hilfsansprüche

Neben den Ansprüchen auf Unterlassung, Gegendarstellung, Berichtigung, Scha- **630** densersatz, Geldentschädigung und denen aus ungerechtfertiger Bereicherung stehen dem Abgebildeten, dessen Recht am eigenen Bild verletzt wurde, auch noch weitere Ansprüche zu, die in der Praxis entweder der Vorbereitung zur Durchsetzung von Schadensersatz- oder Bereicherungsansprüchen dienen oder der Absicherung des Unterlassungsanspruchs.

aa) Auskunftsanspruch

Aus dem Grundsatz von Treu und Glauben (§ 242 BGB) wird bei der Verletzung des **631** Rechts am eigenen Bild ein Auskunftsanspruch hinsichtlich des Umfangs der unautorisierten Nutzung des Bildnisses hergeleitet.

Der Auskunftsanspruch besteht jedoch nur, sofern der Verletzte entschuldbar über das Bestehen und den Umfang seiner Rechte im Ungewissen ist und der Verletzer die benötigte Auskunft unschwer und zumutbar erteilen kann.[523]

Bei der rechtswidrigen Veröffentlichung von Bildnissen im redaktionellen Bereich ist auf Seiten des Presseunternehmens die Pressefreiheit aus Art. 5 GG zu beachten, die auch die Vertraulichkeit zwischen der Presse und ihren Informanten schützt. In Bezug auf den urheberrechtlichen Auskunftsanspruch sah das Bundesverfassungsgericht aus

---

[519] LG Hamburg v. 27.10.2006 – 324 O 381/06 – GRUR 2007, 143 – Joschka Fischer/Welt kompakt.

[520] *Wanckel*, Foto- und Bildrecht, 3. Aufl. 2009, Rn. 286.

[521] BGH v. 18.03.1959 – IV ZR 182/58 – GRUR 1959, 430, 434 – Caterina Valente; BGH v. 26.10.2006 – I ZR 182/04 – GRUR 2007, 139, 140 – Oskar Lafontaine; LG München v. 09.11.2005 – 21 O 2174/04, Quelle: JURIS (30.06.2011), Rn. 45; OLG München v. 09.03.1995 – 29 U 3903/04 – NJW-RR 1996, 539, 540; *Prinz/Peters*, Medienrecht, 1999, Rn. 921; *Wanckel*, Foto- und Bildrecht, 3. Aufl. 2009, Rn. 290; *von Strobl-Albeg*, in: Wenzel, Das Recht der Wort- und Bildberichterstattung, 5. Aufl. 2003, Kap. 9, Rn. 11, jeweils m.w.N.

[522] *Wanckel*, Foto- und Bildrecht, 3. Aufl. 2009, Rn. 290.

[523] OLG Hamburg v. 17.03.1994 – 3 U 230/93 – ZUM 1995, 202, 205.

diesem Grund in der Verurteilung eines Verlages zur Erteilung einer Auskunft über die Herkunft von rechtswidrig veröffentlichten Aufnahmen einen unverhältnismäßigen Eingriff in die Pressefreiheit.[524] Die Entscheidung dürfte ohne weiteres auf den Auskunftsanspruch wegen der Verletzung des Rechts am eigenen Bild übertragbar sein.

bb) Vernichtungs- und Herausgabeanspruch

632 Die §§ 37 und 38 KUG gewähren demjenigen, dessen Recht am eigenen Bild verletzt wurde, wahlweise einen Anspruch auf Vernichtung oder auf Übernahme der Bildnisse und der zu ihrer Vervielfältigung bestimmten Vorrichtungen.

Der Vernichtungsanspruch aus § 37 KUG sichert den Unterlassungsanspruch des Betroffenen. Wie der Unterlassungsanspruch ist er verschuldensunabhängig (§ 37 Abs. 3 KUG). Statt der Vernichtung kann der Betroffene die Herausgabe gemäß § 38 KUG verlangen, wenn er dafür eine angemessene, höchstens dem Betrag der Herstellungskosten gleichkommende Vergütung leistet. Gemäß § 37 Abs. 3 KUG besteht der Vernichtungsanspruch unabhängig davon, ob die Herstellung, Verbreitung oder Veröffentlichung schuldhaft erfolgt ist. Gleiches gilt für den Herausgabeanspruch.[525] Der Herausgabeanspruch besteht bereits bei rechtswidrig hergestellten Bildnissen und es ist auch nicht erforderlich, dass diese bereits veröffentlicht wurden.[526]

Da die Vernichtung gemäß § 37 Abs. 4 S. 1 KUG erst erfolgen darf, wenn der Eigentümer hierzu rechtskräftig verurteilt wurde, kann im Rahmen des vorläufigen Rechtsschutzes nur auf die Herausgabe der Fotos und Negative an den Gerichtsvollzieher als Sequester erkannt werden.[527] Gleiches gilt aufgrund der grundsätzlichen Verweisung von § 38 KUG auf § 37 KUG auch für den Herausgabeanspruch.[528] Wie der Vernichtungsanspruch im Wege der Zwangsvollstreckung durchzusetzen ist, wird in Rechtsprechung und Schrifttum unterschiedlich beurteilt. Überwiegend wird – jedenfalls bei entsprechender Tenorierung im Urteil – die Herausgabe des zu vernichtenden Materials an einen Gerichtsvollzieher zum Zwecke der Vernichtung für zulässig und geboten erachtet.[529] Teilweise wird die Auffassung vertreten, der auf Vernichtung lautende Tenor enthalte zugleich einen Anspruch auf Herausgabe zum Zwecke der Vernichtung.[530]

---

[524] BVerfG v. 28.05.1999 – 1 BvR 77/99 – ZUM 1999, 633, 635; vgl. jedoch zum urheberrechtlichen Auskunftsanspruch des Fotografen aus § 101 UrhG: LG Köln v. 14.08.20009 – 28 O 535/09 – Fotos von der Trauung Robert Redfords – nicht veröffentlicht – und hierzu *Höcker*, IPRB 2010, 21.

[525] BGH v. 28.10.1960 – I ZR 87/59 – GRUR 1961, 138 – Familie Schölermann.

[526] OLG München v. 31.03.1995 – 21 U 3377/94 – AfP 1995, 658, 661; OLG Stuttgart v. 30.01.1987 – 2 U 195/86 – NJW-RR 1987, 1434; *Dreier*, in: Dreier/Schulze, UrhG, 3. Aufl. 2008, §§ 33-50 KUG, Rn. 10.

[527] OLG Celle v. 08.08.1984 – 13 U 44/84 – AfP 1984, 236; *Dreier*, in: Dreier/Schulze, UrhG, 3. Aufl. 2008, §§ 33-50 KUG, Rn. 10; *Prinz/Peters*, Medienrecht, 1999, Rn. 925.

[528] *Wanckel*, Foto- und Bildrecht, 3. Aufl. 2009, Rn. 301.

[529] OLG Frankfurt v. 22.05.2006 – 11 W 13/06 – GRUR-RR 2007, 30, 31.

[530] vgl. zum Meinungsstand *Dreier, in: Dreier/Schulze, UrhG, 3. Aufl. 2008, § 98 UrhG*, Rn. 7; *Wandtke/Bullinger/Bohne*, § 98 UrhG, Rn. 11; jeweils m.w.N., umfassend: *Retzer*, in: Festschrift für Henning Piper, 1996, Seite 431 ff.; OLG Frankfurt v. 22.05.2006 – 11 W 13/06 – GRUR-RR 2007, 30, 31.

2. Strafrechtliche Folgen

Strafrechtliche Konsequenzen der Verletzung des Rechts am eigenen Bild können sich *633* aus § 33 KUG und § 201a StGB ergeben.

a) § 33 KUG

Gemäß § 33 KUG wird der derjenige mit Freiheitsstrafe bis zu einem Jahr oder mit *634* Geldstrafe bestraft, der entgegen den §§ 22, 23 KUG ein Bildnis verbreitet oder öffentlich zur Schau stellt. Eine Strafbarkeit nach § 33 KUG erfordert Vorsatz im Sinne von § 15 StGB. Die rechtswidrige Bildnisverbreitung wird zudem nur auf Antrag verfolgt (§ 33 Abs. 2 KUG) und gemäß § 374 Abs. 1 Nr. 8 StPO handelt es sich um ein Privatklagedelikt.

In der Praxis spielt die strafrechtliche Verfolgung – mit Ausnahme des gelegentlichen Vorgehens gegen Demonstranten, die Polizisten fotografieren[531] – bislang kaum eine Rolle. Zu beachten ist zudem, dass sich § 33 KUG ausdrücklich nur auf die Verbreitung und öffentliche Zurschaustellung von Bildnissen bezieht. Aufgrund des strafrechtlichen Analogieverbots aus Art. 103 Abs. 2 GG kommt eine analoge Anwendung auf das rechtswidrige Anfertigen von Fotografien nicht in Betracht.[532]

b) § 201a StGB

Nur wenige Wochen nach der „Caroline"-Entscheidung des Europäischen Gerichts- *635* hofs für Menschenrechte trat der neue § 201a StGB in Kraft, der Verletzungen der höchstpersönlichen Lebensbereiche durch Bildaufnahmen bestraft und dadurch den Schutz der Privat- und Intimsphäre in strafrechtlicher Hinsicht stärken soll.[533] Während der Entwurf eines Gesetzes zum verbesserten Schutz der Intimsphäre[534] insbesondere im Hinblick auf die schnelle Ausbreitung der Kamera-Handys einen generellen Schutz vor unbefugten Aufnahmen in der Öffentlichkeit anstrebte, wurde das Verbot des § 201a StGB aus Gründen verfassungsrechtlicher Bestimmtheit jedoch auf unbefugte Bildaufnahmen von Personen in einer Wohnung oder einen gegen Einblicke besonders geschützten Raum beschränkt.

Die Vorschrift hat folgenden Wortlaut:

§ 201a
Verletzung des höchstpersönlichen Lebensbereichs durch Bildaufnahmen
(1) Wer von einer anderen Person, die sich in einer Wohnung oder einem gegen Einblick besonders geschützten Raum befindet, unbefugt Bildaufnahmen herstellt oder überträgt und dadurch deren höchstpersönlichen Lebensbereich verletzt, wird mit Freiheitsstrafe bis zu einem Jahr oder mit Geldstrafe bestraft.
(2) Ebenso wird bestraft, wer eine durch eine Tat nach Absatz 1 hergestellte Bildaufnahme gebraucht oder einem Dritten zugänglich macht.
(3) Wer eine befugt hergestellte Bildaufnahme von einer anderen Person, die sich in einer Wohnung oder einem gegen Einblick besonders geschützten Raum befindet, wissentlich gebraucht oder einem Dritten zugäng-

---

[531] Vgl. etwa OLG Karlsruhe v. 02.10.1979 – 4 Ss 200/79 – AfP 1980, 64.
[532] *Dreier*, in: Dreier/Schulze, UrhG, 3. Aufl. 2008, §§ 33-50 KUG, Rn. 3.
[533] § 201a StGB, eingefügt durch das 36. Strafrechtsänderungsgesetz vom 30.07.2004, BGBl. I, Seite 2012.
[534] Vgl. BT-Drucksache 15/533 und 14/7193.

lich macht und dadurch deren höchstpersönlichen Lebensbereich verletzt, wird mit Freiheitsstrafe bis zu einem Jahr oder mit Geldstrafe bestraft.

(4) Die Bildträger sowie Bildaufnahmegeräte oder andere technische Mittel, die der Täter oder Teilnehmer verwendet hat, können eingezogen werden. § 74 a ist anzuwenden.

636   Schutzgegenstand aller Tatbestände des § 201a StGB ist das aufgenommene Bild einer anderen Person (nicht Zeichnungen oder Karikaturen). Der räumliche Schutzbereich beschränkt sich auf Wohnungen und andere gegen Einblicke geschützte Räume. Umfasst ist nicht nur die eigene, sondern auch eine fremde Wohnung sowie Gäste- und Hotelzimmer,[535] ferner Umkleidekabinen, Beichtstühle, Campingzelte, ärztliche Behandlungszimmer, Gefängniszellen.[536] Der Öffentlichkeit zugängliche Geschäfts- oder Diensträume sind nicht in den Schutzbereich des § 201a StGB einbezogen.[537] Auf der anderen Seite sollen Geschäftsräume, die nicht der allgemeinen Öffentlichkeit zugänglich sind, sondern von einer Eingangskontrolle abhängig sind, wie z. B. die Besprechungszimmer und Büros einer Anwaltskanzlei, als besonders gegen Einblicke geschützte Räume zu qualifizieren sein.[538]

637   § 201a StGB stellt nicht auf einen „umschlossenen" Raum ab. Daher kann auch ein Garten „Raum" im Sinne von § 201a StGB sein, z. B. wenn er durch eine hohe, undurchdringliche Hecke gegen Einblicke geschützt ist.[539] Maßgeblich ist insofern, dass der Raum selbst mit einem körperlichen Sichtschutz versehen ist, so dass auch Autos, Boote oder Flugzeuge, die mit einem solchen Sichtschutz in Form von Vorhängen oder verdunkelten Scheiben ausgestattet sind, in den Anwendungsbereich des § 201a StGB fallen.[540]

638   Das visuelle Eindringen in den fremden Rückzugsbereich genügt jedoch nicht für eine Strafbarkeit nach § 201a StGB. Eine Strafbarkeit erfordert vielmehr darüber hinaus, dass der Täter den höchstpersönlichen Lebensbereich des Opfers verletzt. Was genau zu diesem „höchstpersönlichen Lebensbereich" zählt, ist im Einzelfall schwer zu bestimmen. Eine weitgehende Übereinstimmung dürfte jedoch jedenfalls mit dem in der Rechtsprechung zum allgemeinen Persönlichkeitsrecht herausgebildeten Begriff der Intimsphäre bestehen.

639   § 201a Abs. 1 StGB stellt schon das Herstellen oder Übertragen einer Bildaufnahme unter Strafe, ohne dass es zu einer Veröffentlichung gekommen sein muss. „Herstellen" bedeutet in Anlehnung an § 201 StGB die (erstmalige) Speicherung des Motivs auf einen Bild- oder Datenträger, während „Übertragen" die Aufnahme in Echtzeit ohne dauernde Speicherung meint.[541] Tathandlungen im Sinne von § 201a Abs. 2 StGB sind das Gebrauchen oder Zugänglichmachen der unbefugten Bildaufnahme an Dritte. Das Gebrauchen setzt voraus, dass der Täter die technischen Möglichkeiten des Bildträgers ausnutzt, die Aufnahme also bspw. kopiert.[542] Das bloße Betrachten des Bildes

---

[535] BT-Dr 15/2466, Seite 5.
[536] *Hoppe*, GRUR 2004, 990, 992 m.w.N.
[537] *Hoppe*, GRUR 2004, 990, 992 m.w.N.
[538] *Hoppe*, GRUR 2004, 990, 992.
[539] *Hoppe*, GRUR 2004, 990, 992 unter Bezugnahme auf BT-Dr 15/2466, Seite 5.
[540] *Hoppe*, GRUR 2004, 990, 992.
[541] BT-Dr 15/2466, S. 5.
[542] BT-Dr 15/2466, S. 5.

fällt nicht unter die Tathandlung des „Gebrauchens".[543] Das Bild ist einem Dritten zugänglich gemacht, wenn dieser Zugriff auf das Bild erhalten oder jedenfalls hiervon Kenntnis genommen hat.[544] Somit erfasst § 201a StGB im Ergebnis nicht nur den Fotografen, sondern bspw. insbesondere auch den Betreiber einer Fotoagentur und den Herausgeber einer Zeitung.[545] § 201a Abs. 3 StGB stellt des Weiteren auch noch die Weitergabe und das Gebrauchen befugt hergestellter Bilder einer anderen Person unter Strafe, die sich in einer Wohnung oder in einem gegen Einblick besonders geschützten Raum befindet, wenn dadurch der höchstpersönliche Lebensbereich der abgebildeten Person verletzt wird.

Der Strafrahmen des § 201a StGB sieht eine Freiheitsstrafe bis zu einem Jahr oder *640* Geldstrafe vor. Die Bildträger sowie Bildaufnahmegeräte oder andere technische Mittel, die der Täter oder Teilnehmer verwendet hat, können gemäß § 201a Abs. 4 StGB eingezogen werden; § 74a StGB ist anzuwenden.

Wie auch schon bei § 201 StGB (unbefugtes Herstellen von Tonaufnahmen) blieb *641* bisher auch die Bedeutung von § 201a StGB in der Praxis hinter den Erwartungen zurück. In jüngster Zeit wurde eine Verurteilung wegen der Verletzung des höchstpersönlichen Lebensbereichs durch Bildaufnahmen gem. § 201a StGB in einem Fall veröffentlicht, in dem der Angeklagte im Rahmen der Trennung von seiner Ehefrau in eine der Lautsprecherboxen des Computers eine Kamera installiert hatte und die Bilder ohne Wissen der gefilmten Person (hier der Ehefrau) in den Raum übertrug, in dem er sich selbst überwiegend aufhielt.[546]

Das OLG Koblenz lehnte hingegen eine Strafbarkeit gemäß § 201a StGB auf einen *642* Angeklagten ab, der versucht hatte, mittels eines Fotohandys im Saunabereich eines Erlebnisbades nackte Frauen zu fotografieren.[547] Sein Vorhaben, entsprechende Ganzkörperfotos von einer Besucherin anzufertigen, konnte er nicht in die Tat umsetzen, weil er von deren Ehemann hieran gehindert wurde. Das OLG Koblenz verneinte eine Strafbarkeit nach § 201a StGB, weil die Vorschrift keine Versuchsstrafbarkeit enthält und es insofern nicht genügt, dass der Täter mit der Absicht, den höchstpersönlichen Lebensbereich eines Menschen zu verletzen, eine Aufnahme erstellt, die – aus welchen Gründen auch immer – gänzlich ungeeignet ist, diesen Verletzungserfolg herbeizuführen.[548] Das OLG Koblenz vertritt in seiner Entscheidung jedoch die Ansicht, der Saunabereich eines Erlebnisbades, den jeder betreten könne der Eintritt zahle und der hunderten von Besuchern zugänglich sei, stelle keinen besonders geschützten Raum i.S.d. § 201a StGB dar.[549] Dies scheint im Hinblick darauf, dass in dem dortigen Fall das „Saunaparadies" aus baulichen Gründen von den anderen Bereichen (Sportbad und Therme) nicht einsehbar war und der Saunagarten von einem Sichtschutz umgeben war, der die Besucher insbesondere vor den Blicken von Passanten schützen sollte, fraglich.

Auch wenn § 201a StGB in der Praxis somit im Hinblick auf die Anzahl der ent- *643* sprechenden Strafverfahren keine besonders große Bedeutung erlangt hat und unter

---

[543] *Flechsig*, ZUM 2004, 614.
[544] BT-Dr 15/2466, S. 5.
[545] *Hoppe*, GRUR 2004, 990, 992.
[546] AG Kamen v. 04.07.2008 – 16 Ds 104 Js 770/07 – 67/08 – SchAZtg 2008, 229 f.
[547] OLG Koblenz v. 11.11.2008 – 1 Ws 535/08 – NStZ 2009, 268 f.
[548] OLG Koblenz v. 11.11.2008 – 1 Ws 535/08 – NStZ 2009, 268.
[549] OLG Koblenz v. 11.11.2008 – 1 Ws 535/08 – NStZ 2009, 268.

zivilrechtlichen Gesichtspunkten die heimliche Herstellung von Bildnissen bereits zuvor über den Auffangtatbestand des § 823 Abs. 1 BGB und somit über das allgemeine Persönlichkeitsrecht zu zivilrechtlichen Unterlassungsansprüchen führen konnte, so müsste die Einführung dieser Norm dennoch im zivilrechtlichen Bildnisschutz zumindest zu einer theoretischen Vereinfachung führen: Da es sich bei § 201a StGB um ein Schutzgesetz i.S.d. § 823 Abs. 2 BGB handelt, kann sich der Unterlassungsanspruch des Betroffenen gegen die Herstellung und entsprechend auch die Verbreitung von Bildnissen, die unter Verletzung des § 201a StGB hergestellt wurden, direkt auf § 823 Abs. 2 i.V.m. § 201a StGB stützen. Und auch für die Feststellung einer Verletzung des allgemeinen Persönlichkeitsrechts im Sinne von § 823 Abs. 1 BGB sollte eine Abwägung im Anwendungsbereich des § 201a StGB nicht mehr erforderlich sein.[550]

---

[550] *Hoppe*, GRUR 2004, 990, 994.

C. Gesetzliche Fotografierverbote

Ausdrückliche, gesetzlich normierte Fotografierverbote gibt es nur wenige. Von – wenn auch zum Teil geringer praktischer – Bedeutung sind heute nur noch solche Verbote für bestimmte Aufnahmen im Zusammenhang mit der Gerichtsberichterstattung, im militärischen Bereich und aus einem „Luftfahrzeug".

I. Gerichtsberichterstattung

Die Berichterstattung über spektakuläre Gerichtsverfahren – vor allem über Strafpro- *644* zesse – war schon immer für die Medien von besonderer Bedeutung. Im Bereich der Gerichtsberichterstattung sind dabei jedoch verschiedene Regelungen zu beachten, die insbesondere die Bildberichterstattung einschränken.

1. Aufnahmen während der Gerichtsverhandlung

Gerichtsverhandlungen sind gem. § 169 Gerichtsverfassungsgesetz (GVG) grund- *645* sätzlich öffentlich, d. h., jedermann und damit auch die Vertreter der Medien, haben – sofern keine Ausnahmevorschrift die Öffentlichkeit ausschließt[1] – Zutritt zu den Verhandlungen und können die dort aufgenommenen Informationen grundsätzlich mit Hilfe der Medien verbreiten. Dennoch ist eine Bildberichterstattung von der Gerichtsverhandlung nicht ohne weiteres zulässig:

a) Bewegtbilder

Die in der Praxis bedeutsamste Einschränkung der Bildberichterstattung findet sich in *646* § 169 S. 2 GVG.[2] Danach sind während einer Gerichtsverhandlung Ton- und Fernseh-Rundfunkaufnahmen sowie Ton- und Filmaufnahmen zum Zwecke der öffentlichen Vorführung oder Veröffentlichung ihres Inhalts unzulässig. Der das Aufnahmeverbot anordnende § 169 S. 2 GVG nimmt direkt Bezug auf § 169 S. 1 GVG, der die Öffentlichkeit der „Verhandlung" anordnet. In zeitlicher Hinsicht ist das Verbot des § 169 S. 2 GVG somit auf die Gerichtsverhandlung beschränkt. Das Verbot gilt jedoch ausnahmslos, d. h., Film- und Fernsehaufnahmen während einer Gerichtsverhandlung wären selbst dann verboten, wenn die Beteiligten sich mit ihnen einverstanden erklärt hätten.[3]

In der Literatur wird das absolute Verbot von Film- und Fernesehübertragungen *647* teilweise trotz der Bedenken wegen möglicher Auswirkungen einer solchen Berichterstattung auf das Gerichtsverfahren vielfach als unverhältnismäßig angesehen.[4] Auch seitens der Medien wurde gerade im Hinblick auf spektakuläre Verfahren das Verbot

---

[1] vgl. etwa §§ 170 ff. GVG, § 48 Jugendgerichtsgesetz (JGG); § 170 GVG: Verhandlungen in Familiensachen und Angelegenheit der freiwilligen Gerichtsbarkeit; Ausschluss der Öffentlichkeit gem. §§ 171b, 172 GVG.

[2] Eingefügt durch das Gesetz zur Änderung der StPO und des GVG vom 19.12.1964.

[3] BVerfG v. 24.01.2001 – 1 BvR 2623/95, 1 BvR 622/99 – ZUM 2001, 220, 228 – Politbüro-Prozess.

[4] Danziger, Die Medialisierung des Strafprozesses, Diss. Berlin 2009, Seite 429 ff.; *Gersdorf*, AfP 2001, S. 29 f.; *Schwarz*, AfP 1995, 353, 355; *Eberle*, NJW 1994, 1637, 1638; vgl. auch das Sondervotum in BVerfG ZUM 2001, 220, 228E 103, S. 72 ff.

der Gerichtsberichterstattung aus § 169 Satz 2 GVG wiederholt mit Verfassungsbeschwerden von Fernsehsendern angegriffen, die sich auf die Informations- und Rundfunkfreiheit aus Art. 5 GG beriefen. Das Bundesverfassungsgericht hat jedoch bestätigt, dass § 169 S. 2 GVG verfassungsgemäß ist.[5] Als der Nachrichtensender n-tv erreichen wollte, dass einem von ihm entsandten Kamerateam auch während der Verhandlungszeiten Zugang zum Gerichtssaal und die Möglichkeit der Anfertigung von Fernsehaufnahmen von der Verhandlung des sog. „Politbüro-Prozess" gegen Egon Krenz, Günter Schabowski u. a. im Jahr 1995 gewährt wird, wies das Bundesverfassungsgericht den Antrag des Senders auf Erlass einer einstweiligen Anordnung zurück,[6] ebenso die gegen die entsprechende sitzungspolizeiliche Anordnung des Vorsitzenden Richters gerichtete Verfassungsbeschwerde.[7] Das Bundesverfassungsgericht wies auch in diesem Verfahren daraufhin, dass § 169 S. 2 GVG mit der Informations- und Rundfunkfreiheit aus Art. 5 Abs. 1 S. 1 und 2 GG i. V. m. mit dem Rechtsstaats- und Demokratieprinzip vereinbar ist, da die Begrenzung der Gerichtsöffentlichkeit durch das gesetzliche Verbot der Film- und Fernsehaufnahmen während der Gerichtsverhandlungen Belangen des Persönlichkeitsschutzes sowie den Erfordernissen eines fairen Verfahrens in der Wahrheits- und Rechtsfindung Rechnung trägt.[8] Die Entscheidung fiel jedoch nicht einheitlich, sondern wurde nur mit knapper Mehrheit getroffen. Drei der Verfassungsrichter legten in einem abweichenden Votum dar, warum sie mit Blick auf die Belange der Medienöffentlichkeit und des Grundsatzes der Gerichtsöffentlichkeit eine differenziertere gesetzliche Regelung befürworten würden.[9]

b) Fotografien

648 Der Wortlaut des § 169 Satz 2 GVG bezieht sich ausdrücklich nur auf Fernseh- und Filmaufnahmen und somit auf die Aufzeichnung von bewegten Bildern. Bildaufnahmen, die nicht Filmaufnahmen sind, d. h. insbesondere Fotografien, werden von dem Verbot des § 169 Satz 2 GVG nicht erfasst.[10]

649 Das Fotografieren während der Gerichtsverhandlung kann jedoch vom Vorsitzenden kraft der ihm gem. § 176 GVG verliehenen Sitzungsgewalt untersagt werden, wenn es die Verhandlung stört,[11] was in der Praxis regelmäßig geschehen wird. Die Einschränkung des Rechts, Fotografien im Rahmen einer Gerichtsverhandlung zu machen, ergibt sich daher, wie auch etwaige Einschränkungen bezüglich der Anfertigung von Fotografien in Gerichtsgebäuden, nicht aus dem gesetzlich normierten Verbot des § 169 S. 2 GVG, sondern aus dem im einzelnen noch zu behandelnden „Haus-

---

[5]   BVerfG v. 24.01.2001 – 1 BvR 2623/95, 1 BvR 622/99 – ZUM 2001, 220 – Politbüro-Prozess.
[6]   BVerfG v. 11.01.1996 – 1 BvR 2623/95 – NJW 1996, 581- Politbüro-Prozess (einstweilige Anordnung).
[7]   BVerfG v. 24.01.2001 – 1 BvR 2623/95, 1 BvR 622/99 – ZUM 2001, 220 – Politbüro-Prozess (Verfassungsbeschwerde).
[8]   BVerfG v. 24.01.2001 – 1 BvR 2623/95, 1 BvR 622/99 – ZUM 2001, 220, 224 ff. – Politbüro-Prozess (Verfassungsbeschwerde).
[9]   BVerfG v. 24.01.2001 – 1 BvR 2623/95 – 1 BvR 622/99 – ZUM 2001, 220, 228 ff. – Politbüro-Prozess (Verfassungsbeschwerde).
[10]   *Hartmann*, in: Baumbach/Lauterbach/Albers/Hartmann, Zivilprozessordnung, 68. Aufl. 2010, § 169 GVG, Rn. 6; *Maul*, MDR 1970, 286; *Soehring*, Presserecht, 3. Aufl. 2000, Rn. 6.13; LG Berlin v. 18.08.1994 – 27 O 607/94 – AfP 1994, 332.
[11]   BVerfG v. 28.01.2003 – 1 BvQ 2/03 – NJW 2003, 2671 – 2672; *Löffler/Ricker*, Handbuch des Presserechts, 5. Aufl. 2005, Kap. 16, Rn. 12.

recht" bzw. der Sitzungsgewalt des Vorsitzenden Richters.[12] Bei seiner Entscheidung, inwiefern das Fotografieren zugelassen werden soll, hat der Vorsitzende einerseits die Persönlichkeitsrechte – insbesondere das Recht am eigenen Bild – der beteiligten Parteien und die Ordnung des Gerichtsverfahrens, andererseits die Pressefreiheit unter Beachtung des Grundsatzes der Verhältnismäßigkeit gegeneinander abzuwägen.[13]

c) Verhandlungen vor dem Bundesverfassungsgericht

Das Verbot der Anfertigung von Film- und Fernsehaufnahmen während einer   *650* Gerichtsverhandlung gilt für alle Gerichtsbarkeiten mit Ausnahme der Verfahren vor dem Bundesverfassungsgericht. Für diese gilt die von § 169 Satz 2 GVG abweichende Regelung in § 17a Bundesverfassungsgerichtsgesetz (BVerfGG). Danach sind in Abweichung von § 169 S. 2 GVG Ton- und Fernseh-Rundfunkaufnahmen sowie Ton- und Filmaufnahmen zum Zwecke der öffentlichen Vorführung oder der Veröffentlichung ihres Inhalts in der mündlichen Verhandlung zulässig, bis das Gericht die Anwesenheit der Beteiligten festgestellt hat, sowie bei der öffentlichen Verkündung von Entscheidungen (§ 17a Abs. 1 BVerfGG). Allerdings kann das Bundesverfassungsgericht die Aufnahmen oder deren Übertragung ganz oder teilweise zur Wahrung schutzwürdiger Interessen der Beteiligten oder Dritter ausschließen oder von der Einhaltung von Auflagen abhängig machen (§ 17a Abs. 2 BVerfGG).[14]

2. Aufnahmen außerhalb der Gerichtsverhandlung

Das Verbot von Film- und Fernsehaufnahmen aus § 169 S. 2 GVG gilt nur für den   *651* Zeitraum während der eigentlichen Gerichtsverhandlung. Es gilt somit nicht, solange die eigentliche Verhandlung noch nicht begonnen hat, sowie während Verhandlungspausen und nach dem Schluss der Verhandlung.[15] Will der Vorsitzende Richter dennoch durch eine sitzungspolizeiliche Anordnung gemäß § 176 GVG das Anfertigen von Aufnahmen außerhalb der Gerichtsverhandlung beschränken, so hat er das ihm diesbezüglich zustehende Ermessen unter Beachtung der Bedeutung der Rundfunkberichterstattung sowie den einer Berichterstattung entgegenstehenden Interessen auszuüben und dabei den Grundsatz der Verhältnismäßigkeit zu wahren.[16] Vor diesem Hintergrund erachtete das Bundesverfassungsgericht die sitzungspolizeiliche Anordnung, nach der Foto- und Filmaufnahmen bereits für einen Zeitraum von 20 Minuten vor Beginn einer Hauptverhandlung ausgeschlossen sein sollten, als verfassungswidrig.[17]

3. Sitzungspolizeiliche Anordnungen

Während § 169 S. 2 GVG ein Verbot nur im Hinblick auf Bewegtbilder und auch   *652* nur für den Zeitraum der Dauer der Verhandlung selbst anordnet, ist der Gerichts-

---

[12] Siehe zu den Einschränkungen der Bildberichterstattung durch sitzungspolizeiliche Anordnungen im Einzelnen unten unter C. I. 3. Sitzungspolizeiliche Anordnungen, Rn. 652 ff.

[13] BVerfG v. 15.04.2002 – 1 BvR 680/02 – NJW 2002, 2021.

[14] Siehe zu den Voraussetzungen von Foto- und Filmaufnahmen von Verhandlungen vor dem BVerfG im Einzelnen *v. Coelln*, Zur Medienöffentlichkeit der Dritten Gewalt, 1. Aufl. 2005, Seite 337 ff.

[15] BVerfG v. 15.04.2002 – 1 BvR 680/02 – NJW 2002, 2523; NJW 2003, 2021; *Löffler/Ricker*, Handbuch des Presserechts, 5. Aufl. 2005, Kap. 16, Rn. 11; *Soehring*, Presserecht, 3. Aufl. 2000, Rn. 6.10; *von Strobl-Albeg*, in: Wenzel, Das Recht der Wort- und Bildberichterstattung, 5. Aufl. 2003, Kap. 7, Rn. 33.

[16] BVerfG v. 19.12.2007 – 1 BvR 620/07 – ZUM 2008, 221, 224, siehe hierzu auch unten unter C. I. 3. Sitzungspolizeiliche Anordnungen, Rn. 652 ff.

[17] BVerfG v. 19.12.2007 – 1 BvR 620/07 – ZUM 2008, 221, 224.

präsident als „Hausherr" bzw. der Vorsitzende Richter kraft seiner Sitzungsgewalt aus § 176 GVG bei entsprechenden Anordnungen, die die Arbeit der Medien beschränken, insbesondere bei dem Erlass sitzungspolizeilicher Verfügungen bzgl. der Rechte und Pflichten von Pressevertretern im Rahmen eines Prozesses, freier. Der Umstand, dass § 169 S. 2 GVG das Verbot von Film- und Fernsehaufnahmen nur auf den Zeitraum der Verhandlung bezieht, heißt somit im Umkehrschluss nicht, dass ansonsten jede Form von Aufnahmen durch jedermann gestattet sein muss. Bei der Anordnung von sitzungspolizeilichen Verfügungen, mit denen die Rechte der Medienvertreter beschränkt werden, hat der Vorsitzende Richter jedoch die widerstreitenden Interessen, insbesondere auch der Prozessbeteiligten auf der einen Seite gegen die berechtigten Interessen der Medien an einer freien Berichterstattung auf der anderen Seite, im Einzelfall abzuwägen.[18]

Das Bundesverfassungsgericht sah in diesem Zusammenhang eine Anordnung des Vorsitzenden der 8. Großen Strafkammer des Landgerichts Münster, nach der eine Berichterstattung über eine Gerichtsverhandlung dahingehend beschränkt wurde, dass Ton- und Bewegtbildaufnahmen unmittelbar vor und nach einer mündlichen Verhandlung ausgeschlossen sein sollten, als Verstoß gegen das aus Art. 5 Abs. 1 S. 2 GG gewährleistete Grundrecht der Freiheit der Berichterstattung durch den Rundfunk an.[19] Das Bundesverfassungsgericht wies in diesem Zusammenhang darauf hin, dass bei einer Abwägung zwischen dem grundrechtlich gewährleisteten Recht auf freie Berichterstattung und den einer solchen Berichterstattung entgegenstehenden Interessen der jeweilige Gegenstand des gerichtlichen Verfahrens zu berücksichtigen ist.[20] Dabei sei bei Strafverfahren insbesondere die Schwere der zur Anklage stehenden Straftat zu berücksichtigen, aber auch die öffentliche Aufmerksamkeit, die sie etwa aufgrund besonderer Umstände und Rahmenbedingungen, der beteiligten Personen, der Furcht vor Wiederholung solcher Straftaten oder auch wegen des Mitgefühls mit den Opfern und ihrer Angehörigen gewonnen hat.[21] Das Informationsinteresse wird regelmäßig um so stärker sein und in der Abwägung an Gewicht gewinnen, je mehr die Straftat sich von der gewöhnlichen Kriminalität abhebt, etwa aufgrund der Art der Begehung oder der Besonderheit des Angriffsobjekts.[22]

653   Unter Zugrundelegung dieser Abwägungskriterien sah das Bundesverfassungsgericht jedoch jeweils die Anordnung des Vorsitzenden Richter in dem Verfahren zum Mordfall Jakob von Metzler[23] als auch im sog. „Holzklotz-Prozess",[24] nach denen Film- und Fotoaufnahmen des jeweiligen Anklagten nur im anonymisierten Zustand (etwa gepixelt) veröffentlicht werden durften, als zulässig an. Beide Verfahren hatten bundesweit Aufsehen erregt und jeweils umfangreiche Medienberichterstattungen ausgelöst. Im Mordfall Jakob von Metzler wurde einem Jurastudenten vorgeworfen, den Sohn einer Frankfurter Bankiersfamilie entführt und getötet zu haben. Im „Holzklotz-Prozess" wurde dem Angeklagten vorgeworfen, von einer Autobahnbrücke ei-

---

[18] *Schlüter*, AfP 2009, 557, 563 m.w.N.

[19] BVerfG v. 19.12.2007 – 1 BvR 620/07 – ZUM 2008, 221, 223: bei dem Strafverfahren, für dessen Verhandlung die sitzungspolizeiliche Anordnung erlassen worden war, ging es um den Vorwurf der Misshandlung von Bundeswehr-Rekruten durch Offiziere und Unteroffiziere im Jahr 2004.

[20] BVerfG v. 19.12.2007 – 1 BvR 620/07 – ZUM 2008, 221, 224.

[21] BVerfG v. 19.12.2007 – 1 BvR 620/07 – ZUM 2008, 221, 224.

[22] BVerfG v. 19.12.2007 – 1 BvR 620/07 – ZUM 2008, 221, 224.

[23] BVerfG v. 10.04.2003 – 1 BvR 697/03 – NJW 2003, 2523.

[24] BVerfG v. 27.11.2008 – 1 BvQ 46/08 – ZUM 2009, 216 – Holzklotz-Fall.

nen Holzklotz auf die Fahrbahn geworfen zu haben, der die Windschutzscheibe eines sich nähernden Pkw durchschlagen und die Beifahrerin tödlich verletzt hatte. Zwar betonte das Bundesverfassungsgericht jeweils, dass die besonderen Umstände der zur Anklage stehenden Straftaten ein gewichtiges Informationsinteresse der Öffentlichkeit begründeten. Dennoch würden in beiden Fällen bei einer Abwägung der widerstreitenden Interessen die der Angeklagten überwiegen. Hinsichtlich des Angeklagten im Mordfall Jakob von Metzler verwies das Bundesverfassungsgericht zudem darauf, dass der rechtserhebliche Nachteil für die Medien auch deshalb nicht so schwer wiege, da das Bild des Angeklagten in der Öffentlichkeit ohnehin bekannt sei und schon mehrfach veröffentlicht worden war. Es sei den Medienvertretern lediglich verwehrt, neue Bilder aus der Verhandlung zu veröffentlichen – dafür stünden ihnen jedoch die bereits vorher entstandenen Aufnahmen zur Verfügung.[25]

Auch im jüngsten Fall, über den das Bundesverfassungsgericht zu entscheiden *654* hatte, billigte es das vom Vorsitzenden Richter angeordnete Anonymisierungsgebot für Bilder des Angeklagten.[26] Dem Angeklagten, einem Berliner Gastwirt, wurde vorgeworfen, mit einem 16-jährigen Schüler ein Wetttrinken veranstaltet zu haben, an dessen Folgen der Schüler schließlich verstarb. Das Geschehen und der Prozess hatten in der Öffentlichkeit im Zuge der Diskussion um das Problem des sog. „Koma-Saufens" von Jugendlichen bundesweit Beachtung und ein erhebliches Medieninteresse gefunden.[27] Erfolg hatte das vom RBB angestrengte Eilverfahren beim Bundesverfassungsgericht jedoch, soweit es sich gegen die Anordnung des Vorsitzenden Richters richtete, nach der bereits das Anfertigen jeglicher Bilder vom Angeklagten und seiner Verteidiger dadurch unterbunden werden sollte, indem sie den Saal erst nach Aufruf der Sache – und damit nach Beendigung der Filmaufnahmen – über einen nicht öffentlichen Sonderzugang betreten. Dies führte nach der Auffassung des Bundesverfassungsgerichts zu einem faktischen Ausschluss der Bildberichterstattung über den Angeklagten und seine Verteidiger und bewirke eine ungerechtfertigte Beschränkung der Rundfunkfreiheit aus Art. 5 Abs. 1 GG.[28]

In einem anderen Verfahren hielt das Bundesverfassungsgericht die Anordnung des *655* Vorsitzenden Richters einer Strafkammer, nach der er den Verhandlungssaal zusammen mit seinen Beisitzern erst nach dem förmlichen Beginn der Verhandlung betritt und somit erst nach dem Eingreifen des gesetzlichen Verbots von Film- und Fernsehaufnahmen nach § 169 S. 2 GVG, für unzulässig.[29] In dem Strafverfahren ging es um den Verkauf von verdorbenen Fleischwaren in großem Umfang. Das Bundesverfassungsgericht ordnete im Wege der einstweiligen Anordnung an, dass im Hinblick auf das beträchtliche öffentliche Informationsinteresse Aufnahmen der Richter vor der Verhandlung zu ermöglichen seien.[30] Diesen Anspruch der Medienvertreter und der Öffentlichkeit, auch Bildnisse der mit der Verhandlung befassten Richter vor und nach der Verhandlung aufzunehmen und zu Gesicht zu bekommen, bestätigte das Bundesverfassungsgericht auch in dem Fall eines Strafverfahrens gegen einen ehemaligen Kölner Oberstadtdirektor wegen Bestechlichkeit.[31]

---

[25] BVerfG v. 10.04.2003 – 1 BvR 697/03 – NJW 2003, 2523.
[26] BVerfG v. 03.04.2009 – 1 BvR 654/09 – AfP 2009, 244 – Koma-Saufen-Prozess.
[27] BVerfG v. 03.04.2009 – 1 BvR 654/09 – AfP 2009, 244 – Koma-Saufen-Prozess.
[28] BVerfG v. 03.04.2009 – 1 BvR 654/09 – AfP 2009, 244 – Koma-Saufen-Prozess.
[29] BVerfG v. 07.06.2007 – 1 BvR 1438/07 – NJW-RR 2007, 1416.
[30] BVerfG v. 07.06.2007 – 1 BvR 1438/07 – NJW-RR 2007, 1416.
[31] BVerfG v. 13.11.2007 – 1 BvR 2855/07 – AfP 2007, 551.

Will der Vorsitzende Richter aufgrund einer sitzungspolizeilichen Anordnung das Bildberichterstattungsrecht der Medien einschränken, hat er bei seiner Ermessensausübung insbesondere den Verhältnismäßigkeitsgrundsatz zu berücksichtigen. Selbst wenn bei einem spektakulären Prozess mit einem großen Andrang von Medienvertretern und insbesondere von Kamerateams zu rechnen ist, rechtfertigt dies nicht ein generelles Verbot von Foto- und Filmaufnahmen im Sitzungssaal auch außerhalb der Verhandlung aufgrund einer hierdurch zu erwartenden Störung der Abläufe.[32] Angemessen kann in diesen Fällen stattdessen die Anordnung einer sog. „Pool-Lösung" sein, bei der jeweils nur ein Kamerateam Zugang zum Sitzungssaal erhält, welches sich verpflichten muss, das Filmmaterial den übrigen Rundfunk- und Fernsehveranstaltern kostenlos zur Verfügung zu stellen.[33]

II. Militärischer Bereich

656 Für den militärischen Bereich existieren verschiedene Beschränkungen der zulässigen Anfertigung von Foto- und Filmaufnahmen, deren Bedeutung in der Praxis jedoch eher gering ist.

1. Schutzbereichgesetz

657 Nach § 5 Abs. 2 des Gesetzes über die Beschränkung von Grundeigentum für die militärische Verteidigung (Schutzbereichgesetz – SchBerG) vom 07.12.1956[34] ist es verboten, ein als Schutzbereich gekennzeichnetes Gebiet oder seine Anlagen ganz oder teilweise ohne Genehmigung zu fotografieren oder Zeichnungen, Skizzen oder andere bildliche Darstellungen davon anzufertigen. Bestimmte Gebiete, die insbesondere Verteidigungszwecken dienen, können daher nach dem Schutzbereichgesetz zum Schutzbereich erklärt werden – das gilt z. B. für Militärflughäfen, Aufklärungseinrichtungen, Kasernengelände u. ä.[35]

Will man dennoch Fotografien von einem als Schutzbereich gekennzeichneten Gebiet oder seinen Anlagen anfertigen, so muss zuvor eine entsprechende Genehmigung eingeholt werden. Beim militärischen Schutzbereich ist hierfür in der Regel die Schutzbereichbehörde bei der Wehrbereichsverwaltung zuständig.

2. Sicherheitsgefährdendes Abbilden militärischer Einrichtungen

658 Auch unabhängig davon, ob ein militärischer Schutzbereich i.S.d. § 1 SchBerG vorliegt, verbietet § 109 g StGB das sicherheitsgefährdende Abbilden und damit auch das Anfertigen entsprechender Fotografien. Nach § 109g Abs. 1 und Abs. 4 StGB ist es unter Strafandrohung verboten, von einem Wehrmittel, einer militärischen Einrichtung oder Anlage oder einem militärischen Vorgang eine Abbildung anzufertigen oder eine solche Abbildung an einen anderen gelangen zu lassen und dadurch wissentlich

---

[32] BVerfG v. 11.11.1992 – 1 BvR 1595/92, 1 BvR 1606/92 – NJW 1992, 3288 f. – Honecker-Prozess.

[33] BVerfG v. 11.11.1992 – 1 BvR 1595/92, 1 BvR 1606/92 – NJW 1992, 3288 f. – Honecker-Prozess.

[34] BGBl. I S. 899.

[35] *Wanckel*, Foto- und Bildrecht, 3. Aufl. 2009, Rn. 28.

Bezzenberger

die Sicherheit der Bundesrepublik Deutschland oder die Schlagkraft der Truppe zu gefährden. Wehrmittel sind Gegenstände, die nach ihrer Natur oder aufgrund besonderer Zweckbestimmung für den bewaffneten Einsatz der Truppe geeignet oder bestimmt sind – auch technische Geräte oder optische Instrumente sowie Nachrichtenmittel und alle Waffen der Bundeswehr, nicht jedoch bloßes Ausbildungs- und Übungsmaterial.[36] Militärische Einrichtungen oder Anlagen im Sinne von § 109 g Abs. 1 StGB sind solche, die unmittelbar dem Zwecke der Bundeswehr dienen und deren Verfügungsgewalt unterworfen sind.[37] Militärische Vorgänge sind vor allem militärische Versuche, Transporte geheimhaltungsbedürftiger Wehrmittel und Marschbewegungen.[38]

Erforderlich für eine Strafbarkeit nach § 109 g StGB ist jedoch, dass die Sicherheit der Bundesrepublik oder die Schlagkraft der Truppe konkret gefährdet wird. Die Befürchtung eines nur unerheblichen und für die Sicherheit der Bundesrepublik oder die Schlagkraft der Truppe bedeutungslosen Schadens reicht nicht aus.[39] Bejaht wurde eine konkrete Gefährdung bspw. beim Fotografieren von militärisch genutzten Gegenständen eines Sondermunitionslagers.[40] § 109 g StGB gilt auch für das Abbilden von Wehrmitteln, militärischen Einrichtungen, Anlagen oder militärischen Vorgängen von in Deutschland stationierten NATO-Truppen,[41] nicht aber für solche des Bundesgrenzschutzes[42].

3. Aufnahmen aus der Luft

Gemäß § 27 Abs. 2 a.F. Luftverkehrsgesetz (LuftVG) vom 14.01.1981[43] durften au- *659* ßerhalb des Linienverkehrs von einem Luftfahrzeug aus Lichtbildaufnahmen nur mit behördlicher Erlaubnis gefertigt werden. Die Bestimmung wurde jedoch 1990 aufgehoben.[44] Das Fotografieren von einem Luftfahrzeug aus ist daher nur noch dann verboten, wenn es sich um sicherheitsgefährdende Aufnahmen im Sinne von § 109 g Abs. 2 StGB handelt. § 109 g Abs. 2 StGB verbietet das Anfertigen oder Weitergeben von Lichtbildaufnahmen, die von einem Luftfahrzeug aus von einem Gebiet oder Gegenstand angefertigt werden, sofern dadurch wissentlich die Sicherheit der Bundesrepublik Deutschland oder die Schlagkraft der Truppe gefährdet wird. Luftfahrzeuge sind Flugzeuge, Hubschrauber, Luftschiffe, Segelflugzeuge, Motorsegler, Frei- und Fesselballone, Drachen, Flugmodelle und sonstige für die Nutzung des Luftraums bestimmte Geräte, z. B. Raumfahrzeuge, Raketen und ähnliche Flugkörper (vgl. § 1 Abs. 2 LuftVG).[45] Das Gebiet oder die Gegenstände, die von dem Luftfahrzeug fotografiert werden, müssen im räumlichen Geltungsbereich des Strafgesetzbuches liegen – also nicht im Ausland.

---

[36] *Tröndle/Fischer*, Strafgesetzbuch, 53. Aufl. 2006, § 109g StGB, Rn. 2.
[37] *Tröndle/Fischer*, Strafgesetzbuch, 53. Aufl. 2006, § 109g StGB, Rn. 2.
[38] *Tröndle/Fischer*, Strafgesetzbuch, 53. Aufl. 2006, § 109g StGB, Rn. 2.
[39] BGH v. 30.10.1970 – 3 StR 4/70 II – NJW 1971, 441.
[40] AG Pinneberg v. 21.01.1986 – 32 Ls 171/85 – NZWehrr 1986, 170.
[41] 4. STÄG Art. 7, BGBl. 1986, Seite 2566.
[42] *von Strobl-Albeg*, in: Wenzel, Das Recht der Wort- und Bildberichterstattung, 5. Aufl. 2003, Kap. 7, Rn. 36.
[43] BGBl. I, S. 61.
[44] Rechtsbereinigungsgesetz vom 28.06.1990, BGBl. I 1990, S. 1221, 1243.
[45] *Tröndle/Fischer*, Strafgesetzbuch, 53. Aufl. 2006, § 109g StGB, Rn. 5.

Wie auch bei § 109 g Abs. 1 StGB ist auch bei § 109 g Abs. 2 StGB bereits das Herstellen von Fotografien unter Strafe gestellt. Auch für eine Strafbarkeit des Anfertigens oder Weitergebens von Lichtbildaufnahmen von einem Luftfahrzeug aus nach § 109 g Abs. 2 StGB muss jedoch die Sicherheit der Bundesrepublik oder die Schlagkraft der Truppe konkret gefährdet worden sein.[46]

---

[46] Siehe hierzu die Ausführungen oben unter C. II. 2. Sicherheitsgefährdendes Abbilden von militärischen Einrichtungen, Rn. 656 ff.

D. Zutrittsrechte

Sollen Foto- oder Filmaufnahmen in einem abgrenzten Raum hergestellt werden, ist *660* es für Fotografen und Kamerateams zunächst einmal erforderlich, Zutritt zu dieser Örtlichkeit zu erhalten. Verweigert der berechtigte Hausrechtsinhaber diesen Zutritt, so stellt sich die Frage, inwieweit dem Fotografen oder dem Kamerateam ein solcher Zutritt aufgrund eines Zutrittsrechts zu gewähren ist.

I. Veranstaltungen privater Veranstalter

Der Inhaber des Hausrechts – sei es der Eigentümer des Gebäudes oder Geländes oder *661* auch eine von ihm ermächtigte Person, wie z. B. ein Mieter oder Pächter – kann grundsätzlich selbst darüber entscheiden, ob und unter welchen Voraussetzungen er das Betreten der Örtlichkeit gestatten will und unter welchen Voraussetzungen er die Anfertigung von Bildaufnahmen erlaubt.[1] Dies gilt jedenfalls für Veranstaltungen, bei denen der Veranstalter eine Privatperson oder eine juristische Person des Privatrechts ist.

Selbst bei öffentlichen Veranstaltungen, an denen ein erhebliches Informationsinteresse der Öffentlichkeit besteht, wie z. B. bedeutende Sportveranstaltungen oder Konzerte, kann der Hausrechtsinhaber grundsätzlich frei bestimmen, wem er Zutritt zu dieser Veranstaltung verschafft und unter welchen Voraussetzungen er die Herstellung von Foto- und Filmaufnahmen gestattet.[2] Wenn z. B. der Veranstalter eines Sportereignisses Journalisten den Zutritt zu einem Spiel und die Berichterstattung aus dem Stadion nur gegen Zahlung eines Entgelts gewährt, ist dies von seinem Hausrecht umfasst.[3] Dies gilt selbst dann, wenn der Veranstalter für die betreffenden Sportereignisse eine marktbeherrschende Stellung innehat.[4] Ein einklagbarer Anspruch von Journalisten, die entsprechende Aufnahmen für redaktionelle Berichterstattungszwecke nutzen wollen, besteht – trotz langjähriger diesbezüglicher Forderung der Journalistenverbände – grundsätzlich nicht.[5] Wie im Folgenden dargelegt wird, lässt sich ein solcher Anspruch auch nicht aus den Pressegesetzen herleiten. Ausnahmen ergeben sich nur unter bestimmten Bedingungen aus dem Versammlungsrecht, dem Recht auf Kurzberichterstattung und unter dem Gesichtspunkt des Verbots vorsätzlicher sittenwidriger Schädigung.[6]

1. Landespressegesetze

Ein Zutrittsrecht zu öffentlichen Veranstaltungen lässt sich bei privaten Veranstaltern *662* nicht aus dem allgemeinen Informationsanspruch der Presse, der in den Landespresse-

---

[1] Vgl. etwa OLG München AfP 1985, 466 zum Zugangsrecht eines Journalisten zu einem öffentlich veranstalteten Flohmarkt.

[2] BGH v. 08.11.2005 – KZW 37/03 – NJW 2006, 377 – Hörfunkrechte: für die Hörfunkberichterstattung von Fußball-Bundesliga-Spielen.

[3] BGH v. 08.11.2005 – KZW 37/03 – NJW 2006, 377 – Hörfunkrechte.

[4] BGH v. 08.11.2005 – KZW 37/03 – NJW 2006, 377 – Hörfunkrechte.

[5] *Wanckel*, Foto- und Bildrecht, 3. Aufl. 2009, Rn. 39 m.w.N.

[6] Siehe hierzu unten unter D. I. 2. Versammlungsrecht, Rn. 663 ff., D. I. 3. Recht auf Kurzberichterstattung, Rn. 664 ff. und D. I. 4. Verbot vorsätzlicher sittenwidriger Schädigung, Rn. 668 ff.

gesetzen[7] geregelt ist, herleiten, da sich dieser Auskunftsanspruch nur gegen Behörden richtet. Eine analoge Anwendung der Vorschriften über den behördlichen Auskunftsanspruch auf private Veranstalter kommt nicht in Betracht.[8] Grundsätzlich besteht auch für Massenmedien und ihre Vertreter daher kein Anspruch auf Zulassung zu privaten Veranstaltungen.[9] Ebenso wie es keinen gesetzlichen Auskunftsanspruch gegen Private gibt und sich ein solcher insbesondere nicht unmittelbar aus dem Grundrecht der Presse- und Informationsfreiheit ableiten lässt,[10] gibt es auch keinen grundgesetzlich legitimierten Anspruch der Medien, ohne Einschränkung zu privaten Veranstaltungen zugelassen zu werden.[11]

2. Versammlungsrecht

663 Eine Ausnahme von dem Grundsatz, dass der Hausrechtsinhaber frei bestimmen kann, wen er zu seinen Veranstaltungen zulässt, ist in § 6 des Versammlungsgesetzes (VersG) vorgesehen: Gemäß § 6 Abs. 1 VersG ist der Veranstalter einer Versammlung zwar berechtigt, bestimmten Personen den Zutritt zu seiner Veranstaltung zu versagen. „Pressevertreter" können gemäß § 6 Abs. 2 VersG jedoch nicht ausgeschlossen werden. Hierdurch wird gewährleistet, dass die Allgemeinheit auch über solche Veranstaltungen informiert wird und zwar selbst dann, wenn die Veranstalter Vertreter der Presse ausschließen möchten.[12]

„Versammlungen" sind Veranstaltungen, die der gemeinsamen Erörterung, Kundgebung oder Bildung einer Meinung dienen, wie beispielsweise Demonstrationen, Diskussionsveranstaltungen auf öffentlichen Plätzen oder Wahlkundgebungen.[13] Das in § 6 Abs. 2 VersG normierte Zutrittsrecht von Pressevertretern gilt jedoch nur für Jedermann öffentlich zugängliche Versammlungen, d. h. der mögliche Teilnehmerkreis darf nicht individuell bestimmt sein.[14] Wird öffentlich, also nicht individuell, sondern beispielsweise durch Plakate, Flyer, Anzeigen o. ä. eingeladen, spricht dies zunächst dafür, dass es sich um eine öffentliche Versammlung handelt.[15] Auch wenn die Einladung zu einer Veranstaltung nicht individuell erfolgt, handelt es sich jedoch dabei nicht zwangsläufig um eine Versammlung im Sinne des Versammlungsgesetzes. Kulturelle und wissenschaftliche Veranstaltungen wie Volksfeste und Vergnügungsveranstaltung, Rockkonzerte und Sportveranstaltungen stellen nach der herrschenden Meinung keine Versammlungen dar, da die Teilnehmer nicht mit dem Ziel der öffentlichen Meinungsbildung oder Kundgebung zusammentreffen.[16]

Pressevertreter, für die die Ausnahmeregelung des § 6 Abs. 2 VersG gilt, sind nicht nur Journalisten der Printmedien, sondern auch Rundfunk- und Fernsehjournalis-

---

[7] in der Regel § 4 der Landespressegesetze – Ausnahme: § 3 LPG Hessen.

[8] *Löffler*, Presserecht, 5. Aufl. 2006, § 4 LPG, Rn. 71; Wanckel, Foto- und Bildrecht, 3. Aufl. 2009, Rn. 41.

[9] *Beater*, Medienrecht, 1. Aufl. 2007, Rn. 1033; vgl. beispielsweise LG Frankfurt v. 03.03.1988 – 2/3 O 46/88 – AfP 1989, 572 für den Zugang zu privaten Pressekonferenzen.

[10] *Soehring*, Presserecht, 3. Aufl. 2000, Rn. 4.78 f.

[11] *Soehring*, Presserecht, 3. Aufl. 2000, Rn. 6.22.

[12] *Fechner*, Medienrecht, 10. Aufl. 2009, Seite 241.

[13] *Soehring*, Presserecht, 3. Aufl. 2000, Rn. 6.23.

[14] *Soehring*, Presserecht, 3. Aufl. 2000, Rn. 6.23.

[15] *Becker*, Die polizeiliche Befragung zum Zwecke der Gefahrenabwehr im Zusammenhang mit Veranstaltungen und Versammlungen, in: Staack/Schwentuchowski (Hrsg.), Versammlungen, Hamburg 2006, Seite 291.

[16] BVerfG v. 12.07.2001 – 1 BvQ 28/01, 1 BvQ 30/01 – NJW 2001, 2459 – Love Parade.

ten.[17] Außerdem gilt die Ausnahmevorschrift des § 6 Abs. 2 VersG nicht nur für die redaktionell arbeitenden Journalisten, sondern auch für technisches Hilfspersonal, d. h. bei Filmteams somit auch für den Kamera- und Tonmann, den Beleuchter, die Kabelhilfe etc., soweit deren Anwesenheit für die Realisierung eines Drehs geboten ist.[18]

3. Recht auf Kurzberichterstattung

Eine weitere Ausnahme von dem Grundsatz, dass ein privater Veranstalter in der Re- *664* gel selbst bestimmen kann, ob und unter welchen Bedingungen er Medienvertreter und die Anfertigung von Bild- und Filmaufnahmen zulässt, kann sich für Fernsehveranstalter aus dem Recht auf Kurzberichterstattung gemäß § 5 Rundfunksstaatsvertrag (RStV) ergeben. Nach § 5 Abs. 1 RStV steht jedem in Europa zugelassenen Fernsehveranstalter zu eigenen Sendezwecken das Recht auf unentgeltliche Kurzberichterstattung über Veranstaltungen und Ereignisse, die öffentlich zugänglich und von allgemeinem Informationsinteresse sind, zu. Dieses Recht schließt die Befugnis zum Zugang, zur kurzzeitigen Direktübertragung, zur Aufzeichnung, zu deren Auswertung zu einem einzigen Beitrag und Weitergabe unter den Voraussetzungen der weiteren Regelungen des § 5 RStV ein (§ 5 Abs. 1 S. 2 RStV).

Das Recht zur Kurzberichterstattung wird nach dem klaren Wortlaut des § 5 RStV nur für das Fernsehen begründet. Eine analoge Anwendung dieser Bestimmung auf Hörfunk und Presse kommt angesichts der Eindeutigkeit der Regelung und der fernsehspezifischen Ausrichtung der Normen nicht in Betracht.[19]

a) *Voraussetzungen*

Das Recht auf Kurzberichterstattung und das damit verbundene Zugangsrecht aus § 5 *665* RStV besteht nach dem Wortlaut der Vorschrift nur bei Veranstaltungen und Ereignissen, die öffentlich zugänglich und von einem allgemeinen Informationsinteresse sind. Veranstaltungen sind organisierte, im Vorhinein bestimmte Zusammenkünfte, wie z. B. Sportveranstaltungen, Musikkonzerte oder Theateraufführungen.[20] Unter einem „Ereignis" sind sonstige Geschehnisse zu verstehen, vor allem unvorhersehbare Abläufe wie Unglücks- und Katastrophenfälle.[21]

Das Kurzberichterstattungsrecht setzt die öffentliche Zugänglichkeit der Veranstaltung oder des Ereignisses voraus. Öffentliche Zugänglichkeit liegt vor, wenn die Veranstaltung oder das Ereignis für die Allgemeinheit, d. h. für einen individuell nicht bestimmten oder bestimmbaren Personenkreis, unmittelbar physisch oder auch nur mittelbar behelfs der Medien zugänglich ist.[22] Ausgeschlossen sind damit z. B. auch größere Privatveranstaltungen, sofern zu ihnen nur ausgewählte, geladene Gäste Zugang haben.[23]

---

[17] *Paschke*, Medienrecht, 3. Aufl. 2009, Seite 134.

[18] *Wanckel*, Foto- und Bildrecht, 3. Aufl. 2009, Rn. 45 unter Bezugnahme auf *Dietel/Gintzel/Kniesel*, Demonstrations- und Versammlungsfreiheit, 14. Aufl. 2005, § 6, Rn. 11.

[19] *Gounalakis*, AfP 1992, 343, 344.

[20] *Spindler/Schuster*, Recht der elektronischen Medien, 1. Aufl. 2008, § 5 RStV, Rn. 26.

[21] Hahn/Vesting/Michel/Brinkmann § 5 RStV, Rn. 102.

[22] *Michel/Brinkmann*, in: Hahn/Vesting, Beck'scher Kommentar zum Rundfunkrecht, 1. Aufl. 2003, § 5 RStV, Rn. 103.

[23] *Wanckel*, Foto- und Bildrecht, 3. Aufl. 2009, Rn. 52.

An der Veranstaltung oder dem Ereignis muss zudem ein allgemeines Informationsinteresse bestehen. Es ist nicht erforderlich, dass ein gesteigertes Interesse des Publikums an der Veranstaltung besteht.[24] Das Recht auf Kurzberichterstattung hängt daher nicht davon ab, dass es sich um eine Veranstaltung oder ein Ereignis von besonderem Informationswert handelt. Bei kulturellen, gesellschaftlichen, politischen und sportlichen Veranstaltungen ist daher in der Regel von dem erforderlichen allgemeinen Informationsinteresse auszugehen, da nach journalistischen Kriterien zu entscheiden und der Begriff weit zu verstehen ist.[25]

Will ein Fernsehveranstalter sein Recht auf Kurzberichterstattung wahrnehmen, muss er sich spätestens 10 Tage vor Beginn der Veranstaltung beim Veranstalter anmelden (§ 5 Abs. 8 Satz 1 RStV). Bei kurzfristigen Veranstaltungen und Ereignissen haben die Anmeldungen zum frühstmöglichen Zeitpunkt zu erfolgen (§ 5 Abs. 8 Satz 2 RStV).

b) Einschränkungen

666 Gemäß § 5 Abs. 5 RStV ist der Veranstalter berechtigt, die Übertragung oder die Aufzeichnung der Veranstaltung insgesamt auszuschließen oder sie unter bestimmten Voraussetzungen einzuschränken. Außerdem kann er, wenn es sich um berufsmäßig durchgeführte Veranstaltungen handelt, auch ein angemessenes Entgelt für die Ausübung des Rechts auf Kurzberichterstattung verlangen (§ 5 Abs. 7 Satz 1 RStV). Im Streitfall wird über die Höhe dieses Entgelts in einem schiedsrichterlichen Verfahren nach §§ 1025 ff. ZPO entschieden (§ 5 Abs. 7 Satz 2 RStV).

Bietet der Veranstaltungsort aufgrund seiner räumlichen und technischen Gegebenheiten nicht die Möglichkeit für eine Berücksichtigung aller Fernsehveranstalter, die sich angemeldet haben, so haben zunächst die Fernsehveranstalter Vorrang, die vertragliche Vereinbarungen mit dem Veranstalter oder dem Träger des Ereignisses geschlossen haben (§ 5 Abs. 9 Satz 1 RStV). Darüber hinaus steht dem Veranstalter oder dem Träger des Ereignisses ein Auswahlrecht zu, nach dem er jedoch vorrangig solche Fernsehveranstalter zu berücksichtigen hat, die eine umfassende Versorgung des Landes sicher stellen, in dem die Veranstaltung oder das Ereignis stattfindet (§ 5 Abs. 9 Satz 3 RStV).

c) Umfang

667 Die Kurzberichterstattung ist auf eine dem Anlass entsprechende nachrichtenmäßige Kurzberichterstattung zu beschränken (§ 5 Abs. 4 Satz 1 RfSV). Der nachrichtenmäßige Charakter der Kurzberichterstattung bleibt solange gewahrt, wie sie lediglich auf die Vermittlung des Informationsgehalts der Veranstaltung oder des Ereignisses angelegt ist. Der Beitrag darf also nicht ganz oder überwiegend auf die Übermittlung des Spannungs- oder Unterhaltungswertes abzielen.[26] An diese Voraussetzung sind insbesondere bei der Berichterstattung über Sportveranstaltungen oder andere entsprechende kulturelle Veranstaltungen, die vorwiegend unterhaltenden Charakter haben, keine allzu strengen Maßstäbe anzulegen.[27]

---

[24] *Michel/Brinkmann*, in: Hahn/Vesting, Beck'scher Kommentar zum Rundfunkrecht, 1. Aufl. 2003,§ 5 RStV, Rn. 104.

[25] *Wanckel*, Foto- und Bildrecht, 3. Aufl. 2009, Rn. 52.

[26] *Spindler/Schuster*, Recht der elektronischen Medien, 1. Aufl. 2008, § 5 RStV, Rn. 38 m.w.N.

[27] *Spindler/Schuster*, Recht der elektronischen Medien, 1. Aufl. 2008, § 5 RStV, Rn. 38 m.w.N.

In zeitlicher Hinsicht legt § 5 Abs. 4 Satz 2 RStV fest, dass sich die zulässige Dauer nach der Länge der Zeit bemisst, die notwendig ist, um den nachrichtenmäßigen Informationsgehalt der Veranstaltung oder des Ereignisses zu vermitteln. Eine einheitliche Höchstdauer der Kurzberichterstattung lässt sich insofern nicht festlegen. Für kurzfristige und regelmäßig wiederkehrende Veranstaltung vergleichbarer Art legt § 5 Abs. 4 Satz 3 RStV jedoch eine zeitliche Obergrenze von in der Regel 1 ½ Minuten fest. Dies hat sich vor allem für die Berichterstattung über Sportveranstaltungen bewährt. Bei komplexeren Sachverhalten, beispielsweise Veranstaltungen mit kulturellem oder wissenschaftlichem Inhalt, kann unter Umständen ein längerer Zeitraum erforderlich sein. Jedoch dürfte auch hier eine nachrichtenmäßige Vermittlung des wesentlichen Informationsgehalts im Rahmen eines Beitrages von 3 Minuten möglich und ausreichend sein.[28]

Die Fernsehveranstalter sind gemäß § 5 Abs. 12 RStV verpflichtet, das Filmmaterial, das nicht verwertet wurde, spätestens drei Monate nach Beendigung der Veranstaltung oder des Ereignisses zu vernichten.

4. Verbot vorsätzlicher, sittenwidriger Schädigung (§ 826 BGB)

Abgesehen von den angeführten Ausnahmeregelungen im Versammlungsgesetz und im Rundfunkstaatsvertrag besteht ein Zutrittsrecht von Medienvertretern zu Veranstaltungen privater Veranstalter nur in besonderen Ausnahmesituationen. So ist nur eine Handvoll von gerichtlichen Entscheidungen bekannt, mit denen Pressevertretern ein Zutrittsrecht zur Veranstaltung eines privaten Veranstalters gewährt wurde: **668**

Bereits 1931 urteilte das Reichsgericht, dass ein Journalist gegen einen Theater-Veranstalter, der die Presse generell zulässt, aber einen bestimmten Theaterkritiker ausschließt, weil er sich durch frühere Kritiken missliebig gemacht hat, ein Rechtsanspruch auf Zulassung zu denselben Konditionen hat, wie sie den üblichen Pressevertretern auch eingeräumt wurden.[29] Auch das LG Münster sprach einem Sportredakteur einer Tageszeitung einen Anspruch darauf zu, die Sportveranstaltungen eines Fußballvereins zu besuchen und darüber zu berichten.[30] Das Verbot, die Fußballspiele des Vereins zu besuchen, das dem Reporter erteilt wurde, nachdem seine Zeitung über Bestechungsvorwürfe gegen den Torwart des Vereins berichtet hatte, sah das Landgericht Münster als unzulässige Einwirkung auf die Arbeit eines Sportredakteurs an.[31] In einem vergleichbar gelagerten Fall entschied auch das Oberlandesgericht Köln, dass ein privater Veranstalter, der sich grundsätzlich für die Zulassung von Medienvertretern zu einer Veranstaltung entschieden hat, den Gleichbehandlungsgrundsatz berücksichtigen müsse.[32]

Woraus genau sich in solchen Fällen die Anspruchsgrundlage für ein Zutrittsrecht eines Medienvertreters zu einer Veranstaltung ergeben soll, wird von den Gerichten unterschiedlich beurteilt. Das Reichsgericht sah eine mögliche Anspruchsgrundlage

---

[28] *Spindler/Schuster*, Recht der elektronischen Medien, 1. Aufl. 2008, § 5 RStV, Rn. 39.

[29] RG v. 07.11.1931 – V 106/31 – RGZ 133, 388 – Theaterkritiker – der Anspruch auf Zugang zu der Theateraufführung wurde vom RG jedoch letztlich zurückgewiesen, weil nicht feststellbar sei, dass der Veranstalter willkürlich, leichtfertig oder mit verwerflich zu bezeichnenden Zielen gehandelt hätte (S. 392).

[30] LG Münster v. 24.06.1977 – 10 O 154/77 – NJW 1978, 1329.

[31] LG Münster v. 24.06.1977 – 10 O 154/77 – NJW 1978, 1329.

[32] OLG Köln v. 07.03.2000 – 16 W 8/00 – NJW-RR 2001, 1051.

in dem Verbot vorsätzlicher, sittenwidriger Schädigung gemäß § 826 BGB, der die grundsätzlich bestehende Vertragsfreiheit des Veranstalters beschränke.[33] Auch das OLG Köln begründete das Zutrittsrecht des Journalisten mit einer entsprechenden Anwendung des § 826 BGB, allerdings in Verbindung mit einer entsprechenden Anwendung der §§ 1004 BGB, 26 Abs. 2, 27 des Gesetzes gegen Wettbewerbsbeschränkungen (GWB) und Art. 3 und 5 GG.[34] Das Landgericht Münster hingegen sprach dem Journalisten einen Anspruch auf Zutritt zu den betreffenden Veranstaltungen aufgrund einer analogen Anwendung der §§ 823, 1004 BGB in Verbindung mit Art. 5 GG zu.[35]

669   Da die Pressefreiheit aus Art. 5 GG keine Individualansprüche schafft, kann aus einem Verstoß gegen Art. 5 GG keine Verletzung eines absolut geschützten Rechts im Sinne des § 823 Abs. 1 BGB folgen.[36] Die in Art. 3 und Art. 5 GG zum Ausdruck kommenden Maßstäbe wirken aber – wie die Werteordnung des Grundgesetzes insgesamt – auf das Privatrecht ein und sind deshalb bei der Auslegung und gegebenenfalls entsprechenden Anwendung von Normen heranzuziehen.[37] Wenn überhaupt, dann wird man daher in den geschilderten Ausnahmefällen nicht auf eine entsprechende Anwendung von § 823 BGB, sondern allenfalls auf § 826 BGB analog zurückgreifen können.

II. Veranstaltungen staatlicher Stellen

670 Bei Veranstaltungen staatlicher Stellen wird die Möglichkeit der Teilnahme der Öffentlichkeit und damit auch die von Vertretern der Medien von der Rechtsordnung weitgehend gewährleistet – auch wenn sie nur zum Teil spezialgesetzlich geregelt ist.[38]

Auch in Einrichtungen der öffentlichen Hand wird das so genannte öffentlich-rechtliche Hausrecht von den Organen der öffentlichen Einrichtung, in der Regel dem Behördenleiter, ausgeübt.[39] In öffentlich zugänglichen Gebäuden, wie z. B. Bibliotheken, Universitäten, Rathäusern, Gefängnissen, Gerichtsgebäuden und anderen Behörden befinden sich oftmals bereits an den Eingängen zu den Einrichtungen ausgehängte Hausordnungen, die in der Regel Foto- und Filmaufnahmen zu anderen als privaten Zwecken von einer vorherigen Genehmigung abhängig machen. Während Privatpersonen und juristische Personen des Privatrechts grundsätzlich in ihrer Entscheidung frei sind, wem sie Zutritt zu einer Örtlichkeit, über die sie das Hausrecht ausüben, gewähren sowie in welchem Umfang und unter welchen Voraussetzungen sie Foto- und Filmaufnahmen zulassen, gilt dies nicht im gleichen Maße für die juristischen Personen des öffentlichen Rechts, die ein Hausrecht über öffentlich-rechtliche Einrichtungen ausüben.

671   Bei Medienvertretern, die Foto- und Filmaufnahmen für pressemäßige Berichterstattungszwecke anfertigen, hat im Hinblick auf die Belange der Pressfreiheit aus Art.

---

[33] RG v. 07.11.1931 – V 106/31 – RGZ 133, 388, 392 – Theaterkritiker.
[34] OLG Köln v. 07.03.2000 – 16 W 8/00 – NJW-RR 2001, 1051, 1052.
[35] LG Münster v. 24.06.1977 – 10 O 154/77 – NJW 1978, 1329 f.
[36] OLG Köln v. 07.03.2000 – 16 W 8/00 – NJW-RR 2001, 1051, 1052.
[37] OLG Köln v. 07.03.2000 – 16 W 8/00 – NJW-RR 2001, 1051, 1052.
[38] *Soehring*, Presserecht, 3. Aufl. 2000, Rn. 6.2.
[39] Kopp/Schenke, VwGO Verwaltungsgerichtsordnung, Kommentar, 14. Aufl. 2005, § 40 VwGO, Rn. 22.

5 GG im Rahmen der Ermessensausübung eine Verhältnismäßigkeitsprüfung zu erfolgen, bevor ein Hausverbot durch eine öffentliche Stelle ausgesprochen werden kann. So wurde etwa das gegenüber einem Journalisten ausgesprochene Hausverbot für die Liegenschaften des Deutschen Bundestages durch das Verwaltungsgericht Berlin mangels Verhältnismäßigkeit aufgehoben.[40] Der Journalist hatte ohne eine entsprechende Genehmigung in den nicht öffentlich zugänglichen Toiletten der Fraktions- und Präsidialebene Wischtests zum Nachweis von Kokainspuren durchgeführt, die er mit einer Digitalkamera dokumentierte. Nachdem diese Filmaufnahmen im Fernsehen im Rahmen eines Beitrages mit dem Thema „Kokain im Bundestag" und der Mitteilung ausgestrahlt wurden, dass sich nach den Ergebnissen einer Untersuchung der Proben herausgestellt habe, dass die Wischtests aus 22 der 28 besuchten Toiletten Spuren von Kokain aufgewiesen hätten, erteilte der Bundestagspräsident dem Journalisten ein befristetes Hausverbot für die Liegenschaften des Deutschen Bundestages. Das Verwaltungsgericht Berlin bestätigte zwar, dass die ungenehmigte Anfertigung von Filmaufnahmen im Reichstagsgebäude einen Verstoß gegen die Hausordnung des Deutschen Bundestages darstelle.[41] Das Gericht sah das ausgesprochene Hausverbot aber dennoch als materiell rechtsfehlerhaft an, da ein Hausverbot nur unter ordnungsrechtlichen Gesichtspunkten zur Abwehr konkreter Gefahren zulässig gewesen wäre und es zum Zeitpunkt des Erlasses des Hausverbots bereits keine Indizien darüber gegeben hätte, dass der Journalist in Zukunft erneut ohne die erforderliche Genehmigung Filmaufnahmen im Reichstag machen würde.[42] Zudem hätte der Bundestagspräsident das ihm eingeräumte Ermessen fehlerhaft ausgeübt, da ihm neben der Möglichkeit zur Erteilung eines Hausverbots Eingriffsmöglichkeiten mit geringerer Eingriffsqualität offen gestanden hätten.[43]

1. Landespressegesetze

Der in den Landespressegesetzen[44] geregelte Auskunftsanspruch bestimmt, dass die *672* Behörden verpflichtet sind, der Presse „die der Erfüllung ihrer öffentlichen Aufgabe dienenden Auskünfte zu erteilen". Diese Verpflichtung beinhaltet in der Regel jedoch nur, dass die Behörden auf konkrete, anlassbezogene Anfragen der Medien in Angelegenheiten von öffentlichem Interesse die für die Berichterstattung und Stellungnahme notwendigen Gesichtspunkte wahrheitsgemäß darstellen müssen.[45] Einen direkten Anspruch eines Medienvertreters bspw. auf Zutritt zu einem Pressegespräch soll hieraus jedoch nach der bisherigen Rechtsprechung nicht abgeleitet werden können.[46]

2. Pressefreiheit und Gleichbehandlungsgrundsatz

Grundsätzlich lässt sich jedoch bei Veranstaltungen staatlicher Stellen, insbesondere *673* bei Pressekonferenzen und ähnlichen der Information der Öffentlichkeit dienenden Veranstaltungen, ein Zutrittsrecht von Medienvertretern und damit auch von Bild-

---

[40] VG Berlin v. 18.06.2001, 27 A 344/00 – AfP 2001, 437 – Kokain im Bundestag.
[41] VG Berlin v. 18.06.2001 – 27 A 344/00 – AfP 2001, 437 ff. – Kokain im Bundestag.
[42] VG Berlin v. 18.06.2001 – 27 A 344/00 – AfP 2001, 437 ff. – Kokain im Bundestag.
[43] VG Berlin v. 18.06.2001 – 27 A 344/00 – AfP 2001, 437 ff. – Kokain im Bundestag.
[44] in der Regel in § 4 LPG: Ausnahmen: § 3 LPG Hessen / § 5 LPG Brandenburg / § 6 LPG Rheinland-Pfalz.
[45] VG Bremen v. 27.02.1997 – 2 A 28/96 – NJW 1997, 2696, 2697.
[46] BVerwG v. 03.12.1974 – I C 30/71 – NJW 1975, 891 – Pressefahrten der Bundesbahn; VG Bremen v. 27.02.1997 – 2 A 28/96 – NJW 1997, 2696, 2697; VGH Baden-Württemberg v. 11.06.1986 – 10 S 705/86 – AfP 1989, 587.

journalisten aus der gemäß Artikel 5 Abs. 1 S. 2 GG geschützten Freiheit der Presse in Verbindung mit dem Gleichbehandlungsgrundsatz aus Art. 3 GG herleiten. Der Staat muss insbesondere bei Pressekonferenzen oder -gesprächen etc. den objektiven Gehalt des Grundrechts aus Art. 5 GG berücksichtigen.[47] Die Freiheit der Presse umfasst nicht nur die Freiheit der Verbreitung von Nachrichten und Meinungen, sie schützt vielmehr auch den gesamten Bereich publizistischer Vorbereitungstätigkeiten, zu denen insbesondere die Beschaffung von Informationen gehört.[48] Zu allgemeinen Pressekonferenzen einer Behörde sind somit im Rahmen der vorhandenen Kapazitäten grundsätzlich alle interessierten Pressevertreter zuzulassen.[49] Dies gilt auch für Pressekonferenzen der Behörden (z. B. eines deutschen Ministers) im Ausland.[50] Eine unterschiedliche Behandlung von Journalisten ist – auch wegen Art. 3 Abs. 3 GG – nur aus zwingenden Gründen möglich. Ein Ausschluss wegen unfreundlicher Berichterstattung oder politischer Ausrichtung ist weder bei Gerichtsverhandlungen[51] noch bei Pressekonferenzen zulässig.[52] Da erst ein prinzipiell ungehinderter Zugang zu Informationen die Medien in den Stand versetzt, die ihnen in der freiheitlichen Demokratie zukommende Funktion wahrzunehmen, gebietet der allgemeine Gleichheitsgrundsatz des Artikel 3 Abs. 1 GG i.V.m. Artikel 5 Abs. 1 Satz 2 GG einer Behörde, die eine Veranstaltung zur Unterrichtung von Pressevertretern durchführt, den Zugang für die Presse ermessensfehlerfrei zu ermöglichen.[53] Bei beschränktem Platz darf eine sachgerechte Auswahl erfolgen. Das gilt namentlich für individuelle Formen der Information mit einem eingeschränkten Teilnehmerkreis, etwa in Form von Pressefahrten, Gesprächskreisen oder Interviews.[54]

3. Zugang zu Gerichtsverhandlungen

674 Die in Art. 5 Abs. 1 S. 2 GG verbürgte Pressefreiheit umfasst auch das Recht der im Pressewesen tätigen Personen, sich über Vorgänge in einer öffentlichen Gerichtsverhandlung zu informieren und hierüber zu berichten.[55] Angehörige der Medien haben ein freies Zugangsrecht zu allen Sitzungssälen, in denen öffentliche Gerichtsverhandlungen stattfinden. Das Zugangsrecht der Medien wird jedoch durch die Vorschriften des Gerichtsverfassungsgesetzes über die Öffentlichkeit und die Sitzungspolizei (§§ 169 ff GVG) beschränkt, bei denen es sich insofern um allgemeine Gesetze im

---

[47] *Jarass*, in: Jarass/Pieroth, Grundgesetz für die Bundesrepublik Deutschland, Kommentar, 10. Aufl. 2009, Art. 5 GG, Rn. 30.

[48] BVerfG v. 06.10.1959 – 1 BvL 118/53 – BVerfGE 10, 118, 121; BVerfG v. 14.07.1994 – 1 BvR 1595/92 – NJW 1995, 184 – Honecker-Prozess (Hauptsacheverfahren); BVerfG v. 06.02.1979 – 2 BvR 154/78 – NJW 1979, 1400, 1401 (st. Rspr.).

[49] OVG Nordrhein-Westfalen v. 07.10.2008 – 5 A 1602/05 – JURIS – zum Ausschluss eines Journalisten von der Teilnahme an Pressekonferenzen des Bundesaußenministers und des Bundesverteidigungsministers in Mazedonien und im Kosovo.

[50] OVG Nordrhein-Westfalen v. 07.10.2008 – 5 A 1602/05 – JURIS.

[51] Siehe hierzu im Einzelnen unter D. II. 3. Zugang zu Gerichtsverhandlungen, Rn. 674 ff.

[52] BVerfG v. 06.02.1979 – 2 BvR 154/78 – NJW 1979, 1400f.; BVerfG v. 11.11.1992 – 1 BvR 1595/92, 1 BvR 1606/92 – NJW 1992, 3288 – Honecker-Prozess (Eilverfahren); *Jarass*, in: Jarass/Pieroth, Grundgesetz für die Bundesrepublik Deutschland, Kommentar, 10. Aufl. 2009, Art. 5 GG, Rn. 30; *Jarass*, DÖV 1986, 721, 723.

[53] OGV NRW v. 7. Oktober 2008 – 5 A 1602/05 – JURIS, Rn. 32.

[54] BVerwG AfP 1974, 104; VG Bremen v. 27.02.1997 – 2 A 28/96 – NJW 1997, 2696.

[55] BVerfG v. 06.02.1979 – 2 BvR 154/78 – NJW 1979, 1400, 1401; *v. Coelln*, Zur Medienöffentlichkeit der Dritten Gewalt, 1. Aufl. 2005, S. 379.

Sinne des Art. 5 Abs. 2 GG handelt.[56] Insbesondere wird durch § 169 S. 2 GVG die Herstellung von Film- und Fernsehaufnahmen zum Zwecke der öffentlichen Vorführung während der Gerichtsverhandlung untersagt.[57] Darüber hinaus liegt es im Ermessen des Vorsitzenden Richters eines Gerichtsverfahrens, durch sitzungspolizeiliche Anordnungen gem. § 176 GVG zu bestimmen, inwieweit und unter welchen Voraussetzungen in einem Gerichtssaal gefilmt und fotografiert werden darf.[58] Bei der Anordnung von sitzungspolizeilichen Verfügungen, mit denen die Rechte der Medienvertreter beschränkt werden, hat der Vorsitzende Richter jedoch die widerstreitenden Interessen, insbesondere auch der Prozessbeteiligten auf der einen Seite gegen die berechtigten Interessen der Medien an einer freien Berichterstattung auf der anderen Seite, im Einzelfall ermessensfehlerfrei abzuwägen.[59] Es ist dem Vorsitzenden Richter somit auch mittels sitzungspolizeilichen Anordnungen keineswegs ohne weiteres möglich, Pressevertretern den Zugang zu einer öffentlichen Gerichtsverhandlung zu verwehren. So verstößt der Ausschluss eines Pressevertreters von der Verhandlung dann gegen Art. 5 Abs. 1 S. 2 GG, wenn die Maßnahme durch die gerichtsverfassungsrechtlichen Vorschriften über Öffentlichkeit und Sitzungspolizei nicht gedeckt ist oder wenn das Gericht den angewendeten Bestimmungen einen der Bedeutung und Tragweite der Pressefreiheit widerstreitenden Sinn beigelegt hat.[60] Wird der Ausschluss eines Pressevertreters z. B. nur darauf gestützt, dass die Zeitung, für die er tätig ist, Artikel mit abfälligen Bemerkungen über die Verhandlungsführung des Vorsitzenden Richters veröffentlicht hat, so stellt der Ausschluss einen verfassungswidrigen Eingriff in das Grundrecht der Pressefreiheit dar.[61]

Selbst wenn im Hinblick auf die räumlichen Kapazitäten eines Gerichtssaals eine 675 Beschränkung der Öffentlichkeit erforderlich wird, hat der Vorsitzende Richter die Interessen der Medien bei seiner entsprechenden Anordnung im Einzelnen zu berücksichtigen. Auch wenn grundsätzlich die Vergabe der Plätze in den Sitzungssälen entsprechend dem zeitlichen Eintreffen der Besucher zu erfolgen hat, ist es aufgrund der wichtigen öffentlichen Aufgabe der Information und der Kontrolle des staatlichen und wirtschaftlichen Geschehens, welches die Medien durch die Gerichtsberichterstattung erfüllen,[62] erforderlich, den Medien auch bei Überfüllung des Gerichtssaals Plätze zu reservieren.[63] Soll durch eine sitzungspolizeiliche Anordnung die Zugangsmöglichkeit von Medienvertretern, insbesondere von Fotografen und Kamerateams, z. B. aufgrund eines zu erwartenden großen Andrangs und dadurch befürchteten Störungen, beschränkt werden, so ist der Grundsatz der Verhältnismäßigkeit zu beachten. Als angemessenes Mittel, um die Ordnung im Sitzungssaal zu sichern, kommen z. B. sog. „Pool-Lösungen" in Betracht, nach denen sich die Medienvertreter jeweils auf bestimmte Fotografen und Kamerateams einigen, die Zugang zum Sitzungssaal er-

---

56 BVerfG v. 06.02.1979 – 2 BvR 154/78 – NJW 1979, 1400, 1401.
57 Siehe hierzu im Einzelnen die Ausführungen oben unter C. I. Gerichtsberichterstattung, Rn. 644 ff.
58 Siehe zu den sitzungspolizeilichen Anordnungen im Einzelnen oben unter C. I. Gerichtsberichterstattung, Rn. 652.
59 *Schlüter*, AfP 2009, 557, 563 m.w.N.
60 BVerfG v. 06.02.1979 – 2 BvR 154/78 – NJW 1979, 1400, 1401.
61 BVerfG v. 06.02.1979 – 2 BvR 154/78 – NJW 1979, 1400, 1401.
62 BGH v. 24.11.1987 – VI ZR 42/87 – NJW 1988, 1984; OLG Köln v. 16.05.1986 – 15 U 38/86 – AfP 1986, 347.
63 BVerfG v. 30.10.2002 – 1 BvR 1932/02 – NJW 2003, 500; *Löffler/Ricker*, Handbuch des Presserechts, 5. Aufl. 2005, Kap. 16, Rn. 4.

halten und sich zugleich verpflichten, das Bildmaterial den anderen Medienvertretern kostenlos zur Verfügung zu stellen.[64]

4. Zugang zu den Verhandlungen des Bundestages

676 Für die Verhandlungen des Deutschen Bundestages bestimmt Art. 42 Abs. 1 S. 1 GG, dass diese grundsätzlich öffentlich stattfinden. Verhandlungsöffentlichkeit verlangt allgemeine Zugänglichkeit, entweder unmittelbar durch Sitzungsöffentlichkeit oder mittelbar durch Parlamentsberichterstattung.[65] Die in Art. 42 Abs. 1 S. 1 GG und in § 19 der Geschäftsordnung des Deutschen Bundestages (BTGO) normierte Sitzungsöffentlichkeit des Bundestages konkretisiert das Informationsrecht des Art. 5 Abs. 1 S. 1 GG. Deshalb steht den Medien ein subjektiv-öffentliches Recht auf Teilnahme an den öffentlichen Verhandlungen des Bundestages zu.[66]

Der Grundsatz der Öffentlichkeit gilt nur für Verhandlungen des Plenums, nicht jedoch für die Sitzungen der vom Bundestag eingesetzten ständigen Ausschüsse und Sonderausschüsse.[67] Die Beratungen der Ausschüsse sind grundsätzlich nicht öffentlich (§ 69 Abs. 1 S. 1 BTGO). Gemäß § 69 Abs. 1 S. 2 BTGO kann ein Ausschuss jedoch beschließen, für einen bestimmten Verhandlungsgegenstand oder Teile desselben die Öffentlichkeit zuzulassen. Von diesem Recht machen die Ausschüsse in der Praxis jedoch nicht besonders häufig Gebrauch.[68] Eine Ausnahme von der grundsätzlich nichtöffentlichen Sitzung der Ausschüsse findet sich in Art. 44 Abs. 1 S. 1 GG, der für die vom Bundestag eingesetzten Untersuchungsausschüsse die Öffentlichkeit der Verhandlung vorschreibt, die nur durch Mehrheitsbeschluss ausgeschlossen werden kann (Art. 44 Abs. 1 S. 2 GG). Dabei ist jedoch das Willkürverbot und die Bedeutung des Öffentlichkeitsprinzips in der Demokratie zu beachten.

---

[64] BVerfG v. 14.07.1994 – 1 BvR 1595/92 – NJW 1995, 184 – Honecker-Prozess (Hauptsacheverfahren); *v. Coelln*, Zur Medienöffentlichkeit der Dritten Gewalt, 1. Aufl. 2005,S. 379 m.w.N.

[65] *Kissler*, in: Schneider/Zeh, Parlamentsrecht und Parlamentspraxis in der Bundesrepublik Deutschland, 1. Aufl. 1989, § 36, Rn. 23.

[66] *Kissler*, in: Schneider/Zeh, Parlamentsrecht und Parlamentspraxis in der Bundesrepublik Deutschland, 1. Aufl. 1989, § 36, Rn. 24.

[67] BVerfG v. 06.03.1952 – BVerfGE 1, 144, 152; *Pieroth*, in: Jarass/Pieroth, Grundgesetz für die Bundesrepublik Deutschland, Kommentar, 10. Aufl. 2009, Art. 42 GG, Rn. 1.

[68] *Bröhmer*, Transparenz als Verfassungsprinzip, 1. Aufl. 2004, Seite 105.

Bezzenberger

TEIL 4:

Der Fotograf im Beruf

A. Abgrenzung von Kunst und Gewerbe

I. Allgemeines

Die Mehrzahl der Fotografen ist selbstständig oder als freie Mitarbeiter beschäftigt. **677** Der **selbstständige Fotograf** erfüllt weder die Merkmale des **Arbeitnehmers** noch die der **arbeitnehmerähnlichen Person**. Entscheidend ist, dass er im Wesentlichen seine Tätigkeit frei gestalten und seine Arbeitszeiten bestimmen kann, er also **nicht weisungsgebunden** ist. Gleiches gilt für **freie Mitarbeiter**, also diejenigen Fotografen, die in gewisser Regelmäßigkeit für einen oder mehrere Auftraggeber tätig sind, ohne im Rahmen eines festen, dauernden Beschäftigungsverhältnisses zu arbeiten.

Für selbstständige Fotografen bzw. freie Mitarbeiter stellt sich vor allem die Frage, ob ihre Tätigkeit als **gewerblich** einzustufen ist, da mit einer solchen Einstufung erhebliche Nachteile[1] verbunden sind. Unter einem Gewerbe ist dabei jede nicht sozial unwertige, auf Gewinnerzielung gerichtete und auf Dauer angelegte selbstständige Tätigkeit zu verstehen.[2] Explizit ausgenommen vom Gewerbebegriff sind die freien Berufe, weil die in diesen Berufen Beschäftigten ein besonderes gemeinsames Selbstverständnis haben: in Abgrenzung zum Gewerbe üben sie ihre Tätigkeit nicht – jedenfalls nicht vorrangig – aus, um Gewinne zu erzielen; sie verfolgen vielmehr ein darüber hinausgehendes, höheres Ziel. Dabei sind sowohl eine gewisse Vergeistigung der Tätigkeit, die durch ein ernsthaftes Erkenntnisstreben und eine schöpferische Eigenleistung gekennzeichnet ist, als auch eine dafür erforderliche hohe fachliche Qualifikation für freie Berufe prägend.

Recht einfach stellt sich die Situation für Fotografen dar, die als **Bildberichterstatter** arbeiten. Der Beruf des Bildberichterstatters (Bildjournalisten) wird den freien Berufen zugeordnet.[3] Klassischerweise gehört zu den freien Berufen auch die freie künstlerische Betätigung. Die Ausübung von **Kunst** wird vom Gewerbebegriff ausgenommen, weil es sich um eine nicht durch Gesetz zu reglementierende Tätigkeit handelt, die durch die Verfassung in Art. 5 Abs. 3 GG geschützt wird.[4] Fotografen, die nicht als Bildberichterstatter tätig sind, können daher den **Status eines Freiberuflers** nur erreichen, wenn ihre Tätigkeit als künstlerisch einzustufen ist.[5]

Da sich an die jeweilige Einordnung der Tätigkeit unterschiedliche Folgen anschließen, ist eine klare Abgrenzung von gewerblicher und künstlerischer Fotografie erforderlich. Es handelt sich dabei um eine rechtliche Qualifizierung. Feste Regeln bestehen nicht. Wie eine Tätigkeit einzustufen ist, ist vielmehr vom Einzelfall abhängig und wird unter Berücksichtigung verschiedener Kriterien festgestellt.

---

[1] S. hierzu unten unter Rn. 694 ff.
[2] Vgl. BVerwG v. 24.06.1976 – I C 56.74 – GewArch 1976, 293; BVerwG v. 01.07.1987 – 1 C 25.85 – GewArch 1987, 331; BVerwG v. 16.02.1995 – 1 B 205.93 – GewArch 1995, 152, 153.
[3] S. hierzu auch *Maaßen*, in: Wandtke, Medienrecht, Band 2, 2. Aufl. 2011, S. 311.
[4] *Maaßen*, Kunst oder Gewerbe, 3. Aufl. 2001, Rn. 69.
[5] *Maaßen*, in: Wandtke, Medienrecht, Band 2, 2. Aufl. 2011, S. 311.

II. Allgemeine Kriterien zur Abgrenzung von Kunst und Gewerbe

678 Die Frage, ob eine Tätigkeit dem gewerblichen oder dem künstlerischen Bereich zuzuordnen ist, ist häufig nur schwierig zu beantworten. Die Übergänge zwischen beiden Bereichen sind in der Regel fließend. Das gilt insbesondere dann, wenn die Tätigkeit, jedenfalls objektiv betrachtet, im Wesentlichen mit dem typischen Bild eines Handwerks übereinstimmt.

Bei der Fotografie wird dies besonders deutlich. Es handelt sich hierbei um eine Tätigkeit, die überwiegend durch die richtige Anwendung der Technik geprägt ist und insofern dem ersten Anschein nach kaum Raum für die Entfaltung einer künstlerischen Betätigung lässt.

1. Der Begriff der Kunst

679 Um die Fotografie der Kunst oder dem Gewerbe zuordnen zu können, ist zunächst erforderlich, den **Begriff der Kunst** zu bestimmen. Schwierigkeiten bereitet dabei allerdings, dass der Begriff der Kunst weder im Grundgesetz noch andernorts definiert ist. Angesichts des vielgestaltigen Wesens der Kunst ist zweifelhaft, welchen Grad an Bestimmtheit eine Definition erreichen und damit welchen Nutzen sie überhaupt für eine eindeutige Zuordnung haben kann. Um allerdings ausreichenden Rechtsschutz zu gewährleisten, ist jedenfalls der Versuch einer Begriffsbestimmung unabdingbar.[6]

Nach Auffassung des BVerfG[7] besteht das Wesentliche der Kunst darin, dass es sich um eine freie schöpferische Gestaltung handelt, in der Eindrücke, Erfahrungen und Erlebnisse des Künstlers durch das Medium einer bestimmten Formsprache zu unmittelbarer Anschauung gebracht werden. In jeder künstlerischen Tätigkeit sieht das BVerfG ein Ineinander von bewussten und unbewussten Vorgängen, die rational nicht aufzulösen sind. Bei einem künstlerischen Schaffen wirken dabei Intuition, Phantasie und Kunstverstand zusammen; es ist weniger als Mitteilung, sondern vielmehr als Ausdruck der individuellen Persönlichkeit des Künstlers zu verstehen.

Die vorstehende Definition darf dabei nicht so verstanden werden, dass sie nur die inneren, also psychischen Vorgänge umfasst, die sich im erschaffenen Werk ausdrücken. Eine solche Reduzierung greift zu kurz. Kunst ist regelmäßig auf eine Kommunikation mit dem Betrachteter gerichtet. Die Möglichkeit, seine Werke auszustellen, wird deshalb als Teil des Kunstbegriffs des Art. 5 Abs. 3 Satz 1 GG verstanden; Werk- und Wirkbereich sind untrennbar miteinander verbunden.

Die vom BVerfG aufgestellten Anforderungen an die Bestimmung dieses Begriffs lassen auf einen sehr **weiten Kunstbegriff** schließen und erscheinen für die Beurteilung einer Tätigkeit als Kunst oder Gewerbe als recht unbestimmt und weitgehend. Sie können gleichwohl als Leitlinie gewertet werden.

2. Präzision

680 Der vom BVerfG aufgestellte Kunstbegriff kann wegen seiner Unbestimmtheit lediglich als Ausgangspunkt für eine Abgrenzung dienen. Um eine klare Abgrenzung zwi-

---

[6] BVerfG v. 17.07.1984 – 1BvR 816/82 – BVerfGE 67, 213, 224 f. – Anachronistischer Zug; BVerfG v. 03.06.1987 – 1 BvR 313/85 – BVerfGE 75, 369, 377 – Strauß-Karikatur; BVerfG v. 27.11.1990 – 1 BvR 402/87 – BVerfGE 83, 130, 138 – Josefine Mutzenbacher; BVerwG v. 16.12.1971 – 1 C 31.68 – BVerwGE 39, 197, 207 f.

[7] BVerfG v. 24.02.1971 – 1 BvR 435/68 – BVerfGE 30, 173, 188 f. – Mephisto.

schen gewerblicher und künstlerischer Fotografie zu gewährleisten, bedarf es daher einer Präzisierung dessen, was als künstlerische und was als gewerbliche Betätigung zu werten ist. Eine weitere Orientierungshilfe kann dabei die Rechtsprechung liefern. Die vielfältigen Versuche, eine sinnvolle, vor allem auch sachgerechte Einordnung zu erreichen, lief auf die Entwicklung unterschiedlicher Abgrenzungskriterien hinaus.

Dabei beschäftigte diese **Abgrenzungsproblematik** vornehmlich die Finanzgerichte, die im Laufe der Jahre einen umfassenden Kriterienkatalog entwickelten, im Weiteren aber auch die Verwaltungs- und Sozialgerichte. Durch einen Teil der Verwaltungsgerichte wurde dabei versucht, einen eigenständigen Katalog von Kriterien aufzustellen.[8] Die Mehrheit der Verwaltungsgerichte orientierte sich insoweit an den Lösungsvorschlägen, die die Finanzgerichte erarbeitet hatten.[9] In der Verwaltungspraxis stand allerdings die Entwicklung derartiger Kriterien weniger unter dem Vorzeichen einer Abgrenzung zwischen gewerblichem und künstlerischem Handeln. Hier sollte in erster Linie über die Anwendung der Handwerksordnung befunden werden, so dass die von den Verwaltungsgerichten entwickelten Kriterien primär der Abgrenzung zwischen Kunst und Handwerk dienten. Aber auch das Handwerk ist dem Gewerbe zuzuordnen. Das **Handwerksrecht** ist lediglich als ein Teilgebiet des **Gewerberechts** zu verstehen, das mit der Handwerksordnung eine eigenständige Regelung erfahren hat.[10] Im Ergebnis lässt sich daher ein Wertungsunterschied nicht feststellen.

a) Früherer Ansatz

In der Vergangenheit wurde insbesondere in der verwaltungsgerichtlichen Recht- 681
sprechung auf die amtlichen, vom Bundeswirtschaftsministerium anerkannten **Berufsbilder** und **Verordnungen über die Berufsausbildung** in den einzelnen Handwerken abgestellt.[11] Diese Berufsbilder wurden abstrakt der künstlerischen oder der handwerklichen – also gewerblichen – Tätigkeit zugeordnet. Einzelne Berufsbilder bezogen sich aber sowohl auf künstlerische als auch gewerbliche Tätigkeiten. Diese gemischten Berufsbilder waren schwierig einzuordnen. Die Praxis ging dazu über, die Tätigkeiten aus dem jeweiligen Bereich zu zählen und das gesamte Berufsbild dann als künstlerisch oder gewerblich einzustufen, je nachdem, welche Tätigkeiten ihrer Anzahl nach überwogen.[12]

Angewendet auf das Berufsbild des Fotografens wäre dieser wohl als handwerklicher Beruf einzuordnen, weil das Fotografieren weitgehend von der Anwendung der Technik bestimmt wird. Unabhängig von der eingesetzten Kameratechnik sind die speziellen Kenntnisse und Fertigkeiten, die den Beruf eines Fotografen kennzeichnen, überwiegend handwerklicher Natur. Zudem finden sich diese Kenntnisse und Fertigkeiten zumindest versteckt in jeder Fotografie eines mehr oder minder interessierten und talentierten Fotografen wieder. Dennoch ist Grundlage einer jeden bildenden Kunst, dass der Künstler über ein gewisses handwerkliches Können verfügt. Darauf aufbauend schafft er die Kunst. Die Vielzahl der technischen Einzelschritte macht je-

---

8   VG Oldenburg v. 19.04.1990 – 2 A 29/89 – GewArch 1990, 277, 278.
9   VG Augsburg v. 06.11.1985 – Au 4 K 83 A.1181 – GewArch 1986, 133, 134; VG Sigmaringen v. 04.08.1994 – 6 K 297/92 – GewArch 1995, 485, 486.
10 *Maaßen*, Kunst oder Gewerbe, 3. Aufl. 2001, Rn. 70.
11 VGH Baden-Württemberg v. 14.09.1983 – 6 S 801/83 – GewArch 1984, 64; OLG München v. 03.12.1992 – 6 U 2473/92 – GewArch 1993, 204; VG Würzburg v. 05.08.1975 – W 289 V 74 – GewArch 1976, 298, 299.
12 OLG München v. 03.12.1992 – 6 U 2473/92 – GewArch 1993, 204.

doch eine abstrakte Einordnung des Fotografen als Künstler anhand des früheren Ansatzes weitgehend unmöglich. Und dennoch werden heute Fotografen wie *Corbijn, Gursky, Newton, Ruff, Struth* und *Sturges* unstreitig als Künstler angesehen.

Ganz allgemein lässt sich gegen den früheren Ansatz – oftmals bezeichnet als Bausteinmethode[13] – anführen, dass er zu einer künstlichen Aufsplittung eines an sich einheitlichen Arbeitsvorgangs in einen künstlerischen und einen handwerklichen Bereich führt. Dies wirkt recht starr, insbesondere auch, weil jeder Fotograf sein Kunstschaffen an verschiedenen Punkten ansetzen kann. So kann auf der einen Seite die Anordnung des Motivs das Künstlerische ausmachen, auf der anderen Seite kann dies aber auch gerade im geschickten Umgang mit der Kamera gesehen werden. Die eindeutige Zuordnung einer Tätigkeit ist damit nicht möglich. Die Orientierung an den handwerklichen Berufsbildern erweist sich daher für die Abgrenzung zwischen Kunst und Gewerbe als relativ untauglich und nicht praktikabel.

Eine weitere Schwäche dieses Ansatzes zeigt sich darin, dass die Berufsbilder heute nicht mehr so strikt an Voraussetzungen geknüpft sind, wie dies früher der Fall war. War der Beruf des Fotografen früher ein zulassungspflichtiges Handwerk, kann er heute zulassungsfrei ausgeübt werden. Einzig eine Anzeige bei der Handwerkskammer über die Aufnahme der Tätigkeit ist unter Umständen noch notwendig. Demgegenüber war das Berufsbild eines Fotodesigners, was schon dem Wortlaut nach eher für eine künstlerische Tätigkeit spricht, schon immer zulassungsfrei. Anhand dieser oder ähnlicher Begriffe eine abstrakte Zuordnung zum künstlerischen oder gewerblichen Bereich zu treffen, ist aufgrund der freien Wählbarkeit der Bezeichnungen wenig aussagekräftig.

Des Weiteren würde die Bewertung einer Tätigkeit anhand dieses Ansatzes dazu führen, dass der Gesetzgeber, Verordnungsgeber oder gar die einfachen Behörden es in der Hand hätten, die verfassungsrechtlich garantierte Kunstfreiheit durch mittelbar den Kunstbegriff verengende Vorschriften festzulegen und auszuhöhlen.[14] Dies würde dem durch Art. 5 Abs. 3 GG vorbehaltlos gewährten Schutz widersprechen.[15] In Anbetracht dessen kann es nicht maßgeblich auf das Abzählen von handwerklichen und künstlerischen Anteilen der jeweiligen Tätigkeiten ankommen.[16]

b)   Entwicklungen in der neueren Rechtsprechung

682 Durch die Finanzgerichte wurde bereits frühzeitig ein **umfassender Kriterienkatalog** entwickelt, der in Teilen, allerdings nicht immer mit gleicher Konsequenz, auch in der Rechtsprechung der Sozialgerichte Anwendung findet. Anhand dieser Kriterien lässt sich die Tätigkeit des Fotografen im Einzelfall einem Gewerbe oder einem freien Beruf zuordnen. Sicherlich kann nicht ein einzelnes Kriterium über die Einordnung entscheiden. Es ist vielmehr stets eine Gesamtschau erforderlich. Die insoweit relevanten Faktoren lassen sich grob in **personen- und ergebnis- bzw. produktbezogene Kriterien** unterscheiden:

[13] Vgl. auch *Roemer-Blum*, GewArch 1986, 9, 10.
[14] VG Oldenburg v. 19.04.1990 – 2 A 29/89 – GewArch 1990, 277.
[15] Vgl. BVerfG v. 12.11.1991 – 2 BvR 281/91 – GewArch 1992, 133, 138; VG Oldenburg v. 19.04.1990 – 2 A 29/89 – GewArch 1990, 277.
[16] Dagegen allgemein auch *Rüth*, GewArch 1995, 363, 365; *Roemer-Blum*, GewArch 1986, 9, 11.

aa) Personenbezogene Kriterien

(1) Ausbildung

Einen ersten Anhaltspunkt für die Beurteilung liefert die **berufliche Ausbildung**.[17] *683* Die Ausbildung des Fotografen erscheint deshalb als geeignetes Kriterium, weil sich aus ihr für gewöhnlich Rückschlüsse auf die Art der späteren Tätigkeit ziehen lassen. Zumindest erscheint die Annahme vertretbar, dass sich die Art und Weise der Ausbildung in der späteren Tätigkeit in der Regel widerspiegelt.

Mittlerweile bieten zahlreiche Hochschulen Studiengänge auch im Bereich der Fotografie an.[18] Beispielhaft zu nennen sind Kommunikationsdesign, Fotojournalismus oder Visuelle Kommunikation. Hier werden nicht nur Kenntnisse und Fertigkeiten der Fotografie erlernt, sondern darüber hinausgehende Inhalte vermittelt. Ein Abschluss eines entsprechenden Studiengangs lässt für gewöhnlich auf eine eher künstlerische Tätigkeit schließen.[19]

Der Umkehrschluss wäre dann, dass eine handwerkliche Ausbildung zum Fotografen gegen eine Einstufung als freier Künstler spricht. Dies mag zumindest im Ausgangspunkt zutreffend sein. Dennoch erscheint die berufliche Ausbildung insoweit nicht als zuverlässiges Kriterium, zumal früher die Handwerkslehre der einzige Ausbildungsweg für Fotografen war. Viele der Fotografen, die sich heute eindeutig künstlerisch betätigen, verfügen über eine handwerkliche Ausbildung. Selbstverständlich nutzen sie das in der Ausbildung Erlernte auch für die gegenwärtige Tätigkeit.[20] Schließlich ist es auch für eine künstlerische Tätigkeit unerlässlich, die handwerklichen Fertigkeiten sicher zu beherrschen. Ihnen aber wegen ihres ursprünglichen Ausbildungswegs nicht den Status eines Künstlers zuzuerkennen erscheint nicht sachgerecht.

Im Ergebnis wird jedenfalls mit zunehmendem zeitlichem Abstand zur Ausbildung die Aussagekraft dieses Kriteriums immer schwächer. Je länger die Ausbildung zurückliegt, desto weniger wird man ihr etwas über die aktuelle Tätigkeit des Fotografen entnehmen können, da dabei der weitere berufliche Werdegang außer Betracht bleibt.

(2) Werdegang

Als weiterer Anhaltspunkt ist daher der **berufliche Werdegang** des Fotografen zu *684* werten. Von Bedeutung ist, ob sich der Fotograf mit seinen Produkten in einem künstlerischen Umfeld bewegt und in fachkundigen Kreisen als Künstler anerkannt und behandelt wird.[21] Dabei spricht vor allem auch die Teilnahme an künstlerischen Wettbewerben oder die Auszeichnung mit entsprechenden Preisen für die Annahme einer

---

[17] Vgl. RFH v. 19.05.1933 – V A 643/32 – RFHE 33, 158, 160; RFH v. 31.01.1941 – V 81/49 – RFHE 50, 35, 38; RFH v. 19.04.1944 – V 174/41 – RFHE 54, 89, 90; VG Berlin EFG 1958, 355; FG Bremen v. 24.05.1968 – I 19-24/66 – EFG 1968, 571, 572; FG Hamburg v. 24.09.1992 – I 199/90 – EFG 1993, 386, 387; *Sternberg*, WiVerw 1986, 130, 132; *Rüth*, GewArch 1995, 363, 365.

[18] Vgl. hierzu VG Sigmaringen v. 04.08.1994 – 6 K 297/92 – GewArch 1995, 485, 486.

[19] Vgl. hierzu VG Oldenburg v. 19.04.1990 – 2 A 29/89 – GewArch 1990, 277 f.; *Sternberg*, WiVerw 1986, 130, 132; *Rüth*, GewArch 1995, 363, 365.

[20] So auch *Rüth*, GewArch 1995, 363, 365.

[21] BSG v. 12.11.2003 – B 3 KR 10/03 R – SozR 4-5425 § 24 Nr. 2; s. allgemein hierzu BSG v. 28.02.2007 – B 3 KS 2/07 R – SozR 4-5425 § 2 Nr. 11.

künstlerischen Betätigung.[22] Ferner kann die regelmäßige **Präsentation der Fotografien** in Galerien, Museen und Ausstellungen als weiteres Indiz gesehen werden. Ebenso kann die Auseinandersetzung in kunstorientierten Medien zu berücksichtigen sein.

(3) Gewerbe- oder Handelsregistereintragung

685 Für gewöhnlich wird die Eintragung in das **Gewerbe- oder Handelsregister** als starker Hinweis auf ein Gewerbe gewertet; schließlich ist eine gewerbliche Tätigkeit Voraussetzung für die Eintragung.[23] Die daraus resultierende Vermutung für eine gewerbliche Betätigung ist in der Regel äußerst schwer zu widerlegen. Allerdings kann sie unter Umständen nur für einen in sich abgrenzbaren Teilbereich der Betätigung des Fotografen gelten. Obgleich daher die Eintragung für die Annahme eines Gewerbes spricht, ist im Weiteren die Feststellung erforderlich, ob sich der Fotograf daneben nicht auch noch künstlerisch betätigt.

(4) Gruppen- oder Verbandszugehörigkeit

686 In der Vergangenheit wurde darüber hinaus teilweise auch der Zugehörigkeit zu einer **berufsständischen Vereinigung** eine Vermutung für das Vorliegen einer gewerblichen Tätigkeit entnommen.[24] Auch im Bereich der Fotografie gibt es derartige Interessenverbände. Zu nennen ist hier beispielhaft der CentralVerband Deutscher Berufsfotografen (CV), in dem Handwerksfotografen organisiert sind. Allerdings wurde in der neueren Rechtsprechung auf dieses Kriterium für die Beurteilung nicht mehr abgestellt.

Anders verhält es sich im Hinblick auf die Zugehörigkeit zu einer Gruppe, deren Verbindung in dem gemeinsamen Interesse an der Herstellung und Auseinandersetzung mit Kunst zu sehen ist.[25] Als solche kann bei Fotografen zum Beispiel die Mitgliedschaft im Deutschen Verband für Fotografie e.V. (DVF) gesehen werden. Diese Interessenvereinigung bezeichnet sich als Forum für künstlerische Fotografie, nationale und internationale Fotoausstellungen und Fotoseminare. Die Vermutung für ein künstlerisches Schaffen wird man ebenfalls bei einer Zugehörigkeit zum Bund Freischaffender Foto-Designer e.V. (BFF) annehmen dürfen, eine Organisation für Berufsfotografen mit künstlerischem Anspruch.

(5) Innere Einstellung

687 Weiterhin wurde teilweise auch die **innere Einstellung zum eigenen Handeln** und zum Ergebnis dieses Handelns als Beleg für einen schöpferisch-künstlerischen Gestaltungswillen gewertet.[26]

Diesem Kriterium wird man jedoch keine zu starke Aussagekraft beimessen dürfen, denn die Einstufung einer Tätigkeit als Kunst oder Gewerbe entscheidet vor allem

---

[22] Vgl. hierzu *Sternberg*, WiVerw 1986, 130, 132; *Rüth*, GewArch 1995, 363, 365.

[23] Vgl. *Schneider*, DStZ 1993, 165, 168.

[24] RFH v. 19.05.1933 – V A 643/32 – RFHE 33, 158, 160; RFH v. 31.01.1941 – V 81/49 – RFHE 50, 35, 38.

[25] Vgl. hierzu BFH v. 12.04.1984 – IV R 97/81 – BStBl. II 1984, 491, 492; BFH v. 25.11.1971 – IV R 126/70 – BStBl. II 1972, 212.

[26] Vgl. VG Augsburg v. 06.11.1985 – Au 4 K 83 A.1181 – GewArch 1986, 133, 134; VG Oldenburg v. 19.04.1990 – 2 A 29/89 – GewArch 1990, 277, 278; *Roemer-Blum*, GewArch 1986, 9, 12 f.; a. A. *Böttger*, GewArch 1986, 14, 15 f.

Doepner-Thiele

auch darüber, ob bestimmte Gesetze Anwendung finden. Ein als solches nicht über-prüfbares subjektives Kriterium in die Abwägung einzustellen birgt die **Gefahr eines Missbrauchs.**[27] Schließlich ist die Einordnung als gewerbliche Tätigkeit mit teilweise erheblichen Nachteilen verbunden. Weiterhin ist zu beachten, dass durch die jeweili-gen Gesetze die **Sicherheit und Ordnung im Wirtschaftsleben** gewährleistet werden soll. Dies kann nur erreicht werden, wenn die Zuordnung einer Tätigkeit anhand ob-jektiver Kriterien erfolgt.

bb) Ergebnis- bzw. produktbezogene Merkmale

(1) Eigenschöpferische Leistung

Ein objektives Kriterium zur Abgrenzung stellt die **schöpferische Gestaltung** dar. *688* Gefordert wird, dass das Produkt nicht nur das Ergebnis erlernter handwerksmäßiger Tätigkeit ist, sondern darüber hinaus auch einen eigenschöpferischen Gehalt aufwei-sen muss.[28]

Dies erfordert zum einen, dass überhaupt genügend Raum für eine freie Entfaltung vorhanden ist. Auf den ersten Blick scheinen damit viele Fälle der Auftragsfotografie vom Kunstbereich ausgeschlossen.[29] Letztlich ist auch hier entscheidend, wieviel dem Fotografen tatsächlich durch den Auftraggeber vorgegeben wird.

Zum anderen muss der Fotograf die sich ihm bietenden Möglichkeiten einer freien Entfaltung auch nutzen.[30] Die Fotografie darf sich damit nicht im Rahmen des Übli-chen halten, vielmehr muss sie sich von der Masse abheben. An einer schöpferischen Leistung fehlt es also insbesondere dann, wenn die Arbeit keine eigenen Ideen des Fo-tografen widerspiegelt. Dies ist insbesondere dann der Fall, wenn das Werk nur dem Geschmack der Masse, einer Mode oder einem neuen Stil folgt oder die Bildgestaltung auf bekannte Vorbilder zurückgreift.[31]

In der Vergangenheit hielten die Gerichte Fotografien eher nicht dafür geeignet, Ausdruck einer eigenschöpferischen Leistung zu sein. Grund dafür ist der technisch vorherbestimmte Ablauf einer Fotografie. Die Leistung des Fotografen liege haupt-sächlich darin, diesen Ablauf zu beherrschen. Der Spielraum für Kreativität sei damit eng begrenzt. Die Anforderungen an künstlerische Fotografien wurden damit ent-sprechend hoch angesetzt. Eine Fotografie wurde nur ausnahmsweise als Kunst ange-sehen.[32] So sollten technische Brillanz, die einwandfreie Beherrschung der Motivaus-wahl und die Motivgestaltung allein nicht ausreichen, um einen solchen Ausnahmefall

---

[27] *Rüth*, GewArch 1995, 363, 364.
[28] BFH v. 14.12.1976 – VIII R 76/75 – BStBl. II 1977, 474, 476; BSG v. 24.06.1998 – B 3 KR 11/97 R – SozR 3-5425 § 25 Nr. 11; vgl. auch BVerwG v. 16.12.1971 – 1 C 31.68 – BVerwGE 39, 197, 207 f.; s. ferner FG Köln v. 26.02.2002 – 15 K 8068/98 – EFG 2003, 85, 87; LSG Baden-Württemberg v. 23.03.2010 – L 11 KR 5550/08.
[29] So auch KG v. 11.04.1983 – AR (B) 302/82 – Ws (B) 319/82 – GewArch 1983, 301, 302; OLG München v. 03.12.1992 – 6 U 2473/92 – GewArch 1993, 204; s. ferner *Reich*, in: Fischer/Reich, Der Künstler und sein Recht, 2. Aufl. 2007, S. 245.
[30] *Maaßen*, Kunst oder Gewerbe, 3. Aufl. 2001, Rn. 191.
[31] S. hierzu BFH v. 11.07.1960 – V 96/59 S – BStBl. III 1960, 453; FG Hamburg v. 25.08.1961 – I 21-22/61 – EFG 1962, 155, 156; FG Berlin v. 28.05.1974 – V 6-7/73 – EFG 1974, 520; vgl. ferner FG Hamburg v. 16.12.2004 – VI 263/02 – EFG 2005, 697.
[32] BFH v. 20.12.1966 – IV 100/62 – BStBl. III 1967, 371; BFH v. 07.10.1971 – IV R 139/66 – BStBl. II 1972, 335.

zu begründen. Eine Fotografie könne vielmehr erst dann als Kunstwerk angesehen werden, „wenn das Motiv um seiner selbst willen gestaltet und ihm eine sich über die Darstellung der Wirklichkeit erhebende Aussagekraft verliehen wird, oder wenn die technischen Mittel der Fotografie zu einer eigenschöpferischen Bildgestaltung nutzbar gemacht werden".[33]

689   Diesen Anforderungen an eine künstlerische Leistung werden beispielsweise die aus einzelnen Fotografien hergestellten **Fotomontagen,** sog. Collagen, gerecht. In der Rechtsprechung werden sie daher grundsätzlich als künstlerisch fotografische Werke verstanden.[34] Demgegenüber bieten **Portraitaufnahmen** nach einer früheren Entscheidung des BFH keinen ausreichenden Spielraum zur Entfaltung einer eigenschöpferischen Leistung. Diesen Standpunkt hat der BFH mittlerweile relativiert: auch bei Portraitaufnahmen könne der Fotograf etwas eigenes und neues einbringen.[35] Zur Begründung wurde darauf verwiesen, dass der Fotograf zur Erfassung des Charakteristischen der Person sich zunächst in diese hineindenken und einfühlen und danach versuchen müsse, durch Veränderung des Hintergrundes und der Beleuchtung oder durch Einwirken auf das Modell selbst das Wesenstypische herauszustellen. Wie anfangs bei Portraitaufnahmen zeigen die Gerichte auch bei **Landschafts- oder Luftbildaufnahmen** oder **Aufnahmen von Kunstwerken** jeglicher Art eine gewisse Zurückhaltung: in der Regel wird hier eine künstlerische Tätigkeit des Fotografen verneint.[36] Dies gilt zumindest dann, wenn der Fotograf sich auf die bloße Wiedergabe der Realität beschränkt. Denn nach Auffassung der Gerichte lasse sich in diesen Fällen eine eigenschöpferische Note des Fotografen nicht feststellen. Für die Einordnung als künstlerische Tätigkeit sei vielmehr entscheidend, ob die Motivwahl und die Motivgestaltung nach ästhetischen Gesichtspunkten (z. B. Ausdruck, Komposition, Licht, Schattenwurf, Perspektive, farbliche Gestaltung, Verfremdungseffekte und Weichzeichnung) erfolgt sei.

Im Rahmen der Abgrenzung sollte weiterhin die anschließende Verwertung Berücksichtigung finden. So spricht es eher gegen eine künstlerische Tätigkeit, wenn der Fotograf nicht nur ein Unikat herstellt, sondern die Fotografien in Serie produziert.[37] Die Erstellung der Fotografie ist dann nur Teil einer komplexen Gesamttätigkeit. Im Falle einer Serienproduktion steht die Verwertung der Fotografie im Vordergrund, so dass nicht mehr allein auf die unter Umständen eigenschöpferische Leistung bei Anfertigung des Originals abgestellt werden darf.[38]

(2) Vertriebsweg

690 Der **Vertriebsweg** kann ebenfalls ein für die Abgrenzung von Kunst und Gewerbe wesentliches Kriterium darstellen.[39] Sucht beispielsweise ein Fotograf Kontakt zu Kunden primär über **Galerien, Kunstausstellungen** oder **Kunstmessen,** wird man

---

[33] BFH v. 24.01.1963 – IV 321/61 U – BStBl. III 1963, 216; Hessisches FG v.04.02.1955 – IV 1177/52 – EFG 1955, 174; Hessisches FG v. 26.10.1966 – IV 200-204/66 – EFG 1967, 149, 150.

[34] BVerfG v. 12.11.1991 – 2 BvR 281/91 – GewArch 1992, 133 ff.

[35] BFH v. 07.10.1971 – IV R 139/66 – BStBl. II 1972, 335, 336.

[36] BFH v. 25.11.1970 – I R 78/69 – BStBl. II 1971, 267 (zu Luftbildaufnahmen); Hessisches FG v. 26.10.1966 – IV 200-204/66 – EFG 1967, 149 (zu Landschaftsaufnahmen); BFH v. 07.10.1971 – IV R 139/66 – BStBl. II 1972, 335 (zur Aufnahme von Kunstwerken); s. ferner BSG v. 24.06.1998 – B 3 KR 11/97 R – SozR 3-5425 § 25 Nr. 11.

[37] Vgl. hierzu auch *Rüth*, GewArch 1995, 363, 365.

[38] S. *Reich*, in: Fischer/Reich, Der Künstler und sein Recht, 2. Aufl. 2007, S. 246.

[39] VG Oldenburg GewArch 1990, 277, 278; *Rüth*, GewArch 1995, 363, 366.

aufgrund des Kunstsachverstands der Besucher die Fotografie als Kunstwerk und damit auch die Tätigkeit des Fotografen als künstlerisch einstufen können.[40]

(3) Verwendungszweck

Weiterhin findet in der Rechtsprechung teilweise auch Berücksichtigung, für welchen *691* Zweck das betreffende Produkt verwendet wird.[41] Fehlt ein besonderer **Gebrauchszweck**, ist das Werk also **zweckfrei** geschaffen worden, so kann Kunst anzunehmen sein. Gleiches gilt, wenn der künstlerische Wert deutlich den praktischen Zweck übersteigt.[42]

Zweckfreiheit wird durch die Gerichte dahingehend interpretiert, dass der Gegenstand **„um seiner selbst willen"** hergestellt worden sein muss. Daran anknüpfend hat der BFH in einer früheren Entscheidung bei einem Mode- und Werbefotografen auf eine gewerbliche Tätigkeit geschlossen.[43] Von dieser strengen Auffassung ist der BFH allerdings wenige Jahre später abgerückt.[44] Auch in der Rechtsprechung des BSG wird bei Mode- und Werbefotografen auf eine künstlerische Tätigkeit geschlossen.[45] Der Verwendungszweck ist daher allenfalls geeignet, für, nicht aber zwingend gegen eine künstlerische Betätigung zu sprechen.

3. Zusammenfassung

Anhand der vorgenannten Kriterien wird die Beantwortung der Frage, ob ein künstle- *692* risches oder gewerbliches Handeln vorliegt, stark vereinfacht. Dabei sind die Kriterien grundsätzlich als gleichwertig anzusehen, mit Ausnahme des Kriteriums der eigenschöpferischen Leistung. Diesem kann ein höherer Aussagewert beigemessen werden, da es sich stark an den vom BVerfG entwickelten Kunstbegriff anlehnt und damit den Kern der Abgrenzung betrifft.

Die Kriterien sind stets in einer Gesamtschau zu würdigen. Letztlich liefern sie aber nur Anhaltspunkte. Gerade die Feststellung, ob der Fotograf eine eigenschöpferische Leistung erbringt, kann zu erheblichen Schwierigkeiten führen. In diesen Fällen kann es zur richtigen Erfassung und Bewertung des Sachverhalts – wie in der Praxis der Gerichte und Finanzämter auch üblich – hilfreich sein, auf das Urteil eines **Sachverständigen** zurückzugreifen. Beispielsweise verfügen die Oberfinanzdirektionen über Gutachtergremien mit ehrenamtlich tätigen Sachverständigen.[46]

Bei fortbestehenden Zweifeln sollte die Entscheidung allerdings stets **zu Gunsten der künstlerischen Betätigung** ausfallen. Nur so wird sichergestellt, dass man der verfassungsrechtlichen Bedeutung der Kunstfreiheit gerecht wird.[47] Liegt im Ergebnis allerdings eine **Mischtätigkeit** vor, bei der die gewerbliche Tätigkeit den maßgeblichen Anteil einnimmt, ist die Tätigkeit insgesamt als gewerblich einzustufen.[48]

---

[40] *Rüth*, GewArch 1995, 363, 366.
[41] So insbesondere auch *Maaßen*, Kunst oder Gewerbe, 3. Aufl. 2001, Rn. 582.
[42] VG Augsburg GewArch 1986, 133, 135.
[43] BFH v. 24.01.1963 – IV 321/61 U – BStBl. III 1963, 216.
[44] BFH v. 14.12.1976 – VIII R 76/75 – BStBl. II 1977, 474, 476.
[45] BSG v. 12.11.2003 – B 3 KR 10/03 R – SozR 4-5425 § 24 Nr. 3; BSG v. 04.03.2004 – B 3 KR 17/03 R – SozR 4-5425 § 24 Nr. 6; BSG v. 25.11.2010 – B 3 KS 1/10 R – SozR 4-0000.
[46] S. hierzu *Reich*, in: Fischer/Reich, Der Künstler und sein Recht, 2. Aufl. 2007, S. 245.
[47] So auch *Rüth*, GewArch 1995, 363, 364.
[48] Vgl. *Reich*, in: Fischer/Reich, Der Künstler und sein Recht, 2. Aufl. 2007, S. 246.

III. Folgen der Abgrenzung

693 Die Einordnung einer Tätigkeit als gewerblich oder freiberuflich zieht in der Praxis **weitreichende Folgen in wirtschaftlicher Hinsicht** nach sich. Im Ergebnis ist es für Fotografen dabei deutlich attraktiver, wenn ihre Tätigkeit als freiberuflich eingestuft wird.

1. Gewerbsmäßiges Handeln

694 Fotografen, die gewerbsmäßig tätig sind, sind zunächst gewerbesteuerpflichtig.[49] Darüber hinaus müssen sie die nach der Handwerksordnung und Gewerbeordnung geltenden Restriktionen beachten. Auch unterfallen gewerbsmäßig tätige Fotografen in der Regel den Bestimmungen des Handelsgesetzbuches.

a) Handwerksordnung

695 Sofern das Fotografieren als gewerbsmäßige Tätigkeit ausgeübt wird und dadurch wesentliche Teiltätigkeiten des Handwerksberufs des Fotografen verwirklicht werden, darf dies nur unter den in der **Handwerksordnung** genannten Voraussetzungen geschehen. Während früher eine selbstständige Tätigkeit als Fotograf nur möglich war, wenn der Fotograf eine Meisterprüfung bestanden hatte und sich in die Handwerksrolle eintragen ließ, handelt es sich dabei inzwischen um einen zulassungsfreien Beruf.[50] Gleichwohl unterliegen auch die zulassungsfreien Berufe gewissen Restriktionen. So besteht beispielsweise beim Betrieb eines Handwerks als stehendes Gewerbe eine Anzeigepflicht bei der zuständigen Handwerkskammer, § 18 Abs. 1 HwO. Entspricht der handwerklich tätige Fotograf dieser Verpflichtung nicht, muss mit der **Verhängung eines Bußgeldes** gerechnet werden, § 118 Abs. 1 Nr. 1 HwO.

b) Gewerbeordnung

696 Des Weiteren sind bei Vorliegen einer gewerblichen Ausübung der fotografischen Tätigkeit die Bestimmungen der **Gewerbeordnung** zu beachten. Sofern die Tätigkeit im Rahmen eines stehenden Gewerbes ausgeübt wird, besteht eine Anzeigepflicht nach § 14 GewO. Ist die betreffende Person dagegen als Reisegewerbetreibender einzustufen, beispielsweise weil sie sich als sog. Straßenfotograf betätigt, ist eine Reisegewerbekarte erforderlich (vgl. § 55 Abs. 2 GewO). Wird die Anzeige unterlassen oder eine Reisegewerbekarte nicht beantragt, muss mit der **Verhängung eines Bußgelds** gerechnet werden (vgl. §§ 145 f. GewO).

c) Handelsgesetzbuch

697 Folge einer gewerblichen Tätigkeit kann auch die Anwendung des **Handelsgesetzbuches** sein, wenn der Fotograf als Kaufmann im Sinne dieser Vorschriften anzusehen ist (vgl. §§ 1 ff. HGB). Dies ist dann der Fall, wenn er ein Handelsgewerbe betreibt (vgl. § 1 Abs. 1 HGB). Unter einem Handelsgewerbe versteht man nach § 1 Abs. 2 HGB grundsätzlich jeden Gewerbebetrieb, es sei denn, dass das Unternehmen nach Art und

---

[49] S. hierzu unten unter Rn. 723 ff.

[50] Vgl. hierzu § 18 Abs. 2 HwO und Anlage B „Verzeichnis der Gewerbe, die als zulassungsfreie Handwerke oder handwerksähnliche Betriebe betrieben werden können" zur Handwerksordnung, Abschnitt 1, Nr. 38.

Umfang einen in kaufmännischer Weise eingerichteten Gewerbebetrieb nicht erfordert. Auf die dem handelsrechtlichen Gewerbebegriff zugrunde gelegten Einzelmerkmale braucht nicht näher eingegangen zu werden; von Interesse ist wiederum allein, dass auch nach dem handelsrechtlichen Verständnis die freiberufliche, insbesondere auch die künstlerische Betätigung diesem Begriff nicht unterfällt.[51]

Wird ein Fotograf als Kaufmann eingestuft, so ist er zunächst verpflichtet, Firma, Ort und Geschäftsanschrift seiner Handelsniederlassung in das Handelsregister einzutragen (§ 29 HGB). Kommt er dieser Verpflichtung nicht nach, muss mit der **Festsetzung eines Zwangsgeldes** gerechnet werden (§ 14 HGB).

Angesichts der grundsätzlich rein deklaratorischen Wirkung der Eintragung hängt der Eintritt der mit der Anwendung des Handelsrechts verbundenen weiteren Rechtsfolgen nicht davon ab, ob die Eintragung erfolgt ist oder nicht.[52] Mit der Ausübung des Handelsgewerbes treten diese vielmehr automatisch ein. Ob sie dem Fotografen bekannt sind oder nicht ist unerheblich. Von besonderem Interesse ist dabei vor allem die Entbindung von den Formerfordernissen für Bürgschaften, Schuldversprechen oder Schuldanerkenntnissen (§ 350 HGB).

2. Künstlerische Tätigkeit

Wenn es sich nicht um eine gewerbsmäßige, sondern rein künstlerische Tätigkeit des *698* Fotografen handelt, sind im Allgemeinen weder förmliche Ausbildungs- und Prüfungsverfahren vorgeschrieben noch bestehen sonst irgendwelche subjektiven Berufszulassungsbeschränkungen. Vielmehr sieht das Gesetz in einem solchen Fall gewisse Vorteile vor, die vor allem darin bestehen, dass der Fotograf durch das **Künstlersozialversicherungsgesetz** als Pflichtversicherter in den **Schutz der gesetzlichen Kranken-, Pflege- und Rentenversicherung** mit einbezogen wird (vgl. §§ 1 ff. KSVG).[53]

---

[51] Vgl. hierzu die Definition bei *Hopt*, in: Baumbach/Hopt, Handelsgesetzbuch, 34. Aufl. 2010, § 1 Rn. 12.

[52] Eine Ausnahme gilt für den Kann-Kaufmann nach §§ 2, 3 HGB. Die Eintragung ins Handelsregister wirkt hier konstitutiv.

[53] S. hierzu unten unter Rn. 727 ff.

B. Urheberrechtliche Besonderheiten bei Fotografen in Arbeitnehmerstellung

I. Allgemeines

Nur wenige Fotografen befinden sich in einer **Arbeitnehmerstellung**. Wann dies der *699* Fall ist, ist vielfach schwierig zu beantworten. Für die Einordnung als Arbeitnehmer ist die **persönliche Abhängigkeit** der Tätigkeit in Abgrenzung zur selbstständigen Tätigkeit kennzeichnend.[1] Unselbstständig ist danach derjenige, der seine Tätigkeit nicht frei bestimmen kann, weil er hinsichtlich Inhalt, Durchführung, Zeit, Dauer und Ort Weisungen unterliegt.[2]

Naturgemäß haben einige der in der Rechtsprechung zur Bestimmung der Arbeitnehmereigenschaft entwickelten Kriterien, insbesondere die **Weisungsgebundenheit**, bei schöpferischen Tätigkeiten wie die der Fotografie nur eine eingeschränkte Aussagekraft. Häufig unterliegen Fotografen in fachlicher Hinsicht, aber auch bei der Gestaltung der Arbeitszeiten, keinen oder nur in eingeschränktem Umfang Weisungen, um ihnen einen ausreichenden Raum zur Entfaltung ihrer Kreativität einzuräumen. Gleichwohl können sie als Arbeitnehmer einzustufen sein, wenn die Art und Weise ihrer Tätigkeit im Übrigen mit der Tätigkeit anderer Arbeitnehmer vergleichbar ist.[3] Dies bildet aber weiterhin die Ausnahme.

Auch auf Fotografen, die sich in einem Arbeitsverhältnis befinden, findet der im Urheberrecht entwickelte **Schöpfergrundsatz** Anwendung. Nach diesem Grundsatz ist als Urheber derjenige anzusehen, der das Werk geschaffen hat.[4] Somit gilt auch der in einem Arbeitsverhältnis befindliche Fotograf als der originäre Träger des Urheberrechts an den in dem Beschäftigungsverhältnis entstandenen Fotografien.

Der Arbeitgeber eines Fotografen kann diese Fotografien daher nur dann verwerten, wenn ihm die Nutzungsrechte vertraglich eingeräumt werden (§§ 31 ff. UrhG).[5] Da allerdings ein Interesse des Arbeitgebers anzuerkennen ist, die Fotografien verwerten zu dürfen, wird die Nutzungseinräumung durch § 43 UrhG für den Fall erleichtert, dass sich deren Notwendigkeit aus dem Inhalt oder Wesen des Arbeitsverhältnisses ergibt.

II. Regelungsgehalt des § 43 UrhG

§ 43 UrhG spricht allgemein von **Arbeits- und Dienstverhältnissen**. Dem Gesetzge- *700* ber kam es dabei darauf an, alle in abhängiger Arbeit Beschäftigten zu erfassen, und

---

[1] *Rohjahn*, in: Schricker/Loewenheim, Urheberrecht – Kommentar, 4. Aufl. 2010, § 43 Rn. 13.
[2] *Wandtke*, in: Wandtke/Bullinger, UrhR, 3. Aufl. 2009, § 43 Rn. 5.
[3] S. z. B. BAG v. 16.06.1998 – 5 AZN 154/98 – ZUM 1998, 863, 864 – Fotoreporter.
[4] *Dreier*, in: Dreier/Schulze, UrhG, 3. Aufl. 2008, § 43 Rn. 1; *Wandtke*, in: Wandtke/Bullinger, UrhR, 3. Aufl. 2009, § 43 Rn. 4.
[5] *Dreier*, in: Dreier/Schulze, UrhG, 3. Aufl. 2008, § 43 Rn. 1; *Rohjahn*, in: Schricker/Loewenheim, Urheberrecht – Kommentar, 4. Aufl. 2010, § 43 Rn. 6.

zwar unabhängig davon, ob diese sich in einem privatrechtlichen oder öffentlich-rechtlichen Beschäftigungsverhältnis befinden.

Da die weit überwiegende Zahl der Fotografen im privatwirtschaftlichen Bereich tätig ist, ist diese Vorschrift für sie jedenfalls dann von Bedeutung, wenn sie als **Arbeitnehmer** zu qualifizieren sind. Keine Anwendung findet die Vorschrift daher auf Fotografen, die als **freie Mitarbeiter** beschäftigt sind. Ebenfalls ist die Vorschrift nicht auf **arbeitnehmerähnliche Personen** anwendbar, d. h. diejenigen, die zwar nicht persönlich weisungsgebunden sind, also selbstständig arbeiten, aber von ihrem Dienstherrn wirtschaftlich abhängig und vergleichbar einem Arbeitnehmer sozial schutzbedürftig sind.

1. In Erfüllung der arbeitsvertraglichen Verpflichtungen

701 Die in § 43 getroffene Sonderregelung erfasst nur Fotografien, die **in Erfüllung der arbeitsvertraglichen Verpflichtungen** entstehen. § 43 UrhG findet daher keine Anwendung auf Fotografien, die vor Begründung oder nach Beendigung des Arbeitsverhältnisses angefertigt wurden. Selbst wenn ein Fotograf während eines bestehenden Beschäftigungsverhältnisses Fotografien fertigt, ist § 43 UrhG nicht anwendbar, wenn es sich um **außervertragliche Fotografien** handelt. Außervertragliche Fotografien unterliegen unter Umständen jedoch einer Anbietungspflicht.[6]

Die Feststellung, ob die Fotografie in Erfüllung der arbeitsvertraglichen Verpflichtung angefertigt wurde, kann im Einzelfall Schwierigkeiten bereiten. Für Fotografen in Arbeitnehmerstellung ist daher entscheidend, welchen arbeitsvertraglichen Verpflichtungen sie unterliegen. Dies bemisst sich vorrangig nach etwaigen Individual- und Tarifvereinbarungen. Fehlt es an einer entsprechenden Regelung, sind vor allem die betriebliche Funktion des jeweiligen Fotografen sowie die Verwendbarkeit der gefertigten Bilder für den Arbeitgeber von Bedeutung.[7]

Mit Rücksicht darauf ist der subjektive Wille des Arbeitnehmers nicht entscheidend. Auch erweisen sich Ort und Zeit der Anfertigung der Fotografie regelmäßig nicht als taugliche Kriterien zur Abgrenzung vertraglicher von außervertraglichen Werken.[8] Eine außerhalb der Arbeitszeiten von dem Fotografen zu Hause angefertigte Fotografie kann daher unter Umständen noch als Werk in Erfüllung der arbeitsvertraglichen Verpflichtungen angesehen werden. Diese auf den ersten Blick sehr weitgehende Interpretation dessen, was als arbeitsvertraglich geschuldet gewertet werden kann, gründet vor allem auf der Überlegung, dass die Erbringung einer schöpferischen Leistung kaum zeitlich oder örtlich eingegrenzt werden kann.[9] Eine gewisse Indizwirkung wird man Ort und Zeit gleichwohl nicht absprechen können, je nachdem, wie klar das Arbeitsverhältnis in zeitlicher und örtlicher Hinsicht umrissen ist.[10]

---

[6] Die Frage, ob eine Anbietungspflicht besteht, ist höchstrichterlich nicht entschieden und in der Literatur umstritten; s. hierzu insbesondere *Wandtke*, in: Wandtke/Bullinger, UrhR, 3. Aufl. 2009, § 43 Rn. 31.

[7] *Dreier*, in: Dreier/Schulze, UrhG, 3. Aufl. 2008, § 43 Rn. 10; *Rojahn*, in: Schricker/Loewenheim, Urheberrecht – Kommentar, 4. Aufl. 2010, § 43 Rn. 22.

[8] *Dreier*, in: Dreier/Schulze, UrhG, 3. Aufl. 2008, § 43 Rn. 10; *Wandtke*, in: Wandtke/Bullinger, UrhR, 3. Aufl. 2009, § 43 Rn. 20.

[9] *Dreier*, in: Dreier/Schulze, UrhG, 3. Aufl. 2008, § 43 Rn. 10; *Rojahn*, in: Schricker/Loewenheim, Urheberrecht – Kommentar, 4. Aufl. 2010, § 43 Rn. 23; *Wandtke*, in: Wandtke/Bullinger, UrhR, 3. Aufl. 2009, § 43 Rn. 20.

[10] So auch *Dreier*, in: Dreier/Schulze, UrhG, 3. Aufl. 2008, § 43 Rn. 10.

2. Einschränkung der allgemeinen urheberrechtlichen Regelungen

§ 43 UrhG erklärt die allgemeinen urheberrechtlichen Regelungen über die Einräu- *702* mung von Nutzungsrechten (§§ 31 ff. UrhG) für anwendbar, soweit sich aus dem **Inhalt oder dem Wesen** des Arbeitsverhältnisses nichts anderes ergibt. Die Beweislast, dass von den allgemeinen Regelungen abgewichen wird, trägt insoweit der Arbeitgeber.

Durch den Begriff „Inhalt" wird klargestellt, dass es auf die konkrete Ausgestaltung des Arbeitsverhältnisses durch individualvertragliche bzw. tarifvertragliche Regelungen ankommt. Demgegenüber bezieht sich der Begriff „Wesen" auf die dem Arbeitsverhältnis allgemein innewohnenden Eigenarten und Besonderheiten.[11] Inhalt und Wesen des Arbeitsvertrages können daher unter Umständen zu einer **Abänderung der allgemeinen Regelungen** führen, insbesondere auch dazu, dass bestimmte Vorschriften keine Anwendung finden.

3. Einräumung von Nutzungsrechten

Die wichtigste Änderung, die sich aus dem Inhalt oder Wesen des Arbeitsverhältnis- *703* ses ergibt, besteht darin, dass das Arbeitsergebnis nicht dem Arbeitnehmer, sondern seinem Arbeitgeber zusteht. Das bedeutet, dass der Arbeitgeber eines Fotografen an den Abzügen sowie an den Negativen das **Eigentum erwirbt**, sofern er diese Arbeitsmittel zur Verfügung gestellt hat.[12] Aus dem Eigentumserwerb folgt nicht zugleich auch ein Übergang der Nutzungsrechte. Der Fotograf in Arbeitnehmerstellung ist jedoch verpflichtet, die Nutzungsrechte an der Fotografie auf seinen Arbeitgeber zu übertragen. Die Einräumung selbst bedarf daher einer gesonderten Verfügung. Finden sich in den entsprechenden Arbeits- und/oder Tarifverträgen keine urheberrechtlichen Regelungen, ist regelmäßig von einer **stillschweigenden Einräumung** auszugehen.[13]

Für die Ermittlung, welche Rechte zu übertragen sind, ist in der Regel auf die *704* **Zweckübertragungsregel** abzustellen. Diese findet auch im Arbeitsverhältnis Anwendung. § 43 UrhG stellt insoweit lediglich klar, dass die Rechtseinräumung im Zweifel auf den **Betriebszweck** beschränkt ist. Die Zweckübertragungsregel kommt allerdings dann nicht zur Anwendung, wenn die Parteien bereits umfassend den Umfang der Rechtseinräumung vertraglich geregelt haben (§ 31 Abs. 5 UrhG). Erfolgt die Rechtseinräumung stillschweigend, findet die Zweckübertragungsregel ebenfalls Anwendung. Danach sind dem Arbeitgeber die Nutzungsrechte in dem Umfang einzuräumen, wie dieser sie für seine **betrieblichen Zwecke benötigt**.[14] In der Rechtsprechung lässt sich insoweit keine Tendenz zu Gunsten einer eher arbeitgeber- oder arbeitnehmerfreundlichen Haltung ausmachen.[15] Allgemein gilt jedoch, dass das Urheberrecht im Zweifel so weit wie möglich beim Arbeitnehmerurheber verbleibt.

---

[11] *Rojahn*, in: Schricker/Loewenheim, Urheberrecht – Kommentar, 4. Aufl. 2010, § 43 Rn. 33.

[12] *Rehbinder*, Urheberrecht, 16. Aufl. 2010, Rn. 625; *Wanckel*, Foto- und Bildrecht, 3. Aufl. 2009, S. 295.

[13] S. hierzu insbesondere BGH v. 22.02.1974 – I ZR 128/72 – GRUR 1974, 480, 483 – Hummelrechte; KG v. 29.11.1974 – 5 U 1736/74 – GRUR 1976, 264 – Gesicherte Spuren; *Rojahn*, in: Schricker/Loewenheim, Urheberrecht – Kommentar, 4. Aufl. 2010, § 43 Rn. 40.

[14] BGH v. 22.02.1974 – I ZR 128/72 – GRUR 1974, 480, 482 – Hummelrechte; zum Umfang der stillschweigenden Übertragung eines angestellten Fotografen auf den Arbeitgeber s. KG v. 29.11.1974 – 5 U 1736/74 – GRUR 1976, 264, 265 – Gesicherte Spuren; vgl. ferner *Dreier*, in: Dreier/Schulze, UrhG, 3. Aufl. 2008, § 43 Rn. 20; *Koch*, Handbuch zum Fotorecht, 1. Aufl. 2003, S. 158.

[15] S. *Rojahn*, in: Schricker/Loewenheim, Urheberrecht – Kommentar, 4. Aufl. 2010, § 43 Rn. 55 f. mit Beispielen.

705   Ist der Betriebszweck nicht bereits vertraglich vorgegeben, können Anhaltspunkte vor allem die Produktionsweise des Betriebs und die Aufgabenstellung liefern.[16] Beispielsweise wird bei einem Werbefotografen die Verwendung der Fotos für die Abbildung in Katalogen und Broschüren unweigerlich vom Betriebszweck mit umfasst. Abzustellen ist jedoch immer nur auf den Betrieb, bei dem der Fotograf angestellt und für den er tätig ist.[17] Will daher der Arbeitgeber die Fotos über den betreffenden Betrieb hinaus nutzen, bedarf es einer gesonderten Vereinbarung. Anders verhält es sich, wenn der Betriebszweck nachträglich lediglich geändert wird. Derartige Änderungen werden vom ursprünglichen Betriebszweck in der Regel mit erfasst, nicht jedoch, wenn der Arbeitgeber seinen Geschäftsbetrieb auf neue Unternehmungen ausdehnt.[18]

706   Die dem Arbeitgeber eingeräumten Nutzungsrechte können nur mit Zustimmung des angestellten Fotografen **auf Dritte übertragen** werden (§ 34 UrhG). Auch ein einfaches Nutzungsrecht darf der Arbeitgeber Dritten nur mit Zustimmung des angestellten Fotografen einräumen (§ 35 UrhG). Häufig ist die Zustimmung zur Weiterübertragung bereits arbeitsvertraglich geregelt. Sie braucht allerdings nicht zwingend **ausdrücklich** erfolgen, sondern kann auch **stillschweigend** erteilt werden.[19] Von einer stillschweigenden Zustimmung ist in der Regel auszugehen, wenn die Weitergabe von Nutzungsrechten an Dritte **vom Betriebszweck** erfasst ist.[20]

4. Keine gesonderte Vergütung

707   Mit der Zahlung des Arbeitslohns ist die Einräumung der Nutzungsrechte, die der Arbeitgeber für seine betrieblichen Zwecke benötigt, abgegolten. Es besteht **kein gesonderter Vergütungsanspruch** gegenüber dem Arbeitgeber. Eine vergleichbare Regelung wie im Arbeitnehmererfindungsgesetz fehlt, was darauf zurückzuführen ist, dass die Schaffung urheberrechtsfähiger Werke wie die Anfertigung einer Fotografie, anders als das Auffinden einer technischen Lösung, vorhersehbar ist. Während daher bei angestellten Erfindern die vertragliche Verpflichtung allein in dem Bemühen der Auffindung einer technischen Lösung besteht, ist die Schaffung eines urheberrechtsfähigen Werkes, wie z. B. einer Fotografie, unmittelbarer Vertragsgegenstand.

5. Einschränkung der Urheberpersönlichkeitsrechte

708   Auch Fotografen, die sich in einer Arbeitnehmerstellung befinden, stehen die aus der Urheberschaft resultierenden **urheberpersönlichkeitsrechtlichen Befugnisse** zu. Gleichwohl können diese Befugnisse im Arbeitsverhältnis aufgrund des Interesses des Arbeitgebers an einer möglichst unbeeinträchtigten Verwertung der Fotografien gewisse Einschränkungen erfahren.[21] Dem Grunde nach hat dabei der angestellte Foto-

---

[16]   *Wandtke*, in: Wandtke/Bullinger, UrhR, 3. Aufl. 2009, § 43 Rn. 59.

[17]   *Dreier*, in: Dreier/Schulze, UrhG, 3. Aufl. 2008, § 43 Rn. 20; *Rojahn*, in: Schricker/Loewenheim, Urheberrecht – Kommentar, 4. Aufl. 2010, § 43 Rn. 53.

[18]   Ausführlich hierzu *Rojahn*, in: Schricker/Loewenheim, Urheberrecht – Kommentar, 4. Aufl. 2010, § 43 Rn. 54.

[19]   *Dreier*, in: Dreier/Schulze, UrhG, 3. Aufl. 2008, § 43 Rn. 21; *Rojahn*, in: Schricker/Loewenheim, Urheberrecht – Kommentar, 4. Aufl. 2010, § 43 Rn. 57.

[20]   *Dreier*, in: Dreier/Schulze, UrhG, 3. Aufl. 2008, § 43 Rn. 21; *Rojahn*, in: Schricker/Loewenheim, Urheberrecht – Kommentar, 4. Aufl. 2010, § 43 Rn. 57; *Wandtke*, in: Wandtke/Bullinger, UrhR, 3. Aufl. 2009, § 43 Rn. 81; s. auch OLG Jena v. 08.05.2002 – 2 U 764/01 – GRUR-RR 2002, 379, 380 – Rudolstädter Vogelschießen.

[21]   S. ausführlich hierzu *Rojahn*, in: Schricker/Loewenheim, Urheberrecht – Kommentar, 4. Aufl. 2010, § 43 Rn. 73 ff.; *Wandtke*, in: Wandtke/Bullinger, UrhR, 3. Aufl. 2009, § 43, Rn. 84 ff.

graf seinem Arbeitgeber alle diejenigen Persönlichkeitsrechte zu überlassen, die dieser **zur betrieblichen Verwertung** der Fotografien benötigt.[22] Diese Einschränkungen dürfen jedoch keinesfalls so weit reichen, dass dem Fotografen dadurch die urheberpersönlichkeitsrechtlichen Befugnisse gänzlich entzogen werden.[23]

Dementsprechend steht das Veröffentlichungsrecht nach § 12 UrhG zwar dem angestellten Fotografen zu. Da jedoch der Arbeitgeber die ihm eingeräumten Nutzungsrechte an der Fotografie nur dann ausüben kann, wenn ihm der Fotograf auch die Veröffentlichung dieser Fotografie gestattet, ist der angestellte Fotograf verpflichtet, seinem Arbeitgeber das Veröffentlichungsrecht zur Ausübung zu überlassen.[24] *709*

Auch das Recht auf **Anerkennung der Urheberschaft** (§ 13 Satz 1 UrhG) und das **Recht der Namensnennung** (§ 13 Satz 2 UrhG) sind im Rahmen von Arbeitsverhältnissen grundsätzlich zu berücksichtigen.[25] Gerade das Namensnennungsrecht erfährt jedoch im fotografischen Bereich häufiger eine Einschränkung. Fehlt es allerdings an einer ausdrücklichen Regelung, besteht das Recht auf Namensnennung regelmäßig weiter fort. Der Arbeitgeber ist allerdings berechtigt, die Namensnennung zu unterlassen, wenn die wirtschaftliche Verwertung andernfalls darunter leiden würde.[26] Im Übrigen ist vor allem auch die **Betriebs- und Branchenüblichkeit** von Bedeutung.[27] Beispielsweise ist eine Namensnennung im Bereich der Werbeindustrie unüblich.[28] Ein Werbefotograf hat daher in der Regel keinen Anspruch auf Namensnennung. Anders verhält es sich im Zeitungs- und Zeitschriftenbereich. Fotos werden regelmäßig unter Angabe des Namens des Fotografen veröffentlicht. Für diesen Bereich ist daher grundsätzlich von einer Pflicht zur Namensnennung auszugehen.[29]

Im Weiteren ist noch die Frage von Bedeutung, welche **Änderungen** der Arbeitnehmer an den Fotografien vornehmen darf. § 39 UrhG, der ebenfalls die urheberpersönlichkeitsrechtlichen Belange des Werkschöpfers schützt[30] und auch zu Gunsten von Arbeitnehmern Anwendung findet, geht von einem grundsätzlichen Änderungsverbot aus. Die Vorschrift sieht allerdings eine Ausnahme für den Fall vor, dass eine Änderungsbefugnis vertraglich vereinbart wurde (§ 39 Abs. 1 UrhG). *710*

---

[22] Vgl. *Rojahn*, in: Schricker/Loewenheim, Urheberrecht – Kommentar, 4. Aufl. 2010, § 43 Rn. 73; *Wandtke*, in: Wandtke/Bullinger, UrhR, 3. Aufl. 2009, § 43 Rn. 84.

[23] Vgl. *Dreier*, in: Dreier/Schulze, UrhG, 3. Aufl. 2008, § 43 Rn. 34.

[24] S. hierzu *Dreier*, in: Dreier/Schulze, UrhG, 3. Aufl. 2008, § 43 Rn. 35; *Rojahn*, in: Schricker/ Loewenheim, Urheberrecht – Kommentar, 4. Aufl. 2010, § 43 Rn. 73; *Wandtke*, in: Wandtke/ Bullinger, UrhR, 3. Aufl. 2009, § 43 Rn. 87.

[25] BGH v. 09.12.1977 – I ZR 73776 – GRUR 1978, 360 – Hegel-Archiv; vgl. ferner *Dreier*, in: Dreier/Schulze, UrhG, 3. Aufl. 2008, § 43 Rn. 36.

[26] *Rojahn*, in: Schricker/Loewenheim, Urheberrecht – Kommentar, 4. Aufl. 2010, § 43 Rn. 80; *Wandtke*, in: Wandtke/Bullinger, UrhR, 3. Aufl. 2009, § 43 Rn. 92.

[27] *Rojahn*, in: Schricker/Loewenheim, Urheberrecht – Kommentar, 4. Aufl. 2010, § 43 Rn. 81; *Wandtke*, in: Wandtke/Bullinger, UrhR, 3. Aufl. 2009, § 43 Rn. 90; *Wanckel*, Foto- und Bildrecht, 3. Aufl. 2009, S. 296.

[28] *Rojahn*, in: Schricker/Loewenheim, Urheberrecht – Kommentar, 4. Aufl. 2010, § 43 Rn. 82; *Wandtke*, in: Wandtke/Bullinger, UrhR, 3. Aufl. 2009, § 43 Rn. 98; *Wanckel*, Foto- und Bildrecht, 3. Aufl. 2009, S. 296.

[29] *Rojahn*, in: Schricker/Loewenheim, Urheberrecht – Kommentar, 4. Aufl. 2010, § 43 Rn. 82; *Wanckel*, Foto- und Bildrecht, 3. Aufl. 2009, S. 296.

[30] *Rojahn*, in: Schricker/Loewenheim, Urheberrecht – Kommentar, 4. Aufl. 2010, § 43 Rn. 83.

711   Auch muss der Urheber diejenigen Änderungen dulden, zu denen er nach Treu und Glauben die Einwilligung nicht versagen kann (§ 39 Abs. 2 UrhG). Für gewöhnlich wird diese Änderungsbefugnis eng auslegt. Im Arbeitsverhältnis ist eine solche enge Auslegung jedoch nicht gleichermaßen angebracht. Die Änderungsbefugnis reicht wegen des Interesses des Arbeitgebers an der wirtschaftlichen Verwertung der Fotografie regelmäßig weiter als bei freien Erwerbern von Nutzungsrechten.[31] Was daher der angestellte Fotograf im Einzelnen an Änderungen hinzunehmen hat, richtet sich dabei vornehmlich nach dem **Zweck des jeweiligen Arbeitsverhältnisses** und unter Umständen wiederum nach den jeweiligen **Branchengewohnheiten**.[32] Gerade im Bereich der Werbeindustrie sind weitgehende Änderungen üblich.

712   Ebenfalls ist auch das **Rückrufsrecht** der Nutzungsrechte im Arbeitsverhältnis eingeschränkt. Dies gilt im Besonderen für das Rückrufsrecht wegen Nichtausübung (§ 41 UrhG), weil das wirtschaftliche Interesse des angestellten Fotografen bereits mit der Lohnzahlung abgegolten ist. Dennoch ist auch dieses nicht gänzlich ausgeschlossen, insbesondere, wenn der Arbeitgeber keinerlei Interesse an der Verwertung der Fotografien zeigt.[33] Allerdings darf ein Fotograf seine Rechte nur dann verwerten oder an Dritte weiterveräußern, wenn dies nicht den berechtigten Interessen seines Arbeitgebers zuwiderläuft, z. B. indem dadurch seinem Arbeitgeber unmittelbar oder zumindest mittelbar Konkurrenz gemacht wird.[34]

713   Auch soweit es das **Zugangsrecht** (§ 25 UrhG) anbelangt, gibt es einige Besonderheiten zu beachten. Über dieses Recht kann der Urheber Zugang zu seinem Werk verlangen, wenn dies erforderlich ist, um ein Vervielfältigungsstück herzustellen. Da der Arbeitgeber an den im Rahmen des Arbeitsverhältnisses geschaffenen Werken Eigentum erwirbt, spielt das Zugangsrecht vor allem nach Beendigung des Arbeitsverhältnisses eine wesentliche Rolle.[35] Allerdings darf der Arbeitgeber den Zugang verweigern, wenn der Arbeitnehmer die dem Arbeitgeber übertragenen Nutzungsrechte selbst ausüben will. Mit Hilfe des Zugangsrechts darf folglich nicht die Verwertung durch den Arbeitgeber erschwert oder behindert werden.[36] Demzufolge darf ein Fotograf seine Fotos nicht ablichten, um sie anschließend an Dritte zu veräußern.[37]

---

[31] *Dreier*, in: Dreier/Schulze, UrhG, 3. Aufl. 2008, § 43 Rn. 37; *Rojahn*, in: Schricker/Loewenheim, Urheberrecht – Kommentar, 4. Aufl. 2010, § 43 Rn. 86.

[32] *Dreier*, in: Dreier/Schulze, UrhG, 3. Aufl. 2008, § 43 Rn. 37; *Rojahn*, in: Schricker/Loewenheim, Urheberrecht – Kommentar, 4. Aufl. 2010, § 43 Rn. 86 f.; *Wanckel*, Foto- und Bildrecht, 3. Aufl. 2009, S. 296.

[33] *Dreier*, in: Dreier/Schulze, UrhG, 3. Aufl. 2008, § 43 Rn. 38.

[34] *Dreier*, in: Dreier/Schulze, UrhG, 3. Aufl. 2008, § 43 Rn. 38; *Rojahn*/Loewenheim, in: Schricker, Urheberrecht – Kommentar, 4. Aufl. 2010, § 43 Rn. 89; *Wandtke*, in: Wandtke/Bullinger, UrhR, 3. Aufl. 2009, § 43 Rn. 117.

[35] *Dreier*, in: Dreier/Schulze, UrhG, 3. Aufl. 2008, § 43 Rn. 39; *Rojahn*, in: Schricker/Loewenheim, Urheberrecht – Kommentar, 4. Aufl. 2010, § 43 Rn. 98.

[36] *Rojahn*, in: Schricker/Loewenheim, Urheberrecht – Kommentar, 4. Aufl. 2010, § 43 Rn. 98.

[37] *Rojahn*, in: Schricker/Loewenheim, Urheberrecht – Kommentar, 4. Aufl. 2010, § 43 Rn. 98.

III. Arbeits- und Tarifverträge

In der Regel finden sich umfassende Regelungen zur Rechtseinräumung in den **Ar-** *714*
beitsverträgen, insbesondere aber auch in **Tarifverträgen**. Entsprechende tarifvertragliche Regelungen bestehen vor allem für redaktionell angestellte Fotografen bei
Zeitungs- und Zeitschriftenverlagen sowie für die für Zeitungsverlage journalistisch
tätigen Fotografen in arbeitnehmerähnlicher Position.

1. Redaktionell angestellte Fotografen in Zeitungsverlagen

Fotografen, die bei Zeitungsverlagen fest angestellt sind, fallen unter Umständen unter *715*
den Geltungsbereich des **Manteltarifvertrags für Redakteurinnen und Redakteure**
an Tageszeitungen,[38] gültig seit dem 01.01.2003. Als Redakteur gilt vor allem, wer
Wort- und Bildmaterial sammelt, auswählt und veröffentlichungsreif bearbeitet oder
an der Anordnung des Textes und der Bildgestaltung mitwirkt. Darunter fallen auch
Fotografen.

Der Tarifvertrag sieht in § 18 eine umfassende **ausschließliche Rechtseinräumung** *716*
zu Gunsten des Verlages für Rechte vor, die in Erfüllung der vertraglichen Verpflichtungen aus dem Arbeitsverhältnis erworben werden. Die Rechtseinräumung geht damit weit über den Verlagszweck hinaus. Allerdings bleiben dem Fotografen die von
urheberrechtlichen Verwertungsgesellschaften wahrgenommenen Zweitverwertungs-
rechte und Vergütungsansprüche vorbehalten.

Der Verlag darf diese Nutzungsrechte auch auf Dritte übertragen. In der Regel
entsteht in diesen Fällen ein Anspruch auf eine zusätzliche angemessene Vergütung.
Gleiches gilt beispielsweise auch dann, wenn die Beiträge in Buchform zu Verkaufs-
zwecken genutzt werden.

Hinsichtlich der Urheberpersönlichkeitsrechte enthält der Vertrag nur eine recht *717*
knappe Regelung. Danach bleiben Urheberpersönlichkeitsrechte unberührt; insbesondere besteht das Recht, Entstellungen, andere Beeinträchtigungen und Nutzungen
zu verbieten, die geeignet sind, die berechtigten geistigen und persönlichen Interessen
am Beitrag zu gefährden. Letztlich bedarf es daher einer Entscheidung im Einzelfall,
ob und in welchem Umfang der Verlag Änderungen vornehmen darf.

Von wesentlicher Bedeutung für Fotografen ist vor allem die Regelung, dass Nut- *718*
zungsrechte an Bildmaterial unbefristet und ausschließlich beim Verlag bleiben, sofern
im Einzelfall nichts anderes vereinbart wurde. Von der ansonsten geltenden Regelung,
dass Redakteure nach Beendigung des Arbeitsverhältnisses ohne Einwilligung des
Verlages über ihre Beiträge weiterverfügen dürfen, wenn seit dem Erscheinen mindestens ein Jahr vergangen ist, wird daher bei Bildbeiträgen abgewichen.

Für Fotografen ist der Manteltarifvertrag nur relevant, soweit sie hauptberuflich
bei dem Verlag als Bildredakteure beschäftigt sind. Nicht unter den Geltungsbereich
des Tarifvertrages fallen daher beispielsweise Fotoreporter. Allerdings wird in den mit
diesen geschlossenen Arbeitsverträgen häufig pauschal auf die Vorschriften des Tarifvertrages verwiesen.[39]

---

[38] Ausführlich hierzu *Rojahn*, in: Schricker/Loewenheim, Urheberrecht – Kommentar, 4. Aufl.
2010, § 43 Rn. 104 ff.
[39] *Rojahn*, in: Schricker/Loewenheim, Urheberrecht – Kommentar, 4. Aufl. 2010, § 43 Rn. 108.

2. Redaktionell angestellte Fotografen in Zeitschriftenverlagen

719 Eine vergleichbare Regelung besteht in dem **Manteltarifvertrag für Redakteurinnen und Redakteure an Zeitschriften**,[40] gültig seit dem 01.05.1998. Die urheberrechtlichen Bestimmungen finden sich hier in § 12. Eine wesentliche Abweichung zum vorgenannten Tarifvertrag besteht hier vor allem darin, dass auch Bildbeiträge nach Beendigung des Arbeitsverhältnisses ohne Einwilligung des Verlages weiterverfügt werden dürfen, wenn seit ihrem Erscheinen mindestens zwei Jahre vergangen sind.

3. Journalistisch tätige Fotografen in arbeitnehmerähnlicher Position

720 Fotografen, die hauptberuflich journalistisch tätig sind und die Voraussetzungen einer arbeitnehmerähnlichen Person erfüllen, unterfallen unter Umständen dem **Tarifvertrag für arbeitnehmerähnliche freie Journalistinnen und Journalisten an Tageszeitungen**, gültig seit dem 01.08.2008. Die tarifvertraglichen Regelungen gelten allerdings erst nach Anzeige gegenüber dem Verlag. Durch diesen Vertrag werden ausführlich die **Honoraransprüche** des Fotografen für das von ihm zur Verfügung gestellte Bildmaterial geregelt. Die Höhe der in dem Tarifvertrag angeführten Honorare variiert nach Auflagenhöhe und danach, ob dem Verlag ein Erst- oder Zweitdruckrecht eingeräumt wurde. Anstelle der angeführten Honorare kann auch die Zahlung einer monatlichen Pauschale vereinbart werden. Die Regelungen gelten im Übrigen nur für Schwarz-Weiß-Aufnahmen.

721 Urheberrechtliche Bestimmungen finden sich in § 13 des Vertrages. Danach gilt, dass das **Erstdruckrecht** des Verlages die Übertragung eines modifizierten ausschließlichen Nutzungsrechts beinhaltet. Der Fotograf darf danach das Bildmaterial nicht zum vorherigen oder gleichzeitigen Abdruck anderweitig anbieten. Demgegenüber wird durch das **Zweitdruckrecht** nur ein einfaches Nutzungsrecht eingeräumt. Daneben kann auch ein **Alleinveröffentlichungsrecht** vereinbart werden. Dieses beinhaltet die Übertragung eines uneingeschränkten ausschließlichen Nutzungsrechts, d. h. eine anderweitige Verfügung über das Bildmaterial ist generell ausgeschlossen. Für diese „Alleinrechtsbilder" werden die Honorare allerdings frei ausgehandelt.

722 Der Tarifvertrag enthält darüber hinaus eigene **Zweckübertragungsregelungen**. Fehlt eine Angabe, ob die Fotografie zur Alleinveröffentlichung oder zum Erst- oder Zweitdruck angeboten wird, gilt das Bildmaterial als nur zum Zweitdruck angeboten. Ferner erhält der Verlag im Zweifel nur das Recht zur einmaligen Veröffentlichung in den Ausgaben, für die das Bildmaterial angenommen wurde.

---

[40] Ausführlich hierzu *Rojahn*, in: Schricker/Loewenheim, Urheberrecht – Kommentar, 4. Aufl. 2010, § 43 Rn. 110 ff.

C. Besonderheiten im Steuer- und Sozialversicherungsrecht

I. Steuerrecht

Im Steuerrecht ist die Unterscheidung zwischen selbstständiger und nichtselbstständiger, insbesondere aber auch zwischen freiberuflicher und gewerblicher Tätigkeit unerlässlich, da sich hieran bestimmte steuerrechtliche Folgen knüpfen.[1] Neben Auswirkungen auf die steuerliche Belastung ist die Zuordnung der Tätigkeit zu der jeweiligen Einkunftsart vor allem auch für die Gewerbesteuerfreiheit und andere steuerliche Vorteile von Bedeutung. *723*

1. Einkommensteuer

Die **Einkommensteuer** wird auf das Einkommen natürlicher Personen erhoben, die ihren gewöhnlichen Aufenthalt oder ihren Wohnsitz im Inland haben (§ 1 EStG). Ihre Höhe richtet sich nach dem Prinzip der Leistungsfähigkeit.[2] Die Bemessungsgrundlage ist das zu versteuernde Einkommen. Die Einkommensteuerpflicht trifft damit alle Fotografen, unabhängig davon, ob eine selbstständig ausgeübte gewerbliche oder freiberufliche oder eine nichtselbstständig ausgeübte Tätigkeit vorliegt. *724*

Soweit allerdings der Fotograf eine gewerbliche oder freiberufliche Tätigkeit ausübt, erfolgt die Besteuerung nach Ablauf des Kalenderjahres durch Einkommensteuerveranlagung. Unter Umständen sind Vorauszahlungen auf die voraussichtliche Einkommensteuerschuld zu leisten. Demgegenüber wird bei Fotografen in abhängigen Beschäftigungsverhältnissen die Einkommensteuer durch Quellenabzug vom Arbeitslohn erhoben (sog. Lohnsteuer). Die Steuer wird daher direkt vom Arbeitgeber an das Finanzamt abgeführt.

Unabhängig davon, ob eine selbstständige oder nichtselbstständige Tätigkeit vorliegt, sind bestimmte Einkünfte steuerfrei. Einige der in § 3 EStG angeführten **steuerfreien Einnahmen** betreffen allerdings explizit Künstler. Hierzu zählen zunächst Bezüge aus öffentlichen Mitteln, aber auch Bezüge aus einer öffentlichen Stiftung, wenn sie als Beihilfe für Erziehung, Ausbildung, Wissenschaft und Kunst bewilligt werden (§ 3 Nr. 11 EStG). Voraussetzung ist allerdings, dass der Empfänger nicht zu einer bestimmten wissenschaftlichen oder künstlerischen Gegenleistung verpflichtet ist. Ebenso sind Ehrensold oder Zuwendungen aus den Mitteln der Deutschen Künstlerhilfe steuerfrei (§ 3 Nr. 43 EStG). Diese Vergünstigung greift allerdings nur dann, wenn es sich um Bezüge aus öffentlichen Mitteln handelt, die wegen der Bedürftigkeit des Künstlers gezahlt werden. Auch erfasst werden die Beträge, die ein Künstler nach dem Künstlersozialversicherungsgesetz von der Künstlersozialkasse erhält (§ 3 Nr. 57 EStG). Unter bestimmten, allerdings recht engen Voraussetzungen, sind darüber hinaus auch Stipendien steuerfrei (s. § 3 Nr. 44 EStG).

2. Umsatzsteuer

Selbstständige Fotografen sind zudem regelmäßig **umsatzsteuerpflichtig**,[3] sofern die Leistung im Inland erbracht wird. Der Regelsteuersatz beträgt 19 %, sofern nicht ein *725*

---

[1] Nach welchen Kriterien die Abgrenzungen erfolgen, wurde oben unter Rn. 678 ff. und Rn. 699 dargestellt.

[2] S. hierzu *Reich*, in: Fischer/Reich, Der Künstler und sein Recht, 2. Aufl. 2007, S. 241.

[3] Eine Ausnahme besteht für sog. Kleinunternehmer, vgl. hierzu § 19 Abs. 1 Satz 1 UStG.

ermäßigter Steuersatz von 7% gilt. Ein ermäßigter Steuersatz wird unter anderem auch für alle Umsätze, die aus der Einräumung, Übertragung und Wahrnehmung von Rechten an urheberrechtlich geschützten Leistungen resultieren, gewährt (vgl. § 12 Abs. 2 Nr. 7 c UStG). Handelt es sich daher um eine urheberrechtlich geschützte Tätigkeit, beeinflusst dies die Höhe der Umsatzsteuer.

Im Bereich der Fotografie ist daher zumindest teilweise ein **ermäßigter Steuersatz** zugrunde zu legen. Durch das Urheberrechtsgesetz werden nicht nur Lichtbildwerke, also Fotografien, die eine persönliche geistige Schöpfung darstellen, geschützt (vgl. § 2 Abs. 1 Nr. 5 UrhG),[4] sondern gem. § 72 UrhG auch einfache Lichtbilder. Auch ein nicht künstlerisch fotografisches Erzeugnis stellt insofern eine urheberrechtlich geschützte Leistung dar und unterfällt § 12 Abs. 2 Nr. 7 c UStG.

3. Gewerbesteuer

726 Sofern der Fotograf seine Tätigkeit im Rahmen eines stehenden Gewerbebetriebes ausübt, ist er darüber hinaus grundsätzlich verpflichtet, eine **Gewerbesteuer** zu entrichten (vgl. § 2 Abs. 1 Satz 1 GewStG). Besteuerungsgrundlage ist der Gewerbeertrag, der oft dem Gewinn aus dem Gewerbebetrieb entspricht.

Nicht erfasst von der Gewerbesteuerpflicht sind die freien Berufe. Fotografen, die als Bildberichterstatter tätig sind, sind als freiberuflich Tätige von der Gewerbesteuerpflicht ausgenommen. Gleiches gilt für die selbstständig ausgeübte künstlerische Tätigkeit (vgl. § 2 Abs. 1 Satz 2 GewStG i. V. m. § 15 Abs. 2 Satz 1 EStG; § 18 Abs. 1 Nr. 1 EStG). Ein Fotograf, dessen Tätigkeit als künstlerische Arbeit zu qualifizieren ist, braucht daher ebenfalls keine Gewerbesteuer zu zahlen.

Übt ein Fotograf sowohl eine gewerbliche als auch eine freiberufliche Tätigkeit aus, so sind diese steuerlich getrennt zu beurteilen, wenn sich zwischen beiden Tätigkeitsbereichen keine Überschneidungen feststellen lassen. Besteht allerdings zwischen beiden Tätigkeiten ein **sachlicher und wirtschaftlicher Zusammenhang**, kann eine einheitliche Betrachtung, d. h. die Annahme eines die gesamte Tätigkeit umfassenden Gewerbebetriebs, geboten sein.[5] In diesen Fällen ist daher ebenfalls eine Gewerbesteuer zu entrichten.

---

[4] Stellt die einzelne Fotografie nur einen Bestandteil eines Gesamtwerkes dar, wie dies bei Collagen grundsätzlich der Fall ist, wird sie als Werk der bildenden Kunst i. S. v. § 2 Abs. 1 Nr. 4 UrhG verstanden (vgl. *Kroitzsch*, in: Möhring/Nicolini, Urheberrechtsgesetz, 2. Aufl. 2000, § 2 Rn. 30).

[5] Vgl. hierzu auch *Reich*, in: Fischer/Reich, Der Künstler und sein Recht, 2. Aufl. 2007, S. 246.

Doepner-Thiele

II. Künstlersozialversicherungsrecht

1. Allgemeines

Fotografen, die künstlerisch oder publizistisch tätig sind, können **weitere Vergünsti-** *727* **gungen** über das Künstlersozialversicherungsgesetz erhalten.

Das Künstlersozialversicherungsgesetz vom 27.07.1981 bezieht seit dem 01.01.1983 selbstständige Künstler und Publizisten erstmals pflichtweise in den Schutz der gesetzlichen Renten- und Krankenversicherung ein. Seit dem 01.01.1995 wurde die Versicherungspflicht um die Pflegeversicherung erweitert. Der Schutzumfang bezieht nicht die gesetzliche Arbeitslosenversicherung mit ein.

Künstler und Publizisten, die über die Künstlersozialversicherung erfasst werden, werden hinsichtlich der Beiträge, die von dort aus an die Renten-, Kranken- und Pflegepflichtversicherung zu zahlen sind, ähnlich behandelt wie ein Arbeitnehmer.

Insofern zahlen sie selbst nur 50 % der auf diese Sozialversicherungen entfallenden Beiträge.

Die andere Hälfte wird zu 20 % durch den Bund und zu 30 % durch die Unternehmer und Verwerter über die an die Künstlersozialversicherung zu leistende Künstlersozialabgabe finanziert.

Die Fotografen selbst sind nicht bei der Künstlersozialversicherung versichert. Sie stellt lediglich die **Verwaltungseinheit** zwischen den Versicherten und den jeweiligen Sozialversicherungen dar. Leistungen erhält der Fotograf stets von den Versicherungen selbst.

Ist ein Fotograf über die Künstlersozialversicherung in den oben genannten Sozialversicherungen versichert, hat er z. B. im Fall der Krankenversicherung auch die Möglichkeit, seine Familie dort im Rahmen der kostenlosen Familienversicherung mit zu versichern.

Schließlich obliegt es der Künstlersozialversicherung auch, die Abgabe, die von den Verwertern einzuziehen ist, festzusetzen und einzuziehen.[6]

2. Fotografen in der Künstlersozialversicherung

Eine **Versicherungspflicht** in der Künstlersozialversicherung ergibt sich für selbst- *728* ständige Fotografen dann, wenn sie eine künstlerische oder publizistische Tätigkeit nicht nur vorübergehend ausüben und in diesem Zusammenhang nicht mehr als einen Arbeitnehmer beschäftigen, es sei denn, er ist ein Auszubildender oder ein geringfügig Beschäftigter im Sinne des § 8 SGB IV.[7]

a) *Künstler und Publizist gemäß § 2 KSVG*

Ob ein Fotograf unter die Versicherungspflicht nach dem KSVG fällt, ergibt sich aus *729* der Feststellung, ob er **Künstler** oder **Publizist** im Sinne des § 2 KSVG ist.

---

[6] www.kuenstlersozialkasse.de; *Klaudia Buddemeier*, Künstlersozialabgabe-Leitfaden für die Praxis, S. 7, BDAktuell Nr. 18, Berlin 2007.
[7] § 1 KSVG.

Gemäß § 2 KSVG ist Künstler, wer Musik, darstellende oder bildende Kunst schafft, ausübt oder lehrt. Als Publizist gilt derjenige, der als Schriftsteller, Journalist oder in anderer Weise publizistisch tätig ist oder Publizistik lehrt.

Ob die Tätigkeit eines Fotografen unter diese nicht abschließende Definition fällt, muss im Einzelfall **durch Auslegung** ermittelt werden. Anhaltspunkte hierfür liefert die Rechtsprechung der Sozialgerichte. Ferner hat die Künstlersozialkasse selbst einen Katalog entwickelt, der aufgrund der dort aufgeführten Berufsbezeichnungen eine Hilfestellung für die Einordnung der Tätigkeit gibt. Jedenfalls sind nach diesem Katalog Fotodesigner, künstlerische Fotografen, Pressefotografen und Werbefotografen als Künstler und Publizisten einzuordnen.[8]

b) Selbstständige Erwerbstätigkeit

730 Die künstlerische oder publizistische Tätigkeit des Fotografen muss ferner als eine selbstständige Erwerbstätigkeit ausgeübt werden.

Erwerbsmäßig ist die Tätigkeit dann, wenn sie eine gewisse Nachhaltigkeit aufweist, auf Dauer angelegt ist und der Erzielung von Einnahmen dient.[9]

Selbstständig ist sie, wenn sie keine abhängige Beschäftigung darstellt. Bei der Beurteilung, ob die Tätigkeit selbstständig erfolgt, wird insbesondere darauf zu achten sein, ob folgende Punkte erfüllt sind:

- es besteht keine persönliche Abhängigkeit;
- der Fotograf ist nicht weisungsgebunden hinsichtlich Art, Dauer und
- Ort der Tätigkeit;
- er hat keine festen Arbeitszeiten;
- er ist nicht in eine betriebliche Organisation eingegliedert;
- der Fotograf trägt sein eigenes unternehmerisches Risiko;
- er setzt seine eigenen Betriebsmittel zur Verfolgung des unternehmerischen Zwecks ein;
- er hat nicht nur einen Auftraggeber.[10]

c) Mindest- und Höchstgrenze des Arbeitseinkommens

731 Seit dem Jahr 2004 müssen Fotografen ein jährliches Einkommen von mindestens € 3.900,00 erzielen, damit die Versicherungspflicht in der Künstlersozialkasse ausgelöst wird.[11]

Eine Ausnahme macht der Gesetzgeber jedoch für **Berufsanfänger**. Da diese sich naturgemäß noch eine wirtschaftliche Existenz aufbauen müssen und in den ersten Jahren ihrer selbstständigen Tätigkeit sogar unter der oben genannten Mindestgrenze liegen können, werden diese in den ersten drei Jahren ihrer Tätigkeit generell unter den Schutz des Künstlersozialversicherungsgesetzes gestellt.

---

[8] Künstlersozialkasse, Informationsschrift Nr. 6 zur Künstlersozialabgabe.
[9] www.kuenstlersozialkasse.de/wDeusch/kuensler_und_publizisten/voraussetzungen/selbstaendigeerwerbstaetigkeit.php.
[10] *Klaudia Buddemeier*, Künstlersozialabgabe-Leitfaden für die Praxis, S. 33 f.
[11] www.kuenstlersozialkasse.de/wDeutsch/kuenstler_und_publizisten/voraussetzungen/mindestgrenzedesarbeitseinkommens.php.

Diese Frist kann sich im Einzelfall verlängern, und zwar um die Zeiträume, die sie z. B. wegen Elternzeit, Wehr- oder Zivildienst oder ggf. in Zeiten abhängiger Beschäftigung unterbrochen wird.[12]

d) Befreiung von der Versicherungspflicht

Unabhängig von Vorstehendem besteht jedoch für einen Berufsanfänger auch ein **Wahlrecht**, ob er in der gesetzlichen oder privaten Krankenversicherung versichert sein möchte.[13] *732*

Der Antrag zur Befreiung von der Versicherungspflicht ist spätestens drei Monate nach Feststellung der Versicherungspflicht in der gesetzlichen Krankenkasse zu stellen. Versichert sich der Berufsanfänger daraufhin in einer privaten Krankenkasse, ist ihm auf Antrag von der Künstlersozialkasse ein Zuschuss zum privaten Krankenversicherungsbeitrag zu gewähren.[14]

Nach Ablauf von drei Jahren kann die Befreiung nicht mehr widerrufen werden. In einem solchen Fall hat er keine Möglichkeit mehr, als selbstständiger Künstler oder Publizist Mitglied in der gesetzlichen Krankenkasse zu werden.[15]

Eine Befreiung von der gesetzlichen Krankenversicherungspflicht ist auch für höherverdienende Fotografen möglich. Zu den Höherverdienenden zählen im Jahr 2011 diejenigen Fotografen, deren Einkommen in den vorangegangenen drei Kalenderjahren insgesamt € 146.700,00 oder mehr betragen hat.[16]

e) Vorgezogenes Krankengeld

Selbstständige Fotografen, die über die Künstlersozialkasse pflichtversichert sind, haben ab der siebten Woche der Arbeitsunfähigkeit Anspruch auf Krankengeld.[17] *733*

Es ist wahrscheinlich, dass in vielen Fällen schon ab der ersten Woche der Arbeitsunfähigkeit eine Erwerbslücke entsteht, die vielfach aus eigenen Mitteln nicht zu überbrücken sein wird.[18]

Die gesetzlichen Krankenkassen bieten über Wahltarife die Möglichkeit, diese Lücke zu überbrücken, um in derart gelagerten Fällen ein vorgezogenes Krankengeld zu erhalten.[19]

---

[12] www.kuenstlersozialkasse.de/wDeutsch/kuenstler_und_publizisten/voraussetzungen/mindestgrenzedesarbeitseinkommens.php.

[13] www.kuenstlersozialkasse.de/wDeutsch/kuenstler_und_publizisten/ausnahme/berufsanfaenger.php.

[14] www.kuenstlersozialkasse.de/wDeutsch/kuenstler_und_publizisten/ausnahme/berufsanfaenger.php.

[15] www.kuenstlersozialkasse.de/wDeutsch/kuenstler_und_publizisten/ausnahme/berufsanfaenger.php.

[16] www.kuenstlersozialkasse.de/wDeutsch/kuenstler_und_publizisten/ausnahme/hoeherverdienende.php.

[17] www.kuenstlersozialkasse.de/wDeutsch/kuenstler_und_publizisten/leistungen/vorgezogeneskrankengeld.php

[18] www.kuenstlersozialkasse.de/wDeutsch/kuenstler_und_publizisten/leistungen/vorgezogeneskrankengeld.php.

[19] www.kuenstlersozialkasse.de/wDeutsch/kuenstler_und_publizisten/leistungen/vorgezogeneskrankengeld.php.

3. Die Künstlersozialabgabe für Unternehmen und Verwerter

a) Abgabepflicht gemäß § 24 KSVG

734 Wer auf Unternehmens- und Verwerterseite verpflichtet ist, die Künstlersozialabgabe zu entrichten, ist in § 24 des KSVG festgelegt.

Dies sind gemäß § 24 Abs. 1 S. 1 KSVG zunächst diejenigen Unternehmen und Verwerter, die typischerweise künstlerische oder publizistische Werke und Leistungen in Anspruch nehmen. Hierzu zählen z. B.

– Verlage, Presseagenturen, Bildagenturen;
– Hörfunk und Fernsehen;
– Filmproduktionsunternehmen;
– Galerien und Kunsthandel;
– Werbung und/oder Öffentlichkeitsarbeit für Dritte;
– Museen.

Abgabepflichtig sind ferner auch solche Unternehmen, die für Zwecke des eigenen Unternehmens **Werbung- und Öffentlichkeitsarbeit** betreiben, § 24 Abs. 1 S. 2 KSVG.

Schließlich enthält § 24 Abs. 2 KSVG eine so genannte Generalklausel, nach der auch die Unternehmen abgabepflichtig sind, die nicht nur gelegentlich Aufträge von selbstständigen Künstlern und Publizisten für Zwecke ihres eigenen Unternehmens nutzen, wenn in diesem Zusammenhang Einnahmen erzielt werden sollten.

Neben der geforderten Einnahmenerzielungsabsicht wird im Einzelfall danach zu fragen sein, wie häufig Künstler oder Publizisten von dem Unternehmen beauftragt werden, wie dauerhaft die mit den Künstlern und Publizisten bestehenden rechtlichen Beziehungen im Einzelfall sind und wie hoch der Kostenaufwand für die künstlerische oder publizistische Tätigkeit im Verhältnis zum Gesamtjahresumsatz des Unternehmens ist.[20]

b) Wie hoch ist die Künstlersozialabgabe und worauf ist sie zu zahlen?

735 Seit dem Jahr 2000 gelten für die Bereiche Wort, bildende Kunst, Musik und darstellende Kunst die folgenden Abgabesätze:[21]

2000	2001	2002	2003	2004	2005	2006	2007	2008	2009	2010	2011
4,0 %	3,9 %	3,8 %	3,8 %	4,3 %	5,8 %	5,5 %	5,1 %	4,9 %	4,4 %	3,9 %	3,9 %

Die Künstlersozialabgabe ist auf alle Entgelte, die im jeweiligen Jahr an selbstständige Künstler und Publizisten gezahlt worden sind, zu zahlen. Hierzu gehören auch alle **Nebenkosten**, wie z. B. Telefon- und Materialkosten.

Nicht in die Berechnung einbezogen werden z. B.

– Zahlungen an juristische Personen (GmbH/AG);

---

[20] *Klaudia Buddemeier*, Künstlersozialabgabe-Leitfaden für die Praxis, S. 19.
[21] www.kuenstlersozialkasse.de/wDeutsch/unternehmer/abgabepflicht/diekunestlersozialabgabederverwerter.php.

– gesondert ausgewiesene Umsatzsteuer;

– steuerfreie Aufwandsentschädigungen für Reise- und Bewirtungskosten;

– Entgelte, die im Rahmen der so genannten Übungsleiterpauschale in Höhe von € 1.848,00 pro Jahr (seit 2007: € 2.100,00 pro Jahr) steuerfrei gemäß § 3 Nr. 26 Einkommenssteuergesetz sind.[22]

c) Pflichten der Unternehmen

Abgabepflichtige Unternehmen (§ 24 KSVG) sind grundsätzlich selbst verpflichtet, *736* sich bei der Künstlersozialkasse im Fall der erstmaligen Inanspruchnahme von künstlerischen und publizistischen Leistungen anzumelden.

Gemäß § 27 KSVG besteht sodann die Verpflichtung, einmal im Jahr – spätestens jedoch bis zum 31. März des Folgejahres – die **jährliche Entgeltmeldung** vorzunehmen. Sind monatliche Vorauszahlungen auf die Künstlersozialabgabe zu entrichten, sind diese bis zum 10. des Folgemonats an die Künstlersozialkasse zu zahlen.[23]

Damit das Unternehmen eine verlässliche Grundlage hat, auf deren Basis es die jährliche Entgeltmeldung vornehmen kann, ist es verpflichtet, Aufzeichnungen über die für die Berechnung der Abgabe relevanten Entgelte zu führen (§ 28 KSVG). Die Künstlersozialkasse kann zur Überprüfung der Richtigkeit und Nachvollziehbarkeit der Entgeltmeldung gemäß § 29 KVSG auch die **Vorlage** der gemäß § 28 KSVG getätigten Aufzeichnungen verlangen.

Ansprüche auf die Künstlersozialabgabe verjähren gemäß § 31 KSVG in Verbindung mit § 25 Abs. 1 S. 1 SGB IV in vier Kalenderjahren nach Ablauf des Kalenderjahres, in dem die Abgabe fällig geworden ist.

Für die Praxis bedeutet dies, dass eigentlich von einem **5-Jahres-Zeitraum** ausgegangen werden kann, denn die Fälligkeit ist stets am 31. März des Folgejahres gegeben. Hierzu ein Beispiel:

Berechnung der Verjährungsfrist für die Künstlersozialabgabe des Jahres 2007

Fälligkeit der Abgabe: 31.03.2008

Beginn der Verjährungsfrist: 01.01.2009

Ablauf der Verjährungsfrist: 31.12.2012, 0:00 Uhr.

---

[22] www.kuenstlersozialkasse.de/wDeutsch/unternehmer/faqfuerunternehmenundverwerter.php.
[23] www.kuenstlersozialkasse.de/wDeutsch/unternehmer/kuenstlersozialabgabe/fristenfaegikeitenundsaeumnis.php.

Literaturverzeichnis

Albrecht, Die Macht einer Verleumdungskampagne, Diss. Bremen 2002.

Arzt, Der strafrechtliche Schutz der Intimsphäre, 1. Aufl., Tübingen 1970.

Bartnik, Der Bildnisschutz im deutschen und französischen Zivilrecht, 1. Aufl., Tübingen 2004.

Baumbach/Hopt, Handelsgesetzbuch – Kommentar zum Handelsgesetzbuch, 33. Aufl., München 2008.

Baumbach/Lauterbach/Albers/Hartmann, Zivilprozessordnung, 68. Aufl., München 2010.

Beater, Medienrecht, 1. Aufl., Tübingen 2007.

Becker, Die polizeiliche Befragung zum Zwecke der Gefahrenabwehr im Zusammenhang mit Veranstaltungen und Versammlungen, in: Staack/Schwentuchowski (Hrsg.), Versammlungen, Hamburg 2006, S. 287.

Becker, Die Verwertungsgesellschaft im Europäischen Binnenmarkt, Schriftenreihe des Archivs für Urheber- und Medienrecht Band 91, 1990.

Becker/Dreier, Urheberrecht und digitale Technologie, 1. Aufl., Baden-Baden 1994.

Berberich, Die Doppelfunktion der Zweckübertragungslehre bei der AGB-Kontrolle, ZUM 2006, 205.

Berberich, Die urheberrechtliche Zulässigkeit von Thumbnails bei der Suche nach Bildern im Internet, MMR 2005, 145 ff.

Berger, Urheberrechtliche Erschöpfungslehre und digitale Informationstechnologie, GRUR 2002, 198.

Berger/Wündisch, Urhebervertragsrecht, 1. Aufl., Baden-Baden 2008.

Böhme, Theorie des Bildes, 2. Aufl., München 2004.

Böttger, Stellungnahme zum Aufsatz von Dr. Dieter Johannes Roemer-Blum über die „Abgrenzung zwischen Handwerk und Kunst", GewArch 1986, 14.

Brockhaus Enzyklopädie.

Bundesverband der Pressebild-Agenturen und Bildarchive e. V., Der Bildermarkt und Bildhonorare, Stand 2009.

Bröhmer, Transparenz als Verfassungsprinzip, 1. Aufl., Tübingen 2004.

Buddemeier, Künstlersozialabgabe-Leitfaden für die Praxis, 1. Auflage 2007.

Castendyk, Buy-Out-Klauseln in Honorarbedingungen für Journalisten/innen, AfP 2010, 434.

Castendyk, Lizenzverträge und AGB-Recht, ZUM 2007, 169.

Danziger, Die Medialisierung des Strafprozesses, Diss. 1. Aufl., Berlin 2009.

Dasch, Die Einwilligung zum Eingriff in das Recht am eigenen Bild, 1. Aufl., München 1990.

Dietel/Gintzel/Kniesel, Demonstrations- und Versammlungsfreiheit, 14. Aufl., Köln 2005.

Donle, Die Bedeutung des § 31 Abs. 5 UrhG für das Urhebervertragsrecht, Diss. München 1993.

Dreier, Sachfotografie, Urheberrecht und Eigentum, in: „Urheberrecht gestern – heute – morgen, Festschrift für Adolf Dietz zum 65. Geburtstag, 2001, S. 235 ff.

Dreier/Schulze, Urheberrechtsgesetz. Urheberrechtswahrnehmungsgesetz, Kunsturhebergesetz, Kommentar, 3. Aufl., München 2008.

Dreier/Schulze, Urheberrechtsgesetz. Urheberrechtswahrnehmungsgesetz, Kunsturhebergesetz, Kommentar, 2. Aufl. 2006.

Dreyer/Kotthoff/Meckel, Heidelberger Kommentar zum Urheberrecht. Urheberrechtsgesetz, Urheberrechtswahrnehmungsgesetz, Kunsturhebergesetz, 2. Aufl., Heidelberg u.a. 2009.

Eberle, Gesetzwidrige Medienöffentlichkeit beim BVerfG?, NJW 1994, 1637.

Engau, Straftäter und Tatverdächtige als Personen der Zeitgeschichte, 1. Aufl., Frankfurt 1993.

Erman, Handkommentar Bürgerliches Gesetzbuch (BGB), 12. Aufl., Köln 2008.

Faulstich, Grundwissen Medien, 5. Aufl., Paderborn 2004.

Fechner, Medienrecht, 10. Aufl., Tübingen 2009.

Fischer/Reich, Der Künstler und sein Recht, 2. Aufl., München 2007.

Flechsig, Schutz gegen Verletzungen des höchstpersönlichen Lebensbereichs durch Bildaufnahmen, ZUM 2004, 614.

Frohne, Filmverwertung im Internet und deren vertragliche Gestaltung, ZUM 2000, 810.

Fromm/Nordemann, Urheberrecht. Kommentar zum Urheberrechtsgesetz, Verlagsgesetz, Urheberrechtswahrnehmungsgesetz, 10. Aufl., Stuttgart 2008.

Frömming/Peters, Die Einwilligung im Medienrecht, NJW 1996, 958.

v. Gamm, Die sklavische Nachahmung, GRUR 1978, 453.

Gersdorf, Kameras in Gerichtsverhandlungen: Karlsruhe auf verschlungenem verfassungsdogmatischen Pfade, AfP 2001, 29.

Goebel/Hackemann/Scheller, Zum Begriff des Erscheinens beim Elektronischen Publizieren, GRUR 1986, 355.

Götting/Schertz/Seitz, Handbuch des Persönlichkeitsrechts, 1. Aufl., München 2008

Gounalakis, Rechte und Pflichten privater Konzertveranstalter gegenüber den Massenmedien (Bild-, Ton- und Fernsehberichterstattung), AfP 1992, 343.

Grunert/Ohst, Grundprobleme der kommerziellen und privaten Nutzung künstlerischer Leistungen im Internet – Teil I, KUR 2001, 8.

Hahn/Vesting, Beck'scher Kommentar zum Rundfunkrecht, 1. Aufl., München 2003

Halling, Das Spannungsverhältnis zwischen Pressefreiheit und Persönlichkeitsrecht am Beispiel der Presseberichterstattung zum Fall Barschel, Studienarbeit, 1. Aufl., München 2000.

Heidenreich, Die Einwilligung Minderjähriger bei Eingriffen in das Recht am eigenen Bild und in sonstige Persönlichkeitsrechte, AfP 1970, 960.

Helle, Besondere Persönlichkeitsrechte im Privatrecht, 1. Aufl., Tübingen 1991.

Hochrathner, Hidden Camera – Ein zulässiges Einsatzwerkzeug des investigativen Journalismus?, ZUM 2001, 672.

Höcker, Quellenschutz der Presse vs. Auskunftsanspruch im Verfügungsverfahren, IPRB 2010, 21.

Hoeren, Entwurf einer EU-Richtlinie zum Urheberrecht in der Informationsgesellschaft, MMR 2000, 515.

Hoeren, Multimedia als noch nicht bekannte Nutzungsart, CR 1995, 710.

Hoeren, Urheberrecht 2000 – Thesen für eine Reform des Urheberrechts, MMR 2000, 3.

Hoeren, Die Pflicht zur Überlassung des Quellcodes, CR 2004, 721.

Hoeren/Nielen, Fotorecht, Recht der Aufnahme, Gestaltung und Verwertung von Bildern, 1. Aufl., Berlin 2004.

Hoeren/Sieber, Handbuch Multimedia-Recht, Stand Dezember 2008, München 2009.

Hoppe, Bildaufnahmen aus dem höchstpersönlichen Lebensbereich – der neue § 201 a StGB, GRUR 2004, 990.

Ingerl/Rohnke, Markengesetz, Kommentar, 3. Aufl., München 2010.

Jarass, Öffentliche Verwaltung und Presse, DÖV 1986, 721.

Jarass/Pieroth, Grundgesetz für die Bundesrepublik Deutschland, Kommentar, 10. Aufl., München 2009.

Kadner, Die Vereinbarkeit von Fotomontagen mit dem Recht am eigenen Bild, 1. Aufl., Hamburg 2004.

Katzenberger, Neue Urheberrechtsprobleme der Photographie – Reproduktionsphotographie, Luftbild- und Satellitenaufnahmen, GRUR Int. 1989, 116.

Klass, Zu den Grenzen der Berichterstattung über Personen des öffentlichen Lebens, AfP 2007, 517.

Klass, Die zivilrechtliche Einwilligung als Instrument zur Disposition über Persönlichkeitsrechte, AfP 2005, 507.

Koch, Handbuch zum Fotorecht, 1. Aufl., Sinzheim/ Baden 2003.

Koehler, Der Erschöpfungsgrundsatz des Urheberrechts im Online-Bereich, Diss., 1. Aufl., Münster 2000.

Kohler, Der Fall der Bismarckphotographie, GRUR 1900, 196.

Kopp/Schenke, VwGO Verwaltungsgerichtsordnung. Kommentar, 14. Aufl., München 2005.

Kortz, Ausschluss der Fernsehöffentlichkeit im Gerichtsverfahren, AfP 1997, 443.

Kraßer, Schadensersatz für Verletzungen von gewerblichen Schutzrechten und Urheberrechten nach deutschem Recht, GRUR Int 1980, 259.

Kröger, Enge Auslegung von Schrankenbestimmungen – wie lange noch? – Zugang zu Informationen in digitalen Netzwerken, MMR 2002, 18.

Kuck, Kontrolle von Musterverträgen im Urheberrecht, GRUR 2000, 285.

Kummer, Das urheberrechtlich schützbare Werk, 1. Aufl., Bern 1968.

Lettl, Urheberrecht, 1. Aufl., München 2008.

Loewenheim, Handbuch des Urheberrechts, 1. Aufl., München 2003.

Loewenheim, Handbuch des Urheberrechts, 2. Aufl., München 2010.

Löffler, Presserecht, 5. Aufl., 2006.

Löffler/Ricker, Handbuch des Presserechts, 5. Aufl., 2005.

Maaßen, Digitale Bildbearbeitung und Urheberrecht, BVPA 1998, 43.

Maaßen, Kunst oder Gewerbe, 3. Aufl., Heidelberg 2001.

Maaßen, Urheberrechtliche Probleme der elektronischen Bildverarbeitung, ZUM 1992, 338.

Maaßen, Vertragsmuster, Formulare und Musterbriefe, 2. Aufl. 2006.

Macias, Die Entwicklung des Bildjournalismus, 1. Aufl., München 1990.

Maslaton, Anmerkung zu LG München I v. 14.11.2002 – 7 O 4002/02, MMR 2003, 197.

Maul, Bild- und Rundfunkberichterstattung im Strafverfahren, MDR 1970, 286.

Mielke/Mielke, Allgemeine Liefer- und Geschäftsbedingungen im Fotobereicht, ZUM 1998, 646.

Möhring/Nicolini, Urheberrechtsgesetz – Kommentar, 2. Aufl., München 2000.

Movessian, Spielfilmauswertung – Zweckübertragungstheorie und neue audio-visuelle Medien – Eine Entgegnung, GRUR 1974, 371.

Münchener Kommentar, Kommentar zum Bürgerlichen Gesetzbuch, 5. Aufl., München 2007.

Münchener Vertragshandbuch, Band 3: Wirtschaftsrecht II, 6. Aufl., München 2009.

Neumann, Urheberrecht und Schulgebrauch, 1. Aufl., Diss. Baden-Baden 1994.

Nordemann, Lichtbildschutz für fotografisch hergestellte Vervielfältigungen?, GRUR 1987, 15.

Nordemann, Die MFM-Bildhonorare: Marktübersicht für angemessene Lizenzgebühren im Fotobereich, ZUM 1998, 642.

Nordemann, Die künstlerische Fotografie als urheberrechtlich geschütztes Werk 1, Aufl., Baden-Baden 1992.

Osterrieth, Das Urheberrecht an Werken der bildenden Künste und der Photographie, 1. Aufl., Berlin 1907.

Ott, Die urheberrechtliche Zulässigkeit des Framing nach der BGH-Entscheidung im Fall „Paperboy", ZUM 2004, 357.

Palandt, Bürgerliches Gesetzbuch – Kommentar, 69. Aufl. München 2010.

Paschke, Medienrecht, 3. Aufl., Heidelberg 2009.

Platena, Das Lichtbild im Urheberrecht: gesetzliche Regelung und technische Weiterentwicklung, Diss., Marburg 1998.

Prinz/Peters, Medienrecht, 1. Aufl., München 1999.

Reber, Die Bekanntheit der Nutzungsart im Filmwesen – ein weiterer Mosaikstein in einem undeutlichen Bild, GRUR 1997, 162.

Reber, Digitale Verwertungstechniken – neue Nutzungsarten : Hält das Urheberrecht der technischen Entwicklung noch stand?, GRUR 1998, 793.

Rebmann, Aktuelle Probleme des Zeugnisverweigerungsrechts von Presse und Rundfunk und das Verhältnis der Presse und Polizei bei Demonstrationen, AfP 1982, 189

Rehbinder, Urheberrecht, 16. Aufl., München 2010.

Reinbothe, Die EG-Richtlinie zum Urheberrecht in der Informationsgesellschaft, GRUR Int. 2001, 733.

Retzer, Einige Überlegungen zum Vernichtungsanspruch bei der Nachahmung von Waren oder Leistungen, Festschrift für Dr. Henning Piper zum 65. Geburtstag, 1996, Seite 421.

Reuter, Digitale Bild- und Filmbearbeitung im Licht des Urheberrechts, GRUR 1997, 23.

Riedel, Fotorecht für die Praxis, 4. Aufl., München 1988.

Roemer-Blum, Zur Abgrenzung zwischen Handwerk und Kunst, GewArch 1986, 9.

Rüth, Kunsthandwerk – Handwerk oder Kunst, GewArch 1995, 363.

Schaaf, Urheberrecht und allgemeine Geschäftsbedingungen: eine Untersuchung der Grenze der Einräumung von Nutzungsrechten durch allgemeine Geschäftsbedingungen, Diss. Berlin 1995.

Schack, Fotografieren fremder Sachen – Anmerkung zur Entscheidung der Cour de Cassation vom 7. Mai 2004, ZEUP 2006, 150.

Schack, Kunst und Recht, Bildende Kunst, Architektur, Design und Fotografie im deutschen und internationalen Recht, 2. Aufl., Tübingen 2009.

Schack, Neue Techniken und Geistiges Eigentum, JZ 1998, 753.

Schack, Rechtsprobleme der Online-Übermittlung, GRUR 2007, 639.

Schack, Urheber- und Urhebervertragsrecht, 5. Aufl., Tübingen 2010.

Scheurer, Zur Kultur- und Mediengeschichte der Fotografie. Die Industrialisierung des Blicks, 1. Aufl., Ostfildern 1991.

Schimmel, Das Urhebervertragsrecht – Fehlschlag oder gelungene Reform?, ZUM 2010, 95.

Schippan, Auf dem Prüfstand: Die Honorar- und Nutzungsrechtsregelungen zwischen Zeitungs- und Zeitschriftenverlagen und ihren freien Mitarbeitern, ZUM 2010, 782

Schlüter, Zur Beschränkung der Presse- und Medienfreiheit durch sitzungspolizeiliche Anordnungen nach § 176 GVG, AfP 2009, 557.

Schmid/Wirth/Seifert, Urheberrechtsgesetz: Mit Urheberwahrnehmungsgesetz, 2. Aufl., Baden-Baden 2009.

Schneider, Künstlerische und gebrauchskünstlerische Tätigkeit im Gewerbesteuerrecht, DStZ 1993, 165.

Schneider/Zeh, Parlamentsrecht und Parlamentspraxis in der Bundesrepublik Deutschland, 1. Aufl., Berlin 1989.

Schönke/Schröder, Strafgesetzbuch, 27. Aufl., München 2006.

Schricker, Urheberrecht, Kommentar, 1. Aufl., München 1987.

Schricker, Urheberrecht, Kommentar, 3. Aufl., München 2006.

Schricker/Loewenheim, Urheberrecht, Kommentar, 4. Aufl., München 2010.

Schricker, Verlagsrecht, 3. Aufl., München 2001.

Schulz/Jürgen, Das Recht am eigenen Bild – Eine fallorientierte Orientierung in Struktur und aktuelle Probleme des Bildnisschutzes, JuS 1999, 770.

Schulze, Rechtsprechung zum Urheberrecht, lose Blatt- Entscheidungssammlung mit Anmerkungen, 51. Aufl., München 2006.

Schulze, Der Schutz von technischen Zeichnungen und Plänen, CR 1988, 181.

Schulze/Dörner/Ebert, Bürgerliches Gesetzbuch, Handkommentar, 6. Aufl., Baden-Baden 2009.

Schuster/Müller, Entwicklung des Internet- und Multimediarechts von Juli 2000 bis März 2001, MMR-Beilage 10/2000.

Schwarz, Fernsehöffentlichkeit im Gerichtsverfahren. Zur Frage der Verfassungsmäßigkeit des § 169 S. 2 GVG, AfP 1995, 353.

Seiler, Digitale Schlankheitskur und Persönlichkeitsrecht, unter http://www.fotorecht.de (Stand: Dezember 2009).

Seiler, Fotomontagen: Neue Gerichtsurteile, unter http://www.fotorecht.de (Stand: Dezember 2009).

Seiler, Fotos und Frame-Technik, http://www.fotorecht.de (Stand: Dezember 2009).

Seiler, Star-Fakes und die Rechte der Fotografen, unter http://www.fotorecht.de (Stand: Dezember 2009).

Seiler, visuell 4/2001, S. 65.

Seitz/Schmidt, Der Gegendarstellungsanspruch, 4. Aufl., München 2010.

Söder, Persönlichkeitsrechte in der Presse, ZUM 2008, 95.

Soehring, Presserecht, 4. Aufl., Köln 2010.

Soehring, Presserecht, 3. Aufl., Köln 2000.

Soehring, Caroline und ein Ende? – Zum Urteil des Bundesverfassungsgerichts vom 15. Dezember 1999, AfP 2000, 230.

Soehring/Seelmann-Eggebert, Die Entwicklung des Presse- und Äußerungsrechts in den Jahren 2000-2004, NJW 2005, 571.

Soergel, Kommentar zum BGB, 12. Aufl. Stuttgart 1990.

Sotheby's, Ausstellungskatalog „A Piedmontese Villa, The Contents of Vigna Corte Di Bonvicino Moncalieri, Turin, London 2009.

Spieker, Die fehlerhafte Urheberbenennung: Falschbenennung des Urhebers als besonders schwerwiegender Fall, GRUR 2006, 118.

Spindler, Europäisches Urheberrecht in der Informationsgesellschaft, GRUR 2002, 105.

Spindler/Schuster, Recht der elektronischen Medien, 1. Aufl., München 2008.

Staack/Schwentuchowski, Versammlungen, 1. Aufl., Hamburg 2006.

Sternberg, Abgrenzung zwischen Handwerk und freier Kunst, WiVerw 1986, 130

Stieper/Frank, DVD als neue Nutzungsart?, MMR 2000, 643.

Straßer/Stumpf, Neue Nutzungsarten in Filmverwertungsverträgen nach deutschem und US-amerikanischem Urheberrecht, GRUR Int. 1997, 801.

Teichmann, Abschied von der absoluten Person der Zeitgeschichte, NJW 2007, 1917.

Teplitzky, Die Rechtsfolgen der unbegründeten Ablehnung einer strafbewehrten Unterlassungserklärung, GRUR 1983, 609.

Thomas/Putzo, ZPO, 30. Aufl., München 2009.

Tilp, Das Recht der Vertragsstrafe, JURA 2001, 441.

Tröndle/Fischer, Strafgesetzbuch, 53. Aufl., München 2006.

v. Coelln, Zur Medienöffentlichkeit der Dritten Gewalt, 1. Aufl. Tübingen 2005.

v. Gamm, Urheberrechtsgesetz, 2. Aufl., München 1968.

v. Gamm/v. Gamm, Persönlichkeits- und Ehrverletzungen durch Massenmedien, München 1969.

Wanckel, Foto- und Bildrecht, 3. Aufl., München 2009.

Wandtke, Medienrecht Praxishandbuch, Band 2, Schutz von Medienprodukten, 2. Aufl., Berlin 2011.

Wandtke/Bullinger, Praxiskommentar zum Urheberrecht, 3. Aufl., München 2009.

Wenzel, Das Recht der Wort- und Bildberichterstattung, 5. Aufl., Köln 2003.

Wessels, Ein politischer Fall. Uwe Barschel – Die Hintergründe der Affäre, 2. Aufl., Weinheim 1988.

v. Westphalen, AGB-Recht im Jahr 2003, NJW 2004, 1993.

v. Westphalen, AGB-Recht im Jahr 2005, NJW 2006, 2228.

Wiebe, „User Interfaces" und Immaterialgüterrecht, GRUR Int. 1990, 21.

Wild, Anmerkung zum Urteil des BGH v. 26.06.1979, Az. VI ZR 108/78 – „Fußballtor", GRUR 1979, 734.

Wille, Die neue Leitbilddiskussion im Urhebervertragsrecht – Zugleich Anmerkung zu LG München I ZUM 2010, 825, ZUM 2011, 206.

Wolf/Lindacher/Pfeiffer, AGB-Recht, 5. Aufl., München 2009.

Zöller, ZPO, 28. Auflage, Köln 2010.

Rechtsprechungsübersicht

BVerfG

Datum	Aktenzeichen	Kennwort / Beschreibung	Fundstelle
24.02.1971	1 BvR 435/68	*Mephisto* – Umfang der Kunstfreiheitsgarantie bei Ehrverletzungen	BVerfGE 30, 173
07.07.1971	1 BvR 765/66	*Kirchen- und Schulgebrauch* – Verfassungswidrigkeit der Vergütungsfreiheit bei Aufnahme geschützter Werke in Sammlungen	GRUR 1972, 481
05.06.1973	1 BvR 536/72	*Lebach I* – Interessenabwägung zwischen Rundfunkfreiheit und Persönlichkeitsschutz	NJW 1973, 1226
25.01.1984	1 BvR 272/81	*Günter Wallraff* – Schutz der Vertraulichkeit der Redaktionsarbeit durch die Pressefreiheit	NJW 1984, 1741
17.07.1984	1BvR 816/82	*Anachronistischer Zug* – Kunstfreiheit für politisches Straßentheater	BVerfGE 67, 213
03.06.1987	1 BvR 313/85	*Strauß-Karikatur* – Kollision von Kunstfreiheit und allgemeinem Persönlichkeitsrecht	BVerfGE 75, 369
27.11.1990	1 BvR 402/87	*Josefine Mutzenbacher* – Indizierung eines pornographischen Romans	BVerfGE 83, 130
11.11.1992	1 BvR 1595/92	*Honecker-Prozess* – Fernsehberichterstattung vom Honecker-Prozeß	NJW 1992, 3288
28.05.1999	1 BvR 77/99	*Fall Holst* – Auskunft über Lieferanten in der Presse veröffentlichter Fotos	ZUM 1999, 633
25.11.1999	1 BvR 348/98	*Lebach II* – Dokumentarfilm über Soldatenmord von Lebach	NJW 2000, 1859
29.06.2000	1 BVR 825/98	*Stimme Brecht / Germania 3* – Grenzen der Zitierfreiheit – Übernahme umfangreicher Zitate in Theaterstück	GRUR 2001, 149
12.07.2001	1 BvQ 28/01	*Fuckparade/„Love Parade"* – Voraussetzungen einer Versammlung	NJW 2001, 2459
10.07.2002	1 BvR 354/98	*Glosse und Satire* – Grenzen der Meinungsfreiheit bei einer Glosse oder Satire	NJW 2002, 3767
14.02.2005	1 BvR 240/04	*Ron Sommer* – Verwendung von Fotomontagen in satirischen Kontexten	GRUR 2005, 500
13.06.2006	1 BvR 565/06	*Ernst August* – Presseberichterstattung über Verkehrsverstoß einer bekannten Person	AfP 2006, 354
21.08.2006	1 BvR 2606/04	*Lebenspartnerin von Bernd Tewaag* – Bildberichterstattung über Privatperson ohne hervorgehobene Prominenz	GRUR 2006, 1051
19.12.2007	1 BvR 620/07	Fernsehaufnahmen im Sitzungssaal außerhalb der mündlichen Verhandlung	ZUM 2008, 221,

| 26.02.2008 | 1 BvR 1602/07 | *Caroline von Hannover* – Bildberichterstattung über Privat- und Alltagsleben prominenter Personen | NJW 2008, 1793 |

BGH

Datum	Aktenzeichen	Kennwort / Beschreibung	Fundstelle
21.04.1953	I ZR 110/52	*Lied der Wildbahn I* – Umfang des ausschließlichen Vorführungsrechtes am Filmwerk	BGHZ 9, 262
23.04.1954	I ZR 139/53	Bühnenaufführungsvertrag, Rechtsnatur und Berechnung der Vergütung	BGHZ 13, 115
26.11.1954	I ZR 266/52	*Cosima Wagner* – Veröffentlichungsrecht des Urhebers	BGHZ 15, 249
08.05.1956	I ZR 62/54	*Paul Dahlke* – Recht am eigenen Bilde; Ansprüche bei Verletzung dieses Rechts	NJW 1956, 1554
15.11.1957	I ZR 83/56	*Sherlock Homes* – Roman und Film, Urheberrechtsverletzung, unl. Wettbewerb, Titelverletzung, Recht am eigenen Bilde, Verwirkung	BGHZ 26, 52
17.11.1960	I ZR 87/59	*Familie Schölermann* – Szenenfotos aus Fernsehspielfilmen in Werbeprospekten	GRUR 1961, 138
24.12.1961	VII ZR 153/60	*Öl regiert die Welt* – Beeinträchtigung des Gewerbebetriebs eines Unternehmens durch unrichtige Angaben in einem Buch	GRUR 1962, 261
09.06.1965	I b ZR 126/63	*Spielgefährtin I* – Zum Begriff des „Bildnisses"; Abbildungsfreiheit für Personen der Zeitgeschichte	NJW 1965, 2148
13.10.1965	I b ZR 111/63	*Apfel-Madonna* – Herstellung und Vertrieb von Nachbildungen einer gemeinfreien Skulptur	NJW 1966, 542
04.11.1966	I b ZR 77/65	*skai-cubana* – Schutzgegenstand bei Lichtbildern und Bemusterungen	GRUR 1967, 315
03.04.1968	I ZR 83/66	*Kandinsky I* – Zum Begriff der Aufnahme einzelner Werke in ein wissenschaftliches Werk	GRUR 1968, 607
26.03.1971	I ZR 77/69	*Disney-Parodie* – Voraussetzungen der Verbreitung der Parodie eines unter Urheberschutz stehenden Werkes	NJW 1971, 2169
22.02.1974	I ZR 128/72	*Hummelrechte* – Nutzungsrechte an Werken einer Ordensschwester	GRUR 1974, 480
20.09.1974	I ZR 99/73	*Schloss Tegel* – Unterlassungsanspruch bei gewerblichem Fotografieren ohne Eigentümererlaubnis	GRUR 1975, 500
21.01.1977	I ZR 68/75	*Kettenkerze* – Wettbewerbsrechtlicher Leistungsschutz abstrakter Ideen	GRUR 1977, 547
23.03.1979	I ZR 50/77	*Bildzeitungs-Logo/Metall Zeitung* – Kein unbefugter Namensgebrauch durch ein Presseorgan	NJW 1980, 280

07.12.1979	I ZR 157/77	*Monumenta Germaniae Historica* – Urheberrechtsschutzfähigkeit von Einleitung, Anmerkungen und Register einer Sammlung mittelalterlicher Texte	GRUR 1980, 227
01.10.1980	I ZR 111/78	*Haushaltsschneidemaschine II* – Nachbildung im Sinne des § 5 GeschmMG	GRUR 1981, 269
01.07.1982	I ZR 119/80	*Presseberichterstattung und Kunstwerkwiedergabe II* – Voraussetzungen für Abdruck von Kunstwerken in Zeitungen	GRUR 1983, 28
22.01.1985	VI ZR 28/83	*Nacktfoto* – Schadensersatz für Nacktfoto im Fernsehen	NJW 1985, 1617
09.10.1986	I ZR 158/84	*Berühmung* – Beseitigung einer entstandenen Begehungsgefahr	GRUR 1987, 125
05.06.1985	I ZR 53/83	GEMA-Vermutung I	NJW 1986, 1244
13.06.1985	I ZR 35/83	GEMA-Vermutung II	NJW 1986, 1247
14.10.1986	VI ZR 10/86	Wirtschaftliche Verwertung des Bildnisses einer Sängerin	GRUR 1987, 128
08.06.1989	I ZR 135/87	*Emil Nolde* – Anspruch auf Beseitigung einer gefälschten Signatur auf einer Bildfälschung	NJW 1990, 1986
16.01.1992	I ZR 36/90	*Seminarkopien* – Urheberrechtsverletzung durch beamteten Hochschulprofessor	NJW 1992, 1310
11.03.1993	I ZR 264/91	*Asterix-Persiflagen* – Unfreie Bearbeitung der Asterix-Hefte	GRUR 1994, 191
22.04.1993	I ZR 52/91	Kollektion Holiday – Objektive Schadensberechnung bei wettbewerbswidriger Leistungsübernahme	BGHZ 122, 262
24.06.1993	I ZR 148/91	*Dia-Duplikate* – Unzulässige Vervielfältigung von Dias durch Theaterregisseur	GRUR 1993, 899
12.10.1993	VI ZR 23/93	*Alle reden vom Klima* – Satirisch-sarkastische Plakataktion gegen FCKW-Produzenten	GRUR 1994, 391
30.06.1994	I ZR 32/92	*Museumskatalog* – Katalogbildfreiheit für Ausstellungsverzeichnisse	GRUR 1994, 800
19.10.1994	I ZR 156/92	*Rosaroter Elefant* – Urheberrechte des Graphikers	GRUR 1995, 47
14.11.1995	VI ZR 410/94	*Willy Brandt* – Postmortaler Persönlichkeitsschutz bei absoluter Person der Zeitgeschichte	GRUR 1996, 195
16.01.1997	I ZR 38/96	*CB-Infobank II* – Kopier- und Recherchedienst als Serviceangebot	GRUR 1997, 464
21.04.1998	VI ZR 196/97	Vorbeugender Unterlassungsanspruch gegen Berichterstattung über gewerbliche Leistungen, Eingriff in den Gewerbebetrieb durch Filmberichterstattung über Ferienanlage	BB 1998, 1334

29.04.1999	I ZR 65/96	*Laras Tochter* – Fortsetzungsroman zu „Dr. Shiwago"	BGHZ 141, 267
01.12.1999	I ZR 226/97	*Der blaue Engel* – Verletzung des Rechts am eigenen Bild durch Nachstellen einer bekannten Filmszene	GRUR 2000, 715
01.12.1999	I ZR 49/97	*Marlene Dietrich* – Vererblichkeit vermögenswerter Bestandteile des Persönlichkeitsrechts	NJW 2000, 2195
04.05.2000	I ZR 256/97	*Parfumflakon* – Reichweite der Erschöpfung	BGHZ 144, 232
02.11.2000	I ZR 246/98	Berechnung des Verletzergewinns nach Schutzrechtsverstoß	NJW 2001, 2173
19.09.2001	I ZR 343/98	*Bildagentur* – Verlust von Original-Diapositiven	GRUR 2002, 282
13.12.2001	I ZR 44/99	*Musikfragmente* – Auskunftsanspruch bei Anhalt für Anpassungsanspruch nach § URHG § 36 Abs. URHG § 36 Absatz 1 UrhG	ZUM 2002, 549
24.01.2002	I ZR 102/99	*Verhüllter Reichstag* – Rechtsverletzung durch Vertrieb von Postkarten mit dem Motiv »Verhüllter Reichstag«	ZUM 2002, 636
11.07.2002	I ZR 285/99	*Zeitungsbericht als Tagesereignis* – Privilegierte Bildberichterstattung über private Streitigkeiten zwischen bekannten Persönlichkeiten	GRUR 2002, 1050
11.07.2002	I ZR 255/00	*Elektronischer Pressespiegel* – Elektronischer Pressespiegel als grundsätzliches Substitut des herkömmlichen Pressespiegels	GRUR 2002, 963
14.11.2002	I ZR 199/00	*Staatsbibliothek* – Bedeutung des Architektenvermerks für Urheberschaftsvermutung	GRUR 2003, 231
20.03.2003	I ZR 117/00	*Gies-Adler* – Freie Benutzung des sog. Gies-Adlers in einer Zeitschriften-Karikatur	ZUM 2003, 777
05.06.2003	I ZR 192/00	*Hundertwasser-Haus* – Verwertung der Fotografie eines bekannten Wohnhauses;	GRUR 2003, 1035
17.07.2003	I ZR 259/00	*Paperboy* – Internet-Suchdienst für Presseartikel	ZUM 2003, 855
30.09.2003	VI ZR 89/02	*Satirische Fotomontage* – Bewertung einer Fotomontage im Gesamtzusammenhang	VI ZR 89/02
22.04.2004	I ZR 174/01	*Comic-Übersetzungen III* – Einmalhonorar als Branchenübung und ihre Relevanz für die Nutzungsrechtseinräumung	GRUR 2004, 938
27.01.2005	I ZR 119/02	*WirtschaftsWoche* – Pressespiegelfreiheit für Zeitschriften	GRUR 2005, 670
15.07.2005	GSZ 1/04	*Unberechtigte Schutzrechtsverwarnung* – Haftung für unberechtigte Verwarnungen aus Immaterialgüterrechten	NJW 2005, 3141

06.10.2005	I ZR 266/02	*Pressefotos* – Schadensersatz für den unerlaubten Abdruck von Lichtbildern	GRUR 2006, 136
08.11.2005	KZR 37/03	*Hörfunkrechte* – Vergütung für Radioberichterstattung aus Fußballstadien	NJW 2006, 377
08.11.2005	VI ZR 64/05	*Ron Sommer* – Verwendung von Fotomontagen in satirischen Kontexten	GRUR 2006, 255
15.11.2005	VI ZR 286/04	*Ernst August von Hannover* – Zulässige Berichterstattung über erheblichen Verkehrsverstoß unter Namensnennung	GRUR 2006, 257
20.01.2006	V ZR 134/05	Erteilung eines Hausverbots gegenüber „Abschiebeprotestler" durch Flughafenbetreiber – Meinungs- und Demonstrationsfreiheit	NJW 2006, 1054
05.10.2006	I ZR 247/03	*Le Corbusier-Möbel* – Gebrauchsüberlassung an urheberrechtlich geschützten Möbeln	GRUR Int. 2007, 74
26.10.2006	I ZR 182/04	*Rücktritt des Finanzministers* – Politische Auseinandersetzung im Rahmen einer Werbeanzeige	GRUR 2007, 139
14.12.2006	I ZR 34/04	*Archivfotos* – Eigentumserwerb an Fotos durch Aufnahme in Zeitungsarchiv	GRUR 2007, 693
06.02.2007	X ZR 117/04	*Meistbegünstigungsvereinbarung* – Umfang des Auskunftsanspruchs für eine Schadensschätzung	GRUR 2007, 532
15.02.2007	I ZR 114/04	*Wagenfeld-Leuchte* – Urheberrechtswidriges Verbreiten von Vervielfältigungsstücken im Ausland	GRUR 2007, 871
06.03.2007	VI ZR 52/06	*Ferienvilla I* – Bindungswirkung der Leitsätze des Bundesverfassungsgerichts – Veröffentlichung von Fotos prominenter Personen	ZUM 2007, 470
06.03.2007	VI ZR 13/06	*Ernst August von Hannover* – Abgestuftes Schutzkonzept I – Veröffentlichung von Urlaubsfotos eines Prominenten	GRUR 2007, 523
19.06.2007	VI ZR 12/06	*Grönemeyer* – Abbildung einer Begleitperson und zeitgeschichtlicher Informationswert	GRUR 2007, 899
13.11.2007	VI ZR 269/06	*Franziska van Almsick* – Keine „vorbeugende" Unterlassungsklage gegen künftige Bildveröffentlichungen	GRUR 2008, 446
20.12.2007	I ZR 42/05	*TV-Total* – Keine Schaffung eines eigenen Werkes bei Verwendung fremden Filmmaterials	GRUR 2008, 693
24.06.2008	VI ZR 156/06	*Heide Simonis* – Bildbericht über Politiker	GRUR 2008, 1017
01.07.2008	VI ZR 243/06	*Shopping mit Putzfrau* – Kein Nachrichtenwert einer Bildberichterstattung über Prominente im Alltag	GRUR 2008, 1024

28.10.2008	VI ZR 307/07	*Karsten Speck* – Bildveröffentlichung vom Haftausgang	NJW 2009, 757
11.03.2009	I ZR 8/07	*Günter Jauch* – Unzulässige Veröffentlichung eines Prominentenfotos auf Rätselheft	NJW 2009, 3032
14.05.2009	I ZR 98/06	*Tripp-Trapp-Stuhl* – Berechnung des Verletzergewinns in der Absatzkette	GRUR 2009, 856
23.06.2009	VI ZR 232/08	*Andrea Casiraghi* – Reichweite einer Unterlassungserklärung zur rechtswidrigen Bildveröffentlichung	NJW 2009, 2823
30.06.2009	VI ZR 210/08	*Focus Online* – Haftung des Verpächters einer Domain	GRUR 2009, 1093
07.10.2009	I ZR 38/07	*Talking to Addison* – Angemessene Vergütung für die Einräumung von Nutzungsrechten an Übersetzungen belletristischer Werke I	GRUR 2009, 1148
07.10.2009	I ZR 39/07	Angemessene Vergütung für Übersetzer belletristischer Werke II	ZUM-RD 2010, 8
07.10.2009	I ZR 40/07	Einwilligung in die Änderung der Übersetzungsverträge – Angemessene Vergütung für Übersetzer belletristischer Werke III	ZUM-RD 2010, 62
07.10.2009	I ZR 41/07	Einwilligung in eine Vertragsänderung zur Gewährung einer Übersetzungsvergütung – Angemessene Vergütung für Übersetzer belletristischer Werke IV	ZUM 2010, 255
29.10.2009	I ZR 65/07	*Der Strauchelnde Liebling* – Werbung mit Foto von Boris Becker zur Einführung einer Sonntagszeitung	GRUR 2010, 546
19.11.2009	I ZR 128/07	*Film-Einzelbilder* – Keine filmische Verwertung bei Nutzung von Lichtbildern	GRUR 2010, 620
19.05.2009	VI ZR 160/08	*Joschka Fischer* – Zulässige Berichterstattung über Politiker-Wohnhaus	NJW 2009, 3030
29.04.2010	I ZR 69/08	*Vorschaubilder* – Abbildung von Kunstwerken als Thumbnails in Suchmaschine	GRUR 2010, 628

EGMR

Datum	Aktenzeichen	Kennwort / Beschreibung	Fundstelle
24.06.2004	59320/00	Caroline von Hannover – Veröffentlichung von Fotoaufnahmen aus dem Privatleben Prominenter	GRUR 2004, 1051

OLG/KG

Datum	Aktenzeichen	Kennwort / Beschreibung	Fundstelle	Ort
29.11.1974	5 U 1736/74	*Gesicherte Spuren* – Umfang der stillschweigenden Übertragung der Nutzungsrechte des angestellten Fotografen auf den Arbeitgeber	GRUR 1976, 264	Berlin

09.05.1984	6 U 142/83	*Herrensitze in Schleswig-Holstein* – Zweckübertragungslehre	GRUR 1984, 522	Karlsruhe
09.01.1986	3 U 142/85	Reichweite der Nutzungsrechte einer deutschsprachigen Illustrierten	NJW-RR 1986,	Hamburg
28.02.1986	6 U 30/85	*Ferienprospekt* – Ungenehmigte Verwendung eines Bildes für Werbeprospekte	NJW-RR 1986, 1118	Frankfurt a.M.
15.05.1986	3 U 178/85	Blockierungshonorar in AGB von Bildagenturen	NJW-RR 1986, 1177	Hamburg
19.09.1986	6 U 199/85	*ARD-1* – Urheberrechtsschutzfähigkeit einer „1"	GRUR 1986, 889	Köln
18.12.1986	6 U 1334/85	*Verfremdete Fotos* – Vermutung der Urheberschaft bei Bildkompositionen	GRUR 1987, 435	Koblenz
22.03.1988	U 166/87	*Warenkatalogfotos* – Umfang der Nutzungsrechtseinräumung bei einfachem Nutzungsrecht	GRUR 1988, 541	Düsseldorf
03.08.1989	3 U 49/89	*Spiegel-Fotos* – Eigentumserwerb an Fotoabzügen, Nutzungsvertrag	GRUR 1989, 912	Hamburg
08.03.1990	6 U 5059/89	*Franz-Josef Strauß* – Werbung für eine Gedenkmedaille	NJW-RR 1990, 1327	München
20.08.1992	2 U 24/92	*Friedrich Ebert* – Wahlpropaganda der DVU	NJW-RR 1993, 726	Bremen
05.03.1992	3 U 164/91	Überlassung von Diapositiven an einen Zeitschriftenverlag – Leihvertrag	ZUM 1998, 665	Hamburg
22.09.1994	3 U 106/94	Schmerzensgeld für nicht genehmigte Bildveröffentlichung in einer Illustrierten	NJW-RR 1995, 220	Hamburg
31.03.1995	21 U 3377/94	*Anne-Sophie Mutter* – Allgemeines Persönlichkeitsrecht und Reichweite der Qualifizierung als absolute oder relative Person der Zeitgeschichte	NJW-RR 1996, 93	München
29.06.1995	3 U 302/94	*Motivschutz* – Abgrenzung von Lichtbildwerken und Lichtbildern	ZUM-RD 1997, 217	Hamburg
10.10.1995	20 U 86/95	CD als neue Vervielfältigungsart und Altverträge	NJW-RR 1996, 420	Düsseldorf
12.10.1995	3 U 140/95	*Power of Blue* – Plagiatsvorwurf des Photographen Newton gegen malerisches Nachfolgewerk	NJW 1996, 1153	Hamburg

21.03.1996	29 U 5512/95	Ausgleich von Nichtvermögensschaden im Urheberrecht	GRUR 1997, 49	München
19.09.1996	6 U 6247/95	*Schwarzer Sheriff* – Unerlaubte Anfertigung einer Personenabbildung, Unterlassungsanspruch	NJW-RR 1997, 493	München
11.11.1997	20 U 31/97	*Schadensersatz wegen fehlender Urheberbenennung* – Schadensersatzanspruch des Lichtbildners nach den Grundsätzen der Lizenzanalogie	ZUM 1997, 388	Düsseldorf
30.01.1998	14 U 210/95	*Ivan Rebroff* – Werbewert; Prominenter; Schadensschätzung	ZUM-RD 1998, 113	Karlsruhe
11.06.1998	3 U 284/97	Vermarktung einer Musikgruppe	ZUM-RD 1998, 453	Hamburg
26.08.1998	14 W 1697/97	Originalvollmacht für Abmahnschreiben	ZUM-RD 1999, 122	Dresden
17.12.1998	3 U 162/97	*CD-Cover* – Ungenehmigte Verwendung eines Bildes auf CD-Cover	NJWE-WettbR 1999, 140	Hamburg
20.04.1999	11 U 38/98	*Mein täglich Brot als Kunst und Kultur schaffender Mensch* – Verwendung eines unveröffentlichten Werks in familiengerichtlichem Verfahren	GRUR 2000, 45	Frankfurt a.M.
30.07.1999	5 U 3591/99	Musikverwertung auf CD, CD-ROM als neue Nutzungsart	NJW-RR 2000, 119	Berlin
18.03.1999	12 U 2557/96	Gestaltungsfreiheit des Künstlers beim Werkvertrag	NJW-RR 2000, 270	Berlin
22.09.2000	6 U 19/96	CD keine neue Nutzungsart gegenüber Schallplatte	ZUM-RD 1999, 337	Köln
16.11.2000	3 U 281/98	*Loriot-Motive* – Postkarten-Collage aus Loriot- und Donald Duck-Figuren	GRUR-RR 2001, 260	Hamburg
20.10.2000	6 U 186/99	Verbreitung von Kunstbänden ohne Nutzungsberechtigung	ZUM-RD 2001, 76	Köln
07.03.2000	16 W 8/00	Ausschluss eines Reporters vom Spielgelände und von den Pressekonferenzen eines Fußballvereins wegen kritischer Berichterstattung	NJW-RR 2001, 1051	Köln

11.05.2000	3 U 269/98	Einstellen von Publikationen ins Internet als neue Nutzungsart	NJW-RR 2001, 123	Hamburg
22.09.2000	20 U 115/95	*Beuys-Fotografien* – Fotografien von Werken der bildenden Kunst als Lichtbildwerke;	ZUM 2001, 166	Düsseldorf
26.01.2001	5 U 4102/99	*Gruß aus Potsdam* – Erschöpfung des Urheberrechts an Dias	ZUM 2001, 592	Berlin
07.06.2001	29 U 2196/00	*Der Diamant des Salomon* – Anpassung des Übersetzerhonorars gemäß § URHG § 36 Abs. URHG § 36 Absatz 1 UrhG	ZUM 2001, 994	München
21.06.2001	13 U 160/00	Verlust von einer Zeitschrift übersandten Diapositiven eines Berufsfotografen	NJW-RR 2002, 259	Celle
28.05.2002	15 U 221/01	*Steffi Graf* – Verantwortung des Providers für von Nutzern eingestellte obszöne Fotomontagen	NJW-RR 2002, 1700	Köln
30.05.2002	20 U 81/01	*Breuer-Hocker* – Urheberrechtsschutz für den »Breuer-Hocker«	ZUM-RD 2002,	Düsseldorf
13.06.2002	3 U 168/00	Internetnutzung von Lichtbildern	ZUM 2002, 833	Hamburg
02.08.2002	21 U 2677/02	*Boris Becker* – Angemessene Lizenzgebühr für unerlaubte Werbung mit bekanntem Tennisspieler	AfP 2003, 71	München
30.01.2003	29 U 3278/02	Rechtswidrige Verwendung eines Titelfotos durch Nachrichtenmagazin	ZUM 2003, 571	München
21.10.2003	20 U 170/02	*Beuys-Kopf* – Miturheberschaft von Lehrer und Schüler an einer Kunstakademie	GRUR-RR 2005, 1	Düsseldorf
04.02.2004	3 U 168/03	Immaterielle Geldentschädigung bei überzogener satirischer Darstellung	NJW-RR 2004, 919	Hamm
30.04.2004	5 U 98/02	*Ausschnittdienst* – Unzulässigkeit der Versendung von Presseartikeln per E-Mail und Fax durch ein Medienauswertungsunternehmen	GRUR-RR 2004, 228	Berlin
21.06.2004	3 U 116/04	*Tierversuche* – Unterlassungsanspruch wegen heimlicher Aufnahmen von Tierversuchen	ZUM-RD 2005, 131	Hamm

28.09.2004	7 U 60/04	Unzulässige Bekanntga-be des Wohnortes eines Prominenten unter Namens-nennung	AfP 2005, 75	Hamburg
07.04.2005	10 U 7/04	Kein auffälliges Missverhält-nis zwischen Vergütung für Firmenlogo und Gewinn-entwicklung eines Unter-nehmens	NJW-RR 2006, 488	Naumburg
29.11.2005	11 U 19/05	Pressehaftung für Anzeigen bei kontrovers beurteilter Rechtslage	ZUM-RD 2007, 123	Frankfurt a.M.
15.06.2006	10 U 184/05	*Anführer eines Drogenhänd-lerrings* – Zulässige Pres-seberichterstattung mittels Fotos bei Festnahme eines Tatverdächtigen	NJW-RR 2007, 345	Berlin
05.09.2006	9 W 127/06	Erkennbarkeit einer Person als Voraussetzung des Bild-nisschutzes	AfP 2006, 567	Berlin
13.09.2006	1 U 624/05	*Wahlplakat* – Ungenehmigte Bildverwendung im Wahl-kampf – Auslegung einer Unterlassungserklärung	NJW-RR 2007, 112	Saarbrücken
31.10.2006	11 U 10/06	Keine Geldentschädigung trotz rechtswidriger Bericht-erstattung	ZUM 2007, 390	Frankfurt a.M.
06.02.2007	11 U 51/06	Identifizierende Bericht-erstattung über bevorste-hende Haftentlassung eines Straftäters	ZUM 2007, 546	Frankfurt a.M.
10.04.2007	7 U 143/06	*Contergan* – Filmische Darstellung des Falles »Con-tergan«	ZUM 2007, 483	Hamburg
26.06.2007	9 U 220/06	*Joschka Fischer* – Foto eines ehemaligen Bundesministers	AfP 2007, 573	Berlin
20.12.2007	29 U 5512/06	*Pumuckl-Illustrationen II* – Unterlassungs- und Nach-forderungsansprüche der Illustratorin der Pumuckl-Figur gegenüber Filmprodu-zent und Fernsehsender	ZUM-RD 2008, 131	München
10.06.2008	29 U 3316/03	Eigentumserwerb an Fotos durch Aufnahme in Zeitungsarchiv (Urteil nach Rückverweisung durch BGH ZUM 2007, 655 – Archivfotos)	ZUM 2008, 982	München
23.01.2008	5 U 122/01	*Kuschelfotograf* – Schadens-ersatz für Lichtbilder	ZUM-RD 2008, 183	Hamburg

27.10.2008	3 W 184/08	Urheberrechtlicher Auskunftsanspruch gegen Provider	GRUR 2009, 12	Zweibrücken
11.11.2008	1 Ws 535/08	Fotografieren im Saunabereich eines Erlebnisbades	NStZ 2009, 268	Koblenz
03.12.2008	5 U 143/03	*Bauhaus aus Italien II* – Umfang des Auskunftsanspruchs gemäß § URHG § 101 UrhG	ZUM 2009, 482	Hamburg
23.12.2008	11 U 21/08	Haftung einer Bildagentur im Falle der Verbreitung eines Bildnisses	ZUM-RD 2009, 314	Frankfurt a.M.
09.02.2009	6 W 182/08	*Die schöne Müllerin* – Rechtsverletzung in gewerblichem Ausmaß bei rein privatem Handeln	GRUR-RR 2009, 299	Köln
15.05.2009	6 U 37/08	*MFM-Bildhonorartabellen* – Schadensersatz für die unberechtigte Nutzung von Lichtbildern im Internet	GRUR-RR 2009, 413	Brandenburg
18.02.2010	5 U 12/09	*Preussische Schlösser und Gärten* – kein Vorrecht des Eigentümers zur Verwertung eines in seinem Eigentum stehenden Bildes(nicht rechtskräftig)	Nicht veröffentlicht	Brandenburg

LG

Datum	Aktenzeichen	Kennwort / Beschreibung	Fundstelle	Ort
12.02.1973	16 O 298/71	*Saat der Sünde* – Zuerkennung eines immateriellen Schadensersatzes wegen Verletzung des Persönlichkeitsrechts eines Kindes	GRUR 1974,	Berlin
17.12.1985	27 0 200/85	*Klinikarzt* – Tatverdächtiger als Person der Zeitgeschichte	NJW 1986, 1265	Berlin
03.09.1986	17 S 297/85	Zulässigkeit von Blockierungskosten in AGB	AfP 1986, 352	Hamburg
03.03.1988	2/3 O 46/88	Kein Anspruch auf Teilnahme an der Pressekonferenz eines Privatunternehmens	AfP 1989, 572	Frankfurt
24.06.1988	74 S 5/88	*Neonrevier* – Wiedergabe eines Kunstwerks in einer Jahresdokumentation aktueller Ereignisse	GRUR 1989, 591	Hamburg
05.10.1988	8 S 116/88	*Lichtbild-Negative* – Vertragliche Verpflichtung zur Herausgabe von Negativen	GRUR 1989, 54	Wuppertal

30.05.1989	16 O 33/89	*Satellitenfoto* – Urheber, Urheberbezeichnung, Nutzungsstelle	GRUR 1990, 270	Berlin
14.07.1992	12 O 353/91	Urheberbenennung bei Foto	GRUR 1993, 664	Düsseldorf
15.09.1993	5 O 1374/93 b	*Fotoausschnitt* – Erkennbarkeit von auf Fotos abgebildeten Personen	GRUR 1994, 897	Bremen
26.07.1995	21 O 18884/93	Höhe des Schadenersatzes in Form einer angemessenen Lizenzgebühr für die unerlaubte Verwendung von Werbefotografien nach den Grundsätzen der Lizenzanalogie	ZUM-RD 1997, 249	München I
07.09.1995	16 S 9/95	*MFM-Empfehlungen* – Schadensberechnung nach der Lizenzanalogie bei unberechtigter Verwertung von Lichtbildern	ZUM 1998, 673	Berlin
11.11.1997	20 U 31/97	Schadensersatz wegen fehlender Urheberbenennung	MMR 1998, 147	Düsseldorf
22.12.1998	7 O 6654/95	Miturheberschaft des Kameramanns	ZUM 1999, 332	München I
28.01.1999	27 O 605/98	Schwere Persönlichkeitsverletzung durch Berichterstattung über Anwalt eines Straftäters	NJW-RR 2000, 555	Berlin
14.10.1999	16 O 16/99	Unberechtigte Nutzung von Fotos durch Presseorgane im Internet	ZUM 2000, 73	Berlin
16.03.2000	16 S 12/99	*Screenshots* – Verletzung von Leistungsschutzrechten eines Sendeunternehmens durch Bildzitat	ZUM 2000, 513	Berlin
19.05.2000	13 A S 112/99	Ungenehmigte Veröffentlichung einer Nacktszene im Rahmen einer Theaterbesprechung	NJW-RR 2000, 1571	Saarbrücken
19.09.2000	33 O 276/00	Werbeauftritt eines Doppelgängers von Michael Schumacher – Persönlichkeitsrechtsverletzung durch Auftreten eines Doppelgängers	ZUM 2001, 80	Köln
21.12.2000	27 O 533/00	*Nina Hagen* – Geldentschädigung wegen Verletzung des Persönlichkeitsrechts durch Bildveröffentlichung	AfP 2001, 246	Berlin

20.07.2001	324 O 68/01	*Hera Lind* – Geldentschädigung wegen Verletzung des Persönlichkeitsrechts durch Bildveröffentlichung	ZUM 2002, 68	Hamburg
23.10.2001	5 O 5288/01	*Hirschgewand* – Urheberrechtsschutz für Modeschöpfung	GRUR 2002, 424	Leipzig
09.01.2002	28 O 444/01	Geldentschädigung wegen Bildberichterstattung über ein Tötungsdelikt	AfP 2002, 343	Köln
14.08.2002	21 O 4059/02	Unbefugte Verwendung eines Fotos der deutschen Fußballnationalmannschaft 1954 zu Werbezwecken	ZUM 2003, 418	München I
19.09.2002	27 O 364/02	Entschädigung für vorzeitige Veröffentlichung von Nacktfotos im Rahmen der sog. Crosspromotion	AfP 2004, 455	Berlin
14.11.2002	7 O 4002/02	*Framing III* – Framing urheberrechtlich zulässig	MMR 2003, 197	München I
18.12.2002	12 O 175/02	*Straßenmodenschau* – Veröffentlichung von Fotoaufnahmen eines Models im Rahmen der Berichterstattung über Modenschau	AfP 2003, 469	Düsseldorf
04.04.2003	308 O 515/02	Schadensersatz wegen unterbliebener Urheberbenennung – Schutz für digital gefertigte Aufnahmen gemäß § 72 UrhG	ZUM 2004, 675	Hamburg
11.04.2003	2/1 S 336/02	Geltung von »Geschäfts- und Lieferbedingungen« eines Fotojournalisten	ZUM-RD 2005, 455	Frankfurt
07.05.2003	9 O 5693/03	*Fotomontage* -Gegendarstellungsanpruch gegenüber bildlicher Darstellung	AfP 2003, 373	München I
31.10.2003	308 S 7/03	Unwirksame Blockierungsgebühr	ZUM 2004, 148	Hamburg
04.12.2003	27 O 704/03	Kein Unterlassungsanspruch gegen identifizierbare Berichterstattung bei umfassender eigener Stellungnahme gegenüber der Presse	AfP 2004, 68	Berlin
07.10.2004	7 O 18165/03	*Playboyfotos im Internet* – Unterlassung und Schadensersatz wegen rechtswidriger Bild- und Textveröffentlichungen im Internet	ZUM-RD 2005, 38	München I
14.10.2004	4 HK O 12461/04	Umfang der Rechtezusicherung durch Bildagentur	ZUM-RD 2005, 193	München I

02.11.2004	16 O 112/03	„Übliche" Urheberbezeichnung bei Digitalfotos auf CD-ROM	ZUM 2005, 81	Kiel
09.11.2004	6 O 209/04	*Grasssofa* – Erlaubte Ablichtung eines Kunstwerks in einer öffentlichen Gartenanlage	GRUR 2005, 577	Frankenthal
21.01.2005	324 O 448/04	Widerruf von Einwilligung in Presseveröffentlichung – Treu und Glauben-Grundsatz	NJW-RR 2005, 1357	Hamburg
12.01.2006	4 O 480/05	Zulässigkeit von Filmaufnahmen zu journalistischer Recherche	ZUM-RD 2006, 183	Essen
21.03.2006	33 O 24781/04	Vereinbarung zwischen Premiere und Springer in Bezug auf »TV DIGITAL« nicht kartellrechtswidrig	ZUM 2006, 671	Leipzig
27.04.2006	4 O 251/05	*Erotische Fotos im Internet* – Schmerzensgeld bei rechtswidriger Internetveröffentlichung von privaten Nacktfotos	NJW 2007, 1002	Kiel
14.07.2006	7 S 2/03	*Freiburger Münster* – Verwertung der Fotografie eines Bauwerks	ZUM 2006, 886	Mannheim
12.09.2006	27 O 856/06	*Podolski* – Unzulässige Strandfotos von Fußball-Nationalspieler	GRUR-RR 2007, 198	Berlin
28.09.2006	27 O 857/06	*Robbie Williams* – Unzulässige Bildberichterstattung über den Sänger Robbie Williams in Unterhosen	ZUM-RD 2007, 88	Berlin
27.10.2006	324 O 381/06	*Lizenzgebühr für Joschka Fischer* – Werbung ohne Einwilligung	AfP 2006, 585	Hamburg
13.11.2006	05 O 1408/06	Unterlizenzierung von Fotografien	ZUM 2007, 671	Leipzig
20.12.2006	28 O 468/06	Zugänglichmachung eines im Fotostudio angefertigten Bewerbungsfotos auf eigener Homepage	ZUM 2008, 76	Köln
23.01.2007	4a O 521/05	*Walzgerüst* – Nachweis einer Patentverletzung durch Vervielfältigung einer Seminarpräsentation	GRUR-RR 2007, 193	Düsseldorf
28.02.2007	2a O 150/06	*Borussia Mönchengladbach* – Vereinskennzeichen in Gemälde über ein Fußballspiel	NJW-RR 2007, 920	Düsseldorf

08.03.2007	27 O 1208/06	Unzulässige Veröffentlichung des Fotos eines Rechtsanwalts	NJW-RR 2007, 1270	Berlin
05.06.2007	16 O 106/07	Inhaltskontrolle von Honorarregelung für Zeitungen und Zeitschriften	ZUM-RD 2008, 18	Berlin
26.06.2007	324 O 268/07	*Schweinemastbetrieb* – Zugänglichmachen rechtswidrig erlangten Bildmaterials	ZUM 2008, 614	Hamburg
04.09.2007	27 O 591/07	Bildberichterstattung über Nebentätigkeit einer Person als Pornodarsteller	ZUM 2007, 866	Berlin
18.09.2007	6 O 360/07	*Die Super-Nanny* – Keine rückwirkende Verweigerung der Einwilligung für Filmaufnahmen	NJW-RR 2008, 715	Bielefeld
11.01.2008	324 O 129/07	*Hochzeitsfotos* – Fiktive Lizenzgebühr für rechtswidrige Fotoveröffentlichung	ZUM 2008, 798	Hamburg
12.12.2007	9 O 13832/07	Konkludente Einwilligung zu Berichterstattung	ZUM-RD 2008, 309	München I
06.08.2008	28 O 786/04	*Beate Uhse* – Bereicherungsausgleich im Falle der Verletzung eines Nutzungsrechts	ZUM-RD 2009, 472	Köln
09.05.2008	28 O 690/07	Zwangsvollstreckung wegen Geldforderungen in das Urheberrecht nur mit Einwilligung des Urhebers zulässig	MMR 2009, 71	Köln
21.11.2008	1 O 330/08	Verwertung gefertigter Filmaufnahmen; fremdes Haus; Vernichtung der Vervielfältigungsstücke;	juris.de	Potsdam
02.01.2009	308 O 255/07	*Bauhaus-Klassiker* – Vervielfältigungsschutz bei Sitzmöbelklassikern	GRUR-RR 2009, 211	Hamburg
08.01.2009	29 S 67/08	*Nachweis des Sanierungsbedarfs* – Unzulässige Fotodokumentation des Verwalters über Dachterrasse einer Penthousewohnung mit Saunabereich	NJW 2009, 1825	Köln
06.02.2009	11 O 762/09	Unterlassung der Verbreitung eines schwedischen Fernsehinterviews in Deutschland	AfP 2009, 177	Nürnberg-Fürth
27.02.2009	324 O 703/08	Veröffentlichung; Foto; Minderjährigenschutz	juris.de	Hamburg
12.03.2009	2/3 O 363/08	Fiktive Lizenzgebühr für die unrechtmäßige werbemäßige Verwertung eines Bildnisses eines prominenten Sportlers	ZUM-RD 2009, 468	Frankfurt

10.07.2009	324 O 840/07	Geldentschädigung wegen Veröffentlichung von Fotoaufnahmen des Strandbesuchs eines Prominenten	juris.de	Hamburg
22.09.2009	312 O 411/09	Pauschale Vergütung von Fotografen	ZUM 2010, 72	Hamburg

Stichwortverzeichnis
Die Zahlen beziehen sich auf die Randnummern.

Urheberpersönlichkeitsrecht **87 ff.**, 136,
139, 211,225, 242, 273, 324, 335, 392, 410,
422, **708 ff.**
Urheberrecht   63 ff., 413 ff.
– im Arbeitsverhältnis   699 ff.
Urheberschaft   82, 87, 208, 257, 708
– Anerkennung der   92 ff., 324, 422

V
Verbotsmöglichkeit   225
Vereinbarung   88, 95, 138, 189, 191, 227,
232 ff., 255, 263, 274, 279, 284, 292, 296,
346, 353, 354, 357, 376, 381, 400, 412, 444,
666, 701
– ausdrückliche   236 ff.
Vereinigung   40, 333, 411, 686
Vergütung   55, 165, 253, 278, 325, 332 ff.,
344, **357 ff.**, 381, 410, 632, 707, 716
– angemessene   84, 100, 124, 170, 175, 177,
181, 234, **284 ff.**, 316, 321, 429, 626
Verjährung   264
Verleger   270, 271, 273, 282, 343 ff.
Verletzer   239 ff., 251 ff., 613, 623 ff.
Verletzergewinn   247, 251, 259, 263
Verletzerzuschlag   249
Verletzungshandlung   242, 246, 255, 259,
464, 606, 608
Vermögensschaden   246
Vernichtung   240, 632,
Vernichtungsansprüche   258, 268, 601
Veröffentlichungsrecht   89 ff., 136, 205, 207,
273, 318, 709, 721
Verpflichtung   92, 95, 262, 273, 335, 344 f.,
604, 609, 613, 672, 695,
– arbeitsvertragliche   701 ff.
Verschlussvorhang   12
Verschlusszeit   12, 14 ff.
Verschulden   241, **245**, 254, 257, 271, 312,
326, 337, 361, 603, 614, 623
Vertragsautonomie   273
Vertragsstrafe   335, 338 ff.
Vertriebsweg   240, 260, 293, 690
Vervielfältigungshandlunge   102 ff., 181,
– Vorübergehende   213
Verwendungszweck   386 ff., 461, 514, 691,
Verwertung   88, 100, 108, 116–117, 135, 164,
167, 170, 182, 188, 193, 204, 210, **226 ff.**, 243,
285, 315, 342, 374, 413 ff., 439 ff., 448 ff.,
465, 497, 508, 511, 584, 597, 627, 708 ff.

Verwertungsgesellschaften 55, 170, 175 ff.,
191, 249, 297, 405, 408 ff., 429, 716
Verwertungsrecht 91, 100 ff., 144, 152, 205,
213, 225, 242, 405, 716,
VG BILD-KUNST 55 ff., 297, 325, 409 ff.
Vorlage und Besichtigung 261
Vorlage von Urkunden   240, 261
Vorrichtung   102, 240, 258, 632
Vorsatz   245, 371, 404, 634

W
Wahlrecht   247, 269
Wahrheitsgehalt   229, 595
Walker, William H.   7
Wasserzeichen, digitales   209,
Weisungsgebundenheit   699 ff.
Werbeagentur   50, 271, 326, 356, 362, 374,
376, 394,
Werbefotograf   691, 705, 709
Werbeindustrie   349, 709, 711,
Werkschaffen   426
– eigenes selbständiges   223
Widerrechtlichkeit   243 ff.
Widerrufsrecht   234, 517 ff.
Wiederholungsgefahr   255, 604 f.
Wirtschaftsprüfervorbehalt   259, 261
Wischeffekt   16

Z
Zeiss, Carl   8
Zeitungsverlag   315, 319, 346 ff, 715 ff.
Zelluloidfilm   8
Zoomobjektive   23, 34
Zugänglichmachung   156, 205, 639
– öffentliche   113, 166, 170, 176, **216 ff.**, 236,
242, 420, 429
Zugangsrecht   665, 674, 713
Zuständigkeit
– funktionale   268
– örtliche   268
– sachliche   268
Zustimmungserfordernis   227
Zutrittsrechte   660 ff.
Zweckfreiheit   691
Zweckübertragungsregel   319 ff., 353 f., 367
– im Arbeitsverhältnis   704
Zweitdruckrecht   720 f.
„Zweiter Korb"   233
Zwischenprodukt   27, 221